U0922415

ALMANAC OF HENAN'S FINANCE AND BANKING

河南金融年鉴

2018

河南金融年鉴编辑部 编著

中州古籍出版社

图书在版编目（CIP）数据

河南金融年鉴．2018 / 河南金融年鉴编辑部编著．
-- 郑州：中州古籍出版社，2018.11
ISBN 978-7-5348-8083-4

Ⅰ．①河… Ⅱ．①河… Ⅲ．①地方金融事业－河南－
2018 －年鉴 Ⅳ．① F832.761-54

中国版本图书馆 CIP 数据核字 (2018) 第 239198 号

责任编辑：宗增芳
责任校对：朱　琳
出 版 社：中州古籍出版社
（地址：郑州市经五路 66 号　邮政编码：450002）
河南金融年鉴编辑部
地　　址：郑州市郑东新区商务外环路 21 号
电　　话：0371-69089288　69089213
邮　　箱：hnjrnj@sina.com
邮政编码：450040
发行单位：新华书店
承印单位：河南博雅彩印有限公司
开　　本：889mm×1194mm　1/ 16
印　　张：40.5
字　　数：1182 千字
印　　数：2350 册
版　　次：2018 年 11 月第 1 版
印　　次：2018 年 11 月第 1 次印刷
定　　价：280.00 元

本卷《河南金融年鉴》编委会

本卷《河南金融年鉴》编辑部

省直各金融单位组稿人员（按姓氏笔画排列）

于亚恩　万若曦　弓圣君　王　龙　王永辉　王　伟　王若谷　王松召
王　振　王　震　王燕锋　方宇剑　邓　柳　卢长宇　付　阳　代林涛
冯　云　毕天君　伍阳阳　任晓峰　刘力扬　刘正民　刘文革　刘　欣
孙俊岭　孙树旗　孙　琦　李世顶　李　杰　李杰军　李季红　李妍慧
李恒政　李　瑾　谷乾超　吴小东　何　鸣　谷　丰　宋　倩　张元再
张世波　张冰玉　张建钧　张　强　陈　阳　杨中英　杨永朋　杨靖伟
杨新辉　范沛哲　林龙梅　金　颖　周　飞　郑国铅　赵子硕　赵长友
赵康平　胡　芳　胡　嵩　袁佳秀　耿仁波　桂兆伟　贾　佳　夏　岩
高志刚　高焕喜　曹海涛　章世刚　彭怡岑　彭　鑫　韩庆华　谢龙辉
樊智慧　薛光明

各市组稿人员（按姓氏笔画排列）

王秀芳　王晓峰　王晓棠　王淑霞　王　燕　申新红　朱金伟　孙新凤
刘献利　刘　帅　李小娟　宋文芳　陈曾明　武鑫海　郝丙建　袁永智
彭守天

序

2017年以来，全球经济整体呈现同步复苏态势，经济持续扩张，通胀总体温和，劳动力市场表现良好。其中，美国经济形势表现强劲，欧元区经济复苏步伐加快，日本经济复苏势头转好，新兴市场经济体总体增长较快，但部分经济体仍面临调整与转型压力。中国经济稳中向好、好于预期，经济活力、动力和潜力不断释放，稳定性、协调性和可持续性明显增强，实现了平稳健康发展。经济结构不断优化，新兴动能加快成长，质量效益明显提高。消费需求对经济增长的拉动作用保持强劲，投资增长稳中略缓、结构优化，进出口较快增长。工业生产加快发展，第三产业增加值占GDP的比重为51.6%，高于第二产业11.1个百分点。就业稳中向好，消费价格温和上涨。全年国内生产总值（GDP）为82.7万亿元，按可比价格计算，同比增长6.9%。

2017年，河南省认真贯彻落实党的十九大和全国经济工作会议精神，坚持稳中求进的总基调，贯彻发展新理念，深入推进供给侧结构性改革，狠抓政策落实，经济保持总体平稳、稳中向好发展态势。全年全省地区生产总值达44988.2亿元，同比增长7.8%。从总需求来看，全年固定资产投资43890.4亿元，增长10.4%。社会消费品零售总额19666.8亿元，增长11.6%，对外贸易保持自2016年下半年以来的增势，全年实现进出口总值5232.8亿元，增长10.9%。全年实际利用外资170亿美元，实际利用省外资金超过9000亿元。从总供给来看，河南省三次产业结构继续优化，由2016年的10.7：47.4：41.9调整为2017年的9.6：47.7：42.7。2017年粮食总产量1194.6亿斤，为历史第二高年份。农村土地改革、“三权分置”改革等农村综合改革持续推进，激发了农业农村发展活力。各类新型经营主体超24.7万个，同比增长12.3%。工业生产平稳增长，新动能较快成长。全年实现工业增加值21450.0亿元，增长7.3%。高新技术产业、战略新兴产业增速分别高于全省规模以上工业增速8.8、4.1个百分点。服务业对经济增长贡献度继续提高，第三产业增加值增长9.2%，增速分别高于第一、第二产业4.9、1.9个百分点，对GDP增长的贡献率高于第二产业2.8个百分点。供给侧结构性改革成效显著。煤炭行业去产能提前完成，22家“地条钢”企业全部拆除，商品房库存去化周期保持在6个月左右。积极推动市场化债转股，推动落实债转股协议175亿元。出台8大领域40条降成本新措施，共计减轻企业负担450亿元。短板领域投资快速增长，生态保护和环境治理投资增长78.3%，互联网和相关服务业投资增长67.1%。消费价格温和上涨，生产者价格由降转升，居民消费价格比2016年上涨1.4%，同比回落0.5个百分点。财政收支较快增长，就业形势基本稳定，河南省财政收入增速由降转增，全年实现总收入5238.3亿元，同比增长10.7%；一般公共预算支出8224.7亿元，同比增长9.8%。在“大众创业 万众创新”等多种政策引导下，全年城镇新增就业144.2万人，失业人员再就业44.0万人。房地产市场总体平稳，房地产开发投资完成 7090.3 亿元，增速较 2016 年大幅放缓 13.5 个百分点。

货币政策保持稳健中性，支持供给侧结构性改革和实体经济转型发展。2017 年，河南省金融业认真落实稳健中性的货币政策，存贷款合理增长，社会融资规模基本稳定，金融服务实体经济能力进一步提升。全省金融机构本外币各项存款增速呈前高后低态势，年末存款余额 60037.6 亿元，同比增长 9.2%，较 2016 年回落 4.7 个百分点。受货币市场利率上行、居民存款理财化及国库现金管理影响，存款结构出现分化。全年住户存款和企业存款分别较 2016 年少增 515.9 亿元、578.6 亿元，财政性存款比 2016 年多增 263.6 亿元。受稳健中性货币政策影响，全省信贷增速有所回落。2017 年末，本外币贷款余额为 42546.8 亿元，同比增长 14.6%，增速较 2016 年同期下降 2.2 个百分点。融资结构继续调整，金融创新不断推进。2017 年，河南省社会融资规模增量为 6801.7 亿元，同比少增 21.9 亿元。定向降准支持法人金融机构流动性作用明显，2017 年以来，对小微或“三农”贷款考核达标的 14 家城商行和非县域农商行定向降准 1.5 个百分点，对新增存款投放当地考核达标的 75 家农信社和村镇银行定向降准 1 个百分点，对考核达标的 59 家农行“三农金融事业部”定向降准 2 个百分点，累计向全省法人金融机构释放流动性约 168.7 亿元。

信贷政策发挥结构性调控作用，支持薄弱、民生、重点领域效果凸显。在扶贫再贷款对商业性扶贫资金杠杆撬动的影响下，金融扶贫资金来源渠道进一步拓宽，2017 年，全省累计发放扶贫再贷款 139.5 亿元，同比多增 62.6 亿元，覆盖全省所有贫困县。2017 年 12 月末，河南省金融机构精准扶贫贷款（含已脱贫人口贷款）余额 1136.7 亿元，较年初新增 482.6 亿元，同比增速 71%；当年累计发放金额 884.4 亿元，比 2016 年同期增加 392.7 亿元，金融扶贫“卢氏模式”得到党中央、国务院高度评价。在定向降准、再贷款再贴现等货币政策工具引导下，薄弱领域贷款增长加快，全省小微企业、涉农贷款同比分别增长 19.4%、11.6%。金融领域加大对“大众创业 万众创新”的支持，2017 年末，全省创业担保贷款余额 120 亿元，累计支持 165.7 万人实现自主创业，支持 9559 个小企业发挥就业吸纳能力。农村金融改革稳步推进，农村承包土地经营权、农民住房财产权抵押贷款试点进展顺利，2017 年，全省 9 个农地试点县累计发放农村承包土地经营权抵押贷款 1503 笔，金额 7.83 亿元，贷款余额 8.43 亿元，同比增长 282.5%；2 个农房试点县累计发放农民住房财产权抵押贷款 3481 笔，金额 2.55 亿元，贷款余额 2.4 亿元，同比增长 142.2%。房地产价格增速放缓，全省商品住宅成交备案均价涨幅回落 0.8 个百分点；商品房销售金额创新高，在 2016 年高基数上增长 0.9%。全省新增房地产贷款占新增人民币各项贷款的比重为 47%，较 2016 年下降 8.1 个百分点。

金融市场持续平稳运行。货币市场交易量平稳增长，资金流向以净融入为主。2017 年，河南省货币市场业务累计成交 29.82 万亿元，同比增长 19.76%。债券发行量保持增长，现券交易同比下降。2017 年，河南省非金融企业债务融资工具累计发行 816.7 亿元，同比增长 4.77%。票据市场回归理性，交易量小幅下降，受供给侧结构性改革和市场利率上行影响，企业债券融资同比少增 297 亿元。2017 年，“双创”金融债试点取得突破，全国首批发行落户河南，法人金融机构发行全省首单绿色金融债 10 亿元、首单“三农”金融债 4 亿元。

2017年末，全省金融机构银行承兑余额4310.82亿元，同比减少3.67%。黄金价格震荡走高，期货交易同比下降。2017年，黄金价格同比上涨3.6%，河南省金融机构黄金交易量同比下降16.9%，成交金额同比下降9.39%。

银行业金融改革稳步推进，不良贷款实现双降。2017年，完成农信社改制组建农商行98家，占全部农信社的70.5%；农业银行河南省分行"三农金融事业部"改革进展顺利。银行业不良贷款稳步下降，年末余额1045.2亿元、不良贷款率2.46%，分别比年初减少20亿元、下降0.41个百分点，其中小微企业不良率较年初下降0.57个百分点。

证券业快速发展，多层次资本市场不断完善。2017年，中原证券实现上交所主板上市，华信期货注册资本增至18.3亿元，中原期货申请在新三板市场挂牌，全年新增证券期货分支机构65家，金融服务覆盖面扩大。直接融资渠道更加丰富，服务实体经济能力增强。全年新增境内上市公司4家，新三板和中原股权交易中心挂牌公司分别增加50家、1354家，全省企业通过首发上市、股权再融资、资产证券化等形式实现境内融资718.9亿元。

保险业快速发展，助推经济与保障民生能力增强。2017年全省保险业资产总额3664.7亿元，增长12.8%；保险深度和保险密度分别较2016年提高0.14个百分点和481.8元/人。保险资金支农支小融资"政融保"项目落地291个，融资金额1.2亿元，有力推动了实体经济发展。与国计民生密切相关的农业保险和责任保险业务增速分别达到23.3%和18.5%。精准扶贫重要举措"困难群众大病补充保险"覆盖全省805万困难群众，被国务院医改办评为2017年医改典型案例。

2018年是贯彻党的十九大精神的开局之年，也是实施"十三五"规划承上启下的关键一年。河南省金融业将认真贯彻党的十九大和中央经济工作会议、全国金融工作会议精神，以习近平新时代中国特色社会主义思想为指导，坚持稳中求进总基调，紧紧围绕服务供给侧结构性改革和推动经济高质量发展，贯彻执行好稳健中性货币政策和宏观审慎政策"双支柱"调控框架要求，实现货币信贷和社会融资规模适度增长，促进河南省经济金融更好发展。

《河南金融年鉴》编委会

编辑说明

一、本卷《河南金融年鉴》是一部反映2017年河南省金融事业发展情况的大型资料性工具书，是社会各界系统了解河南金融较为理想的媒介，在整个组稿、筛选和编纂过程中，力求体现科学性、资料性、全面性和连续性。

二、本年鉴共分为八个部分。第一部分：河南金融概览篇；第二部分：金融机构篇；第三部分：各地金融篇；第四部分：金融社团组织；第五部分：金融专栏；第六部分：河南金融大事记；第七部分：河南金融统计资料；第八部分：河南金融机构名录。

三、本年鉴采用条目式整体编排。每一条目标题用【】表示，本卷所反映的内容，一般只限于当年的业务活动。

四、本年鉴中的部分统计数据采用了四舍五入的计数法，一般保留两位小数，总计与分项相加略有误差；各金融机构的业务统计科目的设置有所不同，因此同一类别的资料、表格形式、金额单位不尽一致。请各位读者在阅读和使用时，注意统计口径的差别。

五、各金融机构的归类、排列是按惯例进行的，无名次高低之意。

六、个别新近成立的金融机构，由于业务尚未全面展开，故暂不入编本年鉴。

七、由于本年鉴资料涉及面广，组稿人员多，难免会出现一些错误与不足，恳请各界读者批评指正。

《河南金融年鉴》编辑部

目 录

第一部分
河南金融概览篇

总体情况

行业改革与发展

市场运行

第二部分
金融机构篇

金融管理机构

银行业金融机构

证券、期货机构

保险机构

其他金融机构

第三部分
各地金融篇

第四部分
金融社团组织

第五部分
金融专栏

第六部分
河南金融大事记

第七部分
河南金融统计资料

一、综合业务统计表

（一）本外币信贷收支表

（二）河南省各市金融统计表

（二）损益表

第八部分
河南金融机构名录

第一部分

河南金融概览篇

总体情况

河南经济运行情况

2017 年，全省生产总值 44988.16 亿元，比 2016 年增长7.8%，增速高于全国平均水平0.9个百分点。分产业看，第一产业增加值 4339.49 亿元，增长 4.3%；第二产业增加值 21449.99 亿元，增长 7.3%；第三产业增加值 19198.68 亿元，增长 9.2%。

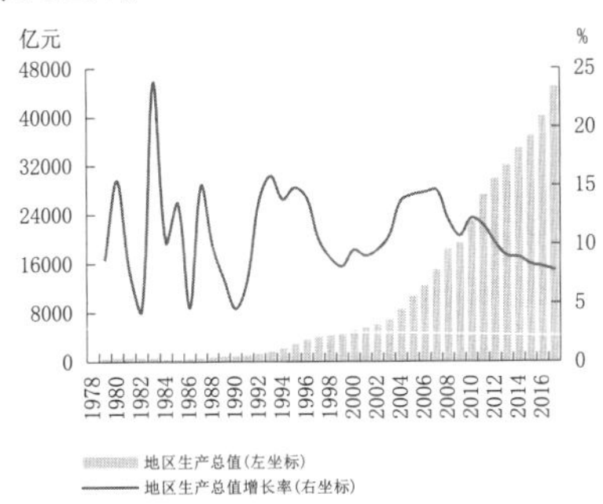

数据来源：河南省统计局

图 1 1979 ~ 2017 年河南省地区生产总值及其增长率

一、三大需求总体平稳

（一）投资平稳增长，投资结构改善。2017 年，河南省聚焦重大产业项目、重大基础设施和环境保护治理等重点领域，积极引导民间资本进入基础设施和公共服务领域，投资总体保持较快增长，全年固定资产投资 43890.4 亿元，同比增长 10.4%。从投资结构看，民间投资活力得到激发，增速较 2016 年提高 3.2 个百分点；房地产调控成效显现，房地产开发投资增速较 2016 年回落 13.5 个百分点；稳增长措施拉动基础设施投资继续保持高速增长，增速较 2016 年提高 1.4 个百分点。

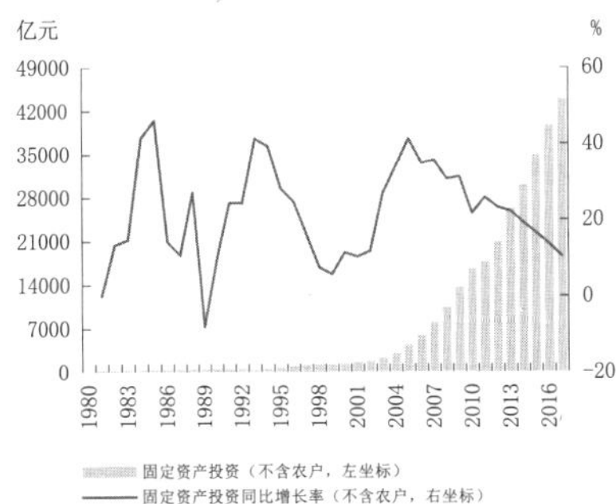

数据来源：河南省统计局

图2 1981 ~ 2017 年河南省固定资产投资（不含农户）及其增长率

（二）消费稳步增长，消费升级态势明显。2017 年，河南省社会消费品零售总额 19666.8 亿元，比 2016 年增长 11.6%。消费升级类商品较快增长，电子出版物及音像制品、计算机及其配套产品、通信器材类和体育娱乐用品类分别增长 28.2%、20.6%、15.9% 和 12.0%。

数据来源：河南省统计局

图 3 1979 ~ 2017 年河南省社会消费品零售总额及其增长率

（三）进出口较快增长，外商投资保持稳定。2017 年，河南省进出口总值 5232.8 亿元，增长 10.9%。其中，出口 3171.8 亿元，增长 11.8%，进口 2061.0 亿元，增长 9.6%。全年实际利用外资 170 亿美元，实际利用省外资金超过 9000 亿元。

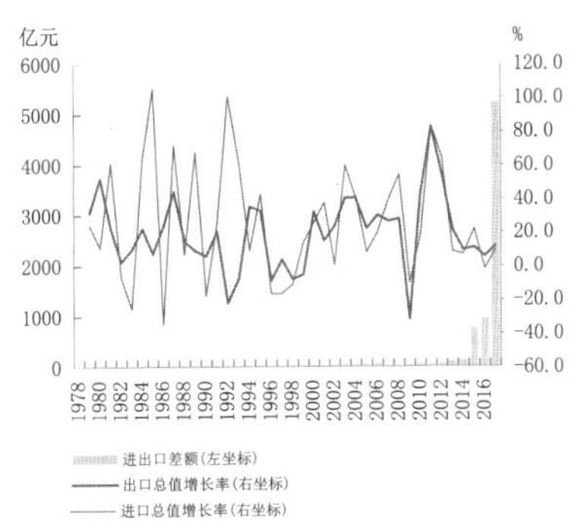

数据来源：河南省统计局

图 4 1979 ~ 2017 年河南省外贸进出口变动情况

二、三大产业结构持续优化

（一）农业生产总体稳定，农村改革持续推进。2017 年河南省粮食总产量 1194.6 亿斤，为历史第二高年份。农产品加工、休闲农业、农村电商快速发展，农村一二三产业融合度显著提高，全省农产品加工营业收入突破2.45万亿元。农村土地改革、“三权分置”改革等农村综合改革持续推进，激发了农业农村发展活力。各类新型经营主体超24.7万个，同比增长12.3%。

（二）工业生产平稳增长，新动能较快成长。2017年第二产业增加值21445.0亿元，增长7.3%。经济转型升级持续推进，高新技术产业增长16.8%，战略新兴产业增长12.1%，增速分别高于全省规模以上工业增速8.8、4.1个百分点。高耗能工业增加值增速为3.2%，增速低于规模以上工业增加值4.8个百分点。

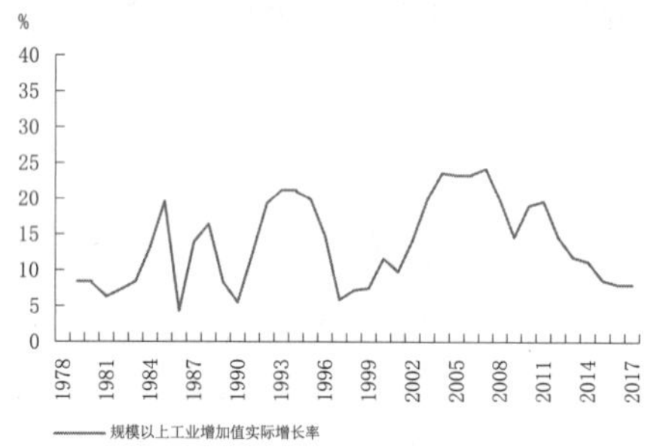

数据来源：河南省统计局

图5 1979～2017年河南省规模以上工业增加值增长率

（三）服务业快速发展，对经济增长贡献度继续提高。2017年，河南省第三产业增加值增长9.2%，增速分别高于第一、第二产业4.9、1.9个百分点。第三产业增加值对GDP增长的贡献率48.4%，高于第二产业2.8个百分点。重点服务业发展态势良好，邮政电信和交通运输业务量分别比2016年提高115.6%和11.7%。

（四）供给侧结构性改革成效显著。2017年，河南省煤炭行业去产能提前完成，22家“地条钢”企业全部拆除。因城施策推进房地产去库存，商品房库存去化周期保持在6个月左右。积极推动市场化债转股，推动落实债转股协议175亿元。出台8大领域40条降成本新措施，共计减轻企业负担450亿元。短板领域投资快速增长，生态保护和环境治理投资增长78.3%，互联网和相关服务业增长67.1%。

三、消费价格温和上涨，生产者价格由降转升

（一）居民消费价格温和上涨。2017年河南省居民消费价格比2016年上涨1.4%，同比回落0.5个百分点。八大类消费价格同比七涨一跌，医疗保健、居住涨幅较大，食品烟酒价格小幅下降。

（二）工业生产者价格由降转升。受国际大宗产品价格上涨和2016年基数较低影响，2017年，河南省工业生产者出厂价格和购进价格分别上涨6.8%和7.3%，涨幅比2016年分别提高7.8个和8.1个百分点。

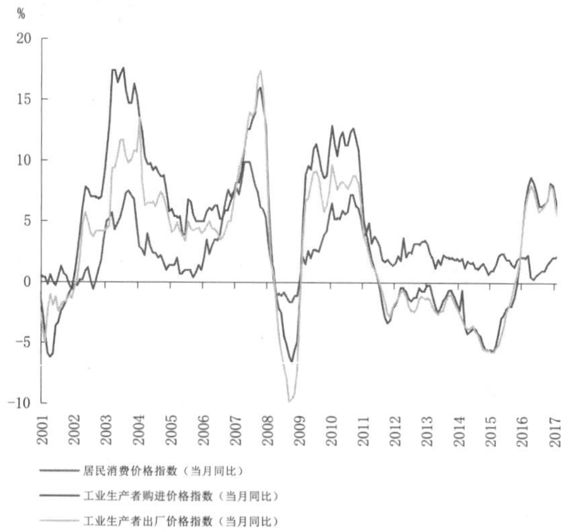

数据来源：河南省统计局

图6 2001～2017年河南省居民消费价格和生产者价格变动趋势

（三）就业形势基本稳定，劳动力价格稳步提高。2017年，河南省采取多种措施引导大众创业万众创新，就业形势基本稳定，全年城镇新增就业144.2万人，失业人员再就业44.0万人。同时，劳动力价格进一步提高，城镇居民工资性收入持续增长，农民工外出务工环境持续改善。

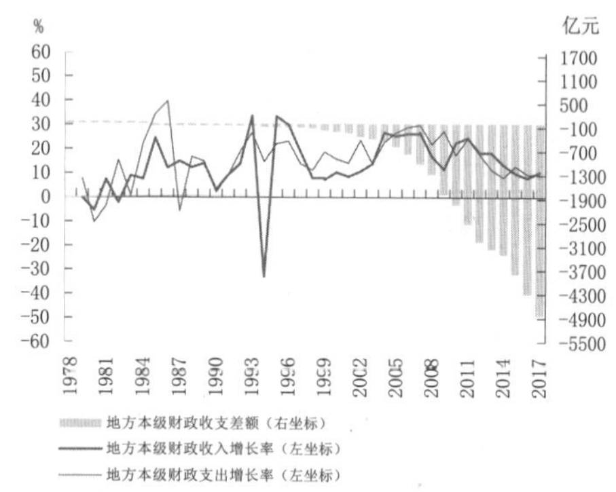

数据来源：河南省统计局

图7 1978～2017年河南省财政收支状况

四、财政收入稳步增长，财政支出结构优化。2017年，河南省财政收入增速由降转增，全年实现总收入5238.3亿元，同比增长10.7%。一般公共预算支出8224.7亿元，同比增长9.8%。财政资金充分发挥促改革、调结构的杠杆作用，强化对重点领域支持，全年安排资金251.7亿元强化农业供给侧结构性改革；安排新型城镇化转移支付资金30亿元；出台多项奖补措施，支持国企改革和环境治理工作。

河南金融形势

2017年，河南省金融系统坚持稳中求进的总基调，围绕服务实体经济、深化金融改革、防控金融风险三大任务，聚焦“打好四张牌、推进三区一群建设、打赢四大攻坚战”，着力加大对实体经济的支持力度，金融运行呈现“信贷投放力度加大、改革创新成效显著、金融体系总体稳健”的态势，有力支持了全省经济社会发展。

一、存款增幅回落，结构出现分化。2017年末，河南省金融机构本外币各项存款余额为60037.6亿元，同比增长9.2%，较2016年同期回落4.7个百分点；人民币存款增速呈前高后低态势，年末各项存款余额59068.7亿元，同比增长9.4%，较2016年同期回落3.9个百分点。全年住户存款增加2856.8亿元，比2016年少增515.9亿元，原因主要是货币市场利率上行，居民存款理财化所致。企业存款增加973.1亿元，比2016年少增578.6亿元。受开展国库现金管理影响，财政性存款增加119.8亿元，比2016年多增263.6亿元。

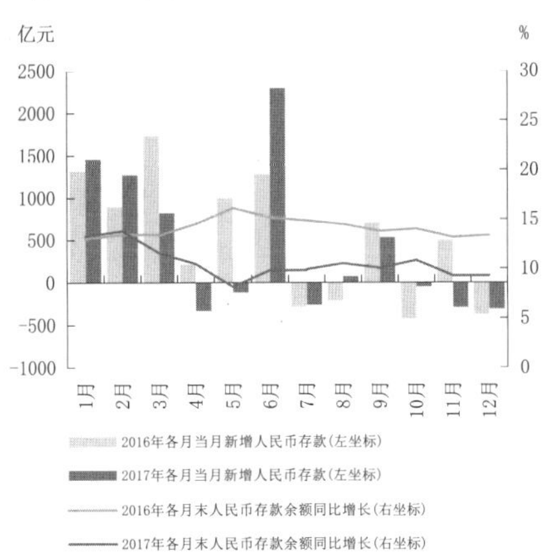

数据来源：中国人民银行郑州中心支行调查统计部门

图8 2016～2017年河南省金融机构人民币存款增长变化

二、贷款增速回落，结构不断优化。受稳健中性货币政策和房地产市场调控影响，河南省信贷增速有所回落。2017年末，本外币贷款余额42546.8亿元，同比增长14.6%，增速较2016年同期下降2.2个百分点。在定向降准、再贷款再贴现等货币政策工具引导下，薄弱领域贷款增长加快，全省小微企业、涉农贷款同比分别增长19.4%、11.6%，较2016年同期分别提高9.3、1.2个百分点，同比分别多增690.4亿元、360.8亿元。

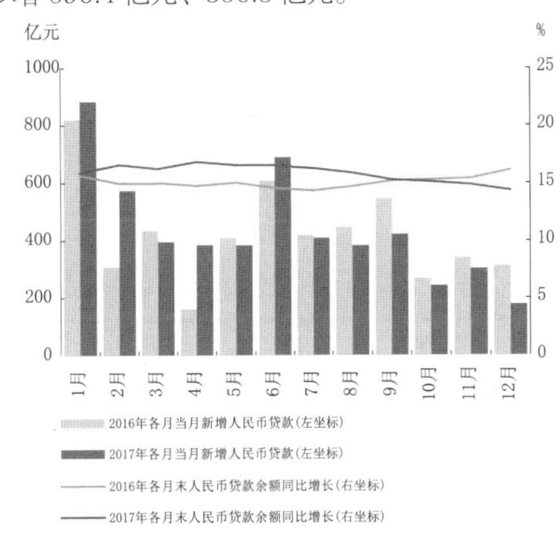

数据来源：中国人民银行郑州中心支行调查统计部门

图9 2016～2017年河南省金融机构人民币贷款增长变化

数据来源：中国人民银行郑州中心支行调查统计部门

图10 2016～2017年河南省金融机构本外币存、贷款增速变化

三、贷款利率趋于上升，利率政策引导效果明显。2017年河南省金融机构存款利率上浮幅度基本在基准利率的1.3倍之内。受稳健中性货币政策影响，贷款加权利率缓慢抬升，12月末新发放贷款加权利率为5.93%，同比提高0.49个百分点。创新开展优化运用扶贫再贷款发放贷款定价机制试点，试点期内带动试点机构贷款加权平均利率

较2016年末下降0.3个百分点。2017年全省共有159家金融机构通过合格审慎评估成为全国市场利率定价自律机制成员，全年发行同业存单2940.5亿元，大额存单458.1亿元。

2017年河南省金融机构人民币贷款各利率区间占比

单位：%

月份		1月	2月	3月	4月	5月	6月
合计		100.0	100.0	100.0	100.0	100.0	100.0
下浮		17.7	16.1	14.9	14.1	8.2	7.6
基准		16.3	15.1	14.1	15.2	14.1	18.4
上浮	小计	66.0	68.8	70.9	70.6	77.7	73.9
	(1.0–1.1]	15.5	17.0	14.0	12.9	12.8	12.4
	(1.1–1.3]	11.7	13.4	14.3	18.0	18.6	17.5
	(1.3–1.5]	7.1	8.3	8.6	8.6	9.8	10.0
	(1.5–2.0]	11.4	10.1	11.7	11.1	13.0	13.2
	2.0以上	20.5	19.9	22.3	20.0	23.6	20.8
月份		7月	8月	9月	10月	11月	12月
合计		100.0	100.0	100.0	100.0	100.0	100.0
下浮		7.7	7.7	6.9	5.7	4.5	4.6
基准		20.4	14.6	16.0	18.4	16.3	17.8
上浮	小计	71.9	77.7	77.1	75.9	79.2	77.6
	(1.0–1.1]	10.8	11.1	11.4	10.0	10.7	10.4
	(1.1–1.3]	16.5	14.9	15.1	17.7	21.2	19.8
	(1.3–1.5]	11.7	12.2	12.7	11.5	11.2	11.8
	(1.5–2.0]	12.2	14.8	14.6	13.2	15.6	13.9
	2.0以上	20.7	24.8	23.3	23.5	20.5	21.7

数据来源：中国人民银行郑州中心支行

四、信贷结构持续改善

（一）服务业贷款快速增长。服务业贷款增速自2014年下半年以来持续高于全部贷款增速，12月末，服务业贷款同比增长18.4%，高出全部行业贷款增速2.6个百分点；全年服务业贷款新增2436.3亿元，同比多增203.5亿元，占全部行业贷款增量的43.9%。

（二）工业贷款增速有所回升。在去产能、环保限产作用下，上中游行业经营状况、盈利水平有所好转，带动工业贷款增速出现回升，12月末同比增长2.9%，较2016年同期提高3.1个百分点。2017年，化工、钢铁、有色、电力行业中长期贷款分别增加13.6亿元、20亿元、30.5亿元和143.3亿元，同比分别多增7.5亿元、16.8亿元、30.7亿元和138.5亿元。

（三）薄弱领域贷款增长加快。12月末，全省小微企业、涉农贷款同比分别增长19.4%、11.6%，较2016年同期分别提高9.3和1.2个百分点，全年二者分别新增1376.7亿元、1759.8亿元，同比分别多增690.4亿元、360.8亿元。

（四）基础设施领域贷款新增较多。2017年，全省基础设施行业贷款新增1397.4亿元，同比多增537.4亿元，占全部行业贷款增量的25.2%，占比较2016年同期提高7.1个百分点，有力支持了全省基础设施投资持续快速增长。全年基础设施投资增长30.4%，高出固定资产投资增速20个百分点。

（五）房地产贷款增速高位回落。在房地产调控政策作用下，自3月份以来，房地产贷款（包括房地产开发贷款及购房贷款等）、个人住房贷款增速均高位逐月回落，12月末分别增长24.5%、29.8%，较2月末的高位分别回落15.5、19.5个百分点。

五、表外及债券融资形势好转。2017年，银行表外融资增加777.6亿元，同比多增214.7亿元，占全省社会融资规模增量的11.4%，同比提高3.2个百分点，主要是信托贷款增加较多。全年信托贷款增加525.7亿元，同比多增304.3亿元，近八成投向了房地产行业，两成左右投向了租赁和商务服务业（主要是平台类公司）。在债券市场刚性兑付被打破、市场利率上行、债券发行难度加大的情况下，上半年河南省企业债券发行较为低迷，2–6月份合计仅发行278.2亿元，而到期兑付373亿元，下半年以来企业债券发行有所好转，尤其是8月份当月发行208.7亿元，为近3年来月度发行规模的次高点。2017年，全省非金融企业累计发行债券1145.1亿元，其中银行间市场债券发行占71.3%。

六、银行投资类业务大幅收缩。在强监管背景下，金融机构尤其是地方法人机构市场投资类业务增长大幅放缓。2017年，全省金融机构债券投资增加452.1亿元，同比少增947.9亿元，增速较2016年同期回落35.1个百分点；股权及其他投资增加552.3亿元，同比少增1189亿元，增速较2016年同期回落62个百分点。金融机构资金从同业债券、资管产品投资转向表内贷款，有利于减少体系内资金循环，转向加大对实体经济的信贷支持。

七、涉外收支实现顺差。2017年，河南省涉外收支总规模923.3亿美元，同比增长14.3%，实现净流入25.5亿美元。全年货物贸易实现顺差80.4亿美元，同比下降21.2%，主要是受进料加工贸易顺差大幅收窄影响，一般贸易顺差仍保持大幅增长，全年一般贸易顺差63.1亿美元，同比增长63.5%。结售汇同比由逆转顺。全年结售汇总规模337.3亿美元，同比增长15%；结售汇差额由2016年的逆差27亿美元逆转为顺差63.2亿美元，其中，货物贸易结售汇顺差112.2亿美元，同比增长124.7%。

八、金融改革加快推进

（一）兰考普惠模式初步形成。“以数字普惠金融为核心，以金融服务、普惠授信、信用建设、风险防控为基本内容”的“一平台四体系”兰考普惠模式初步形成。12月末，兰考县金融机构人民币存、贷款余额同比分别增长18.8%、27.9%，分别高于全省增速9.4、13.5个百分点。兰考县普惠金融指数在全省排名由2015年的第22位上升至第1位。

（二）“两权”试点工作瓶颈破解。目前，9个农地试点县农户确权颁证率均达96%以上，2个农房试点不动产登记确权率达70%以上，10个试点县建立了产权交易中心。12月末，农村承包土地经营权抵押贷款和农民住房财产权抵押贷款余额分别为8.0亿元、4.3亿元，同比分别增长212.6%和79.2%。

（三）金融服务自贸区建设成效明显。经国家外汇管理局同意，在郑州航空港开展经营性租赁收取外币租金业务，河南成为全国第二个开展此项试点的省份。跨境人民币业务实现河南区域全覆盖，品种涵盖绝大部分经常项目和多数资本项目，4074家企业得以受益。自自贸区成立以来，新增贷款超200亿元，跨境结算超300亿元。

货币政策执行情况

一、中国货币政策回顾

2017 年，中国人民银行继续实施稳健中性的货币政策，货币政策和宏观审慎政策双支柱调控框架初见成效，为供给侧结构性改革和高质量发展营造了中性适度的货币金融环境。一是密切关注流动性形势和市场预期变化，加强预调微调和与市场沟通，综合运用逆回购、中期借贷便利、抵押补充贷款、临时流动性便利等工具灵活提供不同期限流动性，维护银行体系流动性合理稳定，公开市场操作利率"随行就市"小幅上行。二是宣布对普惠金融实施定向降准政策，运用支农支小再贷款、再贴现、扶贫再贷款和抵押补充贷款等工具并发挥信贷政策的结构引导作用，支持经济结构调整和转型升级，将更多金融资源配置到经济社会发展的重点领域和薄弱环节。三是深化利率市场化改革，货币政策调控和传导机制进一步健全。四是完善人民币汇率市场化形成机制，在中间价报价模型中引入"逆周期因子"，更充分地反映基本面变化。五是进一步完善宏观审慎政策框架，将表外理财纳入广义信贷指标范围，做好将同业存单纳入宏观审慎评估（MPA）同业负债占比指标的准备工作。六是积极完善和推广全口径跨境融资宏观审慎管理，适时推动前期出台的逆周期调控政策回归中性。

总体看，稳健中性的货币政策取得了较好效果，在有效抑制金融体系杠杆的同时，保持了经济平稳较快增长。银行体系流动性中性适度，货币信贷和社会融资规模平稳增长，利率水平总体适度，人民币对美元双边汇率弹性进一步增强，双向浮动的特征更加显著，人民币汇率预期总体平稳。2017 年末，人民币贷款余额同比增长 12.7%，比年初增加 13.5 万亿元，同比多增 8782 亿元；社会融资规模存量同比增长 12.0%。12 月份非金融企业及其他部门贷款加权平均利率为 5.74%。2017 年末，CFETS 人民币汇率指数为 94.85，全年上涨 0.02%，人民币兑美元汇率中间价为 6.5342 元，较 2016 年末升值 6.16%。年末广义货币供应量 M2 余额同比增长 8.2%。

二、河南省货币政策执行情况

2017 年，人民银行郑州中心支行认真贯彻执行稳健中性货币政策，加强分析研究，结合辖区实际组织实施好宏观审慎评估，开展优化运用扶贫再贷款发放贷款定价机制试点，引导辖区货币信贷和社会融资规模合理增长，综合使用多种货币政策工具引导信贷结构优化，支持供给侧结构性改革和实体经济转型发展取得积极成效。

【货币政策工具】

一、积极开展优化运用扶贫再贷款发放贷款定价机制试点，为政策优化积累实践经验。作为总行确定的两个试点省份之一，人民银行郑州中心支行围绕"差别竞价、科学定价、以价提量、保本微利"的工作主线，一是尝试扩大利率加点上限幅度，将试点机构运用扶贫再贷款发放贷款利率加点上限扩大至 5 个百分点，增强试点机构运用扶贫再贷款的商业可持续性。二是尝试构建扶贫再贷款竞价使用机制，由试点机构自愿参与竞价，扶贫再贷款拟借用额越高、投放越精准，允许运用扶贫再贷款发放扶贫贷款的利率加点幅度越高，调动试点机构借用扶贫再贷款积极性。三是尝试扶贫再贷款精准使用模式，创新出"到户增收扶贫模式、专业合作社扶贫模式、用工企业扶贫模式"等 3 种易复制、可推广的使用模式，提高试点地区"扶贫再贷款 +"产品的精准渗透能力。四是尝试开发运用扶贫再贷款发放贷款定价程序，着力减少人为因素对扶贫贷款定价的干扰。截至试点期末（2017 年 6 月末），17 家试点机构扶贫再贷款余额 47.4 亿元，较 2016 年末增长 152%，对金融精准扶贫贷款申请的满足率较 2016 年末提高 11.46 个百分点，对贫困户的覆盖面较 2016 年末提高 9.33 个百分点，带动试点机构整体贷款加权平均利率较 2016 年末下降 0.3 个百分点。

二、加强货币市场利率监测，有效发挥常备借贷便利的利率走廊上限作用。一是加强常备借贷便利知识普及和流动性应急预警，引导金融机构在月末、季末等关键时点，提前储备资金，防止出现流动性紧张局面。二是加强流动性监测，对日常监测中发现的个别拆借利率超上限的金融机构，随时进行通报、制止，并及时提供常备借贷便利支持。2017年，累计向全省法人机构发放常备借贷便利85.3亿元。全年全省地方法人金融机构流动性平稳，同业拆借利率在规定走廊内运行。

三、运用再贴现打造“益企便利贴”品牌，着力提升再贴现定向调控功能。在新乡打造“益企便利贴”特色贴现品牌，定向支持实体经济发展，筛选出当地急需支持的中小微企业名录，明确“定向支持、适度利润、电票优先”的三原则，指导参与机构统一制定“益企便利贴”贴现产品管理办法，确保“益企便利贴”规则透明、渠道顺畅。业务开展以来，相关地区的再贴现业务办理量同比增长2倍以上，票据支持对象与区域经济发展导向更加紧密，再贴现定向调控功能得到有效发挥。

四、严格执行准备金平均法考核，有效落实准备金改革政策。一是推进准备金平均法考核。严格按照“双平均法”考核要求，指导全省各级人民银行紧抓旬间平均值考核、日终透支上限管理、日常流动性预警等3项重点，加强政策宣传和日常监测引导。二是有效发挥准备金政策的定向调控和流动性支持作用。准确测算、按时实施定向降准。2017年以来，对小微或“三农”贷款考核达标的14家城商行和非县域农商行定向降准1.5个百分点，对新增存款投放当地考核达标的75家农信社和村镇银行定向降准1个百分点，对考核达标的59家农行“三农金融事业部”定向降准2个百分点。三是加强对法人金融机构新增流动性的引导。积极引导辖内金融机构盘活存量、用好增量，将新增流动性投入到“三农”、小微企业、扶贫等经济发展重点领域和薄弱环节。通过准备金工具，2017年累计向全省法人金融机构释放流动性约168.7亿元，有效提升了法人金融机构支持实体经济的实力。四是加强存款准备金政策现场核查。组织辖内9个市中心支行和4个县支行开展了存款准备金政策执行情况互查，严格按照执法检查程序，重点检查存款准备金缴存、管理及定向降准和平均法考核政策执行情况，对发现的问题在全省通报，要求发现问题的被核查地区切实做好整改。

【利率市场化】

积极推动合格审慎评估和同业存单、大额存单发行。一是综合使用宏观审慎评估、两单发行等工具积极推动合格审慎评估工作。将法人金融机构是否参加合格审慎评估以及评估结果等纳入宏观审慎评估，作为宏观审慎评估结构性参数调整的重要依据；综合使用金融市场准入、货币政策工具等多种正向激励措施，引导法人金融机构积极参加合格审慎评估。2017年，河南省参加合格审慎评估的地方法人达到180家，比2016年增加62家。经全国市场利率定价自律机制终审，达到基础成员标准的有39家，达到观察成员标准的有120家，分别比2016年增加5家和36家。二是积极推进大额存单、同业存单发行交易，做好备案发行监测分析与情况总结。通过宣传培训等多种措施，引导符合条件的法人金融机构积极发行交易两单。2017年河南省法人机构同业存单和大额存单备案发行机构分别达33家和21家，分别比2016年增加20家和14家；备案金额分别为3363亿元和1181.6亿元；累计发行金额分别达2940.5亿元和458.08亿元。

【宏观审慎评估】

结合辖区实际细化结构性参数，引导信贷总量合理增长和信贷投向优化，确保宏观审慎评估工作的公开、公平、公正。一是结合辖区实际制定并不断完善《宏观审慎评估结构性参数和容忍度调整规则》，充分发挥结构性参数的信贷结构引导作用。对支农支小、金融扶贫、绿色信贷、大众创业、科技金融或其他符合国家宏观调控和产业政策导向的领域金融支持成效突出的机构，在结构性参数方面予以倾斜。二是将广义信贷、狭义信贷增长与MPA引导有机结合。根据法人机构贷款投放总量和投放节奏合理调整结构性参数，总量、节奏符合MPA要求的，在结构性参数方面予以倾斜。紧抓证据关和数据审核关，确保参数调整有据可依、证据充分；确保定量指标核对“两相符”，即金融机构填报数据与调查统计部门的数据相符、金融机构填报数据与银监部门的数据相符。确保了宏观审慎评估工作的公开、公平、公正。

信贷政策执行情况

2017年，人民银行郑州中心支行贯彻落实中央经济工作会议和全国金融工作会议精神，坚持稳中求进的工作总基调，围绕服务实体经济、防控金融风险、深化金融改革三项任务，充分发挥信贷政策结构性调整功能，加强金融市场监督管理、风险防范和培育创新，深入推进“两权”抵押贷款试点，推进金融精准扶贫，做好国企改革金融服务，支持河南制造强省建设，持续加大对社会重点领域和薄弱环节的金融支持，加强住房信贷管理和房地产市场风险防范，扩大银行间债券市场融资，加强对辖内市场主体参与货币市场、债券市场、黄金市场的监测和管理，继续做好互联网金融风险专项整治工作，有力支持了河南省实体经济发展。

【金融精准扶贫】

一、充分发挥扶贫再贷款对商业性扶贫资金的杠杆撬动作用，拓宽金融扶贫资金来源渠道。一是构建竞争性的扶贫再贷款申请使用机制，择优授信、发放扶贫再贷款。对使用效果好、支持对象优、投放效率高、商业性扶贫贷款投放多的金融机构，重点加大扶贫再贷款支持。二是引导建立扶贫贷款定价模型。指导借用扶贫再贷款的金融机构探索建立扶贫贷款定价模型，精准测算使用扶贫再贷款和使用商业性资金发放扶贫贷款的成本、收益，打消金融机构使用商业性资金发放扶贫贷款会引起亏损的顾虑。三是推动设立扶贫贷款担保及风险缓释基金。截至2017年末，全省已基本完成了贫困县2000万元、非贫困县1000万元的基金建设，该类基金直接存入参与扶贫的金融机构，按照5至10倍的比例放大担保额度。四是积极发挥保险资金的风险分担作用。协调中原农保、省农信担保、省再担保集团与贫困地区地方政府签订框架协议，引入扶贫贷款保证保险，探索建立政府、银行、担保及保险“按比例分担”的风险共担机制。2017年末，河南省扶贫再贷款余额133.8亿元，同比增长65.2%。

二、推动金融扶贫产品和服务模式创新，满足贫困地区多元化的金融需求。一是参与创建金融扶贫“卢氏模式”。根据河南省委、省政府在卢氏县建立金融助推脱贫攻坚试验区的决策部署，共同制定工作方案，构建县乡村三级服务体系、信用评价体系、风险分担和防控体系、产业支持体系“四个体系”，提升贫困地区信贷可得性。二是复制推广“卢氏模式”有益经验，指导金融机构因地制宜加强扶贫信贷产品创新。会同省政府有关部门出台《全省扶贫小额信贷助推脱贫攻坚实施方案（暂行）》等六个方案，指导全省53个贫困县建好用好“四个体系”，督促金融机构加大探索，形成运用再贷款资金投放的“脱贫助力贷”、“支农惠贷通”、“三位/四位/五位一体”等贷款模式，以及立足地方产业特色的“美丽乡村贷”、“三社帮一村”等特色信贷产品和服务方式，较好地满足了贫困户生产生活、小微企业经营、新型农业经营主体发展、龙头企业带动等不同层次、不同领域的融资需求。

三、加强易地扶贫搬迁信贷管理。督促省国开行、农发行加强与其总行的衔接汇报，及时申请贷款资金，加强贷后管理。2017年，全省累计发放扶贫再贷款139.5亿元，同比多增62.6亿元，覆盖全省所有贫困县。2017年末，河南省金融机构精准扶贫贷款（含已脱贫人口贷款）余额1162.3亿元，较年初新增482.6亿元，同比增速71%；当年累计发放金额884.4亿元，比2016年同期增加392.7亿元。金融扶贫“卢氏模式”得到党中央、国务院高度评价。

【“两权”抵押贷款试点】

全面深入推进“两权”抵押贷款试点。一是认真开展试点中期评估，督促试点地区对照评估排名结果，认真查找不足、学习先进。二是进一步完善工作配套机制。参与制定《河南省委办公厅 省政府办公厅关于完善农村土地所有权承包权经营权分置办法的实施意见》。与省“两权”试点工作小组各成员单位密切配合，完善农村土地确权颁证、产权交易中心、价值评估、风险缓释、政策激励等配套政策。2017年末，9个农地试点县农户确权颁证率均达96%以上，2个农房试点不动产登记确权率达70%以上，共有10个试点县建立了产业交易中心。三是加强工作督导和宣传。开展

"两权"抵押贷款试点政策宣讲暨银农对接系列活动，赴长葛、遂平、浚县等试点地区进行政策宣讲，组织金融机构与新型农业经营主体间对接洽谈，现场达成合作意向7558万元，推动签约项目尽早落地。四是指导督促金融机构加强探索，细化贷款担保方式，探索有效的抵押物处置途径，形成了长葛市的"土地经营权抵押＋贷款保证保险＋风险补偿基金"等贷款担保模式，取得良好成效。2017年，全省9个农地试点县累计发放农村承包土地经营权抵押贷款1503笔，金额7.83亿元，贷款余额8.43亿元，同比增长282.5%；2个农房试点县累计发放农民住房财产权抵押贷款3481笔，金额2.55亿元，贷款余额2.4亿元，同比增长142.2%。

【金融支持制造强省】

一是加强制造业企业的融资培育和示范引导。筛选全省产融合作百家先进制造业企业、20家标杆企业，以正式文件发布企业名单，通过银企密切合作，发挥先进和标杆企业的引领带动作用，推动河南制造业转型升级。二是建立健全科技金融工作机制。联合建立科技金融联席会议制度，做好第二批投贷联动试点。三是指导郑州、洛阳等地围绕郑洛新自主创新示范区、国家产融合作试点加强探索。支持洛阳市开展地企对接系列活动，成立"洛阳市科技金融合作联盟"，设立科技型中小企业风险补偿金、天使投资基金等，健全融资增信机制。

【"三农"和小微企业金融服务】

进一步加大小微企业、就业等民生领域金融服务。贯彻落实人民银行总行《小微企业应收账款融资专项行动工作方案（2017—2019年）》，联合省财政厅等部门出台《河南省政府采购合同融资工作实施方案》，优化对政府采购供应商的融资服务。持续扩大创业担保贷款覆盖面，进一步完善信用社区创建－创业技能培训－创业担保贷款"三位一体"发放机制。2017年，全省应收账款融资累计成交1732笔，成交金额3601345.96万元。2017年末，全省创业担保贷款余额120亿元，累计支持165.7万人实现自主创业，支持9559个小企业发挥就业吸纳能力。

【住房金融服务】

加强住房信贷管理，配合政府做好房地产市场调控。一是加强住房信贷政策解读和窗口指导，通过窗口指导会、房地产形势分析会等形式，向金融机构警示住房贷款过快增长的风险，引导各机构不断优化贷款结构。二是持续做好国家重点监测城市郑州的住房信贷调控，配合市政府升级调控政策，将新郑、荥阳、中牟纳入"限贷"范围，组织全部驻郑金融机构开展个人住房贷款监测。三是根据监测发现的重点城市房价轮动上涨特征和风险传导路径，配合省政府成立全省房地产调控联席会议机制，扩大调控监测范围，指导开封、洛阳等8个重点三、四线城市做好政策储备，把握住房信贷政策调整的原则和要点。四是就全省消费贷增长情况进行摸底调查，充分发挥省市场利率定价自律机制的作用，引导金融机构加强自律管理，规范信贷市场秩序，防止消费贷资金违规进入房地产市场。2017年末，河南省个人住房贷款余额同比增长29.8%，增速同比回落18个百分点；郑州市个人住房贷款余额同比增长27.4%，增速同比回落37.1个百分点。全省新增个人住房贷款占全部新增贷款的比重为39.6%，比2016年下降4.9个百分点；郑州市新增个人住房贷款占比为37%，比2016年回落12.1个百分点。

【国企改革金融服务】

一是继续做好煤炭、钢铁行业去产能金融服务，督促金融机构切实落实有扶有控的信贷政策。二是做好僵尸企业处置的风险防范。参与制定《河南省政府关于省属企业处置僵尸企业的意见》，做好僵尸企业所隶属企业集团的存续期债券兑付风险监测。2017年末，全省已处置僵尸企业105户，所属的12家企业集团银行间债券市场债务融资工具余额1063.2亿元，到期债项均已按时兑付。三是推动国有企业降低杠杆率。2017年末，工、农、中、建、交、兴业等金融机构债转股总规模为1302.5亿元，其中，已落地债转股规模为175亿元，进入实质性审批阶段265亿元，有意向债转股规模为862.5亿元。

【互联网金融风险专项整治】

一是做好河南省互联网资管及跨界领域的清理整顿阶段各项工作。二是配合省整治办做好ICO平台和比特币等虚拟货币交易场所清理整治工作，参与制定《河南省比特币等虚拟货币交易场所清理整治工作实施方案》，加强交易场所客户资金账户监测和平台高管监管，压降投资者人数，防范市场风险，监督存量交易场所有序退出，同时积极稳妥制定应对预案，保护投资者利益，切实维护金融市场和社会稳定。三是开展互联网金融监管长效机制建设专题研究。组织全省货币信贷业务骨干探索开展互联网金融从业机构运行情况线上监测，赴企业实地调研，就银行业金融机构参与互联网业务合作情况开展专项调查。

金融稳定

2017年，全省金融运行总体平稳，金融风险总体可控，贷款保持高位增长，银行体系运行稳定；多层次资本市场建设加快推进，服务实体经济能力进一步增强；保险市场较快发展，服务能力持续提升；金融市场稳健发展，金融基础设施建设步伐加快；全省金融稳定性进一步增强。

【银行业与金融稳定】

2017年末，河南省银行业资产总额、负债总额分别为75966.61亿元、73033.26亿元，同比分别增长9.14%、8.85%。资产结构中传统信贷业务占比提高，贷款占比56.05%，同比上升2.65个百分点；表内投资、同业资产（含同业存单）同比分别增长12.82%、8.29%，增速同比分别下降40.17、28.23个百分点。

一、不良贷款实现双降，账面盈利低速增长。2017年末，河南省银行业金融机构不良贷款余额较年初减少86.69亿元；不良贷款率较年初下降0.57个百分点。其中，农信社改制农商行工作稳步推进，农信社系统（含农商行）不良率较年初大幅下降3.42个百分点。全年全省银行业机构累计实现盈利686.25亿元，增长2.65%，增速同比上升5.83个百分点。

二、存款保险工作扎实推进，早期纠正工作积极探索。2017年，河南省继续扎实做好存款保险制度实施各项工作，创新建立和持续完善多项存款保险基础工作制度，认真做好保费归集，主动扩宽存款保险核查覆盖面，加大现场核查力度，深入开展存款保险宣传。探索开展早期纠正工作，对早期纠正内容、开展形式以及制度创新等方面进行积极探讨，在全国率先制定早期纠正实施办法，推动部分投保机构化解风险。

三、从严监管有效落实，银行体系运行稳定。2017年，全省认真做好金融风险防控工作，加强银行体系风险的监测、评估和重点领域风险排查，加大县域维护金融稳定工作力度，完善风险应对和处置机制，推动银行业金融机构稳健经营。强化银行业监管，坚决整治各类金融违法违规行为，重点开展“三三四十”专项整治活动，加大整治银行业市场乱象力度，保证了银行体系的稳健运行。

2017年末，河南省银行业金融机构账面不良贷款率高于全国，信用风险先行指标逐步攀升，信用风险防控仍需高度关注。受利率市场化深入推进、互联网金融发展、房地产首付比例提高等因素影响，河南省银行存款流失严重，银行业负债端承压加大，影子银行风险隐患仍需警惕。

【证券业与金融稳定】

一、上市公司数量较少、增速缓慢，部分公司风险增加。2017年末，河南省境内上市公司共计78家，居全国第12位、中部六省第4位，数量仅相当于广东省的13.66%。全年全省新增4家，新增量居全国第12位、中部六省第3位，较广东省少94家，资本市场发展水平与经济发展水平不匹配。全省上市公司中煤炭、钢铁、有色和传统制造业等行业占比较大，转型升级、去产能和环保压力较大，经营风险增大；部分上市公司股权之争、控股股东高比例股权质押等问题时有发生，规范运作风险增大；少数新三板挂牌公司因信息披露不及时被强制摘牌。

二、监管执法与风险防范并举，证券市场运行平稳。一是依法全面从严监管，强化稽查执法，严厉打击非法证券期货活动，做好交易场所清理整顿工作。2017年，共计下发行政监管措施15份；办理稽查案件25件，同比增加47.05%；下发行政处罚决定书3份，罚没款同比增加14%；配合有权机关出具涉非案件认证意见26份，移交或移送涉非线索6件；会同相关部门对122家交易场所进行处置。二是加强风险防控，稳妥处置市场风险。加强监管和风险防控协作，及时化解1家公司债券发行人兑付危机，风险防控能力不断提升，证券市场稳健发展。

三、证券期货基金经营机构内部管理亟须强化，监管难度加大。证券期货基金分支机构合规意识和管理水平参差不齐，违规经营问题仍然突出，需要进一步加强管理。随着互联网等技术的应用，一些侵害投资者权益、破坏市场秩序的行为变得更加隐蔽，监管及取证难度加大。

【保险业与金融稳定】

一、业务发展不平衡不充分。一是人身险占比高、增速快，财产险占比低、增速慢。全年人身险业务占比78.04%，增速33.35%；财产险业务占比21.96%，增速18.94%。二是人身险内部结构有待优化。普通寿险占比虽已接近50%，但新单中10年以下期缴产品仍占比近40%，长期保障功能有待增强；健康险、意外险合计占比仅16.8%，在社会保障体系中发挥作用有限。三是财产险中车险独大问题突出，渠道结构不合理。一方面车险占比高达79.19%，另一方面财产险的间接业务签单保费占比高达79.78%。四是可持续发展能力和服务水平有待提高。粗放式的保险代理人增长模式影响保险业的可持续发展能力，业务发展中保险服务不到位、理赔难等问题仍然存在。五是违规经营和非理性竞争等问题仍然存在。全年全省车险综合费用率仍高达42.61%，保险市场虚列费用、账外暗中支付不当利益等违法违规问题仍较普遍。

二、潜在风险依然较多。寿险退保和满期给付总量依然位居高位，人身险防范给付退保风险的压力和难度依然较大。全省部分资产驱动负债类险企因销售渠道单一、产品单一，转型风险较大。2017年末，财产险风险指标有所上扬，应收保费率较2016年提高2.76个百分点，高于全国平均水平2.09个百分点。跨市场跨领域传递风险逐渐增多，带来大量潜在风险，防控难度加大。

（琚亚利）

外汇收支形势

2017 年，涉外收支总规模 923.2 亿美元，同比增长 14.3 %；净流入 25.5 亿美元，同比下降 57.9%。全省结售汇总规模 337.3 亿美元，同比增长 15%；结售汇由 2016 年同期逆差 26.9 亿美元逆转为顺差 63.2 亿美元。

【总体情况】

一、货物贸易顺差收窄，但企业经营形势并未恶化。2017 年，河南省货物贸易顺差 80.4 亿美元，同比下降 21.2%。一是异地收付汇加剧河南省顺差偏离。2017 年河南省货物贸易异地收付汇 258.9 亿美元，同比增长 45.7%。异地收付汇顺差 31.9 亿美元，较 2016 年同期增加 13.6 亿美元，对河南省顺差下降的贡献率达 38.9%。二是河南省主要加工企业富士康生产形势稳定，iphoneX 发布周期推迟，导致出口高峰顺延，出现阶段性进口大于出口的"假象"。三是与全国进口增速大幅增长不同，河南省一般贸易进出口双增，出口同比增长 23.5%，进口同比增长 21.8%，进口增幅大于出口，有利于顺差的扩大。

二、服务贸易收支逆差下降，个人跨境支出回归理性。全年河南省服务贸易逆差 28 亿美元，同比下降 4.4 个百分点，其中个人项下跨境支出猛增的势头扭转，逆差 21.5 亿美元，同比下降 5.3%。

三、资本项目逆差扩大，但资金流出风险并未超过预期。2017 年，资本项目逆差由 2016 年同期 2 亿美元扩大至 18.6 亿美元。主要原因是外商投资净流入下降，由 2016 年同期 20 亿美元缩小为 7.5 亿美元；跨境融资由顺转逆，逆差为 10.5 亿美元，2016 年同期为顺差 15.5 亿美元。资金流出风险下降。一是河南省外商投资虽然下降，但降幅较 2016 年同期收窄。剔除富士康系企业影响，2017 年，河南省外商投资资本金流入 6.3 亿美元，同比下降 29.3%，降幅较 2016 年同期下降 50.6 个百分点。二是跨境融资虽大幅回落，但未来偿贷形成的刚性流出也将下降。2017 年，跨境融资 24.0 亿美元，同比下降 35.1%。三是境外投资逐渐回归理性，净流出逆差由同期 35.1 亿美元缩小为 14.2 亿美元。

四、售汇同比由逆转顺，辖内外汇交易供大于求。2017 年，河南省银行代客结汇 200.2 亿美元，同比增长 50.3%，代客售汇 137 亿美元，同比下降 14.5%；结售汇由逆差 26.9 亿美元逆转为顺差 63.2 亿美元。分月度来看，除 1 月份结售汇为逆差 2.4 亿美元外，2 月份以来河南省结售汇逐月顺差。衡量客户结汇意愿的结汇率上升为 45.6%，较 2016 年同期提高 10.3 个百分点；衡量客户购汇意愿的购汇率下降为 32.1 %，较 2016 年同期下降 18 个百分点。

【外汇收支的主要特点】

一、富士康外贸形势继续向好，进口大于出口的基本面决定河南省净流入大幅下降。2017 年，占河南省外汇收支过半的富士康外贸形势较为稳定，进口增幅大于出口的基本面决定了河南省对外付汇继续增加，收支顺差较 2016 年同期收窄。2017 年，鸿富锦涉外收支总规模 762.5 亿美元（含异地收支 258.9 亿美元），占全省企业涉外收支的 54.6%（可比口径）。其中，收入 394 亿美元，同比增长 20.3%；支出 368.5 亿美元，同比增长 56.6 %。收支顺差 25.5 亿美元，其中对河南的顺差贡献额仅 11.9 亿美元。

二、个人购付汇趋势几经变化，下半年下降趋势得以延续。2017 年，全省个人购汇 38.8 亿美元，同比下降 20.8%；个人跨境支出 29.9 亿美元，同比下降 7.8%。分季度看，年初个人购汇政策申报政策实施后，一季度个人购付汇连续三个月同比出现下降，但购汇降幅由 1 月 31.1% 逐月收窄至 3 月的 6.7%，至二季度个人购付汇再次出现反弹，个人购付汇连续三个月同比出现增长，购汇增幅由 4 月份的 10% 逐月扩大至 6 月的 53.2%，至 6 月个人购付汇达到前 11 个月峰值，自 7 月以来，大额购付汇数据报告及银行卡境外交易系统上线,对个人分拆起到了一定震慑，下半年河南省个人购汇逐月下降，且降幅月度逐渐扩大，11 月、12 月降幅分别达到 51.4%、48.1%。

三、河南省外商投资降幅收窄，撤资及转股汇出压力不减。2017年，河南省外商投资资本金流入9.7亿美元，同比下降58.4%。剔除富士康系企业影响，河南省外商投资流入6.3亿美元，同比下降29.3%，降幅较2016年同期下降50.6个百分点。外商投资撤资及转股汇出5.4亿美元，同比增长54.3%。

四、境外投资逆差同比大幅收窄，企业对外投资更趋理性。2017年，河南省对境外投资17.9亿美元，同比下降56.1%。其中，投资资本金支出10.7亿美元，同比下降63.6%。境外投资逆差由2016年同期34.2亿美元收窄至14.2亿美元。从境外投资币种看，集中于美元、欧元、人民币。其中，美元投资5.6亿美元，占比79.7%；人民币境外投资0.9亿美元，占比8.4%；欧元境外投资0.4亿美元，占比3.8%。

五、跨境融资需求不及2016年旺盛，境内外汇贷款有替代作用。与全国跨境融资持续增长的形势不同，2017年河南跨境融资由2016年同期顺差15.1亿美元逆转为逆差6.8亿美元。其中，跨境融资收入24.0亿美元，同比下降35.1%；跨境融资支出30.8亿美元，同比增长40.6%。从登记外债余额看，2017年河南省外债余额28.6亿美元，较2016年同期下降15.9%。

（苗晓艳）

行业改革与发展

银行业改革与发展

【银行业发展概况】

一、机构实力持续增强，信贷结构逐步优化。目前全省银行业金融机构门类基本齐全，2017年末，全省政策性开发性银行、大型商业银行、股份制商业银行、外资银行、资产管理公司、财务公司等省级分支机构30家、地方法人银行业金融机构238家（包括城商行5家、省联社1家、农商行77家、县域农信社62家、村镇银行79家、农村资金互助社3家、信托投资公司2家、消费金融公司1家、财务公司6家、金融租赁公司2家），全省银行业机构网点13071个，当年新增营业网点89个，全年新设村镇银行2家，中原银行成功在港交所上市，金融服务体系进一步完善。2017年末，河南省银行业资产总额、负债总额分别为75966.61亿元、73033.26亿元，同比分别增长9.14%、8.85%。资产结构中传统信贷业务占比提高，贷款占比56.05%，同比上升2.65个百分点；表内投资、同业资产（含同业存单）同比分别增长12.82%、8.29%，增速同比分别下降40.17、28.23个百分点。

二、存款保持平稳增长，贷款保持高位增长。2017年末，河南省银行业金融机构本外币存款、贷款余额分别为60037.60亿元、42546.79亿元，同比分别增长9.20%、14.6%，增速分别高于全国水平0.4、2.5个百分点，存、贷款余额均排在全国第9位，其中贷款排名上升2位。薄弱领域贷款增长加快，全省小微企业、涉农贷款余额同比分别增长19.4%、11.6%，增速同比分别提高9.3、1.2个百分点；全省金融精准扶贫贷款余额同比增长71%。全年全省社会融资增量6801.7亿元，居中部六省第3位。

【银行业改革】

一、加快省联社去行政化改革，大力推动农商行组建。全年新组建农商行22家，全省已组建农商行94家，占比75%，其他机构基本达到组建标准，省政府确定的“三年目标”基本完成，新郑、济源农商行被银监会评定为全国标杆农商行。

二、推动普惠金融发展取得新突破。各行如期完成普惠金融事业部挂牌工作，稳步推进“五专”经营机制（包含综合服务、统计核算、风险管理、资源配置、考核评价等五个专门机制），专业服务体系初步建立；积极向下延伸网点，新设普惠网点35家，有效满足普惠金融服务需求。

三、持续推动城商行“做精做优”。核准中原银行H股上市，支持郑州银行、洛阳银行A股上市。

四、持续规范村镇银行发展。全省7家澳洲联邦银行主发起行股权转让给齐鲁银行，是我省首例主发起行股权整建制转让。加快村镇银行县域覆盖步伐，覆盖率达到83.3%，覆盖国定贫困县90.3%。

五、持续扩大银行业对外开放。引导更多民营资本入股法人机构，民营资本在全省城商行、农商行农信社股权占比分别达到62%和94.3%，分别高于全国7个和8.3个百分点。

证券行业发展概况

一、市场主体持续增多，多层次资本市场建设加快推进。2017年末，河南省共有境内上市公司78家，新增4家。其中：主板公司40家，新增2家；中小板公司25家，新增1家；创业板公司13家，新增1家。另有7家企业IPO在审，31家企业在辅导。全省新三板挂牌公司378家，新增50家。中原股权交易中心挂牌展示企业2395家，新增1354家。境外上市公司38家，新增4家。2017年末，A股上市公司流通股市价总值7307.38亿元，同比增长10.85%。

二、直接融资渠道更加丰富，服务实体经济能力进一步增强。2017年，河南省企业累计通过境内资本市场实现融资718.85亿元。其中，IPO融资40.14亿元，上市公司股权再融资342.68亿元，上市公司债券融资63亿元，新三板挂牌公司通过定向增发实现融资33.09亿元，非上市公司发行公司债实现融资172.5亿元，资产证券化融资25.28亿元，证券公司发行次级债融资25亿元，中原股权交易中心挂牌及展示企业实现融资17.16亿元。

三、证券期货基金机构综合竞争力显著提升，金融服务覆盖面持续扩大。2017年末，河南省共有已开业证券期货经营机构475家，全年新增证券期货分支机构65家。全省私募基金管理人107家，同比增长36家；管理基金164只，同比增长73只；管理资金规模433.50亿元。中原证券在上交所主板上市，募集资金28亿元；华信期货注册资本增至18.30亿元，位居全国第二，净资产和净资本位居全国第一；中原期货申请在新三板市场挂牌。

2017年河南省证券业基本情况

项目	数量
总部设在辖内的证券公司数（家）	1
总部设在辖内的基金公司数（家）	0
总部设在辖内的期货公司数（家）	2
年末国内上市公司数（家）	78
当年国内股票（A股）筹资（亿元）	215
当年发行H股筹资（亿元）	62
当年国内债券筹资（亿元）	82
其中：短期融资券筹资额（亿元）	-83
中期票据筹资额（亿元）	19

数据来源：河南证监局

保险行业发展概况

一、行业实力不断增强，保费收入持续增长。2017年末，河南省共有省级分公司以上保险公司78家，新增1家；保险公司分支机构6450家，同比增加188家。全省保险资产总额3664.73亿元，同比增长12.82%；保费收入2020.07亿元，同比增长29.90%，增速同比提高5.36个百分点。保险密度2113.26元/人，同比增长29.53%；保险深度4.49%，同比上升0.62个百分点。

二、加快回归本源，发展结构持续优化。2017年，河南省财产险方面，工程保险、保证保险呈现高速增长，增速分别达到53.2%、34.12%；农业保险、责任保险业务继续保持较快增长，增速分别达到23.29%、18.57%。全年全省人身险方面，普通寿险业务保费占比稳步提高，达到47.97%；万能险业务占比大幅下降至0.41%；分红险业务占比34.83%，较2016年同期下降2.34个百分点；健康险、意外险加速发展，增速分别达到58.75%、32.62%。业务品质持续提升，人身险新单折标率、10年期以上期缴业务占比较2016年分别提升7.26、4.4个百分点，主要监管指标呈现出近5年未有的全面改善局面。

三、保障额度同比增长，服务能力显著提升。2017年，河南省保险业累计为经济社会发展和人民生产生活提供各类风险保障额度76.21万亿元，同比增长15.26%。全年赔付支出同比增长14.20%，其中农业保险赔付支出同比增长54.24%。保险赔偿在京昆高速“8·10”重大交通事故善后处理、豫北地区“5·22”风灾和豫南地区9月涝灾等自然灾害救助中，发挥了重要作用。工程保险、出口信用保险支持河南机场集团等重点项目和“一带一路”沿线国家对外项目。“困难群众大病补充保险”作为精准扶贫重要举措，覆盖全省805万群众，被国务院医改办评为2017年医改典型案例。

2017年河南省保险业基本情况

项目	数量
总部设在辖内的保险公司数（家）	1
其中：财产险经营主体（家）	1
人身险经营主体（家）	0
保险公司分支机构（家）	6450
其中：财产险公司分支机构（家）	2518
人身险公司分支机构（家）	3932
保费收入（中外资，亿元）	2020
其中：财产险保费收入（中外资，亿元）	460
人身险保费收入	1560
各类赔款给付（中外资，亿元）	626
保险密度（元/人）	2113
保险深度（%）	4

数据来源：河南证监局

资产管理公司发展概况

2017年末，河南四家资产管理公司资产总额499.07亿元，同比增长48.28%。全年，四家资产管理公司共收购银行业机构不良资产包40个，较2016年增长122.22%，共投入金额111.64亿元，较2016年增长253.63%。

信托行业发展概况

2017年，省内中原、百瑞两家信托公司经营业绩稳中有增，信托资产突破3600亿元，增长率24.14%，主动管理类项目合计390个，实收信托规模1545.58亿元，占比42.93%,实现利润总额24.96亿元,增长率10.68%。2017年，中原信托参与发起设立河南资产管理公司，并增资郑州银行，加强在河南省内的金融布局。百瑞信托则服务于国家电力投资集团，先后参与贵州金元、河南公司、远大环保等多家集团内单位的债转股、投融资及并购，积极践行产融结合的战略。一是成立消费信托和慈善信托系列产品，“安惠系列”消费信托产品规模已达14亿元，“百瑞仁爱”慈善系列信托相继在民政局备案后成立。二是流动性管理及资本市场业务稳步展开，“安鑫系列”现金管理产品，主动管理型量化投资证券信托均已进入常态化。三是积极加强家族信托的创新和发展，辖内两家信托公司均成功开展家族信托系列产品，回归信托本源业务。四是以建立全面风险管理体系为目标，积极培育风险管理文化，全面梳理和完善原有的风险管理制度，强化问责机制，促进了风险管理水平的进一步提升。五是积极对外投资，加强产融结合。

财务公司发展概况

2017年，省内企业集团财务公司共有机构8家，其中6家法人机构、2家分公司。分别是：中国一拖集团财务公司、河南能源化工集团财务公司、郑州宇通集团财务公司、中国平煤神马集团财务公司、天瑞集团财务公司、河南双汇集团财务公司、中石化集团财务公司郑州分公司和中国电力财务有限公司河南分公司。截至2017年末，省内8家财务公司资产总额573.40亿元，负债总额472.72亿元，分别比年初增加29.17亿元、24.31亿元，分别较年初增长5.36%和5.42%，各项贷款余额440.98亿元，比年初增加30.23亿元，较年初增长7.36%，资产规模保持稳中有增的良好态势；所有者权益100.68亿元，较年初增加5.07亿元；全年实现利润总额14.50亿元，较2016年增长42.22%；不良贷款余额70万元，不良率0.0025%，低于全省金融机构2.2975个百分点，低于全国财务公司0.06个百分点，信用风险总体可控。2017年度，省内财务公司立足功能定位，不断创新业务模式，发挥特色优势，通过存贷款利率优惠、费用减免以及发挥专业金融机构优势等方式助力集团降成本；通过信贷资产转让、再贴现、产业链金融试点等方式，协助集团去产能、去杠杆，支持集团结构调整，配合行业转型升级，不断提高服务实体经济质效，在推动河南省供给侧结构性改革中发挥了积极的作用。

市场运行

货币市场

货币市场交易量平稳增长，资金流向以净融入为主。2017 年，河南省货币市场业务累计成交 29.82 万亿元，同比增长 19.76%。其中，银行间市场质押式回购成交 21.10 万亿元，同比增长 33.31%；买断式回购成交 1.63 万亿元，同比增长 23.1%；同业拆借成交 1.09 万亿元，同比增长 19.82%；全省资金净融入 6.65 万亿元，其中质押式回购净融入占比为 68.08%。

债券市场

债券发行量保持增长，现券交易同比下降。2017 年，河南省非金融企业债务融资工具累计发行 816.7 亿元，同比增长 4.77%，其中：短期融资券 372.5 亿元、中期票据 184 亿元、非公开定向债务融资工具 260.2 亿元；全年全省发行金融债券 84 亿元。银行间债券市场交易现券成交 6.0 万亿元，同比下降 12.3%。

票据市场

票据市场回归理性，交易量小幅下降。2017 年，在金融去杠杆、强监管等因素作用下，河南省票据市场成交量有所下降。2017 年末，全省金融机构银行承兑余额 4310.82 亿元，同比减少 3.67%，其中电子商业汇票余额 2394.76 亿元，承兑保证金存款余额 1967.88 亿元。全省金融机构票据贴现余额 1007.53 亿元，其中电子商业汇票贴现余额占比 83.3%。

黄金、期货市场

黄金价格震荡走高，期货交易同比下降。2017 年，黄金价格同比上涨 3.6%，河南省金融机构黄金交易量同比下降 16.9%，成交金额同比下降 9.39%。全年郑州商品交易所累计成交量和成交金额同比分别下降 34.15%、31.15%。PTA、甲醇 MA、菜籽粕 RM 和白糖 SR 是主要的交易品种，成交量占比在 10.45% 至 24.02% 之间。

（琚亚利）

房地产市场

2017年，房地产开发投资保持增长、增速放缓，全年房地产投资完成额7090.3亿元，同比增长14.7%，较2016年大幅放缓13.5个百分点，同比增速由2016年全国第1位下降至第5位，但增速仍高于全国平均水平7.7个百分点。

一、全省商品房投放加快、省会郑州投放增速放缓。2017年，全省批准商品预售面积10459万平方米，较2016年同期增长8.2%，其中住宅8635万平方米，同比增长11.6%。省会郑州批准商品房和住宅预售面积分别为540.2和399.42万平方米，同比分别增长10.3%与13.3%，增幅较2016年分别放缓7.6和7.7个百分点。

二、商品房销售增速放缓、销售金额创新高。全年全省经备案的商品房成交面积约11541万平方米，成交套数104.5万套，同比分别下降4.4%和1.6%，销售金额6372.9亿元，在2016年高基数上增长0.9%。分省辖市看，7个地市成交面积同比增长，比2016年减少6个，增幅最大的周口市增长26%。从县（市）的情况看，全省有55个县（市）商品房成交面积同比增长，较2016年减少23个。

三、房地产价格增速放缓，重点城市房价指数下行。全省商品房成交备案均价同比增长5.6%，与2016年持平；商品住宅成交备案均价同比增长4.8%，涨幅较2016年下降0.8个百分点。根据国家统计局70个大中城市房价统计，郑州市2017年12月新建住宅销售价格指数同比下降0.7%。洛阳、平顶山新建住宅销售价格指数同比分别上涨8.9%和6.4%，较2016年分别提高4.4和2.7个百分点。

四、房地产信贷增速明显放缓、利率上行。2017年，河南省新增房地产贷款占新增人民币各项贷款比重为47%，较2016年下降8.1个百分点，较2015年仍高6个百分点。河南省个人住房贷款同比增长29.8%，较2016年下降18个百分点。郑州市个人住房贷款同比增长27.4%，较2016年下降37.1个百分点。受市场资金面趋紧、银行融资成本上升影响，河南省首套和非首套房贷利率分别为5.6%和6.0%，较年初分别提高0.89个和0.58个百分点。

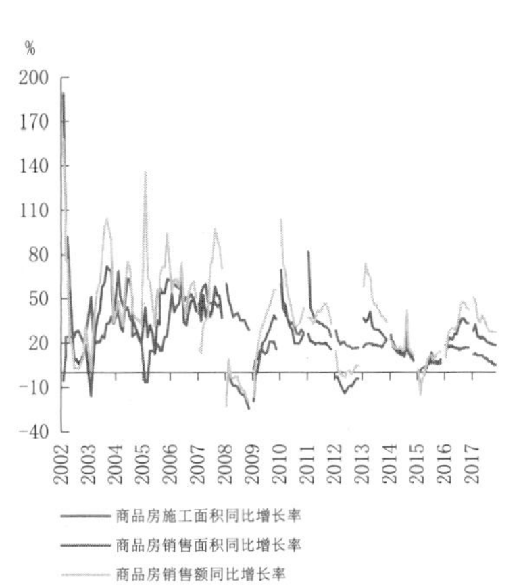

数据来源：河南省统计局

图11 2002～2017年河南省商品房施工和销售变动趋势

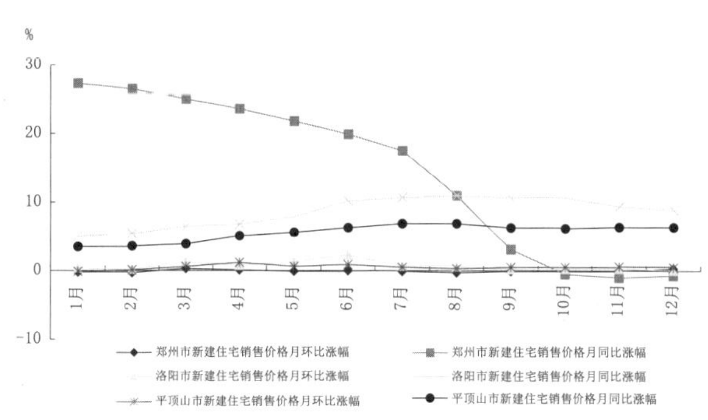

数据来源：河南省统计局

图12 2015～2017年河南省主要城市新建住宅销售价格变动趋势

第二部分

金融机构篇

金融管理机构

中国人民银行郑州中心支行

中国人民银行郑州中心支行党委书记、行长　徐诺金

【第一负责人简介】

徐诺金，男，汉族，1963年5月出生，湖南省平江县人，中共党员，经济学博士，研究员，国务院特殊津贴专家。先后在中国人民银行金融研究所、海南省分行、广州分行、调查统计司工作。现任中国人民银行郑州中心支行党委书记、行长（正厅局级）；国家外汇管理局河南省分局局长；任中国钱币学会第八届理事会常务理事，河南省金融学会会长，第十三届全国人大代表，中共第十届河南省委候补委员。

【综述】

2017年，全省人民银行系统以"落实见效"为主题，兢业担当、迎难而上、开拓创新，为全省经济金融实现更高质量、更有效率、更加公平、更可持续发展提供有力支撑，各项工作成效全面提高，多项工作得到省委省政府和人民银行总行领导的批示肯定。

一、认真贯彻稳健中性货币政策，切实增强金融服务实体经济能力。调控好货币供给闸门，为供给侧结构性改革营造适宜的货币金融环境。向总行争取调增河南省35亿元再贷款、再贴现限额，灵活运用存款准备金、常备借贷便利、地方国库现金管理的流动性调节功能，向金融机构释放流动性843亿元，有效保障了金融体系流动性总体平稳，推动全省货币信贷和社会融资规模合理增长。截至2017年末，全省金融机构本外币各项贷款余额42546.8亿元，同比增长14.6%。

以宏观审慎评估为抓手，压缩资金"空转"空间，全年全省金融机构债券投资同比少增947.9亿元，表外理财余额同比少增1230亿元。加大对绿色金融、双创、"三农"、小微企业等重点领域和薄弱环节的支持力度。指导洛阳银行、郑州银行分别发行10亿元和30亿元绿色金融债，中原银行发行10亿元双创债，洛阳农商行发行4亿元"三农"金融债。加强"两权"抵押贷款试点工作的督促指导，截至2017年末，9个农地试点县（市）土地承包经营权抵押贷款余额同比增长282.5%；2个农房试点县农民住房财产权抵押贷款同比增长142.2%。全省涉农贷款余额16591.5亿元，较年初新增1759.8亿元，小微企业新增贷款成本为6.33%，同比下降0.2个百分点。

二、认真履行金融扶贫牵头单位职责，金融助推脱贫攻坚成效显著。一方面指导商业银行积极支持农民工进城安家创业，2017年末贷款余额超过400亿元；另一方面充分引导银行开展创新，推出产业发展信用贷和“三位一体”“四位一体”风险共担补偿机制，相关做法在全国推广。2017年末，全省金融精准扶贫贷款余额1136.7亿元，同比增长71%；扶贫再贷款余额125.7亿元，使用量居全国第3。积极参与金融助推卢氏县脱贫攻坚试验区建设，构建三级服务、信用评价、风险分担、产业支撑“四大体系”，破解了扶贫小额贷款落地难的障碍，相关做法在全省贫困县复制推广。

扶贫扶智相结合，推动对口帮扶贫困村宜阳县丰润村实现提前脱贫。建立党委成员轮换每月驻村帮扶制度，配强驻村第一书记；复制兰考经验，在丰润村建立宜阳县首个普惠金融示范村；引进产业项目，一大批种养殖项目开始收获见效。目前，丰润村除个别政策兜底户外，已全部脱贫，陈润儿省长到丰润村调研时给予充分肯定。

三、把防控金融风险放在突出位置，筑牢金融安全防线。组织全面排查分析全省金融风险状况，开展各类传统和新兴金融风险监测，完成对近20家银行、证券、保险机构“体检式”稳健性现场评估。会同省金融办等对地方监管部门监管的七类机构经营情况开展调查。对全省在银行融资10亿元以上的97家企业进行全面摸底，督促银行和地方政府对风险隐患早发现、早处置。指导全省加大县域金融风险监测和排查力度，妥善处理了10余起县域银行负面舆情和风险隐患。积极参与推动农信社改制和省联社改革，相关建议得到省政府重视、采纳。扎实推进存款保险制度实施，在全国率先探索制定《存款保险早期纠正实施办法》，指导相关地市中支对5家问题投保机构开展早期纠正工作。

四、抢抓对外开放战略机遇，进一步提升投资贸易便利化水平，促进河南涉外经济发展壮大。紧抓河南自贸区、郑州航空港国家战略机遇，将促进跨境人民币业务发展和深化外汇管理方式改革作为推动河南抢占区域竞争、对外开放制高点的重要举措，大力推动简政放权、积极争取先行先试政策，努力为河南内陆开放高地的形成营造良好的政策环境。全面梳理外汇管理改革新政策，制定《关于促进河南省涉外经济发展的指导意见》，推出8个方面31项条目式金融服务便利措施。将“货物贸易外汇收支企业名录登记”纳入自贸区“35证合一”改革事项。大力支持河南自贸区建设，行内成立自贸办，专职协调金融系统力量支持自贸区建设。积极借鉴上海等地自贸区经验，出台《关于支持中国（河南）自由贸易试验区发展的意见》，牵头各金融监管部门制定《河南省自贸试验区金融服务体系建设专项方案》，经外汇管理总局同意，在郑州航空港开展经营性租赁收取外币租金业务，河南成为全国第二个开展此项试点的省份。

进一步丰富辖内外汇业务经营主体，批复2家公司开办个人本外币兑换特许业务经营资格，推动支持郑州宇通集团财务有限公司成为河南省首家获得即期结售汇业务经营资格的非银行金融机构。在郑州巩义市、开封兰考县、洛阳九个县（市）开展名录登记下放试点工作，为县域涉外企业提供高效便捷外汇服务，实现“让企业少跑腿，让数据多跑路”的便民目标。深化资本项目改革，进一步便利跨境投融资，支持洛阳银行成功融入我省法人银行首笔全口径外债。建立银行贸易融资产品数据库，为企业、银行提供贸易融资互联网服务。截至2017年末，全省跨境收支规模805.9亿美元，净流入32.9亿美元，银行结售汇由2016年同期的逆差25.3亿美元逆转为顺差61.7亿美元。

五、党建统领作用有效发挥，干部职工政治觉悟和思想认识全面提高。将学习宣传贯彻好党的十九大精神，作为首要政治任务，通过多种形式掀起学习宣传贯彻党的十九大精神热潮。深入学习贯彻全国金融工作会议精神，进一步增强做好基层央行各项工作的责任感、使命感。深入推进辖区党员“两学一做”学习教育活动常态化。开展“党规党纪深化落实年”活动，推动党规党纪教育进组织生活、进支部学习、进干部培训、进任前教育。认真落实“两个责任”，推动辖区全面从严治党向纵深推进。制定党建工作领导小组工作规则，加强对辖区党建和群团工作的组织领导。制定全面从严治党主体责任清单，明确了69条主体责任内容。建立纪委委员和支部纪检委员两级监督“探头”，用好监督执纪“四种形态”，切实将纪律和规矩挺在前面。

（孙　芳）

【货币信贷】

一、大力推进兰考普惠金融改革试验区建设。一是协调行动，联合发力。在试验区工作领导小组的领导下，建立7项工作制度，制定《总体方案落实意见》等6个方案，细化具体落实措施。二是针对广大农户长期以来被排斥在正规金融之外的问题，创新开展普惠授信，组织金融机构面向“无不良信用记录、无不良嗜好”的农户给予3万元预授信额度，支持农民生产经营贷款需求，农户贷款可得性与满意度不断提升。三是建立银、政、保、担“四位一体”的风险分段分担机制，有效解决普惠授信过程中的风险分摊难、权责利不对等难题。四是推动信贷与产业对接，破解金融投入的产业支撑问题，促进金融投入与经济发展良性互动。五是有效衔接金融扶贫与普惠金融，确保农民脱贫之后能致富奔小康。经过努力，初步探索形成了“以数字普惠金融平台为核心，以金融服务、普惠授信、信用建设、风险防控四个体系为基本内容”的“一平台四体系”兰考普惠金融模式，找到了破解金融普惠难题的有效办法。基本实现金融服务人人全覆盖，普惠授信户户全覆盖，普惠金融服务站村村全覆盖。

二、有效贯彻落实稳健中性货币政策，综合运用多种货币政策工具，保障金融体系流动性总体平稳。一是强化政策宣传解释沟通和窗口指导。组织、指导全省人民银行系统加强宣传解读，提早介入，通过金融形势分析暨窗口指导会议等，引导地方政府、金融机构尤其是法人机构制定与“稳健中性”货币政策相适应的年度发展目标。二是灵活运用多种货币政策工具营造适宜货币金融环境。积极发挥存款准备金、常备借贷便利、地方国库现金管理的流动性供给功能，通过三类工具直接向全省金融机构释放流动性843.3亿元；总体上，全省金融体系运行整体平稳，货币信贷和社会融资规模合理增长，全年全省本外币各项贷款新增5407亿元，同比多增66亿元；社会融资规模增量为6801.7亿元，同比少增21.9亿元。全省再贷款、再贴现余额达337.9亿元，较年初增加13.5亿元。三是统筹实施“宏观审慎评估、利率定价自律机制、货币政策工具”三位一体管理。在省级利率定价自律机制框架下新设宏观审慎评估小组，开展宏观审慎评估基础性工作；将金融机构利率定价和遵守自律约定情况等纳入宏观审慎评估，作为结构性参数调整的重要方面，有效引导金融机构自主理性定价；将同业存单、大额存单发行备案等作为宏观审慎评估和自律机制工作的激励约束手段，强化政策实施效果。

三、充分发挥扶贫再贷款引导撬动作用，加强资金保障和政策联动，推动金融扶贫取得明显成效。一是创新开展“优化运用扶贫再贷款发放贷款定价机制”试点。作为全国两个试点省份之一，组织12个县市的17家法人金融机构开展试点，通过扩大利率加点上限幅度，构建扶贫再贷款竞价使用机制，推出多样化贷款定价模型，创新扶贫再贷款精准使用模式，开发运用扶贫再贷款发放贷款定价程序等，提高了运用扶贫再贷款发放贷款定价的市场化程度和金融机构使用积极性，有力支持了金融扶贫工作，也为总行再贷款政策调整提供了实践支撑。截至试点期末（6月末），试点机构扶贫再贷款余额47.4亿元，较2016年末增长152%，对金融精准扶贫贷款申请的满足率较2016年末提高11.46个百分点，对贫困户的覆盖面较2016年末提高9.33个百分点，带动试点机构整体贷款加权平均利率较2016年末下降0.3个百分点。二是参与创建并推广金融扶贫“卢氏模式”，不断提升贫困人口信贷可得性。联合相关部门制定《金融助推卢氏县脱贫攻坚试验区工作方案》，构建扶贫小额信贷“四个体系”、风险分担“四个机制”，形成金融扶贫“卢氏模式”。金融扶贫“卢氏模式”得到党中央、国务院高度评价，11月16-17日，全国金融扶贫现场观摩会在卢氏召开。三是加强易地扶贫搬迁信贷管理，积极向国家争取专项信贷规模。会同省扶贫办、发改委等部门，组成专项检查组，牵头对济源、新郑、巩义等地2016年度易地扶贫搬迁工作开展现场检查督促。指导相关地区做好资金需求测算，督促省国开行、农发行加强与其总行的衔接汇报，及时申请贷款资金，加强贷后管理。配合省属有关部门向国家申请易地扶贫搬迁贴息贷款18.85亿元，合理做好区域间信贷规模调剂。四是强化工作督导和交流宣传，不断提升工作成效。组织召开金融精准扶贫工作推进会，对扶贫再贷款管理使用、金融精准扶贫贷款数据统计等工作开展核查检查，确保政策精准落地。认真开展2016年度金融精准扶贫政策效果评估，并根据评估结果约谈金融机构，提出改进要求。梳理汇总全省金融扶贫产品、典型案例和工作措施，编发《河南省金融支持脱贫攻坚成果展示》、《金融精准扶贫典型模式汇编》、《金融扶贫工作简报》，开展“砥砺奋进的五年”金融精准扶贫专题板报宣传。在全省范围内实施“金融扶贫政策宣传普及工程”，统一设计“金融扶贫政策宣传明白卡”，组织金融机构人员持“明白卡”逐户发放张贴，实现对全省建档立卡贫困户政策讲解、服务对接的百分百全覆盖。通过新华社、《金融时报》、《河南日报》等媒体持续加强报道，营造良好的舆论氛围。2017年末，河南省金融机构精准扶贫贷款（含已脱贫人口贷款）余额1162.3亿元，较年初新增482.6亿元，同比增速71%；当年累计发放金额884.4亿元，比2016年同期增加392.7亿元。

四、稳妥推进"两权"抵押贷款试点，支持盘活农村资产资源，服务农业供给侧结构性改革。一是综合评估11个试点县2016年工作开展情况，对长葛等9个农地试点县在全省范围内进行评估排名；滑县、兰考县在全国评估排名，在全国59个农房试点县中分列第13、23位。二是加强与农业等部门的协调联动，进一步完善农村土地确权登记颁证、价值评估、流转交易、抵押处置、风险分担、法律保障等配套体系。三是开展"两权"试点政策宣讲暨银农对接活动，组织金融机构与现代农业经营主体签署"两权"抵押贷款合作协议。2017年，全省9个农地试点县累计发放农村承包土地经营权抵押贷款1503笔，金额7.83亿元，贷款余额8.43亿元，同比增长282.5%；2个农房试点县累计发放农民住房财产权抵押贷款3481笔，金额2.55亿元，贷款余额2.4亿元，同比增长142.2%。

五、加强信贷政策与产业政策、财政政策的协调联动，支持河南供给侧结构性改革。一是做好国企改革债务化解工作。参与制定《关于省属企业处置僵尸企业的意见》、《市场化银行债权转股权的实施意见》。推动六家银行与能化集团等七家企业达成债转股意向或签订有关合同。邀请银行间市场交易商协会领导赴郑州，就组建区域增信公司事宜与省政府领导座谈。二是积极推进转型发展和产融合作。继续做好煤炭、钢铁、煤电行业去产能金融服务，切实落实有扶有控的信贷政策，加强存量债券风险监测预警。联合省工信委筛选全省产融合作百家先进制造企业、20家标杆企业；推动洛阳、许昌获批国家产融合作试点。三是进一步加大小微企业、就业等民生领域金融服务。贯彻落实《人总行等七部门小微企业应收账款融资专项行动工作方案（2017—2019年）》，联合省财政厅等部门出台《河南省政府采购合同融资工作实施方案》，优化对政府采购供应商的融资服务。持续扩大创业担保贷款覆盖面。

六、加强金融市场监管和培育，优化融资结构，做好风险防范。一是加强银行间债券市场创新产品研究推广。支持洛阳银行发行全省首单绿色金融债10亿元、洛阳农商行发行全省首单三农金融债4亿元，郑州银行获批绿色金融债50亿元、已发行30亿元。2017年，全省非金融企业债务融资工具累计发行816.7亿元，同比增加37.2亿元，全年发行金融债券84亿元。二是加强银行间市场监督管理和风险防范。就省属重点发行企业延迟披露信息事件约谈主承销商，配合交易商协会对企业进行调查，加强与协会的沟通汇报，为发行方争取到最有利的处理结果，维护河南债券市场整体形象。持续引导法人金融机构合规审慎开展债券交易，防范过度加杠杆的风险，就重点机构债券交易杠杆率情况开展监测调研。组织各市中支开展2017年度金融市场业务现场检查。三是加强黄金市场管理和黄金产业培育。继续做好商业银行黄金业务备案。支持重点地区加强黄金产业发展规划，就三门峡促进黄金产融结合持续加强与上海金交所的沟通对接，指导当地加强黄金市场管理和培育，为河南省与金交所深度合作打好基础。四是继续做好互联网金融风险专项整治工作。配合总行开展互联网金融监测管理专题研究。做好虚拟货币及代币发行融资（ICO）的清理处置和风险防范。

七、加强房地产金融宏观审慎管理，房地产贷款增长趋于合理。一是持续做好国家重点监测城市郑州的住房信贷调控，配合市政府升级调控政策，组织全部驻郑金融机构开展每两天一次的个人住房贷款高频度监测。二是顺应市场形势，扩大调控监测范围，指导开封、洛阳等8个重点三、四线城市做好政策储备。三是引导金融机构加强自律管理，防止消费贷资金违规进入房地产市场。房地产信贷调控取得良好成效。2017年12月末，河南省个人住房贷款余额同比增长29.8%，增速同比回落18个百分点；郑州市个人住房贷款余额同比增长27.4%，增速同比回落37.1个百分点。全省新增个人住房贷款占全部新增贷款的比重为39.6%，比2016年下降4.9个百分点；郑州市新增个人住房贷款占比为37%，比2016年回落12.1个百分点。

八、持续推动跨境人民币业务发展，促进贸易投资便利化。一是加强跨境人民币业务宣传和政策引导，确保跨境资金流动双向平衡。及时传导总行政策意图，按照双向平衡的思路，加强跨境资本流动监测和金融机构行为引导，采用加强真实性审核、提前报备、按日监测等措施，遏制违规向境外转移资金，平滑大额资金汇出节奏。全年全省人民币跨境收支金额合计为402.9亿元，其中跨境人民币收入247亿元，支出156亿元，收支比为1：0.63，人民币跨境收支占全部本外币收支的比重达到14.79%。二是积极支持"一带一路"、河南自贸区等重大战略实施。在对河南省金融机构和企业参与“一带一路”建设情况开展调研的基础上，制定《关于扩大人民币跨境使用 助力河南省参与“一带一路”建设的指导意见》(郑银发〔2017〕168号)，引导金融机构大力发展河南省跨境贸易人民币结算业务和跨境投融资人民币业务，促进贸易投融资便利化，支持河南省企业“走出去”、深度参与“一带一路”建设。三是综合运用多种手段防范跨境人民币业务风险。常态化开展非现场监测预警，组织开展资金池业务风险排查及等级评定工作，促进业务合规发展。指导河南省商业银行跨境人民币业务自律机制做好自律管理，编写《跨境人民币业务操作指引》，开展“银行展业原则政策解读与应用实务”业务培训，推动商业银行内部管理制度和业务流程规范化。积极参与RCPMIS二代系统开发，高质量完成总行交办的开发需求书撰写工作。

（许艳霞）

【金融稳定】

一、切实强化金融风险防控。一是加强对银行、证券、保险及新兴金融业态等金融体系风险的监测、评估、预警、处置与稳定协调。及时对地方法人金融机构风险状况进行监测分析，结合辖区实际开展金融稳定压力测试，不断提高金融稳定评估的前瞻性和科学性；积极加强“一行三局”及地方金融办等相关部门的金融稳定工作协调，共同推动金融改革发展稳定。二是全面排查分析河南省经济金融风险状况。排查分析全省金融支持实体经济情况以及影子银行、民间借贷、银行资产质量等领域风险状况；进一步完善大型有问题企业风险监测制度。三是加强重点领域风险防控。开展对高杠杆规模以上企业债务违约风险的摸排调研。四是下发《关于加强县域金融风险防范切实维护辖区金融稳定的通知》（郑银发〔2017〕217号），加强县域金融风险监测排查和防范力度。妥善处理10余起县域银行业机构负面舆情和金融风险隐患，维护我省县域金融总体稳定。五是积极开展金融稳定评估工作，完成2016年《河南省金融稳定报告（摘要版）》和中部六省牵头专栏；组织完成对全辖近20家银行、证券、保险机构相关业务的“体检式”稳健性现场评估。六是认真执行银行业机构重大事项报告和金融稳定舆情监测制度。密切关注并妥善处理了某银行舆情风险。积极配合参与非法集资整治和新兴金融业态监管政策研究工作。积极配合参与互联网金融、非法证券、非法期货、非法交易所整治工作。七是继续加强金融稳定再贷款与相关资产管理。按计划收回当年应还的地方政府专项借款，督促河南和正资产管理人加快资产处置进度。

二、扎实推进存款保险制度实施。一是创新建立和持续完善存款保险基础工作制度机制，不断优化工作流程。在全国创新制定《河南省存款保险投保机构分支机构管理暂行办法》等3项基础性工作制度机制；探索设计《投保机构运行监测统计表校验审核工具》在全国推广使用。二是组织全省法人投保机构做好存款基数核定、保费收交工作，切实做好存款保险基础工作，建立辖区法人投保机构运行监测报告制度。三是主动扩宽存款保险核查覆盖面，加大现场核查力度。全年共对53家投保机构开展真实性现场核查。四是积极探索早期纠正工作，推动问题投保机构化解风险，在全国率先制定了《我国存款保险早期纠正实施办法》。五是在全省范围内组织开展“《存款保险条例》实施两周年宣传活动”，宣传工作继续向城镇社区、县域及以下农村地区下沉。

三、积极推动金融改革和调研。一是积极推动落实政策性、开发性金融机构改革方案，组织开展河南省国家开发银行、进出口银行、农业发展银行改革进展情况专题调研。二是继续跟踪辖内大型商业银行改革进展，推动大型商业银行加快转变发展方式。扎实推进农业银行深化“三农金融事业部”改革工作。三是积极推动地方法人银行机构转型、改革以及地方法人金融体系的健全和完善。四是加强金融风险监测反映和调查研究工作。

（祝新伟）

【调查统计】

一、真抓实干，金融统计数据基础有效夯实。一是数据质量管理不断加强。按时完成三大系统30余类报表的生产任务，在全省调查统计系统开展“数据质量月”活动，召开动员大会，建立金融统计数据审核制度和数据变动说明上报制度。二是金融统计制度得到有效落实。认真组织金融机构做好信贷发放情况统计等新增专项统计报送工作；下发2016年扶贫识别信息，并印发《关于定期报备金融精准扶贫贷款专项统计数据的通知》；认真做好2017年统计制度报备，撰写《河南省中小法人金融机构2017年统计制度归属情况的报告》。三是金融业综合统计及信息平台建设初见成效。充分运用大数据的理念与技术，以金融业务统计为主线，按照“逐笔、全覆盖、无遗漏”的目标，成功完成平台一期建设，为基层央行贯彻货币政策、开展宏观审慎管理提供更好的决策支持。四是兰考普惠金融统计工作扎实开展。制定并下发《河南省兰考县普惠金融改革试验区专项统计制度》，探索构建了普惠金融指数（IFI），制作并不断修订兰考普惠金融调查问卷。五是统计检查依法合规水平进一步提升。在全省全面落实“双随机，一公开”要求，组织辖内分支机构对全省164家金融机构开展金融统计现场检查，对96家金融机构进行了2016年统计检查“回头看”。结合检查结果，采用通报、约谈、处罚等方式分类施策，切实提高了整体检查水平和执法检查质量，检处比较2016年提高了8.5个百分点。六是统计数据监督考核与服务效能不断提高。完成河南省2016年度县域法人金融机构将新增存款一定比例用于当地贷款考核工作。加强专项统计数据运用，联合省财政厅、银监局等部门开展小微企业信贷风险补偿资金政策考核工作，做好数据质量把控，强化服务支持。

二、精确谋划，制度性调查成效突出。一是制度性调查数据报送实现零差错。顺利完成企业商品价格、企业财务指标、银行家问卷、企业家问卷、民间融资监测、外向型企业汇率变动承受力及服务业企业问卷调查7项制度性调查4300余份问卷的审核及上报工作，实现零差错。开展1999年以来5000户企业财务数据审核工作，完成河南省历史数据的系统内校对。二是制度性调查重点工作有效开展。完成111家服务业景气调查企业布点及4个季度的调查工作；通过集中讨论、试填试报等举措，设计完成教育行业景气调查问卷。对企业样本均衡方案进行系统研究。按照总行5000户企业调查样本调整要求，新增60家样本企业、停报18家、净增42家，是全国各省样本调查最多的省份。及时开展河南省企业商品价格调查样本梳理及规格品调整工作，对不符合采价要求、采价困难以及价格长期不变的规格品逐条进行梳理调整，合计调整规格品142条，新增规格品69条，新增总行重点关注、报价较少的规格品15条。

三、问题导向，调查研究的深度和广度不断提升。一是发挥合力，调研分析“两个机制”成效明显。建立了《河南省金融机构统计分析调研合作机制》和《河南省人民银行调查统计系统调研分析报告评选机制》（简称调研分析“两个机制”）。二是深入挖掘，经济金融形势分析工作扎实推进。深入开展季度经济金融形势调研分析工作，赴洛阳、安阳、新乡、焦作、许昌、周口等市开展现场调研，召开省市两级政府部门、金融机构和企业座谈会，全面了解经济金融热点、难点问题，调研分析水平不断提升。三是积极创新，区域特色行业监测工作提质增效。将网络、微信调查方式全面推广至农民工、小麦、铝行业、生猪等区域特色行业监测，极大地提高了调查效率和质量。完成的调研报告《调查显示：小麦种植成本居高不下 种植收益有所分化》、《小麦丰收在望 价格预计先降后升》、《河南省农民工就业情况调查》。四是求精求实，专题研究水平不断提高。围绕服务实体经济、防控金融风险、深化金融改革三项任务，有针对性地开展专题研究，全年共完成《服务业产出公允价值核算研究》、《金融支持实体经济效率研究》等9项课题。

四、加强管理，调查统计系统建设取得新进展。一是多措并举，调查统计队伍建设进一步提升。针对地市工作中存在的主要问题，结合工作实际举办调查统计业务培训班，针对金融统计、经济金融形势分析、金融市场监测研究等重点工作开展专题培训，着力答疑解惑，并根据培训内容组织随堂测试，取得了良好的培训效果；召开全省工业景气监测数据审核系统试用培训会，对系统的具体操作进行详细讲解，确保了审核系统在全省的成功推广。二是找准差距，凝心聚力保A争先。多次召开会议深入分析郑州中支调查统计处在总行考评工作中所面临的严峻形势和存在问题，进一步增强争先创优意识，积极发挥党员先锋模范作用，找准差距、查找原因、树立信心、明确目标。

（袁彦娟）

【会计财务】

一、统筹安排，全面推进会计财务工作转型。一是创新推出“履职导向型”财务预算管理方式。以“履职导向、业务导向、业绩导向”为基本思路，构建“履职导向型”财务预算管理制度，制定下发《关于加强履职导向型财务预算管理的意见》（郑银发〔2017〕38号），探索建立由财权与事权部门共同参与的财务预算管理工作新机制，指导应用于三年支出业务规划、部门预算编制及预算调整等具体工作，进一步提升财务预算管理的专业性、前瞻性、科学性。二是深入践行矩阵式管理。加强与业务部门的沟通协调，探索矩阵式管理模式推动各项工作开展。在横向条线的管理上，将货币发行、科技、保卫、后勤等部门纳入预算管理、资产管理的各环节，进一步完善预算管理决策机制，加强对预算和项目的统一管理，起到抓总和协调的作用。同时按照“轻重缓急”的原则统筹安排项目实施。在纵向条线的管理上，按照业务条线与费用归口管理的原则，将部分有明确审批主体或主要发生主体的费用归口到相关部门管理，由主管部门加强政策指导，合理统筹支出规划，使预算规划控制和协调管理的效果得以发挥。三是发挥综合分析反映职能。针对热点问题深入调研，结合总行《会计财务调研指引》以及工作中的热点问题，完成12篇调研报告上报。全面梳理总结，加强宣传和沟通交流。四是积极探索综合分类供应商采购模式。2017年，郑州中心支行以“一次招标、三年使用、及时响应”为基本原则，会计财务、后勤、科技、钞票处理等部门协同配合，科学开展综合分类供应商招标。在试点开展办公用品类、小型维修类分类综合供应商招标经验的基础上，探索出一条可复制、可推广、成效明显的集中采购模式。

二、从严管理，积极适应规范化管理要求。一是认真落实中央“八项规定”精神。坚持“厉行勤俭节约、反对铺张浪费”，切实加强对公务接待、公务用车、因公出国的监督管理，全面从严、从紧管理。同时，加强与办公室、人事处等部门沟通协调，对于补充计划内会议、培训等履行严格的审批程序，从严控制会议费、培训费、差旅费等重点支出项目，防范财务风险。二是进一步完善业务制度及操作规程。制定《中国人民银行郑州中心支行机关培训费管理暂行办法》，规范管理机关培训费，加强对各项财务制度的宣传，提高政策执行力、提升员工满意度。制定《河南省人民银行系统县支行会计财务工作操作规程》、《河南省人民银行系统各中心支行业绩考评指标体系》等制度办法，进一步规范业务操作流程和业务考核标准，促进全省人民银行会计财务部门优质高效履职。三是严格地方政府资金的接收和使用纪律。开展全面自查，组织全省128家机构对2016年1月至2017年9月底期间收到的各类地方政府资金、使用的各类地方政府资金进行全面自查，自查覆盖面达到100%。组织督导抽查，共督导抽查机构53家，督导抽查面达到41.7%。制定整改措施，下发《关于地方政府资金接收和使用自查情况的整改通知》、《关于进一步加强地方政府资金接收和使用自查整改工作的通知》，针对自查、督导抽查中发现的问题提出明确的整改要求，同时按照注重预防和源头管控的原则，建立防范违规的长效机制。四是加强专项资金管理。制定并下发《中国人民银行郑州中心支行专项资金管理暂行办法》（郑银办发〔2017〕242号），加强对支付系统运行维护、征信补助经费以及外汇专项业务补助费用等专项资金的管理，进一步规范专项资金申请、分配及使用等环节，明确审批权限和操作流程，做到标准统一、管理规范。同时，按照“专款专用、厉行节约”的原则，将专项资金统筹安排用于指定项目，提高资金使用效率，保障业务工作开展。五是健全集中采购管理机制。完善制度框架，制定印发《郑州中心支行机关集中采购操作规程》，明确集中采购政策框架，进一步规范权力运行，堵住风险漏洞，强化对集中采购全流程的管理和监督。贯彻落实新政策，及时对集中采购限额进行调整，限额之上集采项目，将委托代理机构社会化实施，评标评委外部抽取。规范操作程序，制定并印发《人民银行集中采购简明工作手册》，进一步明确集中采购政策框架，对集中采购组织形式、项目分类、管理框架、实施方式、采购程序等重点环节操作规范进行清晰界定。

三、创新方式，高效开展资产管理工作。一是引入信息化管理。依托高科技、信息化手段，建成省、市、县三级分支机构大型修缮项目库，将全省各级行的基础信息和大型修缮信息录入系统，并进行动态更新、维护，实时、直观掌握全省各级行大型修缮进展情况，进一步加强对大型修缮项目的精准管理。二是推进标准化管理，制定《河南省人民银行系统县支行维修改造项目操作流程》，对全省县支行维修改造项目规范、高效开展提供指导。2017年以来，申请17个县支行维修改造项目得到总行批复，完成了26个县支行的维修改造。截至目前，已完成全省61个县支行的维修改造。三是加强固定资产管理，按照《中国人民银行固定资产管理办法》要求，结合工作实际，将5辆运钞车和2辆公务用车调拨至辖内分支机构，保障了分支机构履职需要。此外，对满足报废条件不能使用的558件固定资产进行了报废处理，减少了固定资产的闲置，提高了资产的使用效益。四是严格按照总行要求，制定工作方案，对任务进行分解、布置和落实，开展固定资产基础信息完善工作、公车改革测算等工作。

四、坚持问题导向，加大巡视、内外部审计整改及检查辅导力度。一是严格遵守纪律，巩固巡视、内外部审计整改成果。明确要求开展自查。坚持自查工作常抓不懈，要求各单位对照巡视、内外部检查整治方案和内容逐条进行核查，并据实填写相关统计报表；按照“边查边改、立行立改、全面整改”的原则，明确主体责任，严肃责任追究，认真查找相关问题，坚决纠正违规行为，严抓、严改，保证后续整治工作的持续推进。巩固整改成果，完善制度、强化工作措施，针对巡视整改和内外部检查发现的问题、存在的薄弱环节和漏洞，积极采取有效措施，建立工作台账，健全规范管理的长效机制；常抓不懈地加强监督检查，严格支出项目完全符合制度标准和规定，切实维护好中央政策执行的严肃性。二是建立检查“三结合”，规范财务管理。实现检查与调研相结合。对辖内部分地市中心支行开展预算执行情况专项检查。针对检查中发现的共性问题及典型问题，深入查找原因，对症施策，提出加强规范化管理的意见，为开展会计财务工作转型提供事实依据。实现检查与交流相结合，为被查单位会计财务人员学习先进经验搭建平台，鼓励辖内各级行及时总结上报成功经验，用典型经验指导工作，用典型的示范作用推进工作。实现检查与辅导相结合，现场及时反馈存在的问题，详细讲解政策，提出整改建议，变“单向”检查为“双向”互动，积极提升县支行适应会计财务工作转型的业务能力。

（许　芳）

【支付结算】

一、牢固基础，保障支付清算系统和中央银行会计核算数据集中系统安全稳定运行。一是停运河南省同城清算系统。在全面评估和征求各银行机构意见的基础上，于2017年11月稳妥停运郑汴等9个地区的同城清算系统，全省140家银行机构管辖行、800个银行机构网点安全、平稳、有序退出，各项支付业务衔接顺畅。二是加强中央银行会计核算业务管理。采取“先试点推行、再全面推广”方式，组织辖内新乡等5地区成功开展联网取现业务，实现全省业务零突破，并在此基础上，制定印发《河南省银行机构联网支取现金业务操作规程（试行）》，提高业务办理规范性。三是推广电子商业汇票系统。配合总行顺利完成电子商业汇票系统迁移至上海票据交易所，在电子商业汇票系统全省地市人民银行全覆盖的基础上，推动提升金融机构覆盖率。2017年末，辖内银行机构网点电子商业汇票系统覆盖率达94%，财务公司覆盖率达75%。

二、加大创新，促进农村支付服务环境建设提质增效。一是推动农村支付服务点规范化、标准化建设。组织涉农金融机构新设或将助农取款服务点升级为综合金融服务站，叠加支付服务、信贷风险防控、金融消费权益保护等金融服务和电子商务功能。2017年，在国家级贫困县确山县试点探索建设财政补贴支持、商业可持续强、标准统一化的综合金融服务站，实现行政村100%全覆盖；以国家级贫困县淅川县为试点，在服务站统一布放新型多功能支付服务终端，开通“流动银行车”，显著优化支付服务环境。截至2017年末，全省共设立助农取款服务点4.6万个，其中，综合金融服务站4000个，有效填补金融服务空白。二是探索支付助力精准扶贫新途径。优化服务点布局，组织涉农金融机构重点向贫困村、易地扶贫搬迁安置点新设服务点，全省在贫困地区共设立助农取款服务点2.5万个，占服务点总量的46%；涉农金融机构依托服务点采集贫困户征信信息和贷款申请信息，向带贫企业或农户发放小微贷款、扶贫贷款1058笔（户）、金额5.4亿元，有力推动农户脱贫致富。三是运用大数据推进服务点精准管理。全省上线推广“农村支付服务点信息管理统计分析系统”，改变传统手工台账式的粗放管理方式，实现服务点基础信息、管理动态和业务发展等情况的电子化管理。

三、聚焦普惠，提升支付服务水平。一是打造“普惠金融一网通”业务品牌。积极推动“普惠金融一网通”平台在全省推广应用，全省拓展上线近300个生活缴费项目，开发上线小微商户服务功能，拓展上线农资收购POS申请、新农合参合查询缴费、城乡居保和税费缴纳、涉农补贴查询等特色功能，满足用户差异化、个性化需求。同时，推动实施平台市场化运营，指导平台市场化运营方开发建设“普惠通”手机APP，并结合兰考县普惠金融改革试验区建设，开发加载“普惠授信”、农户小额信贷在线申请、金融超市和人脸识别等新功能。截至2017年末，“普惠金融一网通”微信公众号用户关注量突破100万人，“普惠通”APP在兰考县的下载使用量近1.2万人，通过两个平台累计办理各类业务超过1亿元。二是推动便民支付发展。在全省启动移动支付便民示范工程，推进符合银联标准的手机非接触支付和银联二维码支付等移动支付在公交地铁、医疗健康、乡村旅游等公共服务领域的应用，取得明显成效。三是优化企业银行账户服务。贯彻落实国务院“放管服”改革精神，积极采取5项措施，实施核准类账户网上申报服务、优化账户核准流程、推出河南省自贸区“账户直通车”服务、引导银行机构开展“对公云账户”服务、推进银行机构和工商部门实现企业注册信息共享等，全面提升银行账户管理和服务水平，支持实体经济发展。目前，企业从提出开户申请至取得开户许可证的总开户时间平均缩短2个工作日。四是积极落实个人银行账户分类管理制度。持续督导银行机构推进Ⅱ、Ⅲ类个人银行账户普及应用，组织开展业务宣传，提高社会公众认知度，促进Ⅱ、Ⅲ类个人银行账户业务发展。

四、从严监管，维护支付市场秩序。一是全国首创探索开展注销企业账户退出工作。按照“试点先行、再全面推广”的工作思路，开发建设“河南省注销企业账户数据比对系统”，于11月全省统一开展注销企业账户退出工作，全省清理约17万个注销企业账户，彻底解决企业在工商部门已注销而银行账户未撤销导致的新注册同名企业无法开立账户等问题。二是加大非银行支付机构监管力度。引导收单机构与聚合技术服务商规范业务合作，审慎组织省内1家支付机构法人通过支付业务许可证续展，审慎开展支付机构分类评级，认真落实支付机构客户备付金交存制度，切实规范支付机构业务管理。三是组织开展支付业务检查。组织全省采用“双随机”方式，对258家银行机构、13家支付机构开展支付结算执法检查，对存在违规的32家机构实施处罚。四是建立健全联动工作机制。联合开展“微盘”和交易类平台排查清理、无证经营支付业务整治、预付卡违规经营整治等专项工作，有效净化市场环境；积极防范电信网络诈骗，2017年6月，全国首创建立河南省支付结算可疑业务线索共享联动机制，提高联动防范和联合处置效率，及时堵截支付业务违法违规行为。截至2017年末，全省共享555条可疑线索，拒绝可疑开户（卡）1497次、指挥开户（卡）169次，成功拦截325起冒名开户（卡）事件，其中，13起事件中成功抓获不法分子。

（王　晗）

【反洗钱】

一、全面贯彻“3号令”，落实法人机构主体责任。2016年12月份，总行下发《金融机构大额交易和可疑交易报告》（以下简称“3号令”），进一步规范了金融机构大额交易和可疑交易报告行为。一是及时做好政策解读和指导工作。组织召开全省法人金融机构电视电话会议，对“3号令”进行政策解读和工作动员。二是多措并举推进“3号令”有效落实。省、市、县三层级人民银行按照属地管理原则，分别于一季度和7月份两次对全省法人义务机构进行全覆盖实地走访，了解并指导“3号令”的落实情况。同时，各级人民银行按月召开辖区法人机构“3号令”落实工作推进会。三是对新增义务机构重点加强辅导。四类新增义务机构中，河南辖区共有消费金融公司法人机构1家、保险专业代理公司法人机构69家、保险经纪公司法人机构3家，无贷款公司。积极推动新增义务机构开展大额和可疑交易数据的报送工作，在规定时限内顺利完成了“3号令”各项工作要求。

二、突出风险为本，强化反洗钱监管。一是完善分类评级标准，做到评级全覆盖。依据义务机构类型分别建立法人金融机构和非法人机构分类评级管理办法，细化了分类评级指标。依据标准，完成了对全省235家法人机构分类评级。完成对全省3192家非法人机构考核评级。对1家支付机构《支付业务许可证》续展工作有关反洗钱措施部分进行初审，并参加总行复审会议。二是规范执法检查，依法加大行政处罚力度。2017年河南全省共对168家机构开展现场检查，对67家实施行政处罚，并严格落实“双罚制”，被查机构涉及银行、保险、证券、期货、支付等多个领域，重点加大了对辖内高风险机构的执法检查力度，外资银行、资产管理公司、银行卡收单机构等往年监管力度相对薄弱的义务主体被纳入检查范畴，突出监管威慑。三是灵活采取措施，加强监督指导。2017年，共对544家机构进行634次监管走访，对123家机构高管约见谈话（包括1家保险代理公司和1家保险经纪公司），对50家机构进行质询，监管走访做到了法人机构全覆盖，监督指导力度加大，有效督促义务机构尤其是法人机构依法履行反洗钱义务，提升反洗钱工作水平。

三、围绕国家安全和金融稳定大局，反洗钱调查和协查工作成效显著。一是严格依法开展反洗钱调查和案件协查。2017年，郑州中心支行配合有权部门协查请求，依法共开展反洗钱调查和案件协查22次，下发反洗钱调查通知书174份，支持相关部门破获了一批涉嫌洗钱及其上游犯罪案件。二是推动重要案件和专项行动工作。2017年河南省人民银行系统配合侦查机关在“打击利用离岸公司和地下钱庄转移赃款专项行动”破获案件2起，“打击骗取出口退税和虚开增值税发票专项行动”1起。同时，着力提高线索有效性和成案率，推动洗钱罪的立案、起诉和审判，2017年推动许昌市张某以狭义洗钱罪宣判1起，另外2起狭义洗钱罪宣判推动工作正在有序开展。三是因地制宜开展涉恐资金监测创新。对于河南省涉恐高风险地区南阳市镇平县石佛寺镇，指导人行南阳市中支联合南阳市反恐办和南阳市安全局开展“反恐怖融资工作提质增效年”活动，推动辖区反恐怖融资工作取得新进展。四是加强成员单位沟通协作。2017年9月组织召开河南省反洗钱工作联席会议。会议全面总结了2007年河南省建立反洗钱工作联席会议制度以来近10年全省反洗钱工作成果，分析了当前河南省反洗钱工作形势及面临的挑战，部署了下一阶段工作任务。五是进一步加强洗钱类型分析和风险提示工作。开展银行业洗钱类型分析，及时向辖内人民银行和金融机构转发反洗钱局《洗钱风险提示》，河南辖区无同类案件发生；同时将辖区金融机构已发现和堵截的案例通过《河南省反洗钱工作简报》编发到全省各金融机构。通过多形式风险提示，金融机构风险防范意识和防范能力明显提升，发现和堵截多起涉嫌诈骗案件，增强了金融机构洗钱风险防范能力。

四、监管下沉，着重提高县支行履职能力。一是加强基层行业务督导。制定县支行反洗钱业务操作规范，对河南省县支行反洗钱各项工作职责、要求、工作流程及制度依据进行明确，规范县支行反洗钱业务操作。2017年，反洗钱处成立督导组分别对13个地市中支及郑州辖区7家县支行反洗钱现场检查和“3号令”落实情况进行现场督导，答疑解惑，有力推动了基层反洗钱工作。二是赛训结合提高县支行反洗钱履职能力。5月组织举办河南省人民银行县支行反洗钱业务培训班。10月组织举办2017年河南省人民银行系统反洗钱知识竞赛。2017年，全省人民银行系统共组织开展培训111次，参训人数7408人。三是参加岗位准入培训，提高从业人员工作水平。2017年，郑州中支积极组织河南省银行业、保险业反洗钱从业人员参加反洗钱岗位准入培训。全省银行业法人金融机构12411人、保险业5013人、证券期货业537人参加培训。

五、形式多样，积极开展反洗钱宣传。河南省人民银行系统组织金融机构通过多媒体、电子滚动屏以及微信公众平台等方式和渠道灵活开展宣传，普及反洗钱知识，提升了社会公众风险意识。2017年，全省共开展宣传活动228次，媒体宣传26次，参加宣传活动5万人次。一是制作宣传片、宣传动漫，利用微信、微博、手机等互联网媒体进行宣传。二是通过知识竞赛、电视竞赛等形式，掀起学习反洗钱法律法规新高潮，同时通过电视媒体，向社会公众普及反洗钱知识。三是利用节日、特色资源积极在辖内组织开展反洗钱宣传活动。如在“3·15消费者权益保护”“6·26国际禁毒日”开展反洗钱宣传；利用传统庙会和传统节日在人流量大的场所开展宣传。

六、创新监管科技，提升监管效能。一是反洗钱大额交易筛查系统正式推广使用。反洗钱大额交易筛查系统于今年在全省范围内推广使用。该系统的推广使用降低了数据筛查的时间成本和差错率，为反洗钱现场监管提供了有效的技术支撑。二是反洗钱执法检查监督系统开发完成。完成反洗钱执法检查监督系统的开发工作，可通过该系统实时了解辖内各级人民银行反洗钱执法检查进度和实施情况，该系统预计2018年正式上线运行。

七、围绕热点难点，提高反洗钱调研水平。一是积极开展调查研究。重点围绕金融体制改革背景下的反洗钱监管、自定义可疑交易报告标准、法人金融机构反洗钱分类评级、涉税犯罪与反洗钱监管等热点问题开展研究。二是加强反洗钱工作信息反映。2017年，共编发《河南省反洗钱工作简报》9期。三是通过媒体积极反映反洗钱工作成果和意见建议。

（曲瑞婷）

【金融科技】

一、创新推动、架构为先，以点促面求发展。一是开展金融业综合统计平台建设，梳理制定《金融业综合统计平台数据文件接口规范》，组织省内地方性商业银行进行数据上报。完成河南省内144家地方法人银行机构的数据上报，实现地方法人银行业金融机构的数据采集、存储与分析。二是加强金融标准的宣传贯彻，启动河南省银行营业网点服务标准化评估工作，选取了1922家银行营业网点开展宣传及执行情况的自我评价，有效提升了全省的金融服务质量和效率。三是持续做好省级数据中心“基础云”环境的优化，完成虚拟化平台备份系统建设，以及存储虚拟化、DMZ区虚拟化平台的设备更新。完成全省TBS服务器省市县三级虚拟化工作。完成财务系统虚拟化迁移；为系统运行提供基础环境。四是组织开展河南省统一的OA系统建设，已完成3个地市的试点。郑州中支已完成集中版OA系统的测试及生产切换，系统已正式上线运行。

二、坚守底线、安全为先，强化信息安全管理。一是制定并印发《河南省人民银行信息系统安全生产“三道防线”工作框架》，明确了信息系统安全生产“三道防线”的主体单位和工作职责，建立了完善的各条防线相互补充、相互支撑、监督指导的风险防控体系，建立了“三道防线”协同工作机制。二是按照“由点到面、先易后难、先试点后推广”的原则，完成一体化安全防护系统的部署推广。三是会同保密办积极开展办公网分保自测评和问题整改，顺利通过国家保密科技测评中心（河南省）分中心对郑州中支、郑州培训学院和辖内16个地市中支的办公网现场检测。四是组织开展2017年上半年度信息安全自查、下半年信息安全现场检查、河南省 IT 基础设施风险排查、郑州中心支行重要信息系统网络安全专项检查；组织辖内银行配合公安厅开展关键基础设施网络安全自查。通过检查强化制度落实，提高安全意识。五是召开联席会议，重点部署党的十九大期间的网络安全保障工作；做好“两会”和“一带一路高峰论坛”、“党的十九大”期间等重要时期安全保障。六是做好安全技术监控，定期组织开展计算机病毒防治、系统补丁修补工作；及时应对、处置“勒索”病毒攻击事件。全年共处理 1 起业务网非法外联事件、3 起业务网 IDS 高级事件。七是规范数字证书管理，全年共制作、更新、撤销各类数字证书 455 个。八是开展 8 次应急演练，其中 ACS 演练为跨区域、跨部门异地交叉联合演练；分别对 13 个对象开展应急能力评估。

三、打牢基础、稳定为先，不断完善金融基础设施。一是加强机房、网络基础设施安全稳定运行。配合完成 IT 基础设施风险排查及机房供电和业务网连续性审计，组织开展风险排查及审计发现问题的整改，完成转接中心 UPS 设备及电池间、机房接地的更新改造，规范机房统运行监测管理。建立和完善机房联合运维机制，缓解机房非工作时段无人值守带来的风险。二是着力提高核心网络设施性能，完善网络运行环境，完成波分设备、下联路由器更新，完成业务网总行至郑州主、备线路扩容，完成网管监控系统升级、网络和机房监控报警升级，组织开展河南省县级支行网络设备更新改造。三是加强郑州金融城域网管理，完成 6 家金融机构接入郑州金融城域网的审核及网络接入。四是做好关键业务应用系统建设与运行维护。开展 TIPS 二代联调，完成应用升级、主机安全加固、应用配置变更、网络连通性测试、一二代切换及外联机构联通性测试等相关工作。做好账户系统、国库类系统、会计核算类系统等重要应用系统的运行维护。

四、服务民生、普惠为先，充分发挥行业指导协调作用。一是加强银行卡风险管理，强化银行卡受理终端安全，辖内地方性银行机构存量 ATM 和 POS 全部完成了安全管理注册，注册率达到双 100%。二是配合做好对省内两家法人支付机构的分类评级，完成建业至尊续展的技术现场审查并提交评估报告。三是完成 17 家单位首次发行金融 IC 卡的技术审核和批复。四是推进金融领域安全 IC 卡和密码应用工作，2017 年河南省各地方性银行同比新增金融 IC 卡 1374 万张，其中国密卡 271 万张，占比 19.76%，超额完成全年发行国密卡工作目标。相关工作得到省委密码工作领导小组办公室的肯定。五是推动支付技术创新应用，扩大金融 IC 卡应用范围。指导许昌持续推进居民一卡通工程建设，建成第一个金融 IC 卡共享平台，实现在公交、公共自行车、医疗、高校等场景的应用；在周口将银联非接联机闪付交易 4G 技术应用到公交领域；三门峡市陕州地坑院景区已实现门票、支付导游费、自营商店、“马嵬驿”小吃一条街等场景的 IC 卡刷卡支付。六是做好金融机构信息管理，组织完成金融机构信息质量筛查和年度验证工作。全省共新增金融机构 1090 家，变更金融机构 2936 家，撤销金融机构 477 家；其中郑州中支完成新增金融机构 133 家，变更金融机构 361 家，撤销金融机构 1 家。七是开展金融科技和网络安全宣传，利用“普惠金融一网通”微信公众号开展有奖答题宣传活动；在河南财经政法大学龙子湖校区举办“金融支付安全校园行”活动；在驻马店市举办河南省“金融信息安全保障与风险防范论坛”活动；做好金融标准化的宣贯，组织商业银行利用各类媒体，采取进农村、进社区、进校园等多种方式开展金融标准宣传活动。

（刘珂君）

【货币金银】

一、灵活调拨，保障现金供应充足结构合理。一是确保全省现金供应总量充足。2017 年 12 月末，河南省人民银行系统投放发行基金与 2016 年同期相比减少 3.25%；回笼发行基金与 2016 年同期相比减少 0.9%；收支相抵，实现净回笼较 2016 年同期相比减少 9.71%。从全年看，河南省现金投放回笼基本持平，净回笼较上一年略有增加。二是确保小面额现金合理供应。2017 年投放小面额人民币较 2016 年同期增长 1.8%。三是组织完成纪念币发行及兑换工作。先后组织完成鸡年贺岁普通纪念币、中国人民解放军建军 90 周年普通纪念币、和字书法纪念币的预约兑换。

二、强化管理，超额完成残损币销毁工作任务。2017 年，河南省联机销毁残损人民币 100 元、50 元券别分别完成总行计划的 120.62%、120.32%。执行 110 个销毁令，大型机械共销毁残损人民币完成总行下达销毁计划的 126%。100、50 元券别 100% 完成了总行下达的指令性销毁计划，20 元以下券别残损币完成总行指导性计划的 126%。其中，于 12 月完成了总行下达的全省残损硬币集中销毁工作任务，销毁残损硬币约 80 吨。

三、重点监察，加强发行库业务检查及制度建设。一是组织举办了发行库业务规范化管理培训班。针对近两年全省发行库业务检查情况以及全省发行库规范化管理亟须关注的问题，组织开展了制度学习和研讨，进一步提高全省发行库规范化管理水平。二是组织全省开展原封新券先进先出制度执行情况专项检查和发行库业务全面检查，及时发现管理漏洞，强化库房管理规范性，规范县支行发行库业务操作。三是制定下发《原封新券塑料包装箱空箱处置管理办法》，并与公司签订了原封新券塑料包装箱空箱处置合同，防范空箱处置风险。严格销毁废料管理，签订销毁废料处置合同，废料处置收入并入单位会计账目。

四、拓展思路，加强全省人民币流通管理。一是修订印发《河南省银行业金融机构人民币管理综合评价办法（试行）》、《实施细则》及《综合评价表》，提升综合评价的科学性。二是加强《不宜流通人民币纸币》行业标准的宣传。举办全省《不宜流通人民币纸币》行业标准培训班，全省3.6万余人参加培训，培训面达到100%。三是在全省开展了人民币收付业务检查，共检查363家机构网点，对46家有违规情节的机构网点进行了处理。四是创新硬币自循环新模式，推动辖区硬币清分与回笼。以“一元硬币、公共交通事业、入库后再投放”的思路开展试点探索。主要打通公共交通行业硬币循环的流通渠道，引入清分机构对公交公司回收的硬币进行清分，制定清分质量监督管理制度，为公交公司回笼、轨道交通投放硬币搭建平台，确保硬币循环渠道畅通。

五、深入推进反假货币工作。一是推进反假货币宣传工作市场化，组织策划河南省“百县千乡反假货币万村行”主题宣传活动。二是开展线上宣传。通过郑州中支特色创新平台“普惠金融一网通”开展人民币知识宣传，推送5个专题信息。三是在辖内组织开展反假货币宣传月活动，推广“反假小超人”微信有奖答题。2017年末，河南省共收缴假币2907.79万元，同比增幅47.2%。其中公安机关破案收缴827.76万元，同比增加95.12%；金融机构柜面收缴2034.97万元，同比增幅32.9%。辖内公安机关破获百万元及以上的重大案件4起。四是创新反假竞赛组织方式，在总行反假货币知识与技能竞赛活动中，我省取得决赛团体第一名、个人全能第一名、个人竞答单项第一名和个人识假竞技单项第三名的好成绩。五是创新综合治理模式，在许昌、信阳建立反假货币示范区。

六、创新方式，扎实推动货币金银廉政风险防控。一是组织签订《岗位责任及廉政风险防控责任承诺书》，全省近600人签订，将履职尽责、防控风险的意识普及到每个人。二是组织开展“廉政风险防控”小课堂活动，形成相互监督的良好氛围。建立《货币金银廉政风险防控工作专刊》交流平台。三是组织开展岗位责任及廉政风险防控知识网上测评。在全省形成风险防控知识题库。

七、整合资源，探索建立货币发行业务大数据平台。主动采集商业银行的跨行调款信息、冠字号码信息、人员信息、网点现金收支信息、外包服务机构信息、商业银行劳务外包现状及现金从业人员信息等，同时还采集日常工作中需要上报的月报、季报、年报报表等信息，可提供信息查询、分析、监控等功能，有效解决冠字号码生命周期追踪、对外误付假币等现实问题。

八、积极探索，优化重构河南省新发行体系布局。一是加强研究探索，郑州重点库研究工作取得新进展，完成《郑州重点发行库可行性研究分析报告》。二是发挥效率优势，4个调拨押运分中心试运行。其中，洛阳分中心于9月份开展了对济源市中支的发行基金双向调拨押运业务。三是强化履职担当，推进已批复县支行恢复发行库及恢复后的安全运行工作。2016年底之前，郑州中支共批复恢复辖内县支库11家。2017年，兰考、滑县、潢川、巩义、林州、汝州、太康等7家县支库已对外办理发行业务，另外4家县支库正按照发行库管理规范要求稳妥筹备开展硬件建设招标及人员培训工作。

（宋　真）

【国库】

一、稳固国库会计核算基础，提升风险防控能力。一是修订完善国库制度体系，加强国库内控管理。修订《河南省国库业务考核办法》，制定《河南省“十三五”时期国库业务发展规划》《国库集中支付清算协议书（样本）》。汇编《国库业务实用手册》（制度精选）。二是安全准确及时办理各项业务。2017年，全省242家国库办理各项业务3988万笔，金额37048.17亿元，同比分别增长86%、22%。与省、市、区三级财政、税务、海关、集中支付代理银行分月度进行对账，全年未发现任何国库资金风险和责任事故。三是严格国库内外部监管，开展交叉复合型国库业务现场检查；积极探索国库风险状况评估指标与评价体系，实现国库会计业务事后监督电子化，2017年，各级国库发现并拒办不合规业务3358笔，金额605.19亿元。

二、多措并举，强化基层国库履职能力。一是传统媒体和现代媒体相融合，全方位、立体式、广覆盖开展国库宣传。128家国库、24家金融机构通过公共金融服务大厅、报刊、微信、传单等形式开展“普惠杯”国库宣传周活动。利用“普惠金融一网通”微信公众号开展国债收款单催兑、国债到期提醒和2017年储蓄国债发行宣传活动。二是开展“国债微催兑 责任担当行”活动。组织全省各级国库核实尚未兑付国债收款单的具体信息，并于2017年3月15日在“普惠金融一网通”微信公众号上集中公布。三是探索县支行国库人员横向兼岗。指导禹州、兰考县支行积极探索国库人员横向兼岗。

三、强化国库分析研究，提升内外服务水平。一是运用季度分析法、同步性分析法和异常分析法对国库指数进行应用分析与验证，选择未平滑处理的熵值法构建河南省国库指数。二是利用国库智库和编译小组持续攻关财税改革重难点、国际财税前沿动向、国库资金运行动态、区域经济发展热点。三是注重理论创新和实践创新的现实意义，加强对国库工作的指导和帮助。四是认真组织国债发行与兑付。2017年，全省发行国债58.96亿元，兑付12.64万元，其中，兑付金额同比增长40%。五是与省财政厅会签《河南省省级国库现金管理操作实施办法（试行）》、《河南省省级国库现金管理工作实施方案》、《河南省省级国库现金管理评分标准》，开展河南省省级国库现金管理第1-3期共610亿元，获得商业银行存款利息收入1.47亿元，回收第1期210亿元。六是先后3次参与河南省地方政府一般债券、专项债券（　期－七期）在上海证券交易所的发行工作；2017年，配合办理社会保险基金收入1586.34亿元，社会保险基金支出1095.79亿元，工会经费12.40亿元；办理国库直接支付53.79万笔，金额20.52亿元，同比分别增长14%、40%；配合河南省、郑州市综合治税办公室开展综合治税有关工作。

四、推进国库信息化建设，提升电子化效能。一是配合国库局开展国库信息化建设工作部署和业务需求。中国人民银行国库局巡视员董化杰、国家税务总局收规司巡视员王道树一行莅临我省调研电子退更免工作，与省财政厅、国税、地税等部门不断优化业务流程，提升退税效率，实现省级预算收入和省与市县共享收入中的省级分成部分，全部授权税务部门审批。在总行统一部署下，统筹各项资源，制定具体实施步骤，全力保障第二代国库信息处理系统上线准备工作。二是财税库银横向联网系统（TIPS）电子收入业务量、金额、占比一直居全国前列，连续6年被总行办公厅通报表扬。通过召开座谈会、联合推进会等形式推进国库集中支付电子化，目前，国库集中支付电子化已在省分库及15个地市、3个县区上线，2个地市基本完成测试，并计划于2018年完成全部推广；指导渣打银行（中国）郑州分行和浙商银行郑州分行开展财税库银横向联网系统联调测试、业务衔接和验收工作。同时，利用国库智库开展TCBS、TIPS、TMIS系统升级、参数维护、应急演练。

（宋　冰）

【金融研究】

一、深化理论研究，成果转化成效显著。一是开展理论课题研究工作。承担总行重点研究课题1项、总行团委青年课题2项，对新常态下中国经济增长、房地产价格泡沫风险的货币政策调控以及国际资本流动管理等当前经济发展中的重大问题进行深入研究，课题报告及时报送研究局和总行团委。承担河南省人民银行系统重点课题3项、河南省金融学会青年课题2项，对经济增长源泉、中心城市建设对区域经济拉动作用、普惠金融的扶贫效应、金融生态评价等地方经济发展和重大战略实施中的热点难点问题开展研究，相关成果及时报送省政府有关部门。立足我省实际，组织河南省人民银行系统重点研究课题43项，注重政策研究导向，强化研究系统内的上下联动和跨部门合作，协同开展重大课题研究。二是注重研以致用，促进研究成果转化成效显著。在《财经》杂志、《金融理论与实践》、《中国金融》、《金融时报》、《河南日报》、《金融参考》等期刊报纸上发表文章9篇。在EI来源期刊《Progression of Artifical Intelligence》和SSCI来源期刊《The Economic Journal》发表英文论文2篇，学术影响力持续扩大。《再贷款需求与金融机构运用定价机制研究》、《保险业费率市场化改革影响分析及建议》等5篇报告被总行《金融研究报告/专报》、《研究工作动态》等刊物刊发。三是牵头完成专著《智慧金融手册》，从核心科技、组织体系、产品与服务、监管体系等方面，对智慧金融进行了系统的阐述，该书由中国金融出版社出版发行。四是选取2016年度河南省人民银行系统重点研究课题优秀成果，出版发行《中原经济区金融发展研究（2017）》一书。筛选河南省人民银行研究系统完成的优秀研究成果，编发《河南金融研究报告》80余篇。

二、深入实际，跟踪区域金融改革情况，不断提高决策服务能力。一是密切跟踪试验区建设进展，对试验区建设措施成效进行评估，对改革中存在的问题进行剖析，及时总结提炼改革经验，每季度及时向总行汇报。二是牵头组织试验区建设推进会，陈雨露副行长、河南省省委常委、常务副省长翁杰明出席，为试验区建设制定发展蓝图。三是筹备试验区推进“活动周”活动，期间先后举办高级别专家咨询会、数字普惠金融论坛和普惠金融高级研修班活动。六十余位国内外知名专家紧密结合兰考实际，为试验区建设出谋划策，提供了真知灼见。四是参与组织试验区建设一周年座谈会，中国人民银行行长助理刘国强出席会议。

三、参与地方政策制定，为地方经济金融提供有力的决策参考。参与省委省政府相关政策、发展战略的调研、讨论，加强与地方政府相关部门的合作，发挥人民银行金融研究优势，促进研究成果向经济金融管理政策转化，达到研以致用的目的。一是向河南省金融办报送绿色金融工作推动情况以及南阳市设立绿色金融改革试验区可行性意见，参与制定河南省“十三五”金融业发展规划。二是按要求对金融业营改增情况、卢氏金融扶贫、金融支持“一带一路”建设、郑州航空港实验区建设等问题开展调研。

四、加大实地调研力度，支持地方经济发展。一是完善调研工作机制，加大对研究系统研究力量的整合和与省政府相关部门、金融机构及企业的联系，形成研究合力。2017年针对河南省经济金融发展中的热点问题，牵头开展和组织了银行业资管业务发展、农村土地流转、两权抵押贷款业务开展、再贷款定价试点情况、绿色金融、兰考县普惠金融发展、卢氏县金融扶贫情况等调研10余次，并形成高质量调研报告。二是深入开展特色研究，密切关注辖内农产品价格动态、农业供给侧结构性改革、农村金融改革，完成特色研究报告《后两月猪价或稳中上涨，同比对CPI抵消作用明显—基于X-12-ARIMA模型河南省生猪价格的预测判断》、《河南省金融支持农业供给侧改革情况调查》等。三是组织河南省人民银行系统召开“聚集农村金融创新发展：河南案例”研讨会，总结河南省农村金融改革中的成功经验和优秀做法，为各地在改革中遇到的困难和问题提供了新的思路。

五、扎实做好经济金融形势分析，为区域经济发展提供智力支持。建立《河南经济金融分析报告》写作机制，基于央行视角，立足河南省情，坚持问题导向，每季度深入开展形势分析，结合全省经济金融运行中的突出问题，把全面的形势分析和重点问题的专题研究相结合，为中原崛起和河南振兴提供有力的政策参考和智力支持。

（曹鸿雁）

【征信管理】

一、强化征信合规监管，切实保障征信信息安全。一是全面开展征信信息安全风险排查，组织全省各级人民银行按季度开展风险排查，排查覆盖率达100%，全省人行系统全年未发生信息泄漏事件。12月，组织接入机构开展了信用信息泄露风险排查及征信合规自查自纠，及时发现了信息安全风险隐患并进行了整改。二是进一步加大征信合规现场检查力度，依法从严从重查处违法违规问题。全省人民银行系统对43家接入机构988个网点进行了现场检查，检查发现存在问题的分支机构153家，涉及网点298个。依法对18家机构进行了处罚，罚款金额合计143.4万元，强化了警示作用。三是建立并执行征信合规例会制度，全面上线征信查询前置系统，强化技术防控手段。2017年组织全省分别建立了省、市、县三级征信合规例会制度，全省全年共召开例会250余次。例会已成为全省各级人民银行与接入机构之间传达监管要求、督促工作落实、通报管理情况、交流经验做法的平台。四是组织开发完成了征信查询管理前置系统，11月底在全省人民银行系统128个查询点全部上线，实现了前置系统用户与征信系统用户分离、用户设备绑定、用户操作管控等功能，提升了查询风险防控能力。

二、积极推动信用体系建设，实现金融助推脱贫攻坚和发展普惠金融。一是农村信用体系建设在金融助推脱贫攻坚中作用突出，在卢氏县率先应用河南省农村信用信息系统对农户开展信用评价，结合评价结果发放信用贷款，助力脱贫攻坚。2017年，卢氏县建档立卡贫困户信息全部采集入库，对贫困户发放信用贷款共计35419万元。二是统一开发的河南省农村和中小企业信用信息系统基础性作用充分发挥。2017年开发完成了河南省农村和中小企业信用信息系统，自3月份上线以来，全省共录入农户信息1100多万户，其中建档立卡贫困户入库率达到99%；共录入企业信息8.3万户。三是创新实施“信贷+信用”普惠授信工作，兰考县信用信息中心建设取得初步成效，典型经验得到复制推广。制定以“信贷+信用”为核心的《兰考县信用信贷相长行动计划宣传方案》，由兰考县人民政府印发实施。2017年，兰考县依托此项工作发放农户贷款446笔，共计1261万元，兰考全县16.3万农户信用信息录入农村信用信息系统。四是推动栾川县结合当地实际，学习借鉴兰考、卢氏经验，通过普惠授信支持农户建设农家宾馆。2017年，共为栾川县501户农户提供了8293万元贷款，其中贫困户57户、金额197万元，带动78家家庭宾馆完成升级改造。五是加强沟通配合，积极推进地方社会信用体系建设，指导郑州市、南阳市扎实开展全国社会信用体系建设示范城市创建工作，2017年会同省发展改革委推荐濮阳、许昌等8市申报全国社会信用体系建设示范城市。

三、持续开展形式多样的征信文化宣传教育活动，有效提升社会公众信用意识。一是在“6·14信用记录关爱日”暨“2017兰考县普惠金融改革试验推进活动周”开展信用信贷相长行动计划专题宣传，为普惠授信全覆盖工作宣传造势。二是组织全省各级人民银行利用重要时间节点，以征文、演讲和微电影比赛等形式开展宣传活动1100多场，受众人数达100多万人次。三是连续13年会同河南省教育厅、省国开行在高校开展“诚信校园行”宣传教育活动，推动省内126所中小学和17所高校开设了征信课程。

四、不断扩大征信系统覆盖面，加大自助查询机布放力度，进一步提升了征信服务水平。一是2017年，全省共受理审核了7家融资性担保公司和小额贷款公司、2家融资租赁公司和5家住房公积金中心接入征信系统的申请。二是加大个人信用报告自助查询机向基层人民银行和金融机构的布放力度，2017年，实现了在人民银行各市中支、各县支行布放全覆盖，同时有选择地在商业银行布放，切实方便群众查询。全省全年共提供个人信用报告查询服务324余万笔，其中，自助查询笔数占93%。三是按季度完成了全省26家地方法人金融机构和5家全国性商业银行的数据质量核对和定点监测工作，进一步提高了征信数据质量。

（闫　宏）

【钞票处理】

一、超额完成总行下达的清分、销毁工作任务。全年清分人民币916.76亿元、100025捆，联机销毁残损人民币869.73亿元，联机销毁率94.87%，完成总行清分全年核定计划的120.59%；复点残损人民币金额88.76亿元、426217捆，现场抽查5.94亿元、33141捆，按规定比例开展了残损人民币销毁前抽查，共抽查8.5亿元、62402捆，保障了全省销毁工作任务的顺利完成；大型机械销毁残损人民币金额169.01亿元、1670952捆，重量1747吨，完成总行销毁全年核定计划的125.70%，机械销毁率达100%。

二、调整流程，加强清分业务操作管理。一是加强业务操作规范化管理，明确工作程序，提高工作效率。二是提前一周进行清分“周转库”取消后的业务试运行，及时解决出现的问题，保证“周转库”取消后清分业务的平稳运行。三是完善管理措施，保证清分联机销毁任务完成。

三、科学组织，积极配合完成基础设施建设。一是多个改造项目同步进行，积极与生产厂家联系，使场地及地面改造与新复点工作台安装调试同步进行，与销毁设备的大修维护保养同步进行，与货币金银处的库房改造同步进行。二是积极配合相关部门对施工场地进行测量，提出改造需求及质量要求；施工期间安排人员现场值班，监督保证清分机械设备安全。三是根据业务实际提出场地改造意见，将清分新、旧车间的隔墙打开，使车间视野开阔，强化了监督管理范围。四是配合监控设施和门禁系统改造。

四、深化钞票处理中心劳务外包。一是明确责任，抓好落实，制定《钞票处理中心劳务外包工作实施计划》，其内容将工作分解为开展市场调查、选择、审核供应商的资质及风险评估、各种费用核算、梳理外包业务流程及完善相关制度等15项任务。二是把握重点，确保安全。保证现有人员的稳定和业务的稳定，加强日常管理，认真执行各项管理制度；适应外包要求，修订完善相关制度，打好基础；加强应急管理，防止出现突发事件。三是探索与劳务外包公司协调管理的新途径，进一步明晰二者的责、权、利关系，拟订对劳务外包公司的检查评价办法，以促进劳务外包工作的健康发展。

五、强化安全管理，确保安全生产。一是加强业务安全检查，保证各项安全管理制度落实。制定《2017年度钞票处理中心安全检查方案》，开展了9次业务安全检查。二是实行安全管理责任制，将岗位目标和安全责任分解到岗、到人。

（程红群）

【资金清算】

一、开拓创新，努力增强支付系统安全保障。一是本地备份接入系统顺利上线并实现“双活”。2017年1月完成了LBAS设备集成，13日成功投产运行，省内7家支付系统直接参与者全部接入；9月顺利实现了郑州CCPC与LBAS双活运行，LBAS分流郑州CCPC业务量50%。二是郑州CCPC同城数据备份系统成功迁移。顺利对郑州CCPC同城数据备份系统进行扩容升级，并将其从省电信机房迁移至本地备份接入中心机房（许昌）运行，以满足日益增长的业务需求。三是完成了卫星天线除雪隔冰系统的安装，避免因冬天雨雪天气卫星天线上结冰积雪影响支付系统业务数据接收、发送不及时的问题。四是顺利完成支票影像交换系统并入小额支付系统工作，并将电子商业汇票系统切换至上海票交所运行，辖内 9 家直接参与机构、3945 家间接参与机构全部安全接入。

二、狠抓基础，确保支付系统安全稳定运行。2017 年末，郑州 CCPC（含 LBAS）继续保持安全稳定运行，安全运行率 100%。大额支付系统业务量（发出和接收合计，下同）7128.7 万笔，金额（发出和接收合计，下同）115.8 万亿元，同比增长 15.3%；小额批量支付系统业务量 2.7 亿笔，金额 2.23 万亿元，同比增长 4%；网上支付跨行清算系统业务量 6285.9 万笔，金额 5471.5 亿元，同比增长 221%。截至 9 月 8 日，支票影像交换系统业务量 5944 笔，金额 4 亿元，同比增加 50%（自 9 月 9 日起，支票影像交换系统正式并入小额支付系统）；截至 9 月 30 日，电子商业汇票系统业务量 7 万笔，金额 3337 亿元，同比增加 150%（自 10 月 1 日起，电子商业汇票系统移交至上海票交所运行）。一是完善突发事件处置流程，扎实开展应急演练。重新修订了《支付清算系统郑州城市处理中心危机处置预案》，先后对郑州 CCPC 和 LBAS 主机系统、网络设备、供配电系统开展应急演练 4 次，查漏补缺，对发现的问题及时纠正。二是完成系统升级变更工作，全年共完成系统变更 34 次（含 LBAS 变更），系统升级 13 次。三是顺利完成支票影像交换系统并入小额支付系统工作。

三、积极履职，提高对辖内支付系统参与机构的管服水平。一是加强对支付系统参与机构的管理。全年 4 次组织直接参与机构对支付系统前置设备和生产环境开展自查，11 月，对辖内 7 家支付系统直接参与者前置机和生产环境进行现场巡检，对巡检中发现的问题进行通报，限期整改。二是为支付系统参与机构提供高效服务。先后配合完成了郑州银行和焦作中旅银行支付系统前置设备的双活改造。全年组织完成了 3 家直接参与者加入跨行账户认证系统、7 家直接参与者国密算法上线、3 家直接参与者电子商业汇票系统上线和 1902 家间接参与机构电子商业汇票业务加入工作；为支付系统参与机构更换制作数字证书 214 份（含 7 份国密算法数字证书）。

四、加强宣传，彰显“央行支付”的品牌魅力。全省上下形成联动机制，向社会大众普及支付清算系统知识。各地充分利用地域优势、旅游资源等开展“央行支付 中流砥柱”、“央行支付 服务民众”等主题宣传活动，2017 年河南辖内支付系统宣传共摆放宣传展板 8240 个、宣传条幅 1508 个、宣传展台 1000 多个，发放宣传资料 30 余万份、宣传品 4 万余份，关注“央行清算”公众号 4 万余人次，接受现场咨询 2 万余人次。

（郭　蕾）

【事后监督】

一、夯实监督基础，充分发挥核算资金防火墙作用。一是严格对会计（营业）、国库、货币金银会计核算业务开展监督，确保核算资金安全。全年共审核监督各类会计资料 547,225 笔；记录工作日志 751 份；发出会计核算监督通知书和建议书各 8 份。二是以风险提示为出发点，扎实开展监督分析。做好国库监督季度报告和事后监督工作情况全面分析两项工作，为领导层决策和掌握事后监督工作情况提供可靠的信息依据。三是注重沟通交流，为核算工作提质增效。利用监督通知书和建议书向核算部门提示风险 12 个，并提出合理化建议和制度优化措施；利用事后监督信息通报会平台，发挥内部协调机制作用，全年召开信息通报会 2 次；通过电话、书面说明和面对面等形式与核算部门进行沟通，消除理解分歧，协调解决问题 9 项。

二、监督外延，发挥“三位一体”风险防控体系作用。一是继续开展机关财务费用事后核查，关注会议费、培训费和“三公”经费的使用，全年审核各类费用凭证和审批单 33,000 余张。对核查发现的问题进行现场反馈，并就相关制度执行问题提出建议，全年报告机关财务费用核查情况 3 期、工作建议 1 份，有效促进财务费用的合规使用。二是将机关集中采购开评标纳入监督范围，监督集中采购开评标工作 16 项，有效维护了集采开评标的“公开、公平、公正”的原则。

三、加强档案管理，做好内外部单位查调阅服务。严格按照事后监督会计档案管理办法，规范会计档案的归档、整理、保管、移交和查调阅。全年共装订入库会计资料 1,913 册，向行档案室移交档案 1,742 册，目前在库管理的档案 3,817 册。协助同级部门和财、税、海等外部单位查调阅会计档案 156 册。

（赵　艳）

【内审】

一、基础工作不断加强，审计质效进一步提升。2017 年，郑州中支开展审计项目24个，其中履职离任审计项目8个、专项审计项目13个、后续审计项目2个、自选审计项目1个。审计发现问题数量257个，现场审计工作量1506人/天，提出审计关注事项31个，审计建议102条，审计建议均获采纳。审计发现问题中，预算管理类问题66个、科技管理类问题23个、依法行政类问题27个、集中采购类问题15个、大型修缮类问题9个、离任审计发现问题32个、履职审计发现问题59个、后续审计发现问题21个、自选审计发现问题5个。

二、自主开发“审计信息共享平台”上线试运行。 2017年，内审处启动建设“郑州中支审计信息共享平台”，该平台集成了审计信息查询、问题综合分析、风险状况评价、整改建议咨询、自动生成风险地图等功能，帮助中支行党委随时掌握审计情况，动态跟踪风险变化和问题整改情况，供中支机关相关部门查阅参考借鉴。目前，平台已在郑州中支内审处上线试运行，并取得了“两创新、四提前”的成效。“两创新”即平台自动生成风险地图功能和平台搭建总行内审两大系统桥梁功能，“四提前”即提前完成问题管理模块功能开发、提前实现风险计算功能、提前实现风险地图自动生成功能、提前上线试运行。

三、“1体系+4维度”审计整改模式日趋完善，推动审计整改落实的作用明显。 为进一步推动审计整改落实，2017年，郑州中支建立了“1体系+4维度”整改模式。一是从内审部门的角度，对重点问题再督促整改。针对2016年审计整改落实不到位的4家单位，再次下发《关于进一步落实专项审计决定的通知》，明确重新整改要求及标准。二是从省会中支角度，对整改不到位的单位负责人进行约谈；设置整改问题台账，明确三级责任人和整改期限，实行整改销号，确保整改无遗漏。三是从业务部门角度，协助推进审计发现问题整改。通过召开审计整改落实协调推进会，内审部门和业务部门共同制定整改措施，从业务管理的角度有力推动了审计整改。四是从互相学习的角度，督促审计整改落实。发挥省会中支平台作用，下发《2016年度河南省人民银行系统内部审计工作情况通报》，对全省审计工作质量进行综合评价。2016—2017年，河南省人民银行各级内审部门推动被监督单位（部门）制定新制度44项、修订制度59项、废止制度规章13项；共同制定整改措施154条；采取行政免职处分、调整、集体（或单独）谈话、通报、集体（或分层逐级）批评教育等形式督促问责392人次，进一步提升了审计整改落实的效力。

四、内部控制进一步加强，风险管理水平逐步提升。 一是持续推进风险评估工作。对郑州中支机关及辖区巩义支行的风险状况进行了评估，组织、指导河南省各地市中支同步开展风险评估工作，开展风险评估研究，完成《内审部门在人民银行风险评估中的角色作用》。二是定期开展风险提示。利用全省人民银行工作会议、中支内控联席会议、纪检监督联席会议等通报整体风险；以《风险提示》等形式通报大型修缮、集中采购等业务风险。2017年，共进行各类风险提示5次，促进了内审成果运用向提升组织治理转化的力度和层次。三是有序推进内部控制报告编制工作。成立郑州中支内部控制评价工作领导小组，制定内部控制报告工作流程，并向全省下发《关于落实行政事业单位内部控制报告管理制度的通知》（郑银办发〔2017〕218号），督促、指导各级单位建立内部控制评价工作机制，提出工作要求。

五、工作创新力度加大，形成多点开花局面。 一是开展组织机制创新，强化工作管理。对《总行内审工作考核办法》进行“三化”（量化、责任化、时间化）压紧压实工作责任。制定四项廉政审计标准动作，强化廉政履职、规范履职，推动阳光审计。二是开展审计方法创新，提高工作质量。推行“双复合”（“多项目复合”与“多任务复合”）模式提升现场审计效率。施行“三个结合”法开展预算管理审计，提高审计质量。运用“风险清单法”开展附属单位审计，将审计工作目标清单化，并定性度量风险。

（杜　涛）

【金融消费权益保护】

一、突出重点，全力推进全省普惠金融建设。 一是按照兰考县普惠金融改革试验区建设工作分工，依托兰考县村委党群服务中心提质改造，建设“4+X”功能的村级普惠金融服务站，将便民金融服务、信用体系建设、协助风险防控、金融消费权益保护和银行特色服务整合到服务站，提供线下综合金融服务。截至2017年底，兰考县已建成服务站365个，成为联结服务群众的“金融加油站”。二是深入兰考县先后开展“兰考县普惠金融知识讲习堂（第二期）”、“普惠金融服务站业务培训班”等金融知识普及教育活动，将金融知识纳入兰考县驻村第一书记、稳定脱贫奔小康工作队长培训班。三是坚持试点先行、分步推进的原则，印发《关于在全省贫困县推广普惠金融服务站建设工作的通知》，在全省52个贫困县倡导复制推广兰考普惠金融服务站建设经验做法，引导全省开展服务站建设。全省各地积极行动，在辖区探索建设普惠金融服务站，2017年底，河南省贫困县建设2383个普惠金融服务站，非贫困县建设2118个，合计建成服务站4501个，切实打通农村普惠金融服务的“最后一公里”。四是稳步开展指标体系建设，印发《郑州中心支行关于建立普惠金融指标体系填报协作机制的通知》，建立普惠金融指标体系填报协作机制，准确采集分析指标数据，形成分析报告上报消保局。

二、注重协调，迅速落实金融广告治理工作。一是加入河南省整治虚假违法金融广告联席会议，依托联席会议开展金融广告治理工作。二是组织召开“河南省人民银行系统金融广告治理工作部署会”，邀请河南省工商局广告处为全省人民银行系统消保干部授课，为开展金融广告治理工作提供借鉴和参考。三是开展金融广告治理研究，形成《金融广告监管法律制度研究》和《一起“纪念币”违法金融广告引发的思考》等调研报告。

三、注重实效，持续推进金融知识普及教育工作。一是深入基层，相继到革命老区、农村地区开展金融知识主题宣传活动，提升革命老区、基层农村公众金融素养。相继组织开展“金融知识进农村 惠乡亲”文艺巡演活动，以寓教于乐的方式向农民普及金融知识，取得良好效果。二是发挥合力，组织各金融机构成立金融知识“星火讲师团”，借助9月份学生开学热潮，广泛到各学校开展“入学第一课”金融知识讲座。郑州中心支行“星火讲师团”项目被河南省团省委评为“八方援 青年助力脱贫攻坚优秀项目奖”。三是充分利用平台宣传，制作浅显易懂的金融知识动漫小视频，通过“普惠金融一网通”平台和视频网站开展知识普及。四是印发《河南省消费者金融素养问卷调查办法（试行）》，建立金融素养问卷调查工作长效机制。

四、注重管理，有效开展监督检查和评估。一是组织开展金融机构《中国人民银行金融消费者权益保护实施办法》培训班，解读主要内容和重点条款，督促金融机构更好地贯彻落实《实施办法》。二是组织全省人民银行系统开展支付服务领域金融消费权益保护专项检查，对查出的问题依法处理，有效提升被查单位金融消费权益保护工作的规范性。三是组织全省开展金融消费权益保护机构评估工作，达到以评估促规范、以评估促提升的目的。

五、注重服务，稳步开展投诉咨询受理和处理工作。坚定树立为民服务的意识，本着定纷止争的原则，2017年，全省共受理处理投诉380起，咨询1532起，其中郑州中心支行直接受理咨询132起、投诉136起。组织完善了《12363投诉操作流程图》、《12363热线文明服务规范》、《常见问题分类处置操作规程》，推动规范化受理处理消费者投诉。

（赵小黎）

国家外汇管理局河南省分局

【综述】

一、优化外汇管理，推动贸易投融资便利化。一是丰富辖内外汇市场主体。向国家外汇管理局申请并获得批复同意河南省开展个人本外币兑换特许业务试点，批准上海易兑外币兑换有限公司两家分公司试点经营个人本外币兑换特许业务。推动支持郑州宇通集团财务有限公司成为河南省首家获得即期结售汇业务经营资格的非银行金融机构。二是试点名录登记下发县（市）。在郑州巩义市、开封市兰考县、洛阳市九个县（市）开展名录登记下放试点工作，为县域涉外企业提供高效便捷外汇服务，实现“让企业少跑腿，让数据多跑路”的便民目标，全年共受理完成39家企业名录登记业务。三是加强业务指导，提升服务质量。用好“互联网+”，开发“汇易通”和“货物贸易业务操作指南”手机APP，提升外汇服务质量。

二、改革外汇政策，服务实体经济发展。一是出台涉外经济发展指导意见。自2011年以来，连续第7年出台支持涉外经济发展的指导意见，通过深化外汇管理改革、便利跨境贸易投融资、提升涉外金融服务等方面，服务河南省涉外经济发展。二是做好河南自贸区金融建设顶层设计。统筹协调，出台《关于支持中国（河南）自由贸易试验区发展的意见》（郑银发〔2017〕80号）、《中国（河南）自由贸易试验区金融服务体系建设方案》（豫政〔2017〕35号印发），积极推进“三十五证合一”，大力支持河南自贸试验区建设。三是助推飞机租赁业发展。向总局申请，获得批复同意在郑州航空港经济实验区试点开展飞机经营性租赁收取外币租金业务，并积极宣传推广，推动首单业务顺利落地。

三、加强监督管理，规范跨境资金流动。一是完善窗口指导。建立涉外市场主体季度沟通制度，指导河南省外汇和跨境人民币自律机制主动开展成立一周年宣传活动，强化汇率定价自律，落实展业原则。二是开展经常项目重点领域核查。对辖内10家银行的个人外汇业务、6家银行的货物贸易外汇业务、8家银行的服务贸易外汇业务进行了现场核查，共约谈银行9家、移交外汇检查部门银行3家，进一步规范经常项目外汇业务的开展。三是加强资本项目动态管理。主动顺应形势，做好资本项目跨境资本流动动态管理，加强对境外投资、利润汇出、外资撤资、偿还外债等资金流出的真实性、合规性审核，规范对相关业务的事前、事中和事后管理，促进辖内资本项目外汇业务整体规范有序。四是开展国际收支统计数据核查。全年非现场核查73.24万笔间接申报业务，26家直接申报企业报表，49家贸易信贷调查企业数据，现场核查100余家申报主体的数据报送情况。五是推动银行卡境外交易外汇管理系统上线，199家金融机构接入相关业务系统，规范银行卡境外大额提取现金交易。六是强化部门联合监管。对企业境外放款业务进行本外币一体化宏观审慎管理，实现监管资源共享和本外币协同监管；与郑州海关签署“联合监管备忘录”，与河南省国家税务局开展监管合作，加强部门间信息互通。全年协助郑州海关、河南省国家税务局核查异常企业58家。

四、严格依法行政，强化内部管理。一是严格依法行政审批。制定《金融服务大厅经常项目外汇登记管理操作流程》，严格按照受理、审查、决定等工作程序，做到严格依法行政，推动提升外汇管理阳光服务。全省共办理新增名录进出口企业1821家，电子口岸备案审核企业5256家；办理银行分支机构的即期结售汇市场准入55家，个人本外币兑换特许机构资格准入2家。二是强化内控监督。修订完善内控制度，组织开展合规性审计、绩效审计、风险导向审计共6项内控监督现场检查，有效发挥内控监督“防火墙”作用。制定下发《河南省货物贸易外汇非现场监测指引》，将货物贸易事中事后监管工作量化考核，进一步规范全省货物贸易非现场监测工作。在全省开展资本项目事后监管工作执行效果评估检查，提高资本项目事中事后监管。

（王利娟）

【国际收支统计】

一、提高国际收支统计数据质量。一是加强培训指导，提高间接申报数据质量。组织银行开展间接申报核查系统试运行，夯实数据质量保障基础；举办国际收支统计培训班，对数据核查系统操作方法及使用技巧进行培训，提高全辖间接申报核查系统使用效果；建立间接申报核查微信群，实现申报差错随时通报，经验交流畅通无阻。2017 年共对 73.24 万笔间接申报数据进行了非现场核查。二是推行贸易信贷及对外金融资产负债地市轮流审核、省分局二次复核的工作机制，提高核查频率，推动实现统计数据“零差错”。全年对 49 家贸易信贷企业、26 个对外资产负债交易申报主体进行了非现场核查。三是加强银行结售汇统计报表报送工作。2017 年，共核查结售汇报表 36 期次，累计金额 337.3 亿美元。四是兼顾各类业务，合理分配现场核查家数，2017 年全省共对 100 余家银行分支机构和企业等申报主体的国际收支统计业务进行了现场核查，有效保障了国际收支统计申报数据质量。

二、做好银行结售汇市场准入和监督管理。一是增强服务意识，为市场主体提供高效便利的结售汇市场准入管理服务。全年为 55 家银行分支机构结售汇市场准入办理备案。二是增强本外币兑换业务市场服务多样性，依据市场需求向总局申请本外币兑换特许业务试点资格，并批复上海易兑外币兑换有限公司郑州分公司和第二分公司开展本外币兑换特许业务。三是增强结售汇业务市场准入信息的公开透明，组织全省将结售汇业务市场准入和个人本外币兑换特许机构资格准入信息在国家外汇管理局河南省分局网站上进行公示。四是按照“公正公平、业绩导向、分类评级、比例控制”的原则，组织对 2017 年度辖内 25 家银行执行外汇管理规定情况进行了考核，评出 A 类银行 11 家；B+ 类银行 9 家；B 类银行 3 家；B- 类银行 2 家，通过考核督促银行保证统计数据报送质量，合规开展外汇业务。

三、做好银行卡境外交易规范管理工作。一是推动银行卡境外交易外汇管理系统上线。对全省发卡行进行梳理，对相关外汇和银行人员进行培训，指导银行完成数据报送系统的网络联调工作，并对其接口程序和数据报送情况进行验收。2017 年共组织全省 199 家金融机构接入银行卡境外交易外汇管理系统，确保辖内所有金融机构如期上线。二是组织各市中心支局、郑州辖区 5 家法人金融机构集中开展两次报送数据自查自纠工作，及时修正接口程序缺陷，提高银行卡境外交易外汇管理系统数据的准确性，提高数据质量，为做好规范银行卡境外大额提取现金交易的管理工作打好基础。

（季文强）

【外汇检查】

2017 年，国家外汇管理局河南省分局在坚持依法行政的基础上，加大对各类外汇违规行为的查处力度，维护和规范了辖区外汇市场秩序。全年共开展 5 次专项检查，涉及 13 家银行分支机构、12 家企业、13 名个人。全年共立案 38 起，结案 38 起，收缴罚（没）款总额 619.53 万元人民币。

一、落实总局工作，开展重点领域专项检查。一是开展打击“逃骗汇、非法套汇”外汇违法违规行为专项行动。完成全辖 23 家银行分支机构、29 家企业及 24 名个人的现场检查，查实各类违规问题并立案处理 8 起。二是开展内保外贷专项检查。以银行为主要检查对象，对违规为企业办理内保外贷及履约业务的某银行进行了立案查处，处罚金 100 万元，并处没收违法所得 47.21 万元。该案件是辖内近年来对银行最严厉的处罚，对辖内银行违规办理外汇业务起到了较强的震慑作用。三是开展银行个人外汇业务专项检查。通过非现场分析筛选出分拆购付汇线索 3413 条，对办理相关业务的银行分支机构进行了现场检查，确认 25 家银行分支机构违规事实。

二、围绕地域特色，开展辖内自主现场检查。一是开展重点金融机构外汇业务合规性现场检查。为了解和掌握辖内法人金融机构外汇业务开展情况，对郑州银行各项内控制度及跨境担保、服务贸易等外汇业务进行现场检查，全面掌握了其开办的外汇业务种类及合规经营情况。二是开展外汇管理系统重要性机构以及重点行业领域、重点主体和关键环节现场检查。对辖内 7 家银行和 12 家企业办理的 500 万美元以上大额购付汇和异地购付汇业务的 98 条线索开展现场检查。

三、跨部门合作打击违法犯罪活动。一是合作打击地下钱庄外汇违法违规行为。与公安局密切合作，协助破获一起涉嫌通过网络、银行卡将境内资金转移境外的地下钱庄线索，涉案金额高达 10 多亿人民币，并配合公安机关成功捣毁地下钱庄窝点 1 个、信用卡诈骗窝点 1 个。配合公安机关对利用支付宝非法经营汇兑型地下钱庄案进行延伸调查，目前该案已按照非法从事资金支付结算业务移交检察院，由检察院对犯罪嫌疑人郭某某等 6 人提起诉讼。二是将大额案件移交公安机关进行处理。辖内居民朱某分拆购付汇达 736 万美元，由于该案件涉及金额较大，已将案件线索移交公安部门办理。三是加强部门协作，增强监管合力。配合相关部门筛查涉嫌走私机构相关情况，开展打击走私综合治理工作；配合海关协查涉嫌走私及出口骗税的情况；与公安机关合作打击网络炒汇，配合开展打击网络炒汇案件 10 余起，所有案件已被公安部门立案侦查，部分人员已移交检察机关。

（崔　楠）

【经常项目外汇管理】

一、经常项目外汇收支基本情况。2017 年，河南省经常项目外汇收支总规模同比有所扩大，收支总额 812.2 亿美元，同比增长 25%。其中收入 425.6 亿美元，同比增长 19.3%，支出 386.6 亿美元，同比增长 31.9%，实现净流入 39 亿美元，同比下降 38.8%。经常项目外汇银行结售汇总额 294.4 亿美元，同比增长 22.6%。其中结汇 186.5 亿美元，同比增长 51.4%，售汇 107.9 亿美元，同比下降 7.8%。结售汇顺差 78.6 亿美元，同比大幅增长 11.7 倍。

二、强化目标管理，提升事中事后监管能力。一是创新制度，制定《河南省货物贸易外汇非现场监测指引》，着力规范全省货物贸易非现场监测工作，突出对银行主体的监测核查，把银行挺在工作第一线。二是实施货物贸易监管目标量化考核。充分挖掘货物贸易外汇监测系统功能，把货物贸易事中事后监管工作要达到的目标效果量化，将新增监测记录数和比率、新列入现场核查企业、B/C 类企业数等 11 种任务目标量化，列为非现场考核指标纳入年终考核，提高全省货物贸易日常监管工作主动性和有效性。三是严控分拆结售汇行为。上线运行境内机构外币现钞数据采集系统，加强境内外币现钞数据采集、监测、分析和核查，进一步提升管理效果。加强个人购汇统计分析和监测预警，有效引导个人购汇、打击分拆购付汇。四是加强外汇账户的监督管理。利用外汇账户统计分析系统开展非现场监测和分析，加强对经常项目外汇账户收支余等情况的监测分析。

三、加强监测核查，严防跨境资金流动风险。一是多措并举打击经常项下外汇违法违规行为。通过严肃查处银行、企业违法违规问题，以通报、约谈等方式进一步规范银企行为，严密防范跨境资金流动风险。全年共约谈银行 24 家次、企业 37 家次，向检查部门移交银行 3 家、企业 7 家，其中，对违规办理分拆提钞业务的两家银行分别处以 40 万元罚款，查处转口贸易逃汇、个人分拆逃汇等违规案件 4 起，累计处罚银行 / 企业 138.3 万元。二是完善外部门联合监管机制。2017 年，与郑州海关签署了“联合监管备忘录”，和河南省国家税务局开展监管合作，共同打击异常出口企业。

四、改进外汇管理，大力支持改革实验区建设。一是推动经营性租赁收取外币租金政策快速落地。8 月 8 日，总局正式批准郑州航空港经济综合实验区开展经营性租赁收取外币租金业务。8 月 14 日，经常项目处迅速制定下发了《关于在郑州航空港经济综合实验区开展经营性租赁业务收取外币租金的通知》，明确了业务操作规程，并召开了“郑州航空港区租赁业务培训会暨《批复》通报培训会议”，举办了“银行外汇业务人员培训班”。河南第一笔经营性飞机租赁收取外币租金业务，于 2017 年 12 月 19 日正式落地。二是推行名录登记下放县（市）支行试点。为支持“中国（河南）自由贸易区”和“兰考县普惠金融改革试验区”建设，给县域涉外企业提供高效便捷的外汇服务，实现“让企业少跑路，让数据多跑路”的便民目标，2017 年 7 月，外汇局河南省分局下发《关于开展货物贸易进出口企业名录登记下放县支行试点工作的通知》，正式在郑州巩义市、开封市兰考县、洛阳市九个县（市）开展名录登记下放试点工作。三是支持中国（郑州）跨境电子商务综合试验区建设。研究制定《关于发制品跨境电商出口收汇外汇监管创新试点方案》、《关于保税电商（1210）进口付汇外汇监管创新试点方案》等意见。四是推进“三十五证合一”。将行政许可项目“货物贸易外汇收支企业名录登记”进行整合，实现网上审核办理。

五、创新服务措施，支持实体经济发展。一是出台涉外经济发展指导意见。出台《国家外汇管理局河南省分局关于支持河南自贸区建设 促进河南省涉外经济发展的指导意见》，进一步深化改革、简政放权，便利自贸区内企业外汇业务、支持全省实体经济发展。二是优化外汇业务窗口服务。制定《金融服务大厅经常项目外汇登记管理操作流程》。三是创新工作方式，提升外汇服务质量。开发手机 APP“汇易通”和“货物贸易业务操作指南”APP。“汇易通”帮助企业和个人轻松查询外汇政策和业务办理流程，并具有交流互动、答疑解惑的功能；“货物贸易业务操作指南”APP，将零散的操作规程整合为菜单形式，为基层业务操作员提供规范、统一的外汇政策执行标准。建立银行贸易融资产品数据库。以济源市为试点建立了银行贸易融资产品数据库，向企业等需求方展示各银行贸易融资产品品种，满足不同企业、不同层面多种需求。

（师帅营）

【资本项目外汇管理】

一、2017年河南省资本项目外汇收支形势。2017年河南省金融和资本项下跨境收支总规模94.72亿美元（占全省跨境收支总规模的10.3%），同比减少29.2%；跨境收入38.07亿美元，跨境支出56.65亿美元，净流出18.58亿美元，同比增长4.9倍。1-12月资本与金融项下累计逆差15.33亿美元（同期银行结售汇为顺差63.24亿美元），逆差额同比下降53.8%。河南省外商直接投资项下跨境资金累计流入9.54亿美元，流出15.82亿美元，收支逆差6.28亿美元；对外直接投资项下跨境资金累计流出17.56亿美元，流入3.79亿美元，收支逆差13.77亿美元；全年河南省企业境外融资共签约94笔，金额20.8亿美元，其中人民币外债签约30笔，金额4.26亿美元，占比20.5%；短期外债签约54笔，金额13.6亿美元，占比65.4%；跨境担保余额75.36亿美元，同比减少8%。其中河南省境内非金融机构跨境担保余额24.54亿美元，同比增长7%；金融机构跨境担保余额50.82亿美元，同比减少13.9%。

二、强化政策，完善跨境资本流动管理。一是规范事前报备制度，继续坚持和优化窗口指导。建立了银行直接投资项下大额付汇业务的事前报告制度，加大对大额购付汇监测和异常购付汇约谈力度，按周监测大额购付汇业务，重点关注大额境外投资购汇、大额购汇偿还外币债务和FDI项下撤资和利润汇出业务相关情况。规范大额购付汇报备业务，定期对前30家的大额付汇业务进行进一步核查。适时取消对单笔500万美元以上境外投资项下资金汇出的事前报备要求。二是加强与境外投资相关的外汇管理。组织相关市中心支局按属地管理原则，开展对外直接投资相关业务的事后核查监管。三是加强与境外投资相关的银行内保外贷、内存外贷及银行境外放款管理。以跨境担保境外融资、银行境外放款等替代境内机构货币出资的境外投资项目。四是完善境外放款及其项下本外币一体化管理工作。对企业境外放款业务进行本外币一体化宏观审慎管理，严格审核放款用途的真实合理性，以及本外币境外放款余额的比例限制。组织开展境外放款业务摸底核查，对辖内已在外汇局做过境外放款额度登记，且资本项目系统显示生效的境外放款业务逐一进行了核查，排查逾期的境外放款，督促企业收回已逾期的放款资金。

三、推进改革，促进投融资便利化。一是贯彻落实好资本项目简政放权各项措施。加强对全口径外债宏观审慎管理政策和资本项目结汇管理改革政策的宣传、解释和落实，持续关注新规出台后的效果及问题。积极扩大外汇有效供给，为洛阳银行开办了我省首笔法人银行的跨境融资业务资格。二是牵头制定《国家外汇管理局河南省分局关于促进河南省涉外经济发展的指导意见》，整合、梳理外汇管理改革新政策，更好地服务河南省涉外经济发展。

四、依法行政，精准办理行政审批业务。一是修订完善资本项目外汇管理内控制度。组织对《国家外汇管理局河南省分局资本项目外汇管理内控制度》进行了修订完善，促进了全省资本项目外汇管理制度化和规范化，防范管理风险，提高管理水平和成效。二是有序开展季度外商投资企业外方权益抽样调查工作和年度直接投资存量权益登记工作。在全省开展季度外商投资企业外方权益抽样调查工作。组织年度境内直接投资和境外直接投资存量权益登记工作，保证直接投资存量权益登记的数据报送质量，全省共完成年度申报1356家。三是促使河南省首家非银行金融机构结售汇业务资格获批。8月21日，国家外汇管理局下发《国家外汇管理局关于郑州宇通集团财务有限公司开办即期结售汇业务的批复》（汇复〔2017〕34号），批准郑州宇通集团财务有限公司即期结售汇业务经营资格，包括自身结售汇业务和对集团所属成员单位的结售汇业务。宇通财务公司成为我省首家获得该业务资格的非银行金融机构。

五、加强核查，规范资本项下各项业务。一是做好大额购付汇核查，防范跨境资金大幅波动。充分利用资本项目信息系统和跨境资金流动监测与分析系统，持续关注大额境外投资购汇、大额购汇偿还外币债务和大额FDI企业利润汇出、撤资相关情况。二是加大非现场和现场核查力度，陆续通过对重点可疑企业约谈、现场调研、对外直接投资项下重点项目专项核查、内保外贷业务摸底调查、资本项目购付汇业务现场核查等形式开展事中事后监管。三是实施河南省辖内内保外贷业务的专项核查，有效遏制违规业务发生。四是开展河南省法人银行现场核查，规范资本项目外汇业务。9月对郑州银行、中原银行和洛阳银行三家地方法人银行的资本项目业务、内控体系建设情况、数据报送质量情况开展了现场核查。五是组织全省资本项目事后监管工作执行效果评估检查，提升事后监管成效。

（林化冰）

中国银行业监督管理委员会河南监管局

【第一负责人简介】

田建华，男，汉族，1966年6月出生，河南省太康县人，硕士研究生学历，2017年7月至今任中国银行业监督管理委员会河南监管局党委书记、局长。

【综述】

一、紧密盯防各类风险隐患。一是严控信用风险，在全省范围内开展信用风险及担保圈风险排查，持续加大不良处置力度，全年共处置不良贷款824.9亿元。2017年末，全省不良贷款余额978.8亿元，不良率2.3%，比年初下降0.6个百分点。二是严盯流动性风险，有效发挥城商行流动性互助机制、省联社资金调配机制、村镇银行与发起行联动机制作用，城商行向省内64家农合机构提供流动性支持990次、1362亿元。三是严防案件风险，认真开展案件专项治理，对发生重大案件的机构和个人严格问责，切实防范大要案发生。四是防范外部风险，组织银行业开展防范非法集资宣传月活动，开展P2P风险第二阶段专项整治，做好校园网贷的清理整顿。

二、大力整治金融市场乱象。坚持把整治市场乱象作为监管工作重中之重，以同业、理财、表外业务为整治重点，以"三三四十"系列专项检查为主要抓手，突出对重点机构、领域、业务整治。全年发现问题2136个，涉及金额3389亿元，共作出行政处罚206件，其中处罚机构99家，罚没1.6亿元，处罚107名责任人，罚款472万元，其中对19人限制一定期限直至终身银行业禁止和取消董事、高管资格。尤其是开出单笔罚款1.3亿元，创建局以来最大罚单，向市场彰显"强监管、严问责"的监管导向。经过近一年整治，银行业市场乱象得到初步遏制，金融资金"脱实向虚"势头逐渐扭转。21家全国性商业银行中有6家银行主动缩表，在全年新增贷款14.6%的情况下，银行业总资产（7.6万亿）仅增长9.1%，同比下降7个百分点，相当于向实体经济多投入的同时少扩张约3769亿元。同业理财比年初净减少222.1亿元。法人银行发行理财产品因增速大幅下降而少增360.1亿元，银行通过"特殊目的载体"投资少增805.3亿元，增速同比下降46.6个百分点。

三、大力提升监管能力。按照中央金融工作会议要求，河南银监局恪守监管职责，坚持"监管姓监"定位，弘扬"恪尽职守、敢于监管、精于监管、严格问责"监管精神，坚决整治各类金融违法违规行为，将严监管的压力转化为金融服务实体经济的动力，促进经济金融良性循环、健康发展。

【政策性银行监管】

2017年，河南银监局积极引导辖内开发银行、农发行和进出口行（合称"政策性银行"）回归本源经营，服务实体经济，严守风险底线，深化改革创新，全面提升四类机构监管有效性。

一、严监管，加强风险管控。一是针对农发行突出风险状况，成立省局农发行综合监管工作领导小组和开发银行专项监管工作领导小组，通过现场、非现场、行政处罚、案件处置和债委会等方式手段形成监管合力，共同推动重点风险化解。二是稳妥处置风险。进出口行不良持续保持低位，开发银行不良大幅压降。三是严肃监管问责。2017年，河南银监局系统完成政策性银行处罚6项，责成机构内部问责处理181人、210人次，监管震慑力持续提升。

二、重实效，夯实监管基础。一是扎实开展现场检查。河南银监局系统全年针对政策性银行立项并完成现场检查项目32个，检查金额超800亿元。二是持续提升非现场监管效能。全年针对政策性银行下发监管通报70份，下发会议纪要及风险提示40份。三是规范实施行政许可事项。全年依法依规办理政策性银行高管任职资格6项。

三、强引领，提升服务实体经济质效。一是支持实体经济力度持续加大。2017年末，政策性银行贷款余额5880亿元，占全省贷款余额13.83%，较年初增加843亿元，占全省增量15.68%，增速16.74%，高于全省增速2.26个百分点。二是发挥政策性银行主力军作用。辖内开发银行、农发行保障性安居工程贷款余额1429亿元，占全省银行业65%；全年投放专项建设基金284亿元，重点支持我省五大重点领域发展；开发银行所发放的银团贷款、百城提质贷款排名均居省内同业第一名；农发行夏粮收购贷款总量居系统内第一。三是服务薄弱领域有新突破。2017年，辖内政策性银行累计发放精准扶贫贷款近550亿元，较2016全年增加近180亿元，带动193万个建档立卡贫困户脱贫增收。辖内开发银行、农发行扶贫贷款发放实现所有贫困县全覆盖。四是发挥特色优势成效明显。辖内开发银行率先在系统内试点助学贷款电子合同并实现全省县域全覆盖，助学贷款投放量稳居全国第一；其外汇贷款余额稳居全省同业首位，创新“一带一路”项目融资模式，实现我国与几内亚首单跨境金融合作。

【大型商业银行监管】

一、继续保持稳健发展的良好态势。2017年，大型商业银行资产负债规模分别较年初增长6.78%和7.03%，占全省银行业机构的32.07%、33.09%。利息收入（660亿元）、中间业务收入（147亿元）持续在同业保持优势，成本收入比（34.67%）进一步降低，全年实现账面利润233.48亿元，占全省银行业机构的34.02%。河南农行贷款增速22.27%，继续保持系统首位。中行新增存款排名第3，近4年最好。交行综合竞争力排名第5，保持A类行序列。

二、回归本源的局面开始显现。一是表内结构趋于合理。各项贷款增速高于资产增速6.3个百分点，比重同比上升3.58个百分点；同业资产比年初减少31.98亿元，降幅42.78%。二是信贷投向更加优化。房地产业贷款由正转负，余额比年初减少20.97亿元；新增个人住房贷款占全部新增贷款的比重较2016年下降14.06个百分点；制造业贷款由负转正，全年增加113.97亿元。三是表外业务向理性回归。增速同比回落12.83个百分点，传统担保类业务（承兑汇票、跟单信用证、保函）大幅压降，余额比年初减少246.85亿元，降幅12.03%，委托贷款、托管资产、金融衍生品类业务增速回落明显，增速同比分别下降18.27、16.45、154.77个百分点。

三、支持实体经济的力度持续加大。2017年，新增信贷资金1812.13亿元，增量创历史新高；贷款增速13.08%，高于全国大型银行平均水平3.52个百分点；新增存贷比117.24%，同比上升28.55个百分点。积极对接“一带一路”“三区一群”等重大战略建设，支持重大工程、重点项目资金规模9186.74亿元，创近年来之最。战略性新兴产业、文化产业、六大高成长行业贷款比年初增加176.28亿元，有力支持了经济增长动能转换。在全省同业中率先做好自贸区金融服务，在自贸区升格及新设分支机构29家。工行、农行、建行、交行先行先试市场化法治化债转股，签订债转股战略协议规模达1000亿元，建行落地资金100亿元。

四、普惠金融发展取得新突破。各行如期完成普惠金融事业部挂牌工作，稳步推进“五专”经营机制（包含综合服务、统计核算、风险管理、资源配置、考核评价等五个专门机制），专业服务体系初步建立；积极向下延伸网点，新设普惠网点35家，有效满足普惠金融服务需求。小微企业贷款计划超额完成，完成率达147.71%；县域贷款比年初增加517亿元，存贷比较年初上升2.9个百分点；涉农贷款较年初增长12.16%，在主要商业银行中保持高位；精准扶贫贷款比年初增加30.81亿元，惠及贫困人口约7.14万户。

五、信用风险持续得到较好控制。全年累计处置不良贷款218.34亿元，同比多处置34亿元。年末不良贷款率1.76%，低于全省银行业机构0.54个百分点。河南农行、中行不良贷款坚持降旧控新，实现“双降”。

六、内控管理基础更加坚实。各行有序推进“三三四十”专项治理，共发现违规问题97个，涉及743笔、260.52亿元，内部问责467人次，经济处罚65.7万元，乱象整治取得成效。全省大型银行合规经营意识逐步增强，经营行为更加规范，违法违规和监管套利有所减少，案件、风险事件的发生数量、涉及金额比2016年均有下降。

【股份制商业银行监管】

一、服务实体经济成效突出。2017年末，全省股份制银行各项贷款6183.81亿元，比年初增加706.51亿元，增幅12.9%；余额存贷比92.44%，较年初上升14.28个百分点，高于全省银行业平均水平28.55个百分点。为“一带一路”项目提供资金92.43亿元，为“三区一群”发展累计放款1178.94亿元。积极响应债委会机制要求，牵头成立债委会442家，在债委会框架内提供各类稳贷、增贷、帮扶资金1159.35亿元。

二、市场乱象治理效果初显。以“三三四十”系列专项治理为主要抓手，以同业、理财和表外业务为整治重点，各行自查发现问题436个，涉及金额561.41亿元，已整改问题415个，内部问责509人，罚款244.71万元；监管检查发现问题236个，涉及金额732.99亿元，提出整改意见34条，处罚金额13836.5万元，占河南银监局实施行政处罚总额的80%。股份制银行在全年新增贷款12.9%的情况下，资产总额较年初下降7.31%；同业资产和同业负债分别较年初下降40.81%和20.42%，缩表幅度居辖内各类银行业机构之首。

三、信用风险隐患不断化解。2017年末，辖内股份制银行不良贷款率1.48%，较年初下降0.09个百分点，分别低于全省银行业和全国股份制银行平均水平0.82和0.26个百分点。逾期90天以上贷款与不良贷款的比例较年初下降16.4个百分点。各行综合运用核销、重组、转让等手段，加大不良资产清收处置力度，全年合计处置133.56亿元，同比增加33亿元，其中，贷款核销89.92亿元，收回现金39.13亿元，其他方式处置4.52亿元。

【城市法人银行机构监管】

一、抓关键稳运行，综合实力稳步提升。2017年末，河南省城商行资产总额、贷款总额、存款总额分别达到12953亿元、4489亿元、7617亿元，较年初分别增长17.70%、16.78%、19.51%。资产规模在全国城商行排名稳中有进，整体迈入了全国城商行第一梯队，中原银行、郑州银行跻身前列，分列14、16位。现有从业人员2.3万人，分行48家、支行814家；发起设立18家村镇银行、2家金融租赁公司、1家消费金融公司，初步搭建起综合化、差异化的“金融社区”。

二、惠民生增福祉，支持经济稳中求进。一是积极融入国家、地方战略布局，大力支持“一带一路”等国家战略等，累计投放资金2000余亿元，新增贷款投放545亿元。二是主动参与债委会工作，支持企业1200户、资金1758亿元；贷款投放平均利率6.12%，较2016年同期下降0.32个百分点。三是积极深化普惠金融机制改革。开通扶贫小额贷款绿色通道，专项信贷37.45亿元，产品余额40.56亿元，金融扶贫产品创新6个、共16个。建档评级农户244万户，授信农户5.6万户、1128亿元，支农贷款余额1128亿元。

三、调结构促转型，质量效益明显提升。2017年，全省城商行总资产1.29万亿元，规模类指标在全省比重明显上升，监管指标符合要求。贷款占资产比重基本稳定，投资增速回落，同业收缩，理财稳定，表外小幅下降，资金空转减少。中原银行获信贷资产证券化、20亿元绿色金融债资格，郑州银行获普通衍生品交易资格，焦作中旅银行2016年监管评级自3B跨档升级至2C。

四、强功能提品质，公司治理稳步推进。推动地方政府向个别行委派党委书记，洛阳银行董、监事会换届；核准董事、独立董事各2人、总分支高管81人。2次拜访洛阳市委市政府，推动洛阳银行市场化进程。新设分行3家、支行升格分行1家，焦作中旅银行实现异地分行零突破；支行调整、撤销45家，增设34家，单点效能提高。

五、抓基础扩开放，股权管理不断增强。一是完善大股东会商机制。合并零散股东11户、0.8亿股，规范股东132户、1.13亿股。二是拓宽资本补充渠道，夯实发展基础。核准中原银行H股上市申请，募集核心资本34.5亿元；支持郑州、洛阳银行A股上市，核准郑州银行11.91亿美元境外优先股、洛阳银行20亿元二级资本债，平顶山银行利润转增资本1.44亿元，定向增发19.1亿元稳步推进中。

六、强指导稳运行，风险防控已见成效。一是筑牢流动性风险防线。完善城商行流动性互助机制，累计提供流动性支持96次、231亿元。二是从严防控信用风险。紧盯产能过剩行业、非标资产、地方政府融资平台等重点领域风险，积极运用重组、追偿、核销、转让等多种手段，处置不良贷款24.73亿元，中原银行信贷资产证券化业务资格获批，有效拓宽处置渠道。

【农村合作金融机构监管】

一、业务发展稳中有进，规模体量不断扩大。2017年末，全省农合机构资产总额15107亿元，增长10.4%，高于全国平均增速0.7个百分点，余额和增量均为全国第6。负债总额14081亿元，增长10.1%，高于全国平均增速0.56个百分点。资产负债体量分别占全省银行业的19.9%、19.3%，高于全国5.9和5.3个百分点。各项贷款余额6758亿元，增长12.2%。各项存款余额11896亿元，增长12.7%。农合机构规模持续位居全省银行业首位，为“金融豫军”发展壮大贡献巨大力量。

二、风险状况显著改善，经营质量有所提高。2017年处置历史包袱近千亿元，是近10年来处置金额最多的一年。全省农合机构主要监管指标14年来首次全面达到银监会规定的审慎监管标准，资本充足率、拨备覆盖率、不良贷款率分别排全国第15、第13和第16。

三、深化改革成效彰显，管理基础稳步向实。全年新组建农商行22家，已组建农商行总数达到94家，占比达

75%，3家城区农商行进入银监会报批程序，剩余机构基本达到组建标准。农商行数量全国第3。

四、专注专业得到加强，外部形象再上台阶。2017年末，全省农合机构涉农贷款和小微企业贷款连续7年实现持续增长和“三个不低于”目标，占比分别位居全国第一、第三位，扶贫小额贷款投放占全省70%。全省农村基础金融服务“村村通”达95.25%，较年初提高2.1个百分点，再创新高。2017年，全省农合机构实现净利润140.24亿元，全年缴纳各项税费100亿元左右，增长超20%，起到良好社会效应。

五、监管态势全面从严，履职能力持续提升。全年共对39家机构处罚930万元，对57名高管处罚263万元，并取消农合机构5人任职资格。

【资产管理公司监管】

一、传导政策要求，督导业务合规经营。一是把合规意识、风险意识作为业务开展的前提，保证项目全流程合规性。二是在业务开展过程中，强化不良资产买方尽职调查及客观估值工作，结合分公司实际资产经营处置能力，合理制定竞价策略。三是提升回收处置能力，合理制定处置策略，准确拆分整合，提升不良资产收购处置效率，提升回现率及盈利能力。

二、加强风险管控，防范化解风险。一是督促机构加强重点风险防控。在当前经济形势下，防范新增项目逾期风险，加大信用风险管控力度；合理计量和评估未来现金流需求，做好流动性风险压力测试和应急管理预案。二是督促机构严格控制并降低房地产行业集中度和区域集中度。三是引导机构加强内部交易和关联交易管理。健全防火墙机制，严禁通过内部交易转移、隐匿风险；按照穿透原则，加强关联客户识别，防止利益输送。四是督导机构及时稳妥地处置风险，根据不同业务风险产生的性质和根源，形成一企一策、措施有效、进度合理的处置方案，有序推进不良资产清收化解工作。

三、综合运用监管手段，提升监管效能。一是通过信用风险专项督查工作，摸排辖内资产管理公司信用风险状况，督促各家资产管理公司严格执行资产分类相关监管要求，做实资产风险分类，足额计提风险损失准备。二是充分运用非现场监管报表系统，分析潜在风险。三是充分运用非现场监管手段，灵活掌握机构情况。坚持“三三制”工作制度，及时发现被监管机构业务异常或风险情况，发挥监管合力，强化监管会谈、纵向横向信息传导的作用，旁听机构重要工作会议，及时掌握机构灵活情况，发现风险苗头，提出监管意见要求。四是做实现场检查工作，强监管严问责。2017年，开展了辖内资产管理公司“三违反”“三套利”现场检查，针对检查出的问题，督导相关分公司建立问题台账，明确整改时限、整改标准、整改责任，并责成内部问责。

【邮政储蓄银行监管】

2017年末，我省邮储银行各项贷款余额2183.77亿元，同比增长24.76%，贷款增速高出我省银行业平均贷款增速10.2个百分点。全年新增贷款433.44亿元，存贷比连年稳步提升，由2014年末的23.01%上升至2017年的35.24%。涉农贷款余额766.25亿元，新增15.93亿元。小微贷款余额512.44亿元，新增87.33亿元，完成总行下达的计划。

一、坚守底线，防范化解重点领域风险。一是信用风险防控成效明显。督促邮储银行加大不良清收和核销力度，不良率得到有效控制（0.48%）。二是有力化解声誉风险。及时处置客户进京上访、持续信访事件，依法合理解决多起客户投诉。三是有序开展案件后续处置。督促邮储银行完成三门峡分行案件内部追责，问责人数43人、经济处罚70.2万元。四是深化操作风险防控。自主立项开展操作风险现场检查，并纳入银监会2017年现场检查计划，及时发现处置了一批风险隐患。

二、加大力度，提升邮储银行监管效能。2017年，河南银监局对邮储银行相继开展了“三三四”专项治理检查、操作风险检查和代理营业机构内控管理情况检查。三个项目被查对象包括河南省分行以及15个二级分行，对2016年未进行监管检查的机构实现了全覆盖。共检查发现问题510个，涉及问题业务782笔、17.86亿元。2017年以来，我局加大了对邮储银行违规处罚力度，全年共完成邮储银行行政处罚145万元。稳步推进全省563家“名行实所”变更为代理营业机构改革，2017年末已全部完成更名批复和金融许可证换发工作。完成全省邮储银行18家未开业网点的终止营业。受理并核准高管任职资格18人，机构迁址更名153家。

【信托公司监管】

一、推进机构内控体系完善，强化合规经营意识。通过监管会谈、现场检查、监管走访等多种方式督促非银机构全方位梳理内控制度，强化合规意识，高度重视市场乱象整治工作。同时完善强化信息科技保障，提高运转实效。督促对业务核心系统、财务管理系统、风险分析系统等科技信息体系进行协同整合和技术升级。

二、加大重点问题打击力度。2017 年，不断强化信用风险识别监测，严格落实资产质量分类管理，提高信用风险识别的及时性、准确性。此外，以违规经营和违法犯罪、内部控制的隐患和漏洞、流动性风险管理和交叉金融风险防控为重点实施现场检查。

三、重点业务领域风险防控，重点防范交叉风险外溢。要求信托公司严格执行异地项目属地局、当地局双报备制度，交叉金融产品投资要严格落实“穿透原则”；穿透监测底层资产流动性状况，建立到期项目兑付台账，提前做好资金安排；按时完成信托非标资金池的清理整顿；通过积极推进诉讼进程、联合债权人和第三方制定重组方案等多种途径加快风险项目处置。

四、依法审慎做好风险项目的化解与问责。2017 年，围绕风险化解思路，进一步修订完善科学合理的问责制度，同时要求信托公司加强与监管机关的沟通，坚持每月将风险处置进度进行报送；根据风险化解程度大小调整监管措施。并对风险项目进行细致剖析，科学定性，根据具体情况进行区别问责，确保合理问责、问责到位，对尽职管理存在问题的风险项目，应采取限制离职等措施强化问责。

五、强化营销体系建设。督促辖内两家信托公司充分把握市场环境以及金融政策的变化，适时调整营销策略，建立起科学、高效的产品营销制度，提升自身核心竞争力。改变“握着项目找资金”的传统营销理念，建立营销端与业务条线从项目设立初期就充分互动的良好沟通机制，结合市场资金偏好来匹配适宜资产。

六、压缩控制房地产信托业务与银信通道类业务规模。加强尽职调查，确保信托目的合法合规，不得接受委托方银行直接或间接提供的担保，不得与委托方银行签订抽屉协议，不得为委托方银行规避监管规定或第三方机构违法违规提供通道服务；加大房地产业务的风险防范力度，贯彻落实房地产调控政策，严格遵守房地产信托业务监管要求，严格控制业务规模，优化业务结构，高度重视热点城市房地产市场趋向和大型房地产企业集团经营情况，提前做好风险预判工作。

【财务公司监管】

一、强化法人监管。一是督促机构完善公司治理运行机制。通过列席三会、定期走访调研等日常监管，督促机构加强法人治理，建立健全公司治理体系。二是要求机构加强董监高履职尽责。进一步强化董监高合规意识，完善董监事履职评级体系。三是夯实业务发展基础。按照监管要求及时召开各项会议，定期修改内控制度，夯实业务发展基础。

二、强化风险监管。一是坚持“三盯”、“三谈”、“三报”制度，及时发现被监管机构业务异常或风险情况，进行风险提示。二是加强机构表外业务管理。针对财务公司表外业务发展迅速状况，下发监管通报，列入监管要点，要求机构缩表外、稳增长。三是规范同业投资业务，按照穿透性原则，明确对标底层资产，足额计提资本和拨备。四是加强信用风险、流动性风险管理，提高风险防范能力。重点要求能源类财务公司加强流动风险监测，创新类财务公司加强集团外风险防控。

三、强化分类监管。按照企业集团财务公司监管评级与分类监管办法要求，结合 2016 年度财务公司评级结果，通过采取分类施策、合理分配监管资源、科学确定监管侧重、审慎倾斜准入政策等措施，对财务公司实施分类监管。鼓励创新类财务公司积极开展产业链金融服务试点业务，目前，宇通财务公司、中石化财务公司郑州分公司和中电力财务公司河南分公司已开展产业链金融试点业务。

四、强化乱象治理。2017 年，充分发挥现场检查利剑作用，分别对河南能源化工集团财务公司开展专项治理现场检查，对双汇集团财务公司开展开业一周年全面现场检查，对天瑞集团财务公司开展全面评估。通过专项治理和全面检查，全面梳理机构内控薄弱环节，开出我省财务公司首张罚单，督促机构树立合规经营理念，提高风险防范能力，依法开展各项业务。

【新型农村金融机构监管】

一、村镇银行持续保持全国领先地位。一是业务发展全国领先。2017 年末，我省成为首个村镇银行资产规模突破 1000 亿元的省（市），资产总额、存款余额和净利润均位居全国第一。二是资产负债结构不断优化。全省村镇银行“缩表”调结构，存放同业和同业存放余额分别较年初下降 5.77% 和 68.01%，表外委托贷款余额下降

58.35%。三是机构覆盖面进一步扩大。新组建村镇银行3家，机构总数达到80家，10个地市实现村镇银行县域全覆盖，县域覆盖率83.33%。四是支农支小力度持续加大。全省村镇银行涉农贷款余额占比为95.32%，农户和小微企业贷款余额占比97.62%。五是可持续性经营稳步提升。69家村镇银行和3家资金互助社均实现盈利。

二、抓好重点机构的风险化解。一是扎实开展现场检查。坚持问题导向，突出重点机构。查后，对5家村镇银行罚款共计365万元，其中个人罚款115万元，取消了两名高管一定年限任职资格。二是积极推动风险化解和问题整改。发现风险苗头问题立即纠正，防止风险聚集和蔓延。在化解风险过程中，充分发挥监管工作合力，督促主发起行牵头村镇银行处置重大风险。

三、优化村镇银行资产负债结构。一是要求收缩同业业务规模。审慎限制村镇银行同业业务，同业业务余额大幅收缩。二是切实管控大额贷款。建立大额贷款台账、重点监测，全省村镇银行户均贷款33.23万元，低于全国平均水平3.74万元。

四、规范村镇银行股东和股权管理。一是严查关联关系。对辖内部分村镇银行的股东关联关系进行了重点核查。二是加强股东行为监管。引导村镇银行向股东传导监管政策，有效遏制了极个别村镇银行股东干预日常经营管理、谋取不当利益的违规行为。三是持续优化股权结构。引导中原银行、郑州银行、济源农商行等主发起行提高了对村镇银行的持股比例。目前，村镇银行主发起行持股比例达到48.23%。四是推动澳洲联邦银行在我省设立7家村镇银行股权的整建制转让。

五、积极稳妥推进新机构培育。指导郑州珠江、浚县郑银、确山郑银村镇银行筹建，对5%以上企业股东进行了“三见三看”，把好了股东关联审核关。持续引进优质发起行，泰隆银行拟在我省两个贫困县发起设立村镇银行的规划申请已报送银监会。

六、做好各类风险防控。一是有效化解信用风险。清理房地产开发贷款，严密监测逾期90天以上贷款占不良贷款的比例；推动主发起行对不良化解予以指导和帮助。全省村镇银行不良率1.62%，较年初下降了0.06个百分点。二是切实防范流动性风险。对同业融资占比高、存贷比过高等重点机构实施名单制监测；完善村镇银行的流动性支持协议和流动性互助机制。

七、加强对条线的沟通交流。在现场检查、重点机构监测和问题处置等方面，加大对分局的指导与沟通，建立了常态化的联动机制，全年共下发风险提示单72份，有效发挥监管合力。

【整治市场乱象情况】

一、重拳整治市场乱象。围绕乱象显著、风险突出、社会关注的银行业重点业务领域，持续加大现场检查力度，累计派出检查组141个，投入工作日20368天，对辖内13类、72家机构实施现场检查，检查业务50572笔、金额5912亿元；发现问题2136个，涉及业务19441笔、金额3389亿元，现场检查力度、广度和深度达到历年之最。针对检查发现问题，分情况采取监管约谈、督促整改、联动监管、实施强制措施、行政处罚等方式强化监管约束。

二、严厉打击违法违规行为。坚持纠罚并重、罚没并举，机构、个人“双罚”，对情节严重、社会关注的重大违法违规问题出重拳、执铁律，责成辖内机构内部问责294人次，罚款127.75万元，对79家机构做出行政处罚15739.492万元，对54名责任人员罚款386万元，取消一定期限高管人员任职资格9人次。专项治理以来，对辖内银行业机构罚款金额超过建局13年以来的总和。

中国证券监督管理委员会河南监管局

【第一负责人简介】

王广幼，男，1963年9月出生，1986年6月毕业于华中师范大学汉语言文学专业，曾在中南财经大学、武汉市体改委、武汉市证管办工作，1998年11月进入中国证券监督管理委员会工作，历任中国证券监督管理委员会湖北监管局（武汉证管办）处长，党委委员、副局长，中国证券监督管理委员会云南监管局党委书记、局长（正局级），现任中国证券监督管理委员会河南监管局党委书记、局长。

【综述】

2017年末，全省共有境内上市公司78家，2017年新增4家，其中主板公司40家，中小板公司25家，创业板公司13家。另有IPO在审企业7家，在辅导企业32家。新三板挂牌公司378家，较2016年增加50家，另有待挂牌企业1家，待审查企业21家。中原股权交易中心交易板挂牌企业130家，较2016年增加86家；展示板企业2265家，较2016年增加1268家。辖区备案私募基金管理人107家，备案私募基金164只，较2016年增加73只，管理资金规模433.50亿元。证券期货经营机构475家，其中2017年新设机构65家。全省各类企业通过资本市场实现直接融资785.75亿元，其中IPO融资40.14亿元；79家新三板挂牌公司通过定向增发实现融资33.09亿元；28家公司发行公司债、资产证券化产品融资281.98亿元；中原股权交易中心42家企业实现融资17.16亿元；15家上市公司通过并购重组再融资项目实现融资413.38亿元。

【上市公司监管】

一、做好上市公司监管工作。一是加强非现场监管。强化日常信息披露监管，全年审阅上市公司公告9399条，针对发现的重大问题采取监管措施3家次，督促上市公司披露承诺进展情况1份，妥善处理媒体质疑9起，核查处理投诉举报事项38起；动态关注股权质押比例高、股价波动较大的上市公司质押平仓风险，督促上市公司做好应急预案。二是加强年报审计监管。召开年报审计监管工作会议，提示审计风险和重点关注问题，选取16家上市公司作为2016年年报监管重点对象。全年完成11家上市公司年报审计现场督导，发送3份年报问询函和关注函、7份监管备忘录，谈话提醒14次。三是加强现场检查。坚持“双随机”和风险导向原则，对5家上市公司开展年报检查和8家公司开展专项检查，对发现问题的4家上市公司和1家独立财务顾问发送监管关注函，约谈3家上市公司责任人员。四是加强与中国证监会上市部、发行部和证券交易所的监管协作，全年督促上市公司及时回复证券交易所日常监管函58份，完成4起中国证监会上市部、发行部和证券交易所提交的现场检查事项，监管协同效应充分发挥。五是加强债券发行人监管。建立债券风险台账，全面系统排查违约风险。开展公司债券自查及年报审核工作，重点审核5家债券发行人年报，对10家债券发行人开展年报现场检查，对7家债券发行人及5家受托管理人采取约见谈话措施。

二、加快培育多层次资本市场，着力增强服务实体经济能力。一是进一步优化辅导监管，及时关注企业在会审核进展，帮助企业协调解决发展中的实际问题。二是充分发挥上市公司并购重组再融资在支持国企混改、产业升级和结构调整等方面的作用，积极服务供给侧结构性调整。2017年末，除15家上市公司完成并购重组再融资外，另有涉及552.54亿元的上市公司并购重组再融资项目正在实施。三是积极落实《关于发挥资本市场作用服务国家脱贫攻坚战略的意见》，2017年贫困地区新增IPO首发企业1家、IPO在审企业2家、辅导备案企业5家。四是大力支持符合条件的企业发行公司债券。截至2017年底，共有59家公司债券发行人，存续公司债券121只，存续金额960.72亿元。其中，2017年新增公司债券36只，合计金额236.5亿元。

【新三板挂牌公司监管】

一、探索实行风险分类监管。制定辖区新三板公司风险分类工作底稿，确定5家高风险、8家次高风险公司，对存在信息披露不及时、违规担保等违法违规问题的公司发送15份监管关注函和5份问询函，指导16家终止挂牌公司规范履行程序，切实做好信息披露和投资者权益保护工作。

二、严防严查挂牌公司违规行为。对3家挂牌公司进行现场核查并采取监管措施。指导河南上市公司协会设立新三板公司委员会，对319家挂牌公司900余名高管人员开展“监管第一课”培训，提高自律和规范意识。

【证券期货基金经营机构监管】

一、强化监管后台支持。加强证券公司风险控制指标监测，督促中原证券采取有效措施解决专项资产管理计划风控指标超标问题。动态跟踪辖区证券期货经营机构财务状况、经营状况、风险指标和客户保证金变动情况并综合分析，编制各类监管统计分析报告32期，为监管决策提供支撑。

二、加大现场检查力度。坚持“双随机”与风险和问题导向相结合、全面检查与专项核查相结合、经营机构自查与监督检查相结合的原则，全年共对28家机构开展检查，依法对1家证券法人机构、1家证券分支机构、1名证券分支机构负责人、2家证券投资咨询机构和3家私募基金管理人采取行政监管措施。

三、强化法人机构监管。全年组织对辖区3家证券期货法人机构进行10次专项现场检查，对发现的5类40项问题要求公司限期整改，督促辖区法人机构提高合规风控水平，促进规范发展。

四、支持证券期货基金经营机构发展壮大，服务实体经济。2017年，中原证券成功完成A股发行上市、华信期货注册资本增至18.30亿元，辖区新增证券期货分支机构65家。推动中原证券深化与省内4个国家级贫困县“一对一”结对帮扶，帮助48家企业在中原股权交易中心挂牌。指导期货公司与兰考县签署扶贫服务备忘录并推动河南首单玉米“保险+期货”项目在兰考落地。

五、持续完善证券期货基金机构风险排查体系。督促3家法人机构完善以流动性为基础的全面风险管理体系，加大风险管理投入，健全动态风险管理系统功能，加强风险识别和风险防范。

【证券期货投资者教育与保护】

一、多方式探索建立投资者教育长效机制。积极组织河南省证券期货业协会、证券期货经营机构、上市挂牌公司、公职律师和社会法官等开展投资者“明规则、识风险”专项活动、“债券投资者权益保护”等活动进行投资者教育和宣传。

二、推动市场主体和高校联合。打造第一家省级投资者教育基地——中原投资者教育基地，组织开展2期高校宣传活动和2期上市公司实地调研。

三、指导河南省证券期货业协会与中证中小投资者服务中心合作建立调解工作站。与河南省高级人民法院签署《关于建立证券期货纠纷多元化解决机制备忘录》，建立诉调对接机制，公正专业高效解决证券期货纠纷，便利中小投资者维权。

四、推动出台《河南省证券期货基金业协会关于证券经营机构办理证券账户转销户业务的指引》。探索从源头治理证券转销户纠纷。

五、严格落实证券期货经营机构投资者适当性保护责任。开展投资者适当性落实情况自查和专项检查；督促上市公司加强投资者关系管理和落实现金分红政策，2017年辖区上市公司分红160.18亿元。积极开展上市公司承诺履行督导，对神马股份大股东超期未履行资产注入承诺采取行政监管措施，切实维护投资者合法权益。

【稽查办案】

一、保持违法违规行为高压严打态势，形成有力市场震慑。2017年，中国证监会河南监管局稽查办案数量25件，较2016年增加了8件，增幅达47.05%。

二、强化稽查执法能力建设，探索优化办案机制，改进工作模式。通过联合办案、委托查询和委托送达等方式提升办案效率。注重用先进技术手段支撑调查取证，强化电子取证及账单分析技术的培训和运用，不断提高科技监管能力和水平。

三、依法作出行政处罚，坚决整治市场乱象。2017年，中国证监会河南监管局下发3份行政处罚决定书，罚没款约158.12万元，较2016年增加14%。组织完成1起行政处罚听证工作，充分保护当事人救济权利。

四、推动风神股份行政诉讼案件、大有能源行政处罚案件稳妥处置。办理行政诉讼和行政复议案件各1起。

五、严厉打击非法证券期货活动，维护市场良好秩序。中国证监会河南监管局牵头省股权众筹风险专项整治工作，组织对2家互联网股权融资平台、3家证券期货法人机构、

2家私募机构互联网业务开展现场检查，对其中2家公司出具整改通知书。认真做好涉非案件调查取证和线索移送，2017年向省相关部门提供涉非案件咨询和认证60余次，移交或移送涉非线索6件。

六、优化外部执法合作，充分发挥省级通信信息查询协作机制。顺利完成11起通信信息查询工作。协助省公安厅举办专题会议，讲解清理整顿各类交易场所的政策规定，介绍非法证券期货活动性质认定流程和标准，进一步加强行刑衔接，提高案件查办效率。

七、加强交易场所监管协调。会同省政府金融办、省公安厅、省工信厅等部门加大交易场所清理整顿，对122家交易场所进行处置，其中关停83家，停业整顿12家，承诺主动注销24家，公安机关立案侦查3家。

中国保险监督管理委员会河南监管局

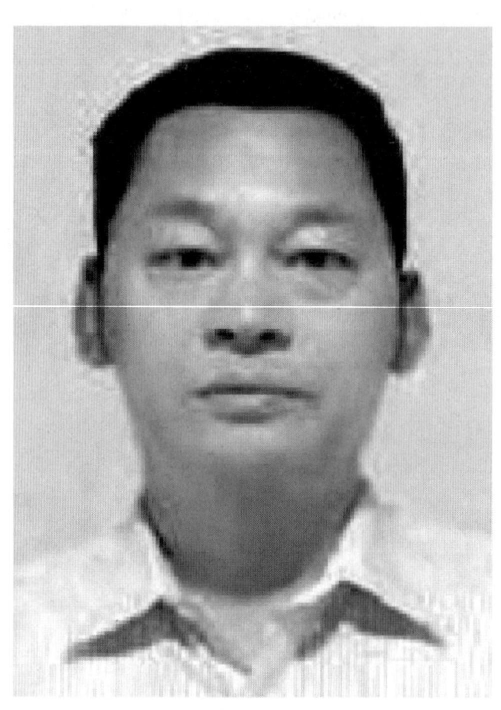

中国保险监督管理委员会河南监管局党委副书记、副局长（主持工作） 邢 炜

【第一负责人简介】

邢炜，男，1967 年 1 月出生，中共党员。曾任中国保监会上海监管局副局长，中国保监会资金运用监管部巡视员、副主任。现任中国保险监督管理委员会河南监管局党委副书记（主持工作）、巡视员、副局长（主持工作）。

【保险市场运行情况】

2017 年，全省实现保费收入 2020.07 亿元，首次迈上 2000 亿大关。其中，财产险公司保费收入 460.17 亿元，同比增长 20.07%；人身险公司保费收入 1559.9 亿元，同比增长 33.11%。全省保险资产总额达 3664.73 亿元，同比增长 12.82%；赔付支出 625.86 亿元，同比增长 14.2%。全年累计提供风险保障 76.21 万亿元，缴纳税费 45.1 亿元，代缴车船税 32.47 亿元。与实体经济关系密切的工程保险、保证保险、农业保险均保持较快增长势头，增速分别达到 53.2%、34.12% 和 23.29%，与民生保障密切相关的健康保险业务、意外险业务增速分别达到 59.19%、37%。

【保险业服务地方经济社会情况】

一、助力脱贫攻坚实现新突破。一是由商业保险机构承办的困难群众大病补充保险省级统筹项目在全国率先实施，覆盖全省建档立卡贫困人口在内的 805 万困难群众，累计为 50.69 万人次赔付 7.32 亿元，困难群众医疗报销比例提高 15.45 个百分点。保险资金支农直接融资“政融保”项目由卢氏试点推广至全省，累计落地项目 325 个，提供融资金额 1.25 亿元。二是“脱贫路上零风险”综合保险扶贫项目，在兰考宣布脱贫后升级为“小康路上有保障”综合保障计划，对已脱贫的 7.74 万脱贫不稳定人口，继续提供保障至 2020 年，形成稳定脱贫长效机制。三是为全省 12059 名驻村“第一书记”提供综合人身保险，及时向 2 名累倒在扶贫岗位上的驻村干部赔付 120 万元，得到省领导批示肯定。人保财险、中国人寿等国有公司积极参与驻村扶贫，共派出驻村干部 134 人，对口帮扶村 203 个。四是制定《保险支持深度贫困地区脱贫攻坚行动计划》，突出打好脱贫保、脱贫融资保、就业脱贫保和行业捐助“三保一助”四张牌，为全省 1235 个深度贫困村脱贫提供一揽子精准保险服务。

二、支持实体经济取得新成效。一是继续加大保险资金引进力度，在中国保险资产管理业协会平台发布河南融资项目 303 个，保险资金新增对豫债权投资计划 4 项，投资金额 111 亿元。二是印发《中国（河南）自由贸易试验区保险机构高级管理人员备案管理办法》，完成保险机构高管资格审批制改备案制改革。三是重点完善以科技保险为核心的创新支持体系，以信用保证保险为核心的融资支持体系，首台套保险为 50 项重大技术装备提供风险保额 8.9 亿元，专利保险为省内 113 项生产制造专利提供侵权风险保障。四是创新设立出口信用保险“走出去”风险统保平台，全年累计服务和支持出口企业 1286 家，提供风险保障 55.64 亿美元，承保河南企业对俄罗斯、巴基斯坦等 10 个“一带一路”沿线国家工程项目，中欧班列出口货物运输保险累计提供风险保障 1.1 亿元。

三、服务支持“三农”推出新举措。探索农业保险成果共享和相互保险制度。开展小麦区域产量保险、订单小麦保险、目标价格指数保险、养殖活体抵押保险以及各类特色农业保险试点。在兰考试点推出玉米“保险＋期货”，有效保障玉米价格波动风险。通过改变农业保险财政补贴制度、调整免赔率等方式，推动我省农业产业结构调整。在农业保险发展过程中，探索聘用贫困人口担任农险助理协保员或农险宣传员，直接带动万余人稳定脱贫。2017 年，全省农业保险累计为 1180 万户次农户提供风险保障 630 亿元，向 449 万户次农户支付赔款 22.34 亿元。特别是在河南南部秋季作物遭受 60 年一遇的渍涝灾害后，及时理赔 5.61 亿元资金到户，帮助农户避灾减损、恢复再生产。

四、助力民生保障取得新进展。2017 年，商业保险累计为人民群众未来养老和健康积累准备金达到 4308.55 亿元。一是持续完善大病保险制度，提高大病保险承办质量和统筹层次，河南成为首个在全国全面实施困难群众大病补充保险的省份，首个大病保险实行两保合一、省级统筹的省份，首个省市县乡四级医疗机构全部一站式结算的省份。二是大病保险稳定保障全省 9190 万城乡居民，全年赔款 19.53 亿元，27.47 万人受益。三是商业保险经办基本医保、困难群众大病补充保险制度入选国务院医改评定的 2017 年 35 项深化医改重大典型经验。

五、服务社会治理形成新亮点。一是助力交通管理服务创新，联合省公安厅在全省实施线上道路交通事故快处快赔手机 APP 服务，轻微事故 15 分钟左右即可完成快处快赔，上线以来线上定责案件达到 4.43 万起。二是将治安保险纳入综治和平安建设考核，治安保险推广至全省所有县区，为全省 18 个地市的 1792.42 万户居民家庭提供风险保障 5000 余亿元。三是创新开展精神病人监护责任保险，为全省 9553 个重症精神病人提供 4.17 亿元保险保障。稳步推进郑州市电梯安全责任保险统保示范项目，为全市电梯安全运行提供风险保障 78.51 亿元。

【保险监管工作情况】

一、坚持抓早抓小，完善风险防控网格，坚决守住风险底线。一是牢固树立责任意识，严守风险底线。二是开展全面风险排查，从内控管理、服务品质、风险防控机制建设等方面，系统排查风险隐患。强化重点公司和重点领域风险防控，重点开展满期给付与退保风险、非法集资案件风险、非寿险理财型产品风险、保证保险业务风险、互联网金融风险以及违规异地代收代缴车船税风险等专项排查，摸清风险底数，增强保险业风险防范的前瞻性、针对性。三是针对满期给付和退保风险，制定 189 项监测指标，定期绘制风险地图，实施红黄线预警，紧盯防控重点。针对二次商车费改后的市场变动，实施按旬统计、按月披露，重点公司核查、全行业通报，严密防控改革风险。针对非法集资、传销及违规销售非保险理财产品风险，建立 5 大项 25 小项评价指标。四是建立中介市场风险管理档案，全面记录公司情况，划分风险类别，提高监管针对性。制定舆情工作办法，坚持每天进行舆情监测，织密舆情监测网络，提高敏感负面舆情发现效率。五是严格执行分支机构市场准入要求，引导人身险公司转型发展，降低满期给付和退保风险。坚持非现场监测与现场检查相结合，提高车险、农险、保证保险业务风险防范针对性。六是开展专项核查，规范代收代缴车船税行为，降低违规异地代收代缴车船税风险。建立保险中介机构风险管理档案和重大风险举报奖励制度。七是持续开展防范非法集资宣传和涉嫌非法集资广告资讯信息专项清理，及时切断业外非法集资风险向业内传播途径。八是强化与司法、公安、网信部门等相关部门联动，建立风险处置制度，加大风险管理力度，妥善处置市场中存在的各类风险隐患及风险事件。

二、强化监管力度，整治市场乱象。一是充分运用现场检查和非现场检查手段，对违法违规的保险机构实施更加严厉的监管、更加严厉的处罚、更加严肃的氛围。二是制定河南保监局关于落实保监会“1+4”系列文件行动计划，结合区域监管工作实际，提出19项贯彻落实任务、47项工作举措。三是召开针对人身险公司退保给付风险防范、产险公司市场乱象整治专题会议，向市场明确释放从严监管和严控风险信号，督促各保险机构自觉加强内控管理，强化风险防范，提高合规经营能力。四是立足河南保险市场实际，全年派出200余个检查组，投入人力1000余人次，覆盖辖内约40%的市场主体，先后开展了大病保险、农险承保理赔档案、车险、寿险134号文件落实情况、电销业务等专项检查，以及中介机构资本金托管和业务财务真实性、保险反洗钱和非法集资等专项核查。五是严厉打击车险领域虚列费用、虚挂中介、赠送礼品等乱象，紧盯大公司、抽查小公司、必查超阈值公司。全年依法作出行政处罚决定29项，处罚保险机构17家次、中介机构12家次、个人31名。

三、畅通投诉渠道，完善工作机制，着力维护消费者权益。着力建立畅通有序的诉求表达、矛盾调处、权益保障机制，通过机制健全推动消费者权益维护工作规范化、制度化。2017年全年保险消费者权益保护中心共向消费者发送成功提示信息237.67万条，收到消费者投诉1699件，建议29227件。指导省保险行业协会和18个地市保险行业协会，加强与金融办、公检法等相关部门的沟通协会，共建保险反欺诈中心。在全面总结保险诉调对接工作的基础上，进一步加强工作协同力度。2017年，全省诉调对接机构共接收涉保纠纷案件4227件，调解成功2705件，调解金额2.51亿元。

（耿仁波）

银行业金融机构

国家开发银行股份有限公司河南省分行

国家开发银行股份有限公司河南省分行党委书记、行长　傅小东

【第一负责人简介】

傅小东，男，1962年11月出生，籍贯北京，汉族，中共党员，高级经济师。先后在国家开发银行办公厅、机关服务局、宁夏分行、直属机关委员会工作。2016年4月至今任国家开发银行股份有限公司河南省分行党委书记、行长。

【综述】

国家开发银行成立于1994年，是我国成立最早、规模最大的政策性银行，经过20多年的发展，逐步成为我国中长期投融资主力银行、最大的对外投融资合作银行和全球最大的开发性金融机构。国开行河南分行自1999年3月成立以来，认真贯彻落实国家宏观经济金融政策，加大贷款投放力度，加强市场建设和信用建设，在支持河南省"两基一支"重点项目建设的同时，积极推进民生业务和国际合作业务，为河南经济社会又好又快发展作出了积极贡献。2017年末，国开行河南分行共有处室21个、员工196人。

2017年末，分行资产总额首次突破4000亿元，达4062亿元，同比增长11.52%，其中：表内人民币贷款余额突破3000亿元，达3115亿元，同比增长13.69%。外汇贷款余额32.71亿美元，同比增长43.53%，稳居全省第一。不良贷款率连续35个季度保持在1%以下。社会融资总量、非个人中长期贷款余额、固定资产贷款余额、重大项目银团贷款余额、保障性住房贷款新增、助学贷款余额等6项指标均居河南省同业首位。

【重点领域贷款】

在扶贫领域。一是抓好扶智建制。与省扶贫办以及27个贫困县建立了脱贫攻坚合作办公室。总分行联动完成卢氏县脱贫攻坚规划咨询报告编制，推动卢氏县成为全行8个开发性金融精准扶贫示范点之一。联合省发改委就支持返乡创业促进脱贫攻坚举办开发性金融培训会。推动河南省现代农业产业扶贫融资机制获批。二是抓好资金投放。按照总行“三融四到”工作思路，全年发放精准扶贫贷款221.63亿元，增幅87%，约占全省精准扶贫贷款发放的38%。

在棚改领域。全年承诺贷款828.4亿元，累计承诺贷款突破3000亿元。发放棚改贷款380亿元，累计发放棚改贷款1406亿元。与省住建厅签订住房租赁业务合作协议，积极推动全省和郑州市青年人才公寓项目落地。

在百城提质领域。先后与28个县签订《百城建设合作协议》，发放贷款177亿元，占省内同业总投放量的1/3。联合省发改委举办覆盖全省范围的PPP业务培训，参会人数超600人，取得良好效果。

在重大项目方面。发放铁路贷款21.7亿元；发放轨道交通表内外贷款51.76亿元，新增承诺46亿元，实现郑州市开工建设的五条线融资全覆盖；发放公路贷款47亿元，继续保持行业第一大融资行地位；发放水利贷款42.2亿元。

【国际合作业务贷款】

全年发放外汇贷款15.8亿美元，自营外汇贷款余额新增9.7亿美元。与南非电力公司签订合同15亿美元，发放4亿美元。南非标准银行中小企业10亿美元贷款实现评审承诺。习主席提出建设“空中丝绸之路”后，发放贷款4.23亿美元，实现河南省境内、境外首单飞机租赁业务落地。

【金融创新】

在濮阳实现国储林首个项目落地，发放首笔贷款1亿元。成立支持自贸区建设领导小组，与省发改委签订合作协议，实现统贷机制项下首批2500万元项目合同签订。

【经营管理】

一是强化办公管理。规范公文流转，严明会议纪律，强化考勤、请销假、离豫报备；做好档案催收提醒和借阅管理，主动上门协助整理信贷档案；组织召开助学贷款新闻发布会，做大做强“豫见开行”微信公众号。二是狠抓综合营销。本外币日均存款739.47亿元，实现拆借利息收入20.37亿元。实现银团工作量44.74亿元，全年承销债券7支91亿元，全年实现中间业务净收入3.31亿元。三是增强营运能力。以柜台服务建设为抓手，完善软硬件设施，利用网银、自助设备和微信小程序等科技手段提高服务效率。四是改善后勤服务。优化食堂流程制度，提升餐饮品质，成立监督管理委员会，规范用好大家的每一笔伙食资金；创新车辆管理模式，满足不断增长的工作组用车需求；提供外卖、洗车、洗衣、购手机等增值服务，提升员工幸福指数。五是持续推进降本增效。坚持“三公”经费公开透明，在保障业务需要的基础上，交通工具租赁费、物业管理费、业务招待费同比均保持下降态势。

【风险控制】

一是加大不良处置力度。成立风险化解工作领导小组，按照“能收尽收、应核尽核、能转力转”的原则，全年累计化解不良贷款22.18亿元，较年初减少19.34亿元。二是强化“双名单”管理。阶段性防范多个项目转劣，全年回收22个重点风险管控名单客户本金8.85亿元。三是认真配合内外部检查。配合河南银监局“三三四”现场检查等17项专项检查，认真落实问题整改，不断提升合规管理水平。

中国农业发展银行河南省分行

【第一负责人简介】

陈晓东，男，1963年5月出生，汉族，山东省平度市人，1988年9月加入中国共产党，中央党校研究生院经济学毕业，研究生学历，高级经济师。1982年8月参加工作，历任中国建设银行阿勒泰分行北屯支行行长、阿勒泰地区中心支行副行长，中国农业发展银行阿勒泰地区分行行长，中国农业发展银行新疆分行信贷二处处长，中国农业发展银行甘肃省分行副行长、党委委员，中国农业发展银行总行信息科技部副总经理、总经理兼软件研发和灾备中心总经理。2017年6月至今，任中国农业发展银行河南省分行行长、党委书记。

【综述】

2017年，中国农业发展银行河南省分行全年累计发放各类贷款608.21亿元；年末贷款余额2283.52亿元，较年初净增144.46亿元，居省级分行第5位。各项存款余额225.72亿元，较年初减少76.72亿元；日均存款276.16亿元，较2016年减少61.54亿元；实现拨备前利润3.97亿元，拨备后利润100万元。

【资金计划管理】

2017年，中国农业发展银行河南省分行主动工作，多措并举，大力组织低成本存款，优化信贷资源配置，加强资金流动性管理，做好PSL资金管理及利率定价，强化统计基础管理，较好地完成了各项业务。督促各行营销中长期项目存款，利用中长期项目撬动，营销财政性存款0.9亿元；营销社保基金存款0.8亿元。2017年末，存款日均余额276亿元、平均付息率0.44%、低于系统内借款平均付息率3.37个百分点，按此计算，节约资金成本约9亿元。除此之外，积极拓展低成本资金来源，统一组织购买农发行柜台债，共销售柜台债5707.42万元。计划调控服务全行发展战略，按照“保收购、保扶贫、促创新、调结构”思路，做好计划管理工作。在保收购方面，安排购销储贷款规模386亿元，支持收购夏粮246.41亿斤、秋粮16.35亿斤，未发生“打白条”及“卖粮难”现象。强化流动性管理。规范资金业务操作程序，平稳有序请调资金，提升头寸平衡能力。全年调拨资金2718亿元。严格定价操作，2017年执行上浮利率的贷款200.79亿元，占可上浮贷款的78%。活期存款加权付息率0.3504%，低于全系统平均水平。与财政厅沟通协作，承销地方政府定向债券18.36亿元，营销国库现金存款2亿元，连续第四年实现国库现金存款揽存。

【扶贫业务】

2017年，中国农业发展银行河南省分行设立了中国农业发展银行扶贫金融事业部河南分部，并同时成立了中国农业发展银行扶贫金融事业部河南分部执行委员会。全行精准扶贫贷款余额327.05亿元，较2016年增长32%，带动建档立卡贫困人口40.62万人次。全力支持易地扶贫搬迁，全年投放易地扶贫搬迁专项贷款17亿元，占全省投放份额的50.42%；拨付易地扶贫搬迁专项基金6亿元，占全省投放份额的61.6%。推进“千企帮千村”“产业化龙头企业+”一系列精准扶贫行动，以点带面，切实服务当地建档立卡贫困人员脱贫，年末产业扶贫贷款余额297.28亿元，占扶贫贷款总额的九成。积极支持贫困地区基础设施建设，盯紧抓牢棚户区改造、重点水利建设、整体城镇化、农村路网、改善人居环境等重点民生工程，用好用足抵押补充贷款业务（PSL）优惠政策，完成栾川县2.8亿元和卢氏县3亿元农村公路交通脱贫项目扶贫过桥中长期贷款的审批，服务8.3万建档立卡贫困人口。认真开展精准扶贫贷款政策效果和易地扶贫搬迁专项检查。

【粮棉油资金供应与管理】

2017年，中国农业发展银行河南省分行坚持政策以性收购为主导，与中粮河南分公司、省粮食局共同核定小麦托市收购点1198个，水稻托市收购点69个。发放最低价收购贷款257.09亿元，收购小麦208.41亿斤，最低价收购水稻贷款15.35亿元，收购水稻10.82亿斤。支持中央储备粮轮换收购40亿斤。调整结构，有保有压。审慎支持市场化收购，统筹收购贷款和流资贷款收购，市场化收购有保有压，重点突出。夏粮收购支持市场化收购企业43家，比2016年减少38家。发放用于市场化收购的贷款24.47亿元，收购小麦21.84亿斤，分别比2016年减少41.16亿元、19.57亿斤；发放用于秋粮市场化收购贷款7.11亿元，收购秋粮4.82亿斤，分别比2016年减少7.21亿元、11.92亿斤。2017年夏粮收购，共投放收购贷款292.57亿元，支持企业收购小麦247.02亿斤，与正常年份基本持平。支持企业收购量占社会收购量的57.4%，贷款投放和支持收购量分别占全系统的34.47%和30.02%。

【农业农村中长期信贷业务】

2017年，中国农业发展银行河南省分行开展项目营销“春天行动”，优化客户层级，创新办贷模式，开展基础设施扶贫，加大对棚户区改造、水利建设、农村路网、改善人居环境的支持力度。深入开展“7+1”专题营销活动。省分行班子成员亲赴各地开展农发行支持地方经济发展“会商会”，全行新上报项目近百个，申请贷款金额240多亿元，累计项目储备近500亿元，其中包括上报总行的与省交通厅合作的103亿元交通扶贫项目。截至年末，累计审批棚户区改造项目22个，审批金额78亿元，累计投放48.2亿元；累计评审过桥类扶贫项目3个，金额8.3亿元，累计投放过桥类贷款5.2亿元。全年累计评审精准扶贫项目5.8亿元，累计投放精准扶贫贷款4亿元。累计向38个国定和15个省定贫困县累计审批中长期项目贷款10个，审批金额18.9亿元，累计投放项目16个，金额22.27亿元。特别是支持的黄河滩区居民迁建项目，学校、卫生站、农贸市场、垃圾中转站、社区服务中心等公共设施将配套齐全，实现了搬迁群众美丽的安居梦；支持的交通扶贫项目，极大改善了贫困山区群众的出行难问题，受到地方政府和人民群众的高度评价，其突出的扶贫效果引发了良好的社会反响，成为全行基础设施扶贫工作的一个亮点。

【创新支持农业现代化】

2017年，中国农业发展银行河南省分行围绕“两藏”战略，重点支持土地流转和规模化经营。深入实施“藏粮于地、藏粮于技”战略，提高粮食产能，提升粮食品质，实现国家“确保谷物基本自给、口粮绝对安全”战略目标。紧紧依靠地方政府，主动对接，将“临颍土地银行模式”向更广泛区域进行复制、推广。2月份成功营销土地流转中长期贷款2亿元，是营销的第二笔土地流转中长期贷款，流转土地8万亩，带动贫困人口8612人，该笔贷款承贷主体为内乡县农业发展有限公司，属于国有独资企业，融资模式为政府购买服务。2017年末，土地流转和规模经营贷款余额为4.26亿元，较年初增加2.26亿元。总计流转土地33万亩，带动贫困人口8612人。

【国际业务及投资业务】

2017年，中国农业发展银行河南省分行共办理国际结算业务1617笔，金额13342.18万美元，排名全国第16位；实现外汇业务收入219.44万元人民币；收回不良贸易融资2007.42万元，不良贸易融资较年初下降55.51%。加强基金管理，创新投后管理举措。加强支付管理，强化监测检查，跟踪问题整改，维护基金权益，有效防控风险。贯彻落实国务院减费让利政策，规范中间业务，从2017年元月1日起全面向企业停收投融资顾问费，并在3月底之前全额退还2015年、2016年向企业收取的投融资顾问费和常年财务顾问费。完善银保合作机制，规范开展代理保险业务。

【信贷基础管理】

2017年，中国农业发展银行河南省分行制定下发了《关于全面推行信贷全流程标准化管理，切实加强信贷基础管理工作的实施意见》、《中国农业发展银行河南省分行贷后检查方案》《关于进一步加强贷后管理工作的通知》拟定了河南分行加强信贷基础管理工作三年治理方案。开展了信用审批、放款监督、贷后管理和押品管理专项自查和抽查，通过检查发现各类问题293笔，其中已整改147笔。建立了全省信贷培训师资库，省市县三级行入库人数达65人，涵盖10个信贷专业。

【风险防控】

一是完善风险与内控管理委员会运行机制。组织召开风控会9次，风险管理例会16次，发布会议纪要26期。二是加大风险管理科技支撑。启动“客户风险预警系统”研发，通过《企查查》大数据系统，有重点、有针对性地开展企业风险信号定期监测分析。三是强化动态监测。对维护类客户“三表”“两品”持续跟踪独立检测，按月发布预警提示单，督促相关行及时整改。四是全力开展不良资产批量转让。申请不良资产批量转让40户，转让债权本金28.71亿元、表外利息4.54亿元。根据总行批复的相关要求，我行将资产包36户企业、债权本金25.11亿元、表外利息4.01亿元拆分为豫南、豫北两个包实施批量转让。其中豫北包由中国长城资产管理股份有限公司河南省分公司以1.9亿元竞得，用于收回贷款本金1.8亿元，用于支付前期垫付诉讼保全及资产评估费用1049.94万元。五是加强抵债资产管理，积极开展抵债资产处置。2017年末中国农业发展银行总行已批复河南省分行抵债资产处置项目4个、金额3.54亿元。

【财会管理】

2017年，中国农业发展银行河南省分行优化财务资源配置，加强收息监测督导，清收表外欠息17.66亿多元。拓展财政性存款和专项存款，年末存款余额225.72亿元，比年初减少76.72亿元，日均余额276.16亿元，同比减少61亿元。实现账面利润0.01亿元，较总行下达计划6.46亿元差6.45亿元。积极利用政策妥善解决财务历史遗留问题。

【科技支撑建设】

在全省部署了内网桌面安全管理系统，有效控制终端设备内外网混用。为6000多台内、外网计算机终端安装操作系统补丁和病毒查杀程序防范“永恒之蓝”计算机病毒，保证了全行信息系统安全运行。圆满完成了“两会”、“一带一路”高峰论坛、十九大及会计决算期间信息安全保障任务。在696台网络核心设备上全面启用了计算机设备统一时钟授时服务。

中国进出口银行河南省分行

中国进出口银行河南省分行党委书记、行长　吴启金

【第一负责人简介】

吴启金，男，1966年9月出生，英国剑桥大学土地经济学专业博士毕业。先后任中国进出口银行国际业务部副总经理，优惠贷款部副总经理，交通运输融资部副总经理(总经理级)，湖南省分行党委委员、副行长、纪委书记，中拉合作基金筹备组负责人，中拉合作基金执行董事、基金北京顾问公司首席执行官、党支部书记。2017年10月至今，任中国进出口银行河南省分行党委书记、行长。

【综述】

中国进出口银行是由国家出资设立、直属国务院领导、支持中国对外经济贸易投资发展与国际经济合作、具有独立法人地位的国有政策性银行。中国进出口银行河南省分行自2016年12月26日成立以来，牢固树立“四个意识”，围绕总行党委和河南省委省政府的战略部署，秉承“团结协作、务实担当、创新发展、行稳致远”的分行文化，积极贯彻“一带一路”、“走出去”等重大国家战略和河南省关于开放型经济发展的战略思路，坚持稳中求进，着力推进机构设置、管理模式、运行机制、服务领域创新发展，以支持供给侧结构性改革为主线，主动发挥政策性金融职能作用，努力促进实体经济发展，不断强化支持河南开放型经济建设的服务能力，为推动全省更高水平的对外开放作出了较好的贡献。2017年累计投放贷款212.69亿元，各项本外币贷款余额268.01亿元，较年初增加80.16亿元，增长42.67%。实现了信贷余额“稳增长”、不良贷款“双下降”。2017年末中国进出口银行河南省分行共有处室5个、员工46人。

【存款业务】

本外币存款余额12.03亿元，比年初增加11.65亿元。分币种看，存款以人民币存款为主，人民币存款余额8.67亿元，较年初增加8.43亿元；外币存款0.51亿美元，较年初增加 0.49 亿美元。分期限看，存款以活期存款为主，本外币活期存款 11.73 亿元，定期存款 0.3 亿元。分产品看，以企业活期存款和企业保证金存款为主，企业活期存款 10.25 亿元，企业保证金存款 1.48 亿元。

【贷款业务】

累计发放贷款 212.69 亿元，其中，发放人民币贷款 185.19 亿元，外币贷款 4.21 亿美元。本外币贷款余额 268.01 亿元，较年初增加 80.16 亿元，增长 42.67%。其中，人民币贷款余额 230.64 亿元，较年初增加 77 亿元，增长 50.12%；外币贷款余额 5.72 亿美元，较年初增加 0.79 亿美元，增长 15.99%。

【贸金业务】

在持续发展传统信贷业务的基础上，积极拓展贸易金融业务，大力推动金融创新。2017 年实现贸易金融业务量 76370.09 万美元，全年实现贸易金融业务收益 2976.66 万元。其中，办理国际结算业务 10827.82 万美元、保函业务 311.38 万美元、贸易融资业务 46751.58 万美元，即远期结售汇业务 18479.31 万美元。逐步实现贸易金融产品在供应链的全覆盖，提高金融服务能力，夯实贸易金融业务发展。

【支持对外贸易】

积极支持政策性金融职能，不断加大“对外贸易”领域的信贷投放力度，将对外贸易领域信贷投放与国家“一带一路”战略相结合，重点支持了一批省内重点进出口企业。2017 年，河南省分行发放对外贸易贷款 105 亿元，年末余额达到 127.32 亿元，占总贷款余额达 55.3%，为省内重点进出口企业提供出口卖方信贷、出口保理及各类保函等全方位信贷服务，有力支持河南省内企业增强竞争力，拓展国际市场。

【促进境内对外开放贷款】

2017 年累计发放促进境内对外开放贷款 110.39 亿元，新增贷款 80.91 亿元，贷款余额同比增长 143.43%。一是促进中原经济区发展，助力河南企业提升竞争力。支持传统行业优质企业进行转型升级，落实国家供给侧结构性改革的精神。二是支持河南自贸区、航空港经济综合实验区建设，推动郑州交通物流中心和中原城市群建设。全年投放基础设施贷款 24 亿元，贷款余额增长 114%。三是促进河南粮食生产核心区发展，加大对涉农企业支持力度。全年投放涉农贷款 106 亿元，贷款余额增长 59%。四是支持清洁能源项目建设，助力河南省扶贫工作。全年审批农光互补节能环保贷款 15.9 亿元。

【支持“一带一路”】

支持省内重点企业融入“一带一路”战略，出口俄罗斯、土耳其、老挝、以色列等多个“一带一路”沿线国家和地区，涉及出口信贷项目 16 个，贷款余额 31.13 亿元，有力地支持了河南省深度参与“一带一路”建设，促进了河南省外向型经济的发展。

【内控管理】

一是构建科学合理制度体系，夯实经营管理基础。全年制定经营管理制度共计 53 项，涵盖业务操作、财务资金、内控合规、人力资源、纪检监察等多领域，为合规经营奠定良好基础。二是结合银行业市场乱象整治及“三三四”专项治理工作，强化风险排查、识别与防控，对发现的问题及时督促整改，着力提升操作风险管理、案防风险防控、反洗钱等工作质效。三是着力营造合规文化氛围，通过组织开展合规征文、制度学习、“一把手讲合规”系列活动，促使员工树立“崇尚规则、依规而动、违规必究”的规则意识，养成“时时合规、事事合规、处处合规”的良好习惯，绷紧合规操作弦。

中国工商银行股份有限公司河南省分行

中国工商银行股份有限公司河南省分行党委书记、行长　许 杰

【第一负责人简介】

许杰，男，1960年5月出生，大学本科学历，高级经济师，金融从业35年，先后任工商银行河南省分行行长助理，党委委员、副行长兼省行营业部党委书记、总经理，河北省分行党委书记、行长，2014年8月至今，任中国工商银行股份有限公司河南省分行党委书记、行长。

【综述】

2017年，中国工商银行股份有限公司河南省分行（以下简称工行河南省分行）实现拨备前利润117.22亿元，同比增幅8.4%；实现净利润50.38亿元，系统排名第十一。本外币各项存款余额5272.37亿元，较年初增加243.84亿元。各项贷款余额4351.55亿元（含卡透支226.6亿元），较年初新增442.65亿元，增幅11.3%。实现中间业务收入50.25亿元，排系统第八。资产质量保持稳定，贷款不良率1.66%。

（张　森）

【存款业务】

本外币储蓄存款余额3318.68亿元，较年初增加120.92亿元；机构存款余额1029.75亿元，较年初增加86.44亿元；公司存款余额923.94亿元，较年初增加36.49亿元。

（刘　磊）

【贷款业务】

法人客户贷款余额2246.45亿元，较年初增加139.57亿元；个人客户贷款余额1878.49亿元，较年初增加282.47亿元；银行卡透支余额226.6亿元，较年初增加20.61亿元。投向上，围绕服务实体经济和供给侧结构性改革，重点投向了河南“三区一群”建设重点项目和重大工程，重点支持了小微企业、“三农”、扶贫攻坚等薄弱领域。

（马学贞）

【中间业务】

实现中间业务收入50.25亿元。其中结算代理理财版块实现收入33.16亿元、占比66%。投行顾问咨询、即期结售汇及外汇买卖、国际结算、信用卡等业务增幅超20%。

（冯丽文）

【理财业务】

个人理财类产品累计销售2111.2亿元，同比增长20.5%。其中，人民币理财产品销售1614亿元，代理基金销售441亿元，代理保险销售56.2亿元。法人理财累计销售229亿元。其中，理财产品销售215.5亿元，基金销售13.75亿元。

（杨丹玮 余思源）

【养老金业务】

新增养老金客户147户，服务养老金客户总量达2727户；新增个人账户8.9万户，管理养老金个人账户（受托+账管）总量达117万户；管理受托资金17.9亿元，销售养老金理财40.5亿元，实现养老金业务收入1.25亿元。

（李 霄）

【私人银行业务】

日均资产800万以上客户1831户，增幅13%；金融资产总量396亿元，较2016年净增30亿元。实现私人银行中间业务收入4.18亿元，增幅44%。

（孙 俊）

【普惠金融】

成立普惠金融事业部，加大对小微、“三农”、“双创”、扶贫等薄弱领域支持力度，监管口径小微贷款余额551亿元，较年初增加50.7亿元，增幅10.2%，高于系统平均值1.5个百分点；小微金融有贷户17972户、增加2549户；申贷获得率95.03%，符合监管要求；创新的网上小额贷款被大河报评为“2017中国金融业（河南）受市民喜爱微贷产品”。涉农贷款余额612.4亿元，较年初净增26亿元；金融精准扶贫贷款累计发放超百亿元，惠及全省建档立卡贫困人口18986人；选派499名优秀干部，面向全省116个贫困村开展驻村精准扶贫工作，累计直接投入专项费用557万元，累计争取资金近亿元。

（何小山）

【资金业务】

落实全额资金管理制度，加强资金统一管理，确保全行资金平稳运行。加强完善人民币大额资金预测预报管理制度，制定并定期调整大额资金预测预报重点客户名单，建立大额资金预测预报联系人名单；精准把握资金流动性特点，确保了资金管理工作在节假日等关键时点安全、平稳过渡；管理辖内流动性，确保辖内资金管理安全、有序，及时满足客户资金支付需求；充分发挥整体资金实力，积极争取总行资金和信贷规模支持，全力支持河南经济发展。

（马少辉）

【票据业务】

累计办理贴现472亿元，同比增加60亿元，增幅14%，其中小微企业贴现190亿元，贴现占比40.81%，余额76.81亿元，贴现余额占比68.82%，着力破解小微企业融资难等问题。实现票据业务收入5.27亿元，同比净增0.22亿元，增幅达4.36%，直贴累办量保持同业第一，实现量价协调发展。保持票据业务零风险运营，实现了服务实体经济与自身价值创造的双赢。

（吴鸿然）

【债券融资业务】

投资信用债券22.39亿元，其中投资企业债0.44亿元、投资地方债21.95亿元，同比下降17.46亿元。累计投资信用债券余额109.97亿元，其中投资企业债10.26亿元、投资地方债99.71亿元，同比增加19.79亿元，增幅22%；实现投资收益4.04亿元，同比增加1.48亿元，增幅57.82%。

（刘 聪）

【国际业务】

深化“国际业务第一银行”发展战略，提升跨境金融服务能力。办理国际结算业务313.4亿美元，连续5年领跑同业；办理国际贸易融资业务27.8亿美元，新增国际业务客户369户；跟进我省融入“一带一路”建设，创新设计“投注差（外债）+内保外贷+跨境融资”方案，为走出去企业搭建集融资、结算、交易、信息资讯于一体的金融服务平台；贯彻落实总行及监管要求，严把合规经营关，审慎办理外汇业务，执行外管政策考核连续8年获得“A级单位”，在中国人民银行郑州中心支行2017年河南省跨境人民币业务工作成效评估中获得“优秀档”。

（李国伟）

【银行卡业务】

信用卡发卡143万张，较年初净增114.37万张，总量595万张。信用卡客户净增50.6万户，排系统第8。新增传统POS商户2.14万户，排系统第一，总量达到7.4万户。实现收单交易额1264亿元，同比增长4.4%。实现信用卡消费额1280亿元，同比增长25.6%。开展二维码支付营销活动，新增二维码商户7万户，总量达到14.9万户。信用卡贷款余额226.6亿元，净增20.6亿元，其中分期付款余额124.6亿元，净增2.3亿元，累计办理分期交易额121.3亿元。

（赵　琪）

【网络金融】

紧跟客户金融消费需求，以三融平台为依托，大力发展互联网金融业务。融e行移动端客户总量1504万户，新增167.7万户，增幅13%；融e行他行客户176万户，新增90万户，增幅105%；融e联注册客户583万户，其中融e联月均动户128万户；融e行移动端月均动户192万户。电商平台个人注册365万户，活跃商户400户；实现B2B非金融商品交易额148亿元，B2C非金融交易额52亿元。

（索威华）

【内控工作】

落实从严治行，加强合规责任体系建设，强化过程管理和干部履职管理。参加人民银行反洗钱岗位资质认证考试，参训率和通过率均为100%。内部运营风险事件同比下降27.5%，防堵外部欺诈风险事件769起，涉及资金5635万元。加强信访维稳，进京集访人次下降64%，十九大期间保持“零进京”，未发生大规模赴省进京上访和极端恶性事件，实现安全运营。

（李　适）

【案防工作】

加强案件查防工作，加强对信贷、票据、信用卡、客户信息、现金管理、资产管理等案防重要风险点的治理，遏制案件风险发生。创新监督方式，继2016年完成对二级分行党委巡察全覆盖基础上，实现对省行部室巡察全覆盖。开展专题月、警示教育、学规定等系列活动，深入推进廉洁文化建设落地生根。创新推行员工行为“四色信号灯”管理，开展异常行为专项排查，强化道德风险管控。强化执纪监督，扎实开展违反中央八项规定精神和“四风”问题整治活动，做到动真格、严起来。配备260名派驻支行内控监察员，实现全覆盖，加强了基层支行廉政案防力量。

（吴茂富）

【信息技术】

安全生产运行管理取得新成效，基础设施建设水平持续提升，信息安全管理持续加强，主要信息安全指标均居全行前列，其中被拦截外发邮件主动审核率94.1%，安全策略合规执行率达到94.8%，均列系统第一。重点领域项目研发实现新突破，共完成《代理河南地税系统征收社保资金项目》等特色产品研发33个。“工银聚富”构建了特色服务新渠道，融e联和二维码支付新场景拓展了线上线下服务新模式，工银e缴费新模式丰富了业务服务新特点；财政、交通、银医、社保、国土资源等重点领域产品服务水平再上新台阶。

（王振华）

中国农业银行股份有限公司河南省分行

中国农业银行股份有限公司河南省分行党委书记、行长　董玉华

【第一负责人简介】

董玉华，男，1966年11月出生，中共党员，江西省九江市人，全日制硕士研究生，在职经济学博士，高级经济师。现任中国农业银行股份有限公司河南省分行党委书记、行长。

【综述】

一是各项存款稳步增长。2017年末，人民币各项存款时点余额5228.84亿元，较年初净增411.41亿元。其中，个人存款余额、增量、日均余额、日均增量四大行市场份额均居首位。二是贷款投放创历史新高。2017年末，人民币各项贷款余额2637.74亿元，较年初净增471.76亿元，增速21.78%。法人贷款余额1432.76亿元，较年初增加126.36亿元。个人贷款余额1020.6亿元，较年初净增312.31亿元，增幅44.09%。三是县域“三农”业务发展加快。2017年末，县域存款、贷款分别净增272亿元、206亿元，实现中收13.46亿元。53个省级以上重点贫困县贷款净增69.28亿元；38个国定贫困县贷款净增52亿元。金融精准扶贫小额贷款（省扶贫办口径）达到23.96亿元。兰考“三位一体”金融扶贫新模式被《人民日报》等主流媒体多次报道。四是管理基础不断夯实。全行共组织开展尽职监督、责任审计、内控评价等检查项目691个，发现问题2385个，问题综合整改率达到98.77%，全行没有出现重大案件、风险事件和责任事故，诈骗案件堵截率100%。

（张怡琼　李磊强）

【资产负债管理】

2017年，省农行加强表内外、本外币统筹管理，积极做好对新形势的前瞻性预判和政策的适时预调、微调，把控好业务总量增长和结构优化，提升资产负债管理整体水平，确保全行业务稳定、健康发展。一是强化信贷资源配置管理，提高资金使用综合收益。突出战略导向，优先保证实体信贷规模配置，鼓励对国家重点建设项目和政府主导重大项目的营销，重点支持城区大优开发商楼盘的个人按揭贷款,促进中小客户结构调整和服务创新。积极支持“三农”、小微企业、精准扶贫领域金融服务需求，加大对“三农”重大工程项目、新型农业经营主体、新型城镇化、互联网金融服务“三农”等重点领域信贷支持，保证对国家重点扶贫开发县的金融扶贫信贷投入。二是加强内外部定价管理，提升资产负债盈利水平。抓好存贷款定价管理相关政策制度的传导和落实，强化存贷款定价指导，提升存贷款业务差异化、精细化定价管理水平。坚持市场效益导向，增强定价管理的弹性和灵活性，突出客户综合价值回报。三是完善经济资本配置，强化资本约束和价值回报要求。完善以结构优化和价值创造为导向的配置机制，提升经济资本配置效率，适当提高基础性配置比例，提高分行盘活存量的积极性。

（曹国强）

【存款业务】

2017年，省农行进一步加强客户基础建设，夯实存款管理基础，统筹全量资金管理，做好负债的量价平衡。一是突出负债业务价值管理，加强资金组织的多元化。加强客户金融资产管理，促进客户金融资产与存款协调增长，在进一步强化核心存款主体地位的基础上，突出价值导向下资金组织的多元化。二是加强存款稳定性管理。平衡存款日均与时点增长，引导各行做好稳定增存工作，约束存款“冲时点”行为。加大偏离度管控奖惩力度，对因存款组织偏离要求的，视情况采取绩效扣分、取消参与FTP累进计价资格等处罚措施。三是加强负债政策传导。优化负债考核机制，坚持量价平衡导向，突出市场竞争力考核。加强督导监测，把握序时增长节奏，平抑存款波动。

（曹国强）

【贷款业务】

一是积极支持实体经济。全年紧紧围绕供给侧结构性改革，按照“一大一小”发展战略，积极拓展政府背景客户及项目，大力发展个人住房贷款，加快小微和“三农”业务经营转型，加大高风险行业贷款压降力度，有力支持了实体经济发展，信贷资产结构进一步优化。二是审查审批质效明显提高。严格落实限时办结，梳理优化业务流程，缩短业务办理链条，完善审查机制，实行优先办结、平行作业，推行会商机制，完善信贷业务后评价机制，进一步提高信贷业务审查审批效率和质量，有效支持了业务的快速发展。三是风险管控能力明显增强。制定信贷“双基”管理考核评定实施方案，加强风险管控制度约束，加大考核力度，全面提升信用风险控制力和信用制度执行力。

（陈　静）

【公司业务】

一是推进“两户”建设。对公结算账户及现金管理客户均超额完成总行计划，其中人民币结算账户净增22217户，增幅16%，增速居四大行首位，新增对公人民币结算账户39550户，对公有效客户新增37570户。二是对公业务转型初见成效。2017年末，对公存款日均增量149亿元、时点增量155亿元，均超额完成总行计划，其中公司类存款日均增量95.2亿元、时点增量102亿元；法人贷款投放继续围绕中央在豫企业、城市基础设施、航空港区建设等重点领域，积极开展大客户、大项目营销，进一步深化银政、银企合作范围，大力支持实体经济发展，“六大领域”合计新增投放505亿元，法人实体贷款增量248亿元，四大行占比40%，居首位；累计实现对公中收9.85亿元，市场份额稳步提升。三是强力推行重点客户名单制营销管理。制定下发《法人客户名单制营销管理办法》，明确了198个由省分行前台部门牵头营销管理的公司类客户、机构类客户、高端投行客户、系统性行业性龙头企业，并积极引导各二级分行筛选确定本级行重点客户营销名单。严格实施名单制营销、目标制管理、责任制约束。

（陶丽敏）

【机构业务】

一是参与地方债承销工作。2017年，全行承销河南省地方政府债券五期，累计承销额度453.56亿元，占比24.28%，居所有金融机构首位。二是持续深化银政合作。连续三期在省级财政国库现金管理商业银行定期存款招标中获取份额第一的佳绩，累计中标94.6亿元，位居中标金融机构首位，占比15.51%。三是加快保险代理业务的产品、渠道转型，代理保险收入重获四行份额第一。2017年，全行实现代理保险手续费收入4.17亿元,同比多收2858万元,增长7.35%。四是努力推进托管业务多元化发展，推动产业基金托管业务持续发展，稳步推进职业年金工作。五是有效提升同业存款份额，稳步推进同业存单和地方债分销等同业新兴业务开展。2017年底，全行机构类核心存款余额861.09亿元，较年初净增52.78亿元；同业存款时点余额50.29亿元，较年初下降47.69亿元；实现机构类中间业务收入5.09亿元，同比多收124万元；养老金托管资产规模138.1亿元，较年初净增19.48亿元。

（黄　勇）

【农户金融业务】

2017年，省农行持续加大服务“三农”工作力度，全力做好扶贫小额信贷工作，不断优化农户贷款结构，大力开展互联网金融服务“三农”“一号工程”建设，稳步提高社保卡和惠农卡业务综合效益，实现三农产品创新的突破，农户金融业务健康平稳发展。一是农户贷款余额大幅增长。2017年末，农户贷款余额468.96亿元，较年初增加156.92亿元，同比多增34.97亿元。二是扶贫小额信贷工作有突破性进展。2017年末，新发放扶贫小额信贷21.6亿元，扶贫小额贷款余额24亿元，完成银监局扶贫小额信贷计划的106%。三是大力推进“金穗惠农通”工程互联网化升级。全行“金穗惠农通”服务点2.55万个，点均惠农通服务点交易量26.5笔，较年初上升13.8笔，全国排名提升10个位次。代理涉农项目315个、资金余额49.46亿元，2017年度增量系统内并列第一。四是社保卡和惠农卡业务服务三农客户总量大幅提升。全行累计发行惠农卡782.3万张，有效客户达244.8万户，较年初新增21.4万户，增幅9.8%。全行累计代理发行社保卡1700.6万张，新增发卡298.5万张。全行社保卡、惠农卡有效客户新增135.1万户，居系统内排名首位，占全国总量的13.7%。

（付　婧）

【个人贷款】

2017年末，全行个人贷款余额达1020.6亿元，较年初净增312.3亿元，增量再创历史新高。一是市场竞争力显著提升。个人贷款增量市场份额27.46%，较2016年提升7.16%。二是业务结构持续优化。大优开发商投放占比达52.43%，较2016年提升16.12%；非房贷业务止跌回升，个人消费贷款净增7.12亿元。三是综合效益全面提高。新发放个人住房贷款加权利率提升32个百分点。联动营销成效明显，年末个人住房贷款吸附对公时点存款79.6亿元；个贷客户产品交叉销售率达483%，较2016年提升55%；实现借意险保费总额2907万元，位居全国第一。

（单林晓）

【投融业务】

一是高端投行收入再创历史新高。2017年末，全行累计实现高端投行收入1.89亿元，同比多收7723万元，增幅69%。二是非信贷融资业务实现规模翻番。2017年，全行新增非信贷融资（理财融资、产业基金、债券承销）投放156亿元，同比多增131.7亿元，增幅542%；存量非信贷融资业务263.5亿元，同比多增156亿元，增幅145%，非信贷融资业务发展提速。其中理财融资增量规模143亿元、存量规模210.5亿元。三是投融业务实现7项创新零突破。成功办理30亿元交投集团债转股、15亿元兴港并表基金和1亿元黄泛区实业集团专户理财业务，成功牵头筹组商丘民生热电26亿元银团贷款项目，成功营销收费还贷和投资集团DFI承销团，成功中标信阳华信投资集团3亿美元境外债主承销商资格，成功获批中建七局9.7亿元循环购买应收账款资产证券化顾问业务，实现河南农行债转股、并表基金、专户理财、银团贷款牵头行、债券DFI、境外债、资产证券化顾问业务7项创新业务零突破。其中河南交投集团30亿元债转股业务是银行业首单交通行业市场化债转股业务、系统内首笔大型地方国企债转股业务。四是综合金融服务能力持续提升。成功营销河南大型国企集团、优势行业重点客户12户，实现增存引存156亿元、投贷联动181亿元。

（齐　晗）

【网络金融】

一是掌上银行客户拓展成效明显。2017年末，掌上银行注册客户总量906万户，较2016年末净增240万户、增幅36%，其中活跃客户349万户、较2016年末净增163万户，动户率38.5%、较2016年末提升10.5个百分点。二是互联网金融服务“三农”一号工程扎实推进。2017年末，已上线“惠农e通”电商平台商户12.8万户，平台累计发生交易37万笔，金额99亿元，沉淀对公日均存款1.4亿元。拓展省级以上农业产业化龙头企业64户，实现惠农通服务点互联网化升级7677户一批样板商户。三是网络金融收入贡献度大幅提升，市场份额保持领先优势。网络金融业务收入突破5亿元大关，对本行中间业务收入贡献度达到18.2%，较2016年提升7.2个百分点；同业四行市场份额49.8%，较年初提升11.8个百分点。

（孙亚杰）

【信用卡业务】

一是价值创造能力显著提升。信用卡中间业务收入同比增加 2.59 亿元，增幅 48.54%，系统贡献度和计划完成率排名较 2016 年末均上升 2 个位次。二是卡量和客户规模加速扩大。信用卡卡量突破 300 万张，较 2016 年增幅为 39.82%，全行贷记卡有效客户新增较 2016 年增幅 68.83%。三是有效收单商户增加明显。全行加权有效收单商户净增超额完成总分行计划，系统贡献度较 2016 年末提升 3.54%，排名提升 8 个位次。四是分期消费增长提速。致力开展优质分期商户拓展，首次推出外呼营销平台实时办理额度内分期业务，稳步推进专项分期业务，分期业务发展成效显著，分期消费额较 2016 年增幅达 78.01%。五是风险控制能力不断提高。加强客户准入、审查审批及授信管理，强化贷中风险监测检查，加大不良资产催收、清收、处置力度，首次实现催收外包集中上收，成功实施历史首次不良资产证券化。

（李春平）

【财务管理】

一是完善绩效考评体系。对接总行考评政策，优化综合绩效考核方案，把握好各项业务发展规律，充分发挥考评机制“指挥棒”作用，促进绩效整体提升。二是完善费用配置机制。按照全行发展战略的要求，在费用配置上，积极适应资源紧平衡的新常态，按照“保稳定、促发展、推转型、严管理”的总体思路，完善“基础＋发展＋战略”费用配置机制，为全行业务发展提供有效的支撑。三是优化固定资产配置机制。在保障基础需求和安全生产的前提下，加强计划统筹，合理安排项目，充分利用配置政策和投资资源，提高固定资产投资对业务转型和发展的支持能力，同时，加强固定资产预算管理和在建项目管理，加快闲置固定资产处置利用。四是完善采购制度，细化采购流程，规范采购行为，严格监督体系，强化后评价管理，有效提升了集中采购质量和效率。

（马慧芳）

【风险管理】

2017 年末，全行不良贷款余额同比减少 0.95 亿元，不良贷款占比同比下降 0.47 个百分点，不良贷款持续“双降”；全行信贷资产拨备余额同比增加 5.54 亿元，拨备覆盖率同比上升 17.73 个百分点，风险抵补能力持续增强。

（李小玲）

【内控案防工作】

一是强化案防工作。开展“双基管理建设年”和“平安农行深化提升年”活动，组织纵横两个维度签订案防责任书，压实案防责任，全年未发生重大案件和责任事故。二是深入开展合规文化建设活动，强化内控管理。员工合规意识不断增强，全行内控评价实现进位提升。三是认真组织实施案防风控排查，狠抓问题整改。注重发挥非现场监测分析作用，有针对性开展检查监督，及时揭示风险隐患，严格问题整改，全行问题整改率达 98.77%。四是强化反洗钱管理。充实反洗钱中心人员力量，实现反洗钱处理工作集中上收，及时处理风险预警，上报可疑交易报告。

（李川民）

【信息技术】

2017 年，省农行加强生产系统运行维护，加快产品开发推广步伐，完善科技内控管理体系，累计推广总行项目 237 个，集中力量自主开发新项目 34 个。一是加强基础平台建设。加大网络架构优化，制定省中心综合布线系统改造方案，对全省二级骨干网进行改造。二是加快项目建设推广和产品创新。三是产品创新实现新突破。在重点业务领域开发新项目 34 个，改造本地项目 11 个，较 2016 年增加 15%。

（罗　高）

中国银行股份有限公司河南省分行

中国银行股份有限公司河南省分行党委书记、行长　何方恩

【第一负责人简介】

何方恩，男，1960 年 7 月出生，河北省邢台市人。1980 年 7 月在中国银行石家庄分行参加工作，历任中国银行河北省保定分行行长、党委书记，河北省分行行长助理、副行长、党委委员，河南省分行副行长、党委委员，甘肃省分行行长、党委书记，现任中国银行股份有限公司河南省分行党委书记、行长。

【综述】

2017 年，中国银行股份有限公司河南省分行（以下简称中国银行河南省分行）加快推进“市场领先、系统卓越”银行建设。坚持稳中求进工作总基调，聚焦战略重点，找准战术路径，狠抓工作推进，持续推动经营管理和党的建设各项工作有序开展。2017 年获得中国银行总行年度考核 A 级评定。

【经营管理】

一、提高核心业务竞争力。人民币存款余额 4186 亿元，新增 343 亿元（不含表内理财）。四大行市场份额 21%，提升 0.34 个百分点。人民币贷款余额 3162 亿元，新增 371 亿元。净收入、非利息收入、拨备前利润、净利润分别增长 9.3%、5.7%、11% 和 33.3%。

二、加强客户基础建设。主动融入地方经济建设，以大格局谋划大事业、推动大发展。与 9 个地市、18 个省级单位签订战略合作协议，银政合作领域不断拓宽。分别在郑州、焦作举办两场工商企业跨境撮合洽谈会。个人中高端客户较 2016 年增长 16%，私人银行客户数增长 32%，公司有效账户同比增长 44%。

三、着力优化网点布局。2017 年增设机构 28 家，其中普惠金融 14 家、空白县域 9 家，县域覆盖率 91%。投放智能柜台 880 个，网点覆盖率 81%。

四、加大金融精准扶贫力度。2017年末，金融精准扶贫贷款余额36.1亿元，较年初增长453.14%；为3600名建档立卡贫困户发放个人贷款8.07亿元。在信阳光山、南阳桐柏等重点贫困县开展精准扶贫，创新贷款模式，直接贷款给当地农业合作社、家庭农场等，惠及并带动贫困人口脱贫。投放土地复垦流转贷款21亿元，支持贫困地区扶贫搬迁。扎实做好驻村扶贫，共选派90余名优秀干部驻村，助力83个定点扶贫村脱贫。

五、坚决守住风险底线。全力贯彻落实中央打好防范化解重大风险攻坚战要求，严控各类金融风险，2017年末不良余额与不良率实现“双降”。开展“风险管理与内控合规文化建设年”活动。召开万人警示教育大会。持续抓好安全保卫、维护稳定、舆情防范，积极稳妥化解各类风险隐患，全年未发生重大实质性风险事件。

【存款业务】

坚持“以客户为中心”，不断提升服务水平和客户体验，带动存款稳定增长。2017年末，本外币存款余额4384亿元（不含表内理财），增长9.51%。人民币存款新增343亿元，增长8.93%，其中：人民币个人存款新增181亿元，增长9.44%，公司存款新增162亿元，增长8.42%。外币存款新增7.17亿元，增长30.97%。

（马　骙 赵抗资）

【贷款业务】

一、公司贷款。紧密结合最新国家相关产业指导政策，围绕“三区一群”国家战略规划，紧跟“一带一路”机遇战略导向，做好政策衔接及相关配套金融服务。2017年末，人民币纯公司贷款较2016年末增加115.8亿元，增长8.68%，有力支持了一批省内重点客户的融资需求。

二、小微企业贷款。加快战略转型发展，加大科技贷、专利贷、税务贷等重点产品推广力度，加快涉农类、民生类客户批量拓展，充分发挥中国银行国际化、多元化平台优势，支持省内中小企业参与国际性合作。2017年末，国标小微企业贷款余额613.28亿元，较2016年新增89.90亿元；小微企业户数较年初新增3606户，申贷获得率95.90%，全面完成“三个不低于”监管指标。

三、零售贷款。2017年末，个人贷款余额1342亿元，较年初新增257亿元。积极发展线上消费金融，支持精准扶贫和涉农贷款业务。个人精准扶贫贷款余额7.73亿元，较年初新增1.92亿元；个人涉农贷款余额73.81亿元，较年初新增44.74亿元。

四、表外融资。全年累计投放非标理财资金103.82亿元，非标资产余额171.76亿元。发挥中行债券承销业务优势，积极为省内企业在境内外筹措低成本资金。2017年共发行境内债券5支，总金额37亿元；境外债券1支，总金额3亿美元。

五、票据融资。2017年末，票据融资余额99亿元，票据贴现量258亿元，再贴现量5.5亿元；实现票据利息收入4.7亿元。

（马　骙 陆　杰 贺宏伟 胡正涛 马延军）

【中间业务】

2017年末，非利息净收入同比增加1.79亿元，增幅为5.66%，四大行市场份额20.32%，较2016年提升0.32个百分点。

（王永军）

【理财业务】

对公理财方面，强化重点产品销售，实施对公理财“网点下沉”，积极培育理财销售渠道。2017年，全辖对公理财网点销售首次实现100%覆盖，覆盖率较2016年提升28个百分点；理财有效户较2016年增长115%。对私理财方面，加大产品品牌宣传，定制河南专属产品，做大理财总规模。2017年末，全量理财产品达到446亿元，较2016年增长44%，理财客户规模突破10万户。

（胡正涛 王　桦）

【资金业务】

资金业务全年交易量2258亿元，同比增长32%。继续保持结售汇市场份额领先，结售汇市场份额33.9%。外汇交易量221亿元，同比增长36%。以点带面扩大对私交易产品客户覆盖率，全年对私交易量78.79亿元，同比增长18%。

（丁　峰）

【外汇业务】

对公外汇方面，全年实现国际贸易结算量202亿美元，市场份额35%。办理跨境人民币业务127亿元；各类对外担保业务130亿元，年末担保余额470亿元。作为河南省外汇与跨境人民币业务展业自律机制牵头行，牵头召开自律机制工作会议，积极开展各项自律展业工作。对私外汇方面，个人跨境客户数较2016年增长5.88%。在部分地区试点推广个人外币现钞预约服务。大力叙做重点项目个人资本结汇业务，全年累计办理个人结售汇业务32亿美元。连续9年荣获国家外汇管理局河南省分局评定的"河南省银行执行外汇管理规定情况考核A级单位"称号。

（贺晓玲 王 桦）

【贸易融资业务】

充分发挥海内外一体化优势，积极开展贸易融资业务。全年办理各类本外币贸易融资业务日均余额156亿元。推出重点企业线上融资项目。创新研发批量汇款产品，大幅提升汇款效率。

（贺晓玲）

【银行卡业务】

银行卡资产规模当年净新增59亿元，较年初增长40.81%。信用卡当年发卡量同比增长60.83%。信用卡分期交易额四大行市场份额32%。银行卡特色网点建设初显成效，在全辖建成消费分期业务中心6家、信用卡分期业务特色支行16家。

（曹 慧）

【网络金融业务】

网络金融业务规模持续扩大，个人电子银行、手机银行、企业网银交易客户数稳步提升。渠道结构持续优化。新设机构28家，其中普惠金融机构14家，实现9个空白县域机构进驻，完成2家郑州城区支行升格二级分行工作，迁址优化布局30家，完成50家智能化网点建设改造，智能柜台投产网点达到410家，网点覆盖率81%。

（赵旭升）

【资产风险管理】

资产质量保持基本稳定。不良资产较年初下降0.82亿元，不良率较年初下降0.21个百分点。授信结构逐步优化。增长类行业表内授信余额较年初增加84.38亿元。不良清收化解成效显著。全年累计化解不良42.81亿元。

（王四宏 谭 波）

【内控案防】

组织开展"警示教育年"、"2017年风险管理与内控合规文化建设年"等系列活动。持续推进"合规宣讲天天在路上"。深入开展"三三四十"银监会系列风险治理活动和内控案防专项治理。实现审计非现场检查机构全覆盖。加强员工异常行为排查。着力培育全员安全意识，全辖未发生得逞的盗窃、抢劫案件，未发生消防或安全生产事故。

（安振虎 韩 华 鲁建中 董晓东）

【金融改革创新】

强化创新工作意识，细化各项规章制度，制定创新奖励办法。在微信企业号中开通"创新园地"专区，营造良好创新氛围。积极推进全行创新项目研发推广，推动一批重点创新项目实施。其中，"风险条线主导的发起质量管理体系"及"保益通系统"2个项目获得中国银行中银创新三等奖。

（赵旭升）

【信息技术】

信息系统安全平稳运行，信息科技条线关键风险指标监控情况良好，信息系统可用率100%。持续加强科技创新，加强系统平台化建设。保障信息安全，提高科技风险管理能力。全年开展信息中心灾备切换演练、防病毒模拟演练等29项信息系统应急演练，成功率100%。不断加强技术管控，持续开展终端病毒防范和漏洞扫描工作，提升信息系统安全防控水平。夯实基础设施建设，不断加大全行IT建设投资力度，保障重点项目建设，确保全行信息系统安全平稳运行。

（蓝 晔）

中国建设银行股份有限公司河南省分行

中国建设银行股份有限公司河南省分行党委书记、行长　石永拴

【第一负责人简介】

石永拴，男，河南省林州市人，1962年12月出生，汉族，中共党员，政治经济学博士，高级经济师。2002年9月任中国建设银行河南省分行党委委员、副行长；2014年12月任中国建设银行河南省分行党委副书记、副行长；2015年7月任中国建设银行黑龙江省分行党委书记；2015年9月任中国建设银行黑龙江省分行党委书记 、行长。2017年2月起任中国建设银行股份有限公司河南省分行党委书记、行长。

【综述】

2017年，中国建设银行股份有限公司河南省分行各项业务快速健康发展，经营实力和竞争能力进一步增强，客户服务和品牌形象进一步改善，完成省内市场化债转股首单两笔100亿元投放，35个网点被总行评为“五星级”网点，自贸区分行营业部荣获全国银行业“文明规范服务百佳示范单位”。

【经营管理】

坚持稳中求进。发展思路稳。新一届班子成立以来，明确了“加快发展、持续发展、健康发展”的总布局。调整改革稳。对郑州地区组织结构进行了调整，进一步理顺管理机制，强化协调联动，充分发挥郑州地区各行经营责任主体作用。发展基础稳。全面启动基层机构合规转型，聚焦违规关键流程节点，落实事前主动管理模式，将合规管理覆盖经营管理活动全流程，努力打通合规管理“最后一公里”。资产质量稳。全力组织抓好“控不良、压逾期”保卫战，不良贷款、逾期贷款控制在总行计划之内，为持续发展健康发展轨道打下了基础。

提升服务质效。充分发挥建行集团综合化牌照优势，深化母子公司及海外分行联动，进一步提升基金、信托、租赁、资管计划、发债等综合融资服务能力，综合融资办理量达到1002.29亿元，有力支持了供给侧结构性改革。小企业业务圆满完成“三个不低于”要求。实现自贸区服务大厅首家入驻、首单突破，打造自贸区企业开户“一站通”业务。积极拓宽渠道、引资入豫，推动设立建信养老金河南分中心，推动建信人寿在郑州设立全国保障基地。

【主要业务指标】

一般性存款日均余额突破5500亿元，达到5508亿元，比年初新增517.31亿元。各项贷款余额4228.71亿元。实现经济增加值25.0亿元，比2016年增加9.94亿元。

【对公业务】

对公存款日均余额2432.17亿元，比年初新增280.9亿元，对公非贴贷款余额2077.24亿元，比年初新增208.76亿元。

【零售业务】

个人存款日均余额3075.72亿元，比年初新增236.4亿元。个人类贷款余额2059.85亿元。

【电子银行业务】

手机银行、对公网络活跃客户新增同业第一，微信客户新增系统第3位。网络银行业务同比增幅达124%。

【国际业务】

国际结算量增速达到39.5%。实现自贸区服务大厅首家入驻、首单突破，打造自贸区企业开户“一站通”业务。

【资产质量与风险控制】

不良贷款控制在总行计划之内。

【内控合规建设】

启动全辖基层机构合规转型，基层机构合规经理介入流程开展关键风险点合规审查14709次，发现问题1673个，并及时督促整改。分（支）行在外部监管、审计、上级行检查中问题数量总体大幅下降。

【其他业务】

私人银行客户新增系统第8位，较2016年提升2个位次，金管家有效签约客户新增系统第3位。信用卡当年净增发卡72.35万张，系统排名第4，计划完成率137.81%。结算业务收入共54578.44万元，收入总量系统内排名第5位。四季度全行普惠金融贷款新增28.11亿元，完成总行新增计划的172%，位居系统前列。全年累计处置各类不良贷款48.75亿元，实现不良资产盘活回收23.14亿元，已核销资产现金回收0.94亿元，超额完成总、分行下达的年度主要经营计划。

交通银行股份有限公司河南省分行

交通银行股份有限公司河南省分行党委书记、行长　单增建

【第一负责人简介】

单增建，男，1967年11月出生，汉族，河南省浚县人，工商管理硕士，经济师，1991年加入中国共产党。现任交通银行股份有限公司河南省分行党委书记、行长。

【综述】

2017年，交通银行股份有限公司河南省分行（以下简称交通银行河南省分行）贯彻国家宏观调控政策，围绕“三区一群”国家战略和“制造强省”规划，各项业务不断迈上新台阶。2017年末，本外币资产总额2698.56亿元，人民币各项存款余额2209.79亿元，人民币各项贷款余额1397.43亿元，共有营业网点113家，员工2982人。

（赵子硕）

【公司业务】

一是多措并举，推进对公存款来源多元化，突出低成本负债，严控高成本存款，实现对公存款结构优化和持续发展；二是出台资产业务发展规划，建立项目储备和推进机制，做好重点项目申报和专项规模申领，推动全表资产业务发展；三是加强同业合作，在协会和监管部门指导下增强银团筹组能力，实现银团贷款投放和银团收入有效提升；四是加强托管业务与投行、资管、同业等业务联动，突出发展重点，拓宽业务渠道，实现托管业务持续快速发展；五是实施对公客户分层级管理，明确“一体两翼”对公客户发展定位，积极推进系统掘金、清零提升等专项活动，全力推进客户开发工作，持续夯实客户基础；六是加强营销队伍建设，持续推进党建工作，为业务发展提供有力支撑和保障。

（刘渡水）

【国际业务】

2017年，交通银行河南省分行统筹境内外、离在岸国际业务一体化经营和能力建设，外汇财资与自贸区业务取得实质性突破。同时加强对各经营单位的营销支撑，大力推进国际结算和跨境联动业务。全辖累计完成国际结算量769.10亿元人民币，同比增加208.45亿元人民币，增幅37.18%。

（李　梅）

【营运管理】

一是抓好基础运行精细化管理，推动参数工作从操作型向管理型转变，畅通支付结算资金营运体系；积极承接河南省支付清算自律委工作，持续提升现金管理和服务水平。二是探索防范新型柜面风险和厅堂风险，完善现场及非现场检查手段，防控重心从业务检查向履职检查转变，全辖范围开展“独立履职大家谈”活动。三是推动营运管理转型和网点模式转型，常态化开展同业对标管理工作，积极推广投放各类智能机具，创新厅堂功能布局和服务动线设计，开展柜面营销和厅堂营销；进一步压降高柜人员，释放人力资源，走向厅堂贴身服务客户。四是推动营运条线全辖一体化管理，全辖基层营运人员统一调配、统一考核，开展形式多样专项培训和竞赛活动，组织选拔后备人才并建立后备人才库，持续强化营运队伍建设。

（毕赛赛）

【信贷业务】

2017年，交通银行河南省分行围绕“一带一路”建设和河南省五大国家战略及中部崛起“十三五”规划实施，贷款主要投向基础设施和民生消费领域。2017年末，水利环境和公共设施管理业、交通运输、采矿、服务业、科教文卫五大行业贷款合计519.79亿元。

（李　曦）

【理财业务】

交通银行发行的“得利宝”理财产品具有期限灵活、种类丰富、安全稳健等特点，在同业市场中口碑良好，竞争力强。理财产品系列包含开放式、封闭式、净值型及结构型等多种类型。2017年，为高端客户新推出专属现金管理类产品，丰富了产品种类，进一步提升客户体验。在理财产品销售中，交通银行河南省分行严格遵循“在适合的场合将适合的产品销售给适合的客户”原则，切实做好产品信息披露，加强投资者教育，确保理财业务健康持续发展。

（郭　磊）

【银行卡业务】

近年来，移动支付因其便捷的体验获得了广大消费者的青睐，在社会支付领域得到了广泛应用，但是另一方面，移动支付也带来了信息安全、盗刷风险、隐私泄露等方面的问题，引发公众关注。交通银行在此背景下，推出了专门用于移动支付的电子借记卡产品——太平洋安心付借记卡（简称安心付）。

（刘宝珠）

【电子银行业务】

2017年，交通银行依托优质高效的传统线下渠道，通过金融科技引领革新，创新“线上＋线下”协同服务模式，打造线上金融科技平台，将大数据、移动互联和人工智能等技术应用于精准营销和业务发展。手机银行在国内银行界首家推出线上直播、空中理财室等直播栏目，业务功能比肩同业先进水平，“双线”一体协同的优势日渐凸显。

（邢　钧）

【个人贷款业务】

2017年末，交通银行河南省分行个金资产业务余额531.72亿元，新增64.73亿元。

（周艳红）

【资产风险管理】

2017年以“控逾期、压不良、降损失”为中心，以“降损增效”为目标，强化全辖逾期贷款管控，加大不良贷款清收处置，不断提高风险管理和资产保全质效。全面推动“风险管理年”活动开展，夯实风险管控基础，全行依法合规经营意识进一步增强，全年无重大案件发生。进一步完善风险管理组织架构，开展风险保全管理体制创新，推进资产保全准事业部制改革，实现全辖信用风险集中管控。制定完善规章制度，进一步完善全行风险管理体系。针对多个重点风险领域开展专项排查，着力推动潜在风险化解工作。综合运用多种手段，持续开展资产质量保卫战专项活动，全力推进风险资产清收化解，全行资产质量基本稳定。创新清收手段，提高清收处置效率，开展交行系统内首笔和最大一笔受托清收不良资产二次转让，开展系统内首批个人不良贷款资产证券化工作。优化风险管控考核机制，引导经营单位提高风险管控意识，提升风险资产处置实效。不断深化操作风险三大工具运用，延伸操作风险管理范围。加大培训指导力度，提升风险保全队伍整体业务素质。

（刘　萍）

【内控管理】

一是构建完善内控管理架构。2017年成立了交通银行河南省分行内部控制管理委员会，作为全行内控管理议事决策机构，牵头推动全行内控管理工作，落实内控管理责任，实现内控管理目标。二是完善内控与合规考核细则。针对各级机构在经营管理过程中出现的合规与风险方面的问题，按照问题的级别进行考核，并对考核结果进行通报，引导各级经营单位强化内控管理。三是扎实推进专项治理工作，促进依法合规经营。按照监管部门要求，持续开展了“三违反”、“三套利”、“四不当”、“银行业市场乱象”、信用风险等系列专项排查和整治工作，进一步规范经营管理行为，强化员工风险合规意识，筑牢依法合规经营防线，严防系统性重大风险事件发生。四是深化重点领域审计检查，跟踪落实问题整改。把新兴业务、关键环节、重要岗位人员作为审计检查重点，聚焦风险隐患，深入开展审计检查，并将检查问题的整改情况纳入内控考核，以此督促经营机构进行积极有效的整改，提高被审机构自我纠正能力。

（周伟杰）

【金融改革创新】

交通银行河南省分行聚焦体制、机制两大领域，深入推进公司业务大客户准事业部制改革、纪检监察派驻制改革等，重点开展省辖行三年提升工程、基层营业机构五年提升工程，着力打造七大利润中心、八大成本中心，加快推进计划指标、绩效考核、定价管理等一系列机制改革，市场作用不断强化，转型活力集中彰显。

（赵子硕）

【信息技术】

2017年，交通银行河南省分行围绕IT服务业务经营、引领产品创新、加强科技管理等方面全面部署和实施各项工作任务。推进创新项目落地，全面助力业务转型，充分发挥技术优势，推广创新产品共19项：党费收缴平台、“知客”APP、智能财富管理系统、案款管理系统、贵金属VR（黄金屋）、云智付等；上线内控管理类项目7项：干部档案系统、行政后勤管理系统、反洗钱风险评估系统等；以科技手段提升管理质效，有效提升信息技术支撑效率。

（殷莉媛）

中信银行股份有限公司郑州分行

中信银行股份有限公司郑州分行党委书记、行长　韩光聚

【第一负责人简介】

韩光聚，男，汉族，1966年1月出生，中共党员，经济学博士，高级经济师。先后在建设银行、光大银行、中信银行工作。现任中信银行股份有限公司郑州分行党委书记、行长；郑州大学和河南财经政法大学兼职教授。

【综述】

2017年，中信银行股份有限公司郑州分行依托中信集团综合金融平台优势，围绕"五大国家战略规划"和"四个河南建设"，强化经营转型、深化创新驱动、助推普惠金融、严细风险管控，实现了效益、质量、规模协调可持续发展，努力建设成为"有担当、有温度、有特色、有尊严的最佳综合金融服务企业"。2017年末，中信银行郑州分行各项核心指标位居河南省股份制商业银行前列，连续第九年荣获中信银行系统内"标兵行"。已在洛阳、焦作、南阳、安阳、平顶山、新乡、商丘、信阳设立8家二级分行、76家支行级营业网点，客户遍及全省，形成了相对完善的服务网络。

（章世刚）

【存贷款业务】

2017年，中信银行郑州分行总资产1650亿元，自营存款1438亿元，贷款总额1248亿元，当年贷款新增238亿元，在系统内排名第三，在河南12家股份制商业银行排名第一。轻资本和中间业务收入、公司金融板块和零售板块营业净收入系统内名列前茅，净利润列同业股份制银行第一（监管通报口径），不良贷款率低于中信银行系统和河南股份制银行平均水平。

（梁　嵩）

【零售信贷】

不动产抵押便民服务点进驻。2017年，中信银行郑州分行实现郑州市首家不动产联合抵押窗口在金融机构的落地，个贷业务抵押环节办理效率实现有效提升，为个贷业务规模持续提升提供了有力的支撑。人民银行个人征信自助查询终端进驻网点。分行积极向人民银行郑州中心支行申请，成功在同城四家支行布放人民银行个人征信自助查询终端，为周边居民及个贷客户提供个人征信自助查询服务。2017 年末，布放在中信银行郑州分行的征信自助查询机共查询个人征信 13360 笔，在大幅提升个贷客户征信查询效率的基础上，也方便了网点周边的居民，增强了品牌影响力。零售信贷余额 410 亿元，比年初新增 119 亿元。

（于民江）

【理财业务】

2017 年，中信银行郑州分行推出了丰富的公司和个人理财产品，全口径公司理财销售年末时点余额 72 亿元，年日均 77.2 亿元。理财客户涵盖国有企业、机构客户、战略客户及民营企业等，基本做到了客户类型全覆盖；同时，完善了在线理财销售功能，当前所有开放式及周期型理财产品均实现线上申购赎回，拓宽了客户申赎渠道。2017 年，中信银行郑州分行全口径个人理财销售 3168.25 亿元，同比增长 50.73%。其中银行理财产品销售 2594.08 亿元，代为推介信托及资管计划 21.78 亿元，代理基金及券商集合理财（含薪金煲）538.61 亿元，代理保险 12.07 亿元，代理实物贵金属 0.45 亿元，代理交易贵金属 1.26 亿元。中信理财获得社会一致好评，中信银行郑州分行“幸福财富”品牌形象继续提升。

（张栩铭　杨亚琢）

【票据业务】

2017 年，中信银行郑州分行把握人民银行推进电子票据政策导向和票据交易所上线方向，一是通过对电子票据、商票贴现等重点产品的大力推动，进一步巩固了票据业务的区域领先地位。截至 2017 年 12 月 31 日，票据直贴业务量 272 亿元，系统内排第 5 名，稳居区域内前列，电票占比 85% 以上，商票占比 60% 以上。二是把握市场机会和总行政策，深化再贴现、正回购等业务的综合化经营，开展正回购 32.87 亿元，再贴现 13.83 亿元。三是研究分析票交所直联模式下票据新业务模式、新流程对商业银行经营管理的影响，为票据业务转型做好准备。

（尚　勇）

【国际业务】

2017 年，中信银行郑州分行累计实现国际业务轻资本业务收入 11388 万元，金融市场业务轻资本业务收入 3599 万元，金融市场交易量 212 亿元，荣获中信银行总行“国际业务十佳行”、“外币对公资产负债业务十佳行”、“外汇资金业务十佳行”、“外汇合规先进分行”等多项大奖。与此同时，中信银行郑州分行在 2017 年河南省外汇局对银行执行外汇管理规定的年度考核中获得 A 级，全行外汇政策执行管理水平稳步提升。

（张丽娜）

【出国金融服务】

2017 年，中信银行郑州分行向有留学意向的家庭推出了“中信菁英训练营”。该训练营借助中信集团金融全牌照的综合优势，让实习生们一个暑假一次完成在银行业、基金业、证券业、保险业的实习体验，获得金融全行业实习经历并提高背景软实力。实习结束后，实习生可获得由中信银行郑州分行颁发的中英文实习鉴定，提升未来申请欧美名校或者在国外应聘工作的竞争力。推出中信银行旅美生活服务平台，深入美国生活、学习、旅游、投资等各个方面，通过建立微信公众号、应急呼叫中心等形式，为旅美中国公民提供旅行安全、教育资源、医疗处置、法律法规、商务金融等实用信息。整合“出国前 - 出国中 - 出国后”全程一站式的优质服务，提供办理签证、结售汇、外币存款、境外汇款、留学贷款、信用卡等出国金融产品，服务于留学、商务、旅游、移民、外籍人士等五大类客群，更有包括 EVUS 代办、海外法律援助、国际驾照、中信实习生计划、新西兰留学专户等多项增值服务。开展 2017 年中信银行郑州分行十佳出国金融国际规划师选拔赛，精心选拔出分行级出国金融国际规划师团队，打造全能型“出国金融专家”队伍。

（李　骞）

【银行卡业务】

中信银行郑州分行于 2017 年 4 月推出“中信红权益”活动权益体系。“中信红权益”主要围绕客户生命周期管理，应用于获取新客户、新资金以及防止客户流失等拉动客户价值贡献的业务场景，旨在以客户贡献为标准，通过更加科学合理的价值回馈和激励，促进客户贡献度和忠诚度的提升。

（张　剑）

【电子银行业务】

2017年，全付通交易笔数2.28亿笔，交易金额47.55亿元；“信e付”业务新增商户36户，交易笔数23.57万笔，交易金额20.26亿元。2017年末，手机银行客户累计179.06万户，当年新增49.17万户；个人网银客户累计173.14万户，当年新增36.11万户。当年手机银行交易金额3051.31亿，同比增长149.18%，手机银行交易笔数1277.75万笔，同比增长126.35%。电子渠道理财产品销售金额2419.37亿元，占总销售金额的97.64%；电子渠道基金产品销售金额3.59亿元，占总销售金额的98.32%；电子渠道贵金属产品销售金额1556.35万元，占总销售金额的34.51%。电子渠道保险金额9.23亿，占总销售金额的53.17%。

（孙一诺）

【中小企业授信】

2017年，中信银行郑州分行继续积极响应国家和政府号召，并加大对小微企业授信支持力度，不断精简审批流程，缩短小微企业申贷获得时间。2017年，专门印发了《中信银行郑州分行小微企业专营审批体系建设方案》，明确郑州分行小企业专营审批体系整体框架包含专设二级审批处室、专业审批人、专有审批流程、专项审批资源。针对小企业授信业务，适度倾斜信审资源。另外，积极与科技厅、公共资源交易中心等第三方机构合作，研究推出了“科技贷”和“药采贷”等小微企业授信产品，增加了小微企业授信支持抓手。

（郭华宾）

【内控管理】

一是完善内控组织架构建设。建立了层次清晰、管控严密的内控管理体系，在二级分行设立合规部，建立内控合规联系人机制，全辖内控合规联系人147名，各单位覆盖率100%。二是扎实开展“风险合规文化建设”及“平安中信”创建活动。制作《平安中信手册》和《应知应会手册》，行长带头开展合规案例培训活动，由分行长培训进行一次覆盖、条线培训进行二次覆盖、各单位自行培训进行三次覆盖，做到将员工禁止性行为专题培训活动全覆盖。开展全员“合规好建议”活动，及时主动查找弥补存在的不足，持续提升分行内控合规管理水平。三是多措并举提升合规管理水平。组织“法律、合规、风险”知识竞赛，以初赛第一名成绩挺进总行复赛，并最终取得决赛三等奖。举行合规条线岗位应知应会培训与考试。以不良认定为主题，完成所辖二级分行及公司客户经理的合规宣讲工作。

（李　锦）

【信息技术】

2017年完成软件系统开发49项，较2016年增长10%，业务涵盖财政非税、公共资源、国土、社保、国库支付、金融校园卡、微信服务号等。在科技保障上，完成了新一代信贷业务系统、新国际业务系统等重要项目切换演练及上线和信阳分行新建、安阳分行搬迁、营业部百佳争创、东风路支行搬迁、金水路支行改造等科技基建项目。

（李玲珑）

中国光大银行股份有限公司郑州分行

中国光大银行股份有限公司郑州分行党委书记、行长　徐克顺

【第一负责人简介】

徐克顺，男，汉族，1966年出生，河南省西华县人，中共党员。1988年，毕业于河南省财政税务高等专科学校基建财务与信用专业；1994年，毕业于郑州大学金融系金融专业；2009年，获北京大学光华管理学院工商管理硕士学位，高级经济师。先后在中国建设银行河南省分行、中国投资银行郑州分行、国家开发银行、中国光大银行郑州分行工作。现任中国光大银行股份有限公司郑州分行党委书记、行长。

【综述】

2017年，面对经济持续下行态势，中国光大银行股份有限公司郑州分行（以下简称光大银行郑州分行）继续坚持“重质量、增规模、保效益”的工作思路，强化“三比”原则，优化考核机制，加强风险管控，推进“四化”转型，夯实基础管理，坚持从严治行，各项工作取得了较好成绩。2017年末，一般性存款时点余额为591.29亿元，贷款余额529.25亿元，实现报表税后利润6.71亿元，同比增加1.22亿元，增幅22.21%。2017年末，光大银行郑州分行共有40家营业网点（含洛阳、许昌、焦作、南阳四家二级分行），员工数量为1356人。

【对公业务】

2017年，光大银行郑州分行对公业务坚持“以资产为抓手、以利润为导向、以存款为核心、以客户为基础”的方针，更多地研判2017年宏观经济、金融政策及市场走向，采取有效措施，推进资产落地、客户增长和存款提升，积极推动传统信贷与资管、同业、投行、租赁等业务整合，组合使用债、贷、股、资、汇业务品种为河南省各行业龙头企业提供一揽子综合金融服务，在大力支持河南省实体经济发展的同时，对公存款稳步增长，大资产投放不断取得新突破，客户拓展、结构优化、聚力行动等重点工作也在扎实推进中，基本实现了对公业务的健康、可持续发展。同时，在坚持合规的前提下勇于创新，实现了光大银行郑州分行第一笔 ABS（资产支持证券化）项目、第一单股票质押业务、第一单员工持股计划、第一单结构化投融资业务、第一单大股东持股管理项目、第一单北金所债权融资计划、第一单类永续债业务等，其中，大股东持股管理项目为光大银行系统内第一笔，类永续债业务为光大银行系统内第一笔。2017 年末，对公一般性存款时点余额 495.15 亿元，较年初下降 12.8 亿元；对公一般性存款日均余额 534.82 亿元，较年初增加 64.63 亿元；对公人民币一般贷款（不含贸金和贴现）时点余额 338.48 亿元，较年初增加 18.62 亿元。

【对私业务】

2017 年，光大银行郑州分行零售业务以“加快零售金融财富管理转型”为导向，突出核心存款、代理、AUM、收入四项主指标，实现了业务快速发展。一是抓配套、抓源头，双管齐下调结构，促进分行对私存款稳步增长。组织开展“提核心 促代理 增盈利”开门红劳动竞赛活动、“薪悦全城”增核心、促代发营销活动、大额存单销售比拼活动、出国金融旺季存款证明营销活动、二手房资金托管业务带动核心存款增长等各类劳动竞赛活动，扎实做好优质企业薪资代发、棚改项目代发等基础性、源头性零售项目，坚持项目带动。二是开展高端客户活动，提升光大银行品牌形象。开展了信阳采茶、“航天无创健康检测”、“光大有约·探寻汝窑”等活动，持续强化对“阳光理财”、“阳光财富”等品牌宣传，“要理财、找光大”已叫响河南，带动了存款的有效增长，为 AUM 提升和大负债整体增值作出了贡献。三是推动代理理财销售，优化客户资产配置，全面提升中间业务收入。四是积极开展阳光菁英会活动，全年共举办出国金融宣讲活动百余次，积极营销初高中国际学校及高校国际部、留学、移民中介机构以及旅行社，进一步提升了光大出国通品牌的美誉度和知名度。五是搭渠道、强品宣、控风险，实现信用卡业务又快又好再上新台阶。开展了“赢在开门红”、“龙争虎斗”、“激情一夏”等活动，联合知名商超累计开展刷卡满赠 / 满减等形式营销活动 500 余场次，大力推广“光大 10 元惠”、“光大白金，百元优享”以及“白金 1 元享生活”“半价享美食”等品牌活动，涉及活动商家 800 余户。

【小微金融业务】

2017 年末，小微贷款余额 87.83 亿元，较年初增加 11.65 亿元；小微客户数量 10162 户，较 2016 年同期增加 754 户；申贷获得率 93.71%，比 2016 年同期增加 4.55 个百分点；小微贷款增速为 15.30%，高于全行贷款平均增速 13.25 个百分点。一是按照总行小微业务发展指引，紧盯小微业务各项指标，结合实际情况，努力推动业务发展，同时做好国标小微、涉农贷款、普惠金融和精准扶贫工作。二是持续制定劳动竞赛活动，助推小微业务发展。明确总、分行政策导向，强化产品结构转型调整，竞赛活动有力助推了小微业务健康良性发展。三是搭建小微企业金融合作平台，大力支持小微业务发展。通过与科技厅有关部门的合作，协助经营单位完成“科技保”项目的授信方案设计、上报工作。通过定期或不定期的走访相关经济政策制定发布部门，获取小微企业发展相关信息，收集地方政府重点支持的小微企业名单和相关资料，为经营单位提供可营销的目标客户。

【电子银行业务】

2017 年，光大银行郑州分行电子银行业务以收入为核心，通过“客户引入”、“项目拓展”、“产品销售”、“营销宣传”、“渠道管理”、“风险管理”等 6 个方面促进“客户、收入、资产、负债”全面增长，实现电子银行业务快速发展。2017 年末，移动金融活跃客户数达 48 万户，全年新增网上银行签约客户 15.22 万户，手机银行签约客户 19.18 万户，微信银行绑定客户数 8.6 万户，电子支付签约客户 34.57 万户。一是强化管理措施，优化和完善各项考核和管理制度，夯实电子银行业务的发展基础。二是抓住重点，确保总分行重点工作有序推进。大力推动缴费项目接入和输出工作，完成了河南有线电视、河南广播电视、南阳自来水以及国网河南省电力下辖 103 个县区电费等共计 113 个缴费项目的上线工作，营销了郑州润利信息技术有限公司合作推广云缴费平台，已通过该公司营销南阳市自来水费等多项缴费业务，和郑州市联通、许昌市联通、郑州市移动达成购机保证金业务合作，与链家地产达成房屋交易资金网上托管业务合作。三是深挖客户资源，发挥电子银行对大零售条线的发展支持作用。充分发挥线上线下协同优势，利用电子银行产品和渠道优势，通过阳光银行、e 托管等电子渠道引入有效网络客户，同时与墨墨名品、今日誉品等联合开展电子支付优惠促销活动，有效提升了电子渠道客户活跃度。

【风险管理】

2017年，光大银行郑州分行坚持从严治行，强化风险和合规管理，提高了全面风险管理水平。一是强化授信调查、审查尽职尽责，提高审查精细度和有效性，守住底线，优选客户，严把授信风险入口关。二是把不良“双控”和大额不良贷款化解作为重中之重的工作。在不良打包处置上，坚持和当年的利润相结合，分步骤推进不良处置工作，2017年，不良实现了“双降”，不良贷款余额较年初减少6.89亿元，不良贷款率较年初降低1.23个百分点。三是坚持从严治行，提高合规经营水平。在合规管理方面，开展了非法集资及员工异常行为风险排查、飞行检查等，对案件防控工作持续保持高压态势。

【网点建设】

一是根据总行下达网点建设计划，结合总行网点转型要求，统一布局，以设立完善的城市服务网络为依据，贯彻总分行网点建设及转型任务，勘察新网点，率先在南阳分行拟选网点的设计规则中执行总行网点转型有关要求。二是全面开展全行营业网点租赁情况的摸底排查工作。三是积极推进网点建设工作。全力以赴抢抓时间推进黄河路支行搬迁南阳路的建设，顺利完成洛阳华阳支行建设，落实紫荆山路支行搬迁新址的选址工作，确保了搬迁开业的无缝衔接，同时推进南阳分行新建人民路及卧龙路网点建设报备工作，总行已下达南阳人民路支行选址审批工作，卧龙路支行选址审批正在审议。

广发银行股份有限公司郑州分行

广发银行股份有限公司郑州分行党委书记、行长　高奇志

【第一负责人简介】

高奇志，男，汉族，河南省永城市人，1966 年 10 月出生，中共党员，在职研究生，硕士学位，会计师、经济师。曾任职于中国银行河南省商丘分行、郑州高新技术开发区支行。2015 年 2 月加入广发银行郑州分行，2017 年 3 月起任广发银行股份有限公司郑州分行党委书记、行长。

【综述】

2017 年，广发银行郑州分行实现业务规模平稳增长，营业收入、拨备前利润和考核净利润等主要指标稳中有升，风险管理、内控合规、科技运营、监察保卫整体向好。2017 年末，下设 28 家二级分支行，35 家营业网点。人民币存款余额 483.2 亿元，人民币基础存款日均 487.2 亿元，人民币贷款余额 448.1 亿元。全年实现营业收入 31.75 亿元，同比增加 2.69 亿元，同比增幅 9.3%。

（于亚恩　王若冰）

【经营管理】

一是加强与郑州、洛阳、南阳、新乡等市政府的沟通与联系，强化战略合作，根据政府重点项目和重点扶持企业名单，组织开展针对性对接活动，兼顾信贷投放增量与质量，提升对实体经济信贷支持的质效。二是以服务实体经济为己任，全力支持地方经济发展，对公授信重点围绕政府类基础设施建设、高端制造、医药医疗、国企类电力能源等行业，选择优质企业和项目开展合作，通过结构调整全年新发放对公贷款 154 亿元，并积极通过债务融资工具、融资租赁、资产证券化、并购贷款等创新业务方式为重点项目提供融资支持。三是落实服务小微企业和“涉农”企业的社会责任，与中国人寿河南驻豫分公司一道与河南省扶贫办签订了精准扶贫框架协议，积极探索推广“政府 + 保险 + 银行”的多方信贷风险分担补偿机制，大力支持小微企业和涉农企业贷款。四是全力服务河南自贸区经济发展，服务企业走出去，根据国家支持“一带一路”及河南省五大国家战略的总体要求，认真研究跨境担保改革、本外币跨境资金池、全口径跨境融资、资本项目意愿结汇、人民币境外放款、郑州港区跨境人民币创新业务等热点政策，围绕“跨境融资＋跨境担保＋跨境资金池”服务方案，重点为客户提供跨业务品种、跨交易对手和跨境的综合金融服务。五是积极推进债委会工作职责的落实，积极站在构建互惠互利银企关系、改善金融生态环境、支持实体经济、防范化解金融风险的高度去分析问题、解决问题，借助债委会在支持实体经济、助力供给侧结构性改革、推动产业结构调整等方面充分发挥作用。

（于亚恩　王汝华）

【公司业务】

2017年，广发银行郑州分行根据总行“三重一核”目标市场定位，加快公司业务转型发展，强化轻资本管理、落实算账经营、树立存款立行理念，增强综合竞争力，进一步夯实了公司业务发展基础。一是大力推进公司类客群建设，优化业务结构。持续开展客户营销竞赛。实施“走出去”营销战略，全年成功营销新增授信客户148户，金额254.9亿元。以增加基础客户数量和提升重点客户贡献为目标，以“捷算通卡”为抓手，大力提升优质、快捷、高效的对公结算服务，不断扩大基础客户群。同时，充分发挥产品的带动作用，大力推广现金管理、“融慧e家”“慧招标”等交易结算类产品，单个客户使用产品数量大幅提升，增加了客户的业务黏合度。二是持续抓公司负债业务，促进公司存款增长。持续开展了“存款周周增”营销竞赛活动和“存款百日周均”营销竞赛活动，督促基层行加大存款营销力度，实现存款关键节点有效增长，发挥竞赛活动对稳存增存的助推作用。三是加大优质信贷资产投放。重点围绕政府类客户及国家战略相关基础类投资项目、国有企业和大型民营企业、上市公司、郑州市核心区域的优质房地产等重点客户，优化产品方案，加快大项目准入、审批和落地，全年新增发放对公贷款154亿元。四是大力开展轻资本业务。全年累计开展非标准化融资业务8笔，金额36.8亿元；开展股票质押、理财产品直投二级市场、结构化董监高增持、结构化定增等创新型资本市场业务9笔，金额17.38亿元；累计承销地方债24.9亿元；完成票据贴现76亿元，转贴现82亿元；销售同业理财6笔，金额17.5亿元，提高了中间业务对收入的贡献度。

（杨新强　丁广林　牛　强）

【零售业务】

2017年，广发银行郑州分行零售业务聚焦客群建设，加快发展各项业务，推进产能提升，保持各项业务健康可持续发展。全方位推进渠道建设、专业化团队管理、产品推广等工作举措，推动储蓄业务、中间业务、个贷业务和网金业务协同发展。一是大力通过自在卡客户营销、个贷客户营销、代发工资客户营销、储蓄产品的推广拓展新的客群，增加客户粘性，带动储蓄、AUM及个人有效客户的增长。二是加快发展中间业务，提高中间业务收入贡献度，全年通过自研理财销售带动AUM净增33.8亿元。开展各类客户回馈活动，先后举办了8场大型产说会，组织支行及异地分行举办小型的国寿理财沙龙26场，并通过组织“每日一单”、“厅堂营销”活动和高净值客户两次参与国寿嘉园养老社区（北京）体验活动等，迅速提升保费规模。三是推动并实施与国寿河南分公司的业务协同，充分做好交叉营销，做好“两卡＋自信一贷”的联动营销；积极推动保单质押贷款、自信一贷国寿专案等业务发展。开展多渠道营销竞赛活动，包括抵押易业务营销竞赛、渠道营销推广活动、总对总渠道营销推广活动等多渠道个贷业务营销竞赛活动，并加强对营销过程的跟踪督促，拓展渠道并批量获客。四是进一步提升和调整网络金融客户质量和结构。充分利用各种营销工具，加强零售业务间、公私业务间交叉营销；加快自助及智能银行建设，持续加大自助渠道对柜面业务办理的替代效应。2017年底，广发银行郑州分行个人存款年日均60.6亿元，个人AUM年日均139.9亿元，个人VIP有效户23457户，个人贷款余额129.4亿元。个人网银存量客户数达到230.1万户，手机银行存量客户数达到193.5万户，自助（智能）银行共90间，自助银行渠道全年全口径交易金额81亿元。

（郭占魁）

【信用卡业务】

2017年，广发银行郑州分行信用卡业务持续增长。一是积极开展百货、餐饮、旅游、观影、洗车、加油等主题市场活动及白金卡VIP客户答谢活动，并借助信用卡APP推动市场活动由线下向线上转化，带动全年信用卡消费额同比增长25%。二是强化与国寿各成员单位的沟通对接，打通渠道，银保协同发卡工作取得显著成效。三是强化信用卡业务风险与合格内控管理，确保业务健康发展。四是成功完成业务连续性信用卡客服专项预案演练工作，有效提升服务水平及客户满意度。实现信用卡业务高质量发展，2017年底，广发银行在河南地区的信用卡有效卡量超过240万张，2017年实现信用卡营业收入15.8亿元。

（张　磊）

【运营业务】

2017年，广发银行郑州分行运营业务继续围绕“管控风险、提高效率、降低成本、提升服务”这一核心目标开展工作。一是加强制度建设与业务指导，编写7项特色ISO制度、35项业务规范通知、12期运营业务答疑集。二是加强培训学习，全年组织内外部培训20余次，编写试题库30余期，组织运营人员考试30余次；被总行推荐作为“最强大脑”中西部赛区的牵头行，喜获最佳组织分行奖、团体三等奖、个人一等奖。三是加强风险监控，全年没有发生重大案件。柜面堵截电信诈骗7起，涉及金额4.9万元；堵截信用卡诈骗52起，涉及金额38.5万元；堵截出租出借账户378起，挽回损失123.3万元；堵截伪造信用卡1起；堵截25例假冒办理开户，涉及金额14.7万元；分行流程银行堵截430万元的变造票据。四是做好支付清算、集中作业、现金管理等工作。全年处理同业及对客资金业务398笔，受理全行提交信贷、权证、银承签发解付等业务共计15.2万笔；上缴人行现金24亿元，清分现金26亿元，现金回笼30.1亿元，配送现金1.36亿元。五是上线新系统，实现信贷抵质押物出入库无纸化和电子化审批、柜面业务无纸化、印章入印控机使用和保管、统一支付平台项目投产上线、票交所系统上线等等，既提升服务效率又防控风险。六是开展运营流程优化项目，牵头开展的总分联动《库存现金压降》项目，荣获中国质量协会“全国六西格玛项目发表与研修活动专业级”技术成果奖项。

（董　华）

【资产风险管理】

2017年，广发银行郑州分行狠抓合规内控，严守风险底线，严格把关授信审批，加强资产质量管控和信贷基础管理，持续优化信贷结构，不断提高风险管理务实性和有效性，促进了授信业务健康持续发展。一是强化“全面”风控管理，提升管理效果。坚持一手抓资产质量管控，一手抓信贷基础管理，不断提升管理效果。近三年首笔授信客户不良率由年初的1.6%下降至0.1%，公司业务不良贷款率由年初的0.73%下降至0.51%，新增授信敞口足值抵质押率由年初的27.11%上升至76.38%。二是“做实”风控过程管理，提升资产质量管控能力。强化不良贷款清收过程管理和督导，开展实地调研并定期召开风险排查专题会议，逐户分析逾期欠息贷款风险成因和现状，设计清收化解方案，分支行联动，共同推进资产质量管控。三是“严”字当头，推进授信审批风控前置与全程参与。严把授信客户准入关口，实行风控前置管理，加强授信项目沟通，提高审批效率。

（赵　琦）

上海浦东发展银行股份有限公司郑州分行

上海浦东发展银行股份有限公司郑州分行党委书记、行长 董琢理

【第一负责人简介】

董琢理，男，汉族，1973年4月出生，黑龙江省北安市人，中共党员，大学本科学历，高级经济师。1994年7月参加工作，2001年4月调入上海浦东发展银行，现任上海浦东发展银行股份有限公司郑州分行党委书记、行长。

【综述】

2017年，上海浦东发展银行股份有限公司郑州分行(以下简称浦发银行郑州分行)在省委省政府及各级监管部门的正确领导下，贯彻落实国家各项金融工作方针政策，围绕粮食生产核心区、中原经济区、郑州航空港经济综合实验区“三大战略规划”，服务地方经济，秉承“笃守诚信、创造卓越”的经营理念，实现了规模、质量、效益协调均衡发展。2017年末，全行资产总额2014.04亿元，人民币日均基础存款1426.32亿元，人民币贷款余额1340.36亿元。

经过近十七年的探索与发展，逐步构建起了由27家同城支行、22家异地分支行和电子银行多位一体、布局合理的服务网络。围绕浦发创富、轻松理财、浦发卓信三大服务品牌旗下的100多个金融产品，聚焦投行业务、金融机构、小微服务、财富管理、电子银行“五大领域”，逐步打造了“城市运营金融服务商”的品牌。

【公司业务】

围绕“以客户为中心”建设要求，加快客户经营模式创新，推进“三强三大”战略落地，市场核心竞争力持续提升。一是坚持以“客户视图”为引领，业务基础更加夯实。盯住“省级政府类客户”向全省延伸，盯住产业链“核心客户”向全行延伸，形成各类客户“立体式”经营体系，公司目标客户突破2.7万户。二是持续聚焦“做强交易银行、做强投行与资管、做强同业与托管，做大零售与小微、做大非信贷资产、做大综合化与国际化”等重点领域，金融市场业务方面，加快银证、银期、银基等业务突破；

投行业务方面，累计实现项目落地611亿元；交易银行业务方面，业务量达到1143亿元。三是完善公司客户视图，建立"四层六类"客户体系，确定了"50+380+1330"模式，实现1760个目标客户系统推进；围绕金融市场客户视图，实施"四项经营"策略，期货保证金专户开户83户。

【零售业务】

坚持分类分层推进，零售业务全面开花。一是推进"线上+线下""产品+结算"经营模式，营收能力持续提升。二是拓宽零售客户视图，推进"七大特色客群"经营，基础客户较年初增长15.8万户。三是突出产品加载，交叉销售固优势。以薪资卡、靠浦理财等主打产品为抓手，盈利能力进一步提升。四是加快网点布局，打造社区获客新渠道。积极探索"社区生活圈"模式，通过信贷、理财等重点产品推进，社区银行个人金融资产余额突破75亿元，成为促进零售业务发展的新增长极。

【小微业务】

围绕"做大规模、提升利润、多元经营、严控风险"的经营方针，推进小微社区银行经营、管理等。一是积极推广O2O、直销银行等业务，增加获客渠道；主推三方代理类、净值类高收益理财产品，做大规模；积极推广消贷易、按揭、点贷等标准化产品，增强客户依赖性；主推吉利卡、分期、万用金等信用卡产品，批量带动客户；"场景化"布局大众消费金融，融入社区居民和市场商户，打造居民身边的财富管理银行。二是坚持分类指导，持续推进差异化策略。结合小微社区各支行所处位置、员工结构、客户群体、业务特点等情况，做好通盘考虑，因地制宜，从考核机制、客户经营、产品使用、队伍建设、任务目标等方面推进"差异化"策略。使小微社区银行整体经营形成合力的同时又各具专长、各有特点。三是创新驱动，构建新的"增长路径"。线上线下同时获客，进行物理网点+互联网等多渠道整合，线上以"SPDB+"战略为依托，将手机APP、微信等移动端口作为客户经营重要载体，以金融属性为核心，构建互联网金融生态圈，推广手机银行、网上银行、微信银行等电子渠道，创新经营模式，准确定位客户需求，全面升级客户服务体验，实现金融服务"触手可及、无处不在"，真正做到"传统业务做特色、创新业务找突破、未来银行求领先"。

【投行业务】

明确"专业、担当、创智、超越"的指导思想，转变经营思路，创新服务模式，拓宽融资渠道，全年累计实现项目落地578.56亿元。其中：项目融资落地239.92亿元，债融业务落地109.79亿元，中短期流资落地139.44亿元，基金业务54.48亿元，创新资管34.93亿元。

【机构业务】

坚持持续创新的经营理念，顺应市场发展趋势，抢抓业务机遇，通过产品、模式、业务方面持续不断创新，提升同业客户服务能力，提升市场竞争力。一是创新引领银政合作。年初，依托公司业务支撑，在表内贷款规模紧张的情况下，通过不断挖掘银政合作机遇、建立健全通道类金融机构体系建设，在流资、基础设施类项目、政府引导基金项目和棚改项目等方面的合作不断加深；财政部50号、87号文之后，引导布局全省棚户区改造领域，并创新推出了单一项目股权融资、基金股权融资等方式，持续巩固在银政合作领域的优势。2017年末，项目类资管业务共计投放金额254.5亿元。二是强化泛市值业务推进。泛市值业务，以其客群质量较好、盈利水平较高等特点，在2017年被推广，并作为业务的"增长极"之一。2017年末，获批项目总金额150亿元，储备待上会的项目合计总金额300亿元，为2017年利润增长提供了有力的支撑，并将成为金融市场新的利润增长点。三是梳理重点中收产品序列，确立了轻资产、高中收的"商融通"、"利率互换"和"黄金租赁"等作为重点推动的代客代理业务之一。全年业务量达到40亿元，实现经营单位全覆盖，可实现中间业务收入近4亿元，考虑总行加成后的总利润将超8亿元，系统内排名第一位。

【财富管理】

在持续优化财富产品体系的基础上，建立"以客户为中心、大数据分析、线上及线下一体化"的全方位金融服务模式，不断提升全行零售业务市场份额。一是整合H5链接，探索获客新模式。在自建微信公众号上开辟"办业务"模块，对员工名片、个人贷款H5在线申请、信用卡合伙人计划、直销银行开卡、在线申请POS五项功能已实现整合，作为集中对外推荐业务受理的窗口，后续将加大宣传推广力度。二是优选聚客平台，拓宽获客渠道，借助总行聚光灯平台，富之富无卡发薪和移动公司保证金购机两个项目成功获得总行“聚光灯”项目审批，两个项目全部进入试运行阶段；移动掌上营业厅H5页面已成功上线，河南省直公积金、郑州市公积金、12万以上纳税重点客群点贷合作已签约，其中公积金点贷已经上线运行，聚客平台建设初见成效。三是运用数据支撑，开展精准营销，根据客户标签形成精准营销任务，相继开展了“4+1”客户产品加载，和临界点客户提升活动，成功提升中高端客户4500户，在总行中高端客户靶向营销中排名第二，实现客户质量和层级提升；开展降级客户挽救提升外呼活动，“理财合伙人”客户转介绍和“代发客户”专项营销点贷五期外呼项目，有效提升客户资产8.4亿元，实现了线上客户经营水平的提升。

【运营科技】

一是以微创新探索智慧运营新模式。在前期全辖网点推广公司结算户“收单制”开户模式的基础上，运营板块会同科技部门将公司结算户开户业务进行产品化改革，推出公司账户类产品——“开户快线”。通过科技设备加载、流程整合优化，丰富业务预审渠道，提质增效；运营管理部梳理账户关键要点、明晰业务处理标准，提升业务办理的专业化水平；由相关部门人员共同组成研发小组，保障“开户快线”产品持续高效运行。二是坚持问题导向，提升运营综合管理能力和价值贡献。运营管理部深化运营垂直委派管理，坚持问题导向，提升运营综合管理能力和价值贡献，开展具有鲜明特色的“双意识、双提升”主题竞赛活动，以此为抓手，贯穿运营管理的全过程，通过把“高效服务”和“严内控”具体到考核以及评价指标化，配套阶段性的推进、考核以及后评价措施，对全面提升全行运营管理工作水平，起到了提纲挈领的作用。三是提升优化运管通，深化数字化管理。优化运管通中“柜员池”，建立“1+N+X”的差异化运营配置模型，进一步加强管理部门对各网点人员效能动态管理与合理调配，掌握网点可调控人员数量与岗位情况，优化各网点人力资源配置，用于营销项目支持、上门服务和机动调配，快速补充网点人员的临时性短缺情况，使柜员资源实现全行共享。

【风险管理】

围绕“增营收、控风险、调结构、重管理、稳规模”中心工作要求，风险经营呈现新局面。一是探索两个中心建设，设置资产处置中心，强化风险资产处置能力；设置二级信贷审批中心，提升全行授信管理的集约经营水平。二是推动实施RAROC比选，正本清源，严把准入关。推行RAROC值试算模块，该模块将客户评级、风险缓释方式、利率水平、行业投向、期限等因素的综合比对分析，形成RAROC试算值，为新增客户准入提供参考依据。三是完善各项考核办法，制定科学合理的量化考核目标。

【合规经营】

坚守底线，合规管理再上新台阶。一是聚焦一个目标，合规堤坝更加牢固。坚持合规案防“零发案”目标不动摇，全面实施风险事件与柜面、高管、授信“三隔离”，构筑起了“不敢、不想、不能违规”的内控防线。二是抓好“两横三竖”，形成全流程管理。完善“两横三竖”的网格化内控体系，加强员工行为动态管理；持续开展“学法用法，知法守法”教育活动，组织参观市检察院预防职务犯罪警示教育基地，营造了“主动合规、诚实守信”浓厚氛围。三是完善“四项机制”，严格责任追究。深化合规案防预警机制、监督考核机制、追究问责机制、信息反馈机制，对各类违规行为保持从重处理态势。做到了“问题不查清不放过、整改不彻底不放过、问责不到位不放过”，打造了健康规范的经营环境。

招商银行股份有限公司郑州分行

招商银行股份有限公司郑州分行党委书记、行长　熊　开

【第一负责人简介】

熊开，男，1971年4月生，湖北省大悟市人，中共党员，中国人民大学法学硕士研究生、中国社会科学院博士研究生。1994年7月至2006年4月在公安部经济犯罪侦查局、证券犯罪侦查局（派驻中国证监会）工作，历任副主任科员、主任科员、副处长；2006年4月至2014年7月在中央办公厅工作，历任中央保密委员会办公室（国家保密局）副处长、处长、副司长、司长；2014年7月起在招商银行工作，历任总行纪委副书记兼纪委办主任、办公室主任、办公室主任兼资产保全部总经理，2017年12月起任招商银行股份有限公司郑州分行党委书记、行长。

【综述】

2017年，招商银行股份有限公司郑州分行（以下简称招商银行郑州分行）紧跟总行战略步伐，推进“一体两翼”战略转型和“轻型银行”建设，围绕“振奋精神 坚定信心 深化改革 加快发展”的指导思想，各项经营管理工作稳步提升。2017年末，招商银行郑州分行下辖1个营业部、23家同城支行和4家二级分行（洛阳分行、安阳分行、许昌分行、南阳分行）。

（吴小东）

【存款业务】

2017年末，全折人民币存款余额425.95亿元，较同期增加52.93亿元，增幅14.19%。其中对公存款余额300.02亿元，较同期增加46.86亿元，增幅16.48%；储蓄存款余额125.93亿元，较同期增加6.07亿元，增幅5.06%。

（郭张伟）

【贷款业务】

2017年，招商银行郑州分行各项贷款总体增长明显，各项贷款余额473.86亿元，比年初上升50.49亿元，同比多增 60.75 亿元，增幅 11.93%，同比上升 14.29 个百分点。

（闵远巍）

【个人贷款】

2017 年，招商银行郑州分行准入客户 2375 户，其中纯新获客 2240 户。个人贷款规模增长较快，个人贷款表内余额 223.47 亿元，较 2016 年新增 26.30 亿元。其中，小微贷款余额 86.09 亿元，较 2016 年负增长 2.88 亿元，整体余额占比 38.5%；消费贷款余额 44.44 亿元，较 2016 年增长 14.86 亿元，整体余额占比 19.91%；个人住房贷款余额 85.51 亿元，较 2016 年增长 16.27 亿元，整体余额占比 38.29%。同时，大力发展普惠金融，积极支持小微企业、“三农”以及弱势群体。

（王平平）

【小企业贷款】

2017 年，全面推行专业化、体系化和全流程风险管理建设，针对不同区域、不同客群、不同产品的风险特征实施差异化管理。重点围绕优势区域和优势行业，聚焦供应链和“千鹰展翼”两大客群，聚焦科技信贷和投贷联动，聚焦“抵押贷”、国有担保公司“担保贷”产品和“法人按揭贷”产品。努力提高强担保、贸易融资、供应链金融业务占比。通过聚焦客群和特色产品转变小企业业务经营模式。通过利用组织体制改革的契机，强化小企业团队的专业化经营，不断推进小企业金融业务转型发展。在品牌建设上，加强与政府机构合作，继续扩大“千鹰展翼”科技金融特色品牌。2017 年末，小企业贷款户数达 204 户，小企业贷款余额 25.16 亿元。

（梁显博）

【县域贷款情况】

2017 年，招商银行郑州分行在加大对县域企业信贷支持力度的同时，积极调整信贷结构，一方面积极支持县域经济发展方式转变和产业升级，另一方面重点加大对民生领域的信贷投放。2017 年末，县域贷款余额 97.52 亿元，贷款余额基本与年初持平，信贷客户质量显著提升。

（闵远巍）

【中间业务】

2017 年，招商银行郑州分行中间业务收入稳步增长，全年共实现中间业务收入 3.35 亿元，较同期增加 0.31 亿元，增幅 10.36%。其中对公中间业务收入 1.65 亿元，较同期增加 0.10 亿元，增幅 6.45%；对私中间业务收入 1.14 亿元，较同期增加 0.04 亿元，增幅 3.64%。

（郭张伟）

【理财业务】

2017 年末，共实现个人理财产品 383 支，销量达 1195 亿元；代销产品方面，公募基金产品销量达 45 亿元，保险产品累计保费 9.76 亿元，固定收益信托产品销售 11.4 亿元。对公理财产品累计销量 126.42 亿元。其中公司理财产品销量 124.43 亿元、代销信托 1.64 亿元、代销基金 0.35 亿元。对公理财客户共 324 户，其中公司理财客户 321 户、代推介客户 5 户（代推介客户中有 2 户也购买了公司理财）。

（余清滢 周理乐）

【国际业务】

2017 年，招商银行郑州分行累计实现跨境结算 76373 万美元，其中单证结算 20461 万美元，汇兑结算 55912 万美元。办理外汇资金交易 54498 万美元，其中结汇 13574 万美元，售汇 19324 万美元，结售汇逆差 5750 万美元，衍生交易 21600 万美元。累计投放国际业务融资 38674 万美元，其中表内投放 7517 万美元，表外投放 31157 万美元。

（娄本训）

【银行卡业务】

2017 年，招商银行郑州分行凭借优质的服务和领先的科技，大力发展普惠金融，重视民生领域金融服务，始终坚持产品创新和业务创新。针对不同客户，按客户需求发放财政公务卡、企业价值认同卡、联名卡、薪 E 卡等。充分利用 PAD 版可视柜台的便利性，进企业、进学校、进商圈、进社区，满足群体开卡的需求以及功能产品开通的需要。2017 年末，借记卡开卡户数余额达到 245.73 万户，新增 35.48 万户，增幅 16.87%；信用卡累计流通户数 66 万户，2017 年实现信用卡新户数 22.6 万户，较 2016 年增幅 91.5%。

（安小娜）

【电子银行业务】

个人电子银行方面，2017 年 11 月，招商银行

APP6.0 正式上线，实现了连接、智能、风格三个方向的突破和全平台智能，并率先支持苹果 ARkit 推出 AR 创新功能。企业电子银行方面，招商银行在 2017 年把企业网上银行更新到第十代 U-Bank X。截至 2017 年末，招商银行郑州分行网上企业银行开户累计 23074 户，新增开户 8853 户，网银交易笔数替代率 98%。

（安小娜 刘云龙）

【资产风险管理】

2017 年，招商银行郑州分行积极应对区域信用风险高发的严峻形势，落实风险防控的主体责任，强化组织管理，全力以赴打好资产质量保卫战。不断建立健全事业部制下的风险垂直管理机制，严格落实经营主责任人制度，将风险管理考核纳入经营团队绩效考核中。强化风险监测预警，加大风险化解处置力度，加强清收队伍建设，从清收中找“粮食”。通过多管齐下、多方协作，共同推进资产质量防控，不良高发的势头得到遏制，存量不良清收处置取得实效。在资产结构调整方面，以名单制管理为抓手，分类动态管理存量客户，精准定位增量客户，促进客群结构优化，保障风险资产的总量和结构合理。

（闵远巍）

【合规管理】

2017 年，招商银行持续加强合规基础管理，健全合规管理体系，推进合规精细化管理，将合规管理能力和技术手段相结合，适应当前新形势、新变化，推动全行合规管理工作的顺利开展。一是强化合规教育宣导，坚持开展高层讲合规，推进“四必讲”制度，即员工入行、检查发现问题、干部述职时进行合规宣讲，新建机构开业前必须接受合规辅导；二是针对各单位员工构成和岗位差异，确定不同层面的合规教育侧重点，分层开展行为合规、业务合规、风险问题等针对性强的培训；三是强化对重点业务的支持，提升法律审查质量与效率，灵活运用法律手段，支持创新业务发展；四是快速准确地进行新规学习及风险提示，通过对各类业务叙做风险、总行政策解读和审查指引等，开展合规风险点梳理；五是强化反洗钱合规管理，组织开展系列反洗钱风险排查工作，全面落实可疑交易集中监测分析，持续开展反洗钱督导考核工作，积极配合人民银行开展案件调查、调研工作。

（王 丹）

【案件防范】

2017 年，招商银行郑州分行按照“统一领导，分工负责，条块结合，逐级落实”的工作原则，坚持“标本兼治、综合治理、惩防并举、注重预防”的方针，认真贯彻总行和监管部门有关案件防控的各项部署，认真推进案件防控体系建设，严格落实“一岗双责”，进一步树立从业人员诚信、廉洁、专业、高效、合规的核心价值观，把案件防控理念和内容渗透到招银文化中，构建具有鲜明特色的企业案防工作文化，不断创新案件防控宣传教育渠道与方式，增强风险防范意识，强化依法合规经营理念。2017 年，全行各机构和全行员工认真贯彻落实监管机关和总行的工作部署，合规守法意识、廉洁从业意识不断提高，堵塞了管理漏洞，消除了风险隐患，确保了安全运营。

（卢志海）

【金融改革创新】

公司金融创新方面，以直接投资和为投资者配资两种模式开展可交换债券业务，对于绩优上市公司法人股东发行的可交换债券进行直接投资，通过结构化方式为债券投资人投资可交换私募债提供融资服务。通过理财资金认购集合计划优先级（集合计划主要包括集合信托计划、券商集合资管计划、基金或基金子公司的集合资产管理计划等），债券投资人（融资人）认购集合计划次级，由集合计划来投资单一可交换私募债。

零售金融创新方面，打造“金融科技银行”，推进“轻型银行”战略深化，内建金融科技创新孵化平台，外部与科技企业、高校建立联合实验室，在移动技术、云计算、大数据、人工智能、网络安全、区块链等领域加大投入，推动金融科技基础能力提升和业务的“网络化、数据化、智能化”。推出手机银行 APP6.0，推出智能提醒、智能推荐、智能客服三大创新功能。携手 SAS 推出“招商银行智慧营销平台项目”，建立包括主动营销和被动营销的智慧营销引擎，在客户精准营销方面取得突破性进展。全面探索“网点+APP+ 场景”模式，打造线上线下一体化的客户经营模式。

（王 旭 姜一铭）

兴业银行股份有限公司郑州分行

兴业银行股份有限公司郑州分行党委书记、行长　刘　健

【第一负责人简介】

刘健，男，河南省南阳市人，1969年7月出生，中共党员，硕士研究生学历，经济师。2005年3月任兴业银行股份有限公司郑州分行党委委员、副行长，2014年10月任兴业银行西宁分行党委书记、行长，2015年8月任兴业银行石家庄分行党委书记、行长，2016年8月任兴业银行股份有限公司郑州分行党委书记、行长。

【综述】

2017年末，兴业银行股份有限公司郑州分行（以下简称兴业银行郑州分行）同城辖属1家营业部和23家支行，同时设有洛阳、平顶山、新乡、许昌、驻马店、信阳6家异地分行，16家社区支行，75家自助银行，共有员工1049名。2017年末，各项贷款余额533.59亿元，较年初增加93.71亿元，各项存款余额729.11亿元，较年初增加99.5亿元，实现拨备前营业利润20.36亿元，同比增加3.39亿元。

（杜红涛）

【经营管理】

一是突出提质增效，合力推进稳健经营。坚持“稳”是发展的前提，围绕“稳资产质量”“稳综合效益”，聚焦服务实体经济发展，防止“脱实向虚”；主动从严实施合规管理，全面落实“啄木鸟行动”员工异常行为突击检查要求，紧贴银监局“三十个严禁”和总行“十三条禁令”，持续推进突击检查常态化、常规检查突击化，实现突击检查全覆盖。按照“三违反”“三套利”“四不当”专项治理及“市场乱象”整治工作要求，积极配合河南银监局现场检查，认真开展自查，坚持边查边改、即查即改，消除问题隐患。二是突出优化结构，切实深化改革转型。坚持创新产品驱动与优质服务推动相结合，充分发挥营业厅公共服务平台作用，合力推进客户营销服务体系建设。持续推进绿色金融资产投放，针对绿色建筑、绿色债券、垃圾处理、生物质发电、污水处理等绿色金融重点行业及业务，通过制定“兴业绿卡”，做好绿色金融业务的精准推广。不断丰富产品类型，持续优化产品结构，逐步实现资产证券化、资本性融资等各类创新业务全面开花的局面。三是突出精细管理，持续增强发展动力。围绕上市公司、重点客户、绿色保险、绿色金融、代发工资、财富管理等重点业务着力推进公私联动、母子联动，逐步实现由分行组织推动模式下的“公私联动”向自觉引入非本条线产品的“公私融合”模式的转变。

（杜红涛）

【存款业务】

2017 年末，个人存款时点余额 119.05 亿元。其中储蓄存款 99.59 亿元，个人结构性存款余额 1.44 亿元，理财存款 17.57 亿元，个体工商户和保证金 0.44 亿元。对公存款方面，客户基础不断夯实，负债业务稳步提升。2017 年末，全行对公客户 16015 户，较年初新增 3843 户，有效基础客户 2591 户，较年初新增 557 户；分行本外币对公存款余额 472.81 亿元，较年初新增 89.17 亿元；本外币日均存款 447.93 亿元，较年初新增 95.44 亿元。

（王　娟　付易茹）

【贷款业务】

2017 年末，本外币各项贷款时点余额 533.59 亿元，较年初增加 93.71 亿元，增幅 21.30%。其中公司贷款余额 324.43 亿元，增幅 15.05%；个人贷款余额 209.16 亿元，增幅 35.03%。

（黄艳红）

【零售信贷】

2017 年末，郑州分行零售信贷余额 209 亿元，全年投放 89 亿元，实现新增 54 亿元。当年新增额和投放量均位列总行类区行第 1 名，贷款余额位列总行类区行第 2 名；不良贷款率位列总行类区行第 2 名。

（孙　珺）

【中小企业贷款】

一是打造特色，服务粮食产业转型发展。河南粮食的战略优势，与省粮食局、禾中控股集团签订战略合作协议，政银企三方合作加快推进“中原粮食银行”建设步伐，密切关注、重点服务、高效满足河南省粮食产业发展过程中的各类金融业务需求，在巩固深化传统银企合作领域的基础上，重点推进客户开发、产业链融资和资金托管业务合作，促进河南省粮食产业转型发展，为河南粮食安全、产业升级、三产融合保驾护航。二是重心下沉，创新支持中小企业发展。先后创设支持科技型中小企业的“科技保”、粮食收储企业的“粮储贷”、核心企业上游集群“商票贷”业务、产业园区工业厂房按揭等一系列集群业务，切实提升服务中小企业发展水平。三是防控风险，着力提高中小企业资产质量。通过压缩退出、风险重组等手段，着力使小微企业的资产质量保持较好水平，为分行资产业务的健康发展助力。2017 年末，郑州分行小微企业贷款余额 59.14 亿元，较年初新增 14.26 亿元。

（王立坤）

【中间业务】

2017 年累计实现中收 54218.7 万元，其中借记卡及其他中间业务收入 5285 万元；财富类中间业务收入 5625.5 万元，信用卡中间业务收入 43308.2 万元，位居总行类区行第一名。贵金属中间业务收入 337.2 万元。2017 年，共落地各类投行项目 189.68 亿元，落地总金额再创新高，其中标准化债权承销业务落地 109 亿元，落地非标准化债权业务 80.68 亿元，投资银行业务实现投资净收益 3 亿元，实现中间业务收入 1.35 亿元。郑州分行充分发挥专业优势，大力开展国内保函、银行承兑汇票、国内信用证等传统贸易融资业务，以及国内证项下福费廷业务及 FICC 业务（黄金租借、结构性远期购汇）等创新贸易融资业务，不断扩大业务规模，以拓宽中间业务收入来源。全年共实现国内保函收入 6420.77 万元、商业汇票承兑业务收入 1427.13 万元、国内信用证业务开证手续费收入 378.03 万元、国内信用证福费廷业务手续费收入 716.07 万元、黄金租借业务收入 555.4 万元、结构性远期购汇业务收入 310.03 万元；积极推广国际结算业务，全年实现国际信用证业务收入 225.47 万元、结售汇汇兑损益 493.79 万元。

（王　娟　韩兴棒）

【国际业务】

2017 年累计办理本外币跨境结算 20.26 亿美元；对公外币存款余额 4.21 亿美元，较 2016 年新增 0.58 亿美元。

为促进跨境结算业务持续健康发展，分行2017年采取了多项措施：一是认真落实沙盘营销策略，加快国业客户群建设。梳理区域内进出口企业清单，及时更新客户沙盘，全面落实对口服务责任人制度，保证沙盘客户营销工作精准、持续、及时。二是加大对重点外汇客户的营销力度，充分发挥授信客户的带动作用。积极走访重点授信客户，加强业务沟通交流，不断把双方的合作关系推向深入。三是依托海外市场，做大国际业务规模。加强与海外代理行的合作，拓宽境外资金渠道，寻找低成本资金支持国际业务的持续发展，“算账做业务”确保业务规模与收益水平相匹配。四是强化产品、业务创新，以产品创新驱动业务发展，通过外币智能存款和汇率避险产品等带动存款和跨境结算量的持续增长。

（罗超杰）

【银行卡业务】

2017年，兴业通入网商户33790户，较年初新增19799户；收单业务个人储蓄存款日均余额37.63亿元，全年拓展代发物流客户38家，代发结算发卡12.49万张，沉淀储蓄存款6.42亿元，成为带动全行零售负债业务增长的新动力。借记卡发卡量112.92万张，2017年新增15.31万张，持卡客户109.97万人，卡户比1.19。一是强化经营手段，以营销活动带动业务发展。积极开展收单商户专题营销活动，强化及时督导和适度奖励机制，持续推进收单业务顺利开展。二是降低成本增效益，合理使用财务资源。根据分行收单业务的发展实际，适时调整收单商户手续费政策，有效降低收单业务运营成本。三是简化业务流程。对收单业务押金冻结办理流程、兴E付商户开通流程等进行简化，及时解决客户办理业务的痛点，理顺业务流程，保证营销工作更加精准高效。四是根据监管部门和总行的相关文件精神，持续加强银行卡收单风险管理，促进银行卡收单业务健康快速发展，对风险交易进行全面监控，有效防范潜在的业务风险。

（薛　冰）

【电子银行业务】

2017年企业网银累计开户3772户，累计结算109.58万笔，累计结算金额8887.26亿元。其中移动网银全年累计开户536户，累计结算4.89万笔，累计结算金额52.51亿元。企业网银已成为郑州分行企金客户重要的服务渠道，特别是移动网银的上线，较好满足了客户在移动端的财务需求，在公共事业收费领域，实现了经济效益和社会效益的双赢。

（张菡菡）

【资产风险管理】

一是深入推进风险管理体制机制建设改革。建立健全授信业务经营责任人制度、风险金及绩效薪酬延期支付制度，加强内部问责委员会、内部控制委员会、信用审批委员会的日常管理运作，强化违规问责、内部控制、信用审查相关审议审批职责，围绕信贷业务三道防线，切实加强全员、全流程风险管控。二是严格授信客户准入。开展区域、行业和客户结构调研，审慎介入信用风险高发区域授信客户，加强关键风险点真实性核查，对于重大或复杂授信项目，审查人员提前介入，与客户经理、产品经理、尽职调查人员在业务发起阶段实行平行作业，出具延伸审查意见，协助客户经理共同设计授信方案，有效把控业务风险。三是提高审查审批质效。推进实施专业审批官管理，选拔聘任一批风险识别能力、专业判断和决策能力较强的人员担任审批官，以“专业授权”作为“行政授权”的重要补充，切实保障信贷审批工作专业性、独立性和有效性。树立信用业务送审标准化理念，组织开展授信政策宣贯、行业风险解读、审查问题解析、送审质量考评工作，全面提升审查审批专业化水平。四是加强资产质量管控。在经营机构常规贷款检查、风险管理部门双线贷后检查基础上，围绕风险高发、易发、频发领域集中开展专项风险排查，准确把握各类风险特征和分布情况，对于可能危及分行信贷资产安全的风险事件及时制订风险处置预案，全力以赴做好不良资产降旧控新工作，确保资产质量整体保持稳定。

（黄艳红）

【内控案防工作】

2017年持续夯实内控案防各项基础工作，无案件发生。一是强化内控检查，防案件风险于未然。以2017年“三三四十”专项治理为抓手，组建检查监督团队和检查专家库，认真落实强化各类内控检查、建立检查信息问题数据库和问题整改追踪清单、加强内控检查和内控自评的有效融合、严格追责等举措，持续提高检查质效、完善问责体系建设。二是持之以恒抓合规。抓合规宣贯，促进全员、全流程合规。抓员工，严把进人关、用人关，强化员工尽职履责；抓合规检查，提高打击精准度；抓问责管理，提升违规问责成本，落实从严治行；抓合规经理队伍，提高合规管理在各个层级，特别是基层组织的助推力；抓合规激励机制，树标杆、立典型，以点带面促进合规水平整体提升。三是持续加强制度建设，夯实合规内控管理制度基础。全年共开展五次制度清理工作，通过制度规划及后评价工作、定期制度清单维护工作、结合“三三四十”专项治理清理制度和其他规范性文件等，对制度合规性和操作性进行评价，识别与评估合规风险，查找并发现制度设计缺陷，通过落实制度反馈机制，持续推进各项业务的标准化和规范化。四是加强内控合规暨风险管理考核评价，充分发挥考评指挥棒的作用。以2017年内控合规管理与案件防控考评为抓手，优化考评指标，突出考评重点，综合运用内控检查、内控自评、案件防控等多种考评数据来源，加强日常管理、推进问题整改，以考评结果抓整改、抓管理、抓落实，提升管理的精细化水平。五是加强员工行为管理，提升抵御案件风险整体能力。以员工专项治理为抓手，通过充分运用信息科技系统、反洗钱系统、信贷系统、司法查冻扣系统和各类业务数据系统的综合应用，并结合“啄木鸟”突击检查长效机制的建立，加大员工异常行为排查、整改力度；通过严肃问责，严惩违规行为，切实提高违规违纪成本，形成有效制约机制；通过员工入职前背景考察、职业操守教育、八小时以外行为规范、推进员工合规档案管理等，建立健全员工招聘入行、在职管理、离职管理等各个阶段构成的全生命周期的管控体系。

（魏　娜）

【金融改革创新】

一是持续推进“产品嵌入、结算先行、锁定客群、分类营销”，围绕目标客户做好交易银行产品的营销与服务，实现低成本、高稳定性的结算型存款稳步增长。重点产品覆盖率、跨境结算、互联网支付等重点工作取得突破性进展。全年累计办理国际结算20.26亿美元、签约兴业管家2443户。二是多管齐下提升财富负债业务，通过充实人才队伍、强化业务培训、优化考核机制等措施，实现零售存款稳步增长。2017年末，个人存款较年初新增31.4亿元，储蓄存款较年初新增14.93亿元，综合金融资产新增44亿元。三是积极把握深化客户合作的市场机遇，于2017年9月成功落地全国首单上市公司债转股业务——平顶山天安煤业股份有限公司债转股项目12.5亿元，也是河南市场上唯一进行债转股业务的股份制银行。

（杜红涛）

【信息科技】

一是加大科技创新力度。加强特色产品创新，合理规划研发力量，推进“维修基金系统”“银联代付平台”“河南地税社保微信收费清分系统”等项目顺利落地。二是强化IT风险管理。将IT风险纳入全面风险管理体系，不断强化信息系统应急体系建设，定期开展重要信息系统应急演练，持续增强应急处置预案的完备性和可操作性。三是保障信息系统安全运行。持续加强人防和技防管理，建立健全中心机房24小时值班制度，将重要信息系统纳入“综合监控平台”和“信息系统风险监控与应急管理平台”，实时监控重要生产系统运行情况，全面提升信息系统运维管理水平。四是加强科技外包管理。将外包项目风险管控流程细分为外包准入、外包合同签订、外包项目过程管理、外包后评价等阶段，针对各个阶段提出细化管理要求，确保外包风险防控工作落到实处，在实现外包风险防控、成本和效益平衡的基础上，助力分行业务稳健发展。

（邓丽芳）

中国民生银行股份有限公司郑州分行

中国民生银行股份有限公司郑州分行党委书记、行长　王　毅

【第一负责人简介】

王毅，男，1963年4月出生，河南省叶县人，汉族，中共党员，本科学历，先后在中国工商银行河南省分行、中国民生银行郑州分行、中国民生银行西安分行工作，2016年12月起任中国民生银行股份有限公司郑州分行（以下简称民生银行郑州分行）党委书记、行长。

【综述】

2017年，民生银行郑州分行面对复杂多变的外部经营环境，按照“创新发展、加快转型、严控风险、提升效益”的经营指导思想，较好完成年度目标任务。2017年底，民生银行郑州分行表内外资产余额1224.88亿元，各项贷款余额（不含贴现）841.86亿元，各项存款余额（不含非银同业）779.66亿元；对外综合性营业机构45家、社区支行83家、小微支行6家，全辖员工1612人；全年未发生重大案件和违规问题。

（高焕喜）

【经营管理】

在发展转型方面，一方面，着力加大资产结构、负债结构、客户结构调整，强化资源整合和客户价值提升，在传统业务做深做透的基础上，努力做大做强资本市场、投行、交易银行等新兴业务，积极构建业务协调发展新格局；另一方面，主动适应利率市场化变革和互联网金融发展趋势，积极推动商业模式创新，不断优化完善业务流程和管理流程，加大手机银行、直销银行业务布局，提升专业化服务能力，为分行健康持续发展奠定基础。

在风险管控方面，民生银行郑州分行加强对重点行业、区域、客户的动态监测、风险排查与预案制定工作，信用风险管理的前瞻性有效增强；建立完善资产质量攻坚的指挥督导、主动管理、考核奖惩机制，加强内外部资源联动，加大问题资产管控处置力度，确保分行资产质量相对稳定；积极推进法治民生建设，不断夯实内控制度建设基础，积极开展业务自查与问题整改，严格落实执纪问责制度，为分行稳健运营提供了保障。

在精细化管理方面，民生银行郑州分行不断提升各条线专业化管理能力和综合服务能力；进一步完善网点业态分类管理体系、网点生命周期精细化管理体系，放大物理渠道价值，提升网点创利能力；持续推动分行平台化和支行轻量化改革，提升精益流程整合能力和基础运营固化能力，提高运营效率。

（高焕喜）

【存款业务】

2017 年末，民生银行郑州分行各项存款余额 779.66 亿元，其中单位存款 635.06 亿元、个人存款 125.18 亿元，存款规模在河南股份制银行同业排第三位。

（汪　雪）

【贷款业务】

民生银行郑州分行围绕河南三大国家战略，及时调整业务布局，突出对重点领域、重点项目的信贷投放，加大对经济社会发展薄弱环节的信贷支持力度，实现了与地方经济发展的共建、共生、共赢。一是围绕河南“三区一群”建设，进一步加大对实体经济的资金投放力度，精准支持对全省经济具有重大带动作用的重大工程和重点项目建设。二是持续落实“三去一降一补”政策，积极贯彻执行中央金融工作会议精神，实施“有保有压、有扶有控”的差异化信贷政策，大力支持实体经济发展，促进产业结构优化升级。三是持续优化创新小微金融产品和服务体系，积极满足小微企业多样化金融需求，降低小微企业运营成本，拓宽小微企业发展路径，助推小微企业快速发展。2017 年末，民生银行郑州分行各项贷款余额 841.86 亿元，比年初增加 122.65 亿元，增幅 17.05%。

（汪　雪）

【小微金融】

一是深入客群，研究探索小微客户内在需求，坚持回归信贷本源，不断推进产品和服务方式的创新。二是结合小微企业客户特点，积极推出“小微之家”、“移动运营受理小微抵押贷款”等线上产品。三是从客户及市场根本需求出发，制定差异化定价策略。四是向经营遇到临时困难的小微企业推出“借新还旧”及贷款“转期”服务，帮助小微企业渡过难关，真正做到“雪中送炭”。2017 年末，民生银行郑州分行小微企业贷款户数 14323 户，比年初增加 762 户；小微企业申贷获得率 88%，比 2016 年增长 1%；小微企业贷款余额 250.05 亿元，比年初增加 2.99 亿元。

（巩　咛）

【中间业务】

民生银行郑州分行积极推动公司客户中间业务收入增长，拓展个人中间业务收入空间。2017 年末，民生银行郑州分行实现中间业务收入 2.71 亿元，中间业务收入占比较大的前三类分别为代理业务收入 1.18 亿元、理财业务收入 0.57 亿元、担保及承诺类业务收入 0.16 亿元。

（汪　雪）

【票据业务】

2017 年，民生银行郑州分行实现再贴现业务的突破，并作为民生银行系统内十家票交所授权行之一顺利完成分行首次场内纸票的贴现及转贴现业务，全年累计办理票据贴现业务 175.9 亿元、转贴现买入业务 260.8 亿元、转贴现卖出业务 560.5 亿元、票据资管业务 508.8 亿元、卖出回购业务 96.9 亿元、买入返售业务 5 亿元、再贴现业务 7.93 亿元。

（程少卿）

【国际业务】

2017 年，民生银行郑州分行开展了进口开证、汇出汇款、出口托收、汇入汇款、跨境人民币结算等产品，开办了进口押汇、出口押汇、订单融资、内保外贷、进口代付等各类贸易融资产品，并在传统的国际结算、贸易融资、资本金结算、支持境内企业走出去、大型装备进口、大宗商品融资等方面继续保持良好的发展。2017 年，民生银行郑州分行共办理国际结算业务 18 亿美元；办理跨境人民币结算业务 2.22 亿元；办理贸易融资 6 亿美元，较 2016 年增加 4.06 亿美元，增幅 209.46%。2017 年末，民生银行郑州分行外币存款余额 5.2 亿美元，较年初增加 0.64 亿美元，增幅 14.04%。

（张喜悦）

【银行卡业务】

银行卡收单业务。2017年末，民生银行郑州分行银行卡收单客户总数达3.7万户（含2.4万户二维码收银台客户），全年交易量1005亿元。银行卡发卡业务。2017年末，民生银行郑州分行全辖金融IC借记卡存量达137万张，较年初新增发卡11万张。

（张曼曼）

【网络金融业务】

2017年，民生银行郑州分行手机银行客户年新增23.37万户，客户总数达103.39万户，年累计交易笔数3036.87万笔，年累计交易金额4953.8亿元；直销银行客户新增22.02万户，客户规模达到32.26万户，年新增直销银行金融资产26亿元，金融资产规模达到57.02亿元；移动支付客户新增18.14万户，客户规模达33.5万户；APP微信即时通客户新增29.81万户，客户规模达32.63万户。

（邵宁宁）

【风险管理】

一是建立完善全面风险管理体系。进一步完善全面风险管理制度，完善风险约束机制，丰富全面风险管理体系内容，确保全面风险管理覆盖辖内所有机构、所有人员、所有业务；强化岗位资格管理，强化预警教育，强化实质风险防控，风险管理的客观性、独立性、专业性进一步增强。二是强化信用风险防控。严把新增授信风险关，着力加大对潜在风险授信尤其是弱担保中小企业的压降和退出力度，不断强化对强周期行业授信的风险审查，做到授信风险可控；不断完善压力测试和贷款行业客户定期分析机制，加强对存量客户的分类管理和行业风险的组合管理，强化风险跟踪、分析、研判和预警，增强对信用风险的预判和处置能力。三是突出不良资产清收。坚持“清收创造收益”的理念，进一步完善“集中管理、集约处置”机制，坚持不良贷款清收处置效率和效益并重，综合运用现金清收、核销、转让、诉讼保全、拍卖回收等传统手段，积极尝试通过市场化手段消化不良资产，增强风险消化和风险吸收能力。

（陈　璐）

【内控案防工作】

一是围绕银监会四项专项治理活动，强化重点业务问题排查，强化问题整改，为各项业务健康持续发展奠定基础。二是积极开展“法治民生建设”系列活动，建立健全各项制度，规范业务审查流程，强化法治学习培训，推动全行法治建设常态化、规范化。三是强化案防工作管理，杜绝管理“断层”和风控“盲区”。四是优化合规内控管理评价机制，根据评价结果在考核打分、授权管理、风险退出等方面对经营机构实施差异化管理。五是修订发布10项反洗钱制度规定，加大行内反洗钱工作培训和检查力度，确保反洗钱各项制度规范在分行落地实施。

（万　龙）

【信息技术】

民生银行郑州分行不断提高管理水平和服务水平，实现了科技推动业务发展的目标。一是在科技开发方面。开发财政非税、社保代收、国库集中支付、土地保证金等8个市场类项目的上线实施工作，留存资金余额29.92亿元，年日均12.1亿元；开发上线管理考核类项目11个，有效支持了分行各条线的业务推动。二是在技术创新与日常运维方面。先后完成网点互联网及监控网络4G备份、中心机房改造、超融合系统部署、开发可审计项目上线、终端安全软件全面推广等重大项目上线，有效降低科技运行风险；自行设计方案投产的超融合平台可支撑分行54个应用，相当于72台服务器，节省采购和运维成本近百万元，故障恢复指标RTO和RPO从2小时和24小时降低到2分钟和10分钟，业务连续性有质的提升。三是在应急管理方面。认真落实重要业务系统应急切换演练、机房基础环境巡检、信息安全检查等，保障了全行的业务连续性。

（郭东旭）

华夏银行股份有限公司郑州分行

华夏银行股份有限公司郑州分行党委书记、行长　程春涛

【第一负责人简介】

程春涛，男，1971 年 1 月出生，河南省新乡市人，中共党员，毕业于天津财经大学。曾任职于中国银行河南省分行、招商银行郑州分行，现任华夏银行股份有限公司郑州分行党委书记、行长。

【综述】

2017 年末，华夏银行郑州分行综合营业网点已达 10 家（含分行营业部），开业 1 家（航空港区支行），在筹建同城支行 2 家（含小型支行 1 家）、二级分行 1 家，离行式自助银行累计设立 17 家；正式员工人数 351 人。年末总资产 328.33 亿元，较年初增加 34.86 亿元；一般性本外币存款余额 323.16 亿元，较年初增加 40.20 亿元；贷款本外币余额 205.02 亿元，较年初增加 57.20 亿元。

（李妍慧　陈志斌）

【经营管理】

一是强化全面风险管理。建立健全全面风险考评制度，持续强化风险信息提示与预警，形成协同防控风险的良好氛围。梳理业务连续性应急预案，加强第三方业务、操作场所业务连续性管理。推动全面风险视图应用力度，强化信用风险内评系统、操作风险管理系统等重要风险管理系统运用力度，提升结果分析和决策支持效能。二是强化信贷风险管控。严把授信准入关，强化贷前调查质量；加强授信业务全流程风险管控，落实各项风险缓释和管理措施，牢守风控关口；加强政策解读和指引，在授信审批和客户准入环节，明确结构调整和风险防控重点，加强信贷政策与营销指引协同，加快业务结构调整；落实“全覆盖”、“穿透式”、“实质大于形式”等风险管理要求，穿透风险实质，防止“脱实就虚”。三是强化内控合规管理。持续开展各类合规案防培训活动，不断提升案防管理水平及员工合规意识。实现“零案件、零风险事件”目标。四是强化会计业务操作与精细化管理。下发业务实施细则6个、业务提示70余项。实现自助回单系统和集中式业务预处理系统上线，持续推进开户、开卡、电汇等14类会计重点业务的限时服务承诺，厅堂服务效能稳步提升。加强证件造假、电信诈骗等风险事件的堵口把关，2017年堵截风险事件196起，涉及资金996万元。五是强化各项基础经营管理及服务保障工作，启动14个信息系统的创新开发工作。机构建设稳步推进，11月23日，辖内第10家同城支行顺利开业；1家二级分行、2家同城支行（含1家小型支行）积极筹建中。

（刘　果）

【资产负债业务】

2017年，华夏银行郑州分行积极研究监管政策和经济形势对业务发展的影响，不断引入资产负债调控新思路，提升协作调控水平，采取多种措施为资产结构优化创造空间：一是严格控制资产业务的节奏和额度，并采取调控密集时期集中管理和日常条线管理相结合的管理模式。分配重点仍放在投放高收益个人和小企业客户上，确保总行总体和条线调控目标落地。二是加强经济资本回报管理。在业务定价过程中引入经济资本测算，业务调控过程中，引导提高低资本消耗业务占比。三是压缩非生息和备付金规模，对新建营业网点重新调整库存现金限额核定方式。四是加强业务培训和引导，继续向全行宣讲经济资本和经济利润测算与管理方法。

（陈志斌）

【公司业务】

2017年末，华夏银行郑州分行对公存款余额281亿元，较年初增加33亿元，增幅13%；对公客户4051户，较年初增加990户，增幅32%；理财项目融资、公司债、城镇化基金等重点产品运用量超过130亿元，全面实现公司业务发展的预期目标。

（王海燕）

【个人业务】

2017年末，个人存款时点余额52.29亿元，较年初增加13.63亿元，增幅35.26%；日均存款余额44.60亿元，较年初增加14.05亿元，增幅45.99%；个人贷款余额56.3亿元，较年初增加16.27亿元，增幅40.65%；个人理财产品销售量269.34亿元，较年初增加150.54亿元，增幅126.72%；个人理财产品余额48.83亿元，较年初增加29.19亿元，增幅148.63%；ETC累计签约客户10.96万户，年内净增5.1万户，增幅87.03%；三方存管股票交易有效客户9535户，较年初净增6656户，增幅231.19%；POS商户存量9572户，较年初净增有效户7033户，增幅277%；个人网上银行签约客户13.85万户，较年初增加2.89万户，增幅26.37%；手机银行签约客户22.13万户，较年初净增9.47万户，增幅74.8%。

（王艺翔）

【信贷业务】

2017年末，华夏银行郑州分行表内外授信业务余额合计321.41亿元，较年初增加72.69亿元，增幅29.23%；其中各项贷款余额205.02亿元，较年初增加57.2亿元，增幅38.7%。在资产质量方面，截至2017年末，不良贷款余额合计0.95亿元，不良率0.46%，拨备覆盖率达到492.29%，拨贷比2.27%，资产质量总体平稳。

（夏广州）

【中小企业贷款】

2017年末，小企业贷款余额39.13亿元，较年初增加14.15亿元，占全行贷款的19.09%，完成总行2017年小微企业贷款调控目标的120.03%。其中年审制贷款2.67亿元，个人经营性贷款5.06亿元；有力支持了当地中小企业发展。

（宋雪菲）

【金融市场业务】

2017年，华夏银行郑州分行不断加大同业投资项目储备力度，全年储备项目423亿元，获批项目213亿元，实现投放24.4亿元，新增投放较2016年增幅达230%。2017年全年在确保合规运营的基础上共获批项目161亿元，实现理财项目融资投放金额40.62亿元，客户债券金额8亿元，综合带动郑州分行存款与中间业务收入同步增长。2017年，资产质量良好，无逾期欠息资产。

（杨　佳　于　沛）

【票据业务】

2017年华夏银行郑州分行票据业务以支持实体企业的

贴现业务为主，暂停所有同业间转贴现买入业务，全年票据融资总量62亿元，较2016年下降51.56%，但票据贴现总量与2016年基本持平，对企业的融资期限由半年提高到一年，降低了企业财务成本。

（杨　佳）

【国际业务】

2017年实现国际业务中收2514万元，同比增长41%；完成国际结算量5.2亿美元，同比增长55%；办理结售汇2.25亿美元，同比增长5倍；国际业务有效客户达到34户，同比增长62%。紧跟国家政策导向，加强外汇业务管理，提升员工合规意识和综合服务水平，2017年度被外汇监管部门分类评级为B+，较2016年上升一个等级。

（邢　丽）

【会计管理】

一是细化业务制度管理，修订完善了分行单位账户对账管理6个实施细则，同时2017年累计下发50期会计运行周通报，先后对“电子商业汇票撤票”、“款箱保管”等70余项业务进行规范，简化明确会计操作环节，为业务发展提供专业支持。二是强化合规意识培养，通过开展“重学会计规章、合规从我做起”专题活动，教育引导全体会计人员形成“人人讲合规”的良好工作氛围，通过活动开展，全行整体差错笔数较上半年下降24.59%，未出现严重违规行为。三是强化支付密码器管理，全年支付密码器推广率达到100%。四是推进银企对账，全年重点账户对账率为100%，网银对账率为99.80%。五是继续推行柜面限时服务工作，新增8项限时服务业务，全面提升服务效率，通过录像调阅，定期公示各机构柜员业务办理情况，树立学习标兵，通过工作推动，各机构柜员办理业务速度明显提升。六是落实会计重点环节的风险管控。全年实现季度检查4次、新建支行辅导式检查1次、突击晨查26次等，下发检查通报4期，规范业务事项118个，2017年全行会计核算差错率控制在万分之0.63，堵截虚假证件开户、异常办卡等风险事项196起，涉及资金约996万元。严控账户开立、票据、授权、现金等关键业务环节风险。

（卢佳佳）

【金融服务】

一是体民情探民生，积极践行社会责任。积极发挥银行信贷促进社会经济可持续发展作用，坚决落实国家战略，助力实体经济发展；深入推进支农服务“三大工程”；支持“三去一降一补”供给侧结构性改革；重点打造绿色金融业务品牌。二是树标杆育文化，大力推进服务创新。年内大力推进“感动服务”、“普惠金融”主题活动，以文化培育引导服务提升；大力推进产品创新、业务创新、科技创新、管理创新，通过创新管理方式着力客户服务能力的提升；积极创建全国文明服务示范单位，发挥标杆网点带动作用，营造创优争先服务氛围。三是多渠道广覆盖，切实履行消保义务。加强公众咨询服务，结合社会关注热点和金融服务难点，采用传统媒体与新媒体资源相结合，“请进来”与“走出去”相结合等多种方式，加大消保教育与金融知识宣传力度。四是利用互联网大数据，提升金融服务质量。以平台思维打通产品业务条线，利用大数据技术创新产品设计，为用户提供多元化的金融消费体验；积极运用金融科技手段，加快产品创新和专属渠道建设，推出移动银行4.0版，打造“极简金融”服务，提升客户体验和产品竞争力；强化“连接”合作，集中优势资源打造电子银行支付工具，优化网上支付交易系统，提升系统性能。

（李妍慧）

【信息技术】

一是持续推进特色系统升级扩能。首先完成系统跨平台项目迁移，系统平台升级换代，然后逐项完成公共资源中心联网项目、社保联网项目、移动银行项目、存量房交易资金监管系统及ETC、POS项目优化。生产系统的持续优化投产，有力支撑了业务发展。二是完成新一代统计分析系统上线。遵照总分行考核制度指引，重建考核系统。历时6个月，新系统成功上线，并新增ETC费用分析项目、纸票集中登记处理项目、对公CRM数据接口项目、零售客户存款增长分析考核项目等功能，满足业务条线考核需要。三是完成“e实贷”系统上线。部署“e实贷”系统并全行推广。四是推动网点向智能化和轻型化转型。完成“智能柜台终端”、“网银体验终端”，通过深入普及智能设备，降低柜面业务压力。

（王钦朋）

平安银行股份有限公司郑州分行

平安银行股份有限公司郑州分行党委书记、行长　史　宏

【第一负责人简介】

史宏，男，汉族，1958年出生，山西省长治市人，中共党员，硕士研究生学历。先后在驻马店地区人民银行、中国银行驻马店分行、中国银行河南省分行、中国银行陕西省分行工作。现任平安银行股份有限公司郑州分行党委书记、行长。

【综述】

平安银行股份有限公司郑州分行（以下简称平安银行郑州分行）2012年9月7日成立，是平安银行第28家一级分行，也是平安银行与深圳发展银行整合后开设的首家一级分行。自成立以来，不断发挥平安集团全牌照金融优势，大力支持河南经济建设，与河南省政府、郑州市政府开展包括航空港区建设、保障房建设、医保改革等多项综合金融合作，被平安银行总行列为综合金融试点单位。同时，平安银行郑州分行注重关注民生，加强零售转型，全面提高金融服务水平。为零售客户提供了“新一贷”、“房抵贷”等系列金融产品，不断提升服务水平，获得市场好评。在互联网金融服务领域，平安银行推出了构建商流、物流、资金流、信息流“四流合一”的综合服务平台——橙e网，是平安银行旗下供应链生意平台和金融电商平台的整合体，为客户提供供应链在线融资、在线支付、在线理财、在线保险等综合金融服务。

【负债业务】

2017年12月末，平安银行郑州分行本外币各项存款余额为292.50亿元，较年初减少30.06亿元，较年初增幅-9.32%。其中单位存款余额245.08亿元，较年初减少32.03亿元，较年初增幅-11.56%；个人存款余额38.18亿元，较年初增加6.38亿元，较年初增幅20.08%；临时存款0.44亿元；非存款类金融机构存款8.81亿元，较年初减少4.51亿元。

【资产业务】

2017年末，平安银行郑州分行本外币各项贷款余额223.61亿元，较年初减少4.54亿元，较年初增幅-1.99%。从期限看，短期贷款余额90.68亿元，较年初减少0.85亿元，较年初增幅-0.92%；中长期贷款余额132.93亿元，较年初减少2.51亿元，较年初增幅-1.85%。从业务类别看，对公贷款余额150.83亿元，较年初减少41.45亿元，较年初增幅-21.56%；个人贷款余额72.78亿元，较年初增加36.91亿元，较年初增幅102.89%。贷款投向前三大行业为采矿业、交通运输仓储和邮政业、水利环境和公共设施管理业，分别为55.77亿元、15.97亿元和15.20亿元，合计为86.94亿元，占比各项贷款的比例为38.88%，较年初下降12.71个百分点。

【盈利水平】

2017年，平安银行郑州分行累计实现盈利8.90亿元，同比多增1.7亿元。从盈利结构来看，利息净收入12.15亿元，与2016年同期基本持平；手续费及佣金净收入0.85亿元，同比减少0.82亿元，降幅49.10%。在各项收入中，中间业务收入0.98亿元，同比减少0.86亿元，降幅46.74%；中间业务收入占比较大的前三类分别为：代理个人保险业务收入（2019万元）、POS手续费收入（1343万元）和国内保理业务手续费收入（1271万元）。

【表外业务】

2017年末，平安银行郑州分行表外业务余额合计66.03亿元，比年初增加3.04亿元，增幅4.83%；扣除保证金和抵质押品后的风险敞口36.31亿元，比年初增加11.30亿元，敞口率54.99%，较年初增加15.29个百分点。

【风险管理】

信用风险方面。2017年末，平安银行郑州分行不良贷款余额0.77亿元，比年初减少0.97亿元，不良贷款率0.34%，比年初下降0.42个百分点。流动性风险方面。平安银行郑州分行的流动性风险由平安银行总行统一管理，分行执行总行的相关要求。总行有较为健全的流动性管理体系，制定了《平安银行流动性风险管理办法》。有专项应急方案以及相关压力测试，定期组织应急计划演练，组织流动性风险例会，定期向资产负债管理委员会和董事会提交流动性风险管理报告，流动性风险可控。

【合规管理】

2017年度，平安银行郑州分行连续五年保持零重大违规事项发生、零案件发生，合规考评排名全系统前列。主要采取了以下工作措施：一是做好内控合规组织架构建设，成立合规内控与案防委员会，解决经营管理中发现的问题；二是强化员工合规文化教育，做好新员工入职背景调查、员工行为排查、员工账户监测、基层机构负责人履职排查、案防到支行等工作；三是认真开展监管部门组织开展的“三三四十”等专项检查，持续开展业务风险滚动排查，对运营、公司信贷、个人贷款、理财等风险领域定期开展自查与检视，发现并解决问题；四是重视监管及稽核部门检查发现，建立整改追踪机制，对发现问题进行整改；五是建立严肃的问责机制，对违规违纪问题实行零容忍，并对涉及道德风险的员工一律予以严惩。

【基础管理】

一是网点建设稳步进行。2017年末，平安银行郑州分行下辖16家分支机构（包括1家二级分行洛阳分行、9家郑州同城网点、6家社区银行）。二是团队建设卓有成效。加强员工培训，注重梯队建设，先后举办了团队协作、高效沟通、追求卓越等郑州分行机构班，人均培训总学时89.72小时，超额完成目标。三是服务水平不断提升。2017年，平安银行郑州分行充分发挥平安集团的综合金融优势，顺应互联网时代发展要求，积极发展线上、线下业务，通过房屋抵押贷款、金领通、薪易通、汽车消费贷等多种特色产品，为百姓提供一揽子金融服务，服务领域涉及医、食、住、行、玩各个领域。同时，平安银行加快零售转型升级，努力将个人金融服务做得更加专业精细和智能便捷。

恒丰银行股份有限公司郑州分行

恒丰银行股份有限公司郑州分行党委副书记、副行长（主持工作） 杨 中

【第一负责人简介】

杨中，男，1968年10月出生，大学本科，经济师。先后任恒丰银行股份有限公司南京江宁支行行长，恒丰银行南京江宁支行兼利源路社区支行行长兼常州营销部总经理，恒丰银行南通分行党组书记、行长，2017年4月至今，任恒丰银行股份有限公司郑州分行党委副书记、副行长（主持工作）。

【综述】

2017年末，恒丰银行股份有限公司郑州分行（以下简称恒丰银行郑州分行）实现账面利润2.38亿元，同比增加1.91亿元，增幅405%。本外币各项存款余额161.87亿元，较2016年新增18.05亿元，增幅12.55%。各项贷款余额130.73亿元，较2016年新增32.23亿元，增幅32.72%。实现中间业务收入0.42亿元。

2017年末，恒丰银行郑州分行现有人员157人，平均年龄34.8岁，大学本科以上人员占比78.3%。2017年末，恒丰银行郑州分行营业机构共2个，二级分行洛阳分行于2017年8月开业运营。

（米浩杰）

【存款业务】

2017年末，恒丰银行郑州分行本外币单位存款余额142.12亿元，占各项存款的87.8%，较2016年新增23.06亿元；本外币储蓄存款余额5.27亿元，占各项存款的3.26%，较2016年新增3.92亿元；国库定期存款余额3.06亿元，占各项存款的1.89%，较2016年新增2.56亿元。

（初 巍）

【贷款业务】

2017年末，恒丰银行郑州分行单位贷款余额128.64

亿元，占各项贷款的98.4%，较2016年新增31.88亿元；个人贷款余额1.89亿元，占各项贷款的1.45%，较2016年新增0.81亿元；贴现及转贴现余额0.2亿元，占各项贷款的0.15%。短期贷款余额59.78亿元，占各项贷款的45.72%，较2016年新增6.57亿元，中长期贷款70.76亿元，占各项贷款的54.12%，较2016年新增26.11亿元。

（初　巍）

【个人业务】

2017年末，恒丰银行郑州分行个人存款5.28亿元，较2016年增加3.92亿元，增幅288.38%。个人客户贷款余额1.89亿元，占各项贷款的1.4%，主要投向个人消费、个人住房和个人经营。其中消费贷款260笔，金额1.16亿元；个人信用类229笔、金额7720万元，个人抵质押类24笔、金额2803万元，个人房产按揭类7笔、金额1047万元，消费贷款较2016年新增0.24亿元。个人经营性13笔、贷款余额0.73亿元，较年初新增0.58亿元。个人理财累计销售13.98亿元，同比增幅100%；2017年末，零售理财余额20542.85万元，较年初增长14749.5万元；理财客户数量为563个，较年初增加497个；累计代销国债939.9万元，累计代理保险销售518.65万元。

（段　晨）

【小微企业业务】

2017年末，恒丰银行郑州分行小微贷款较年初净增13.07亿元，贷款增幅156.2%，高于各项贷款增幅123.5个百分点；小微金融有贷户34户，增加24户；申贷获得率90.48%。单户贷款余额500万元及以下客户净增9户。

（段　晨）

【银行卡业务】

2017年末，恒丰银行账户郑州分行银行卡收单商户数达1443户，较年初增长1441户，其中有效收单商户数达1237户，有效商户数占比86%，年度目标完成率103%。同时，恒丰银行账户郑州分行摆脱网点限制，运用智能化自助设备大力推动移动开卡业务，2017年累计运用移动终端开卡近300户。2017年，恒丰银行郑州分行电子银行综合开通率达78%，年度目标完成率120%。2017年，恒丰银行郑州分行员工信用卡完成进件，进件率96.9%、开卡率100%。

（王　艳）

【内控安防工作】

一是加强合规承诺，明确合规责任。通过全行员工签署承诺书、摆放“河南银行业金融机构从业人员三十个严禁”座签、编写《员工合规手册》，要求全员“明禁令，知铁律，晓红线”，做到“时时合规、事事合规”。加强合规培训，开展合规考评。通过定期开展内外部专项排查，严格违规问责，确保问题彻底整改。二是熟用“三合一”系统，加强操作风险管理。借助内控合规暨操作风险信息管理系统（以下简称“三合一”系统），开展制度梳理、流程本地化和“三合一”系统“合规在线考试”工作，着力提高操作管理能力和水平，切实防范操作风险。三是紧盯案防工作，做好消费者权益保护。落实案防工作“一把手”负责制，强化案件“一票否决”考核，加大案件排查、员工行为排查和客户经理家访力度，保持与监管部门的常态沟通与联系，定期向监管部门汇报案防工作。落实监管部门和总行消保工作部署安排，扎实开展消保工作宣传培训，认真开展消保工作评估，做实消保工作。四是履行反洗钱义务，提升反洗钱质效。通过完善反洗钱制度，开展反洗钱培训，扎实开展大额可疑交易报告、客户身份识别、客户身份资料和交易记录保存、客户洗钱风险分类、黑名单监控、反洗钱调查配合等各项工作，提升反洗钱工作质效。

（李　溪）

【信息技术】

2017年上半年，恒丰银行郑州分行建立并完善了信息系统应急管理机制和相关协调机制，通过扎实开展信息系统运行维护工作，信息系统可用率达到99.99%。2017年末，按照计划要求完成了本年度精细化管理的评估工作。恒丰银行郑州分行分批次部署了智慧设备，进一步提高分行营业厅业务办理效率，提高客户服务体验度。2017年末，恒丰银行郑州分行完成了“银医通”系统等“互联网+系统”开发投产。

（孙　波）

渤海银行股份有限公司郑州分行

渤海银行股份有限公司郑州分行党委书记、行长　曾宏志

【第一负责人简介】

曾宏志，男，1966年10月出生，中共党员，河南省确山县人。历任人民银行河南省分行金融研究所主任科员，广发银行北京分行营业部总经理、公司银行部总经理，渤海银行北京管理总部市场研发部总经理，渤海银行培训中心主任。现任渤海银行股份有限公司郑州分行党委书记、行长。

【综述】

开业以来，渤海银行郑州分行资产规模、负债规模、理财规模、营业收入、轻资产业务五大板块快速增长。一是业务指标全面超额完成，营业收入预算完成率154.71%，考核利润计划完成率161.91%。二是资产扩张推进五个转型，努力克服资本约束、资产稀缺、金融去杠杆等困难，主动向轻资本业务转型，主动向资本市场转型，主动向流量银行转型，主动向交易银行转型，主动向托管银行转型。三是负债增速继续快速提升，日均存款增长率158.65%。四是盈利能力持续优化增强，营业收入、考核利润增速分别达到203.86%、307.24%，经济资本回报率同比提高6.7个百分点。

（袁建华）

【存款业务】

2017年，渤海银行郑州分行围绕增存工程，大力拓展客户群体，做好基础客户存款业务，强化产品带动、创新驱动、机制促动、多方联动、整体推动，通过贸金业务、机构业务、托管业务的综合营销，为客户提供综合金融服务方案，提高客户存款留存率，推动存款业务持续稳定发展。2017年末，渤海银行郑州分行本外币各项存款余额89.12亿元，较年初增加22.86亿元，较年初增幅34.49%，其中：批发银行存款余额84.34亿元，较年初增加18.48亿元，较年初增幅28.07%；个人存款余额4.72亿元，较年初增加4.39亿元，较年初增幅1331.26%。

（于　东）

【贷款业务】

一是对接国家区域战略，落实与省政府签署的战略合作协议，倾斜信贷政策，加大信贷投放，重点支持纳入“郑州航空港经济综合实验区”等五大国家区域战略的重点客户，重点支持河南省“一区、三圈、八轴带”为核心的重大项目，重点支持郑州、洛阳等区域重点城市基础设施建设。二是对接河南主导产业，对接能源、交通枢纽、新型城镇化等战略型产业；对接高铁、交通建筑、白色家电等世界领先产业；对接“一带一路”区域内的重点项目；对接交通、水利、能源、信息等基础设施建设；对接装备制造、食品制造、新型材料制造、电子制造、汽车制造等五大主导产业。三是对接普惠金融项目，在规模有限的情况下，集中力量支持小微企业、“涉农”等经济社会薄弱环节，持续提高金融服务的覆盖率、可得性和满意度。2017年末，各项贷款余额74.70亿元，增幅为159.99%。

（杨海刚）

【个人业务】

2017年，渤海银行郑州分行个人业务实现了跨越式发展，为培育新的利润增长点奠定了基础。一是个人存款快速增长。通过开展公私联动营销、“开门红”活动等措施，个人存款较年初增幅1331.26%。二是财富管理快速增长。渤海银行郑州分行积极打造最佳体验的现代财资管家，运用渤鑫、渤鸿、渤盛、渤泰、渤瑞、渤祥、渤盈七大理财产品体系，为广大客户提供全方位、多渠道的理财服务。2017年末，财富资产余额9.10亿元，较年初增幅213.80%；在总行举办的贵金属销售竞赛中荣获“十佳分行”的称号。三是消费信贷快速增长。2017年6月成立个人消费金融中心，实现了个人信贷业务的全流程管理。以个人住房按揭贷款为主，辅以个人消费贷款以及金领贷、经营贷、公信贷等特色产品的推广，2017年末，个人贷款累计发放1968笔，发放金额13.95亿元，在总行考核中位居B类行新增排名第一。

（王　娜）

【金融市场业务】

2017年，渤海银行郑州分行金融市场业务持续坚持合规发展的经营理念，不断加强专业人员的配置，紧跟金融市场发展的步伐，严控金融市场业务的风险，使金融市场业务保持健康稳健的发展。通过金融市场的系列产品，构建互惠互利的银企关系，专注于为河南当地的实体企业提供优质、高效、个性化的投融资服务，切实支持实体经济发展。

（王　君）

【小微企业业务】

2017年10月，渤海银行郑州分行设立普惠金融事业部，专门负责小微企业信贷业务的管理推动。2017年末，渤海银行郑州分行小微企业贷款余额2.61亿元，较2016年增加2.11亿元；贷款户数较2016年增加7户，小微企业贷款增速高于各项贷款增速262个百分点，申贷获得率较2016年提高22个百分点，圆满完成“三个不低于”监管指标和全年小微企业信贷计划。

（杨海刚）

【银行卡业务】

渤海银行郑州分行凭借优质的金融服务和领先的银行产品，在大力推广标准信用卡、借记卡的基础上，重点拓展“添金宝”卡、生肖卡、儿童卡等特色银行卡，满足不同群体的开卡需求，并通过进企业、进学校、进商圈、进社区为客户提供上门服务。成立一年多来，发卡量迅速增加，2017年末发卡余额达到12300户；信用卡大额专项分期新增排名系统内全国第一。

（王　娜）

【内控案防】

一是持续开展高频度内控检查，切实提高业务规范性。通过组织各部门自查、开展常规性检查、牵头专项检查、内部审计、配合总行、监管机构现场检查、审计等多层次全方位的全面检查，强化风险排查，落实问题整改，严肃内部问责，坚决防范合规风险和案件的发生。二是强化合规风险的识别和评估，提升内部控制水平。有效识别各项业务的合规风险和操作风险，不断完善内控管理；开展制度建设、合规评估和制度梳理工作，及时弥补制度缺陷、堵塞合规漏洞。三是开展各项法律合规宣传活动，高效落实监管要求。积极组织消费者权益保护宣传、打击非法集资宣传、全民国家安全教育日宣传、打击新型电信网络犯罪宣传月活动、百家网站微信公众号法律知识竞赛活动、尊法学法守法用法主题法治宣传实践活动、金融知识进万家宣传活动、宪法宣传等专项宣传，落实监管要求，践行社会责任。四是积极开展法律合规培训，提高法律合规管理水平。通过新入职员工岗前合规宣教、专项培训等方式，提升全体员工的合规意识和业务技能。五是不断加强案件防控工作。定期组织案防工作会议，组织全体员工观看案防警示教育片；持续落实案件防控责任书制度，明确案防责任；高度重视员工异常行为排查，及时识别并防范员工异常行为风险。六是强化法律风险管理，积极加强各项法律风险管理制度建设，优化合同管理，提高法律审查的质量和效率，灵活运用法律手段，在防范法律风险的基础上支持创新业务的发展。七是深入推进合规长效机制的建立和完善，定期开展内控合规工作会议，持续落实合规承诺责任制，通过印制合规手册、银行员工十严禁鼠标垫等软性宣传方式，不断深化分行合规文化建设，营造全员合规、主动合规的氛围。

（杨智玲）

【信息技术】

一是加大创新开发力度，合理规划重点工作，为业务发展提供科技支撑，依据河南省“非税收入管理系统”开发的银行端代收非税收入业务系统于7月末正式上线，实现账务处理和信息传递与财政系统同步进行。二是做好基础科技工作，不断完善流程制度建设、信息系统运行、系统投产与变更、基础设施管理、应用开发管理、信息安全管理、支行IT建设、IT综合管理、固定资产管理，有效提升科技管理的规范性，提高科技工作的效率性。三是完善信息科技制度，结合分行实际情况，制定了《渤海银行郑州分行科技工作管理办法（2017年）》、《渤海银行郑州分行信息科技突发事件应急管理实施细则（2017年）》等维护管理办法。

（罗海洲）

浙商银行股份有限公司郑州分行

浙商银行股份有限公司郑州分行党委书记、行长　郭　斌

【第一负责人简介】

郭斌，男，1967年2月出生，河南省固始县人，硕士研究生，高级经济师。历任中国农业银行河南省分行营业部党委书记、总经理，中国农业银行河南省分行党委委员、行长助理、副行长等职。2017年1月起任浙商银行股份有限公司郑州分行党委书记、行长。

【综述】

2016年4月，浙商银行签约入驻河南。2016年5月，浙商银行郑州分行启动筹建工作。2017年2月21日，浙商银行郑州分行正式开业。开业以来，浙商银行郑州分行面对经济结构调整、监管政策趋严等错综复杂形势，以总行"两最"总目标和全资产经营战略为引领，紧紧围绕"好银行"奋斗目标，规划"三步走"实施路径，落实"创新、高效、务实、稳健"总体要求，激发员工"一条心、一起拼、一定赢"的昂扬斗志，推动郑州分行向着"好银行"奋斗目标迈进。2017年，浙商银行郑州分行突出特色银行"发展年"主题，上规模、做特色、强基础，整体业务经营呈现出增长快、特色显、品种全、业务新、效益优、形象好"六个特点"。2017年末，浙商银行郑州分行现有员工143人、1家营业网点。

【全资产经营情况】

实行全资产经营战略。2017年末，累计为社会融资460亿元，有效支持了地方经济发展。全资产总额377.6亿元，其中，各项贷款85.88亿元，存款余额112.9亿元，开业首年突破百亿关口。全年实现营业增加值3.03亿元。全年安全经营无事故、无重大风险隐患。

【存款业务】

2017年末，各项存款余额112.9亿元，日均存款余额68亿元，存款增量居股份制同业第二位，居系统内第八位。

【贷款业务】

2017年末，各项贷款余额85.88亿元。公司类资产业务累计投放282.47亿元（不含债券承销），其中：人民币表内贷款79.16亿元、表外业务90.57亿元。个贷投放4.19亿元。

【个人业务】

2017年个人金融资产时点余额16.9亿元，系统排名等五位。其中，个人存款时点余额2.68亿元，日均余额1.36亿元。信用卡发卡40760张，信用卡有效卡28768张，有效卡占比70%，高于系统内24个百分点；不良率0.02%，信用卡业务四项指标均居系统内第一位。个人客户规模和质量迅速提高，全年新增个人有效客户17247户、个人优质客户2463户、私行客户31户。

【特色经营】

依托池化融资平台、应收款链平台、易企银平台三大平台，大力推广资产池、票据池、出口池、至臻贷、超短贷、浙商交易宝等特色业务产品，建设特色银行。2017年，流动性服务的特色品牌成客户首选，分行资产池（票据池）签约客户153户，累计入池、出池金额突破百亿元。与郑州煤矿机械集团、河南能源化工集团等省内骨干企业建立了良好合作关系，为舞阳钢铁集团等开立了应收账款链平台业务。大力推广债券承销业务，多元化满足企业融资需求，债券承销的新锐形象同业关注，累计发行债券87.5亿元，信用债承销总量居金融同业第4位；累计承销两期地方政府债券。

【信息技术】

2017年，制定和完善信息科技各类管理制度以及实施细则，先后制定《浙商银行郑州分行科技运行维护管理实施细则》等制度和《网络系统应急技术处置方案》等应急预案；先后组织开展了网络系统、供电系统、后督系统、柜面系统、同城清算系统等多项应急演练工作，有效保障了科技运维稳定运转。围绕特色银行建设，坚持科技项目开发引领全行，满足了特色业务经营需要，充分发挥业务创新的科技支撑作用。2017年完成了外汇业务系统开通、外汇账户开立、ETC系统开发、非税业务系统开发、ETC一期二期项目开发以及河南省财政厅非税收入缴费系统、郑州市财政局非税系统、河南国土资源局缴保通系统、轩辕一卡通系统、个金数据提取系统开发工作。

【内控案防工作】

一是大力倡导“合规创造价值、安全就是效益”的理念，采取“总行专家＋内训师、大会宣讲＋合规走进部室”形式，建立合规每周一问、案例每季分析等载体，传导深植合规经营理念。二是构建全面风险管理体系。成立了信贷投放、风控、投后管理、连续性工作等4个委员会，穿透设置风险控制岗，构建“6+6+6”授信指引策略，筑牢三道防线。三是分类施策严控各类风险。信用风险防控突出“严”，严格信贷纪律，严把客户准入关，严格执行十不贷，制定贷后投后明白卡，建立风险预警报告制度。四是扎实开展“内控保驾 合规护航”专项行动。推行员工行为规范合规承诺责任制，班子成员带头层层签订承诺书。建立合规谈话和入职面谈制度，开展内控违规问题登记，在全行营造我要合规的主动合规氛围。五是深入开展风险排查。扎实开展“三套利、四不当、三违规”自查和各类风险排查，主动邀请总行各条线来分行开展检辅工作，并建立了问题整改台账，逐个落实整改措施。

汇丰银行（中国）有限公司郑州分行

汇丰银行（中国）有限公司郑州分行行长　郑晓凌

【第一负责人简介】

郑晓凌，女，1977年6月出生，河南省郑州市人，北京大学光华管理学院工商管理硕士。2008年9月加入汇丰银行郑州分行，先后担任助理副总裁、副总裁、副行长。2014年9月起任汇丰银行（中国）有限公司郑州分行行长。

【综述】

2008年10月8日，汇丰银行郑州分行正式开业，成为首家入驻河南省的外资银行。汇丰银行郑州分行位于郑州市郑东新区商务外环路1号，分行设置工商金融部、贸易融资部、零售及财富管理部等业务部门及其他职能部门，侧重为中外资企业提供全面和专业的本外币金融服务；同时，也向个人客户提供本外币存款及账户管理服务。

【经营管理】

汇丰的宗旨是把握市场增长机遇，推动企业发展，促进经济繁荣，而最终目标是帮助客户实现理想和抱负。2017年，汇丰银行郑州分行继续贯彻稳健、审慎、合规的经营理念，严格遵守法律法规、内控制度，凭借对市场的深入了解和国际金融服务专业经验，为本地客户提供优质的金融和银行服务，各项业务运营良好。

汇丰银行郑州分行始终坚持建立联系帮助客户开拓商机，促进商业繁荣与经济发展，帮助人们成就梦想。一直以来，郑州分行依托自身特色和职能定位，以公司客户为主的客户基础进一步扩大，与客户的合作关系进一步加深。在业务拓展上以国家产业政策为导向，立足河南本地市场，持续高质量地服务于河南省经济金融发展。一方面突出自身国际化银行服务特色，依托汇丰的国际网络优势，强化全球业务联动，服务于有实力有需求的本地企业的国际化发展；另一方面，通过有效的内部管理、风险控制、战略定位及差异服务，成为河南金融业发展格局中不可或缺的组成部分，以及推动河南省外向型经济金融健康、持续发展的一支重要力量。

【存、贷款业务】

2017年末，汇丰银行郑州分行各项存款3.96亿元；各项贷款余额22.28亿元。同时也为本地企业客户提供各类贸易融资服务。信贷主要投向装备制造、汽车及零部件、食品加工等制造业，以及采矿业、建筑业、批发和零售业等符合国家政策导向和地方优势的行业或产业。

【国际业务】

2017年，除外币存贷款、国际结算等传统业务以外，汇丰银行郑州分行利用自身产品优势为客户办理远期结售汇业务，以及跨境人民币业务等，目前分行拥有即期、远期、资本金、网银结售汇、掉期、期权等全面的国际金融服务平台。在差异化服务方面，汇丰银行郑州分行借助汇丰国际网络和海外服务专长，为本地企业更好地融入国际市场提供支撑和便利，并积极发掘和培育客户需求，密切关注政策动向，利用新业务、新产品以及全球网络优势更好地服务本地企业。如为本地企业提供跨境资金池服务；推动有实力的省内企业走出去，包括帮助客户实现境外IPO、境外发债、境外银团贷款等投资银行项目对接；帮助企业获得境外汇丰授信，为企业实现跨国发展提供多元化融资渠道等。

【电子银行业务】

汇丰的企业网上银行服务，使企业客户可以更便捷地进行在线账户管理。通过权限分级和授权组合等控制方式，企业客户可以有效、安全地在线操作包括转账、汇款、查询等在内的一系列功能。2017年二季度，汇丰在手机银行中国版推出人脸识别技术，成为首家启用人脸识别技术的在华外资银行。同时在手机银行和微信银行推出智能客服机器人，获得大量客户的支持。

【内控案防工作】

汇丰银行始终坚持和严格遵守高标准的内控要求，致力于培养审慎、稳健和合规的企业文化。一是在防范风险方面推行了三道防线的风险管理模式，三道防线各司其职，互相配合，各业务条线、职能部门独立运作、相互制约，有效地识别和控制我行所面临的各类风险。二是在诸如客户识别、业务拓展与运营、反金融犯罪、人员招聘、组织机构、信息系统、现金和重要空白凭证管理、办公场所安防等方面执行了严格的控制流程和标准，控制业务关键环节，降低运营风险。

通过文化传导、内控机制和流程优化，汇丰银行有效地防控了包括信贷风险、操作风险、合规风险等经营风险和欺诈案件，保护了银行及客户资金安全。2017年末，汇丰银行郑州分行内控机制有效，资产状况良好。自分行成立以来无不良信贷资产、无重大操作风险、无安全事故和案件发生。

东亚银行（中国）有限公司郑州分行

东亚银行（中国）有限公司郑州分行行长　韩武军

【第一负责人简介】

韩武军，男，1973 年 9 月出生，陕西省韩城市人。1995 年 7 月毕业于中国人民大学，获得法学学士学位。先后任职于陕西省人民政府办公厅秘书处、西安神州数码有限公司、东亚银行（中国）有限公司西安分行，具备 14 年的金融工作经验。2017 年 7 月起任东亚银行（中国）有限公司郑州分行行长。

【综述】

东亚银行（中国）有限公司郑州分行（以下简称东亚银行郑州分行）于 2010 年 11 月 29 日成立，是河南省第二家外资银行，位于郑州市金水路 226 号楷林国际大厦 1 层、2 层及 11 层，下辖一个营业部、一间支行、两间在行式自助银行。自开业以来，一直奉行“来自香港、服务中原”的宗旨，致力于为广大客户提供多元化的金融产品及服务，业务品种涵盖个人银行业务、企业银行业务、其他银行服务。目前，共拥有员工 61 人，包括本地员工 60 人，外籍员工 1 人。

（李新建）

【经营管理】

东亚银行郑州分行自 2010 年开业以来，一直秉承着成为中国“最佳本土化的外资银行”的市场定位，坚持“与本地经济和谐发展、共同进步”的经营理念，注重培育并发展中、高端客户，积极扶持中小企业的发展，努力扩大基础客户群。目前，为客户提供的产品和服务范围涵盖存款、贷款、贸易融资、信用卡、电子网络银行、财富管理、外汇交易以及银保产品等。同时，东亚银行郑州分行借助于母行全球化经营网络和境内外金融市场联动的优势，扮演好“桥梁”角色，积极推广“中港联动”、“跨境人民币结算”等业务，为郑州及河南省内企业“走出去”提供配套的金融服务，并借助香港这一国际金融中心，将国际资本“引进来”，不断推动内地与香港之间的经济往来。

2017 年末，资产规模本外币合计折人民币达到 9.18 亿元，各项贷款余额 5.79 亿元，各项存款折人民币 6.38 亿元，开业至今累计缴纳各项税金达 7953.22 万余元。

（李新建）

【存、贷款业务】

东亚银行郑州分行 2017 年的存贷款业务量较 2016 年有所下降。其中：各项存款折人民币 6.38 亿元，比 2016 年末减少 4.04 亿元，降幅 39%；各项贷款折人民币 5.79 亿元，比 2016 年末减少 0.81 亿元，降幅 12%。存贷比由 2017 年初的 63% 增加到 91%，提高了 28 个百分点。

一、存款。2017 年末，东亚银行郑州分行存款种类主要有：活期存款 3.64 亿元，占比为 57%；结构性存款 2.00 亿元，占比为 31%；定期存款 0.37 亿元，占比为 6%；保证金存款 0.37 亿元，占比为 6%。其中：活期存款和结构性存款成为 2017 年占比较大的存款种类，而由贷款衍生出来的保证金存款和定期存款的大幅下降导致了存款总量的萎缩，主要是因东亚银行郑州分行贷款到期较多，新增较少、与之匹配的贷款保证金逐步减少所致。

二、贷款。2017 年末，东亚银行郑州分行短期贷款 2.60 亿元，短期贷款占所有贷款比重为 45%，中长期贷款 3.19 亿元，占所有贷款比重为 55%，其中：不良贷款余额 0.08 亿，不良贷款率为 1.41%。

业务品种方面：公司类贷款（不含承兑垫款）5.43 亿元，占全部贷款的 94%；个人类贷款 0.36 亿元，占全部贷款的 4%。投向方面（对公贷款）：房地产业贷款 2.66 亿元，制造业贷款 1.60 亿元，交通运输、仓储和邮政业贷款余额 1.00 亿元，租赁和商务服务业贷款余额 0.11 亿元，建筑业贷款余额 0.03 亿元，信息传输、软件和信息技术服务业贷款余额 0.02 亿元，批发及零售行业贷款余额 0.01 亿元。

区域结构方面（对公贷款）：投向于郑州市的贷款余额 2.46 亿元，余额占比 42%，投向河南省内其他地市贷款余额 3.33 亿元，余额占比 58%。客户结构方面（对公贷款）：投向大型企业贷款余额 2.50 亿元，占比 46%，投向中小型企业贷款余额 2.93 亿元，占比 54%。

（廖　迪）

【国际业务】

2017 年末，东亚银行郑州分行外汇存款折合 569.89 万美元，尚无外汇贷款。办理结售汇共计 162 笔，金额折合 801.42 万美元。

（雷新华）

【电子银行业务】

一是银行卡收单业务。东亚银行郑州分行 POS 机具采用银联直联模式接入，2017 年末，共拓展银行卡收单商户 2 家，部署 POS 机具 3 台，实现刷卡交易总笔数 276 笔，交易总金额 2,233 万元。

二是自助业务。2017 年末，东亚银行郑州分行安装日立存取款机 1 台、证通自助查询机 1 台，商鼎支行安装 NCR66 取款机 1 台，证通大堂式查询机 1 台，为客户提供 24 小时自助存款、取款、转账、账务及信息查询服务。

三是网银业务。2017 年，东亚银行郑州分行共拓展个人网银 262 户，实现网银交易量 3,300 万元；共拓展企业网银 27 户，当年实现交易额 161,933 万元。

（王俊峰）

【内控案防工作】

东亚银行郑州分行加强员工行为管理，提高内控执行力，严格落实责任追究，全面提升案件防控工作的质量和效果，确保银行安全稳健地运行。领导层对内控案防工作高度重视，并成立了以行长为组长的案件防控领导小组，全面负责案防工作。2017 年，未发生任何案件（风险），始终保持零发案率的良好记录。

（常海洋）

【信息技术】

2017 年度，东亚银行郑州分行确保全年无断线事件发生，强化对业务发展的技术支撑，加强业务系统用户管理，提高员工科技能力。2017 年度重点完成了票据交易系统上线工作、自助机具（ATM、查询机）安全加固工作、SEP 防病毒升级工作等。

（王俊峰）

渣打银行（中国）有限公司郑州分行

渣打银行（中国）有限公司郑州分行行长　贾春莲

【第一负责人简介】

贾春莲，女，1969 年 9 月出生。1991 年 7 月毕业于中南财经大学工业经济系工业经济专业。先后任职于中国银行三门峡分行、中国银行河南省分行、中信银行郑州分行及渣打银行（中国）有限公司郑州分行（筹）。2013 年 11 月起任渣打银行（中国）有限公司郑州分行行长。

【综述】

渣打银行（中国）有限公司郑州分行（以下简称渣打郑州分行）于 2013 年 11 月 11 日成立，是河南省第 3 家外资银行，位于郑州市郑东新区商务外环路 8 号世博大厦 2403 单元。目前渣打郑州分行提供对公人民币及外币银行服务，侧重为省内上市公司、行业龙头骨干企业和跨国企业本地分支机构提供全面和专业的本外币金融服务。

【经营管理】

渣打郑州分行自 2013 年末开业以来，秉承渣打"一心做好，始终如一（Here for good）"的品牌承诺，致力于深耕河南本地市场，支持省内目标客户的投资、贸易和财富增值，传承集团文化和企业价值。在分行内部，渣打郑州分行奉行稳健、合规、与企业共成长的经营理念，严格遵守内外部规范，强调合规经营。2017 年获得"上升之星"奖：在 2016 年中唯一获得 3 项提名并赢得"最佳存款驱动"奖的基础上，2017 年又获得了"最佳资产业务表现"奖，成为全国 28 家分行中唯一连续三年均斩获奖项的分行。客户基础持续扩大，业务品种进一步丰富和完善。同时保持了不良贷款、客户投诉、案件的零纪录。

【存、贷款业务】

2017 年，受主要存款客户资金收紧的影响，渣打郑州分行年日均本外币存款较 2016 年度下降 11%，亟须拓展新的存款来源。2017 年三季度末，分行参与渣打集团境内外机构联动，通过创新方式吸引省内外向型企业预付建设款在我行质押存放，未来有望通过成功复制该模式，进一步开辟新的存款来源。分行年日均本外币贷款较 2016 年度下降 84%，也暴露了分行客户基础仍较为薄弱，对单一客户依赖度高的现实。但截至 2017 年末，分行所有贷款均为基于真实贸易背景的贸易融资，全部投向河南具有比较优势的制造业和批发零售业名企以及跨国企业在豫附属供应链合作伙伴，且全部为中小企业，帮助其加速资金周转速度，提高资金利用效率，有限的信贷投放质量可靠，也得到了企业高效、切实的运用。

【国际业务】

在亚洲、非洲和中东地区广泛的网络存在是渣打的比较优势所在，也是渣打郑州分行服务河南本地目标客户的着力点。2017 年，渣打郑州分行保函业务和承诺分别由 1.61 亿元、1.70 亿元增至 1.81 亿元和 8.62 亿元，实现了平稳或较快增长，金融衍生品则由 4.31 亿元降至 3.09 亿元，保持相对稳定。渣打郑州分行还充分利用境外网络优势，为本地银行同业代开、转开信用证、保函等。参与境内外机构联动，协助渣打集团向非洲某国基建项目提供启动资金。渣打银行在“一带一路”已宣布的 65 个沿线国家中的 31 个有网络布局，始终致力于架好金融桥梁，协助河南企业走出去，把国家战略落到实处。

【电子银行业务】

高度重视信息技术的最新进展，不断尝试通过互联网平台为企业客户提供全方位的电子银行金融服务，渣打企业网上银行平台也与线下实体网点服务相辅相成，成为一个有机的整体。渣打充分利用网上银行、逸账户移动银行、短信银行、传真银行等电子化服务渠道，从而有效缩短服务耗时，提升用户服务体验。2017 年，渣打持续优化日常结算业务操作的线上化，除个别 VIP 客户外，全部通过网上银行办理。在供应链金融业务产品中也持续推进电子化。银行也得以借助相对有限的分支行网络，降低运营成本，延伸服务至更多的客户。2017 年，渣打郑州分行积极稳妥地向新的企业客户推介电子银行业务，有效配合了其他业务的拓展。

【内控案防工作】

渣打郑州分行管理层将内控、合规和分行治理作为首要工作目标，始终保持对案件风险发展态势的高度关注。2017 年，在业务品种不断扩展、客户群体持续扩大的形势下，分行对网络布局不够健全、异地客户较多、内部问责机制不够本地化等自身缺陷保持清醒认识。2017 年，分行在案件风险防控方面采取了诸多打基础、建制度的工作，健全了案防管理体系，推进了案防长效机制建设，并通过宣传培训、员工家访和全员社会公益活动等手段，持续保持员工队伍严格的道德标准，同时进一步了解员工生活状态、所思所想。2017 年，全行未发生任何案件（风险），始终保持零发案率的良好记录。

【信息技术】

渣打集团的信息技术管理已经实现了高度集中，具体到渣打郑州分行，信息技术创新主要由集团和渣打中国集中发起，相关软、硬件及网络日常维护则由集团、渣打中国与分行分工协作，共同完成。分行按月、日进行科技风险专项排查，排查项目包括机房安全检查、录像系统安全检查、IT 系统账户风险排查、非法软件安全检查、USB 权限、系统管理员权限自查等。分行严格按照总行指令进行业务系统升级调试。2017 全年成功升级系统或联调联试达 60 多次，未发生影响业务运营及监管报告的事件。

中国邮政储蓄银行股份有限公司河南省分行

中国邮政储蓄银行股份有限公司河南省分行党委书记、行长　金春花

【第一负责人简介】

金春花，女，朝鲜族，1962 年 1 月出生，中共党员，硕士研究生，高级经济师。曾任银监会黑龙江监管局副处长、处长；邮储银行黑龙江省分行党委委员、副行长；邮储银行海南省分行党委书记、行长等职务。河南省第十三届人民代表大会代表，现任中国邮政储蓄银行股份有限公司河南省分行党委书记、行长。

【综述】

2017 年末，各项存款余额 6199.11 亿元，较年初增长 807.73 亿元，增幅 14.98%，较年初增幅高于省内银行业平均水平 5.78 个百分点，净增市场占有率 15.97%；各项贷款余额 2183.77 亿元，较年初增长 433.44 亿元，增幅 24.76%，较年初增幅高于省内银行业平均水平 10.20 个百分点，净增市场占有率 8.02%。2017 年末，各项贷款不良率为 0.47%，低于省内同业平均水平 1.83 个百分点。

【存款业务】

2017 年末，邮储银行河南省分行储蓄余额规模达到 5094.93 亿元，排名系统内和省内金融机构第二位；储蓄余额年累计净增 694.08 亿元，排名系统内第一位、省内金融机构第二位。

【银行卡业务】

2017 年末，邮储银行河南省分行结存绿卡借记卡 8762.66 万张，列系统内第一位；卡户存款余额 2635.65 亿元，列系统内第一位。绿卡借记卡年交易 143357.26 万笔，居系统第二位，年交易金额 33971.92 亿元，居系统内第一位。

【零售信贷】

2017 年邮储银行河南省分行累计发放小额贷款、个人商务贷款、个人消费贷款等个人贷款 682.24 亿元，个人贷款结余 1350.31 亿元，个人贷款较 2016 年底净增 236.2

亿元。2017年底，个人贷款结余市场占有率达到8.85%，个贷市场净增占有率达到8.68%。

【公司业务】

2017年邮储银行河南省分行公司金融业务稳健发展。新增对公存款107亿元，余额达到1118亿元；投放贷款298.93亿元，净增169亿元；贷款结余达到468.98亿元；累计办理票据直贴221.46亿元；累计办理承兑44.34亿元；公司外汇存款日均余额778.19万美元；累计办理国际结算8951.75万美元；办理包买福费廷业务173亿元。

【金融市场】

2017年邮储银行河南省分行顺应货币政策新形势，把握区域性金融机构融资需求，累计向同业融出资金180.5亿元，同比增幅16.5%；累计通过理财投资非标资产形式投放资金81亿元，较好地引导资金回流河南、服务实体经济发展；累计办理电子商业汇票转贴现业务1158笔、交易量90.17亿元。

【小微信贷】

2017年邮储银行河南省分行全年累计投放小微企业贷款14.59万户、456.63亿元。2017年末，小微信贷结余17.22万户，占全省小微企业贷款总户数的18.01%；结余金额512.44亿元，排全省金融机构（不含地方法人机构）第3位。

【电子银行】

2017年末，电子银行客户结存规模达到2082.94万户。其中：个人网上银行存量客户1692.93万户，手机银行存量客户1576.52万户；电子银行年累计交易笔数16.73亿笔，交易金额12121.31亿元，电子银行替代率86.91%，提升5.63个百分点。微信银行获“2017年度河南银行业微信影响力十强”。

【信用卡业务】

2017年邮储银行河南省分行累计新增发卡48.78万张，结存卡量近150万张，实现业务净收入5.1亿元，信用卡不良率0.83%，业务资产质量良好。

【授信管理】

2017年邮储银行河南省分行细化区域授信政策指引，公司授信方面，梳理下发重点项目清单，支撑公司授信转型发展；零售信贷方面，下发10个小微企业重点行业授信指引；积极响应国家号召，不断提升绿色信贷增速；加强流程运行监控，进一步提高信审效率；组织开展能力提升年活动，持续提升精细管理水平；加强重点领域风险监测，主动防范化解风险隐患。

【会计运营】

加快网点转型，为客户提供更加便捷的金融服务；积极推广企业网银；试点推进现金备付金管理优化工作，全省日均现金备付率低于系统内平均水平0.08个百分点；全行现金备付率0.56%；在系统内率先开展零残币专项清理工作，大大提高了资金效益，降低了现金管理的成本和风险。

【信息科技】

2017年邮储银行河南省分行完成线上缴费平台、二维码聚合支付系统等重点建设项目14项；实施大数据精准营销，完成数据分析316项，《信贷资产质量管理数据分析》课题被总行评为邮政金融数据分析优秀案例；开发线上财政国库集中支付电子化等项目38个，与全省近1.4万个委托单位，实现系统对接和业务交互，月均交易笔数1350万笔。

【惠普金融】

2017年邮储银行河南省分行围绕“精准扶贫、精准脱贫”基本方略，着力提升脱贫攻坚服务能力。一是构建完善的金融扶贫体制机制。将金融扶贫工作作为“一把手”工程。主动倾斜行内资源，建立专营机构、专项规模、专项考核、专项流程、专项扶贫资金定价等“5专机制”，强化金融扶贫支撑能力。二是创新惠农易贷等精准扶贫产品和服务模式，积极对接省内卢氏扶贫脱贫攻坚试验区、兰考普惠金融试验区等省内重点脱贫项目的试点推广及复制，持续提高金融扶贫的覆盖面和精准度。2017年向53个贫困县（含兰考县、滑县）及交通、电力等基础设施扶贫项目放款248.29亿元。

【合规管理】

建立合规教育、警示教育、问责通报长效工作机制，实施了合规文化建设“六个一”工程，启动了“内控优化年”活动，统一印制学习手册，开展与“监管要求、内控手册、六个一要求”三个对标工作，多种形式开展了合规宣传、合规学习、警示教育、法规知识竞赛等合规文化活动，组织员工签订了合规承诺书和禁令知晓书，切实营造了员工不敢违规、不愿违规的文化氛围，进一步巩固和提升了合规建设效果。

【内控管理】

紧盯重点领域和关键环节，连续开展了“三违反”专项治理、操作风险排查、一级支行剖析检查等工作，全行累计实施合规检查项目1221个，创新实施了整体移位驻点检查，通过“查、改、防”的闭环式管理，实现了全年无案件、风险事件的工作目标。先后组织开展了4次制度梳理、评估工作，累计新立制度87个，废止制度68个，确保制度符合监管要求、贴合管理实际。加大了违规问责力度，促进了各项内控制度的贯彻落实。

河南省农村信用社联合社

河南省农村信用社联合社党委书记、理事长　王　哲

【第一负责人简介】

王哲，男，汉族，1960年8月出生，中共党员，大学学历，经济学学士。历任广东发展银行安阳支行行长，安阳市林州市委书记，焦作市副市长，郑州市副市长，郑州市委常委、宣传部部长，现任河南省委委员、河南省农村信用社联合社党委书记、理事长。

【综述】

河南省农村信用社联合社（以下简称省农信联社）成立于2005年2月7日，目前内设30个部室，在全省12个尚未组建省辖市农商银行的市分别设有派出机构。2017年末，全省农信社共有139家市县法人机构（其中农商银行98家、县级联社41家），5277个营业网点，63771名员工，其中大学以上学历人员25305人，占员工总数的39.68%；中级以上职称人员8457人，占员工总数的13.26%。

2017年末，全省农信社资产总额15110.96亿元，较年初增加1443.58亿元，增幅为10.56%；各项存款余额11895.60亿元，较年初增加1344.01亿元，增幅为12.74%；各项贷款余额6758.41亿元，较年初实际增加924.23亿元，增幅为15.84%；存、贷款市场份额分别为20.14%、16.19%；全年实现经营利润322.62亿元，同比增加53.18亿元，增幅为19.74%；全年缴纳各项税金98.75亿元。

（石婧雯）

【金融改革】

一是县（市）农信社改制任务总体完成。在省辖市层面，推动33家省辖市城区农信社与市农信办整合组建农商银行。2017年末，洛阳、安阳、濮阳、许昌、周口、驻马店、济源等7家省辖市农商银行已挂牌开业和获批筹建，其他11个省辖市农商银行组建工作正在扎实推进。

在县级层面，坚持稳定县域、做实县域，推进全省县市农信联社改制组建农商银行。2017 年末，县市农信社组建农商银行任务总体完成。二是改革发展基础持续巩固。2017 年，新郑、济源 2 家农商银行被中国银监会评为全国标杆银行；新密、中牟、兰考、洛阳、安阳商都、台前、卢氏、驻马店等 8 家农商银行被河南银监局评为省级标杆银行。2017 年 9 月末，全省农信社主要监管指标首次达到监管标准，2017 年末主要审慎经营指标健康度进一步提高，其中，不良贷款占比 3.02%，资本充足率 13.39%，拨备覆盖率 214.62%，成本收入比 30.04%。三是股权结构持续优化。努力实现股东主体涉农化、股权结构多元化、股本构成民营化。2017 年末，全省农信社股本金 461.25 亿股，较年初增加 19.48 亿股。其中，自然人股占比 39.74%；法人股占比 60.26%，较年初上升 1.89 个百分点。

（张　宇）

【资金管理】

2017 年，省农信联社坚持把强化管理、优化结构、防控风险作为资金业务管理工作的重点。一是强化制度建设，严防业务风险。制定完善了 16 项资金业务管理制度，为加强资金业务管理、规范资金业务发展提供了强有力的制度保障；加大对基层行社资金业务的监督检查力度，三次组织人员对基层行社存放同业资金使用情况进行调研和风险排查，有效防控了各类风险。二是积极服务基层，加大资金支持。全年向 97 家行社累计提供 186 亿元流动性资金支持。三是拓宽业务渠道，提高资金收益。按照市场化原则，开办定期约期存款业务，利用资金规模和信息优势，积极为市县行社富余资金寻找高收益的资金出路，全面提升全省农信社资金使用效率和收益水平。开办同业存单业务、委托代理债券业务、委托代理存放同业业务等，加大了债券回购力度，全年购买同业存单 75 亿元，办理逆回购业务 17207.55 亿元，较 2016 年同期增加 12977.69 亿元，增幅 306%。

（李永霞）

【风险资产管理】

2017 年，省农信联社将防范金融风险、维护金融安全摆在突出位置，切实提高风险资产管理水平。一是统筹做好全面风险管理。统筹做好流动性风险管理、业务连续性应急管理，引进新技术、推广新方法，积极探索建立具有河南农信特色的全面风险管理体系。二是重点加强信用风险防控。选取 20 家信用风险突出的行社进行实地调研，分析查找原因，针对性地提出改进措施及建议，持续督促整改工作落实，有效遏制不良贷款反弹，年末不良贷款率降至近年来最好水平。三是强化系统前瞻风控支撑。研发建成“风险实时预警系统”和“信用风险监控系统”，引入大数据风控技术，实施“人防 + 技防”，实现了操作风险、信用风险的早发现、早预警、早处置，为前瞻风险分析、有效风险识别和及时风险处置提供了重要的系统平台支撑。

（李静凯）

【存款业务】

2017 年末，省农信联社各项存款余额达到 11895.60 亿元，成为河南省唯一一家存款突破万亿元的银行业金融机构；全年新增存款 1344.01 亿元，增幅为 12.74%；存款余额市场份额为 20.14%，新增存款市场份额为 26.40%。其中，银行卡存款余额 2646.74 亿元(不含 POS 商户存款)，占各项存款的 24.20%，较年初提高了 0.62 个百分点；对公存款余额 1923.30 亿元，占比 16.17%，较年初提高了 0.45 个百分点。

（戚攀峰）

【贷款业务】

一是贷款投放量创历史新高。2017 年，省农信联社各项贷款余额 6758.41 亿元，实际新增 924.23 亿元，贷款余额、新增贷款市场份额均居全省银行业金融机构首位。其中，涉农贷款余额 6000.12 亿元，较年初新增 637.28 亿元，增幅为 11.88%，占全省银行业金融机构市场份额为 36.16%；小微企业贷款余额 4375.21 亿元，较年初新增 624.94 亿元，增幅为 16.66%，占全省银行业金融机构市场份额为 36.42%。二是开展金融精准扶贫工作。2017 年，省农信联社共发放扶贫贷款 226.17 亿元，扶贫小额贷款近 2 年累放额占全省各金融机构累放总额的 73%，支持建档立卡贫困户 13.49 万户，支持产业脱贫企业 394 户，共帮扶 90.67 万贫困人口。三是推动贷款产品和服务创新。创新推出了“金燕自助贷”、“金燕扶贫小额贷”、“金燕光伏贷”等多项产品。四是多措并举强力化解不良贷款。2017 年末，省农信联社不良贷款占比 3.02%，较年初下降 3.42 个百分点。

（王长林）

【中间业务】

2017年实现中间业务收入5.94亿元。开展金燕卡业务营销，着力优化用卡环境，全年实现银行卡业务收入2.38亿元，占中间业务总收入的40.07%。积极开展代理保险等代理业务，与22家保险机构开展了业务合作，全年实现代理业务手续费收入2954万元。积极开展代理实物贵金属业务，全年实现销售额615万元，实现代理手续费收入82万元。先后取得省级政府非税收入代理资格和城乡居民社会保险费代理资格，积极开展城乡居民社会保险费代缴代扣服务，发行社会保障卡1937万张，办理业务1607万笔。积极指导市县行社开办理财业务，2017年末，郑州市郊、郑州市区、新郑、中牟、汴京、伊川、济源7家行社获得理财产品发行资格，其中郑州市郊、新郑、汴京、伊川、台前、济源6家行社已成功发行理财产品。

（张云龙）

【金融创新】

一是金融产品和服务不断创新。研发推出“一本万利”系列等8款存款产品，推出“金燕扶贫小额贷”等3款贷款产品。积极推动网点转型，探寻社区银行发展模式，加强新渠道布局，推出二维码收单业务，利用大数据分析开创小微信贷服务新模式。二是电子银行服务体系日臻完善。网上银行、手机银行开通超级网银清算渠道，客户体验进一步提升；增设生活缴费、贷款在线还款、理财业务线上化、B2B和B2C网关支付等创新功能，电子渠道综合价值持续提升。2017年末，省农信联社网上银行、手机银行客户总数达845.83万户，较年初新增236.07万户，增幅为38.72%，交易金额24362.34亿元，较2016年增加6878.55亿元，增幅为39.34%，全年电子银行替代率达到76.25%。三是跨界合作力度进一步加大。与中原铁道物流有限公司合作搭建“铁农易通”电商平台，推动农资下乡和农产品进城。与高速公路联网公司和视博电子公司建立合作关系，开通高速公路ETC业务，方便了广大客户，有力推动了普惠金融发展。

（张　冲）

【资金清算】

2017年，省农信联社全力打造现代化支付清算服务体系，超级网银系统顺利上线运行；省农信联社完成通过农信银一点对接网联支付清算平台建设工作。2017年，全省农信社共办理各类支付清算业务141237万笔，比2016年增加58628万笔，增幅为70.97%，清算资金255078亿元，较2016年增加17108亿元，增幅为7.19%。其中，农信银业务笔数和金额均位居全国31个省级成员机构首位，超级网银业务笔数和金额均位居省内各金融机构首位，大小额支付业务笔数位居省内各金融机构第3位。

（马文青）

中原银行股份有限公司

中原银行股份有限公司党委书记、董事长　窦荣兴

【第一负责人简介】

窦荣兴，男，1963年3月出生，河南省郑州市人，中共党员，管理学博士，河南省金融学会副会长，河南财经政法大学和河南工业大学兼职教授，硕士研究生导师。历任招商银行郑州分行副行长，中信银行郑州分行党委书记、行长，中信银行总行批发业务总监兼公司银行部总经理。2014年1月至2014年12月，担任河南省人民政府金融服务办公室副主任（正厅级）。现任中原银行股份有限公司党委书记、董事长。

【综述】

中原银行股份有限公司（以下简称中原银行）是河南省唯一一家省级法人银行，成立于2014年12月23日，总部设在河南省郑州市。目前，中原银行下辖18家分行和2家直属支行，共有营业网点460家，全行在岗员工1.3万余人；作为主发起人，在省内设有9家村镇银行和1家消费金融公司；2017年7月19日，在香港联交所主板挂牌上市。

（刘宁伟）

【公司业务】

2017年，中原银行公司贷款余额（含贴现）1250亿元，较年初新增47亿元。公司存款余额1820亿元，较年初新增401亿元，增幅28.3%。对公存款结构进一步优化，新增结算存款355.7亿元，较年初提高4.37个百分点。

（郭立洁）

【零售业务】

2017年，中原银行个人存款余额1248亿元，新增212亿元，增幅20.5%。个人贷款余额739亿元，新增293亿元，增幅65.5%。开发负债类业务产品鼎惠存、定期宝、大额存单等，推出聚合支付产品原e付、中原钱包等支付类产品。健全贵宾客户增值服务体系，5家分行成立了财富管理中心，全行新增300万元以上高端客户430户。

（王春晖）

【县域业务】

2017年，中原银行乡镇支行、惠农支付服务点分别达到37家、1982个，惠农客户数26.4万户。94家县域支行各项存款余额675.67亿元，较年初新增143.24亿元；惠农存款余额37.47亿元，百万存款以上惠农支付服务点739个。

（刘　阳）

【信贷业务】

2017年，中原银行各项贷款余额（含贴现）1989亿元，新增340亿元，增幅20.6%。其中，个人贷款余额739亿元，新增293亿元，增幅65.5%，个人贷款全省市场份额增长1.07个百分点。公司贷款余额（含贴现）1250亿元，较年初新增47亿元，增幅3.9%，市场份额6.08%。

（郭立洁）

【银行卡业务】

2017年，中原银行借记卡产品种类日趋丰富，产品功能不断细化。银行卡多应用方面开发上线IC卡多应用平台，统一了IC卡芯片多应用区域规划、受理终端技术规范，实现公共行业和传统支付领域一卡通用，实现了学校学生管理、消费支付、学费代收以及企业员工考勤、职工管理等功能。

（王春晖）

【信用卡业务】

2017年，中原银行信用卡发卡4.6万张，城市印象卡率先在洛阳、开封、三门峡、济源等地实现落地，发行突出文化特色、历史典故、风景名胜等具有当地城市名片意义的城市主题卡，树立中原银行品牌形象。积极创新轻型业务模式，与51信用卡、美团点评、携程、众安保险等探索合作。

（胡　丹）

【投行业务】

2017年，中原银行积极开展债券承销、结构融资、股权融资等金融业务，结构化融资实现全年翻倍增长，股权融资业务全年新增投放70.26亿元，较2016年大幅增长。财务顾问业务实现零的突破，积极为省内外企业提供并购服务，新增顾问收入2035万元。

（高德博）

【电子银行业务】

2017年，中原银行手机银行用户累计254万户，新增用户125万户。推出手机银行4.0版本、中原钱包、中原推客等迭代产品和营销工具，不断丰富线上产品。手机银行4.0版本聚焦“客户新体验、智能化、千人千面、用户成长体系、产品场景化设计、营销功能设计”六大亮点；中原钱包聚焦“用户为中心、高频小额支付场景嵌入、用户进入门槛较低”三大亮点；中原推客聚焦“分行灵活配置、活动模板导入、活动效果追踪、奖励模式多样化”四大亮点。

（茹磊磊）

【风险管理】

2017年，中原银行持续提升风险识别能力，对行业、客户的风险状况以及未来趋势的把握进一步增强，风险管理的主动性、精确性进一步提升。正式形成了以《全面风险管理政策》为指导、稳健型风险偏好为主干，全面涵盖八大风险的政策制度体系，进一步强化了对授信集中度、并表附属机构的风险管理。牵头建立河南省城商行流动性互助机制，主动参与控制区域流动性风险。

（上官丽娟）

【内控管理】

中原银行实现内控合规与操作风险整合管理“三合一”系统上线，提高内控合规管理线上化水平。全面开展内控制度梳理，审查完善各类规章制度395项。圆满完成各项检查任务，积极开展“三违反”、“三套利”、“四不当”、“市场乱象整治”等专项治理活动，严格查处违法违规行为，净化行内合规管理环境。

（陈维娜）

【信息科技】

2017年，中原银行与麦肯锡咨询团队合作，有序推进数字化战略转型规划项目。将生物识别、智能投顾等人工智能技术运用到柜台与电子渠道系统，有效提升线上化、智能化服务能力。逐步完善大数据基础平台技术架构，完成全行主要业务数据向大数据基础平台的技术迁移，为后续大数据应用创新建设奠定坚实基础。

（陈　伟）

郑州银行股份有限公司

郑州银行股份有限公司行长、董事长　王天宇

【第一负责人简介】

王天宇，男，1966年3月出生，中共党员，郑州银行董事长、党委书记，法人代表，高级会计师。第十三届全国人大代表，河南省第十一届、十二届人大代表。新加坡国立大学工商管理硕士，清华大学五道口金融学院EMBA。从事金融工作二十余年，历任信用社主任，支行行长，郑州市商业银行副行长、行长，现任郑州银行股份有限公司行长、董事长。

【综述】

2017年末郑州银行股份有限公司（以下简称郑州银行）共有4574名在职员工，其中正式员工4171名，外聘员工375名，返聘员工28名；正式员工中，40岁及以下年龄占比57.7%，中级以上职称占比51.4%，本科及以上学历占比78%。2017年末，郑州银行共有166家机构网点，其中包含南阳、新乡、洛阳、商丘、安阳、许昌、漯河、信阳、濮阳、平顶山、驻马店、开封12家地市分行，7家社区支行和12家小微支行。2017年末，郑州银行资产规模4358亿元，较2016年增长696.8亿元，增幅19%。2017年实现净利润43.34亿元，较2016年增长2.89亿元，增幅7.14%；不良贷款率1.5%，资本充足率13.41%，拨备覆盖率211.04%，监管评级保持2B级，各项监管指标符合要求。

（郭　凯）

【金融改革】

2017年，郑州银行加快改革发展步伐，完善总－分－支三级管理架构。一是成立郑州管理部，统一管理郑州市区15家零售专营支行；小企业金融服务中心独立运营，统一管理郑州市内12家小微支行和7家社区支行。二是成立金融研究院，成立金融科技实验室。三是优化公司业务条线管理架构、职责及业务流程，将“贸易融资部”更名为“交易银行一部”，新设“交易银行二部”，公司业务部下设“战略客户中心”，并在公司事业部条线内嵌“风险评审中心”和“业务支持中心”，构建了“二部三中心”的管理架构；完善考核政策，将商贸物流银行建设主要指标纳入考核体系。四是成立专职清收中心、押品管理中心、分行审计中心、县域支行审计中心，明确分支行内控副行长和风险部总经理的双线管理政策，持续优化信用风险管理架构。

（郭　凯）

【信贷资金管理】

2017年末，郑州银行“两高一剩”贷款占比较2016年下降0.23个百分点。成功发行首期绿色金融债，规模30亿元、期限3年、票面利率4.7%。积极对接基础设施、百城提质、棚户区改造、产业集聚区建设等领域重点项目，2017年落地政府PPP项目26亿元，棚改项目47亿元，公共事业项目138亿元。2017年累计投放贷款1181.73亿元，比2016年增加266.43亿元，增幅29%。

（李秋宜）

【资产风险管理】

2017年，郑州银行持续加强资产风险管理工作：一是成立信用风险管理能力提升小组，统筹全行信用风险管理工作；在资产保全部下设三个资产保全中心，专业化、集中化清收处置风险资产；修订《风险资产清收奖励办法》，上调清收化解风险资产奖励标准，提高员工清收化解的主动性和积极性。二是优化风险偏好陈述及风险容忍度指标，对信用风险等四大类风险共设置36项限额指标，降低风险集中度。三是引入“汇法网、同盾”等外部数据，搭建反欺诈平台，推动反欺诈管理系统本地化，实现风险关口前移。四是制定贷后管理手册、案例手册、出账手册等操作指引；推进押品内部评估，开展郑州市区及异地业务核保；上线档案电子化，推进智能权证库房建设。五是制定《郑州银行风险资产处置操作规程》、《郑州银行贷款减免管理办法》、《郑州银行风险资产联合处置团队管理办法》等制度，明确了风险资产的处置化解的依据和指引。2017年末，郑州银行贷款余额1277.71亿元，其中正常类贷款余额1221.17亿元，占比95.58%；关注类贷款余额37.71亿元，占比2.95%；次级类贷款余额14.57亿元，占比1.14%；可疑类贷款余额4.23亿元，占比0.33%；损失类余额0.03亿元。

（刘振宇）

【存款业务】

2017年末，郑州银行存款余额2545亿元（不含同业存款898亿元），较2016年末增长382亿元，增幅17.7%。其中，对公存款余额1872.89亿元（含外币163.39亿元），较2016年末增加317.73亿元，增幅20.43%；储蓄存款余额671.9亿元，较2016年末增加64.38亿元，增幅10.6%。

（李宸霄）

【贷款业务】

2017年末，郑州银行各项贷款余额1277.34亿元，较2016年末增长167.19亿元，增幅15.06%。其中：一般性贷款余额1255.74亿元，较2016年增长196.56亿元，增幅18.56%；贴现贷款余额21.6亿元，较2016年减少29.37亿元，降幅57.62%。贷款余额前五大行业为：批发和零售业384.04亿元，占贷款总额30.86%；制造业131.1亿元，占贷款总额10.54%；建筑业120.71亿元，占贷款总额9.7%；房地产业120.25亿元，占贷款总额9.66%；农、林、牧、渔业28.57亿元，占贷款总额2.3%；个人贷款（不含个人经营性贷款）195.27亿元，占贷款总额15.69%。

（李秋宜）

【中小企业贷款】

2017年，郑州银行小微贷款业务实现稳健发展。一是小企业金融服务中心从小企业金融事业部分离，实现独立运营。二是制定《2017年小微金融信贷产品操作规范》，确定小微业务以供应链金融、数据金融、商圈、园区金融及科技金融为主要发展方向。三是将小微信贷产品分为供应链金融、平台金融、房产金融、汽车金融、政策金融五大产品体系；推出微乐分、租车贷、钱包好车、微妙贷、随心贷等五款互联网新产品。四是对贷款到期客户分类分层，制定出绿、黄、红、黑四类管理名单，进行差异化授信管理。2017年末，小微企业贷款余额为685.29亿元，较2016年新增95.05亿元，增幅16.10%；小微企业贷款户数35251户，较2016年增加15576户；小微申请贷款获得率93.68%，较2016年增加2.08个百分点。“三个不低于”监管指标完成。

（柳　洋）

【个人业务】

2017年，郑州银行个人业务贯彻“以个人客户为中心”的理念,采取多项措施持续推进零售业务转型等重点工作。一是大力拓展电子化渠道。上线手机银行银证通、智能柜台无纸化签名、预填单等功能，推出信用卡“速申”平台、通用缴费、聚合支付、自由存、郑银智投等产品。电子银行交易量突破4000万笔、交易金额达6700亿元、电子业务替代率达92.86%。二是创新营销手段，举办“郑银杯”职工舞蹈大赛、贵宾客户新年音乐会、百姓乐享购物节活动等多种营销活动,促进个人客户及金融资产的快速增加。2017年末，郑州银行个人客户数530万户，较2016年增加59万户，增幅为12.5%。

（王　睿）

【中间业务】

2017年，郑州银行实现了中间业务收入的稳健增长。2017年郑州银行共实现中间业务收入17.21亿元，较2016年增加6.38亿元，增幅58.91%；中间业务收入占比17.84%，较2016年上升6.5个百分点。

（王克礼）

【理财业务】

2017年，郑州银行增强主动投资能力，运用多渠道开展大类资产配置，持续拓宽产品线。在“金梧桐”-鼎诚、聚金、畅享、同惠、聚鑫、聚财系列的基础上，相继推出开放式理财“周周盈”、“月月盈”和“季季盈”，针对高净值客户推出“聚赢”专属理财，针对特定客户推出工会卡专属理财、私人银行理财、新客专属理财、代发工资专属理财。2017年发行理财产品474期，较2016年增加132期，增幅为38.60%；发行规模959.55亿元，较2016年增加145.19亿元，增幅为17.82%；发行保本浮动收益型产品95期，募集金额118.98亿元，非保本浮动收益型产品164期，募集金额375.01亿元。2017年末，郑州银行理财产品存续259支，存续规模493.99亿元，其中保本产品存续规模118.98亿元，占比24.09%。

（李　钊）

【银行卡业务】

借记卡方面，郑州银行大力开发金融IC卡的行业应用，2017年先后发行新乡公交一卡通、许昌公交一卡通、枫杨校园一卡通、豪翔物流联名卡、安阳工会卡、驻马店工会卡等，不断丰富银行卡的应用场景。截至2017年末，郑州银行发行各类金融IC卡209.37万张。信用卡方面，推出ETC记账卡、现金分期产品；上线“交互式云账单”、惠生活平台、互联催收平台，继续丰富移动营销平台功能；开通“财付通”信用卡还款渠道，实现华为支付和小米支付；拓展郑州银行信用卡特惠商户650家，常态化开展餐饮、旅游、观影、商超、洗车等各类营销活动。2017年末，郑州银行累计发行商鼎信用卡121999张，激活率为79.43%，活跃率为70.53%。2017年，郑州银行各类银行卡发行56.53万张；卡内存款余额达269.22亿元，较2016年增长32.18亿元，增幅为13.58%。

（王　睿）

【资金清算】

2017年，郑州银行成功加入上海票据交易所系统，实现了对票据的全生命周期管理；开通城商行柜面通业务，实现了与53家城商行6116个网点资源共享；搭建综合性支付平台，整合原系统内152个交易界面及人民银行大小额支付系统、网上支付跨行清算系统以及城商行支付清算系统，实现了系统自动选择费率优先、效率兼顾的支付渠道。2017年共办理资金清算业务共448.78万笔，金额127009.56亿元。其中：支票业务27.58万笔，金额3972.40亿元；大小额支付系统汇兑业务406.66万笔，金额121468.59亿元；签发银行承兑汇票84840笔，金额781.37亿元；兑付银行承兑汇票60628笔，金额787.2亿元。

（卢　峰）

【金融创新】

2017年，郑州银行坚持金融服务实体经济的本质要求，重点围绕“商贸金融、小微金融、市民金融”的市场定位，开展了大量而富有特色的金融创新。一是将创新工作与部门KPI考核挂钩，成立金融科技实验室，完善创新与课题研究的评审、管理、考核、奖励机制，全年征集创意项目1269项，17项课题研究全部结项。二是获得基础类金融衍生产品、银行间市场利率互换交易、银行间外汇市场衍生品会员、中期借贷便利、2018-2020年记账式国债承销团乙类成员等业务资格，拓宽了产品创新渠道。三是上线银企直联业务系统、资金监管系统、线上供应链系统、企业版手机银行、小企业微信银行二期等，落地人民币外汇货币掉期交易业务、银医通场景应用业务等。四是上线远程预约排队功能，持续完善手机银行和网上银行功能，为每家网点配备智能柜台，智能网点建设开始提质增效。

（陈宏辉）

【经营管理】

一是加强基础支撑。按计划推进新一代核心系统建设，科技监管评级由2C提升为2B级，是国内科技监管评级最高的14家城商行之一；独立招收博士后资格获全国博管办批准；印发《特殊人才管理办法》等17项基础制度，通过猎头招聘、校园招聘、内部推荐共引进各类人才475人，开展各类培训239场。二是推进精细化管理。根据政策变化，主动调整资产结构、压缩广义信贷资产规模，全年MPA考核均为B级；盘点全行固定资产、离行自助设备，上线成本分摊系统，推进财务共享中心建设，差异化管理挂牌利率，提升财务精细化管理水平。三是加强政策研究。成立金融研究院，撰写了2本专著、2项报告、4篇论文，完成5项课题，《做大做强金融豫军》荣获河南省发展研究中心课题特等奖。四是扩大网点覆盖面。成立开封、驻马店2家分行，开业偃师、禹州等19家支行，发起设立村镇银行2家，增设离行式自助网点9家。

（郭　凯）

【资产保全】

2017年，郑州银行重组资产保全部，下设三个专职清收中心，成立专职清收团队保障资产保全工作顺利开展。2017年度，现金清收贷款321笔共2.11亿元，其中收回已核销贷款162笔共1.01亿元；盘活化解贷款22.61亿元；未上划协助支行诉讼管理共229笔30.5亿元；完成221户共6.93亿元资产的税前申报工作，减免所得税1.73亿元，最大限度地降低了资产损失。

（闫　艳）

【信息科技】

2017年度，郑州银行不断加强科技管理能力。成立金融科技实验室和大数据中心；规范IT服务体系管理，顺利通过了ISO20000认证。按计划推进新一代核心系统建设，科技监管评级由2C提升为2B级，是国内科技监管评级最高的14家城商行之一。

（杨　莉）

平顶山银行股份有限公司

【综述】

2017年末，平顶山银行股份有限公司资产总额达814.23亿元，较年初增加103.41亿元，资本充足率13.71%，拨备覆盖率303.12%，不良贷款比率1.59%，各项监管指标均达到或好于监管要求。

【存款业务】

2017年末，平顶山银行股份有限公司各项存款523.63亿元，较年初增加65.98亿元，增幅14.42%。其中，营业管理部储蓄存款较年初增加17.88亿元，新增位居平顶山市第三位，增幅16.8%，高于同业平均增幅4.68个百分点。

【信贷业务】

2017年，平顶山银行股份有限公司合理把握信贷投向，用足用活贷款规模，加大对实体经济的支持力度；进一步加强对贷款风险的防范和控制力度，严格信贷业务操作流程，严把新增贷款准入关；全面加强贷后管理，严格贷款责任追究；多策并举强化不良贷款处置，2017年累计清收不良贷款18.37亿元；启动了微小金融准事业部制改革，推进微贷业务做特、做专、做出品牌。2017年末，平顶山银行股份有限公司各项贷款332.45亿元，较年初增加42.55亿元，增幅14.68%。

【风险管理】

2017年，平顶山银行股份有限公司加强总分风险条线联动，将各类风险日常管理、监督责任到岗到人，持续推进实现“全面、全程、全员”的风险管理目标，提高全面风险管理水平。针对各类风险和易发风险环节，加强风险预警和监测；全面加强内控制度建设，修订完善各项制度410个，抓好制度执行；强化内部审计，上线了审计系统，实施了专项审计，全年完成审计项目20个，发现各类问题832个，提出各类审计建议171条；开通了常备借贷便利业务，进一步提高了流动性管理水平；强化运营管理，全年开展8次覆盖全部网点的现场检查，按月实施非现场检查；先后进行了信用风险、“两会一层”风控责任落实情况、存款保险现场评级以及审计署、发改委等各类专项检查，全面提升了风险管控水平，继续实现“零”发案的防控目标，确保了业务稳健发展。

【改革创新】

2017年，平顶山银行股份有限公司积极推进发展模式转型，以社区金融、商圈金融、互联网金融为依托的“大零售”格局初现，公司业务提质增效，资金、理财业务控风险、扩规模，实现了稳健发展；加大信息科技基础建设力度，信息科技监管评级由3A晋升为2C，为业务创新提供了坚强支撑；加快创新驱动，探索推进互联网金融平台建设，直销银行、手机银行“FIDO+”（移动端身份认证系统）项目成功上线，“平银e贷”线下贷款顺利发放，“微动力”理财超市项目正式启动；与税务机关合作开展“税银网+”项目，公积金系统对接项目通过验收，参与研发的市国库集中支付电子化系统上线，实现了财政资金收缴和支付业务“无纸化”运行；大力拓展便民缴费业务，平顶山地区水电费代收代扣业务上线；推出了“乐易贷”、“易宜贷”、“银政易贷”、“农易贷”、“政采盈”等产品，增强了小微企业服务能力；发行了大额存单，拓宽了一般性存款来源渠道，提升了金融服务能力。

洛阳银行股份有限公司

【综述】

2017年末,总资产达2076亿元,较年初增加245亿元,增幅13%;各项存款达到1166亿元,较年初增加147亿元,增幅14%;各项贷款达到681亿元,较年初增加73亿元,增幅12%;实现税后利润25.3亿元,较2016年增加2.55亿元,增幅11%。共设有郑州、三门峡、焦作、许昌、平顶山、信阳、南阳、安阳、鹤壁、驻马店10家分行,机构网点160家,从业人员2844人。发起设立了河南栾川民丰村镇银行、深圳南山宝生村镇银行、孟津民丰村镇银行和洛银金融租赁公司。

【信贷业务】

2017年末,洛阳银行贷款余额达到681亿元,较年初新增73亿元。加大对重点企业、骨干企业的服务力度。向中信重工、黎明化工院、高新热力等对地方经济具有重要带动作用的企业累计授信突破100亿元;累计投向洛阳市机器人及智能装备产业贷款3亿元,投向战略新兴产业贷款38亿元,投向文化旅游产业贷款3亿元;设立全省首家军民融合科技支行,加强与中原军民融合产业联盟的合作,向联盟成员单位中的多家客户发放贷款5.2亿元,票据融资1.65亿元;投向产业集聚区贷款余额28亿元,支持了洛阳高新区、炎黄科技园、洛新产业集聚区等园区的建设;投向市政项目建设贷款余额32亿元,支持了古城快速路、新310国道等项目建设;加大小微企业贷款投放力度,2017年末,小微贷款余额为289亿元,较年初增加31.8元,增速为12.34%,高于全行增速0.22个百分点;小微企业贷款余额户数为20187户,较年初增加443户。

【存款业务】

推进“大零售”战略实施,挖掘储蓄存款发展潜力,先后开展了“开门红”等全局性的营销活动,有效提升了营销的影响力;加大产品开发力度,先后推出智存宝、个人出国金融贷款等零售业务产品;加强公私业务、线上线下等业务资源的联动,提升营销合力。2017年新增个人客户21.35万户,储蓄存款较年初增加79亿元,增幅23.2%,2017年末,储蓄存款余额达到420亿元。在金融混业发展、企业融资多元化的形势下,积极转变发展理念,围绕“创新模式、拓新挖潜”的主线,坚持资产业务与负债业务并重的原则,积极探索有效的营销模式,统筹协调行内外各类业务资源,加强与企业融资需求的对接协同,不断拓展业务发展空间。在结算性存款占比提高、对公存款结构优化的基础上,全年对公存款新增68亿元,2017年末,对公存款余额达到746亿元。

【信贷资产风险管理】

2017年,洛阳银行在加强全面风险管理的基础上,将不良贷款清收盘活化解作为重点风险,加大各类资源投入,提升风险化解的有效性。年初,组织对全行贷款质量进行全面摸底排查,逐户制定化解方案;按月召开专题风险分析会,实时掌握风险化解状况,及时研究制定针对性措施;针对不良贷款化解任务较重的机构,建立了总行领导及风险、信贷相关部门分片包干制;建立不良贷款清收攻坚专项考核制度,按月考核,按月兑现;推进不良贷款责任认定及问责工作,调动分支机构的工作积极性;通过清收、盘活、诉讼等多种方式,多渠道化解风险。2017年末,洛阳银行不良贷款率为1.59%,较年初增加0.03个百分点,信贷资产质量保持总体稳定。

【金融创新】

持续优化、完善创新管理体制,修订了《创新管理顶层设计方案》,将子公司纳入集团创新框架;制定了《创新专家队伍管理办法》、《洛阳银行创新基金管理办法(试行)》,进一步完善创新组织体系,发挥创新基金的激励作用。加大产品创新力度,先后推出智存宝、三年期个人大额存单等储蓄类产品,银税贷、票据池、棚改贷、票据通等融资类产品,出口托收、出口信用证、二级市场福费廷买入等国际业务产品。把握金融科技发展趋势，积极完善线上金融服务，实现薪金贷、POS 贷等贷款产品线上化，大力推进直销银行建设，加强与平安一账通、中融金钱包、中诚信征信、同方软银等外部先进金融科技企业交流，不断深化对金融科技的认知，开拓创新思路。开发上线创新管理平台，搭建高效、实时的信息反馈渠道，全年收到各类创意及优化建议近 100 条，其中 80% 以上已落地或正在实施。

【金融扶贫】

2017 年，洛阳银行成立扶贫工作领导小组，从总行层面统筹安排全行扶贫信贷工作的计划和实施；制定了年度扶贫小额信贷计划，单独配置专项扶贫信贷资源；完善小额扶贫贷款相关制度、流程、机制，在授信审批等方面建立绿色通道，提高业务办理效率；明确县域支行在贫困县吸收的存款用于当地扶贫开发、产业扶贫、贫困户和带贫企业生产发展的信贷支持。2017 年，伊川支行、嵩县支行、洛宁支行、宜阳支行、汝阳支行、偃师支行均与各县政府签订了金融扶贫框架协议。创新授信模式，通过龙头企业带动、集体联动授信等方式，多渠道、多手段加大扶贫贷款投放力度，2017 年末，洛阳银行共发放精准扶贫贷款 27540 万元。

【金融科技】

2017 年，在前期科学规划、深入论证的基础上，成立专门项目组，启动新一代科技系统建设。计划未来三到四年间，投资近 5 亿元用以建设新的核心系统、新的 IT 应用架构和数据架构，提升科技对业务模式转型和创新的引领能力。在推进自身科技系统建设的同时，洛阳银行坚持自主创新与借助外力相结合的方式，推进互联网金融平台建设、互联网支付渠道拓展、互联网金融产品创新等，互联网金融服务体系进一步健全。

【债券发行】

为满足业务发展对资本的需求，洛阳银行于 2017 年初启动了二级资本债发行工作，在人民银行、监管部门的支持下，于 2017 年底顺利获准发行 20 亿元二级资本债，并于 12 月份成功发行，进一步壮大了资本实力，拓展了业务发展空间。同时，为更好地支持绿色发展、拓宽资金来源渠道、优化负债结构，经过积极争取，洛阳银行获准发行 10 亿元绿色金融债券，并于 2017 年上半年顺利完成发行工作，成为全省首家发行绿色金融债券的金融机构。

（席总胜）

焦作中旅银行股份有限公司

【综述】

2017年，焦作中旅银行股份有限公司（以下简称焦作中旅银行）围绕打造特色化一流银行的战略愿景，坚持控风险、重合规、铸特色、强管理、促发展，各项业务实现持续健康快速发展。2017年末，焦作中旅银行注册资本50亿元，在岗员工1127人，下设20个职能部门、2个准事业部、12个业务团队，1家营业部、37家支行和1家郑州分行。资产总额达681.50亿元，较年初增加69.41亿元，增幅11.34%；实现拨备前利润12.51亿元，拨备覆盖率209.97%。

【存款业务】

焦作中旅银行树立“存款立行”经营理念。一是公私联动，开展“拆迁补偿款”专项营销活动。二是提升客户粘性，先后组织开展“VIP客户旅游回馈”、“月主题”、“月月抽”等活动。三是丰富VIP客户权益，推出机场贵宾厅体验卡。四是营销行政事业单位代发工资业务，开展“行政事业单位开立贵宾卡”活动。五是与交通银行股份有限公司河南省分行合作开展柜面通业务，与钱包金服（北京）科技有限公司合作开发中旅钱包，代销“幸福星”、“财富星”等投资产品，推动三方合作项目发展。2017年末，焦作中旅银行各项存款余额406.48亿元，较年初增加66.94亿元，增幅19.71%，存款增长势头良好。

【贷款业务】

2017年末，焦作中旅银行各项贷款余额303.54亿元，较年初增加65.17亿元，增幅27.34%。累计投放贷款254.95亿元。其中，分别向大、中、小、微型企业投放贷款70.18亿元、75.58亿元、53.52亿元、4.37亿元，向非企业投放贷款3.41亿元，向个人投放贷款47.90亿元。分行业看，贷款主要投向：批发和零售业37.64亿元，制造业37.59亿元，租赁和商务服务业36.19亿元，水利、环境和公共设施管理业24.26亿元，房地产业21.09亿元。

【资产管理】

一是强化内控管理，突出合规经营，严格规范操作流程，加强固定资产管理，加大监督检查力度，确保资产权属清晰。二是不断提高资产质量与会计信息的真实性和准确性，提升全行操作风险防范意识和工作效率，确保各项业务正常开展。三是提升资产规划管理的有序性和有效性，升级“星旅财富”理财品牌，完成开放式理财、高净值客户理财的研发和上线，理财产品体系逐步丰富，同时加强与同业机构合作，开拓业务渠道。

【内部管理】

一是推进制度年建设，并将其列入效能监察。2017年，焦作中旅银行共修订制度247个。二是强化不良清收盘活。2017年共实现不良清收3.23亿元，收回不良贷款本金2.92亿元，利息0.31亿元；累计盘活不良授信资产43户，金额4.06亿元，完成全年盘活任务的135%。三是严肃不良问责，推进监督问责工作常态化。四是加强审计监督，以全行重点工作、新业务、薄弱环节为着力点，重点开展了信息科技、流动性风险、财务管理、信用风险等项目审计工作，严肃问题整改，提升工作质量。五是凝聚合规共识，组织“三三四十”、员工债务及对外担保摸底等风险排查活动，举办合规演讲比赛、微型情景剧表演活动，通过员工现身说法诠释合规经营的重要性。

【中小企业贷款】

2017年末，小微企业贷款余额119.36亿元，较年初增加26.12亿元，增幅28.01%，高于全行各项贷款增速0.67个百分点；贷款户数为4095户，较2016年增加1907户。小微企业申贷获得率为96.47%，完成“三个不低于”的监管考核目标。

【个人业务】

焦作中旅银行开发个贷产品，陆续推出“房易贷”“优质客户消费贷”“卡易贷”“易秒贷”“农户贷”“一手房按揭贷款”“二手房按揭贷款”“租车游贷”“汽车贷”“游乐贷”等多种贷款品种。同时，重点推出围绕旅游产业的相关贷款，包括个人优质客户消费贷、“i旅游”卡循环消费贷、农家乐贷、旅行社贷款等。2017年末，个人贷款余额58.95亿元，较年初增加32.07亿元。其中，个人经营性贷款余额18.23亿元，较年初增加8.11亿元；个人消费贷款余额40.72亿元，较年初增加23.96亿元。

【中间业务】

焦作中旅银行中间业务主要包括代理业务、委托贷款业务、财务顾问业务、保函业务、单位注册验资业务、支付结算业务、代客理财业务、柜面通业务等。2017年末，焦作中旅银行实现中间业务收入16059万元，其中结算手续费收入63万元，顾问及咨询业务收入1485万元，代理业务收入101万元，银行卡业务收入32万元，担保业务收入766万元，理财中间业务收入9696万元，其他收入3916万元。

【资产风险管理】

一是由风险合规部牵头搭建大风险管理体系，对资本风险、信用风险、流动性风险、市场风险、操作风险、合规风险和声誉风险等方面进行定期监测、管控，并形成专题报告上报董事会风险管理委员会。二是从授信营销、风险审查、发放审核、贷后管理、不良资产保全等环节着手，重建信贷风险制度流程，建立统一授信审批模式。三是加强操作风险控制，全面建立各项业务特别是账户管理、支付结算、银企对账、印押证管理及反洗钱等业务操作规程，加强责任追究。四是加快推进不良授信客户盘活进度，制定“一户一策”的盘活工作方案。针对重点不良资产户，采取逐户跟踪，成立“重点不良资产户清收工作小组”，加大重点不良资产户的清收力度。

【银行卡业务】

一是全力打造“i旅游”卡权益，2017年末实现全省4A（含）以上景区签约并落地54户，占全省4A（含）以上景区总量的73%。二是发行机场、高铁贵宾厅体验卡，并与机场对接捷易登机餐厅自助餐就餐权益和机场停车权益方案。三是与游点酷公司、迈伴客公司合作，拟开发用于国内客户出境旅游、消费分期的APP，满足客户开立电子账户、获得消费贷款、境外消费等金融需求。四是持续开展“最i星期六”、VIP客户权益、“i旅游日”等优惠项目。

【投资业务】

一是搭建同业投资渠道平台，实现优质信托资产持有量稳定增长。二是拓宽同业合作渠道，落实“交易银行”战略。三是与中国银行股份有限公司河南省分行签署战略合作协议，并与中信证券、招商证券等大型券商，中信信托、中原信托等大型信托公司保持稳定联系，共同为客户打造综合性投融资顾问服务。

【服务创新】

焦作中旅银行坚持“旅游+金融+互联网”战略定位。一是先后推出20余种信贷创新产品。针对酒店住宿业产权与经营权分离、无强抵押资产的行业特点，开发酒店无忧贷、酒店间夜收益权质押贷等信贷产品；针对景区重资产、投资回收期长的行业特点，开发景区资产收益权质押贷、景区项目贷等；针对旅行社无强抵押资产、现金流丰富的行业特点，开发旅行社周转贷、旅通盈等信贷产品。二是发挥集团优势，将“i旅游”卡权益与集团酒店、景区等产业关联，实现旅游金融特色服务。三是增加客户增值服务，签约速8连锁酒店等30余家酒店景区，并与郑州机场、全国35家自营高铁贵宾厅等达成合作协议，焦作中旅银行VIP客户可享贵宾厅等增值服务；与ofo小黄车达成合作协议，焦作中旅银行客户可享90天免费骑行；与银联支付合作推出12306购火车票享优惠活动等。

证券、期货机构

中原证券股份有限公司

中原证券股份有限公司党委书记、董事长　菅明军

【第一负责人简介】

菅明军，1963年3月出生，中共河南省候补委员、河南省人大常委，经济学博士，高级会计师，享受国务院特殊津贴专家。历任国家财政部综合计划司干部，河南省财政厅办公室副主任，亚太会计集团常务副总裁，河南省财政厅办公室主任，河南省管国有企业监事会主席。2008年10月至2012年8月任中原证券公司总裁，2012年8月至今任中原证券股份有限公司董事长，2014年11月至今兼任中原证券股份有限公司党委书记。目前还担任河南省证券期货协会会长，中国证券业协会投资银行业专业委员会委员。

【综述】

2017年是中原证券股份有限公司跃上新平台的跨越之年。这一年，跻身沪港两地上市券商之列（全国131家证券公司中仅10家），取得了战略发展的主动权。牵头组建的中原人寿保险公司也获中国保监会受理并预披露。综合经营优势凸显，中原股权交易中心挂牌企业突破2000家，融资规模超过20亿元，中州国际成为新的创利标兵，中原期货新三板挂牌上市工作正式启动，中鼎开源初步闯出了一条适合自身的私募股权基金管理之路，中州蓝海增资扩股完成仅数月就创出奇迹，中原小贷公司也展现出巨大发展潜力，子公司板块整体崛起。

【经营业绩】

2017年末公司总资产406.61亿元，归属上市公司股东的净资产101.70亿元。

一、经纪业务。2017年经纪业务实现营业收入12.98亿元，较2016年增长15.76%。证券经纪方面，2017年末，公司A股、基金交易金额12,686.14亿元，市场占有率0.52%；客户总数172.27万户，较2016年末增长4.3%；融资融券余额达57.42亿元，信用交易额985.03亿元，累计开立信用账户 41,595 户，较 2016 年增长 3.92%。同时，公司不断丰富投顾增资服务产品，加强对投资顾问的专业培训和综合能力提升，优化投资顾问标准化服务要求及流程，并积极推动投顾展业平台系统建设，促进传统通道业务向财富管理转型。期货经纪方面，中原期货新设 1 家营业部，在建 1 家营业部，取得商品期权和原油期货交易资格，积极拓展“仓单服务 + 期现套利”业务模式；全年客户新增 3,000 多户，服务客户总量已达 2.2 万户，实现营业收入 3.94 亿元，同比增长 294.69%，利润总额 2,916 万元，同比增长 13.28%，净资产收益率 5.3%。分销金融产品方面，公司 2017 年全年代销公募基金产品共计 5.99 亿元，较 2016 年 5.84 亿元基本持平；代销银行理财产品共计约 16.67 亿元，较 2016 年 7.6 亿元大幅增长 119%。收益凭证销售 10.45 亿元，较 2016 年 1,027 万元大幅增长。

二、投资银行业务。2017 年公司投资银行业务实现营业收入 0.81 亿元。全年完成财务顾问项目 15 个，IPO 在审核项目 1 单；完成新三板挂牌 25 家，新三板定向融资 21 次，融资金额人民币 3.65 亿元；完成企业债 3 单、公司债项目 1 单、金融债项目 1 单，固定收益类业务承销金额人民币 48.30 亿元。

三、资产管理业务。公司资产管理总规模 210.45 亿元，管理产品 44 只，集合 25 只，定向 17 只，专项 2 只。集合产品规模 67.49 亿元，比 2016 年增长 21.2 亿元，增长 45.82%；定向业务规模 132.53 亿元，比 2016 年增长 69.58 亿元，增长 110.53%；专项资产管理计划 2 只，业务规模 10.43 亿元。

四、证券投资业务。权益类投资面对市场严重结构分化的局面，始终把严控风险放在首要位置，在相当程度上规避了市场分化带来的风险并取得阶段收益。固定收益投资顺应市场趋势，适时调整仓位，做好久期控制和信用风险防范，严格控制流动性风险，同时合理预判资金面、基本面等趋势，精细化操作，降低融资成本，提高收益。2017 年全年自营交易业务实现营业收入 0.26 亿元。

五、股票质押回购及约定购回业务。2017 年公司股票质押回购业务收入和规模实现大幅增长，股票质押回购业务全年日均规模 30.17 亿元（自有资金），较 2016 年增长 38.52%；实现利息收入约 1.68 亿元，较 2016 年增长 9.80%。2017 年底，公司待购回初始交易金额为 46.02 亿元，较 2016 年末增长 93.93%；在途业务平均履约保障比例为 228.45%；开通约定购回业务交易权限客户 798 户，较 2016 年末减少 3.27%；发生初始交易金额 0.65 亿元，较 2016 年增加 14.04%；购回交易金额 0.38 亿元，较 2016 年下降 34.21%；待购回余额 0.15 亿元。

六、新三板做市业务。2017 年，面对新三板做市业务面临指数持续下跌、交易低迷的系统性风险，公司积极调整业务策略，减少新增项目投资，对存量项目逐步退出，严控交易风险，做市家数呈现净减少，压缩业务规模。2017 年底，公司新三板做市股票 114 只，做市家数行业排名第 23 位。

七、创新业务。公司通过互联网广告合作新增客户 3,525 户，占公司总开户数的 5.7%，互联网平台产品销售额 33.97 亿元，同比增长 256%。通过修订完善柜台市场的制度流程，强化合规风控和适当性管理工作，保障了柜台市场合规正常运营；持续推进柜台市场建设，优化了“财升网”和手机 APP“财升宝”业务功能，促进了柜台市场业务的开展；积极推进柜台市场产品多样化，滚动发行收益凭证 131 期，总规模 25 亿元。此外，公司还通过强化团队建设、组织“权王争霸赛”等多种形式的推广活动，全年实现股票期权新增客户数量 513 户，成交量 96.9 万张，实现收入 359.5 万元。全年客户数量市场份额与成交量市场份额两项指标行业排名分别为第 28 位和 33 位。

八、子公司。一是中原股权交易中心。2017 年实现累计挂牌企业突破 2000 家，在全国 40 家区域股权市场中位居第 12 位，累计帮助企业融资突破 20 亿元，超额完成省政府确定的目标。二是香港子公司中州国际。2017 年一手抓股权多元化改制和增资扩股，成立注册资本 10 亿港元的中州国际金融集团，完成了拟上市平台架构的搭建；一手抓各项业务发展，成功拥有香港证券期货市场全部业务牌照，在成立后的第二个完整会计年度实现营业收入 3.08 亿港元，净利润 0.9 亿港元。三是中原期货公司。新三板挂牌申请获全国股转系统受理并完成两次问题反馈。2017 年全年经纪业务新增客户 3000 多户，资产管理业务重心逐步向上海转移、上海分公司筹建顺利，全年实现营业收入 3.94 亿元，净利润 2,135.84 万元。四是中州蓝海公司。2016 年在投资策略、项目投资、子公司整改、增资扩股、注册地迁移、制度建设及团队建设等方面有突破性进展，特别是注册资本由 5 亿元增至 30 亿元，并积极布局金融产品投资，实现股权投资和金融产品投资齐头并进，全年实现营业收入 1.13 亿元，净利润 7,874.74 万元。五是中鼎开源公司。抓住地市平台公司融资改革机遇，与濮阳等相关省辖市分支机构密切协同，先后发起设立濮阳化工新材料基金、西平产业基金、登封产业基金等，初步探索出了一条与地方政府合作设立基金、服务地方招商引资、产业落地和加快自身发展的私募股权基金管理之路，2017 年实现营业收入 1.31 亿元，净利润 8,048.35 万元。六是中原小贷公司。2017 年 7 月开业投运后，进一步拉大了公司大型金控集团的发展框架，并按照“小贷不小、高端客户、专业服务”的定位，狠抓项目开发投放与融资渠道拓展，展现了良好发展潜力。

【组织与机构管理】

中原证券股份有限公司内设资本市场、投行运营、经纪业务、证券投资、固定收益、做市业务、信用业务、财富管理、零售业务、证券研究、稽核审计、风险管理、合规管理、法律事务、信息技术、计划财务、运营管理、资产托管、人力资源、办公室、纪检监察、战略发展和党群等部门。拥有子公司 5 家，参股基金公司 1 家，拥有分公司 25 家，拥有 88 家证券营业部。证券营业部分布在全国 13 个省、自治区、直辖市，其中，北京市 2 家、上海市 2 家、浙江省 2 家、广东省 2 家、湖北省 1 家、湖南省 2 家、江苏省 1 家、陕西省 1 家、山东省 3 家、河北省 1 家、天津市 1 家、山西省 1 家、河南省 69 家。

中原证券股份有限公司按照《公司章程》，构建了权力、决策、执行、监督相互独立、权责明确、相互制衡、协调运转的治理体系。公司股东大会、董事会、经理层、监事会分别是权力机构、决策机构、执行机构、监督机构。股东大会是公司的权力机构，依法行使决定公司经营方针和投资计划、审议批准董监事会报告、公司增加或者减少注册资本、修改公司章程等职责。公司董事会对股东大会负责并报告工作，执行股东大会决议，行使决定公司经营计划和投资方案，制订公司预决算和利润分配方案、决定公司内部管理机构的设置等职责。公司董事会下设发展战略委员会、薪酬与提名委员会、审计委员会、风险控制委员会等。公司总裁主持公司经营管理工作，组织实施董事会决议。公司经营管理部门及分支机构对经营班子负责并报告工作。公司监事会检查公司财务，对公司董事、总裁和其他高级管理人员履行职责的合法合规性进行监督，维护公司及股东的合法权益。公司成立以来，已经建立了分工合理、职责明确、报告关系清晰的组织结构，该组织结构对公司的各级部门和各项业务都实施了有效的管理控制。

2017 年末，中原证券股份有限公司共有员工 2770 人，其中，硕士以上约 600 人，本科以上将近 2500 人。

郑州商品交易所

郑州商品交易所党委书记、理事长　陈华平

【第一负责人简介】

陈华平，男，毕业于武汉大学，先后在全国人大、国务院证券委员会、中国证监会等单位工作，历任中国证监会天津证监局党委委员、局长助理，中国证监会机构监管部副主任、打非局局长等，现任郑州商品交易所党委书记、理事长，中国人民政治协商会议第十二届河南省委员会委员。

【综述】

2017年，郑州商品交易所（以下简称郑商所）深入学习领会党的十九大和全国金融工作会议精神，牢牢把握“六稳六进”总体要求，坚决贯彻落实党委决策部署，强党建、优管理、保稳定、谋发展，管党治党明显加强，市场创新迈出重大步伐，持续向前发展的基础更加牢固。

【市场发展】

积极推进产品、业务创新，做实做细市场推广与培育，服务实体经济能力迈上新台阶。白糖期权、棉纱期货、苹果期货挂牌交易，场外业务有序推进，衍生品创新取得重大突破。基差贸易模式在菜粕、甲醇等产业广泛应用，PTA、白糖等期货已成为实体企业管理风险的必备工具，棉花、动力煤期货在服务宏观决策上发挥重要参考作用。

一、积极稳妥推进产品创新。围绕服务实体经济、服务“三农”和国家发展战略，积极响应会员和实体企业需求，努力争取各方支持，研发上市棉纱、苹果期货和白糖期权，服务实体经济的领域和范围进一步拓展。红枣期货立项申请获证监会批准。尿素、苯乙烯、咖啡、电力期货研究深入推进。

二、有序推进场外市场建设。适应实体企业多样化、个性化的风险管理需求，建设综合业务平台，制定场外业务规则制度，开展仿真交易，为推出仓单交易、基差贸易等场外交易做好准备。

三、改进优化现有品种。出台PTA、动力煤合约连续活跃方案，综合采取降低投资者交易与交割成本、引入做市商多种措施，使相关合约初步呈现活跃态势，部分PTA、动力煤企业利用803合约进行套保。针对相关行业供给侧结构性改革以来的市场变化，及时修订套保、限仓等业务规则，完善动力煤、白糖、玻璃、PTA等品种交割结算制度，优化交割仓库布局，为产业企业管理风险创造良好条件。

四、扎实做好市场培育和推广。始终把引导产业企业参与市场作为工作重中之重，以开展“三业”活动、完善产业企业服务平台为抓手，与地方政府、行业协会、金融机构、期货公司开展形式多样的合作，构建市场各方共同参与的产业企业服务体系。持续开展“点”“面”基地建设，2017年评选18家期现结合“点基地”企业，发挥示范作用引导更多产业企业利用期货管理风险。举办第二届中国（郑州）国际期货论坛。与新疆生产建设兵团签署合作备忘录，在新疆召开服务实体经济座谈会，支持市场各方开展期货应用技能培训，做好服务棉花目标价格改革工作。在上海、新疆设立驻外机构，健全北京研发中心职能，完善郑商所市场服务体系，提高郑商所竞争力和服务水平。

五、积极推进“保险+期货”试点和扶贫工作。围绕服务农业供给侧结构性改革、助力脱贫攻坚战略，稳步扩大“保险+期货”试点，建设20个棉花、白糖试点项目，保险白糖4.5万吨、棉花1.22万吨，试点覆盖新疆、河北、广东、云南及广西等5省（区）14个国家级贫困县，惠及农户1.3万户。7个棉花和9个白糖项目触发保险理赔，共计赔付598.59万元。继续做好桐柏县定点扶贫工作，针对脱贫攻坚两大难题之一的因病致贫问题，在2016年投入250万元为全县207个村卫生室配置基础医疗设备的基础上，2017-2018年计划投入1000万元资助桐柏县全县15个乡镇卫生院标准化工程建设（第一批495.85万元项目援助款项已落实到位），健全县乡村分级诊疗体系，解决农民看病难、看病贵问题，助力桐柏县脱贫攻坚。累计投入596万元，资助新县920名职高学生参加技能教育、3085名兰考县高中生和大学生完成学业，帮助贫困地区群众增强脱贫致富的本领。创新扶贫方式，发挥自身优势，在河南、内蒙古贫困地区设立交割仓库2家，支持当地通过发展优势产业带动贫困农户脱贫。

六、深化发展研究。编制未来五年发展规划，明确发展目标、指导思想和发展举措，为交易所发展提供战略指引。结合期货市场和郑商所实际，开展宏观研究和基础性研究，深化交易、交割、结算等业务创新研究，为创新发展提供理论和实践支撑。

【强化监管】

一、加强自律监管。落实证监会期货交易持续监测指标体系要求，认真开展监测监控，全年共深入排查市场异动线索6900多起，确认异常交易线索312起。加强对新工具、新业务的监管，安排专人实时监控白糖期权交易情况，依规将14名资管、特法客户认定为4组实控账户组，防止利用创新规避监管。适应新形势、新要求，完善市场监察系统，提高监管效能。坚持问题导向，以检查投资者适当性制度落实情况为重点，加强对会员合规运行情况的监督和管理。严厉打击各类违规行为，办理违规案件50件，对涉案的79名当事人分别给予纪律处分，并向证监会稽查局移送2起涉嫌违法违规行为线索。

二、强化市场风险防控。完善市场统计制度，建立市场分析工作机制，加强对市场运行情况的分析、研判。召开8期风控工作例会，会商市场风险形势，研究采取风险防范与处置措施，及早化解、处置风险隐患。持续跟踪重点合约、重点客户，采取问询、谈话、调查实际控制关系等措施，保障平稳运行、顺利交割。加强运维技术平台建设，强化运维审计检查，保证技术系统安全稳定运行。上线交割仓库风险评估系统，对交割仓库实施监管分级和风险监控。实施国内第一单标准仓单统一保险，为交割货物安全提供全方位保障。整合交易所、期货公司、地方期货业协会等投资者教育资源，形成教育合力，促进投资者理性参与意识进一步提高。

三、完善风险处置措施储备。修订风险控制管理办法、结算细则，实施交易限额制度、浮动涨跌停板制度和差异化手续费制度，不断丰富市场发生极端情况下的监管手段。制定《郑商所突发事件应急预案》，开展多场景、多环境应急演练，进一步提高交易结算连续性保障能力。

【技术创新】

持续优化技术系统。根据市场发展需要，优化五期交易系统，进一步提高系统高效性、安全性、稳定性。着眼于适应国内外金融市场与金融科技发展趋势、引领业务创新发展，启动六期交易系统建设，开展六期交易系统关键技术验证。开发新一代结算平台，升级市场监察系统，进一步提高技术支撑能力。

【内部管理】

强化内部治理，规范化管理水平明显提升。以召开第六次会员大会、推动人力资源优化项目落地实施为重点，优化法人治理结构，健全激励约束机制，进一步夯实发展的内部基础。一是完善内部治理结构。第六次会员大会顺利召开，审议通过《章程（修改草案）》和《交易规则（修改草案）》，选举产生新一届理事会和监事会，推动了郑商所内部治理机制进一步完善。完善理事会、监事会工作制度，充实和优化理事会下设机构的组成人员，充分发挥理事会、监事会和会员作用。二是加强人力资源管理。推动人力资源优化项目落地实施，按照“有利发展、强化监管、提升效能”的原则，完善内设机构设置，并对人员配置进行优化。贯彻党管干部原则和好干部标准，突出政治标准，完善干部梯队建设。坚持“切实加强一线监管、充实一线监管力量”原则，招聘引进10名专业技术人才。改进加强员工教育培训，组织高级经理以上新晋升人员进行管理培训，选拔业务骨干参加期权业务学习、风险管理研修，加强创新业务、保密工作等专项培训，全面提升员工综合素质。三是强化内部控制。加强财务管理、资产管理和内审制度建设，开展下属公司主要负责人离任审计和信息技术系统支出、财务支出专项审计，上线督查督办系统，建立健全督办通报机制，推动内部控制水平进一步提升。

【对外开放】

一是夯实对外开放基础。在南沙海关开展甲醇保税交割，与张家港海关就开展PTA保税交割达成一致，保税交割范围进一步扩大。扩大与境外机构间的交流合作，学习借鉴境外交易所的先进经验，不断改进郑商所产品研究、市场培育和技术开发工作。二是持续推进引入境外交易者工作。积极响应境外企业参与PTA期货市场的需求，制定PTA期货引入境外交易者方案，做好PTA引入境外交易者的各项准备工作，目前已向证监会申请PTA作为特定品种立项。

保险机构

中国出口信用保险公司河南分公司

中国出口信用保险公司河南分公司党委书记　乔　红

【第一负责人简介】

乔红，女，1968年出生，北京人。中共党员，本科学历。1990年7月参加工作，2001年加入中国出口信用保险公司，历任总公司营业部业务处负责人、总经理助理、副总经理、投资保险部副总经理、出口贸易险承保部副总经理、贸易险承保部副总经理、出口贸易险承保部总经理、贸易险承保部总经理。2018年1月至今，任中国出口信用保险公司河南分公司党委书记。

【综述】

2017年，中国出口信用保险公司河南分公司（简称中国信保河南分公司）围绕服务支持“一带一路”建设和外贸“稳增长　促转型”两条工作主线，严控金融风险，积极履行政策性职能，全力争取国家信用资源。实现承保金额55.64亿美元，其中短期险支持规模48.87亿美元。完成国务院下达的3650专项任务河南省分解任务，其中：短期特险承保项目7个，涉及项目金额6.9亿美元；中长期险承保项目3个，涉及项目金额4.58亿美元；海外投资险承保项目5个，涉及项目金额2.19亿美元。服务外贸企业1286家，对出口企业覆盖率达24.3%，提高3.7个百分点。其中，承保支持小微企业1030家，增长30.1%，对小微出口企业的覆盖率达到23.5%。累计赔付企业2033万美元，为企业提供信保项下融资便利1.78亿美元。

2017年末，中国信保河南分公司下辖郑州、洛阳、许昌三家营业部，负责河南省内18个地市的市场开拓、业务发展及客户维护。共有员工43人，其中研究生学历19人。

【保险承保】

一、全力服务河南融入“一带一路”建设。一是“走出去”风险统保平台实施并初显成效。广泛开展政策宣讲与项目摸排活动，推动平高集团老挝色贡、中铁十局二公司东帝汶、河南国基实业乌干达、黄泛区塔吉克斯坦等7个项目纳入统保平台，共计带动出口和投资5.23亿美元，涉及专项扶持资金610.16万元人民币。二是推动重点项目纳入国家重大项目清单。推荐河南国际承建赞比亚406公里道路项目、平高集团承建老挝输变电项目、洛阳钼业投资刚果金铜钴矿项目、平高集团承建伊朗67个变电站设备、宇通客车投资哈萨克斯坦客车工业园等5个项目纳入发改委国家战略储备项目清单，涉及项目金额约37.8亿美元。三是对大型成套设备出口融资应保尽保。承保宇通客车出口古巴377台客车项目、中信重工出口巴基斯坦水泥设备项目、南阳二机出口俄罗斯石油天然气钻探设备项目等5个项目，涉及项目金额1.05亿美元。四是支持工程承包企业抢占国际市场。支持中铁十局二公司承建东帝汶高速公路项目、平高集团承建印度国家电网项目、中国电建承建赞比亚凯富峡电站项目、河南国合承建赞比亚406公里道路升级项目、河南国基承建乌干达公务员住房等项目，涉及工程承包金额超26亿美元。五是支持企业参与境外资源合作开发。支持河南坦瑞矿业有限公司在坦桑尼亚实施3700万美元的金矿开发项目，支持洛阳钼业刚果金铜钴矿项目和河南国际几内亚铝矾土矿项目，涉及项目金额约28亿美元。六是支持优势产业拓展海外市场。紧密围绕河南省优势产业海外转移输出，全力支持海外市场拓展，支持河南省经研银海塔吉克斯坦农业示范园项目、南阳木兰花乌华棉花厂项目、河南国基赞比亚项目、平煤蓝天俄罗斯甲醇项目、中原大化俄罗斯项目等，涉及项目金额约10亿美元。

二、全力推动外贸稳增长和转型发展。一是完成短期出口信用保险专项任务。短期险项下支持出口48.82亿美元，增长16.3%，短期险对一般贸易支持率提高至31.5%。服务全省外贸企业1286家，对出口企业覆盖率达24.3%，提高3.7个百分点。二是促进外贸商品结构调整。支持机电产品行业出口10.11亿美元，支持汽车行业出口6.67亿美元，支持电子高新技术行业出口2.26亿美元，支持农产品行业出口1.47亿美元。三是优化外贸国际市场布局。支持新兴市场及“一带一路”地区业务规模22.2亿美元，增长3%。四是大力发展普惠金融。召开小微企业政策宣讲会33场，承保支持小微企业1030家，增长30.1%；小微企业覆盖率达23.5%，提高3.9个百分点。五是支持外贸新兴业态发展。出台17条支持中国（河南）自由贸易试验区建设服务举措；与郑州国际陆港开发建设有限公司签订战略合作协议；全力推动河南国际贸易“单一窗口”线上对接工作；支持服务贸易出口超过2000万美元。

【保险理赔】

2017年，共处理赔案74件，涉及案件金额2600万美元；已决赔付案件63件，赔付金额2033万美元；追回海外欠款500万美元；持续清理在手未决赔案，在手案件库存量同比减少24%。为企业提供全球200多个国家和地区的买方资信报告2648份；针对部分风险急剧变化国别和风险异动买方发布风险提示通报15期；通过适时调整风险异动买家的信用限额，引导众多出口企业规避收汇损失；推进理赔服务前移，为9家重点客户提供信控体检增值服务；引导企业建立起风险管控机制，召开各类政策宣讲会和风险管理培训会40余场。

【风险管控】

一是强化内控监管评估。落实“偿二代”风险综合评级工作要求，按季度向总公司报送操作风险相关数据，年度风险综合评级得分高于公司系统平均水平；开展2017年度操作风险评估和内部控制自我评价工作，评估现有控制措施的有效性，对销售、运营等内部控制体系指标进行穿行测试和符合性测试，评估内部控制体系的健全性、合理性和有效性。二是强化法律合规监督。落实《保险公司合规管理办法》监管要求，进一步完善分公司合规管理体系，明确合规管理处室，设置专、兼职合规管理岗位并配备工作人员；制定分公司年度合规管理计划，明确合规审核标准，开展2017年合规专项检查，对全体员工进行年度合规知识测试；开展关联交易、保险欺诈案例、越权核保季度报送工作；重新规划分公司反洗钱工作管理框架，新发和修订了5个反洗钱制度，按时报送保监会反洗钱报告报表；持续推进“两个加强　两个遏制”回头看发现问题的整改落实。三是加强业务风险管理。建立涉及承保审批、保后管理、理赔追偿、资信调查、重点客户服务等全流程、各环节的防控机制；完成总公司部署的历史业务档案收集整理、项目类保后专项自查、贸易险业务质量检查等自查整改工作；对风险异动的国别和买方开展限额排查和风险提示；夯实保后管理基础，搭建各险种保后管理制度体系，完善保后职责分工和权限划分，密切跟踪项目保后执行情况。四是加强非法集资和司法案件防处。

（万若曦）

中国人民财产保险股份有限公司河南省分公司

中国人民财产保险股份有限公司河南省分公司党委书记、总经理　武　强

【第一负责人简介】

武强，男，1963年3月出生，高级经济师，本科学历。历任中国人民财产保险股份有限公司（简称人保财险）恩施自治州分公司总经理、湖北省分公司副总经理。2017年10月至2018年2月，任人保财险河南省分公司临时负责人。2018年2月至今，任中国人民财产保险股份有限公司河南省分公司党委书记、总经理。

【综述】

中国人民财产保险股份有限公司河南省分公司（以下简称人保财险河南省分公司）下辖18个市分公司，县支以上机构共324个，总人数5100人。2017年，保费收入110.70亿元，实收保费106.05亿元，增长20.29%；承担风险责任3.51亿元，处理赔案78.13万件、支付赔款57.27亿元；上缴税收8.05亿元、代缴车船税6.56亿元。加强政府对接合作，与16个市政府、57个县（区）政府，省扶贫办、省气象局、省测绘地理信息局等单位签订战略合作协议。创新支农融资模式，落地产业扶贫项目325个，提供融资金额1.25亿元。强化民生保障，开办社保项目46个，惠及人群143万人。服务社会治理，治安家财覆盖面达到45.5%，南阳、濮阳覆盖面超过70%。服务实体经济发展，承保郑州地铁2号线2期工程、洛阳地铁1号线等一批重点工程项目。在新浪网“金麒麟”评选活动中，获得2017年度“百姓信赖财险品牌”荣誉称号。

【业务发展】

落实总公司“卓越2020”计划，提出“中部标杆 行业典范”的愿景，制定面向未来发展规划，加强地面续保团队建设，续保团队上线人力，保费收入大幅上涨。强化车商理赔融合，加强送修资源管控，二网、卖场新车保费收入和新车保费贡献度同比上升。加强专业团队建设，实施项目制管理，推动治安保险、驾意险、首台套等重点险种快速增长。落实中心城市战略，提升省会对标发展能力，郑州市分公司份额同比回升 1.55 个百分点。落实县域长青行动计划，加强县域电商、车商、综合团队、协保员建设，强化县域份额对标管理，县域常规业务与区域市场增速比值超过百分之百。

【经营管理】

加强战略引领，扎实推进公司发展转型。积极应对商车费改，强力推进车险转型，灵活调整定价策略，完善费用率和赔付率联动机制，提升车险发展能力。推进营运车专管专营，加强大车承保理赔管理。加强理赔关键环节管控，理赔追偿减损 8082 万元，车险人伤死亡全责占比 69%，同比下降 19%，加大理赔环节增值税专票获取力度，累计抵扣税额 2043 万元。强化对标发展意识，对标中部先进公司，谋划赶超发展的思路和举措，为公司中部崛起拓宽发展思路和视野；建立本部周例会制度，强化过程管理和重点工作推进力度，强力推动公司转型。完善地市和区县团队晨夕会管理，大力开展业务擂台赛活动，以团队化建设助推发展能力提升。

【销售管理】

推进续保团队和新车团队建设，推进 O2O 平台建设，推广“人保 V 盟”等新型营销模式，提升业务的可持续发展能力。加大手机销售、POS 机等新型出单平台的应用，强化商业非车险团队建设，商业非车险发展能力有力提升。牢筑公司发展基石，推进省市县三级干部相互交流，推动县域网点和五级机构建设。组织联合巡回培训，提升市县公司销售能力，先后举办续保团队管理者培训班、非车险团队培训班、管理者小超市、软装备和青年干部培训班等培训，实现 18 家市级机构全覆盖。

【客户服务】

加强微信平台开发运营，征订第三方专业运营公司服务，定期推送图文信息，提供常见事故处理、车辆保养等相关知识，加强客户互动，微信平台关注率同比提升 10.68 个百分点。强化全员服务意识提升，推动省本部青年员工参加 95518 热线接线培训，保障暴雨等高峰时段热线接通率，95518 客服代表服务满意率 99.93%。持续加强服务监督管理，开展神秘人服务测评和客户满意度调查工作。坚持“人保查勘车辆见事故 / 故障就停，主动服务客户”举措，获得客户一致好评。加强理赔服务能力建设，万元以下理赔周期同比提速 22.98%，小额 5 日结案率同比增加 3.87%。

【合规建设】

落实全面从严治党主体责任，组织系统内各级机构层层签订《全面从严治党主体责任状》330 份，签订《纪委书记监督责任状》17 份。对 10 家市级分公司开展了现场检查，各市分公司纪委结合学习贯彻《准则》《条例》、执行“三重一大”决策制度、落实中央八项规定等方面情况，对所辖机构开展“两个责任”落实情况监督检查 185 次，深入查找和督促整改遵守党纪党规和落实管党治党责任方面的问题和不足，进一步压实了管党治党责任。切实加强党规党纪和反腐倡廉教育，全省系统各级机构积极开展党规党纪和反腐倡廉教育活动 213 次，教育覆盖人数达 9319 人次。利用“智慧党建”平台及公司视频信息发布系统，发布解读《准则》《条例》学习教育材料，组织知识测试，检验学习成果；强化警示教育，创办《廉政教育专刊》，开办《廉洁合规宣导教育－每周一课》，印发《省分公司本部各部门廉洁风险点》、《市、县分公司领导干部廉洁风险点》，进一步强化了系统内廉洁风险体系建设。强化作风纪律的教育提醒，建立日常短信提醒机制，全年发送廉洁提示短信 10 万余条。

天安财产保险股份有限公司河南省分公司

天安财产保险股份有限公司河南省分公司党委书记、总经理　王增顺

【第一负责人简介】

王增顺，男，1956 年 5 月出生，中共党员，本科学历，高级经济师。先后在中国人民解放军第二炮兵某部，中国人民财产保险郑州分公司、许昌分公司、濮阳分公司，天安保险河南省分公司、陕西省分公司工作任职。现任天安财产保险股份有限公司河南省分公司党委书记、总经理。

【综述】

2017 年，天安财产保险股份有限公司河南省分公司（以下简称天安财险河南分公司）围绕“改革创新、转型发展”经营方针，夯基石，拓渠道，创新发展思路，坚守经营底线，多措并举应对内外挑战，不遗余力狠抓减负治亏，取得了较好的收获和成效。全年共实现全渠道保费收入 7.94 亿元，增长 16.2%，年计划达成率 103%；承保保险标的 77.11 万件，为社会承担风险 2266.89 亿元；累计已结各类赔案 6.28 万件，累计已决赔款支出 3.65 亿元。

【经营管理】

施行考核文化，严格落实绩效考核管理要求。制定实施《三级机构绩效考核办法》和《人事条线绩效考核方案》。明确工作导向和考核原则，建立完善了奖优罚劣的激励约束机制；加强机构高管队伍建设，落实干部考核制度，分别对焦作、南阳、驻马店、周口、濮阳、商丘、安阳、平顶山、新乡和洛阳中支公司班子履职情况进行了考核考察，依据考评结果，聘任了中支高管 4 人，中支班子成员晋升 2 人、免职 3 人、降职 2 人；优胜劣汰，优化员工绩效考核管理。根据合同管理制度和员工绩效考评情况，2017 年全辖共淘汰低效能员工 7 人。

严格过程管理，坚决堵漏纠偏，强抓减亏治亏工作不动摇。由于阈值问题、成本后移、市场费用持续走高等原因，部分机构出现经营亏损。为扭亏治亏，天安财险河南分公司实施了一系列纠偏整改措施。一是从首季开始，对财务报表亏损机构进行了细致盘点分析，适时调整其业务政策和费用政策。二是定期组织召开“止亏减亏”工作督导特别晨会。对经营亏损机构，跟踪通报，持续督导、强化鞭策。三是坚持“砍亏”不手软。对个别机构水险查勘力量薄弱、高风险的沿海、内河船舶险在有效期内业务进行了退保处理。四是对重点机构开展专题调研、现场帮扶。公司经营班子分组带队，抽调财务、理赔、车险、非车险等条线负责人，对相关机构逐一开展“减亏治亏”专题调研。

强化财务及费用管控，向后线管理要效益。一是制定实施了《业务政策调控及提高首日费用率工作方案》。责成财务与销售部门密切配合，通过改变销售费用列支方式，调节商业险跟单比例，提高首日费用率，并配合当期阈值管控，帮助相关机构改善经营局面。2017 年，首日费用率达到 30% 左右，提高近 10 个百分点。二是开展增值税专票管控工作，努力降低税负成本。针对一季度销售费用等获取进项税发票比例偏低的实际情况，积极查找问题不足，增强全辖对增值税税收筹划的重视程度。同时，积极推介先进机构的经验做法，引导落后机构改善现状。经过上下努力，增值税专票获取率显著改善，月度环比提高 5 - 10 个百分点。

严格人力及职场管理，降低后台经营成本。一是严控人力成本率，加强人员编制管控，确保合理规范。对各机构的人力成本支出从严核算，节约有限资源，压缩降低后线人力成本。二是从严管控职场费用。修订完善机构职场租赁、装修管理实施细则，认真审核把控机构职场的续租、迁址、调整、新设等管理工作。对租赁成本高、产能低的三四级机构职场，实施减租搬迁；对装修费用审核，坚持比价竞标、从严控制。三是本着“降本节约”精神，严格控制全辖固定资产购置和更新，尽可能延长固定资产使用年限，减少、压缩新增资产采购计划。2017 年，天安财险河南分公司人力成本率为 5.41%，同比下降 0.56%；职场费用率 0.84%，同比下降 0.22%；日常费用率 0.9%，同比下降 0.44%。

【保险承保】

坚守效益底线，严把承保入口关，不断提升业务品质。一是合理调配资源，以保单折扣系数为基础，执行实施了“费价联动”的销售政策。二是动态管控，适时调整，及时纠偏。通过业务分析，加大对机构的动态跟踪，在经营过程中不断纠偏、修正经营结果。三是坚持价格管理不放松，努力保持车险保费充足度。2017 年，商业车险平均折扣率为 75%，比行业平均值高出 3.5 个百分点。四是关注保单质量，保持业务模型的基本稳定。通过核保、费用、价格等管理手段，公司 CD 类业务占比进一步下降，AB 类业务占比达到 80.70%，提升 7.6 个百分点。

改善承保模式，推进新渠道创新发展。对车商承保业务单列管理，量化工作考核，跟踪项目落地，全力抓好渠道落地对接。同时，以“创盈”系统和“本地通”为平台，制定了网电销承保发展规划，指导辖内机构平衡渠道业务发展。全辖以承保销售为中心，加强五大渠道建设，推动产寿交叉、车商、电商业务快速发展，较好地实现了直管、网电、车商、银保、重客和经代五大渠道多头并进、协调发展。2017 年，完成非银保渠道承保收入 7.69 亿元，全渠道保费收入接近 8 亿元。

加强动态监控，跟踪督促机构承保目标达成。一是坚持每日编发业务日报，通报机构业务进度；对负增长机构，定期开展“一对一”视频督导和帮扶。二是实施转型发展，开展错位竞争，积极开拓非车险业务。对非车险承保落后机构，每周召开特别“晚夕会”，并采用电话、微信督导等方式，答疑解惑，督促机构发展。三是组成工作指导组，多次赴驻马店、信阳中支公司等 10 余家机构，实地调研，考察督导，现场帮扶解决问题。

【理赔业务】

完善考核办法，规范理赔流程，提升理赔管理水平。一是建立了精细化、专业化质量考核体系。根据理赔工作全面监督评价的管理要求，制定了《2017 年理赔考核分类评价管理办法》和《通赔案件管理办法》等制度。二是实施了间接理赔费用集中化管理模式。加强成本管控，严格落实管理责任，规范理赔费用列支。三是建立理赔业务分析和承保、理赔工作反馈机制。

加强未决案件清理，持续做好理赔数据真实性管理。2017 年，对非车险案件、异常案件、小额案件、涉人伤等未决案件开展专项清理。同时，派专人到未决存量多、业务技能较弱的地市机构蹲点帮扶指导，逐案核实，修正不足。

加强理赔队伍管理，增强责任意识，提升业务技能。一是修订完善了《理赔人员服务质量考核办法》，每月对理赔人员的工作时效和工作质量进行考核，奖优罚劣，达到了任务明确到人、考核落实到人、责任追究到人的目的。二是组织开展不间断的理赔技能专题培训。2017 年下半年，连续举办了多期人伤理赔工作现场培训会，聘请医院、司法鉴定所及律师事务所的专家，就人伤损害临床表现、伤残鉴定知识和调解、应诉技巧等进行专题培训。

加强保险反欺诈管理，硬起手腕抓打假。2017年，累计处理反欺诈、人伤减损案件359件，减损金额1400万元。其中反欺诈案件132件，金额485.51万元；人伤减损227件，金额915万元。

【合规建设】

开展合规教育培训，增强干群合规经营意识。一是积极组织开展了对全辖干部员工、合规管理人员及新入司员工的合规培训工作。二是在全辖范围内开展了防范和打击非法集资宣传月活动，强化落实非法集资风险防控责任。三是严格干部任前合规考试制度，全年组织任职前合规教育考试11人次。四是根据合规管理的要求，制定《2017年合规经营考核办法》。

全面开展合规检查，完善公司基础管理工作。一是加强内部管控，确保合规经营，规范经营行为，防范各类风险隐患。二是认真落实各项风险排查及审计工作。三是全面加强反洗钱管理，指导驻马店、新乡、濮阳中支公司等机构配合人行做好反洗钱现场检查和走访。

【优质服务】

配齐查勘新设备，升级完善“车易赔”服务功能。为全辖重新配备查勘手机和移动视频查勘设备，设备持有人全天24小时保持手机畅通。同时，对“车易赔”操作系统进行改版升级，重新制定了“车易赔”使用规则。

创新服务模式，推动“快处快赔”系统落地。积极落实河南保监局与河南公安厅联合推出的“道路交通事故快处快赔”管理系统，全面提升道路交通事故轻微财产损失案件处理效率。明确各机构理赔部门负责人为本机构此项工作落地推广实施第一责任人，各机构下载“快处快赔”APP系统并登录在线，确保客户在线报案后，3分钟内完成事故图片审核，并在规定时间内完成理赔定损操作。

开展防灾防损工作，预警查险、防患未然。制定下发《2017年防灾防损工作指导意见》，对条件范围内的非车险客户开展夏季防汛、秋冬季防火等现场风险排查，对高风险客户，及时下发风险提示函和整改建议书。同时，积极做好暴风、雨雪、冰冻、雹灾等恶劣灾害天气信息提醒服务。

（孙树旗）

中国平安财产保险股份有限公司河南分公司

中国平安财产保险股份有限公司河南分公司党委书记、总经理　郭　强

【第一负责人简介】

郭强，男，1971 年 10 月出生，中共党员，本科学历，毕业于河北工学院。自 1996 年在平安产险石家庄分公司车险部、平安产险总公司车险部工作；自 2004 年历任平安产险天津分公司车险部部门经理、平安产险内蒙古分公司总经理助理、平安产险深圳分公司总经理助理、副总经理、平安产险山西分公司副总经理（主持工作）、总经理；现任中国平安财产保险股份有限公司河南分公司党委书记、总经理。

【综述】

中国平安财产保险股份有限公司河南分公司（以下简称平安产险河南分公司）成立于 2002 年，经营范围覆盖车险、企财险、工程险、责任险、货运险、农业保险等多个领域。下辖 18 家市级机构、116 家四级机构及 2 家五级机构。员工总人数 3108 人，其中本科以上学历 1739 人，占比 56%；40 岁以下员工 2910 人，占比 93.6%。

2017 年，平安产险河南分公司以客户为中心，以市场为导向，优化业务结构，加强风险防控，提升服务品质，围绕“大、智、云、物、移”积极研发创新产品及“金融 + 科技”的推广运用，全年实现保费收入 78.22 亿元，同比增长 32.4%；市场份额 17.2%，同比提升了 1.8%。

【经营管理】

为保证行业健康稳定发展，提升服务实体经济的效率和质量，平安产险河南分公司认真学习保监会“1+4”系列文件，集中开展“治乱象、防风险、补短板、服务实体经济”相关工作。严格遵守国家政策法规，配合整改市场乱象，推进商车费改深化，优化业务结构，加强风险防控，立足客户需求，提升服务品质，开发创新产品及新科技运用，有效助力社会风险管理和保障体系建设，推动实体经济快速发展，提高服务民生的保险供给质量，为服务实体经济作出积极贡献。同时，平安产险河南分公司也不断完善售后服务体系，激发客户痛点需求，以AI为载体，“数据驱动经营、连接构建生态”，为广大客户提供暖心的极致服务体验。

【车险业务】

2017年，平安产险河南分公司车险业务健康平稳发展，实现了规模品质双丰收。河南平安产险一直坚持以客户为中心，通过线上线下等科技创新手段不断加强与客户的互动频次，提高客户忠诚度。在线上，平安好车主APP、产险官微等多条渠道齐头并进，为客户提供包含保险购买、自助理赔、保单查询在内的全方位服务体系；在线下，18家地市机构、20余家门店为客户提供暖心、高效的贴心服务；95511电话平台、AI智能语音客服，摒弃以往不断转拨的低效操作，让客户可以直达自己所需客服平台。同时河南平安产险还时刻关注市场变化，紧跟市场趋势，切实维护广大保险消费者的利益，为广大车主提供品质保障、服务贴心、快速便捷的车辆保险服务。全年车险保费收入63.46亿元，客户数242万，增长23.9%，其中个人车险客户数220万户，增加45.8万户。

【财产险业务】

财产险坚持以品质为核心，持续优化业务结构，驱动优质业务增长，险种和板块间协同补位，形成良性合力发展。“首台套”、“新材料”、“电梯责任险”、“食品安责险”、“社会综合治安保险”等多种保险服务国计民生；“乐享系列保险”等创新产品助力区域经济发展；在国家“一带一路”引领下，河南省企业更多地选择走出去、从事跨境并购和跨境贸易，平安产险重点推动境外绑架及勒索保险、企业并购保险；重点推动小微企业乐享系列保险产品，投保简单，保障全面，为企业发展保驾护航。全年实现财产险保费收入12.62亿元，承保洛阳市轨道交通有限责任公司、郑州丹尼斯百货有限公司、河南新飞电器有限公司、郑州国际会展中心有限公司等17项重大项目，单笔最大保额达到29.70亿元。

【保险理赔】

平安产险河南分公司始终坚持以客户中心，依托创新科技，打造“安心·简单·温暖”的车险理赔服务品牌，不断提升客户服务体验。针对车险理赔行业历来的痛点，运用6大AI核心技术43项专利，推出“智能闪赔”，实现油漆损伤、外钣金配件损伤自动图片识别，缩短了案件处理时效，定损速度提高4000倍。

在财产险理赔上平安产险将AI技术和云技术深度融入财产险理赔服务中。应用生物识别、无人机测绘三维建模、卫星遥感测绘等AI技术，引领智能化财产险理赔服务变革。通过加大线上理赔投入、推广“一键包办”服务等有效措施，使理赔案件处理时效得到显著改善：万元以下车险立案结案率98.90%，同比提升2.02%；万元以下车险全案赔付周期5.43天/件，同比缩短2.66天/件；纯车损万元以下小额案件客户可通过电话直赔通道，自行上传损失照片直接结案，提高结案率，缩短处理流程及结案周期。

2017年，共接到报案数量40余万件，总计结案金额29.31亿元，其中车险案件37.54万件，已结案37.53万件，结案率99.9%，结案金额共计23.72亿元。

【客户服务】

2017年，平安产险河南分公司秉承“专业创造价值”的理念，为客户提供简单、便捷、安全的服务，从每一次与客户接触做起，提升服务质量，改善服务体验，最终为客户创造价值。坚信“专业，让生活更简单”，通过移动互联、大数据、云服务等新科技、新思维，从“社交化、移动化、专业化、场景化”切入，把复杂留给自己，让客户的生活更加简单、便捷而有品质。

在集团总部科技应用的加持下，平安产险河南分公司于业内率先推出车险理赔爆款服务：“510极速查勘”及“车险理赔一键包办”。其中，极速查勘覆盖率已达92.9%，充分发挥大数据优势，利用H5链接+手机基站+街景定位技术、智能调度决策引擎、微观道路网格算法模型等多项创新科技，实现全省18家地市中心城区查勘员最优派工，出险客户只要通过“云理赔”再选择线下查勘服务，即可享受“510极速查勘服务”，查勘员可在5-10分钟内抵达现场，帮助客户实现“零等待”。

一键包办服务可让客户通过平安好车主APP、平安车险官方微信、95511等线上线下渠道享受包办三者车损及小额人伤理赔、车辆维修及事故车接送、事故救援等六类服务，覆盖70%的案件，理赔资料包办率超过80%。通过一键包办系列服务，有效提升客户出险感受度，减少客户等待时间，简便后续理赔手续，保证理赔服务时效，真正实现极致服务。

【风险管控】

2017 年公司在业务发展及内控管理方面坚持“风险为本”的原则，通过完善合规内控组织架构，提高制度执行力，制定有针对性的措施，发挥公司合规内控小组的组织推动和监督作用，确保严格落实，不断提升公司的风险管控能力。

在内部管控、合规经营方面，严防重大风险的发生，主抓重复性风险问题，严格落实公司风险管控方案。年初梳理公司潜在的风险状况，进行风险分析，深刻探究风险产生的原因，针对原因制定有针对性的管控举措，并将风险进行归类，重点风险重点管控，明确责任管控部门。每季度根据各部门风险管控的落实情况，季末跟踪复核、半年度进行亮灯通报。

在组织建立、制度颁布、结构搭建等基础工作方面，逐步加强合规内控工作的精细化、提高合规内控工作的执行率、体现合规内控工作的实务性。调整分公司反洗钱组织架构和工作责任，强化公司的领导责任和执行责任，保证了公司经营活动符合反洗钱法规的要求，防范和化解犯罪分子利用公司进行洗钱犯罪活动的风险；开展反洗钱主题宣传月活动，开展专项网络反洗钱培训考试，通过进社区、进广场等活动，使得反洗钱工作深入消费者。

永安财产保险股份有限公司河南分公司

永安财产保险股份有限公司河南分公司党委书记、总经理　段　浩

【第一负责人简介】

段浩，男，1968年9月出生，汉族，1991年7月毕业于陕西财经学院金融系保险专业，大学本科，经济学学士学位，经济师，中共党员。历任新疆分公司、陕西分公司、重庆分公司、山西分公司、总公司财产险部、非车险部负责人。2014年8月至今担任永安财产保险股份有限公司河南分公司党委书记、总经理。

【综述】

永安财产保险股份有限公司河南分公司（以下简称永安保险河南分公司）成立于2003年5月，总部位于西安，分公司目前已在河南省18个地市设立了87个经营机构，其中：省级分公司1个，中心支公司13个，支公司10个，营销服务部63个，全省系统现有员工600余人，基本实现了全省区域经营及售后服务网络全覆盖。

分公司自开业以来，一直秉承“永安——永远为客户着想”的理念，以保障财产和人身安全、支持社会经济发展、全面建设和谐社会为己任，竭诚为河南经济发展服务，实现了又好又快的发展。

【业务经营】

2017年，永安保险河南分公司实现保费收入4.74亿元，同比下降16.08%，其中：车险保费收入3.4亿元，同比下降9.32%；财产险保费收入1.26亿元，同比下降30.57%；人身险保费收入784.66万元，同比下降6.35%。2017年公司直接业务1.69亿元，同比下降15.66%；个人代理业务1.27亿元，同比上升8.95%；兼业代理业务4773.71万元，同比上升5.51%；专业代理业务1.24亿元，同比下降37.57%。2017年整体综合成本率101.21%，综合赔付率59.88%，结案率93.67%，上升3.61个百分点。

【车险业务】

2017年，永安保险河南分公司车险业务坚持总成本控制，实行全面预算制管理，坚持“扶优弃劣，择优发展”的政策，以品质定方向，根据品质、增速、规模的管控原则，继续推行“点对点”项目，在执行过程中，结合市场变化和经营结果变化情况，及时对费用政策做出调整，确保经营结果基本可控。持续推进车险合规操作，确保不踏监管红线，促进业务健康发展。加强对各级业管人员的培训力度，提高数据采集、运营分析、核保管控能力，不断提升业管条线专业技能。

【非车险业务】

2017年，永安保险河南分公司非车险业务继续努力优化险种结构，实行业务差异化、精细化管理，突出发展重点，促项目、扩渠道。狠抓农险规范化管理，坚持合规底线不动摇，强化承保理赔过程监控，规范业务操作，杜绝“带病”承保，提高承保质量，以合规保发展，以合规促发展。加大农业保险扶贫力度，创新农业保险产品，在安阳开办贷款保证保险，驻马店开办能繁母牛及犊牛保险，充分发挥保险经济补偿职能作用，为农户提供更加丰富的产品和更加全面的风险保障。

2017年，非车险业务实现保费收入1.33亿元，同比下降29.51%。其中，非农险完成2533.45万元，同比减少459.08万元，降幅15.34%；农业险完成1亿元，同比减少5075.66万元，降幅33.58%；人身险完成784.66万元，同比减少53.35万元，降幅6.37%。2017年，玉米保险不再纳入中央财政和省级财政补贴范围，政策调整对全省农险保险规模产生较大影响。

【风险管控】

2017年，永安保险河南分公司组织开展分类监管内控评价、诚信服务专项检查、开展防范和处置非法集资相关工作等多项风险管理工作。认真做好商业贿赂治理、矛盾纠纷排查化解、非法集资案件、公司风险事件、公司关联交易、离任经济稽核、反洗钱专项稽核等各项工作，不断地完善规范化操作流程，强化各级执行力，消除各类风险隐患，杜绝违规经营的发展短板。

【保险理赔】

2017年，永安保险河南分公司加强理赔全过程管理和重大案件管理，重新修订重大案件管理办法，将人伤案件作为“降赔增效”的突破口。全年累计受理报案5.88万件，同比减少6999件，其中车险3.41万件，财产险2.38万件，人身险934件。累计结案5.67万件，其中车险3.12万件、财产险2.45万件、人身险1045件；结案金额3.12亿元，其中车险2.03亿元、财产险1.05亿元、人身险0.04亿元。打击虚假赔案20起，完成人伤诉前调解案件302起，调解金额1552.5万元，减损金额326.28万元。2017年，车险非人伤结案周期下降0.78天、人伤案件结案周期下降1.82天，公司82%的案件均通过微信结案处理。

太平财产保险有限公司河南分公司

太平财产保险有限公司河南分公司党委书记、总经理　文晓娜

【第一负责人简介】

文晓娜，1968年7月出生，研究生学历，中共党员，高级经济师。1986年10月参加工作，从事保险工作16年。历任中国人民财产保险股份有限公司平顶山市分公司副科长、科长；中国人民财产保险股份有限公司河南省分公司部门总经理助理、副总经理、总经理；地市分公司党委书记兼总经理等职务。2013年12月至2015年7月任太平财产保险有限公司河南分公司党委副书记、副总经理等职务。2015年7月至今任太平财产保险有限公司河南分公司党委书记、总经理等职务。

【综述】

2017年，太平财产保险有限公司河南分公司（以下简称太平财险河南分公司）全面贯彻落实集团、总公司2017年工作会议精神，按照总体安排部署，统一思想，狠抓落实，呈现“业务发展保持强劲势头，持续盈利能力有效增强，渠道专业建设成效显著，理赔续保管理明显改善，经营管理基础不断夯实，党建工作得到全面加强”的稳健发展态势。全年实现保费收入9.03亿元，增长28.3%，分别超行业和系统平均水平8.3和7.9个百分点；市场份额1.98%，同比上升0.13个百分点；实现考核利润4340万元，优于预算874万元。

【经营管理】

2017年，太平财险河南分公司在市场竞争更加激烈、行业自发自律波折反复的情况下，认清形势、自主发展，冷静应对二次商车改革，始终保持业务快速发展；顺应日益严格的行业监管环境，稳健推进公司经营和风控管理；保持发展和经营稳定，延续2014年以来健康快速发展态势。提前40天达成总公司下达年度预算，预算达成率111.9%。在行业市场投入不断高企的情况下，坚持稳中求进和有效益发展，综合成本率94.94%，优于行业3.86个百分点，产品线均实现承保盈利。其中许昌、焦作、平顶山、洛阳利润达成率超 100%。驻马店开业首年考核利润超百万元。大力实施渠道专业化建设，构筑渠道差异化发展新优势，发展合力明显增强。在寿险人力不变的情况下，提前 40 天达成寿险年度预算目标，年末实现保费收入 2.1 亿元，首次突破 2 亿元大关，渠道内非车险保费同比翻番。车商渠道深挖总对总及区域经销集团合作潜力，新开产能店 117 家，实现保费收入 1.86 亿元，增速 29%。代理渠道实现保费收入 2.56 亿元，增速 113.3%。大力拓展卖场渠道，累计开店 384 家。团队渠道综合金融模式逐步扎根，创客通模式稳步推进，全年达成保费收入 1.2 亿元。战略银保渠道合计实现保费收入 6677.3 万元，增速 9.3%。中石化渠道实现保费收入 6318.7 万元。加强理赔队伍管理，全面实行查勘员轮岗制，建立涵盖 26 家营业区、59 家县域及无机构区域的代勘、协勘队伍，在强化关键岗位绩效激励的同时对管理薄弱机构实行派驻制管理。加强维修资源管理，维修资源掌控率达 64.8%，同比上升 17.8 个百分点。车险历年制赔付率 43.2%，同比下降 3.1 个百分点。建立销管、渠道、机构齐抓共管的个车续保管理体系，车险续保率提升 2.44 个百分点，达三年来最高值，达成总公司考核目标。落实监管政策坚守车险阈值红线，深入学习贯彻保监会“1+4”系列文件精神，落实偿二代监测指标风险评估，组织进行第二批关键岗位反洗钱网上培训，在行业分类监管评级中保持 A 类评级。郑州、商丘、焦作、洛阳、新乡、安阳、开封等 7 家机构在年度常规稽核中获得 A⁻ 评级，其中郑州现场常规稽核获得 A⁻ 评级。根据绩效考核结果提高全员、特别是关键岗位薪酬水平，全日制销售人力增长 25.7%，郑州、洛阳、焦作、新乡、许昌、驻马店销售队伍人均产能超 200 万元。融合四级机构及营业区管理，晋升营业区总监 11 人。本着节约高效、支持前端、服务经营的原则，通过深化财务集中、深入推行收单业务公司化、加强手续费列支管理、强化固定费用管控等途径狠抓降本增效。基本法成本率 2.25%，低于预算 0.37 个百分点。

【车险业务】

2017 年，太平财险河南分公司车险业务发展持续呈现快速增长态势。一年来，河南分公司顺利落地二次商车改革，在坚守监管阈值、坚持品质发展的前提下实现保费收入 8.18 亿元，增长 29.6%，分别超行业和系统平均增速 11.6 和 11 个百分点；市场份额上升 0.2 个百分点。边际贡献率 11.7%；车险历年制赔付率 43.2%，同比下降 3.1 个百分点。建立了销管、渠道、机构齐抓共管的个车续保管理体系，车险续保率提升 2.44 个百分点，达三年来最高值。

【保险承保】

2017 年，承保 5 万元以上项目 119 笔，其中 10 万元以上大项目 53 笔，同比增加 5 笔。中标郑州市民服务区地下交通工程项目，共保份额 20%，是全系统地铁工程项目中中标份额最高的保单。

（谷乾超）

中华联合财产保险股份有限公司河南分公司

中华联合财产保险股份有限公司河南分公司党委书记、总经理　李友意

【第一负责人简介】

李友意，男，1968年5月出生，汉族，中共党员，本科学历，学士学位。曾在中国人保湖南分公司、宜章县支公司、郴州地区中心支公司、郴州分公司营业部、北湖区支公司、益阳市分公司，中国人寿湖南分公司，中华财险湖南分公司郴州中心支公司、湖南分公司、财险总公司工作。现任中华联合财产保险股份有限公司河南分公司党委书记、总经理。

【综述】

2017年，中华联合财产保险股份有限公司河南分公司（以下简称中华财险河南分公司）面对激烈的市场竞争和复杂的行业环境，紧紧围绕集团公司“三三九”、财险公司“二四六”发展战略，坚持“效益与合规并重，渠道与产能并抓，队伍和能力并举”的工作思路，力促规模与效益、速度与质量均衡发展，全年共实现保费收入21.99亿元。在河南省设有各级机构179家，其中省分公司1家，中心支公司18家，支公司58家，营销服务部102家，拥有各类签约员工1993人。

【经营管理】

精准研判市场，调优险种结构，强化成本管控，严守效益底线，多措并举，强力推动，整体发展局面稳步向好。一是加大结构调整，持续优化车险业务结构。二是突出差异特色优势，捍卫农险市场地位。三是紧盯重点市政项目，协同股东培育新增长点。四是强化司控渠道建设，提升业务发展能力。

【渠道建设】

一是全面激活车商渠道。围绕抢抓新车增量业务、拓宽车商渠道合作广度实施“扩网抢新”计划，抢抓二网及大卖场新车业务；借力总对总联合营销上汽大众、长城汽车，逐店跟进落实，实施投放费用专款专用；优化送修管控，提高理赔资源置换效率。二是线上线下深度融合网电渠道。推广共享保、最惠保、支付宝等多个网销平台，产能突出。三是强力开发银保渠道。制定专项资金支持保障措施，加速资源整合，建立银保经纪专业销售团队。四是重点拓展经纪渠道。重点推进与专业经纪公司的战略关系，在医疗责任险统保、校园方责任险、承运人责任险等方面均实现突破。

【保险承保】

2017 年，河南分公司承保管理效能显著提升。一是建立全省承保指标日报、月报制度，实时关注承保质量，定期监控通报签单员效率指标和承保 KPI 指标；二是建立全省业管经理微信群，每日通报自核率和回退率，检视承保效率与实效，着力提升录单质量，实现承保前端风险的有效规避。

【保险理赔】

2017 年，河南分公司理赔工作以强化理赔风险管控为导向，以创新理赔服务举措为手段，通过开展“优赔增效”活动、理赔垂直化管理试点、理赔双周检视制度不断夯实理赔基础管理水平，持续优化理赔管理机制。一是细化 2017 年“优赔增效”考核方案，实现精细化管理，点对点管控。二是开展理赔垂直化管理试点，作为全国第一个“理赔垂直化管理”试点机构，河南分公司理赔员工人均产能、薪酬提升效果明显，绩效考核运用得到加强。三是建立理赔双周检视制度，三级机构客服经理管理水平得到了较大的改进，全省理赔基础管理工作明显提升。四是强化理赔基础管理，提升理赔服务质量，严格执行“八个三”工程，深入开展“五个一”活动。五是大力开展降赔工作，实现“降本增效”，着力推进打假防骗工作，持续开展人伤案件调解活动，积极开展外部合作，逐步增加降赔点，加大未决清理力度。六是全面推进“优赔增效”专项减损活动，减损拒赔效果明显。

【客户服务】

2017 年，河南分公司紧紧围绕“以客户为中心”的经营理念，以提高客户信息真实率、降低客户投诉率、提升服务品质为重要量化考核指标，整合服务资源，进一步提升公司客户服务能力。一是强化制度建设，夯实管理基础。二是深化服务理念，注重素质培养。依据年度培训计划，结合三级机构客户服务工作性质及内容，实行理赔、客服联动，相继在全省范围内组织开展了 10 多次客户服务类、提升岗位技能类视频培训。三是关注重点指标，适应管理要求。积极转变客户服务工作理念，迅速适应总公司管理和考核要求，抓住重点，周密规划，有效配置资源，力求在重点工作项目上实现突破和领先，进而带动客户服务工作的全面提升。四是开展增值服务，优化客户体验。继续深化“中华‘行’！”车险品牌服务理念。在洛阳市嵩县黄庄乡三合小学举办了以“爱满中华 手留书香”为主题的中华保险第六届客户服务节——爱心公益行扶贫捐书活动。五是推进微信管理，加强公司宣传。六是落实行业部署，开展诚信建设，制定并下发了《中华财险河南分公司 2017 年诚信建设考评工作方案》，积极落实行业协会各项工作部署。七是执行费用政策，助力业务发展，确保按预算、按计划、按产出精准投放和合理列支，实现费用支出与产能有效匹配，促进投入产出效能提升，推动公司价值客户业务发展。

【风险管控】

一是完善内控制度，加强内控管理。2017 年以来，河南分公司根据监管部门、集团公司、财险总公司管理要求，结合河南实际情况，对工作进行细化和补充，共起草下发风险合规类文件 253 件，其中涉及风险合规管控规定及要求等文件 70 件，进一步完善了风险合规内控制度建设，为强化风险合规管理提供了制度保障。二是进一步加强合规队伍建设。重新选定各中支机构新的风险合规管理员，重新明确岗位职责。举办 2017 年全省风险合规管理工作现场培训会议，全省各机构综合管理部经理、合规管理员、反洗钱专员共 60 余人参加了此次培训。三是开展系统全面风险排查。中华财险河南分公司全面部署和开展了风险排查工作，成立了以总经理为组长，副总经理为副组长，机关部门负责人为成员的风险排查工作领导小组，通过省市县三级机构开展自查与整改、上级机构对下级机构现场督导抽查、现场检查等一系列工作，顺利完成了风险排查工作任务。

中国大地财产保险股份有限公司河南分公司

中国大地财产保险股份有限公司河南分公司党委书记、总经理　邹天泉

【第一负责人简介】

邹天泉，男，汉族，1964 年 6 月出生，中共党员，硕士学位，经济师、政工师职称。历任中国人保财险信阳分公司副总经理、人保财险驻马店分公司总经理、中国人保健康险河南分公司副总经理、阳光财险山西分公司副总经理（主持工作）。现任中国大地财产保险股份有限公司河南分公司党委书记、总经理。

【综述】

2017 年，中国大地财产保险股份有限公司河南分公司（以下简称中国大地保险河南分公司）坚持“在效益和合规的前提下加快发展”的主基调，围绕全年任务目标，共谋发展。保费即将跨上 12 亿元的新台阶，顺利完成年初经营目标；强化了电销二促队伍建设、拓宽了增值服务，实现了电销引领车险发展的良好局面；不断创新，积极求变，大非车实现了大发展，财产险、意健险保费提前三个月双双突破亿元大关，重大标志性项目实现了新进展，成功签约了“郑州商品交易所仓单统一保险”项目，标志着我国首个指定交割仓库仓单统一保险项目正式落地；响应总公司 CICS 项目改革的战略，扎实推进组织架构调整和渠道深化落地工作，为未来发展布局谋篇。

【保险承保】

2017 年，分公司实现保费收入 11.69 亿元，增长 7.85%，市场份额 2.56%。其中：车险全年实现保费收入 9.28 亿元，增长 0.97%；财产险、意健险保费双双突破亿元大关，意健险全年保费 1.12 亿元，增长 40.23%，财产险保费收入 1.28 亿元，增长 51.86%；全险种精算赔付率 51.49%，综合成本率 96.91%，实现报表利润 3329 万元，考核利润 1501 万元，考核利润达成率 100%。

【经营管理】

2017年，中国大地保险河南分公司狠抓细节管控，采取有效措施强化公司业务、财务、理赔等基础管理工作，防范和化解了经营风险。一是加强理赔管控，理赔核心指标持续优化。加快立案结案时效，加大未决案件清理，同时，分公司通过打假、降责、残值拍卖和零配件外修等措施，实现减损1463万元。二是强化财务过程监控，防范经营风险。修订完善财务内控制度，优化财务工作流程；建立了销售费用管理模型，有效防范了财务风险；充分发挥企划财务部在谋划公司未来发展中的职能作用，利用运管费用效能分析、利润预测等财务数据分析等工具，为公司未来发展、经营决策提供了强有力的支撑。三是加大外宣力度，树立了良好的品牌形象。先后在中国保险报发表稿件10篇，在河南省保险行业协会网站发表稿件37篇，在中国网、中国财经网等18个全国性网站和大河网、中原网等5个地方性网站上发表稿件近30篇，同时顺利完成了全省33家机构整改，进一步提升了公司品牌影响力。四是合规管理水平进一步提升。完善了组织架构，充实了人员力量，在分公司设置了本部各部门及中心支公司兼职合规岗，完善和健全了合规队伍；加大对反洗钱工作和内外部检查发现问题等事项的考核力度；完善了公司授权管理，强化了合规宣传和培训，合规管理能力得到进一步增强。

【销售渠道建设】

一是电销继续引领车险发展。电商渠道重点围绕构建二促队伍、增值服务拓展、零花钱APP推广、节假日短促活动开展等工作采取了一系列有效措施，有力促进了电销业务的快速发展。2017年电销发展十分困难的情况下，实现保费收入3.06亿元，增速32.3%。二是车商渠道专业化不断深化。重点围绕车商团队建设、渠道产能提升、送修资源管理等工作，不断加大对车商总监的考核力度，并通过阶段性的激励活动、差异化的费用政策，实现了保费规模的快速提升，2017年底，车商渠道统计口径保费收入3.26亿元，累计维修资源利用率49.38%。三是金融互动渠道成效明显。启动“大互动”建设，目前已培育出一支有一定战斗力的队伍，人员达到64人，依托寿险营业区进军，2017年互动渠道实现保费收入4120万元，超预算2620万元。四是直销个代、专兼代渠道逐步发力。通过加强团队标准化建设，加快低产能销售人员清理、强化四级机构负责人考核和营销团队活动量管理等措施，直销个代、专兼代渠道产能得到有效提升，2017年直销个代、专兼代渠道实现保费收入3.44亿元，占分公司整体保费收入的30%。

【大项目拓展】

2017年，中国大地保险河南分公司除加强重点渠道、重点项目拓展，还加大了创新型险种、效益型险种的推广力度，使得大项目业务实现了规模效益双丰收，2017年财意险双双突破亿元，提前两个多月完成全年任务。财产险方面， 2017年公司与郑交所签约仓单统一保险项目，创国内之首；2017年推出的效益型险种货三责，在河南省成为行业首创；成功承保郑州市6-11号线轨道单项设计责任险项目，保费收入500万元，并成功入围河南省教育厅校园方责任险共保资格；2017年和政府、银行合作的创新产品“银政保”保证保险，为地方政府解决小微企业贷款“三难一慢”问题提供了新突破，成为新乡政府和郑州银行指定的2018年重点项目。意健险方面，新拓展了巩义、荥阳、登封等县区城镇职工大额补充医疗保险新项目，实现健康险增量保费1800余万元。

【客户服务】

2017年，中国大地保险河南分公司采取一系列措施优化客户服务标准，提升门店服务形象，同时建立常态化服务质量检查评价机制，制定了客户服务标准化检查方案，不断提高柜面服务能力。在公司5·20客户服务节，再次发布车险理赔“四个时代”（即微信理赔好友时代、电话直赔小时代、简易快赔智能时代、人伤理赔帮办时代）2.0项目，对保险服务进行了全新诠释，让客户真切感受到更友好、更快捷、更智慧、更温情的保险理赔服务，着力打造车险智慧和人性化理赔服务新模式。

（杨中英）

华安财产保险股份有限公司河南分公司

华安财产保险股份有限公司河南分公司党委书记、总经理　朱军威

【第一负责人简介】

朱军威，男，1979 年 11 月出生，河南人，硕士研究生学历。曾在北京城建集团、中国人民财产保险股份有限公司郑州市分公司工作。2005 年 5 月加入华安财产保险股份有限公司，2016 年 11 月至今任华安财产保险股份有限公司河南分公司党委书记、总经理。

【综述】

2017 年，华安财产保险股份有限公司河南分公司（以下简称华安保险河南分公司）围绕“坚定信心谋发展，扎扎实实抓内控，宁心静气搞服务，有声有色丰文化”的经营方针，推动业务快速发展，狠抓内控管理，强化内外部服务水平，开展多项文体宣传活动，有效提升分公司凝聚力及战斗力，2017 年经营结果全面完成。全年，河南分公司整体实现考核保费收入 72383 万元，同比增长 59.7%；市场份额 1.57%，上升 0.39%。

【经营管理】

一是积极调整业务结构、推动业务转型，深化销售模式变革，有效助力业务快速增长；同时，强化成本管控、摊薄运营成本、提升盈利空间。二是围绕内控管理，以管理促发展，以管理降风险。内控管理主要通过完善补充各项管理制度、优化各环节处理流程为重点，提升业务管理水平，降低各项基础风险，通过制度管理人员、以机制激励人员。三是提高对内、对外服务水平。主要通过车险“快易免”特色理赔服务、案件回访制度等方面，及时了解客户疑难问题并快速处理，有效提升客户满意度。同时，转变工作作风、强化机构帮扶，坚决履行机关服务承诺。四是加强公司文体生活建设，提升员工归属感。

【客户服务】

一、执行服务理念，增强客户体验度。一是在坚决贯彻执行“比出险客户亲人早到三分钟”的公司服务理念及对外服务承诺的基础上，简化和梳理小额案件处理流程，推行小额案件快处快赔机制，提高结案时效，真正落实“简单快赔、简易理赔、减免手续”的“快易免”特色服务，增强客户体验度。二是加强对重点客户和优质渠道的维护，了解需求，为其提供承保、理赔、咨询、防灾防损等全方位服务。三是通过对外部来访客户主动热情接待，周到服务，以及来访电话的礼貌应答、专业解答，赢得客户，树立品牌形象。四是实行案件回访制度，第一时间与客户取得联系，及时了解客户的疑难问题并跟踪处理，提高客户满意度，避免投诉案件的发生。

二、创新管理模式，提高案件调解率。创新人伤管理模式，实行人伤岗垂直管理，提高人伤案件调解率。2017 年，河南分公司累计调解人伤案件 1137 件，结案金额 1931 万元，其中人伤自主评残调解案件 73 件，人伤案件调解率由 2016 年的 18.7% 提高到目前的 23%。

三、加强培训力度，提升服务水平。加强对查勘人员的管控与指导，针对查勘人员反映的问题以邮件或系统备注方式通知后端人员处理。加强客服人员的培训工作，全方面提高客服人员工作技能，提升服务水平。

四、加强投诉管理，赢得客户满意。下发《2017 年华安财产保险股份有限公司河南分公司投诉责任追究管理规定》及《华安财产保险股份有限公司河南分公司客户投诉管理办法》，设置专人专岗处理投诉工作，明确了投诉处理时间、处理责任人以及投诉处理后续结果的相关奖惩制度等，提升客服人员服务意识，赢得客户满意。

【风险控制】

一、风控体系监管。充分发挥保险业务审定委员会作用，对各项承保政策、费用政策、理赔政策进行适时制定和监控，并对机构进行指导，对日常疑难案件和大案进行研究处理，使风控体系更加完善。建立经营风险预警体系，不定期对机构的经营情况进行分析，及时给予机构正确的业务调整建议。

二、业务风险管控。一是加强承保品质管理，用核保指导销售，进行多维度数据分析，并制定相应的承保政策，并每月进行保批单抽查、数据监控，发现异常问题及时整改调整。二是加强赔案管理，提高理赔风险管控。加强赔案前期证据的搜集和调查，争取提前介入调解；针对疑难案件，借助风险代理，争取减损。三是加大合作渠道的监控及跟踪，合规经营。对专、兼等代理机构加大资质审查力度，并严格落实管理制度，强化考核结果。

三、财务风险管控。一是梳理完善制度，加强财务管理。制定下发资金管理、增值税发票管理、车船税代收代缴管理、理赔费用管理等多项规定，强化了财务管控。二是严格执行手续费“跟单、跟渠道、跟卡、跟账”的“四跟”要求，手续费由分公司使用唯一的手续费专户进行集中、转账方式直接向保险中介机构以及签订委托代理协议的个人支付。交强险手续费比例严格控制在 4% 以内。 三是开展财务管理自查工作，防范财务风险。组织分公司各机构开展财务各项管理工作自查，自查内容涵盖资金管理、会计核算、预算成本费用管控、单证管理、税务管理等，查漏补缺，有效防范财务风险。

四、合规管理及反洗钱风险管控。一是根据《华安财产保险股份有限公司合规管理办法》，形成了合规管理体系，加强风险管控。二是设置专职风险内控岗，对公司日常管理进行监督，并对承保、理赔、财务各环节进行不定期抽查，发现问题立即整改。三是对机构兼职合规岗进行培训和指导，调动机构在案件处理中的积极性。四是开展合规宣传及培训工作，强化全员合规意识。五是根据河南保监局 2017 年分类监管工作要求，开展分类监管内控评价工作。在各条线的积极配合下，按时完成 38 个项目的内控自评报告、检查工作底稿以及相关证明材料的上报工作。六是落实反洗钱基础管理工作。完善反洗钱内控制度，并组织、督促全体人员做好反洗钱知识网上学习，提升全员的反洗钱意识。

都邦财产保险股份有限公司河南分公司

都邦财产保险股份有限公司河南分公司党委书记、总经理　王　伟

【第一负责人简介】

王伟，男，1971年3月出生，本科学历，中共党员，1999年10月至2003年12月在郑州大学法律系学习，先后历任中国人寿保险股份有限公司驻马店中支公司直属营销部经理；天安保险股份有限公司驻马店中心支公司总经理；渤海财产保险股份有限公司河南分公司销售部经理；中国人民人寿保险股份有限公司信阳中支总经理；人保康美（北京）健康科技公司市场开发部经理。现任都邦财产保险股份有限公司河南分公司党委书记、总经理。

【综述】

都邦财产保险股份有限公司河南分公司（以下简称都邦保险河南分公司）是经中国保险监督管理委员会河南监管局批准（豫保监产险〔2006〕514号），于2006年12月11日开业的全省性财产保险公司。

都邦保险自开业以来保险规模快速稳健增长，全国市场占有率不断攀升，已在全省设立中心支公司12家、营销服务部4家，形成了一个覆盖全省的保险服务网络。

【业务发展】

2017年，都邦保险河南分公司以总公司提出的“六大战略”、“五个坚持”为工作指导思想，坚定不移贯彻执行。面对市场竞争的巨大压力，坚持以效益型业务发展策略为重点，以机构差异化发展为导向，坚持创新渠道发展策略，强化销售团队建设，积极尝试新险种、新领域、新渠道的开发与拓展。2017年，完成保费收入2.67亿元，同比增长16.9%，保费预算达成率109.9%；实现考核综合成本率107%，综合赔付率48.8%，实现考核利润（亏损819万元），保费超额完成计划目标，利润指标未完成。

【车险业务】

2017年都邦保险车险保费规模2.26亿元，车险整体保费规模同比上升11.19%，其中，交强险保费1.33亿元，保费占比为58.83%，商业险0.93亿元，保费占比为41.17%。

随着“商车费改”、“营改增”的深入推进，都邦保险河南分公司以加快实施车险经营方式转型为中心，注重经营成本管理，通过严格落实费用预算管理、加强过程管控等措施，以细化成本核算管理为核心，通过实行机构差异化管控做好车险各项关键指标的跟踪预警工作，以确保各项指标在预算范围内的合理推进。在内控管理中，公司不断加强对三级机构、业务团队以及车险合作渠道的风险管控力度，严格按照保监会、行业协会的各项要求，建立健全车险合规管控制度，通过内控自查、数据核查等方式每月进行数据自查自纠工作，从而加大车险基础管理工作力度，控制重点环节的风险，全面保障业务的稳定运行；在风险管控中，进一步完善超权限业务和重大承保事件上报制度，对高风险业务类型进行跟踪和管控，并建立健全预警机制，有效提升了车险风控水平，从而保证全省车险的稳健经营。

【人身险业务】

2017年，都邦保险河南分公司高度重视人身险业务的健康发展，加强对人身险专业人才的培养，提高人身险的管理品质；注重产品创新，强化内控管理，严格规范经营。全年实现保费收入2700余万元，实现了意健险稳步发展。

【销售管理】

都邦保险河南分公司市场部是销售管理和销售推动的职能部门，主要工作内容包括：市场调研和分析；日常销售活动的组织规划和推动；销售团队及销售人员管理、销售费用管理、销售培训、应收管控及中介管理等。在基础工作管理方面，加强制度建设，严格按章办事；在销售活动和业务推动方面，积极推动车商渠道、非车险业务开拓创新，努力打造特色都邦、特色经营的战略目标的实现；在中介业务管理方面，积极学习中介监管政策、不断提高中介风险管控能力，加强中介机构管理的合法性，严防中介违规操作、降低企业经营风险。

【客户服务】

都邦保险河南分公司理赔工作始终坚持“主动、迅速、准确、合理”的理赔原则，以诚信为基础，以标准化为方向，以先进的技术管理手段为依托，制定严格的理赔服务制度和规范，并通过对网上远程理赔系统的运用，提高理赔管理能力和工作效率；建立多层次、全方位的监督体系，通过理赔投诉处理、客户回访处理、客户调查问卷等方式，提高理赔服务质量；在实施标准化基础上，都邦保险还针对客户需求，实施差异化、个性化服务。

在小额案件处理方面，小额双方事故推荐客户通过快速理赔中心快处快赔，其他小额理赔案件主推理赔直通车和客户自主理赔，加快案件处理时效减少客户等待时间。小额案件考核当日结案和24小时结案。在服务时效方面，承诺市区30分钟到达，郊区60分钟到达，免费提供事故救援。人伤案件通过三方调解加快结案让受害人及时得到赔偿。

渤海财产保险股份有限公司河南分公司

渤海财产保险股份有限公司河南分公司党支部书记、总经理　陈　静

【第一负责人简介】

陈静，女，汉族，1971年8月出生。毕业于中央党校，中共党员、经济师。历任人保安阳分公司办公室主任、纪委书记，阳光财险安阳中心支公司党委书记、总经理，阳光财险河南分公司总经理助理，阳光财险开封中心支公司党委书记、总经理，泰山保险河南分公司筹备负责人。现任渤海财产保险股份有限公司河南分公司党支部书记、总经理。

【综述】

渤海财产保险股份有限公司河南分公司（以下简称渤海财险河南分公司）成立于2007年7月9日，是渤海财产保险股份有限公司下属的一家省级分公司。现有员工423人，75%以上在40岁以下，32%以上为本科学历。下设三级机构15家。

【经营管理】

2017年，渤海财险河南分公司顺应行业监管和市场形势的新变化，认真贯彻总公司效益发展战略，以“创新发展，持续盈利”为经营主线，齐心协力，克难攻坚，业务发展稳步提升，主要经营指标表现良好。

【业务发展】

2017年，渤海财险河南分公司实现保费收入3.91亿元，同比增长43.85%，车险（含电销）3.79亿元，非车险1218.27万元。

【理赔服务】

分公司客服条线近几年来在狠抓基础管理、不断提升理赔技能、提高服务水平的基础上，2017年完善了“客服条线考核办法”，进一步健全了客服考核体系，从而激发了客服人员的内在活力，使得工作效率得到提高，工作质量得到提升。分公司 2017 年全年受理报案 2.75 万起，综合赔付率（法定）48.64%，与 2016 年的 33.31% 相比，提高了 15.33 个百分点，高于预算值 4.66 个百分点；当年结案率 96.1%。

【风险管控】

依法合规经营，是有效防范经营风险的重要途径之一。以认真贯彻落实风险监管要求，常抓不懈，以历史的教训做到警钟长鸣，确保对各类经营风险及合规风险早发现、早预警、早处置、早化解。一是做好“两个加强、两个遏制”回头看工作。二是做好反洗钱及非法集资的摸底排查上报工作。三是做好高管人员任中、离职审计工作。2017 年共对 7 位高管人员进行了审计，无发现重大问题。四是做好对资金、印章、有价单证等高危风险点的监控，做到有需必审、事后防控，有效化解风险。五是推动公司重大非正常诉讼案件的处理，做维护公司利益的捍卫者，维护公司利益不受损失。

永诚财产保险股份有限公司河南分公司

永诚财产保险股份有限公司河南分公司党委书记、总经理　高　立

【第一负责人简介】

高立，男，1965年8月出生，中共党员，经济师职称。华中科技大学法学院经济法学专业，研究生学历。1988年起从事保险工作，先后任人保信阳分公司、太平洋保险河南分公司、太平保险河南分公司的科长、部门经理、副总经理。2008年3月至2008年6月在永诚财产保险股份有限公司河南分公司（筹）任筹备组组长。现任永诚财产保险股份有限公司河南分公司党委书记、总经理。

【综述】

永诚财产保险股份有限公司河南分公司（以下简称永诚保险河南分公司）下设洛阳、南阳、商丘、驻马店、濮阳、焦作、新乡、平顶山八家中心支公司及永鑫保险销售服务有限公司，分公司下设6个业务部门、7个管理部门，在编总人数171人。主要为电力、石油、煤炭、公共基础设施建设、船舶航运等领域的企业提供专业、全面的风险控制服务。

【经营管理】

永诚保险产品种类包括：财产损失保险、责任保险、信用保险和保证保险、短期健康保险和意外伤害保险、机动车辆保险、再保险业务、国家法律法规允许的保险资金运用业务及经保监会批准的其他业务。坚持以电力能源保险为立足点，拓展大型商业风险领域项目，加快推进“两个领先”战略目标的实施。

（张冰玉）

【车险业务】

2017年8月二次商业车险改革，严把业务品质关，紧跟总公司步伐，推动微营销“费折联动”，在四季度根据总公司提供数据，将微营销进行基础的分类分级匹配费用，为2018年“二层费折”上线打好基础。全国核保集中，配合总公司系统开发，系统设置自核，提高自核率，为前端业务开展提供更为便捷的服务，加快承保出单的实效。二次商业车险改革后，对全辖各级员工、合作单位、三级机构等进行承保、理赔方面知识的精细化培训和考试，总公司车险中心每年也都如期举办“两核条线专业技术资格认定考试”，要求全员持证上岗。

2017 年推出 “三位一体”查勘新模式，网络化的查勘新模式，加快理赔查勘实效，大幅度提高结案率，缩短结案周期。在理赔服务方面，继续加强人伤协议案件处理力度及各机构考核力度，对客户和受害方及时进行调解，达成赔付协议，降低了诉讼案件占比。商业车险改革后，由于“双八五”系数影响，满期保费同比有所下降，但通过前期承保严把关，后期理赔细节把关，永诚保险河南分公司的赔付情况总体较好。

（张婉婉）

【财产险业务】

2017 年重点推动以诉责险和优 e 保为代表的新非车险业务险种，非车险业务总体保费收入为 6104.41 万元，同比增长 11.88%。

【人身险业务】

2017 年人身险业务保费收入为 450 万元，整体业务品质较好，有较大的提升空间。

（李家汉）

【代理业务】

2017 年，永诚保险河南分公司与 5 家专业代理机构、6 家兼业代理机构（其中银行渠道有 3 家）建立合作关系。为了贯彻落实总公司“强渠道、去中介”的战略要求，对合作渠道进行了全面梳理，精选自身合作意识强、有规模且品质可控的单位作为长期战略合作伙伴，保证公司渠道业务健康持续发展。

（梁　君）

【保险理赔】

2017 年，进一步规范查勘管理，调整查勘组织运行，重点加强无机构地区的查勘管理，淘汰不符合要求的代查机构。推进视频查勘工作，要求 5000 元以下车物损案件必须通过视频查勘方式完成，即时为客户定损。分公司还采取了加快人伤条线人员的引进、扩充人伤专业队伍、提升人伤工作人员技能、成立人伤工作专项小组的举措，加速人伤案件处理时效。加强对三级机构的培训及督导，重推“人伤小额案件快速处理”工作，制定快赔专项考核方案，各机构快赔开展情况以周报形式每周进行全辖通报。

【客户服务】

永诚保险河南分公司实现 24 小时全国统一热线 95552 贴心服务，分公司开通专线服务电话 0371-60232000 专业解答和处理客户疑难问题。2017 年，分公司车险及个险运营部于每周三下午召开全体客服人员会议，要求每位员工站在本岗位剖析各指标达成情况和改善措施及建议，每月第一周的周三下午全体三级机构客服负责人赴分公司参加分公司客服会议并做专项汇报。结合考核制度，每月进行客服质量考核、查勘定损岗考核等，全面提升客户服务满意度。针对反映在结案支付时效、查勘定损时效以及服务态度三个方面的保险消费投诉问题，建立了保险消费投诉登记制度和保险消费投诉档案管理制度，并定期汇总投诉数据，进行分析研究，对于引起投诉的机构和个人严格按照车险理赔管理月度考核及绩效考核执行。

（张军荣）

【风险管控】

永诚保险河南分公司始终将依法合规经营贯穿于工作的自始至终，开展了“普法教育”、“反洗钱教育”、“非法集资警示教育”、“诚信经营考评”、“分类监管内控考评”、“三重一大”效能监察、司法案件排查、审计整改、制度建设和执行情况“回头看”、亏损三级机构风险分析、反洗钱宣传培训等相关工作，有效使全体干部员工自醒、自警、自励，使分公司自始至终不踏“红线”、不越“雷池”，安全合规，健康稳定发展，实现了机构审计覆盖率 100%。

（张冰玉）

中银保险有限公司河南分公司

中银保险有限公司河南分公司党委书记、总经理　冯　钧

【第一负责人简介】

冯钧，男，1969年6月出生，中共党员，硕士研究生。历任中国银行湖南省分行办公室秘书科秘书，资金处交易员，资金计划处副科长、科长、副处长，人力资源部副总经理，资金业务部总经理，国际结算部总经理，中银保险有限公司营销管理部总经理。2015年11月至2016年7月任中银保险有限公司河南分公司党委副书记、总经理；2016年7月起任中银保险有限公司河南分公司党委书记、总经理。

【综述】

2017年，中银保险有限公司河南分公司（以下简称中银保险河南分公司）全年实现账面保费收入1.8亿元，其中：车险保费1.16亿元，非车险保费0.64亿元。中银保险河南分公司下辖许昌、焦作、洛阳、新乡、南阳、安阳6家中心支公司，机关内设6个职能管理部门、2个营业部。全辖共有正式员工132人，员工平均年龄为35.1岁，其中本科学历103人、研究生13人，本科以上学历人员占比87.9%，中级职称32人，高经职称1人。

【经营管理】

2017年，中银保险河南分公司始终坚持中国银行“多元化、一体化”的发展战略，专注于“专、精、特”的发展定位，坚持银保渠道业务与市场渠道业务协调发展，非车业务与车险业务协调发展，线上业务与线下业务协调发展。坚持争揽优质高端客户及车商渠道，逐步夯实当年及长远发展的客户基础；坚持调结构、控成本，实施银行重点物理网点战略和电子渠道展业战略相结合，着力拓展常态性业务，如企财险、家财险、货运险等，同时加强渠道建设，努力培育稳定高产渠道，力争实现规模与效益双优；坚持创新产品，强化服务，紧密结合银行业务发展的需求，把保险产品镶嵌到银行卡批量拓客业务当中，提升产品竞争力；坚持严管理、实防线，依法合规经营，以“2017年内控合规重大风险专项排查”工作为契机，全面自查，排查风险，对存在问题逐项整改。

【车险业务】

2017年实现新渠道直销车险签单保费231.79万元，规模占比上升1.75个百分点。及时调整车险政策，加强车险精细化管理。结合各地区市场情况，通过机构、渠道、使用性质、新旧车、单保和联合投保等多个维度，分别差异化配置手续费标准和承保折扣，实现手续费及承保折扣精准跟单带出，提高了车险精细化管理水平。2017年公司第一大保费来源的家用车，其满期赔付率45.65%，低于中银保险全辖家用车平均水平约11个百分点。

【非车险业务】

2017年，中银保险河南分公司继续推进银保联动，强化客户双向转化，银保双方先后对中建七局、建业集团、轨道交通、国基建设、中烟集团等一批重点客户开展联动营销。同时主动参与市场竞争，成功中标洛阳同力水泥、郑州轨道交通2号线和4号线等保险项目，成功参与郑州轨道交通2、3、4号线的承保。借助“2017河南工商企业跨境投资与贸易对接会”机会积极营销，拓展海外业务，成功签单历史上第一笔境外保险业务。

【保险理赔】

2017年，人伤诉讼减损共计206.74万元，共查处保险骗赔案件28起，总计骗赔金额253.67万元。积极配合河南保监局和河南省公安厅联合开展的河南保险业“安宁2017”反欺诈专项行动。强化专业培训，提高理赔服务技能。多次举办全辖理赔技术培训，提高理赔人员专业技能，规范理赔操作流程。2017年，非车险案件总计赔款3317.11万元，件数结案率92.74%，估损偏差率-0.65%；车险案件总计赔款6896.10万元，件数结案率90.89%，车险理赔期初未决发展偏差率指标为-2.9%。

【客户服务】

2017年，中银保险河南分公司围绕“以客户为中心”的经营理念，不断丰富和完善差异化服务体系，整合服务资源，提高服务能力，提升客户服务内涵与品质。为客户提供承保前风险查勘、承保后防灾防损服务，汛期共对20余家企业进行查勘回访，帮助企业防范经营风险，共建保、企联防联控风险的有效机制，有效服务客户；认真落实《服务界面标准化操作手册》，加强员工服务技能培训，聘用外部人员利用暗访等形式加强服务质量监督，公司服务品质得到明显提升；多措并举，强化投诉管理。2017年制定下发《中银保险有限公司河南分公司投诉处理管理办法（2017）》等多项制度，通过一系列措施减少了客户投诉，监管总投诉量比同期减少了9件，非监管投诉总量比同期减少了27件。

【风险管控】

2017年，修订送修管理办法，制定理赔专用章管理办法、保险业务投诉管理办法、监督投诉处罚办法等一系列管理制度和办法。规范业务操作流程，加强风险管控。组织开展内控合规重大风险专项排查工作，通过对重点业务、重点环节、重点部位、重点地区、重点岗位的风险排查，对公司风险状况进行诊断。针对风险排查及其他各类检查发现的问题逐项开展整改，并对整改进度进行跟进。建立系列保险中介业务管理制度和流程，制定了统一的专业、兼业、个人代理人等合同文本，对经纪、专兼业代理机构由公司统一签订代理合同。对高风险行业在承保前后分别进行控制，承保前重风险查勘、控制风险，承保后重客户回访、防范风险。尝试深化开展财务内控合规建设，重点加强对公司预算指标执行情况和异常数据的分析，提示重点事项和重点风险。定期向中支公司反馈主要经营情况指标执行情况和有关过渡性科目数据，引导各公司算账经营，关注资产负债情况。开展管理人员管理会计知识及员工费用报销培训，引导全辖各级人员了解财务管理要求，明确合规规定。

安诚财产保险股份有限公司河南分公司

安诚财产保险股份有限公司河南分公司总经理　张鹏昊

【第一负责人简介】

张鹏昊，男，1967 年 3 月出生，中共党员，毕业于中国人民大学，本科学历。历任太保产险南阳中支公司总经理、太保产险平顶山中支公司总经理、民安保险河南分公司副总经理、紫金保险河南分公司副总经理（主持工作），具有丰富的保险机构经营管理经验。2017 年 12 月加入安诚保险公司，现任安诚财产保险股份有限公司河南分公司总经理。

【综述】

安诚财产保险股份有限公司（以下简称安诚财险河南分公司）是目前国内唯一以“安全”为主题定位的专业化财产保险公司，公司注册资本金为 40.76 亿元人民币，是第一家总部设在重庆的全国性财产保险公司。股东主要为国有大型企业、知名民营企业及世界著名外资企业。公司专业经营各类财产保险业务，同时具有农业保险、大病医疗保险等政策性保险经营资质。设有全国性独资子公司安诚保险销售有限公司、安澜保险经纪有限公司。目前安诚保险机构已密布长三角、珠三角、中西部及华北地区等重要经济带，分支机构达 232 家。

安诚财险河南分公司，经中国保监会批准于 2008 年 2 月 18 日正式开业。2015 年 1 月，经中国保监会河南监管局批准，办公地址搬迁至郑州市黄河路与东三街交叉口绿城黄河锦园 1 栋 7 层、8 层，内设人事行政部、计划财务部、业务管理部、理赔管理部等职能部门和若干业务部门，在洛阳、南阳、许昌、鹤壁等地设有 4 家中心支公司、1 家营销服务部。安诚财险河南分公司成立以来，多次入选河南财险业十大诚信建设先进单位行列，连续多年蝉联“河南省保险业诚信建设先进单位”。公司以“安全放心、诚信忠心、仁爱关心、和谐用心”为核心价值观，以“构筑风险预警体系，提供专业安全保障”为使命，以“专业经营，差异服务，集约管理，稳健发展”为经营理念，致力于为河南全省人民提供更适合的保险产品和更优质的服务。

【经营管理】

2017年，安诚财险河南分公司积极践行“深化改革、锐意进取、努力开创安诚保险发展新局面”的工作思路，以合规经营和风险控制为基础，紧密围绕经营发展中心，坚持加快发展不动摇、提升效益不动摇，稳步推进年度各项重点工作。通过多措并举，明确了险种策略、竞争策略、渠道策略和区域策略，努力加快发展，成功中标郑州市轨道交通保险项目，入围河南省工程机械保险统保项目共保体；严把业务进口，实行承保政策和费用政策的差异化、精细化管理，通过强化数据分析，监控车险业务承保质量和风险特点，跟踪业务品质数据，加大优质业务续保力度，注重提升客户承保服务体验；严抓理赔，实行理赔组织架构调整和理赔流程再造，科学考核，加大过程跟踪、监督，理赔工作水平进一步提升；持续提升综合管理能力和水平，实行风险精细化管控，强化内控管理，2017年诚信服务考评工作中名列全省33家财产险公司第7位，保险公司分类监管评价中被河南保监局评定为B类机构，反洗钱考核评级中被人民银行郑州中心支行评定为B级。

【财产险业务】

针对个人客户，公司开展有家庭财产保险，主要险种有普通家庭财产保险、个人意外保险、个人责任保险、个人信用保险、个人贷款抵押房屋保险等。针对单位客户公司开展有企业财产保险、工程保险、责任保险、团体意外保险、健康保险、货物运输保险等业务。

【保险理赔】

2017年，推行理赔案件“首接人”责任制，对理赔查勘车辆、间接理赔费用下发专项管控制度，对人伤环节时效及诉讼案件加大管理，制定了人伤快赔案件、人伤和解案件等配套激励措施，努力增强理赔服务能力。2017年，车险理赔KPI指标得分为92.5分，安诚系统内排名第4位。实行“365天×24小时”接报案、查勘定损服务。严格执行限时查勘定损服务，快速受理客户报案，维护保险消费者的合法权益。

【客户服务】

设立95544全国统一客服热线，实行“365天×24小时”咨询、投诉受理服务，提供出险提醒、上门收取资料等贴心便民服务。建立完备的承保理赔信息客户自主查询制度，受理客户通过电话（拨打全国统一客服热线95544）、网络（www.e-acic.com）、柜台（公司对外服务窗口）三种途径进行查询服务，方便客户了解承保理赔相关信息。建立总经理接待日制度，遵循“有访必接、有接必果”、“事事有着落、件件有回音”的原则，每月固定安排2个工作日接待来访人员，听取意见和建议，解答咨询、受理举报投诉等。

【风险管控】

建立了完善的财务管理制度，各项开支均采取双签制。在考核管理上，分公司各职能部门对各自条线均建立考核办法、管理制度及实务操作流程。在财务管理上，实行集中统一管理，三级机构财务负责人实行委派制，分支机构的各项支出均由分公司统一支付。在费用控制上，按照总公司下达的费用指标统筹规划全年的费用支出。在信息技术控制上，由总公司统一开发及维护核心业务系统及财务系统，核心业务系统与财务系统实现数据的无缝对接，业务数据与财务数据保持一致。实现全险种、全流程的电脑系统控制与管理，不存在游离于系统外的业务承保、理赔和再保险等事项。承保、理赔工作从制度建设、流程管理、单证管理、实务操作、档案管理及系统管控等方面均制定了相应的规章制度及实务操作流程，对可能存在的风险点前期都逐一排查予以消除，从内部管控上尽量杜绝了风险因素的存在。

中国人寿保险股份有限公司河南省分公司

中国人寿保险股份有限公司河南省分公司党委书记、总经理　王新生

【第一负责人简介】

王新生，男，1960 年 3 月出生，河南省舞阳县人，中共党员，汉族，研究生学历，高级经济师。曾在中国人民保险公司叶县支公司、平顶山市中心支公司，中国人寿保险公司郑州市分公司河南省分公司、河北省分公司、陕西省分公司工作。自 2010 年 4 月起，任中国人寿保险股份有限公司河南省分公司党委书记、总经理。2016 年 1 月至今，连任政协第十一届、第十二届河南省委员会常务委员。2016 年 9 月至今，任中国人寿保险股份有限公司业务总监。

【综述】

2017 年，中国人寿保险股份有限公司河南省分公司(以下简称中国人寿河南省分公司)在集团公司、总公司的正确领导下，全省系统深入学习贯彻党的十九大、中央经济工作会议和全国金融工作会议精神，强基固本，主动竞争，改革创新，转型发展，总保费成功跃上 300 亿元新平台，同比增长 19.65%。全年赔付支出 146.92 亿元，同比增长 13.56%，较好地履行了保险业“社会稳定器”的作用。

【创新驱动】

自主开发了 e 店伴侣，实现了无纸化投保，打造了个人卡折销售新模式，开发了移动 POS 短险销售系统，拓宽了渠道代理新途径；“寻找 20 年前的你”系列活动成为集团客户资源开发的标杆在全国分享；全年移动理赔处理 12.83 万件，推广率达 61.18%；省公司健康险创新风险管理模式等 3 个项目获得总公司创新表彰。

【个险业务】

2017 年，实现个险渠道首年标准保费 26.24 亿元，同比增长 41%；实现首年期交保费 49.93 亿元，同比增长 26%，其中 10 年期及以上首年期交保费 33.14 亿元，同比增长34%；保障型产品保费累计达成14.15亿元，同比增长103%；短期险保费累计达成3.68亿元，同比增长77%。个险渠道新增人力近15万人，月均增员率10.58%，月均持证人力突破12万人。

【团险业务】

2017年，中国人寿河南省分公司实现大短险保费13亿元，同比增长29%，预算达成率100.42%。其中：团险渠道实现短险保费8.43亿元，同比增长7.67%。企业年金规模达成9.07亿元，达成总部预算的139.57%，集合计划受托达成2.18亿元，保费规模达成总部计划的181.32%，养老保障产品12.02亿元，达成总部计划的139.93%。全员短险专销累计36.87万件，人均短险2.79件，初步形成了大短险发展新格局，短险市场份额为44.77%。

【银保业务】

2017年，中国人寿河南省分公司累计实现银保首年保费50.44亿元，完成年度预算的101.52%；首年期交12.83亿元，同比增长8.37%，完成年度预算的100%；首年标保3.91亿元，同比增长51.61%，完成年度预算的104.38%；十年期及以上期交41054亿元，同比增长30.95%，完成年度预算的108.04%。保险规划师季均有效人力10686人，达成年度预算的135.85%。

【政策性业务】

2017年，中国人寿河南省分公司基本医疗经办业务累计覆盖全省6个市61个县（区）共1819.60万人，共为2515.91万人次补偿医疗费用68.67亿元；大病保险业务覆盖郑州市等16个省辖市、长垣县等7个省直管县承办大病保险业务，承保人数6694.96万人，规模保费20.75亿元。累计补偿35.34万人次，累积赔款支出13.32亿元；为22个县44.37万贫困人口办理了扶贫兜底保险。与省委组织部联合为全省1.2万余名驻村“第一书记”提供风险保障，省委谢伏瞻书记对此做了“感谢人寿保险河南分公司的大力支持”的重要批示，公司也成为全国金融保险行业唯一被评为“全国精准扶贫十佳典型”的单位，社会贡献度和影响力全面提升。

【客户服务】

2017年，中国人寿河南省分公司秉承“以客户为中心”的服务理念，不断增强客户服务能力，提高客户满意度。全年累计发放各类客户通知2638万条，续期短信发送成功率89.02%；95519热线接听客户来电139万通，同比增幅16%；新单犹豫期内电访323万件，成功率100%；95519辅助销售3401万元，其中：期交保费3330万元，同比增幅57.97%；共受理客户投诉811件，同比降幅13%；开展“要跑700”活动18场、国寿大讲堂67场，参与客户3.4万人；开展少儿书画活动，参与小朋友达32.2万人，同比增幅96.34%；举办各类讲座、现场绘画和消防安全教育体验活动等50余场，参与客户8700余人；开展5.17骑行节活动收官站活动、新春联谊会、观影、爱心公益等特色服务活动29场，参与客户5378人；在6.16国寿客户节期间，邀请280名客户参加“国寿客户节”启动仪式暨太极养生活动，各市分公司开展客户节活动35场，参与客户8666人；开展高端VIP客户中医健康诊疗活动，邀请知名专家对105名VIP客户一对一诊疗服务，并为6000余名VIP客户开展健康体检；为全省4.1万名VIP客户赠送全球贵宾关怀服务，在郑东高铁站为537位客户提供VIP候车服务，并向8633名VIP客户赠送客户期刊和生日礼品等。

【风险管控】

2017年，中国人寿河南省分公司围绕合规管理和监督检查不断加强公司依法合规经营。贯彻落实中国保监会《关于进一步加强人身保险公司销售管理工作的通知》等一系列监管文件要求，按照“一岗双责”联系点分工，成立了6个风险防控督导组，重点针对产品管理、信息披露、销售宣传、客户回访、续期服务和投诉处理等涉及的10项内容，开展了全省销售合规管理自查自纠工作；对各条线自查发现问题逐条整改，建立销售管理自查自纠问题整改台账，并加强对所辖分支机构问题整改情况的督导检查；开展销售风险监督管理工作，加大对销售人员违规行为查处力度，进一步规范销售行为，提升合规管理水平；积极开展反洗钱、关键岗位轮岗、审计、风险预警、法律合规管理等常规工作。

（林龙梅）

中国平安人寿保险股份有限公司河南分公司

中国平安人寿保险股份有限公司河南分公司总经理　胡永智

【第一负责人简介】

胡永智，男，1958年11月出生。毕业于华中科技大学机械制造专业，博士研究生学历。历任武汉科技大学教研室主任、中国平安信托投资公司部门总经理助理、中国平安人寿保险股份有限公司贵州分公司总经理助理、中国平安人寿保险股份有限公司人事行政部总经理助理、中国平安人寿保险股份有限公司湖北分公司副总经理。2005年至今任中国平安人寿保险股份有限公司河南分公司总经理，平安集团河南地区统管党委书记。

【综述】

2017年，中国平安人寿保险股份有限公司河南分公司(以下简称平安人寿河南分公司)在河南省委、省政府、河南保监局的正确领导和大力支持下，全面贯彻落实党中央、国务院各项方针政策，强化管理，深化服务，追求效益，科学发展。2017年，总保费收入实现170.97亿元，同比增长52.1%。

【经营管理】

以“合规、创新”为经营思路，以“抓合规促健康，抓管理促效益，抓绩优促平台，抓晋升促发展，抓创新促转型”为经营举措。成立“产品、基础、E化、人力、客户经营”五大专家委员会，由班子成员牵头，各组成员深入分公司各条管理线，通过头脑风暴、实地调研等方式，从后台数据支持到前线经营管理，全方位为公司各项决策提供支撑，提高决策效率，助力业务成长。通过严抓合规经营，提升服务质量，保障公司健康发展；通过提高基础管理水平，实现效益经营；通过打造晋升文化，推动队伍持续健康发展，切实提升销售队伍收入与产能。以客户为中心，业内首创“智慧客服”平台，持续升级“保险+健康管理”等核心服务产品，打造最佳客户体验。

【个险业务】

2017年，个人代理渠道保费收入167.12亿元，增长55.4%，银邮代理渠道保费收入3.85亿元，下降21.4%。团体业务渠道保费收入14.24亿元，下降55.1%。各险种保费收入情况如下：人寿保险保费收入113.71亿元，增长48.6%；意外伤害险保费收入9.27亿元，增长59.8%；健康险保费收入47.99亿元，增长59.4%。

【销售管理】

在产品运作中，平安人寿河南分公司通过操作理赔保障日、保单与保障检视，持续落实寿险意义与功用及保额销售训练，引导业务队伍销售转型，逐步从销售理财型、万能型产品为主向销售平安福等保障型产品转变；在绩优推动中，逐步完善绩优荣誉体系，为队伍搭建明确的绩优阶梯，树立行业标杆和典范；在创新推动中，继续坚定聚焦平台经营，利用移动互联新技术，打造高效的展业平台和O2O的客户经营平台，不断优化寿险经营管理流程，提升经营管理效率和客户体验，进一步夯实“科技+”和“产品+”的核心竞争力；在队伍建设上，聚焦口袋E行销APP和知鸟直播等平台，帮助业务队伍提升工作效率和专业技能，高效提升团队建设水平，同时借助平安金管家APP“医食住行玩财”功能构建生态圈，帮助队伍更好地进行客户服务。借助“场景化销售”构建“上、中、下游”寿险产品销售转化链条，将产品销售融入客户日常生活及专业服务流程当中。

【客户服务】

2017年，平安人寿河南分公司借助人工智能持续创新服务模式，通过自主研发，将AI技术贯穿运用于保险服务的场景之中，首次在业内推出“智慧客服”，通过生物识别、大数据、远程视频等技术实现“在线一次性业务办理”，给客户带来“足不出户、安全可靠、高效便捷”的极致服务体验。依托“智慧客服”，件均服务的时长将从传统模式的4天缩短为10分钟。

【保险理赔】

2017年，持续推广“安e赔”E化理赔服务，E化理赔占比达到97%以上，全年共完成E化理赔案件26.87万件。依托“安e赔”E化理赔基础，2017年平安人寿推出“闪赔”服务，案件材料齐全，且符合快速处理的标准，从理赔资料上传到理赔款到账只需30分钟，全年完成“闪赔”3.91万件。2017年，平安人寿河南分公司全年共审核结案27.56万件，赔付理赔款14.75亿元，豁免保费2.14亿元。践行“标准案件材料齐全2日赔付”的服务承诺，2日结案率达到98%以上，1日结案率达96%以上，为广大客户提供更加快速的理赔服务。

【合规建设】

2017年，平安人寿河南分公司积极落实保监会、保监局关于防范非法集资、打击传销等高风险专项排查，开展年度常规风险排查。针对关键业务流程及常见风险，将风险防控制度化、日常化、系统化，明确各级单位负责人为本单位自查自纠工作第一责任人，组织落实本单位自查自纠工作，形成计划制定、过程管控、问责落实、整改追踪的闭环管理。全年开展违规报销、培训管理不规范、违规采购、印章管理、违规兼职、资金支付把关不严、违反信息安全管理制度、EOA签报不实、车辆部件报废不合规、销售误导、违规制作、使用行销辅助品、违规网络招聘、宣传、综拓卖单、飞单、留存移动刷卡设备、违规安装非标软件、未经授权留存客户资料、虚假APP注册等20项专项排查项目。

泰康人寿保险有限责任公司河南分公司

泰康人寿保险有限责任公司河南分公司党委书记、总经理　甄洪流

【第一负责人简介】

甄洪流，男，山东省济宁市人，1964 年出生。历任泰康人寿济宁中心支公司营销部经理、山东分公司营销部经理、济宁中心支公司总经理、山东分公司副总经理、泰康人寿总公司个险事业部副总经理。2012 年 10 月至今，任泰康人寿保险有限责任公司河南分公司党委书记、总经理。

【综述】

2017 年，泰康人寿保险有限责任公司河南分公司（以下简称泰康人寿河南分公司）践行总公司的五大核心战略，持续以价值为导向，狠抓诚信经营，实现各项业务健康、快速成长。全年规模保费超过 90 亿元，其中大个险业务 17 亿元，同比增长 45%。除电话行销业务外，其余个险、银保、经代等业务均超额完成年度经营目标，新单价值 8 亿元，规模人力超 6 万人。

【经营管理】

2017 年，泰康人寿河南分公司坚持以价值为核心的发展战略，实现公司健康、稳健发展。一是新单价值和大个险业务实现高增长。二是组织发展取得突破，人力规模和晋升架构大幅提升。三是贯彻落实泰康保险集团的医养战略，泰康在市场上独树一帜的产品“幸福有约”在河南的销售件数同比增长 114%。四是业务品质持续提升。

【个险业务】

2017 年，泰康人寿河南分公司个险业务实现保费收入 13 亿元，超额达成经营目标，同比增长 45%。一是组织发展持续破局，团队架构得到成长。2017 年，个险规模人力超过 6 万人，增长 58%。在团队职涯规划、常态化增员部署上统筹兼顾，实现了较快的组织发展速度。二是坚持专业化经营管理，四、五级机构的专业化经营水平得到提高。营业部经理自主经营水平有所提升。

【银保业务】

2017 年，泰康人寿河南分公司银保业务实现大个险业务 3.5 亿元，超额达成全年经营目标，同比增长 65%。其中，传统大个险同比增长 96%，续期拓展同比增长 21%。“幸福有约”险种销售实现翻番。与建行、中心、广大、民生、兴业等 15 个合作渠道建立和开展良好合作。网点活动率、绩优人力、原电话回访率等指标实现有效提升。一是聚焦高端产品，提升客户服务。通过虚拟金融产品与实体养老服务相结合的“幸福有约”产品，将传统的养老保险与现代的养老社区相结合。二是绩优人力高速成长，续期业务首次达成亿元平台。三是搭建训练体系和荣誉体系，各类培训有规划、有目标、有追踪，注重实效。四是创新销售模式。与合作渠道紧密协作，举办多类型的客户回馈活动，提升客户体验。

【电销业务】

2017 年，泰康人寿河南分公司电话行销业务实现保费收入 9105 万元。电话行销业务以寿险经营的金三角理论为指导，以建立学习型组织为手段，以基本法为管理基础，以执行力建设为着力点，以建立高品质、高素质、高绩效的专业团队为方向，通过较为稳定的人力与架构，专业化经营，严格基础管理，实现了正增长。

【经代业务】

2017 年，泰康人寿河南分公司经代业务实现标准保费收入 4953 万元，同比增长 26%。在渠道建设方面，泰康人寿河南分公司与中介合作伙伴共建队伍，在会议经营、重点培训及日常管理等方面与渠道形成对接，密切双方的合作关系。在业务品质方面，与合作渠道共同管好保单入口，将风险管理前置，建立年度及月度继续率预警机制，完善回访制度，提高抽检比例。

【理赔业务】

2017 年，泰康人寿河南分公司理赔案件超过 3.6 万件，同比增长 45%，累计理赔金 2.5 亿元。核保、保全、理赔服务综合满意度 96.69%。一是持续推进健保通直付式理赔服务。在省内持续推广“免申请、零等待”健保通直付式理赔特色服务，较大程度上提升客户理赔体验。二是推广“重大疾病就医绿色通道”服务和康乃馨探视服务。与全省 85 家三甲、二甲医院合作，结案突破 5000 件，康乃馨理赔探视客户超 2.8 万人次。三是积极应对社会重大突发事故。建立和完善一套完整的重大突发事件理赔应急机制，开启理赔绿色通道，力求在最短时间内完成理赔服务。

【客户服务】

2017 年，泰康人寿河南分公司注重客户服务、客户体验，高客服务、增值服务落在实处，当年新增客户数 33.6 万人。一是互联网化服务成效显著。当年新增微信绑定 24.73 万人，累计绑定率近 40%；微信保全件数 43.7 万件，同比增长 82%；客户综合满意度 96.96%。在 8 月的“泰康人寿客户服务节”活动中，线上参与量 11.7 万人，病种升级 4.4 万人。二是聚焦重点客户，累计提供“私享”服务 4700 次，提供 SOS 国内救援转运一人。拓展客户服务模式，提供客户基因检测服务，强化客户体验，参检客户 400 人。为 426 名客户组织开展泰康医养体验之旅，健康与急救大讲堂参与近万人。

【合规管理】

一是推动内外勤员工的诚信建设。在全省内外勤范围内开展诚信宣言的签署活动，通过线上和线下两个途径开展。发放诚信手册 2.2 万册，广泛宣传，杜绝销售误导。在公司内外部会议中增加诚信宣誓环节。组织员工在企业大学中学习合规诚信课程。二是公司内部稽核自查自纠。接受集团稽核中心的八次常规稽核，对七位业务责任人进行离任稽核，抽查了四级机构稽核的开展情况，对支公司进行了现场复核。三是推行全面的内外勤合规培训。开展全省合规培训，共培训 53397 人次。培训内容涉及保险法、公司内部管理制度、监管规定、反洗钱法律法规等内容。四是加大反洗钱力度。强化治理客户信息真实性问题，对达到反洗钱识别标准的新契约业务进行治理，通过月度抽查与追踪整改，使客户信息真实性问题得到明显改善。

太平人寿保险有限公司河南分公司

太平人寿保险有限公司河南分公司党委书记、总经理　董义堂

【第一负责人简介】

董义堂，男，汉族，中共党员，1961年出生，大学本科学历，经济管理专业。现任太平人寿保险有限公司河南分公司党委书记、总经理。

【综述】

2017年，太平人寿保险有限公司河南分公司（以下简称太平人寿河南分公司）下辖中心支公司16家，支公司39家，营销服务部46家，覆盖了全省18家地市、70个县域。共有内勤员工1046人，外勤销售人员17077人，其中个险营销员15466人，银保客户经理689人，财富经理771人，续期专员151人。

2017年，累计承保个险新单期交保费80499万元，同比增长7.8%。银保累计标准保费1.49亿元，同比增长123.3%。全年，实现总保费47.2亿元、个险新单保费8.1亿元、银保期交新单累计保费1.4亿元、续期保费34.1亿元。

【经营管理】

在业务管理方面，坚持“明确标准，踏实执行”的经营思想，深入践行“三真”文化，业务发展持续优化凝实；在员工管理方面，立足公司五年发展需要，对标总公司员工胜任素质模型，通过内推外引，持续强化队伍建设，队伍结构不断优化，更年轻化；在保险服务方面，完善多层次保险服务组织体系，加强贫困地区保险技术支持及人才培养，加强保险消费者保险意识和家庭风险管理能力教育；在内控管理方面，坚持依法合规经营，强化内控制度的建设，坚持关口前移，坚持合规经营“一票否决”考核制度，2017年在监管分类评价结果为A类；在机构发展方面，立足分类分级推进机构差异化管理，重点推动绩优机构和弱体机构，持续做大做强市区本部。

【风险管控】

2017年，分公司风险管控工作以业务品质为核心，以内控制度建设为基础，以合规经营为抓手，形成了三道风险防线：履行“主体合规责任”、“风控监督责任”、“内控评价责任”。提出“坚持三贴近”，积极主动开展以风险防范和合规责任文化传承为内容的专项工作。通过部门融合、上下联动，顺利完成了开门红销售误导专项排查整改工作、反洗钱专项排查整改工作、预防和打击非法集资风险排查及宣传工作，完成了以审计风险排查等为重点的专项工作，实现了“主动合规、人人合规、高管带头合规”在工作实践中的提升、应对能力。分公司在集团常规稽核工作中，7家中支获得现场免检资格、5家中支取得现场稽核A类评级，全省稽核优秀机构12家，占比75%。

【个险业务】

2017年，以推动会议经营、完善培训体系、做好基础管理、强抓荣誉体系等举措，做实基础指标，形成内外勤合力，个险业务年度新契约保费达成8.05亿元。高度重视组织发展，推动新人留存，新人转正率达成57.9%，新人留存率57.5%。提高活动人力比率，前6个业务节点，三月活动人力8890人，3次站上7000人平台，4次站上6000人平台。分公司兼职讲师累计2060位，增长109%，四星级讲师95位，增长115.9%。个险13个月继续率96.3%。

【银保业务】

2017年是太平人寿河南分公司“五年三大步”开局之年，银保业务紧跟总、分公司发展节奏，坚持以“执行标准”为核心、以“项目运作”为主线、以“团队建设”为重点，围绕“明确标准、踏实执行”开展各项工作。提前136天达成全年期交业务目标，全年承保期交标保1.49亿元，达成率135%；实现了全省16家机构银保条线的全部开设，三门峡、郑州、开封、新乡、焦作共5家机构提前达成银保全年任务目标。

【综合开拓业务】

2017年保费规模：寿销产达成2.09亿元，首次站上2亿元平台，年度达成率112.7%，同比增长41.9%；寿销养达成3832万元，达成率109.5%，同比增长27%。机构同比增长情况：3家中心支公司寿销产增长率100%以上；3家中心支公司寿销养增长率50%以上。在业务不断增长的同时，综拓活动率、续保率、人均产能等关键指标也得到不断优化。

【电商销售业务】

2017年，分公司电商销售业务发展坚守合规底线，稳步推动团队建设，严抓基础管理，各项工作有序推进。业务队伍由1部3组扩展为2部11组，部均人力由之前的29人扩展为52人，前线总人力达到105人，年度百万人力2人，较2016年增长1人。后援队伍由1室4人扩展至2室8人。

【保险承保理赔】

2017年，分公司自动化服务全面升级。在承保服务方面，大力推动电子化工具，大力推广立保通APP，引入OCR新技术，实现E时代移动展业、无纸化投保。在理赔服务方面，继续推行行业领先的“理赔通”项目，打破传统理赔限制，为客户提供7×24小时、365天随时受理的快捷理赔服务。随时受理，移动理赔，一对一服务，聚焦客户三大关注点，全面提升客户体验。其中，“理赔免审核”项目通过授权绩优代理人，实现先赔后审；15秒快速理赔，实现超越客户期望的理赔时效。全年受理理赔案件2.21万件，支付理赔金1.87亿元，案件赔付率达到96.8%。其中最大赔案，百万驾年华加无忧终身赔付242万元。

【客户服务】

客户服务定位为VIP客户及大众客户提供合同条款以外的关怀及增值服务，确立了“品牌引领，共建增效”的工作思路，注重提升各项服务能力，在品牌框架下为VIP客户及大众客户提供服务。以“VIP客户增值服务”和“客服项目推动”为主体，以“四大品牌”活动的开展为载体，让新老客户参与其中，亲身感受太平的四大“精品”服务。累计活动453场次，有效客户触点2.69万个，件数3756件，产生保费2259.9万元。

合众人寿保险股份有限公司河南分公司

合众人寿保险股份有限公司河南分公司总经理　吴　鹏

【第一负责人简介】

吴鹏，男，1972年11月出生，汉族。先后在中国人民保险公司、平安人寿郑州分公司、平安人寿总公司、平安人寿山西分公司、平安人寿河南分公司、合众人寿河南分公司、合众人寿总公司、合众人寿宁夏分公司工作。2007年3月加盟合众人寿保险股份有限公司，2016年10月至今，任合众人寿保险股份有限公司河南分公司总经理。

【综述】

2017年，合众人寿保险股份有限公司河南分公司(以下简称合众人寿河南分公司)实现原保费收入15.73亿元。其中，个人代理业务实现保费收入9.73亿元，银邮代理业务保费收入5.67亿元，公司直销业务保费收入2258.55万元，专业代理业务保费收入747.79万元，其他业务保费收入247.50万元。累计上缴税金1840.65万元，其中保费收入营业税金129.84万元，个人所得税1564.08万元，业务员佣金营业税68.59万元，其他税金78.14万元。

【经营管理】

一、加强风险管理，规范业务发展。2017年，合众人寿河南分公司坚持贯彻落实中国保监会“稳中求进”的工作总基调，主动适应经济发展新常态，坚决贯彻实施“保险姓保”的价值理念，以防范风险为导向，通过完善各项管理制度，提高管理制度执行力，强化干部负责意识；通过有效分配资源，以合理的预算过程管理促业务增长，稳步推进经营活动的平稳开展。

二、加强管理干部培训，提升员工整体素质。2017年，合众人寿河南分公司通过召开各类管理干部培训班、员工培训班、营销员培训班，立足培训，搭建健康的人才培养体系，提升员工整体素质，建立了一支能够适应行业发展、公司发展的优秀团队。

三、加强消费者教育，引导理性保险消费。通过多种形式的保险消费者权益保护活动，宣传践行“守信用、担风险、重服务、合规范”的保险行业价值理念，切实保护保险消费者合法权益，维护行业健康稳定发展，构建和谐金融消费环境，引导保险消费者科学理性消费。

【个险业务】

2017年，合众人寿河南分公司强化营销管理干部的培养，成立高管预备队，鼓励机构创新主顾开拓，引导并鼓励团队自主经营，将增员训练、增员技能提升和日经营平台相结合。2017年，个险考核保费达成3.07亿元，达成率107.73%，同比增长41.78%，年度标保达成1.83亿元，达成率106.29%，同比增长33.41%。

【团险业务】

2017年，合众人寿河南分公司团险系列产品结构更趋合理，产品组成更趋多样化，航意险、卡单、建工险等业务取得了突飞猛进的发展，价值型产品推动取得了初步成效，连续四年实现总体保费收入正增长。 全年，团险保费收入2027.31万元，年度保费计划达成率126.71%，同2016年相比增长41.85%。

【银代业务】

2017年，合众人寿河南分公司银保系列机构实现稳定的价值保费平台提升，机构人力、业绩从无到有，自给自足。全年，规模型保费收入5.45亿元，计划达成率114.94%；价值型保费收入3373.69万元，较2016年相比增长2136.54%。

【保险承保】

2017年，合众人寿河南分公司共新增承保保单16.96万件；新增承保人次41.09万人次；原保险保费收入15.73亿元，新增保险金额333.27亿元。

【保险理赔】

2017年，发生各类赔付合计2.71亿元。其中：满期给付1.82亿元；年金给付5047.41万元；赔款支出975.38万元；死伤医疗给付2869.82万元。

【客户服务】

通过以“源于爱、传递爱，合您一起、关爱健康”为主题的客户节活动，从健康角度出发，回馈新老客户，提升客户满意度。本着“合众保险 理赔不难”理赔理念，再度全新推出八大理赔服务举措，举措包括理赔延滞慰问金及闪赔功能，重大突发公共事件理赔绿色通道、预付赔款等，让客户感受到便捷、高效、有爱的理赔服务。

富德生命人寿保险股份有限公司河南分公司

富德生命人寿保险股份有限公司河南分公司副总经理（主持工作） 杨相东

【第一负责人简介】

杨相东，男，汉族，1973年12月出生，河南省南阳市人，工商管理学硕士。1996年进入保险行业，现任富德生命人寿保险股份有限公司河南分公司副总经理（主持工作）。

【综述】

2017年，富德生命人寿保险股份有限公司河南分公司（以下简称富德生命人寿河南分公司）累计实现保费收入104.4亿元，同比下降16.4%。其中，新单保费收入85.2亿元，同比下降25%；续期保费收入19.2亿元，同比增长69.5%；累计赔款和给付支出10.5亿元，同比增长16.6%。全省设立17家中心支公司、45家支公司、23家营销服务部。

【经营管理】

2017年，富德生命人寿河南分公司在推动业务发展的同时，始终坚守合规经营底线，将风控合规工作作为全辖自上而下工作的基本准则。在做好日常风险监测和内部控制的基础上，围绕经营管理关键环节，组织开展了开门红业务品质现场检查、销售误导业务风险排查、销售管理转向风险排查、年度风险排查、非法集资专项排查、资金运用风险排查、“纵生国际”专项风险排查等自查检查工作。开展签署《严防销售误导责任状》、反洗钱宣传、合规知识竞赛及相关培训等活动，全力防范、努力化解经营管理环节的各个风险点。在业务品质管控上，先后修订出台了《业务品质管理办法（2017版）》《13月继续率考核办法》《自保件、互保件管理办法补充内容》等文件。在人力资源管理上，以夯实人事基础管理为基础，以合理配置人力资源为重点，以加强培训为手段，建立健全内部控制制度。在创新体系上，E动生命特色鲜明。以自助、便捷、高效为特点的E化自助服务系统，涵盖E理赔、E续收、E保全等系列功能，形成以“E行销为主，官网自助录单为辅”

的新契约录单模式。

【个险业务】

2017年，承保综合标保8.89亿元，同比增长111.5%，年度计划达成率174%。个险月均规模人力2.39万人，同比增长68.8%；月均实动人力5012人，同比增长61%；月均万元人力1508人，同比增长45%。

【银代业务】

2017年，承保新单规模保费76.48亿元，同比下降29%；承保趸交规模保费（不含中短存）60.53亿元，年达成率303%；承保期交规模保费2.48亿元，其中重点推动项目“360”业务达成4005万元，年度计划达成率103%。银代规模人力610人，同比减少24.7%。

【团险业务】

2017年累计承保短险保费4870万元，年达成率195%。其中，交叉销售保费1974万元，占比41%；直销保费1633万元，占比34%；中介渠道保费1236万元，占比25%；专业代理保费26万元，占比1%。

【经代业务】

经代渠道按照“3+2+N”（3家重点，2家主要，多家合作）的合作格局部署，渠道分工管理，政策因地制宜。2017年承保新单综合保费4475万元，年度计划达成率223.75%。

【客户服务】

2017年，富德生命人寿河南分公司以“严防消保风险 提升客户增值服务 强化基础管理”为主线，严管理，强服务，稳步开展各项客户服务工作，在守住两个“确保”风险底线的同时，以促进业务健康发展为核心，为公司业务的快速发展提供服务保障。一是升级VIP客户服务。通过入围方式多元化、高端客户标准精细化、服务项目拓宽优化、服务分级管理强化，为VIP客户提供更贴心的服务。二是搭建健康增值服务平台。为满足客户日益增长的增值服务需求，采用线上线下相结合的方式为客户提供全方面、多样化的健康管理服务，包括E动生命APP、云服务APP、官方网站提供在线问诊、预约挂号、疾病自查、健康测评、健康资讯、疾病库、健康档案等线上服务，服务覆盖全国千余家医院资源。在线下提供电话医生、专家门诊预约、住院手术协调、国内专家二次诊疗等服务，服务覆盖31省534家三甲级医院。三是提升电话服务体验。电话呼叫中心提供在线智能机器人及人工咨询服务，提供7x24小时热线接听服务，受理客户咨询、电话保全、投诉、报案等；为客户提供E服务终端机视频服务，及时解决客户问题，提升客户体验；开通线上回访服务、E化服务流程，随时随地即可开展新契约回访，提升客户满意度；提供重点客户专属回访服务，做到访前沟通、专人回访。四是组织突发事件应急演练。1-2月，组织全省18家机构开展重大上访及群体性事件应急演练工作，通过实战演练，使突发事件相关处置人员对事件发生、及时上报、启动应急预案、追踪处理全过程及公司各部门间、机构间的责任界定、衔接配合、后续服务完善等环节有清晰认识。五是开展全年无休的客户服务活动。根据春、夏、秋、冬四季划分，按季节、有节奏地开展“春之声”“夏之花”“秋之韵”“冬之恋”四大客户服务活动，进一步提升公司服务品牌影响力。

【理赔业务】

在理赔方面，公司致力于为客户提供高效、快捷、便利的服务。全年，共支付理赔金额1.18亿元，增长126.75%，累计为1.94万客户提供理赔服务，理赔服务时效提升至平均1.74个自然日。

继续加快推进移动理赔创新服务，提升理赔时效，实现了简易案件足不出户即可实现理赔。2017年，移动理赔项目主要采用移动智能终端设备（手机、移动平板），通过微信自助理赔、官网自助理赔、移动平板理赔直通车三大平台，实现向客户提供在线自助理赔、“零距离”现场直赔等一系列便捷服务。

中荷人寿保险有限公司河南省分公司

中荷人寿保险有限公司河南省分公司党委书记、总经理　屠　佳

【第一负责人简介】

屠佳，女，1973年5月出生，高级会计师，高级寿险管理师，金融学研究生。先后在河南省粮食厅、泰康人寿保险股份有限公司河南分公司任职。2007年7月加盟中荷人寿保险有限公司河南省分公司，现任中荷人寿保险有限公司河南省分公司党委书记、总经理。

【综述】

中荷人寿保险有限公司河南省分公司（以下简称中荷人寿河南省分公司）是中荷人寿保险有限公司的第四家省级分公司，于2006年12月开始筹建，2007年6月25日正式在郑州营业。作为河南省第一家中外合资寿险公司，中荷人寿河南省分公司始终秉承 “专业、创新、诚信” 的经营理念，为河南消费者提供具有国际竞争力的专业保险产品与服务。下辖郑州中心支公司、洛阳中心支公司，以及安阳、焦作、荥阳、新密、登封、巩义6个营销服务部。现有内勤人力137人，其中高管3人、员工134人，高级职称1人、中级职称4人、初级职称4人，本科及以上学历人员占比83%，平均年龄30岁。个人寿险渠道各层级代理人3841人，其中大专学历1216人，占比31.66%，本科及以上学历627人，占比16.32%。银行保险销售人员216人，其中银保客户经理190人，营业部经理24人，总监2人，平均年龄32岁，本科人员占比25.9%。

2017年，共实现保费收入10.33亿元，同比增长58.93%，其中期缴保费收入8.59亿元，同比增长32.94%，趸缴保费收入1.74亿万元，同比增长4320.88%。赔付支出1.43亿元，同比增长80.13%。

【经营管理】

中荷人寿河南省分公司坚持开拓多元化渠道，强化营销氛围，注重续期收费。个人寿险渠道在注重人力有效增长的同时，致力于提高业务规模与人均产能，并为代理人搭建顺畅的晋升通道；银行保险渠道注重渠道多元化和银保营销化的经营模式，打造了一批银行保险理财规划师团队；经纪代理渠道着重在合作渠道中凸显服务优势与品牌形象，并根据合作渠道的需求为其提供专业培训。建立了稳固的后援体系，公司日常管理逐渐规范，后援力量和水平不断提升，并在日常工作中逐渐将积累的经验条理化、程序化，在机构开拓、财务管理、客户服务等方面形成了完整而有效的体系和流程，为公司的规范化发展提供了参考和依据。

【个险业务】

个人寿险渠道逐步完善了渠道管理架构，建立了成型的招募、培训、单位基础管理以及业务推动体系。在业务推动方面，个人寿险渠道注重加强保障类、重大疾病类保险产品的销售，并针对分红型产品培养出了一批专业理财经理，通过考核指标、客户回馈、培训辅导等措施来提升销售服务的满意度，取得了良好的效果。2017 年，渠道人力稳定，团队逐步壮大，活动率持续上升，人均保费及件均保费稳定在较高水平，渠道保费收入在系统内处于领先位置。

【中介业务】

银行保险渠道以合作为主，坚持走专业化期缴经营道路，并注重传统险的销售，在中国保监会及河南监管局的政策指导下，全面、充分地与各专业银行合作，业务稳定增长，形成银保合作的双赢局面。在经代渠道发展探索中，提出“发展培育”观点，在与经营较为成熟的代理公司建立合作发展关系的同时，着眼培育认同中荷人寿经营理念、具有发展潜力的中、小型代理公司，通过产品、销售技巧等方面的培训及支持，与这些公司共同成长。

【客户服务】

中荷人寿河南省分公司为客户提供的特色服务包括：“爱心天使”第一时间慰问住院的出险客户；电话咨询中心每日安排主管轮值；100% 电话回访；24 小时全年无休专人专线电话咨询中心；联合国际 SOS 组织提供全球海外急难援助服务；微信理赔；所有保险产品均使用通俗化保险合同条款；温馨舒适的客户接待中心；专业、贴心的健康管理医疗贵宾服务；小额理赔申请快速处理程序；多种形式的客户关系维护活动；时尚动感集团短信息服务；直属保单管理制度。

全面推广通俗化保单，并为客户提供“保单更约权”、“保额变更权”、“保证续保”等多种权益；24 小时的专人职守电话呼叫中心、自助语音服务、在线客服和全国统一的 400-816-1688 服务专线，配合“SOS 全球海外急难援助”服务，帮助客户享受到全年无休、无远弗届的保险保障。

【风险管控】

认真贯彻“合规经营，风险为本”的企业文化，持续建设科学化、规范化的风险管控体系。严格履行国家反对金融经济犯罪的各项政策和义务，重视业务品质管理，对不符合公司规定的代理人不当行为进行严格的审查和处理。公司将风险意识从上到下贯穿到每位员工的思想中，形成理念、自觉行动和准则，使之成为工作的支撑点。在日常工作中加强对未来中长期所面临风险的全局性、趋势性研判，准确定位风险管理工作的方向和重点，切实为公司实现经营目标提供支撑和保障。及时把握并深入分析国内外金融市场形势的变化，提高公司对经营环境变化的敏锐性和对发展趋势的预判能力。认真总结既往企业内外部发生的各类重大风险损失事件典型案例，从中汲取经验教训。用人来制定制度、用制度来管人、用制度来办事，强化风险管控，不断提升企业效益。

平安养老保险股份有限公司河南分公司

平安养老保险股份有限公司河南分公司总经理　程延龙

【第一负责人简介】

程延龙，男，1968年3月出生，中共党员，学士学位。1995年加入中国平安，先后在平安养老保险股份有限公司广东分公司、陕西分公司、湖北分公司、深圳分公司任职部门经理、副总经理、总经理。现任平安养老保险股份有限公司河南分公司总经理。

【综述】

2017年，平安养老保险股份有限公司河南分公司（以下简称平安养老保险河南分公司）短险全年累计3.44亿元，长险全年累计2.76亿元，企业年金供款标规全年累计4.87亿元，养老资产经过资产8.21亿元。平安养老保险河南分公司在全省设立8家中心支公司，6家支公司。内勤人力173人，外勤人力203人。

【经营管理】

平安养老保险河南分公司作为河南省首家、也是目前规模最大的专业养老保险公司，管理企业年金资产超50亿元、养老资管经过资产近10亿元；秉承客户至上、服务至上的理念，保险、年金、医保和资产管理业务覆盖全省18个地级市和10个省直管县（市），已累计为河南省1万余家企事业单位、3300多万企业员工提供了医疗保险、意外保险、养老保险、企业年金服务，好福利、E企赢、自助理赔、一日赔、极速赔等创新服务平台和服务手段。利用养老资产管理经验和资金优势，积极参与企业和政府融资，支持地方经济建设。自2014年以来，每年为全省2360万城乡居民提供大病保险服务，用专业、优质、便捷的服务做到了“政府放心、百姓满意”。

【团险业务】

2017年，实现团险业务保费收入6.25亿元，其中人寿保险保费收入2.76亿元、意外伤害险保费收入1.4亿元、健康险保费收入2.06亿元。

【中介业务】

2017年，平安养老保险河南分公司始终坚持依法合规经营，建立严格的中介业务内控管理制度，持续进行业务合作流程监控，规范专业、兼业中介业务发展，全年实现保费1755万元。

【客户服务】

一、24小时线上线下服务。平安养老险拥有一账通查询、微信查询、好福利APP等24小时线上服务及包括客户咨询、理赔报案、健康服务、急难援助等方面的24小时线下支持。全方位的线上线下网络为客户提供了诸如电话医疗问诊、医院特需门诊预约、好医生就医咨询等服务内容，方便客户随时随地解决问题。

二、平安养老险垫付服务。平安养老险与第三方服务机构合作，在分布于全国的950家医院范围内，为客户提供意外住院零押金垫付服务，实现客户免押金住院治疗，缓解客户现金压力。该服务具有垫付时效高、抢占救治先机、全程医疗监控和免后期理赔申请等特色，真正做到让客户安心治疗、无后顾之忧。

三、企业一账通——突破传统，低碳高效。平安养老险主动变革，为个人客户专属打造集保险保障、年金养老、健康管理、投资理财为一体的移动互联网服务平台。该平台为“一个账户、三个平台、三个管家”式的全方位平台，涵盖了保险询价、投保、保全、理赔、续保等环节，并支持养老金账户的查询。依托集团IT技术平台，搭建了功能丰富的自助服务系统平台，在团体寿险保单及企业年金的整个生命周期中实现全流程查询、变更、管理，帮助客户全面掌控自己的保单服务。

四、企业年金服务——盈管家。“盈管家”服务品牌依托平安多年的专业和经验等方面的优势，为年金客户提供管家式的专属服务。为了提升客户价值，盈管家提供日常运营服务和法规要求之外的增值性服务项目，包括报告上门解读、管理人评估、投资策略会等10项金牌服务，让客户更方便快捷地了解受托资产运作情况，及时掌握年金计划运行及各管理人履职情况，将繁杂的信息抽丝剥茧一手掌握。盈管家服务体系可以有效保证为企业总部及下属机构提供一致的服务内容和标准，在实现顺利对接的基础上提高客户的服务体验和满意度。

【风险管控】

一、重视重大突发事件应急管理。成立重大突发事件应急处置领导小组，负责领导、指挥、协调重大突发事件应急处理工作，并督导重大突发事件应急处理办公室开展工作。重大突发事件应急处理办公室负责按照重大突发事件应急处理预案，迅速进行重大突发事件的信息收集与追踪，并实时就应急处理情况向政府监管机关、上级、重大突发事件应急管理领导小组汇报重大突发事件及其应急处理情况。

二、加强业务人员从业资格管理与培训。严格按照保险行业协会通知要求，针对每一位入司业务员，均要求注销其他公司执业证、依规定取得新的《保险销售从业人员执业证》，并应当符合中国保监会规定的有关岗前培训和后续教育的条件。新入员工由人力资源部门安排，通过网络、面授等方式参加新人员工培训，并将培训结果作为转正等相关事项的参考依据。员工任职期间需要持续接受涵盖专业技能、法律法规、职业道德等方面的培训课程，并通过相关测试考核。员工离职或由外勤转岗为内勤的，及时将其持有的我司执业证进行注销。

三、严格履行客户身份识别等反洗钱义务。按照《客户身份识别和客户身份资料及交易记录保存管理办法》，建立健全和执行客户身份识别制度，遵循“了解你的客户”的原则，针对具有不同洗钱或者恐怖融资风险特征的客户、业务关系或者交易，采取相应的措施，了解客户及其交易目的和交易性质，了解实际控制客户的自然人和交易的实际受益人。

四、财务收付费管理。根据人身险收付费管理办法，加强“零现金”宣导，人身险收付费原则上均要求通过银行等资金支付系统进行转账支付。对于现金交纳、领取的情况以及转账账户为非受益人账户的情况，按《平安养老保险股份有限公司人身险收付费管理办法》中的相关要求执行。

五、定期开展内部稽核、审计。《平安养老保险股份有限公司任中及离任审计管理办法》中明确规定稽核监察部需履行对领导干部及关键岗位人员进行任中、离任审计的职责。

中国人民人寿保险股份有限公司河南省分公司

中国人民人寿保险股份有限公司河南省分公司党委书记、总经理　白　锋

【第一负责人简介】

白锋，男，1971年1月出生，毕业于兰州大学，研究生学历。历任中国人民保险公司甘肃分公司人身保险部员工、中国人寿甘肃分公司寿险业务处员工、业务管理处副主任科员、业务管理部副经理，兰州市分公司副总经理。2005年加入中国人民人寿保险股份有限公司，历任总公司筹备组成员、甘肃分公司筹备负责人、业务运营部副总经理、业务管理部副总经理（主持工作）、湖北分公司副总经理、培训部总经理、战略规划部总经理。2016年12月至今，任中国人民人寿保险股份有限公司河南省分公司党委书记、总经理。

【综述】

2017年，中国人民人寿保险股份有限公司河南省分公司（以下简称中国人民人寿保险河南省分公司）全年实现整体保费55.77亿元，同比下降5.74%。其中，新单保费收入44.52亿元，占总保费比79.84%，同比下降16.51%；续期保费收入11.24亿元，占总保费比20.16%，同比增长92.6%。新单保费收入中：趸交业务37.62亿元，占比84.49%；期交业务收入6.91亿元，占比15.51%。赔款支出29.61亿元。

【经营管理】

一是加快推进渠道建设。个、团、银、互、续五大渠道业务发展日趋均衡、发展成绩各有特色，渠道期交及中高价值期交业务在全国系统均有较好表现。二是稳步推进队伍建设。各业务渠道、各三级机构围绕基本法实施、城市突破项目推进、蓝海计划增员项目、育树成林项目等，在严格基本法考核、严格清零清虚的基础上加大增员工作力度、快速扩充销售队伍，队伍建设稳步推进，销售队伍人力不断扩大。三是以机构分类管理为抓手，推进机构发展，各机构发展齐头并进。四是集中企划运作奠定全年发展格局，树立转型发展信心。五是以集团“全年整改年”为抓手，强化合规管理为公司转型发展提供有力保障。

【团险业务】

2017年，中国人民人寿保险河南省分公司努力打造“战略型、专业型、效益型” 的团险渠道。全年共实现保费收入7.75亿元，超额达成年度目标，同比增长61.8%，其中期交保费2399.69万元，同比增长22.62%，短险保费1.14亿元。在法人业务方面取得了大幅增长，有效地改善了业务结构；全渠道销售人力1970人，有效人力1119人，实现了规模和效益的同步增长。

【个险业务】

一是业务发展稳中提升。个险渠道实现规模保费9.21亿元，同比增长2.2%，新单期交保费达成3.51亿元，同比增长24.89%。目标达成率122.04%，其中高价值期交业务达成1.28亿元，同比增长121.33%。二是重视团队建设、持续推进快速扩充。2017年个险有效销售人力1.69万人，与同期相比实现人力翻番。三是不断加强销售支持。通过阶段性系列营销活动的组织，为营销人员创造了拓展业务的平台。同时推动线上、线下营销活动共享模式，加强营销人员获客平台的建立。在组织的“客户节”、“共建健康中国”等回馈客户的服务活动中，给客户深入了解公司提供了更多的途径。四是培训制度化、规范化。分层级培训分工明确、责任明确。同时在营销团队中强化合规教育培训，对照标准，查摆问题，积极整改，通过引导和教育，进一步规范团队销售行为。

【银保业务】

全年实现规模保费28.50亿元，其中期交保费2.65亿元，出单网点同比增长26.58%，实现月均有效人力729人，同比增长10.15%。一是加强与银邮渠道合作关系，确定了重点合作地位，为银保业务快速发展提供良好的展业环境。同时，加强与工、农、中、建、邮渠道的重点合作，取得了显著成效。二是实现综合理财业务快速发展。2017年理财保费收入5.14亿元，同比增长20.43%。销售人员理财业务开单人数为921人，月均出单率40.9%。三是加强了队伍基础建设和会议经营，有效提升团队精细化管理水平。以活动量管理为核心，抓好增员工作、日常培训、基础管理、基础经营，结合基本法考勤、出勤率考核等措施，确保了基础管理工作有章可循。

【客户服务】

一是保质保量完成各项业务处理工作，为转型发展提供后援保障。2017年录入个险新单10.88万单，团单5526单，打印保单13.9万单，合计业务量52.21万件；人工核保4.16万件；保全业务33.5万件；理赔案件11.7万件，各类案件赔付金额2.97亿元。二是制定、完善各类业务管理制度15个，夯实了管理基础。通过制定（修订）管理制度，对公司规范业务管理、提高业务处理时效和质量、加强客户服务、防范经营风险等起到积极作用。三是做好诚信建设各项工作。加强“消费者权益保护人保寿险河南省分公司保险服务分站”工作；各级分支机构认真践行《河南保险业消费者权益保护自律公约》；按照河南保险业诚信服务考评办法和河南省人身保险公司基础服务规范等提高服务水平和质量。四是开展客户服务和保险宣传工作。开展客户节系列活动，强化分支机构和销售人员服务意识；开展3·15消费者权益保护系列活动和诚信服务月活动，进行保险公众宣传，保险进社区、客户体验日、保险知识讲座、送赔款上门等主题活动。五是开展理赔案件自查工作、失效保单清理、逾期贷款清理等各项工作。接受河南保监局、人民银行、河南省保险行业协会、总公司在业务管理、内控制度建设、合规经营、客户信息真实性、反洗钱内控制度建设、行业自律等方面的检查。六是加强柜面内勤培训。

【风险管控】

加大对各项内控流程的规范化管理，先后制定完善了12项制度；层层传导压力，夯实责任基础。认真开展风险排查与防范等工作，不断提高风险管控能力。全年开展打击非法集资宣传与风险排查、年度风险排查、关键指标监测管控、司法案件应急处置演练、违规销售行为排查、内部风险防控督查等工作。强化反洗钱管理，举办反洗钱专项培训。推荐基层内控体系建设工作，实现全面达C的目标。对领导干部行使权力、财务业务管理的重点岗位和风险易发环节进行合规检查。

信泰人寿保险股份有限公司河南分公司

信泰人寿保险股份有限公司河南分公司党委书记、总经理　祁玉霞

【第一负责人简介】

祁玉霞，女，汉族，1970年出生，中共党员，毕业于南开大学，本科学历，会计师。曾在泰康人寿河南分公司、合众人寿河南分公司工作。现任信泰人寿保险股份有限公司河南分公司党委书记、总经理。

【综述】

2017年度，信泰人寿保险股份有限公司河南分公司（以下简称信泰保险河南分公司）立足总公司发展战略，贯彻执行各项工作部署和要求，加大转型步伐，强化风险管控，强化执行，提升管理效能，全员坚定发展信心，价值型业务稳步发展，各项重点工作有序推进。全年累计实现保费收入13.84亿元，其中新单保费12.62亿元，续期保费1.22亿元。在全省设有9家中心支公司、11家支公司、1家营销服务部。

【经营管理】

坚持业务发展与风险管控并重，不断健全公司各项规章制度，提升风险防控水平。坚持队伍建设与提升服务技能并举，通过外引内举加强员工队伍建设，同时落实各级人员培训机制，不断提高员工技能，为公司发展提供专业支撑，强化责任意识、强化执行力，打造一支有服务意识、具备服务能力的内外勤队伍。坚持依法合规经营，适应"偿二代"监管体系，坚持合规经营"一票否决"考核制度，加强对投诉与信访工作的考核力度。调整分公司合规管理组织架构，细化风险管理与合规管理职能。

【个险业务】

2017年，信泰保险河南分公司累计保费收入2588万元，同比增长73.29%。个险人力实现大发展，新增1347人，在职人力1750人，累计活动人力3437人，累计达成万元人力 841 人次，同比增长 92%。

【银保业务】

围绕总公司价值转型方针，聚焦“渠道、机构、团队”三要素。渠道方面，强化与中行、农行、民生、邮政等渠道的合作，建立长期、稳定、共赢的合作关系；机构方面，“抓两头，促中间”，重点打造期交转型千万机构；团队方面，关注绩优人员的培育，注重新人的引进、培训，实现业务平台与人力规模合理匹配。通过聚焦“渠道、机构、团队”三要素，趸期并进，传统期交保费 4280 万元，同比增长 675%；折算期交保费 7657 万元，年度目标达成率 89.1%；趸交规模保费 10.85 亿元，同比增长 546%；提升价值业务占比，落实总公司价值转型理念。

【中介业务】

2017 年，信泰保险河南分公司中介部全年实现承保标准保费 4062.16 万元，同比增长 223.13%。业务发展的同时坚持合规经营，禁止与存在业务风险的公司及机构网点合作，严抓基础管理，营造良好氛围，加强内外勤技能培训，为中介业务发展提供强有力支撑。

【客户服务】

2017 年，大力推广微信保全业务，实现 7 项保全业务查询、25 项保全项目操作，极大提高服务时效。新增预约还款功能，确保客户在借款到期日及时偿还借款，避免因还款不及时造成延误，提高客户业务办理安全感。按金卡、白金卡和钻石卡三个层级服务项目，配合总公司开展 VIP 高端客户增值服务。2017 年，信泰保险河南分公司赔款支出 1086.87 万元，同比增长 109.5%。高效参与处置“京昆高速 8.10 秦岭隧道特大交通事故”，协助当地政府处理事故，开启理赔绿色通道，简化理赔手续。

【风险管控】

一是持续加强合规宣传教育工作。利用统一课件讲解、经营分析会议、早会等形式及时有效传达合规政策。建立合规经营三道防线，有效改善销售前端合规风险，加强销售误导治理工作。二是持续开展机构检查工作，通过内控检查工作，找到机构经营过程中的风险点，提高机构的整体内控管理水平。三是加强对合规经营的考核，提升全员合规意识。贯彻执行机构经营重大事项“一票否决”制度，加强对投诉与信访工作的考核力度。

国华人寿保险股份有限公司河南分公司

国华人寿保险股份有限公司河南分公司党委书记、总经理　杨忠良

【第一负责人简介】

杨忠良，男，1966 年 3 月出生，汉族，河南省平顶山市人，研究生，中共党员。先后担任河南昊恩保险代理公司总经理，国华人寿重庆分公司副总经理（主持工作），2012 年 5 月至今任国华人寿保险股份有限公司河南分公司党委书记、总经理。

【综述】

2017 年，国华人寿保险股份有限公司河南分公司（以下简称国华人寿河南分公司）实现总规模保费收入 33.62 亿元，同比增长 22.67%。不断调整产品结构，大力发展传统寿险产品，其中的长期健康险同比提升 41.5%。续期年度实收保费 1.72 亿元，年度保费进度 114.41%；个险、银保、多元 13、25 月继续率均超额达到总公司考核标准，退保率、投诉率等指标控制在合理范围内。

【经营管理】

国华人寿河南分公司坚持风险保障加长期储蓄的根本定位，提前于市场开始进行布局转型，严控中短存续期产品的销售比例，加大保障类产品的开发及推动力度，专注风险保障功能，简化产品形态，真正做到“保险姓保”。针对不同客户群体的切实需求，构建起定期寿险、年金保险、健康保险、意外伤害险、终身寿险等产品体系，提升人身寿险产品的风险保障功能。不断丰富和完善产品线，为客户提供丰富、便捷、实惠的保险保障。稳步推进三、四级分支机构的建设，在突出分支机构投产比指标的基础上，对已有机构定期预警。通过渠道创新和产品创新、人才专业化的提升、信息技术和专业化人才队伍的建设，进一步提升管理、运营、风控各个方面的专业性。在反洗钱、开展防范和处置非法集资、产品结构优化、消费者权益保护、满期给付和退保风险的妥善处理等工作方面不断加大投入力度，实现公司规模不断壮大的同时，合规稳健经营，为经济社会发展做出积极贡献。

【个险业务】

按照总公司提出的“目标管理、结果导向、过程管理”管理理念，不断提升公司团队管理水平，树立管理者对团队的信心。强调执行文化，以差勤制度推动管理改善，以培训支持推动专业提升，以新的人力政策等为利好，以组织发展为推手，结合基本法提升人力增长，以荣誉体系推动产能突破，以分类管理推动平台跨越。2017 全年实现国标 7662 万元，提前三个月达成年度任务，同比增长 74%，全年人力增长 68%。保费规模大幅增长，产品结构不断优化，有效人力得到突破，个险 13 月继续率、25 月继续率稳步提升。

【银保业务】

积极与各合作银行深入合作、多层次紧密联动，以客户需求为中心，不断探索专业化、精细化、多元化的营销模式，形成专业化运作体系，积极推动项目管理模式，实施精准营销，通过开发银保 V 客、微信建议书、生命周期图、大客户计划书和产品动画等标准化展业工具提升营销效率，为客户提供优质的银行保险产品与服务。率先推动自助终端、手机银行、智慧柜员机等新型销售模式，打造从售前、售中到售后一体化的线上服务体系，提升客户体验和服务效率；通过教育训练和严格考核，不断实现队伍优化，促进业务品质的提升。2017 年，达成规模保费 30.79 亿元，达成总价值 2885 万元，达成率 114%。KPI 考核达成率 115%，超额完成全年价值目标。

【多元业务】

2017 年，多元业务累计实现规模保费收入 7497 万元，整体规模保费较往年获得了明显增长，年度边际价值计划达成率 210%。达成长险 13 月继续率 92 %，25 月继续率 95% ，13 个月和 25 个月继续率逐年增长，均超过总公司要求的标准线。在销售后援支持方面，力争做到代理费及时结算，咨询快速反馈。建立起通畅的运营沟通渠道，进一步探索渠道多元化融合，实现适度规模下价值快速成长。

【客户服务】

加强客服人员的学习能力、专业能力、沟通能力和执行能力等，增强客户的客服满意度。全年处理各类保全业务 10.38 万件，理赔结案 475 件，赔付金额合计 1669 万元。个险续期累计实收保费 1.15 亿元，年度保费达成进度 114.83%；银保年度实收保费 4283.53 万元，年度保费达成进度 110.18%；经代年度实收保费 1386.55 万元，年度保费达成进度 125.45%，实现理赔案件平均申请支付时效 1.5 天。

理赔数据统计，通过微信平台进行报案和申请理赔处理的客户呈明显上升趋势。在使用微信理赔的公司客户中，21 岁到 40 岁的年轻人占比高达 82%。在过去十年里，国华人寿累计为 11.61 万客户提供了优质的理赔服务。国华客户联络中心智能语音回访系统的正式上线，实现了自动化语音回访。

【风险管控】

一、落实监控强化检查，加大责任追究力度，健全风险防范长效机制。先后开展了多项自查自纠活动，全面风险排查工作等。每季度会结合公司业务风险点开展联合检查工作，并定期召开风险管理委员会例会，针对突出的风险问题采取有效措施及时解决。

二、发挥风险管理委员会职能，健全风险管理体系，确保合规工作形成合力。发挥风险管理委员会的职能，健全风险管理体系，整合系统合规资源，在内部控制和风险管理方面形成了三道防线。

三、加强合规宣传培训，规范岗位合规职责，力促合规文化深入人心。将合规文化教育活动与道德风险防范相结合、与业务培训相结合、与案件专项治理工作相结合，宣导践行保险从业人员行为准则，加强管理销售人员的业务培训，宣导执行案件责任追究制度。

四、不断完善制度流程，强化内部控制合规，构建全面风险管理体系。2017 年，公司重新修订客户投诉管理办法，提升客户服务水平；建立突发事件应急预案，提升应对突发事件的能力；加强中介业务管理，强化内部管控；完善回访管理制度，提升业务品质。以制度建设为切入点，夯实内控基础。并系统评估现有制度和流程对各风险点的管控力度，开展全面风险排查工作。

华泰人寿保险股份有限公司河南分公司

华泰人寿保险股份有限公司河南分公司总经理　胡振波

【第一负责人简介】

胡振波，男，1976 年 6 月出生，汉族，本科毕业，中共党员。2000 年 10 月至 2015 年 6 月，任职于平安人寿大连分公司。2015 年 6 月至 2017 年 9 月，先后任华泰人寿保险股份有限公司个险业务部总经理、华泰人寿保险股份有限公司河南分公司临时负责人。2017 年 9 月至今任华泰人寿保险股份有限公司河南分公司总经理。

【综述】

2017 年，华泰人寿保险股份有限公司河南分公司（以下简称华泰人寿河南分公司）全年实现总保费收入 5.94 亿元，其中：个险系列累计保费 4.84 亿元，银保系列新单实收规模保费 1406.64 万元，银保系列续期保费 8571.12 万元；团险系列累计规模保费 958.6 万元，13 个月保费继续率 91.79%，实现个、银 13 月继续率双双登上 90 平台。

【经营管理】

2017 年，华泰人寿河南分公司坚持依法合规经营，以“树行业新风，创服务品牌，规范服务标准”为要求，加强职业道德和专业技能培养，实施制度化培训管理与运作，建立培训管理平台，以不断提升全员综合素质和业务品质为培训目的。业务团队的管理从基础指标入手，逐步提高团队管理能力，引导队伍健康发展。加强合规建设，通过建立健全合规管理制度，明确合规管理责任，确保公司稳健经营，坚决杜绝违法违规行为。

在抓好队伍建设与业务发展的同时，重视制度建设与计划管理工作，逐步健全起系统的内部控制制度，确保公司经营管理规范和运营顺畅。财务费用管控合理有效，实现费用系统化管理，资金运用合理，审批管理严格，审批流程高效，内控机制完善，核算基础扎实，资源达到合理化配置。加强法律合规管理和对机构的指导，严格遵守监管制度，积极计划机构筹建及人才储备工作。

【业务发展】

个险系列主要围绕“金蜜蜂项目经营、组织发展推动”两方面开展，其中：一季度主打开门业务、二季度主打半年业务冲刺、三季度全员启动组织发展工作、四季度进行年末冲刺并备战2018开门红。银保系列前三季度销售年金险，同时深化渠道沟通和合作。四季度加大重疾类健康险的内外部培训和销售力度，重点提升长期保障型产品的销售份额，并积极梳理后台系统流程，加大后援支持力度，强力推动期交业务发展，积极推动价值性业务成长。积极加大建行、工行渠道合作力度，增加业务总量；开拓直营团队建设与发展。强化客户经理基础管理，严格考核，形成良性淘汰机制，举办各项培训，提升重疾类保障类产品的销售能力。团险系列主要业务渠道仍以银行保险、交叉销售、直销三个渠道为主：以交叉销售为基础，以直销业务为长期发展战略，稳步开拓小额信贷业务。

【客户服务】

华泰人寿河南分公司经营范围覆盖传统寿险、意外险、健康险等业务，拥有较为完善的产品体系，能为客户提供全面和个性化的保障。产品设计以客户需求为导向，尊重市场规律，体现客户权益，并重视产品创新能力。以“专业品质，恒久保障”为企业承诺，始终坚持客户至上，诚信服务。以全面满足客户需求为导向，提供网络、柜面、电话传真、信函、短消息以及上门服务等多渠道服务方式，并率先在业内推出“快速理赔”、“差一补二”、“延迟补偿”、“最惠理赔”等理赔服务承诺。在发展过程中，始终重视渠道建设的质量和创造力，开拓了包括个人营销、银行保险、团体保险、直销业务在内的多元化营销渠道，为不同客户群带来全方位、高品质的营销服务。提供柜面、网络、固话、手机、传真、信函以及上门服务等多渠道服务方式，为客户提供全面服务，实现了客户随时随地查询保单信息的需求。通过全国集中统一的95509电话中心管理模式，将电话回访、咨询、投诉、理赔等集中受理，指定专人负责，及时跟进并反馈处理情况。不断完善创新服务，广泛听取客户意见和建议，在营业场所公示服务承诺，便于客户对公司服务进行监督，改进服务流程，丰富服务内容。针对VIP客户，提供健康咨询、紧急救援、生日短信祝福、绿色通道服务和专享服务等特色服务内容，提升客户服务体验，提高保单价值。

【风险管控】

建立全面风险管理体系和合规、诚信经营文化，坚守业务单位、内控合规、内部审计三道防线；合规经营、识别评估、监控与报告风险，协调健全内控体系、促进合规经营、实施风险管理，对内控及风险管理工作、进行独立评价和监督。建立全面风险管理体系，保障业务健康快速发展；合规诚信是公司的重要经营导向，完善的公司治理结构是合规经营的坚实基础；健全的内控制度有效防范经营风险，风险管理和控制活动为实现经营目标提供保障，持续审计和监督确保风险得到有效控制。

遵循快速发展与稳健经营并重，坚持依法合规经营，为防范经营风险，公司设立内控合规部，作为公司的法律及合规事务管理机构，建立健全公司内控体系和有效的合规管理机制，加强风险管控，完善内控体系，始终坚持合规底线，为加快机构开拓和业务发展提高了强有力保障。为防范和规避公司经营过程中的风险隐患，开展合规建设和反洗钱宣导，进一步完善内控体系，明确合规管理责任，着力加强内控管理和风险防范，强化“合规人人有责”、“主动合规”、“合规创造价值”的理念和行为准则，加大对分公司及所辖机构内控合规及反洗钱检查力度，严禁违法违规行为，确保公司业务发展始终沿着科学、规范、健康的轨道运行。

信息技术方面实行域管理模式，公司数据采用集中管理模式，数据管理和备份均在总公司，具有灾备方案。业务处理方面采用承保、保全、理赔全国集中处理，业务流程的垂直化管理，从制度和方法上完善了风险防御能力。资金收付方面，采用领现金管理制度，有效防范资金风险。

（孙　琦）

太平养老保险股份有限公司河南分公司

太平养老保险股份有限公司河南分公司党委书记、总经理　刘世文

【第一负责人简介】

刘世文，男，1967 年 3 月出生，中共党员，本科学历。曾任郑州市城市合作银行（中原路支行行长）、郑州市商业银行（支行党委委员兼中原路支行行长），2004 年加入中国太平，先后任太平人寿河南分公司团险业务总监、助理总经理，太平养老华中中心河南业务总部负责人、华中中心河南业务总部总经理、太平养老战略客户部总经理、太平养老养老金业务中心副总经理。2017 年 8 月至今任太平养老保险股份有限公司河南分公司党委书记、总经理。

【综述】

中国太平保险集团有限责任公司，简称“中国太平”，是管理总部设在香港的中管金融保险集团。2000 年，中国太平保险控股有限公司在香港联交所上市，是中国保险业第一家在境外上市的中资保险企业。2013 年，中国太平同步完成重组改制和整体上市。

太平养老保险股份有限公司河南分公司（以下简称太平养老河南分公司）业务涵盖针对各类企事业单位的企业年金、职业年金、养老保障、资产管理等服务，员工福利保障业务涵盖寿险、意外险、补充医疗、健康管理等服务。2017 年，团险完成总保费 1.5 亿元，超额完成全年任务目标，短 EB 完成总保费 5704 万元，职域开拓完成总保费 1190 万元。养老金新增缴费 6.47 亿元，管理资产达 51.26 亿元。

【经营管理】

2017 年，太平养老河南分公司在公司治理上再上新台阶。认真贯彻保监会“1+4”系列文件精神，落实好防风险、治乱象、补短板、支持实体经济发展各项工作。严格对照监管制度规定，组织开展风险管理制度落实情况大检查，对风险点及时处置，从严整改。对标“偿二代”标准，制定实施风险管理能力提升计划。认真落实集团、总公司内控管理办法，全面完成团险业务系统升级优化，有效堵塞系统漏洞；完善关联交易、反洗钱、流动性和投资风险等合规管理制度。

【风险管控】

人员基础管理方面，太平养老河南分公司通过建立“一级抓一级，层层抓落实”的责任管理体系，加强对公司各级员工的管理，明确各级岗位职责。从细节入手，关注岗位技能、服务态度、服务效率等方面，接受内外部机构及人员监督，发现不能胜任或不作为的情况，将严肃处理或更换，确保公司员工能够高效、合规地完成各项指定工作任务。培训体系建设方面，在丰富制式化培训内容的同时，及时有效地开展日常专业技能和合规知识培训。根据分公司业务发展阶段，及时组织不同的培训课程，确保业务人员的综合素质不断提高。重点开展反洗钱、防范非法集资、诚信销售等合规宣传与培训工作，普及包括反洗钱、防范非法集资在内的风险防范知识，确保从源头上杜绝洗钱、非法集资风险等保险司法案件的发生，促进日常工作的合法合规开展。各类风险排查方面，主要围绕保监会“1+4”系列文件精神、“消费者权益保护”、“防范非法集资”、“反洗钱”、“防范销售误导”、“投诉案件处理”等方面开展全面风险管控工作。通过组织开展一系列风险自查自纠工作，坚持“问题导向”，在发现问题、揭示问题、解决问题的过程中，进一步建立健全风险应急预案，做好风险防范化解工作，端正态度，确保公司不发生区域性、系统性风险事件。内控制度建设方面，修订《太平养老河南分公司反洗钱内部控制制度（2017年修订版）》《太平养老保险股份有限公司河南分公司大额交易和可疑交易报告管理办法（2017年修订版）》，制定《关于举报洗钱、非法集资等违法犯罪行为的奖励办法》《太平养老河南分公司会议培训类业务费用管理暂行办法》《太平养老保险股份有限公司河南分公司三重一大事项集体决策制度实施办法》等制度，逐步建立健全分公司内控合规制度体系，确保分公司各项工作有规可循、有章可依。

【客户服务】

太平团险客户服务是指为维系团险客户而开展的一系列售前及售后服务。除了契约、保全服务、理赔服务之外，还有为方便客户及提升客户满意度的其他服务及附加值服务等。如：上门收单、24小时咨询、召开员工福利说明会、发放福利手册、网上查询、健康管理等。太平成为员工福利保障服务市场上的标杆与旗帜。在服务项目、服务流程、服务网络、电子化平台等方面不断摸索尝试。全国范围内的太平团队通力合作，无论客户身处何地，太平协调全国服务资源，第一时间为客户提供高效优质服务。2016年开始针对重要客户推广微信理赔服务，提升客户的理赔服务体验，客户方便在第一时间进行门诊的报销，大大地简化了手续和流程，极人地提高了理赔时效。

其他金融机构

中国华融资产管理股份有限公司河南省分公司

中国华融资产管理股份有限公司河南省分公司党委书记、总经理　孟玲虎

【第一负责人简介】

孟玲虎，男，汉族，1962年9月出生，山东省商河县人，研究生学历，中共党员，高级会计师。先后在中国人民银行兰州西固新城分理处，中国工商银行兰州市分行、甘肃省分行，中国华融资产管理公司兰州办事处、郑州办事处、呼和浩特办事处工作。2013年1月任中国华融资产管理股份有限公司河南省分公司党委书记、总经理；2015年任中国华融公司总监。

【综述】

2017年，中国华融资产管理股份有限公司河南省分公司（以下简称河南分公司）实现拨备前利润为6.1亿元，超额完成了公司下达分公司全年利润计划5.3亿元的115.09%，迈上了新台阶，保持自2013年以来连续第五年超额完成利润计划。与2016年同期相比增长20.24%。2017年，河南分公司组织机构为12个部组，业务前台部组7个，中台支持部门3个，后台保障部门2个，共有员工55人。

【经营管理】

一、坚持做强做优做大不良资产管理主业。2017年，河南分公司面对形势变化，做到判大势、微调整，始终坚定不移地推进不良资产管理主业，实现了不良资产包收购翻番和不良资产处置的新突破，夯实河南分公司行稳致远的发展根基。全年实现营业收入11.95亿元，与2016年同期10.13亿元相比增长17.97%；其中，不良资产管理主业实现营业收入10.8亿元，占全年营业收入的90.38%。一是不良资产主业继续保持领先地位。全年实现新增收购不良资产包16个，新增收购规模达135.19亿元，占2017年河南市场已成交不良资产包份额的50.23%，居河南区域四家资产公司的首位；河南分公司累计收购不良资产包规模达189.59亿元，占河南市场累计成交不良资产包规模的

50%以上，连续第四年占据河南区域不良资产市场的“半壁江山”。2017年新增不良资产包收购规模位居中国华融分公司系统第五位。实现不良资产处置收现3.99亿元，实现净利润1.07亿元，首次突破亿元大关；占全年利润的17%。深挖政策性买断不良资产的潜在价值。2005年政策性买断不良资产的“经三路支行买入返售票据垫款”债权，实现回现3086.81万元。业务结构进一步优化，资产收购重组类业务持续增长。继续深化和巩固与行业龙头、地方知名企业的资产收购重组类业务合作。2017年，河南分公司新增收购处置类项目31个，投放金额76.85亿元，分别占新增项目（33个）、新增投放金额（81.85亿元）的93.94%、93.89%。二是管理资产规模持续增长。2017年12月末，河南分公司累计管理资产总规模首次突破三百亿元，规模达354亿元，与2016年同期（209亿元）相比增长69.38%。三是服务实体经济的能力持续强化。2017年，河南分公司共与河南能化集团、郑煤集团、辅仁集团、中孚实业、思念集团、天瑞集团等10家实体经济大客户新增合作项目18个，新增资金投放44.65亿元，分别占全年新增项目（33个）、新增投放金额（81.85亿元）的54.45%、54.55%。

二、风险防控能力持续提升。河南分公司立足“五早”、“五防”夯实风险管理的基础工程，始终坚持项目论证会、项目方案审查小组制度，严把项目准入关，使项目运作在公开、透明中推进，在确保抵质押和风险管控措施有效到位的基础上操作，坚守了风险底线、有效防控了风险，确保了新增项目的安全运行。保持自2015年以来连续三年无新增逾期、展期风险项目的良好态势。

三、着力提高服务实体经济的能力。积极支持河南煤化、郑煤集团过剩产能退出、转型，新增资金投放11.4亿元；着力支持符合“一带一路”建设的中孚实业的产业转型升级，向高精铝加工、高精铝精整涂层项目新增资金投放11.53亿元，为中孚实业实现全面转型升级、提质增效提供了有力的保障；同时，积极支持实体经济的兼并重组，向辅仁集团、思念集团、天瑞集团兼并重组项目新增资金投放16.2亿元。

【不良资产包业务】

2017年累计收购管理不良资产规模达176.58亿元，与2016年同期54.4亿元相比增长224.6%，连续第四年占据河南区域不良资产市场的“半壁江山”。2017年实现不良资产处置收现3.99亿元，实现净利润1.07亿元，不良资产处置净利润首次突破亿元大关，占全年利润的17%。

【大客户合作】

2017年，持续强化同河南区域的大型国有企业、行业龙头企业、知名企业、上市公司等“大客户”的业务合作。全年，共与16家优质客户大客户新增项目合作33个、投放金额81.85亿元。

【法律事务】

2017年，对105个商业化项目进行了审查，出具项目的立项及方案法律审查意见209份；出具法律尽职调查报告48份（商业化项目），进行了200余次合同审查，涉及合同近千份。做实不良资产包收购、处置尽调。全年共审查资产包收购项目35个，涉及1127户债权，出具单户法律审查意见书1127份；对32个不良资产处置项目所涉及的127户债权，进行法律尽调并出具了法律意见书。

中国长城资产管理股份有限公司河南省分公司

中国长城资产管理股份有限公司河南省分公司党委书记、总经理　赵　宇

【第一负责人简介】

赵宇，男，1961 年 9 月出生，山西省天镇县人，河南大学文学硕士，高级经济师。先后在农行河南省分行、中国长城资产管理公司郑州办事处、中国长城资产管理公司长春办事处、中国长城资产管理公司重庆办事处工作，历任长春办事处、郑州办事处、重庆办事处副总经理、党委委员。2013 年 12 月起任郑州办事处党委副书记，并于 2014 年 4 月起任郑州办事处副总经理，2014 年 1 月 21 日起全面主持郑州办事处工作。2015 年 5 月起任郑州办事处党委书记、总经理。现任中国长城资产管理股份有限公司河南省分公司党委书记、总经理。

【综述】

2017 年分公司实现商业化考核利润 4 亿元，完成总部下达年度利润目标 3.5 亿元的 114.28%，超额完成全年利润目标。

【经营管理】

一、聚焦主业，优化结构，提高综合服务与发展能力。一是继续做大做强不良资产主业。2017 年分公司共参与省内 13 家银行 39 个不良资产包竞价转让，涉及不良资产 954 户，债权本金合计 235.37 亿元。成功收购 9 个金融资产包，收购本金 52.96 亿元。二是继续拓展非金收购项目。重点推行上市公司和行业龙头战略，努力公关合作过的优质客户，经过努力，中孚实业、豫光金铅等 8 个非金收购项目均已实施落地。三是开展集团协同业务。分公司坚持把开发协同业务作为重要突破口，持续发力，进一步加大集团协同产品的开发力度，2017 年分公司新增 3 个融资租赁项目，代理长生人寿保险业务 2 笔。

二、明确责任，多措并举，狠抓内生不良化解工作。一是精心做好存量和新增项目风险防范工作。对于新增项目，全力做好尽职调查，把新项目做成“铁项目”。除对项目涉及的企业资产、法律确权、企业财务等环节进行调查外，还对相关行业、市场、客户及违规违纪等情况进行调查。对于存量项目，分公司以“如履薄冰”的心态加强后期管理，坚决全面落实后期管理方案，发现风险苗头立即汇报，有关情况不等不压，尽快制定解决方案，采取有力措施化解风险。对非法集资案件保持高度警惕，全面调查了解对企业及其控制人是否涉及非法集资，确保信息无误，制定应对措施。二是多措并举化解逾期项目风险。

【不良资产接收】

2017年成功收购了中国银行、建设银行、招商银行、农业发展银行等省内多家银行的9个资产包，收购本金约53亿元。同时联系洽谈省内各家上市公司、大型龙头企业，尝试非金收购等综合金融服务，进一步拓宽主业经营范围，稳固不良资产主业地位，中孚实业、豫光金铅、盛润控股等非金收购项目均已实施落地，出资金额15.09亿元。

【不良资产处置】

2017年处置工行包资产6户，回收现金1170万元；处置中行3户资产，回收现金903万元；处置广发包债权16户，回收现金8550万元。

【政策性债转股股权管理】

剩余政策性资产重点做好股权维护和债转股企业的经营监测。派出股东代表、董事、监事分别参加了恒天重工、洛铜集团、南阳金冠等政策性债转股企业年度“三会”，行使了股东权益。完成了政策性债转股项目的停用和补录工作，积极推进洛玻集团股权退出工作。归集、整理、装订、归档政策性债转股档案资料10卷，共1491页。同时进一步加强对没有回购价值的股权管理监控，切实维护公司股东权益，最大限度地减少股权损失。

中国东方资产管理股份有限公司河南省分公司

中国东方资产管理股份有限公司河南省分公司党委书记、总经理　朱　杰

【第一负责人简介】

朱杰，男，1970 年 12 月出生，汉族，中共党员，本科学历，注册会计师、注册资产评估师。先后在中国银行河南省分行，中国东方资产管理公司郑州办事处、长春办事处工作，历任助理总经理、副总经理、副总经理（主持工作）。2014 年 12 月至 2017 年 5 月任中国东方资产管理公司郑州办事处党委副书记（主持工作）、副总经理（主持工作）。2017 年 6 月至今任中国东方资产管理股份有限公司河南省分公司党委书记、总经理。

【综述】

2017 年，中国东方资产管理股份有限公司河南省分公司（以下简称河南省分公司）实现预算利润 0.69 亿元；2017 年金融不良资产投放 24.45 亿元，完成集团公司下达专项任务 10 亿元的 244%。现有内设机构 5 个，现有人员 35 人。

【经营管理】

聚焦主业，提升经营效果。一是积极发挥资产管理公司金融稳定器作用，专注主业，回归本源，2017 年收购金融不良资产包 7 个，投放金额 15.25 亿元，帮助金融机构化解不良资产,为国家不发生系统性金融风险做出贡献。二是着力挖掘不良资产单体项目机会，积极与政府、金融机构、企业进行点对点的业务对接，主动寻找单个项目收购重组和追加投资的机会，2017 年收购单体不良资产项目 2 个，投放金额 9.2 亿元，突出分公司以单体不良资产收购重组为核心的竞争力。三是大力支持实体经济，投放项目 2 个，金额 13.04 亿元，均为河南省大型企业，有力地支持了地方实体经济的发展，并实现了集团公司实体企业次级债业务的零突破。四是强化业务创新，加大对问题企业并购重组业务的拓展力度，推动产业结构调整。根据河南省委省政府的要求，加大对僵尸企业处置的参与力度，在实体企业去杠杆、过剩行业去产能和“僵尸企业”市场出清等方面发挥积极作用。

【商业化业务】

2017年上半年，按照“双好”标准，主动拓展客户资源，2017年新增投放金额19.75亿元（不含实体经济项目），重点投向集团公司认可的优质客户。2017年下半年，执行集团公司对房地产客户准入限制的要求，严防资金违规进入房地产领域，同时做好存量项目的管理，按照投后管理方案将后期管理措施执行到位。

【不良资产处置】

按照集团公司资产处置相关要求，对存量不良资产进行细化分类，对可转让资产积极招商推介，挖掘资产线索，发现资产价值；对限制转让类资产（含个贷类不良）进行公告催收，选聘实力中介机构代理清收，力争实现回收最大化。对新收购不良资产逐笔进行建账，做到有效维权工作。

【债权转股权管理】

按照政策性债转股实施程序及股权资产管理程序要求，加强对存量债权转股权企业的管理和处置工作。在郑州市国有资产监督管理委员会的主导下，对河南省分公司及其他金融机构持有的白鸽集团股份有限公司股份进行减持退出工作。积极参加债转股企业召开的会议，充分行使股东权利，审慎决策各项表决事项，切实维护公司权益。加强与股权企业的日常沟通工作，为实体企业提供综合金融服务工作。

中国信达资产管理股份有限公司河南省分公司

中国信达资产管理股份有限公司河南省分公司党委书记、总经理　薛建国

【第一负责人简介】

薛建国，男，1961年8月出生，河南省孟州市人，本科学历，中共党员，高级经济师。1982年7月参加工作，先后在中国建设银行封丘县支行、新乡地区中心支行、河南省分行、郑州分行及中国信达资产管理股份有限公司河南省分公司（原郑州办事处）、广东省分公司工作；2014年10月至今，任中国信达资产管理股份有限公司河南省分公司党委书记、总经理。

【综述】

2017年，中国信达资产管理股份有限公司河南省分公司（以下简称中国信达河南分公司或分公司）按照省委、省政府的工作要求，全面贯彻落实监管部门和总部工作部署，紧密结合河南省区域经济特色和诸多国家战略规划，始终秉持“差异化、特色化、专业化”经营理念，坚持依法合规经营，聚焦不良资产经营主业，创新业务模式，优化业务结构，改进盈利模式，提升风险管控水平，取得了较好的经营业绩：超额完成了总部下达的综合经营计划，并在特殊机遇投资方面取得了重大突破，非股权考核利润、资产规模均创商业化改制以来新高，全年共实现账面利润6亿元，其中非股权业务考核利润5.87亿元，完成总部下达5亿元的117.4%，年末资产规模达到201.82亿元，其中新增规模111亿元，表内风险项目为零，为维护区域金融业稳定，助推河南省供给侧结构性改革做出了积极贡献。

【经营管理】

一、聚焦不良资产主业，为我省金融机构有效化解金融风险做出新的贡献。中国信达河南分公司积极参与省内金融机构不良资产处置工作，本着扎实尽调、客观估值、逢包参与的原则，全年收购金融不良债权本金59.46亿元，涉及多家银行金融机构，为维护区域金融稳定做出了贡献。

二、立足区域经济特色，坚持差异化道路的步伐更加

坚定。中国信达河南分公司围绕郑州建设国家中心城市、中原城市群发展规划、河南省供给侧结构性改革和河南省重点支持的主导产业，以大型企业和上市公司为目标积极开展业务对接，全年新增附重组条件非金融不良资产业务8单，收购成本62.81亿元。2017年末非金融不良资产账面余额中实体经济项目占比近7成，有效地支持了河南省内实体经济发展和产业转型升级。

三、探索盈利模式转型，特色化竞争优势进一步显现。联合深圳分公司向总部上报并获批了设立基金投资莱蒙国际资产包并购特殊机遇投资项目；持续调整优化分公司业务结构，不断加大对战略性新兴产业等板块的开拓力度；发挥信达集团旗下南商银行、信达投资等特色优势，服务我省企业走出去战略和城镇化建设，集团协同效应稳步提高。

四、落实项目全流程管理，专业化业务团队初步打造成型。中国信达河南分公司加强尽职调查和方案设计，显著提高了项目组尽调、估值和方案制作水平；强化项目组特别是项目负责人的责任，项目后续管理的主动性增强，全年未出现新的逾期项目；基本完成对存量金融债权的全面尽调核查工作；通过加强对员工的培训和学习型组织的创建，专业化团队初步形成。

五、开展“三三四十”综合整治，不断提升政策执行和风险管控水平。2017年，按照国家、监管部门和总部的统一部署，开展“三违反、三套利、四不当、银行业存在的十个方面问题”综合整治工作；扎实开展“合规年”活动，开展全面风险排查，配合监管部门各项检查；各项目组密切关注宏观政策、行业企业重大信息，强化项目的动态管理。2017年末逾期风险项目为零，在总部的季度风险评价中始终处于优秀水平，被总部评为“公司系统2017年度风险管理优秀奖”。

【市场化业务】

2017年，中国信达河南分公司积极服务于河南省供给侧结构性改革，支持实体经济发展，通过开展非金融不良资产收购业务为河南能源化工集团、中国平煤神马集团、义马煤业集团股份有限公司等实体经济企业提供资金支持39.09亿元；围绕问题企业、问题资产、问题机构，积极发掘和把握“大不良资产”业务机遇，实现自有资金投放22.34亿元，为分公司向高质量发展转型打下良好基础。

【不良资产处置】

对金融不良资产采取分类管理、分类施策，实施差异化经营策略，完成了对存量金融债权资产的拉网式调查，切实做好债权时效和保证期间的维护，防控债权悬空、抵质押物损毁和企业逃废债行为。2017年共实现存量债权处置回收2.97亿元，计划完成率118.84%，实现处置收益1.41亿元。对附重组条件类非金融不良资产项目，强化项目组特别是项目负责人的责任，认真履行项目走访制度、定期检查制度和重大事项报告制度，项目后续管理的主动性增强，表内各项目均按期足额还款，全年全口径回收现金75亿元。

【债转股管理】

协助股权企业开好“三会”，审慎表决重大事项，维护公司股东权益，全年共召开股权管理决策小组会议35次，审议“三会”议案共209项；加大股权处置力度，圆满完成了对白鸽集团股权的处置；积极探索商业化债转股业务，以股权企业为依托，持续开展综合金融服务。

【法律事务】

做好法律合规工作，切实发挥防火墙作用。全年共对58个项目出具法律审查意见，审查修改合同251份、法律文件190份，召集法律中介机构评审小组会议17次，全力应对被诉案件，维护分公司合法权益。

中原资产管理有限公司

中原资产管理有限公司总裁　岳胜利

【第一负责人简介】

岳胜利，男，河南省焦作市人，经济管理硕士，中共党员。1993 年 2 月至 1996 年 3 月，担任河南省财政厅行财处主任科员。1996 年 3 月至 2000 年 7 月，担任河南省财政厅行财处副处长。2000 年 7 月至 2003 年 4 月，担任河南省财政厅政府采购处处长。2003年4月至2009年9月，担任河南省财政厅经济建设处处长。2009 年 9 月至 2012 年 2 月，担任河南省财政厅行政事业资产管理处处长兼省政府清产核资办公室主任。2012 年 2 月至 2015 年 12 月，担任河南省直属行政事业单位资产管理中心副主任（主持工作）兼河南省豫资公司董事长、总经理。2015 年 8 月至今任中原资产管理有限公司总裁、党委委员。

【综述】

中原资产管理有限公司成立于 2015 年 8 月，是河南省委、省政府为完善地方金融体系，按照财政部、银监会部署，由河南省财政厅发起设立的省属骨干金融企业，在承担金融不良资产批量转让职能的同时，向多元化金融资产管理集团方向努力，促进河南金融业深化发展。公司注册资本金 30 亿元人民币。2017 年资产规模 733 亿元，所有者权益 120.5 亿元，实现营业收入 19.46 亿元，实现净利润 4.02 亿元。

【经营管理】

一、强化公司治理，运营管理逐步规范

（一）构建规范的法人治理结构。中原资产把打造一流的法人治理结构作为重中之重，通过完善机制建设和加强对标学习不断优化公司治理结构。

（二）搭建高效协同的业务发展体系。公司集团层面下设党群工作办公室（纪检监察室）、董（监）事会办公室（战略发展部）、人力资源部、风控合规部、计划财务部、综合管理部等中后台职能部门和资产管理部、投资银行部、财富管理中心等前台业务部门。同时，结合我省发展实际需求，先后组建了中原股权投资管理有限公司、中原商业保理有限公司、中原航空融资租赁股份有限公司、中原金融资产交易中心股份有限公司、中原大禹资本控股有限公司、中原金象投资管理有限公司等6家子公司，中原豫北资产管理有限公司、中原豫鹤资产管理有限公司、中原中焦资产管理有限公司等市县合资子公司，形成“总公司－功能性子公司－市县合资子公司”的发展架构。

（三）健全经营管理和风险控制体系。结合公司实际，以年度预算、投资决策、财务管理、风险控制等核心制度体系建设和关键流程梳理为切入点，着力构建科学合理的制度机制流程体系。根据战略发展需要及业务发展多元化需求，公司调整完善了投资决策委员会决策机制和工作流程，优化投委会人员组成，提升委员的专业技能和职业素养。同时，明确了对下属子公司投资业务的管控和授权，优化了投资项目审核、审批流程，强化了对下属公司的风险管控，提高了工作效率，公司风险防控能力进一步提升。

二、创新金融手段，业务发展成效初显

（一）不良资产收购处置成效突出。2017年末，中原资产累计收购处置各类不良资产规模307.85亿元，处置规模和专业化程度位列全国地方资产管理公司第一梯队。

（二）以资本为纽带助力产业升级。公司抓住市场与政策机遇，先后以参与定增方式投资上汽集团、中国国航、中国电建、中铁工业、顺丰控股等大型上市公司。实现与上汽集团共同发起设立60亿元上汽中原股权投资母基金和20亿元汽车产业子基金等一系列产融结合项目落地。

（三）丰富金融手段支持航空经济。中原资产联合省机场集团发起设立中原航空融资租赁股份有限公司。积极对接航空公司、飞机制造商、金融机构等有关单位，于2017年12月28日，从空客引进的首架A330-300飞机成功落地郑州机场，完成了中西部地区首单经营性飞机租赁业务的实施。

三、锻造高素质队伍，凝聚创业干事力量

公司把打造一流的人才引进和培育机制放在突出位置。公司员工中博士、硕士学历人员占66.7%。中层及以下员工全部面向社会公开招聘，在员工成长、薪酬分配方面为优秀年轻员工提供充足的提升空间。2017年，公司重点对人力资源管理制度与机制建设体系进行了优化，系统梳理了母子公司岗位及职业发展、人才引进、薪酬、激励、绩效等人力资源管理流程，并搭建基础管理体系，不断完善选人用人机制。

【不良资产收购处置】

一是强化金融不良资产处置业务。按照河南省人民政府《关于印发河南省农信社改制组建农商行工作专项方案（2015-2017年）》（豫政〔2015〕46号）要求，中原资产深入全省100多家农信社调研，先后成功参与26家农信社的改制工作，筹集资金84.76亿元，针对不同农信社的改制需求，设计多种不良资产化解模式，解决改制中的复杂疑难问题，探索出有益经验。积极参与商业银行不良资产包收购处置，完成现场尽职调查千余次，累计收购16家银行金融不良资产93.14亿元，发挥中原资产与地方政府联系密切的优势，积极推动中原资产、出让银行、地方政府就拟出让债权资产的三方会商，有效帮助了银行化解不良资产风险。

二是积极开展非金融机构不良债权收购重组。以“非金融债权收购＋债务重组”模式，帮助支持神火煤业、豫联能源、中孚实业、伊川电力、晋开化工等省内大型骨干企业脱困解难，升级换代，动能转换。累计收购非金融类不良债权126.72亿元，解决了50家企业的短期资金流问题。

三是创新业务模式化解大型国企债务风险。通过债务重组、改善管理体系、资本市场运作等新型方式盘活资产、救助企业，最终实现价值提升。通过设立契约式基金方式，筹资20亿元成功化解河南能化集团公司债务风险和省农信联社合规经营风险，助推中原银行及时释放质押股权，实现在香港成功上市目标。

四是下沉重心为地市政府解围。搭建“省市联动”的不良资产收购处置渠道网络。目前已在新乡、鹤壁、焦作等地设立合资公司。下一步将通过把总部优势资源和专业团队向市县倾斜，构建起省市联动的区域金融风险“安全网”、优化资源配置“激活器”。2017年9月，中原资产受安阳市政府下属平台公司委托，着手解决其5000万元担保债务事宜，有效帮助地方平台降低债务处置成本。

中原信托有限公司

【综述】

中原信托有限公司（以下简称中原信托或公司）成立于1985年，2002年完成重新登记，是经中国银监会批准、以金融信托为主营业务的国有控股金融机构，注册资本金人民币36.5亿元。2017年末，中原信托管理资产总额2056亿元，同比增长45%。其中受托管理信托资产1933亿元，比年初增长45%；固有资产100亿元，所有者权益80亿元。全年实现总收入184060万元，同比增长23%；实现利润总额108585万元，同比增长5.6%；实现净利润76312万元，同比增长1.9%。

【信托业务】

一是信托规模大幅增加。全年累计新增信托规模1313亿元，比2016年增长66%。2017年末，存续信托规模达到1933亿元，同比增长45%。二是信托业务收入稳步增长。全年实现信托业务收入12.32亿元，同比增长14.3%。三是转型创新业务取得积极进展。成立了“安惠系列”消费信托产品，规模合计13.4亿元，初步形成了可持续发展的新业务模式。成立了“恒业系列”家族信托产品，规模合计5660万元，开启了高端财富管理类业务的实践探索。

【营销业务】

一是做好流动性管理。定期召开会议，研究营销形势，制定应对预案，确保逐笔衔接。二是创新营销模式。满足金融机构资产采购和风险资本考核需求，营销模式创新不仅降低了发行成本，而且为与机构合作找到了新的切入点。三是提高发行效率。统筹考虑产品类型、预约情况和时间要求，科学安排发行顺序和发行规模，确保柜台产品发行不断档和按时成立。四是提升服务水平。开展有特色、有吸引力的客户活动，增强客户体验，增加客户黏性和满意度。公司全年实现销售规模267亿元，较2016年增加127亿元，增长90%。

【固有业务】

一是拓宽股权投资领域，优化股权投资结构。投资5亿元参与发起设立河南资产管理公司，持股比例10%。对郑州银行新增投资3442.6万股，持股比例上升至4.5%。二是履行股权管理职责，促进参股单位健康发展。2017年末，5家企业股权投资权益17.5亿元，同比增加2.8亿元，增长19%。三是强化流动性管理，保障信托业务稳定发展。深化与信托业务保障基金合作，合理安排资金运用，充分体现信托业务发展“稳定器”作用。全年实现固有业务收入6.1亿元，比2016年增加1.71亿元，增长39%。

【风险与合规管理】

全面加强风险管控。全年累计清算信托项目526个，兑付信托本金1110亿元，分配信托收益92亿元，自主研发信托项目到期清算率和收益兑付率保持100%。一是根据新出台的监管政策修订风控制度，完善全面风险管理体系。二是对创新业务制定出台风控要求，支持业务转型。三是审慎开展项目评审，严把业务准入关。四是积极应对监管环境和经济金融形势变化，及时发布指导意见，强化风险动态管控。

科学审慎开展合规工作。一是开展合规培训，增强全体员工的合规意识、责任意识和红线意识。二是通过案例分析、合规通知等形式对业务合规风险进行管控和指导，增强合规管理的前瞻性和敏锐性。三是建立法律文本审核机制，深入研究项目交易结构，有效识别、把控合规风险，杜绝重大及实质性合规风险发生。

百瑞信托有限责任公司

百瑞信托有限责任公司董事长　王振京

【第一负责人简介】

王振京，男，河南省南阳市人，54岁，中共党员。曾在河南省电力工业局、河南省电力公司工作；2013年12月至2017年4月分别任中电投融和控股投资有限公司执行董事、总经理、党组书记，中电投财务有限公司董事长、党组成员，国家电投集团资本控股有限公司执行董事、党组书记；2017年4月至今，任国家电投集团资本控股有限公司执行董事、党委书记，百瑞信托有限责任公司董事长。

【综述】

百瑞信托有限责任公司是经中国银行业监督管理委员会批准设立的非银行金融机构。公司的前身，原百瑞信托投资有限责任公司由郑州信托投资公司改制而来，始建于1986年4月15日，注册资本为1,000万元人民币，注册地河南省郑州市；2010年12月、2011年10月及2012年3月，经中国银监会批准，公司相继引入中电投财务有限公司、中国电力投资集团公司和摩根大通成为新股东，注册资本增至12亿元人民币。2014年12月，经中国银监会批准，中国电力投资集团公司将所持公司股权转让给其全资子公司中电投融和控股投资有限公司；2014年12月，经河南银监局批准，公司再次实施增资，注册资本增至22亿元。2015年12月，经河南银监局审批通过增资至30亿元；2016年12月，经河南银监局审批通过增资至40亿元。

自2002年完成重新登记以来，在监管部门的监管指导下，在各级政府部门的大力支持下，推出了“百瑞富诚®（基础设施类）”、“百瑞宝盈®（企业类）”、“百瑞恒益®（证券投资类）”、“百瑞安鑫”、“百瑞仁爱”五大业务品牌，设立了百瑞信托有限责任公司博士后科研工作站，并不断根据监管导向完善治理结构、推动业务转型和强化风险控制，逐渐形成稳健的经营风格，在激烈的市场竞争中不但站稳了脚跟，而且赢得了发展。

2002-2017年间，百瑞信托累计发行信托项目近

1450个，发行信托规模近5400亿元；累计清算信托项目近1150个，清算信托规模超过3500亿元，累计向投资者分配信托利益超过4000亿元；截至2017年末，公司管理信托项目368个，管理信托规模达到1711.64亿元。

【经营管理】

2017年，百瑞信托实现收入总额18.33亿元，同比增加1.87亿元，增长11.39%；实现利润总额14.12亿元，同比增加1.81亿元，增长14.70%；实现净利润10.36亿元，同比增加1.13亿元，增长12.25%。2017年末，公司资产总额90.69亿元，比年初增加16.05亿元；净资产70.15亿元，比年初增加9.28亿元；管理信托规模1,711.64亿元，较年初增加107.73亿元。

【业务开展】

一是深挖业务资源，提升创收保收能力。通过优化业务模式，进一步提升了项目营销规模和盈利水平。二是坚持业务创新，拓展收入来源渠道。通过绩效考核引导、成立创新工作小组等措施，在现金管理、资产证券化、家族信托和慈善信托等业务领域取得创新突破：首单现金管理类信托"安鑫悦盈"和首单机构理财定制产品"安鑫睿盈"均已进入常态化发行；与工商银行合作的首单信托受益权资产证券化项目顺利落地实施，资产池总规模23.25亿元，未来两年内预计可创造收入约1900万元；"百瑞仁爱·映山红慈善信托"、"百瑞仁爱·甘霖慈善信托"、"百瑞仁爱·金庚慈善信托"相继在民政局备案后成立；首个家族信托"百瑞安鑫3号"和首单主动管理型量化投资证券信托"百瑞恒益460号（机器学习稳健一期）"相继成立。三是加强产融结合，提升服务集团能力。在顺利完成吉林能交公司债转股项目，先后参与贵州金元、河南公司、东北公司、远大环保等集团内多家兄弟单位的债转股、投融资及并购项目的同时，积极参与资本控股"送金融服务进企业"活动，累计为80多家集团公司下属各级兄弟单位500多人次提供了理财咨询及相关服务。

2017年，百瑞信托实现自有业务收入5.74亿元，同比增加1.05亿元，增长22.39%；实现信托业务收入12.59亿元，同比增加0.82亿元，增长6.97%。

【风险控制】

一是优化风控标准。根据监管政策要求、行业发展和自身实际，及时调整各类业务风控标准，进一步提升房地产业务的准入标准和对客户的集中度要求，提升地方平台企业融资业务风控标准，逐步建立起合规风险指导标准动态化调整机制。二是加强制度建设。以监管部门组织开展的"三违反"、"三套利"、"四不当"、整治银行业市场乱象等各类专项自查检查为契机，全面排查公司在制度建设及执行方面存在的问题，并根据监管导向和资本控股工作部署，推动2017版规章制度升级工作如期完成，公司内控合规体系得到进一步优化。

【研发实力】

在2008年9月，百瑞信托就设立了当时行业内唯一的博士后科研工作站——百瑞信托有限责任公司博士后科研工作站。

9年多来，百瑞信托博士后科研工作站已先后吸引包括清华、交大、南开、华科等国内知名高校近20名博士进站开展研究工作。2017年末，百瑞信托博士后科研工作站已相继主导或参与设立了包括中原航空港产业投资基金、百瑞安鑫1号（中电投清洁能源基金）、台州银行资产证券化、百瑞仁爱·映山红慈善信托、百瑞恒益460号（机器学习稳健一期）等在内的多个创新类项目，累计管理信托规模近100亿元。

中国银联股份有限公司河南分公司

中国银联股份有限公司河南分公司党组书记、总经理　张　乙

【第一负责人简介】

张乙，男，1965年11月出生，中共党员，曾在原中国人民银行郑州分行、郑州地区信用卡管理委员会等单位任职。现任中国银联股份有限公司河南分公司党组书记、总经理。

【综述】

中国银联股份有限公司河南分公司是中国银联股份有限公司下辖的36家分公司之一，共有正式员工36人。2017年，河南省银行卡跨行清算交易7.41亿笔，其中ATM跨行清算交易1.09亿笔，POS清算交易6.32亿笔，清算金额2.82万亿元。

【移动支付便民示范工程】

自2017年11月6日开始，河南省移动支付便民示范工程正式启动。制定印发了《河南省移动支付示范工程实施方案》，明确任务目标、工作内容、工作措施和职责分工及工作要求，同时，细化下发了《河南省移动支付示范工程建设工作分工责任表》，便于各单位对照操作，抓实抓细。我省郑州、洛阳、平顶山、南阳、许昌、新乡、焦作、安阳8家城市纳入了中国人民银行总行确定的全国100家示范城市范畴，兰考确定为我省区域示范城市。

【风险管理】

一是组织参与河南省银行卡安全合作委员会及中国银联风险管理委员会河南地区委员会相关工作，与河南省公安厅、人民银行反洗钱处经常开展沟通协作和工作汇报。二是协助司法机关打击银行卡犯罪，2017年共协查银行卡案件1493起，为打击银行卡犯罪提供了有力支持。三是开展风险培训及宣传工作。全年共组织支付机构交流会议、反洗钱培训、银联二维码及小额免密免签赔付等培训6次，累计培训170余人次。联动省内6家机构共同开展“5·15”

反欺诈日宣传活动，通过“金融知识普及月”深入社区开展安全用卡及反洗钱宣传，参加人民银行郑州中心支行组织的“网络安全宣传月”活动。通过折页、银行 LED 滚动屏、微信公众号等多渠道进行宣传，各机构累计发放折页 30 余万册，覆盖 80 余万人，微信软文累计点击量达 14 余万次。四是在人民银行反洗钱处领导下，开展涉及银行卡的反洗钱相关工作，完成发卡侧和收单侧反洗钱交易调查。

【受理市场发展】

中国银联河南分公司 2017 年全面启动了银联商圈建设，以重点商户、重点区域为中心，不断扩大银联移动支付、免密免签（以下简称双免）、云闪付等重点业务和产品的推广范围，充分发挥以点带面的拉动作用。一是发挥核心商户的龙头带动作用。以全省各地 TOP50 重点商户为目标，联合收单机构加快开通非接、双免、云闪付、银联二维码等受理功能，达到“非接、双免、收银员注册”三个 100%。二是全面开展刷卡无障碍商圈、街区建设。将商圈内消费集中的大量中小商户、小微商户纳入商圈范围。2017 年，郑州曼哈顿、郑州二七广场、郑州杉杉奥特莱斯、洛阳洛邑古城、鹤壁九街十巷、许昌胖东来广场、全省 9 个万达广场等综合商圈已基本建成，20 多条刷卡无障碍示范街区也初具规模。三是初步开展县域商圈建设。河南银联联合银联商务梳理出全省 43 个重点县的 45 个重点商户，在这些县域重点商户开展系统改造、营销宣传，洛阳、安阳、焦作、许昌、漯河、南阳、信阳等地市 40 多家县域商户先后完成改造后启动宣传推广。

【系统运营】

一是认真落实托管机房巡检和定期沟通制度。每周两次开展托管机房巡检和重大节假日维保商上门巡检制度，发现故障隐患及时处置；建立与机房托管方定期沟通机制，及时协调处置托管机房基础环境安全隐患。二是着力优化网络系统架构。2017 年完成公司备用故障上联卡的更换工作；开展防火墙策略优化及日志梳理；完成中国银联总公司电信线路铜改光的配合工作。三是按期完成网络系统演练工作。根据 2017 年度演练计划，完成 2 次分公司网络系统宕机演练，4 次 PRA 呼转演练；开展托管机房基础环境演练、应急报告演练等 27 次。四是合规开展网络变更。2017 年共开展网络变更 28 单，涉及主线路扩容、非税二期接入、无卡业务测试及生产地址分配、机构网络接入方式等。

【创新业务】

2017 年 12 月 11 日，中国银联总公司携手各商业银行总行和全国性支付机构等产业各方共同发布了银行业统一 APP“云闪付”。河南银联以“云闪付”APP 上线为契机，依托人民银行移动支付便民示范工程，大力推进河南省内消费者衣食住行线上线下主要支付场景的建设覆盖。2017 年，河南银联持续宣传推广“云闪付”APP，加速银联手机闪付、银联二维码支付、小额免密免签、银联激励金等创新业务发展。在丰富场景应用的同时，积极开展专项营销活动。同时推动中原银行、郑州银行等 4 家银行 6 个 APP 加载银联二维码。

郑州宇通集团财务有限公司

【综述】

2017 年，郑州宇通集团财务有限公司（以下简称宇通财务公司）在集团的大力支持下，秉承“依托集团、服务集团、稳健经营、规范运作”的经营方针，通过加强资金集中管理，提升资金使用效率，完成了年度经营目标。2017 年末，宇通财务公司资产规模 45.16 亿元，贷款余额 29.25 亿元，实现营业收入 1.85 亿元，净利润 1.30 亿元，净资产收益率 15%。各项监管指标均符合监管要求，整体风险水平低，资产质量优良。

（徐秋红）

【资金管理】

2017 年，宇通财务公司持续提高资金精细化管理，完善资金计划编制、监督及评价机制，保持合理的资金头寸；通过利用同业拆借、有价证券投资、票据转贴现等渠道融入资金，提升资金流动性管理能力，使集团资金集中度、资金使用效率得到了进一步提升，全口径资金集中度达到 63.67%，较 2016 年提高 5.45 个百分点。

（徐秋红）

【信贷业务】

2017 年，为深入发掘并精准满足成员单位资金需求，宇通财务公司建立了成员单位走访、需求分析、任务跟踪解决机制，全方位服务成员单位。2017 年，全年累计发放贷款金额 20.51 亿元，办理委托贷款金额 19.10 亿元，完成了信贷预算指标。发放贷款执行基准利率，委托贷款手续费执行较低标准，满足了集团及成员单位生产经营资金需求，促进主业发展。

（郭　奇）

【投资业务】

2017 年，宇通财务公司投资业务持续稳健开展，业务种类丰富，固定收益类投资、高流动性产品投资、同业投资、委托投资业务有序进行，在保证充足流动性的前提下，合理配置闲置资金，提高资金收益率。宇通财务公司已与多家金融机构建立了合作关系，大幅提升了在同业间的知名度和影响力，为宇通财务公司投资业务后续发展创造了良好的环境。

（郑茜倩）

【票据业务】

宇通财务公司坚持“以客户为中心”和“产业链共赢”原则，满足成员单位及产业链融资需求。2017 年，宇通财务公司累计为成员单位办理贴现金额 0.49 亿元，累计为成员单位上游供应商办理贴现金额 27.72 亿元。为盘活公司持有的票据资产，宇通财务公司持续开展转贴现、再贴现等业务，盘活票据资产规模超过 20 亿元，提高了财务公司资产流动性。

（郭　奇）

【业务创新】

为落实国家对中小微企业的扶持政策，扩大企业资金池运营渠道，促进宇通财务公司在支持集团主业发展、有效服务实体经济方面发挥更大作用，2017 年，宇通财务公司在获批“一头在外”延伸产业链金融业务资质后，坚持以“服务核心成员单位，面向直接交易对手，促进集团主业发展”为原则，推出“成员单位为债务人，供应商为债权人”的应收账款保理业务。2017 年，宇通财务公司共计办理保理业务 268 笔，发放款金额超过 4 亿元，受益上游中小微企业供应商超过 60 家。

（郭　奇）

【风险管理和内部审计】

2017 年，宇通财务公司制订了各项业务风险识别能力提升方案，并建立了复盘机制，通过对各项业务风险政策的梳理和业务的研讨，各类风险得到有效防范，资产质量持续良好。宇通财务公司开展了信贷、票据、投资、结算等主要业务的日常稽核，开展了合规风险管理、资产五级分类、反洗钱工作专项审计，并对公司制度流程管理开展了专项检查，促进了公司内控管理持续完善。

(祝永辉)

【信息化建设】

2017年，宇通财务公司信息科技工作主要致力于完善已有系统功能，优化业务连续性管理，全年信息系统运行平稳。为加强信息安全管理，公司部署了互联网准入设备，调整了设备安全策略，优化了数据备份及容灾机制，保证了公司业务连续性。

(崔　松)

【人力资源管理】

2017年，宇通财务公司以支持公司战略落地和实现员工个人成长发展为目标，以绩效管理为抓手，通过人员优化配置、人才培养发展，建设专业、高效、充满活力的金融团队；宇通财务公司持续加强人才梯队建设，积极探索双通道发展道路，对核心岗位实施培养计划、轮岗计划，确保后备人员充足。公司人力工作开展有序，业务能力得到有效提升。

(刘正民)

中国电力财务有限公司河南分公司

【综述】

中国电力财务有限公司（以下简称中国电财）是经中国银监会批准，由国家电网公司控股、国网英大集团公司等参股的一家非银行金融机构，注册资本金130亿元，为国家电网公司成员单位及经中国银监会北京监管局核准的服务对象提供金融服务。中国电财目前拥有东北、西北、华中、华东、华北5家区域分公司、7家省级分公司和13家省级业务部，员工800余人，经营范围涵盖资金结算、存款、贷款、融资租赁、票据、贴现、债券承销、证券投资以及财务顾问等。

中国电财河南分公司是中国电财在豫设立的分支机构，于2012年9月19日组建成立，主要服务于国家电网公司在豫成员单位，业务范围覆盖河南省电力公司、许继集团以及平高集团等成员单位。三家成员单位主要从事电网建设输送和电力设备制造。

【经营管理】

从完善运营体系、优化信息系统、加强风险内控、强化产品服务等方面入手，大力推进规范管理和业务发展，经营管理水平显著提高，在服务集团资金管控和实施财务集约化管理过程中，发挥了重要作用。2017年末，河南分公司客户服务满意率100%。资产状况优良，历年自营贷款回收率100%，无不良贷款。

【业务发展】

经中国银监会河南监管局和中国人民银行郑州中心支行批准，在中国电财授权下，河南分公司现从事《企业集团财务公司管理办法》中规定的业务，主要包括吸收成员单位存款、内部结算清算、贷款和票据承兑与贴现。结合集团经营特点，河南分公司加强统一结算服务平台的建设，积极开展各项金融服务工作，为客户单位提供资金归集、结算，通过集聚集团资金，解决成员单位融资需求，有力地支持了河南区域的电力生产和电网建设。

【存款业务】

中国电财河南分公司为国家电网公司及其所属在豫单位提供丰富的存款产品，包括：定期存款、通知存款、协定存款和活期存款等。

【贷款业务】

中国电财河南分公司不断提高融资服务能力，提供满足集团客户多层次融资需求的业务品种，分公司经办的信贷业务包括流动资金贷款、循环贷款、履约保函、贷款承诺和委托贷款。

【结算业务】

营业结算服务范围包括：结算账户管理服务、资金归集服务、结算服务、电子银行业务服务、营业结算信息服务等。目前已经实现集团系统内资金高效集中，搭建了资金结算和融通管理服务平台，通过“资金池”账户和资金结算系统建设，实现集团“资金池”统一调度管理功能，提高资金统一备付能力。

【风险控制】

中国电财将加强内控机制建设、规范经营，把防范和化解金融风险放在各项工作的首位，以培养员工具有良好职业道德与专业素质及提高员工的风险防范意识作为基础，通过加强或完善内部稽核、培养教育、考核和激励机制等各项制度，全面完善公司内部控制制度。2017年，通过公司组织的“安全日”等活动，深化夯实“大安全”风险基础管理，积极组织操作风险演练，完善应急预案，杜绝资金安全、经营安全责任事件发生。

中国一拖集团财务有限责任公司

【综述】

中国一拖集团财务有限责任公司（以下简称一拖财务公司）于1992年8月经中国人民银行批复成立，1992年12月正式开业，注册资本金5亿元人民币。一拖财务公司现有4家股东单位，控股股东第一拖拉机股份有限公司是中国农机行业唯一拥有A+H股上市平台的农机企业。一拖财务公司业务范围涵盖中国银监会《企业集团财务公司管理办法》第二十八条和第二十九条全部业务，是河南省首家企业集团财务公司。

【经营管理】

2017年，一拖财务公司在面临国内农机行业整体大幅下滑、企业集团销售严峻的环境和挑战下，秉承“依托集团，服务集团，合规经营，稳健发展”的经营宗旨，采取措施积极应对，一是大力拓展业务创新品种支持集团产品销售；二是充分利用金融同业平台提高资金收益；三是通过梳理无效劳动提高工作效率和服务质量；四是努力降低经营成本，不断提高经济效益。2017年末，一拖财务公司资产总额53.32亿元，同比增加2.26%；负债总额45.27亿元，同比增加0.94%；所有者权益8.04亿元，同比增长10.29%；累计实现利润总额达到1.04亿元，同比增加300%，取得了良好的经营成绩。2017年，一拖财务公司不断加强一拖集团资金集中管理，提高资金使用效率，2017年平均资金集中度达到94.41%，在全国财务公司系统中属于较高水平。

【业务发展】

2017年，一拖集团下属“三农”、“小微”企业投放贷款累计金额30.18亿元，充分发挥企业集团内部金融主力军作用，帮助企业集团成员单位提质、降本、增效。一拖财务公司在积极支持一拖集团成员单位的生产经营的同时，努力为成员单位提供便捷通畅的结算渠道。2017年累计办理结算1385.52亿元，办理结算笔数7.92万笔；累计托管票据33.26亿元，办理业务笔数8576笔；全年累计实现投资收益3233.32万元（含公允价值变动损益），为一拖集团及股东单位创造了良好的投资回报。

【风险管理】

一是为进一步提升董事会管理和监督职能，一拖财务公司2017年将内控委员会并入董事会，同时董事会下增设了内部审计委员会、信息科技委员会，并在一拖财务公司主要业务部门设置风险、合规、总稽核等专职岗位，全面风险管理组织体系已基本健全，形成了由董事会及董事会下设风险管理委员会、内部控制委员会、内部审计委员会、信息科技委员会、稽核部和经营层下设风险控制部、各部门以及各风险类专职岗位组成的完整风险控制体系架构。二是一拖财务公司始终坚持把内控机制寓于经营管理活动之中，公司继续遵循“主动合规、制度先行”的原则，将内部控制措施嵌入到各项规章制度和每个岗位操作环节之中，并根据业务发展和情况变化适时优化完善，健全事前、事中、事后的内部管控措施，形成了有效识别风险、主动避免违规的内控机制。全年一拖财务公司制定及修订内控制度和业务规程232个，废止62个，新增10个，对内部控制的目标、原则、要素、组织体系、要求、监督及内部控制制度体系建设均作出了明确的规定，内部控制活动均在一拖财务公司各专业委员会的领导下有序开展。2017年，一拖财务公司各项监管指标均符合中国银监会的监管规定。

河南双汇集团财务有限公司

【综述】

双汇集团是中国最大的肉类加工基地、农业产业化国家重点龙头企业，总部在河南省漯河市，在全国18个省（市）建有30多个现代化的肉类加工基地，年产销肉类产品300多万吨，拥有近百万个销售终端。2017年，双汇品牌价值606.4亿元，居中国肉类行业第一位，连续两年入选“国家品牌计划”。河南省漯河市双汇实业集团有限责任公司与河南双汇投资发展股份有限公司共同发起成立双汇财务公司，注册资本5亿元，其中双汇集团注资2亿元、双汇发展注资3亿元。

【经营概况】

2017年末，双汇财务公司总资产75.8亿元，净资产6.2亿元，实现利润1.55亿元，各项监管指标均符合监管要求，先后获河南省人民政府2017年金融发展专项奖，漯河市人民政府2017年度经济发展特殊贡献奖，漯河市委、漯河市人民政府服务业创新奖，人民银行漯河中心支行金融助推脱贫攻坚先进单位和漯河银监分局监管统计竞赛三等奖。

【贷款业务】

2017年末，累计为成员单位授信28家，金额89.6亿元，贷款余额16.8亿元，委托贷款余额2.1亿元，全年累计向成员单位发放贷款54.5亿元，利用多种贷款模式为成员单位提供资金，降低成员企业融资成本。

【票据业务】

2017年，双汇财务公司大力推进电票业务的开展，在全市法人金融机构中首笔办理了电子承兑汇票贴现业务，为成员单位提供便捷、高效、安全的票据业务服务。2017年末，贴现余额8.2亿元，全年累计办理贴现13.7亿元。

【结算服务】

一是建立系统。与工、农、中、建、招、邮储六大行建立了银企直联，实现了成员单位银行账户与财务公司账户的直接关联。二是管好账户。要求全部成员单位账户集中财务公司，定期排查各成员单位的银行账户，及时清理长期无业务的冗余账户，对新增账户严格审查，对所有银行账户进行适时监控。三是加强监测。实时把控成员单位银行资金情况，每个银行账户资金余额当日不得超过1000元，多余资金全部归集到财务公司账户，有效提高资金集中度。2017年末，双汇财务公司资金集中度达到84.7%。

【风险管理和内部控制】

一是制定了风险管理政策和资本充足率风险管控方案、流动性风险预案和市场风险管控预案，规范风险防范流程。二是持续完善9大类共124项标准化管理制度，审核修订91项业务类法律文本，防控法律风险。三是开展全面风险评估检查，整改各项风险隐患，提升合规风险意识。四是加强风险指标监控，确保各项指标优良。2017年末，资本充足率为17.7%，流动性比例为48%，不良资产比率和不良贷款率为零，贷款损失准备率和不良资产损失准备率均超过150%。

【人力资源管理】

双汇财务公司2017年新成立投资发展部，通过拓宽招聘渠道，高薪诚聘高端专业人才，全年共招聘人员5人；加强学习与培训，全年组织种类专业培训15次，参加外部培训8次；新增注册会计师1名，中级会计师1名，基金从业资格人员5名，证券从业资格人员2名。全年共向集团领导上报了50余篇关于企业转型升级、战略合作、股权投资等方面的可行性建议报告。

【信息化建设】

一是规范管理体系，优化业务审批 OA 流程，强化风险把控。二是完善信息化管理制度及应急预案，加强数据安全管理。三是加强系统建设，根据业务需要，优化核心业务系统功能模块 16 项。四是完成人行金融城域网接入，并获得电票直联接入批复。五是落实监管要求，升级“反洗钱系统”，提升防范金融风险能力。

河南九鼎金融租赁股份有限公司

【综述】

河南九鼎金融租赁股份有限公司（以下简称九鼎金租）是经银行业监管部门批准，由郑州银行（股票代码 6196.HK）主发起，联合宇通客车（股票代码 600066）、天伦燃气（股票代码 1600.HK）共同成立的一家全国性金融租赁公司。注册资本 20 亿元，总部设在河南郑州。

【经营管理】

作为郑州第一家金融租赁公司，自成立以来，九鼎金租充分利用股东的资源优势、信息优势、技术优势，努力做到优势互补、协同发展、合作多赢。九鼎金租坚持“立足河南、面向全国、专业精深、特色鲜明”的战略定位，竭力以金融租赁的特色产品和灵活高效的金融服务，围绕“特色化、差异化、专业化”经营战略，在航空业、物流业、住房租赁业、节能环保行业、高端装备制造业、公共事业行业、医疗健康业、旅游业、新能源汽车租赁业等领域梯次推进战略新兴产业布局；区域布局有效辐射周边地带，用高效速度和优质服务创出了自己的特色、打出了自己的品牌、树立了良好社会形象。九鼎金租自 2016 年开业以来累计实现租赁投放 138.07 亿元，2017 年末总资产达 111.83 亿元，融资租赁资产余额 110.14 亿元，2017 年全年实现营业收入 2.90 亿元，净利润 1.13 亿元，不良资产率维持在零，资本充足率 20.81%。

【业务发展】

2017 年，九鼎金租坚持“立足河南、面向全国、专业精深、特色鲜明”的战略发展定位和“专业化、差异化”的行业投放原则，业务项目投放广泛分布于河南、江苏、山东等 11 个地区；涉及租赁和商务服务、电力、热力、燃气及水利等 11 个行业，区域布局、行业规划科学合理，开始逐步形成九鼎特色。

【风险管理】

2017 年，在建立并完善现代公司治理体系、加强精细化管理水平的基础上，九鼎金租坚守“创新、高效、协同、稳健”的发展理念和不发生案件、不发生重大风险事件的经营底线，坚持以全面风险管理为轴心，全面布控信用风险、及时化解流动性风险、严密防控操作风险、主动防范合规风险，并持续加强对租赁物风险及市场风险的管控，建立起了全方位的风险防控体系。初步形成了管理有制度、部门有约束、岗位有职责、操作有程序、风险有监测、工作有评价、责任有追究的风险管理体系架构。2017 年末，九鼎金租不良资产率为零，未发生案件和重大风险事件，内部控制管控有效，各项经营稳健发展。

【流动性管理】

2017 年，九鼎金租将资金流动性管理放在重要位置。科学制定和管理资金计划，实时关注账户资金变动，及时筹措资金，保障日常经营需要；通过不断扩大可用银行授信规模、科学安排融资时点和融资期限等多种措施，在资金端逐步形成竞争优势。2017 年末，九鼎金租已取得 53 家金融机构授信批复，授信总额近 300 亿元。

【企业文化】

2017 年，九鼎金租紧紧围绕“交响乐团文化”和“雁阵文化”营造公司企业文化氛围，积极塑造“开拓、进取、拼搏、敬业、高效”的企业文化特质，形成了“诚信、敬业、担当、至善”的企业文化理念。通过企业文化建设凝聚人心，打造企业与员工的利益共同体、事业共同体和命运共同体。

洛银金融租赁股份有限公司

【综述】

洛银金融租赁股份有限公司（以下简称洛银金租）成立于2014年12月，由洛阳银行作为主发起人，联合一拖股份等3家非金融企业法人共同发起设立，是全国第三家由城商行发起设立的金融租赁公司，也是河南省内第一家金融租赁公司。2016年6月，洛银金租顺利实施增资，注册资本由6亿元增加至16亿元。2017年，洛银金租全年累计投放融资租赁业务92笔，投放资金112.88亿元，融资租赁余额183.78亿元。2017年末，洛银金租总资产186.52亿元，总负债165.90亿元，所有者权益20.62亿元，净利润2.08亿元。

【经营管理】

制度流程建设方面，洛银金租陆续对现行的规章制度进行了完善，共有各项规章制度合计94个，基本满足经营管理的需要。组织架构方面，一是根据内控体系建设需要，搭建了垂直的内部审计组织架构，逐步建立健全审计工作制度、机制和流程。二是将原郑州、洛阳业务团队合并为河南业务团队，旨在整合优势资源，发力河南市场。财务管理方面，洛银金租持续加强资产负债管理，不断优化价格管控模式，制定主动负债策略，初步搭建起精细化的收益成本控制体系，使洛银金租在资金价格持续上涨的形势下保持了良好的收益水平。运营管理方面，洛银金租积极推进租金回收协调机制、项目提前结清机制的建立和运行，加强放款管控，使操作质量和效率得到较大提升。人力资源管理方面，持续调整绩效考核办法，进一步发挥绩效考核的指导作用，改进人员引进方式，有效保证公司人力需求。企业文化建设方面，对洛银金租企业文化现状进行后评价，先后开展总裁接待日、读书会以及大别山红色教育等主题活动和党建活动，促进员工交流和思想融合。行政管理方面，调整月度、季度会议形式，强化各业务团队管理职能，持续提高行政管理的效能和效率，夯实内部管理基础。信息科技建设方面，持续优化核心业务系统，累计完成逾期和罚息收支计划、监管报表变更等17项需求的开发，进行了征信、反洗钱、同业拆借等系统的建设工作。

【风险管理】

一是制定下发了《全面风险管理政策》、《风险偏好政策》和《行业风险管理指引》，明确了洛银金租的风险偏好，建立量化指标体系，制定信用风险、合规风险、流动性风险、操作风险、市场风险等风险管理政策；二是开展存量业务后评价工作，先后三次组织业务团队部门，对存量业务的资金用途、承租人现金流及评估收费等方面展开了自查和整改；三是优化租后管理模式，依据客户风险状况开展租后管理，针对性更强；四是洛银金租面对首度出现的资产预警情况，积极探索多元化处置渠道，采取一户一策的办法，制定处置预案，明确处置策略，研究处置方式。

【流动性管理】

2017年，洛银金租一方面通过加大同业授信规模、加强融资管理等手段，保证流动性安全，2017年末，洛银金租共取得86家同业授信批复，授信总额420.49亿元，已使用143.34亿元，剩余277.15亿元，流动性状况良好。另一方面，定期开展流动性压力测试工作，检验整体流动性状况，提前做好各项准备，充分防范流动性风险。2017年，公司流动性状况正常。

（代林涛）

第三部分

各地金融篇

郑州市

2017 年，郑州市金融运行总体平稳，各项存款增长放缓、各项贷款保持较快增长，信贷结构持续改善，金融体系运行稳健，进一步支持了全市经济社会发展。

一、各项存款增长有所放缓，各项贷款保持较快增长。各项存款增长有所放缓。2017 年末，郑州市金融机构人民币（下同）各项存款余额 20349.6 亿元，同比增长 7.1%，增速同比回落 5.1 个百分点；占全省比重的 34.5%，同比回落 0.7 个百分点；较年初新增 1347.5 亿元，同比少增 717 亿元，占全省各项存款增量的 26.5%，同比回落 6 个百分点。各项贷款保持较快增长。2017 年末，郑州市金融机构各项贷款余额 17992.4 亿元，同比增长 16.7%，高于全省 2.3 个百分点；占全省比重的 43.1%，同比提高 0.8 个百分点；较年初新增 2570.0 亿元，占全省各项贷款增量的 49.0%。存贷比大幅攀升。2017 年末，存贷比、新增额存贷比分别为 88.3% 和 208%，同比分别提高 7.6、81 个百分点。

二、信贷结构持续改善。一是基础设施领域贷款大幅增加。2017 年，基础设施领域贷款增加 751.7 亿元，同比多增 277.2 亿元，占各项贷款增量的 29.2%。二是小微企业贷款增长较快。2017 年末，小微企业贷款余额同比增长 19.0%，增速高于各项贷款增速 2.3 个百分点；较年初增加 393.8 亿元，同比多增 285.0 亿元。三是建筑业贷款增加较多。2017 年，建筑业贷款增加 104.9 亿元，同比多增 63.8 亿元。四是制造业贷款形势好转。2017 年，制造业贷款减少 7.9 亿元，同比少减 103.2 亿元。五是高耗能行业贷款增长回落。2017 年末，六大高耗能产业中长期贷款余额 881.6 亿元，同比下降 2.9%。六是个人住房贷款增长高位回落。2017 年末，个人住房贷款余额同比增长 27.4%，增速较年初回落 37.1 个百分点；住房贷款增加 950.5 亿元，同比少增 409.6 亿元。

三、金融支持实体经济力度较大。2017 年，郑州市社会融资规模增量为 3497.9 亿元，同比少增 540.4 亿元，占全省的 51.4%。其中，对实体经济发放本外币贷款 2613.2 亿元，同比少增 336.9 亿元，占社会融资规模增量的 74.7%；表外融资增加 614.9 亿元，同比多增 39.2 亿元，占社会融资规模增量的 17.6%；直接融资净增额为 164.4 亿元，同比少增 270.1 亿元，占社会融资规模增量的 4.7%。

四、银行投资类业务大幅减少。随着金融严监管、去杠杆、放风险力度持续加大，金融机构市场投资类业务增长大幅放缓。2017 年，金融机构债券投资减少 101.9 亿元，同比少增 522.7 亿元，增速较 2016 年回落 28.4 个百分点；股权及其他投资增加 670.0 亿元，同比少增 555.6 亿元，增速较 2016 年回落 74.3 个百分点。

五、金融体系运行稳健。2017 年末，郑州市金融机构不良贷款余额 163.4 亿元，较年初减少 23.7 亿元；不良贷款率 0.84%，较年初下降 0.32 个百分点。

（郑霄鹏）

开封市

【经济运行情况】

2017年，开封市生产总值完成1934.96亿元，比2016年增长8.2%，增幅高于全省平均水平0.4个百分点，居全省第7位。规模以上工业增加值完成616.63亿元，比2016年增长8.2%，增幅高于全省平均水平0.2个百分点，居全省第13位。固定资产投资完成1668.18亿元，比2016年增长9.3%，增幅低于全省平均水平1.1个百分点，居全省第15位。社会消费品零售总额完成944.81亿元，比2016年增长12.3%，增幅高于全省平均水平0.7个百分点，居全省第3位。城市居民消费价格总指数（CPI）环比增长1%，比2016年同期上涨1%。一般公共预算收入完成122.74亿元，比2016年增长13.1%，增幅高于全省平均水平2.7个百分点，居全省第6位；一般公共预算支出为334.80亿元，比2016年增长12.8%，增幅居全省第7位。全市城乡居民人均可支配收入增长9.2%，高于经济增速1个百分点。常住人口城镇化率达47.42%，提高1.54个百分点。实际利用境外资金6.12亿美元，增长32.5%。

（王淑霞）

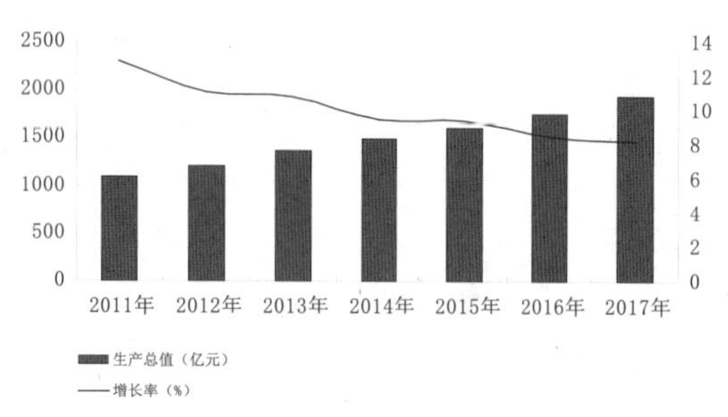

数据来源：开封市统计局

图1 2011-2017年开封市生产总值及其增长率

【金融运行情况】

一、银行业情况。2017年，开封市辖区共有银行类金融机构21家，分别为政策性银行1家、国有商业银行4家、股份制商业银行2家、邮政储蓄银行1家、地方性商业银行2家、村镇银行5家、农村商业银行6家。全市金融机构共有网点497个，较年初增加3家；从业人员7355人，较年初增加55人。银行业资产总额3141.29亿元，较年初增加339.29亿元；负债总额3072.98亿元，较年初增加335.01亿元，不良贷款27.68亿元，较年初增加4.76亿元；实现利润总额19.83亿元，较2016年减少9.27亿元。

一是各项存款总量不断增长。2017年末，开封市金融机构本外币各项存款余额1933.61亿元，比年初增加284.34亿元，增长16.49%，比2016年多增92.23亿元，增幅高于全省6.65个百分点。从存款结构看，住户存款新增额下降，主要是居民储蓄存款下降；广义政府存款新增额大幅增加，主要是机关团体存款增加较多。

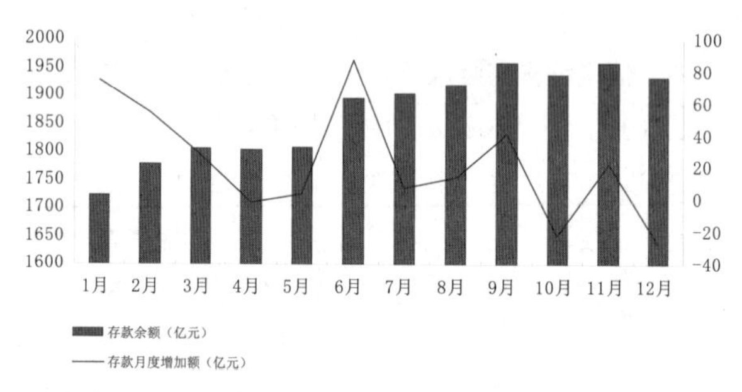

数据来源：中国人民银行开封市中心支行调统科

图2 2017年开封市本外币各项存款月度增加额变化图

二是贷款规模稳步增长。2017年末，开封市金融机构本外币各项贷款余额1367.35亿元，比年初增加178.81亿元，增长15.04%，比2016年多增8.33亿元，增幅高于全省0.68个百分点。从信贷结构看，资金主要向小微企业、服务业、棚改和保障性住房、基础设施领域、个人购房等方面投放。产能过剩行业贷款、涉农贷款及制造业贷款增势放缓。从期限看，单位中长期贷款增长较快，短期贷款增势有所调整。

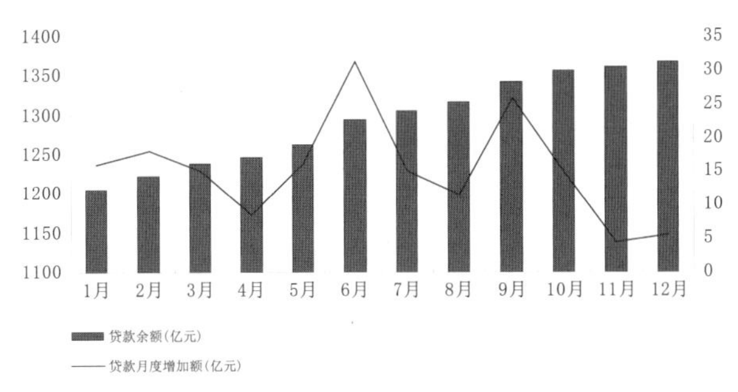

数据来源：中国人民银行开封市中心支行调统科

图 3 2017 年开封市本外币各项贷款月度增加额变化图

二、社会融资规模情况。社会融资规模大幅增长，直接融资规模占比增加。2017 年，开封市社会融资规模累计新增 237.85 亿元，比 2016 年多增 66.48 亿元，增长 38.79%，其中占比较高的有：人民币贷款累计新增 179.13 亿元，占比 75.31%，企业债券融资累计新增 31.5 亿元，占比 13.24%，比 2016 年增长 13.24 个百分点。

三、金融市场。一是黄金市场。2017 年末，开封市金融机构代理上海黄金交易所业务成交量 1140.85 千克，累计成交额 3.03 亿元，比 2016 年上升 38.23%，个人黄金业务占比较大。全市金融机构其他黄金业务本年累计销售额为 2.32 亿元，同比下降 32.31%，主要集中在账户金及实物黄金业务。二是票据市场。2017 年末，开封市商业汇票余额 38.21 亿元，比 2016 年减少 21.60 亿元。票据贴现余额 24.76 亿元，比 2016 年减少 7.58 亿元。再贴现年累计发生额 7.21 亿元，比 2016 年减少 4.06 亿元。三是债券市场。2017 年末，开封市银行间债券市场成员 6 家，全部为农商行，均为 2015 年底新增市场成员。全市银行间债券市场持债规模余额 68.74 亿元。2017 年直接融资中的企业债券融资累计新增 31.5 亿元。

（王淑霞）

【货币、信贷政策执行情况】

一、贯彻落实“货币政策 + 宏观审慎政策”双支柱调控框架。对金融机构实施“一户一档”的行为管理，引导金融机构加强自我约束和自律管理，有效提升了辖区金融机构宏观审慎管理水平。贯彻落实差别化住房信贷政策，有效满足首套房刚需信贷需求。2017 年末，开封市个人住房贷款余额 286.12 亿元，比 2016 年增长 45.03%。联合开封市科技局印发《关于开展金融支持科技型中小企业发展促进经济转型升级的通知》，引导金融机构满足企业金融服务需求。

二、强化货币政策工具管理。通过定向降准、动态调整、县域农业银行“三农事业部”考核，有效执行差别化存款准备金率，释放流动性 5.12 亿元。用好用活再贴现工具，加大对实体经济的融资力度。2017 年，累计为开封市辖内银行业金融机构办理再贴现业务 596 笔、7.21 亿元，有效引导了商业银行票据贴现资金向小微企业领域倾斜。办理 SLF（常备借贷便利）2 笔、12 亿元，为地方法人金融机构提供短期流动性支持。指导金融机构加强财务硬约束，法人金融机构自主定价能力不断提高。2017 年合格审慎评估中，辖内 10 家机构中 6 家机构通过年审，3 家村镇银行新晋为观察成员。

三、兰考普惠金融改革试验区取得新成效。围绕“四大支柱”理念，积极发挥主观能动性，普惠金融一网通平台、金融服务、普惠授信、普惠金融综合服务站和风险防控为基础的“一平台四体系”兰考模式得到有效开展，投融资体制更加完善，金融服务水平不断提高。2017 年末，兰考普惠金融指数跃居全省第 1 位。

四、金融助推脱贫攻坚工作成效凸显。围绕“精准扶贫、精准脱贫”基本方略，以助推扶贫攻坚为目标，认真履行开封市金融扶贫领导小组办公室职能，积极探索十大金融扶贫模式，实施金融扶贫“百千万”工程，努力助推打赢脱贫攻坚战。2017 年末，开封市精准扶贫贷款（含已脱贫人口贷款）余额 20.56 亿元，同比增长 26.29%；当年累计发放金额 19.75 亿元，带动服务贫困人口 16153 人。

五、跨境人民币双向均衡发展。加强窗口指导，传达调控精神，指导金融机构合规开展相关业务，满足企业合理跨境融资需求。2017 年末，开封市跨境人民币实际收付 3.2 亿元，其中收入 1.69 亿元，支出 1.51 亿元，实现净流入 0.18 亿元，完成跨境人民币双向均衡的政策目标。抓住自贸区开封片区国家重大发展战略，贯彻落实《关于支持（河南）自由贸易试验区开封片区发展措施的意见》，实时监测各商业银行自贸区跨境人民币创新业务进展情况，引导金融机构做好项目储备，有效满足企业金融需求。

（余振清）

【金融稳定情况】

一、加强金融风险监测预警。健全金融稳定协调机制，推动建立健全政府牵头、人民银行主导、监管部门及金融机构参与的协调机制。加强日常金融风险监测，加大地方法人银行机构风险监测力度，进一步完善地方法人风险监测制度，积极开展金融风险应对处置工作，落实重大事项报告制度，督促指导辖区人民银行、金融机构加强重大事项的报告和处置工作，定期对辖区金融领域风险隐患进行排查，及时报送排查结果，并向地方政府、有关部门和机构提示风险。

二、开展金融稳定评估工作。加强金融稳定评估系统维护工作，完成辖区评估信息数据的收集和梳理，补充和完善评估系统的相关数据。完成金融稳健性评估工作，制定出台《2017年开封中支现场评估方案》，组建评估组，相继完成对中国人寿保险公司开封分公司和开封宋都农村商业银行的稳健性评估。

三、扎实推进存款保险制度实施工作。完成保费资料归集，督促投保机构完成保费缴纳。开展存款保险知识培训，加强存款保险知识宣传教育，促进社会公众了解存款保险制度，保障存款人合法权益。落实开展存款保险评级工作，召开评审审核会议。密切关注辖区存款保险工作动态，加强金融风险和审慎稳健情况的日常监测。开展存款保险标识使用工作，制定《开封市存款保险标识使用实施工作方案》。

四、有序进行金融机构改革。2017年，辖内农信社全部成功改制农商行，村镇银行实现了县域全覆盖。各金融机构加快在开封自贸区和兰考普惠金融改革试验区的机构布局和产品对接，其中中原银行兰考县支行在兰考县成立两家分支机构，汴京农商行和宋都农商行吸收合并改革工作在稳步推进，并可在2018年底完成并表。

五、全面推动金融稳定协调工作。加强金融稳定协调组织领导，建立三级金融风险监测体系，全面推动金融稳定协调工作。通过金融运行状况分析、金融管理季度例会、金融机构负责人联席会议制度，定期传达贯彻国家货币信贷政策导向和人民银行工作要求，通报辖区金融运行状况、风险监测情况和日常金融管理情况，确保辖区金融稳定工作的深入推进和有效实施。

（徐 华）

【国际收支情况】

2017年，全市跨境流动资金总额103814万美元，同比增长29.22%。其中涉外收入金额84114万美元，同比增长53.33%。对外支出金额19700万美元，同比增长22.69%。跨境资金净流入64414万美元，同比增长1.19倍。

跨境人民币流动30353万元，同比下降58.89%，其中收入17854万元，同比下降67.34%，跨境支出12499万元，同比下降34.77%，净流入5355万元，同比下降84.92%。

（孙建华）

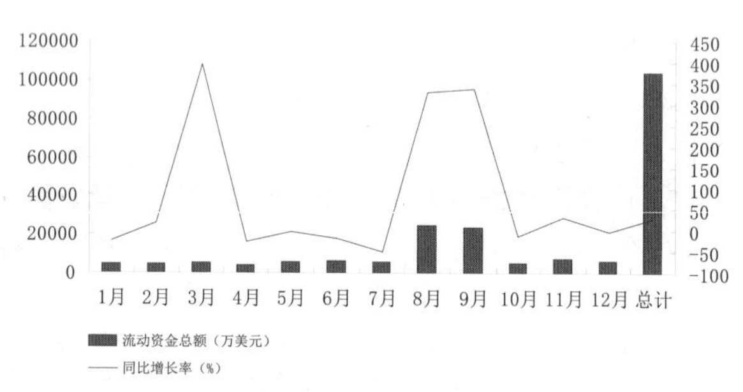

数据来源：中国人民银行开封市中心支行外汇局

图4 2017年开封市跨境流动资金月份变化图

【银行业改革与发展】

一、银行业服务实体经济质效有力提升。督促开封市各银行业机构紧紧围绕开封基础设施建设、重大项目等提供优质金融服务。发挥债委会作用，主动外延债委会组建范围，将67家重点关注企业纳入监测。有效推进金融扶贫，2017年发放扶贫小额信贷户数3564户，扶贫小额信贷余额3.12亿元。提升薄弱领域金融服务，着力提升小微企业、三农金融服务。简政放权做好监管服务，优化自贸区内银行业机构市场准入流程，建立准入事项绿色通道，按月监测自贸区金融业务情况。

二、守住不发生系统性区域性风险底线。治理金融乱象。实行“1+N”检查报告的“牵头负责制”，EAST先行按图索骥，治理市场乱象。切实加强信用风险防控监测，做好风险分类处理。加大流动性风险监管力度，持续监测流动性指标变动情况，督促开封市辖内法人机构加强流动性风险管理。对开封市辖内法人机构开展信用风险专项排查、同业风险排查、债券投资快速调查、非标业务调查等多项调查和排查，建立大额贷款和异地贷款台账。

三、法人机构综合竞争能力提升。开封市农商行实现辖内全覆盖。尉氏、杞县和通许农商行相继成立，成为全省第二个全面完成农信社改制的地市。推动城区两家农商行整合，积极推进农商行加快建立现代银行制度。规范村镇银行经营发展，制定村镇银行监管工作要点、召开新型农村金融机构监管工作会议、通报村镇银行经营发展情况，限制2家村镇银行市场准入。郑州银行开封分行2017年7月获批，11月开业。

四、监管质效水平有力提升。提升监管执法水平，依法开展市场准入，完善落实行政许可委员会制度，实施高管人员任职资格考试上机制度，2017年组织高管考试96人次，机构变更24项。着力提高检查质效，全年共开展现场检查14项。完善非现场监管机制，加强债委会、扶贫、自贸区（开封）片区等专项报表统计。弥补监管短板，全力推进EAST系统应用推广。2017年共下发风险提示单18份，监管谈话17次，对3家金融机构、3名高管罚款共计300万元，对一名高管人员取消10年任职资格。

（黄彦朝）

【证券、保险业改革与发展】

2017年，开封市共有各类保险公司分支机构35家，其中，财险公司14家，寿险公司21家，列入统计共有34家保险营业机构。全年累计实现保费收入56.86亿元，较2016年增长26.13%；累计赔付支出15.97亿元，较2016年增长22.75%。

2017年，开封市证券机构5家，分别为国都、新时代、中原、安信和方正证券分支机构，各设立有1个营业部。2017年末，5家证券机构共有股东户28.44万户，较2016年增加3.21万户，增长12.74%；资金户15.06万户，较2016年增加1.67万户，增长12.50%。

（徐　华）

洛阳市

【经济运行情况】

一、全市GDP突破4000亿元大关，产业结构实现重大转变。2017年，全年全市GDP突破4000亿元大关，达到4343.1亿元，同比增长8.7%，高于全省增速0.9个百分点，居全省第1位（与许昌、商丘并列）。分产业看，第一产业增加值230.0亿元，增长4.4%；第二产业增加值2037.7亿元，增长7.3%；第三产业增加值2075.4亿元，增长10.8%。三次产业结构为5.3：46.9：47.8，产业结构实现由“二三一”向“三二一”的重大转变。

二、工业生产稳中向好，企业效益明显改善。2017年，全市规模以上工业增加值1482.8亿元，同比增长8.7%，高于全省增速0.7个百分点，居全省第6位。全年全市规模以上工业企业实现利润总额351.4亿元，同比增长50.0%，增速居全省第1位。规模以上工业企业主营业务收入利润率为4.54%，比2016年同期提高1.05个百分点。

三、投资增长缓中趋稳，商品房可售面积继续减少。全年全市固定资产投资4566.4亿元，同比增长11.8%，高于全省增速1.4个百分点，居全省第4位。全年全市房地产开发投资375.3亿元，同比增长0.7%。全市商品房销售面积971.4万平方米，同比增长26.1%；商品房销售额500.7亿元，同比增长43.0%。2017年末，全市商品房累计可售面积645.1万平方米，比2016年末下降28.0%，库存去化周期9.7个月，处于合理区间。

四、市场销售平稳增长，进出口规模进一步扩大。全年全市社会消费品零售总额2025.5亿元，同比增长12.1%，高于全省增速0.5个百分点，居全省第7位。

五、财政收入增势良好。全年全市一般公共预算收入325.9亿元，同比增长10.8%，增速比2016年加快1.7个百分点，高于全省增速0.4个百分点。其中税收210.7亿元，同比增长10.9%，税收占一般公共预算收入比重为64.7%。一般公共预算支出549.4亿元，同比增长5.8%。

（贾玉新）

【金融运行情况】

一、社会融资规模快速增长。2017年，洛阳市社会融资规模为930.2亿元，同比多增317.9亿元。其中，人民币贷款增加462.4亿元，占比49.7%，同比多增84.8亿元；未贴现银行承兑汇票增加173.6亿元，占比18.7%，同比多增150亿元；非金融企业境内股票融资增加189.8亿元，占比20.4%，同比多增178.1亿元，主要是洛阳钼业7月份通过非公开发行询价定增180亿元，用于置换前期已完成的巴西和刚果（金）收购项目的部分交易对价；外币贷款折人民币增加36.8亿元，占比4%，同比多增20.6亿元，主要是建行为洛阳钼业发放并购境外企业的境外筹资转贷款5.9亿美元所致；企业债券融资增加24亿元，占比2.6%，同比多减119亿元。

二、各项存款增长平缓。2017年末，全市金融机构本外币各项存款余额5348.2亿元，较2016年同期增加334亿元，增长6.7%，同比少增464.1亿元。其中：人民币各项存款余额5318.6亿元，较2016年同期增加336.2亿元，同比少增463.2亿元，增长6.7%，低于2016年同期增幅12.4个百分点，低于全省增速2.7个百分点，增量和增幅分居全省第4位和第17位。外汇存款余额4.54美元，较年初减少0.06亿美元，下降1.2%，同比少减0.45亿美元。

表1 2017年人民币各项存款结构情况表

指标	年末余额	占比	全年增量	占比	全年增幅	增量较2016年同期
各项存款	5318.6	100.0%	336.2	100.0%	6.7%	-463.2
1. 住户存款	2580.3	48.5%	215.7	64.1%	9.1%	-84.8
2. 非金融企业存款	2010.3	37.8%	60.1	17.9%	3.1%	-371.4
3. 广义政府存款	608.5	11.4%	55.9	16.6%	10.1%	50.1
4. 非银行业金融机构存款	118.5	2.2%	4.6	1.4%	4.0%	-57.4

数据来源：人民银行洛阳市中心支行

三、各项贷款持续稳步增长。2017年末，全市金融机构本外币各项贷款余额3539.6亿元，较2016年同期增加495.4亿元，增长16.3%，同比多增98.2亿元。其中：人民币各项贷款余额3474.3亿元，较2016年同期增加462.4亿元，同比多增86.2亿元，增长15.4%，高于2016年同期增幅1.1个百分点，高于全省增速1个百分点，增量和增幅分居全省第2位和第4位。外汇贷款余额10亿美元，较年初增加5.34亿美元，增长114.7%，同比多增2.43亿美元。

表2 2017年人民币各项贷款结构情况表

指标	年末余额	占比	全年增量	占比	全年增幅	增量较2016年同期
各项贷款	3474.3	100.0%	462.4	100.0%	15.4%	86.2
1. 住户贷款	1060.5	30.5%	208.4	45.1%	24.5%	77.9
（1）消费贷款	718.8	67.8%	192.4	92.3%	36.6%	69.5
（2）经营贷款	341.7	32.2%	16.0	7.7%	4.9%	8.4
2. 非金融企业贷款	2413.7	69.5%	253.9	54.9%	11.8%	6.9
（1）短期贷款	1000.9	41.5%	5.3	2.1%	0.5%	-43.2
（2）中长期贷款	985.1	40.8%	275.1	108.3%	38.7%	196.2
（3）票据融资	239.4	9.9%	-81.3	-32.0%	-25.3%	-125.5
（4）融资租赁	183.8	7.6%	55.9	22.0%	43.7%	-19.1
（5）各项垫款	4.5	0.2%	-1.1	-0.4%	-20.0%	-1.6

数据来源：人民银行洛阳市中心支行

四、2017年信贷运行的主要特点。一是小微企业贷款快速增长。2017年末，全辖金融机构中小微企业贷款余额1777.6亿元，较2016年同期增加314.4亿元，增长21.5%，高于各项贷款增速6.1个百分点，高于2016年同期增速4.7个百分点。二是涉农贷款增势趋缓。2017年末，全辖金融机构涉农贷款余额1421.3亿元，较2016年同期增加140.3亿元，同比少增20.4亿元；增长11%，低于各项贷款增速4.4个百分点，低于2016年同期增速3.3个百分点。三是房地产开发贷款增长缓慢，购房贷款快速增长。2017年末，全辖金融机构房地产贷款余额779.4亿元，较2016年同期增加137.3亿元，同比多增25.4亿元；增长21.4%，高于2016年同期增速0.3个百分点。四是第二产业贷款增长缓慢。2017年末，第一、二、三产业贷款余额分别为80亿元、912.7亿元和1195.1亿元，增幅分别为76.2%、6%和26.9%。

五、存贷比及不良贷款情况。一是新增存贷比大幅增长。2017年末，全市金融机构人民币余额存贷比为65.3%，较2016年同期上升4.8个百分点；全年新增存贷比为137.5%，较2016年同期上升90.4个百分点。二是金融机构不良贷款双增。全市金融机构不良贷款余额63.8亿元，较 2016 年同期增加 15.3 亿元，增长 31.6%；不良率为 1.8%，较 2016 年同期增加 0.2 个百分点。

（贾玉新）

【货币政策执行情况】

一、加强“窗口指导”。 制定下发《关于金融支持洛阳市三大国家战略 服务经济发展的指导意见》（洛银发〔2017〕57 号），通过多种方式引导各机构认真贯彻稳健中性的货币政策。2017 年末，全市金融机构人民币各项贷款余额 3474.3 亿元，较年初增加 462.4 亿元，同比多增 86.2 亿元，增长 15.4%，增量和增幅分居全省第 2 位和第 4 位。

二、强化货币政策宣传。 召开 2017 年度货币信贷工作会议和 2017 年货币政策宣讲会，按季召开货币信贷运行分析会，并组织商业银行实地走访调研，向金融机构传达稳健货币政策的内涵与要求，促进政策的良好贯彻。

三、货币政策创新情况。 一是开展“信贷 + 信用”普惠金融试点工作卓有成效。通过实行信贷置前，着力解决农户特别是建档立卡贫困户贷款难问题。对试点村村民进行户均 5 万元免担保免抵押的集中普惠授信，一次授信，三年有效，并颁发《普惠金融授信证》。二是“优化运用扶贫再贷款发放贷款定价机制试点”工作成效好。选择宜阳、汝阳两个县的 4 家地方法人机构参与试点，2017 年 6 月末，4 家试点机构扶贫再贷款余额 5.95 亿元，较 2016 年末增长 260.61%，1-6 月试点期内共借用扶贫再贷款 6 亿元，圆满完成各项试点目标，评估考核结果均达到 A 级，并指导汝阳农商行创新推出“风险 - 帮扶 / 投向系数”差异化的乘法系数模型。三是新型债务融资工具推广走在全省前列。支持洛阳银行发行全省首单绿色金融债券、伊川农商行发行全省首单“三农”专项金融债券。2 月 27 日，伊川农商行 2017 年第一期金额 4 亿元、期限 3 年、利率 5.0% 的“三农”专项金融债成功发行，成为全省首家发行此项债券的农村金融机构。5 月 10 日，洛阳银行成功发行金额 10 亿元、期限 3 年、利率 4.7% 的绿色金融债，标志着全省首单绿色金融债券成功发行。

（尤江波）

【信贷政策执行情况】

一、着力搞好金融精神扶贫工作。 一是加强与政府部门的沟通联系，推动金融、财政、扶贫等政策的相互配合。二是开展金融精准扶贫政策效果评估工作，联合出台《关于建立金融精准扶贫工作通报制度的通知》，将扶贫再贷款的使用纳入定期扶贫工作考核通报内容，提高金融扶贫成效。三是出台《关于金融支持产业扶贫的指导意见》，构建金融扶贫长效机制。2017 年末，全市金融精准扶贫贷款余额 56.4 亿元，直接支持和带动贫困人口约 11.8 万人。

二、积极支持洛阳市“三大国家战略”。 一是出台《关于支持中国（河南）自由贸易试验区洛阳片区发展的意见》（洛银发〔2017〕84 号），支持金融机构在自贸区新设分支机构 4 家。2017 年末，金融机构支持自贸区洛阳片区贷款余额为 61.63 亿元，较年初增长 37%。二是引导金融机构推进跨境人民币结算，便利市场主体境内外业务协同发展。2017 年，全市跨境人民币业务累计结算量 37.22 亿元，其中跨境人民币收入累计 21.10 亿元、跨境人民币支出累计 16.13 亿元。三是加强与政府部门联系，配合市工信委成功申报洛阳为全国产融合作试点城市。

三、落实好差别化住房信贷政策。 一是加强与市住建委、房管局的沟通联系，不定期了解辖内房地产市场现状、调控态度及动向，密切监测房地产市场运行情况；二是组织召开差别化住房信贷政策落实暨住房信贷管理座谈会，督促各金融机构严格落实差别化住房信贷政策、合理定价，解决居民合理购房需求，抑制投机、投资性行为；三是建立差别化住房信贷政策执行情况监测制度，要求各金融机构按时报送报表，首付比例和利率调整要及时备案。

（尤江波）

【金融稳定情况】

一、不断完善风险监测评估手段，维护辖区金融体系稳健运行。 一是认真落实金融机构重大事项报告制度。全年辖区金融机构报送重大事项 7 次，涉及非法集资、新设机构、高管人员失联等内容。二是开展对非银行金融机构的风险监测评估工作，规范其经营行为。三是加大金融机构风险评估工作力度。2017 年将存款保险评级与金融机构风险评估工作有机结合，同部署，同开展，对全辖 20 家法人金融机构开展了稳健性经营现场评估。

二、扎实做好存款保险各项工作，完善存款保险工作机制。 一是继续做好存款保险评级和风险差别费率实施工作，进一步发挥存款保险对风险的校正作用。做好对辖区 20 家法人投保机构的初始评级工作。二是积极开展投保机构现场核查工作。三是完善存款保险风险处置预案，妥善处置各类风险事件。关注担保和小贷公司等新型金融机构风险状况。

（李广平 陈 洁）

【银行业、证券业和保险业改革与发展】

2017 年，洛阳市共引进 13 家金融机构，恒丰银行、广发银行在洛阳设立分行，全国 12 家股份制银行已有 9 家进驻洛阳；2017 年全市新登记政府引导基金 6 支，总规模 232.01 亿元。

一、银行业总体运行平稳，机构布局更加合理，实力不断增强。2017 年新入驻洛阳的银行类金融机构有 2 家——广发银行股份有限公司洛阳分行和恒丰银行股份有限公司洛阳分行。2017 年末，全市金融机构共有网点 1143 个，较年初增加 10 个，各金融机构网点数均变化不大；从业人员 17038 人，较年初增加 506 人；资产总额 6978.29 亿元，较年初增加 547.90 亿元，增幅 8.64%；负债总额 6660.46 亿元，较年初增加 509.15 亿元，增幅 8.40%。

二、证券业融资结构不断优化，业务规模稳步扩大。2017 年，洛阳市证券市场主体日益丰富，资产规模继续增加，盈利能力进一步扩大，从业人员持续增加。2017 年洛阳市新进驻安信证券、华福证券、太平洋证券、联储证券、华林证券、广州证券、东方财富证券和东方证券等 8 家证券公司和 1 家期货公司中原期货。2017 年全年全市资本市场融资 406.09 亿元，较 2016 年增加 190.09 亿元。其中：股票市场融资 181.6 亿元，占融资额的 44.72%；债券市场融资 126.16 亿元，占 31.07%；基金市场融资 27.05 亿元，占 6.66%；并购重组、融资租赁、产股权转让等方式融资 71.28 亿元，占 17.55%。充分利用资本市场，直接融资取得新突破。2017 年末，全市上市公司 11 家，发行股票 14 只。

三、深化保险业改革，服务洛阳经济发展。一是市场主体日益丰富，市场体系进一步健全。洛阳市保险市场主体共 58 家，人身险公司 32 家，财产险公司 26 家，市级以下分支机构 427 家，其中市（县）区支公司 173 家，营销部 254 家。保险从业人数共 53785 人，保险深度为 3.29%，保险密度为 1719 元 / 人。二是保费收入平稳较快增长，各项经营指标向好。2017 年，洛阳市保费总收入为 144.61 亿元，较 2016 年同期增加 31.25 亿元，同比增长 27.57%；其中：寿险保费 112.27 亿元，同比增长 30.87%，财险保费 32.34 亿元，同比增长 17.3%。三是赔付支出大幅增长，为三农提供风险保障。2017 年末，全市累计赔款与满期给付 44.13 亿元，同比增长 15.86%。2017 年末，全市农业保险累计保费收入为 1.95 亿元，同比增长 18.44%，共计赔付 1.1 亿元，赔付率达 56.51%。

（李奇朋）

【外汇收支情况】

一、跨境资金流动呈现净流入态势。2017 年，洛阳市涉外收入 209566 万美元，对外付款 140921 万美元，跨境资金净流入 68645 万美元。

二、跨境人民币结算持续发展。2017 年，洛阳市跨境人民币收入 30179 万美元，占比 14.39%，仅次于美元，列第二位，成为洛阳市外汇收入的重要结算货币，但低于美元 79.97% 的占比。人民币跨境支出 20109 万美元，占 14.27%，列第二位，低于美元的 60.98%。

（常帅渠 任 博）

【银行业监管】

一、狠抓服务实体讲实效。积极引导银行业大力支持供给侧结构性改革、“一带一路”、河南自贸试验区洛阳片区、郑洛新国家自主创新示范区、“中国制造 2025”示范城市群建设等国家战略，围绕全市“9643”投资行动计划和“565”产业体系建设，支持重大基础设施、重点项目、重点工程和战略新兴产业、绿色产业及先进制造业。2017 年末，全辖银行业各项贷款比年初增加 495.41 亿元，同比多增 98.24 亿元，同比增速 16.27%。

二、大力支持供给侧结构性改革。去产能方面，稳妥压缩产能过剩行业信贷，全市采矿业、钢铁、煤炭行业贷款比年初下降。去库存方面，严格执行中央政策，同时大力支持重点民生项目，保障性安居工程贷款比年初增加 26.61 亿元，增幅 35.64%。降成本方面，全市银行业全年为企业减费让利 5000 多万元。补短板方面，持续加大对三农、小微等薄弱领域支持，切实弥补经济金融发展短板。

三、大力发展普惠金融。一是大力提升小微金融服务。2017 年末，全市小微企业贷款余额 1456 亿元，同比增长 18.24%，高于各项贷款平均增速 1.97 个百分点，高于全省小微企业贷款同比增速 2.16 个百分点。二是加大“三农”支持力度。涉农贷款余额 1531.58 亿元，比年初增加 174.02 亿元，同比增长 12.82%。

四、债委会作用充分发挥。2017 年末，全市 184 家企业纳入债权人委员会制度，通过增贷、续贷、重组、融资性表外业务等为企业提供资金支持 698.46 亿元，实现了稳定企业预期，促进区域经济发展与维护银行合法权益的有机统一。

五、银行业精准扶贫扎实推进。2017 年末，全市银行业扶贫小额信贷扶贫办口径的历年累投额 17.94 亿元，2017 年当年累投额 14.74 亿元，历年累计户贷款率 40.05%，超过省定目标（20%）20.05 个百分点，银监会口径历年累投额 9.36 亿元，2017 年当年累投额 6.38 亿元，实现了扶贫贷款应贷尽贷。

六、银行业机构体系进一步健全。2017 年，恒丰银行洛阳分行、广发银行洛阳分行相继开业。同时，积极引导银行业金融机构加大对自贸区、自创区以及军民融合的金融支持力度，设立自贸区支行 1 家（工行），自贸区科技支行 3 家（农行、建行、中信银行），科技支行 1 家（工行），军民融合科技支行 1 家（洛阳银行）。

（季建武 陈晓立）

平顶山市

【经济运行情况】

一、经济发展稳步前行，综合实力迈上新台阶。2017 年，平顶山市地区生产总值首次突破 2000 亿元，达到 2015.3 亿元，比 2016 年增加 190.7 亿元。按可比价计算，比 2016 年增长 8.1%。第三产业实现快速增长。按产业划分，第一产业实现增加值 173.9 亿元，同比增长 4.4%；第二产业实现增加值 984.3 亿元，同比增长 7.9%；第三产业实现增加值 894.7 亿元，同比增长 9.3%，第三产业对全市经济增长的贡献率达到 47.5%。

二、三次产业协调发展，产业结构持续优化。一是农业生产稳定，粮食再获丰收。2017 年，全市实现农林牧渔业增加值 141.3 亿元，增长 4.5%。全年粮食播种面积 484.2 万亩，同比下降 1.6%。粮食总产量 160.3 万吨，同比增长 0.3%。二是工业经济稳中有升。全市规模以上工业增加值增长 8.3%。全市规模以上工业 39 个大类行业中，28 个行业生产保持增长，增长面达到 71.8%。主要行业增势良好，煤炭开采和洗选业同比增长 21.3%，金属制品业增长 38.6%，专用设备制造业增长 22.1%，是拉动全市工业增长的主力军。

三、三大需求拉动有力，经济运行质量提升。一是投资快速增长。2017 年，全市固定资产投资完成 1945.2 亿元，同比增长 12.3%，较 2016 年提升 4.2 个百分点。投资结构进一步优化，第一、二、三产业完成投资分别为 189.5 亿元、629.4 亿元和 752 亿元，同比增长 16.7%、-1.7% 和 25.2%；三次产业投资结构为 12.1：40.1：47.8。基础设施投资拉动作用有所增强，全市基础设施投资 381.6 亿元，同比增长 41.8%。房地产市场平稳运行，2017 年，全市房地产开发投资完成 155.5 亿元，同比增长 12.6%。商品房销售面积 323 万平方米，同比增长 30.6%。二是市场需求稳定增长，消费升级态势良好。2017 年，全市实现社会消费品零售总额 864.5 亿元，同比增长 12.0%。三是对外贸易稳定增长。2017 年，全市完成进出口总值 36.2 亿元人民币，同比实现增长 19.5%。其中出口完成 30.8 亿元，同比增长 22.4%；进口完成 5.4 亿元，同比增长 5.4%。

四、三大收入稳步增长，质量效益有所改善。一是财政收支平稳回升。2017 年，全市一般公共预算收入完成 137.5 亿元，同比增长 11.3%，较 2016 年提升 6.2 个百分点。其中，税收收入占一般公共预算收入的比重为 71.6%；全市一般公共预算支出完成 317.5 亿元，同比增长 14.5%。二是企业收入平稳增长。2017 年，全市规模以上工业企业完成主营业务收入 2326.5 亿元，同比增长 16.4%；企业效益有所下滑，实现利润总额 124.5 亿元，同比下降 12.7%。三是居民收入实现较快增长。2017 年，全市城镇居民可支配收入 29625.1 元，同比增长 9.3%；农村居民可支配收入 12222.2 元，同比增长 8.7%。

五、经济运行环境稳定，发展活力得到改善。一是市场物价温和上涨。2017 年，全市居民消费价格比 2016 年上涨 0.8%，涨幅同比回落 0.4 个百分点。二是社会保障水平稳步提升。2017 年，全市城镇新增就业 7.4 万人，失业人员再就业 2.4 万人。建档立卡贫困户参保率达到 100%，特困人员救助供养对象、城乡最低生活保障对象、困境儿童参保率达到98%，新开工保障性住房6534套货币化安置2518套。

【金融运行情况】

一、各项存款基本情况。2017年末，平顶山市金融机构人民币各项存款余额为2542.1亿元，同比增长11.6%，比年初增加264.6亿元。一是存款增量中定期增加较多。2017年，住户存款和非金融企业存款增量中定期占比59.4%，其中住户定期及其他存款新增118.3亿元，同比多增16.6亿元，非金融企业定期及其他存款新增25.1亿元，同比多增22.3亿元。二是政府存款增长较快，财政性存款、机关团体存款“一降一升”。2017年末，全市广义政府存款余额325.5亿元，同比增长9.8%，较年初增加28.9亿元，同比多增20.2亿元。其中，财政性存款同比下降35.4亿元，较年初减少14.3亿元，同比多减7.7亿元；机关团体存款同比增长16.9%，较年初增加43.2亿元，同比多增27.9亿元。

二、各项贷款基本情况。2017年，平顶山市金融机构人民币各项贷款余额为1726.5亿元，同比增长8.6%，比年初增加137.1亿元。一是住户贷款、非金融企业及机关团体贷款增量中中长期贷款占95.4%，同比多增64.1亿元。二是非金融企业及机关团体贷款增势减弱。2017年，全市非金融企业贷款及机关团体贷款较年初增加100.2亿元，同比少增35.4亿元。三是信贷投入向重点领域和薄弱环节倾斜。2017年末，大型企业贷款余额同比增长15.6%，高于各项贷款7.0个百分点。随着金融支持“三农”、小微企业、扶贫政策措施逐步落地，涉农、小微、扶贫贷款投入不断增加，这些领域融资的可得性明显得到改善。2017年末，全市金融机构涉农贷款余额867.0亿元，比年初增加55.2亿元，同比多增13.2亿元；小微企业贷款余额520.4亿元，比年初增加64.4亿元，同比多增30.5亿元；个人扶贫贷款余额5.78亿元，比年初增加3.5亿元，同比多增3.4亿元。

【货币、信贷政策执行情况】

一、充分发挥货币政策作用，引导金融机构加大对实体经济支持力度。一是严格落实“双平均”考核和差别化准备金政策，完成县域法人金融机构将新增存款一定比例投放当地贷款考核达标机构的准备金率调整和农业银行县级三农金融事业部考核及准备金率调整工作，发挥了准备金政策定向调控和流动性支持作用。二是积极运用信贷政策支持再贷款、再贴现等工具，引导金融机构加大对小微企业、“三农”等社会发展薄弱环节的支持力度，降低社会融资成本。2017年末，累计发放支农再贷款21.8亿元，办理再贴现2.29亿元。三是扎实有序开展宏观审慎评估工作，主动前移评估关口，合理使用约束激励机制，引导金融机构持续稳健经营和广义信贷合理增长。四是加强市场利率定价自律机制建设。积极贯彻落实宏观调控政策和各项利率政策，规范有序推进利率市场化发展。五是积极推进合格审慎评估，扩大大额存单、同业存单发行交易。2017年末，全市地方法人金融机构通过合格审慎评估被遴选为全国市场利率定价自律机制成员已达到13家，比2016年增加5家，机构数量占全辖地方法人金融机构数量的87%。支持符合条件的地方法人金融机构参与发行同业存单、大额存单，拓宽金融机构资金来源渠道，增加信贷投放能力。2017年，全市地方法人金融机构累计发行同业存单39.5亿元、大额存单29.4亿元。

二、积极开展窗口指导，督促金融机构优化信贷结构，支持供给侧结构性改革。充分发挥预期引导和管理的积极作用，引导各界正确理解金融改革和宏观调控意图。加强监测分析，特别是金融机构信贷投放行为和利率监测，发现苗头性问题及时预警，敦促金融机构进一步优化信贷结构。2017年，全市制造业新增贷款22.0亿元，同比多增14.6亿元；第三产业新增贷款127.8亿元，占各项贷款新增量的93.2%。在“去产能”方面，2017年末，采矿业贷款较年初减少12.5亿元，同比下降5.4%；房地产开发贷款较年初减少3.7亿元，同比下降1.5%。

三、不断探索工作新机制，推动金融精准扶贫取得实效。充分利用支农再贷款和扶贫再贷款，发挥其撬动作用，提升地方法人金融机构助力脱贫攻坚的能力。2017年，累计发放扶贫再贷款3.5亿元，引导金融机构新增扶贫信贷5.7亿元。制定出台了《关于金融支持产业扶贫工作实施方案》、《平顶山市金融扶贫“百日会战”实施方案》等，引导全市金融机构紧紧结合区域经济发展现状，结合地区优势特色农业项目和农户生产方式，创新金融精准扶贫模式，对接新型农业经营主体，实现企业、产业、项目、贫困户四方融合。

四、大力推动农村承包土地经营权抵押贷款试点工作。为深入推进宝丰县农村土地承包经营权抵押贷款试点工作，2017年，加大力度贯彻落实《国务院“两权”抵押贷款试点指导意见》和上级决策部署，引导宝丰豫丰村镇银行将贷款对象瞄准单个农户，规避体制短板、创新贷款模式。2017年末，试点地区农地抵押贷款余额1747.5万元。

【金融稳定情况】

一、银行业资产负债规模稳步增长，增速放缓。2017年末，平顶山市辖区银行业金融机构共计27家，包括1家政策性银行、5家国有商业银行、3家股份制商业银行、1家邮政储蓄银行、4家城市商业银行、5家农村商业银行、5家农村信用社联社、3家村镇银行。资产总额3270.27亿元，比年初增加34.11亿元，同比增长1.05%，增速同比下降21.2个百分点；负债总额3164.67亿元，比年初增加50.11亿元，同比增长1.61%，增速同比下降21.15个百分点。

二、货币市场交易有所减缓。2017年，平顶山市共计2家全国银行间同业拆借市场成员，11家银行间债券市场成员。平顶山市金融机构共持有债券余额309.55亿元，比年初减少11.3亿元，同比少增3.53%。

三、票据市场增速减缓。2017年，平顶山市票据承兑业务及票据融资业务均增速减缓。2017年末，辖区金融机构银行承兑汇票余额296.54亿元，同比增加23.2亿元，增速比2016年同期下降21个百分点；本年累计签发银行承兑汇票406.85亿元，同比减少72.7亿元。本年累计办理贴现90.06亿元，同比减少31.08亿元，年末贴现余额46.21亿元，同比减少4.25亿元。

四、债券市场融资能力减弱。2017年末，全市债券市场本年累计筹资金额25亿元，同比下降75.85%。其中：短期融资券15亿元，同比下降85.51%，企业债10亿元，同比下降87.3%。

【国际收支情况】

一、银行结售汇情况。2017年，平顶山市银行结售汇总额100235万美元，同比增长33.32%。其中，银行结汇40643万美元，同比下降3.61%；银行售汇59592万美元，同比增长80.48%；逆差18949万美元，同比下降307.18%。

二、跨境外汇收支情况。2017年，平顶山市外汇收支总额203601万美元，同比增长14.21%。其中，外汇收入94686万美元，同比下降1.18%；外汇支出108915万美元，同比增长31.86%；净流出14229万美元，同比下降207.68%。

三、利用外资情况。2017年，平顶山市外商直接投资项下实到注册资本2102万美元，同比下降73.59%；新增投资总额8296万美元，同比下降74.97%；新增外方注册资本3170万美元，同比下降89.49%。2017年，平顶山市新批外商投资企业5家。

四、跨境人民币情况。2017年，全市跨境人民币业务结算量达25.8亿元，其中跨境收入8.5亿元，跨境支出17.3亿元；货物与服务贸易等经常项目结算量2.8亿元，较2016年增长64.7%。

【银行业发展与监管】

一、强化责任担当，服务实体经济发展。一是服务实体经济。以债委会为抓手，支持重点产业，扶持特色行业，帮助困难企业。2017年，组织协调对市政府确定的23家重点企业和单户贷款5000万元以上、3家以上债权行的108家企业全部成立了债委会。二是改善小微服务。全年组织银企对接3次，现场签约28个项目，签约金额53.97亿元；通过银税合作，全市银行业授信客户已达1756户，银税合作贷款1814笔，金额373亿元。2017年末，全市小微企业贷款余额688.59亿元，较年初增加57.61亿元，增长9.13%。三是提高农村金融服务水平。不断创新金融服务产品和手段，辖区2794个行政村基础金融服务全覆盖。2017年末，平顶山银行业涉农贷款余额868.69亿元，较年初增加39.13亿元，增长4.72%；新布放各类自助机具50台，新增手机银行用户8.06万户、网银用户1.09万户。

二、严守风险底线，抓好重点风险管控。一是有效防控信用风险。加大对大额贷款集中度风险监测，防范多头授信、过度授信。督促全市银行业机构通过不良核销、政府购买、债转股等方式处置不良贷款69亿元，全市银行业不良贷款实现“双降”。2017年末，全市银行业不良贷款余额53.44亿元，较年初减少19.71亿元；不良贷款率3.08%，较年初下降1.51个百分点。二是有效防控流动性风险。制定印发了《关于做好流动性风险应对工作的监管意见》，建立辖内农村中小金融机构流动性风险直接监测点制度，选择辖内7家同业业务比重大、资金杠杆率高的机构作为重点监测机构。三是有效防控案件风险。制定印发了《2017年全市银行业金融机构案防安保工作意见》等，组织开展涉嫌非法集资风险专项排查，继续落实“黑名单”、“灰名单”管理，进一步规范银行机构和员工行为，保持全市银行业“零发案”。四是有效防控交叉性风险。组织开展了“三违反”、“三套利”、“四不当”专项治理和银行业市场乱象整治工作，建立了同业投资业务台账，严密防范资金业务风险。

三、突出法人重点，深化改革发展。一是农商行组建工作扎实推进。2017年末，由平顶山市政府控股企业出资31亿元处置市区两家联社不良资产，合并成立平顶山鹰城农村商业银行的筹建申请已经初审同意并报银监会。鲁山和郏县政府也先后出资14.1亿元，用于处置农信社不良资产，两家联社已于年底达到组建农商行标准。全市农村信用社改革工作全面完成。二是平顶山银行改革工作进一步深化。配合地方党委政府，先后调整了平顶山银行股份有限公司党委书记、行长，拟定了监事长人选。三是村镇银行管理不断规范。推动辖区村镇银行进行董(监)事会换届，补充完善内控制度，全面优化公司治理。

四、专注监管专业，提升监管效能。一是强化现场检查。全年共完成现场检查项目12项，累计派出检查组22个，现场检查共发现问题230个，涉及金额128亿元。针对现场检查中发现的问题，依法对相关银行业机构和责任人员分别进行了行政处罚。2017年，先后对辖区13家违规违法银行业机构罚款360万元，对6名高管罚款30万元，对4名高管给予警告处分。二是积极探索非现场监管手段。建立银行业早期监测制度、农合机构监管指标管控“五挂钩”制度；通过建立常态化管理、动态化调整的早期监测报表，加强事前预警指导，强化事后整改问责，提升非现场监管质效。2017年根据非现场监管情况，下发监管通报40余份、整改通知书7份、监管质询书13份、风险提示9份，约见高管谈话30余次。三是坚持严格依法监管。全年组织召开行政许可会议9次、行政处罚会议3次，核准行政许可事项75项，初审行政许可11项，否决行政许可1项。

【证券、保险业改革与发展】

一、证券业。2017年，全市17家证券机构交易额1939.6亿元，同比增长2.3%；全年新增资金户3.2万户，同比下降13.7%；手续费收入0.8亿元，同比下降33.7%；利润0.3亿元，同比下降52.6%。

二、保险业。2017年末，全市保险主体达41家，其中寿险23家，财险18家。全年实现保费收入83.7亿元，同比增长32.8%，其中寿险保费收入64.3亿元，财险保费收入19.4亿元。累计赔款和给付26.3亿元，较2016年多赔付1.9亿元。

安阳市

【经济运行情况】

2017年安阳市GDP总量2017.88亿元，同比增速7.0%，低于全省平均水平0.8个百分点。安阳市CPI呈现低位运行态势，同比上涨0.8%，低于全省平均水平0.6个百分点。

一、工农业生产平稳增长，市直工业走出低谷。2017年规模以上工业增加值增速达到6.2%，实现平稳增长，市直工业生产增速快速提高，是拉动工业增长的主要因素。农业生产稳定，粮食亩产增加。2017年全年粮食亩产377公斤，比2016年增加1.7公斤，增长0.4%。

二、节能降耗成效明显，经济增长质量提升。2017年安阳市经济增长的质量明显提升。2017年安阳市规模以上工业能源消费1398.2万吨标准煤，同比下降11.1%。2017年安阳市一般公共预算收入达118.9亿元，增长14.7%。安钢、安烟等大企业利润较快增长。

三、结构调整持续推进，新旧动能积极转变。2017年规模以上工业增加值增长6.2%，从行业来看，高耗能行业增速下降、高新技术产业快速增长。

四、消费投资平稳运行，基础设施投资高速增长。2017年社会消费品零售总额呈“抛物线”形式发展。各县区平均增速在11%左右，增长相对平稳。2017年安阳市完成固定资产投资2083亿元，增长9.6%。基础设施投资快速增长，同比增长71.8%。重大项目快速推进，有力地带动了安阳市固定资产投资增长。2017年累计实现社会消费品零售总额为735.21亿元，同比增长11%。

(梅　杰)

【金融运行情况】

一、各项贷款实际增量创新高，信贷结构尚需进一步优化。2017年末，安阳市各项贷款余额1300.88亿元，同比增长12.07%，低于全省平均增速2.29个百分点。全年新增各项贷款140.09亿元，同比少增11.05亿元。剔除金融机构剥离、核销、置换不良贷款17.62亿元因素，各项贷款实际增量为157.71亿元，同比多增6.57亿元，增量为历年新高。

二、各项存款增速较快、增量较大。2017年末，安阳市各项存款余额2473.03亿元，同比增长12.59%，高出全省平均水平3.16个百分点。2017年共新增各项存款276.47亿元，同比多增74.9亿元。2017年末，安阳市存贷款余额之和同比增长12.44%，高出全省平均水平1.08个百分点。

三、区域金融风险总体可控，信用环境面临较大挑战。2017年，安阳市不良贷款实现了“双降”。2017年末，安阳市不良贷款余额41.23亿元，较年初下降了3.17亿元；不良贷款率3.16%，较年初下降了0.71个百分点。

四、社会融资规模平稳增长。2017年，安阳市社会融资规模增量为145.22亿元，同比多增8.9亿元。

2017年安阳市社会融资规模情况

单位：万元

项目	2017年增量
安阳市社会融资规模	1452182
1. 人民币贷款	1400923
2. 外币贷款（折合人民币）	15705
3. 委托贷款	7947
4. 信托贷款	0
5. 未贴现的银行承兑汇票	-173343
6. 企业债券融资	70000
7. 非金融企业境内股票融资	0
8. 投资性房地产	-323
9. 保险公司赔偿	128165
10. 其他	3109

（李 伟）

【货币、信贷政策执行情况】

一、大力实施民生金融工程，积极贯彻房地产金融政策。一是大力推动金融支持大学生“村官”创业富民，充分发挥创业担保贷款作用，加强与相关职能部门的协调配合，积极落实创业担保贷款政策，服务符合条件的各类自主创业人员。二是推进农村金融产品和服务创新，开展民贸民品企业优惠贷款利率补贴工作，2017年安阳市民贸民品优惠贷款累计贴息额达402.5万元。三是积极贯彻房地产金融政策，加大房地产监测工作力度，与市发改委、住建局、统计局等部门沟通协调，完善房地产沟通协调机制。

二、积极推动“两权”抵押贷款试点工作。创新农地贷款担保和价值评估方式，创新农房抵押信贷产品模式，深入探索风险防范与处置方式，有效处置农房抵押不良资产。2017年安阳县农村承包土地经营权抵押贷款余额1468.53万元，滑县农民住房财产权余额20165.47万元。

三、充分发挥货币政策的定向调控作用。调剂使用再贴现限额支持金融机构优化信贷结构，完善再贷款管理。2017年末，投放支农再贷款余额9.9亿元。发放首笔常备借贷便利5亿元。指导辖区金融机构发行大额存单，推动安阳市法人金融机构加入票据交易平台，审核并报送申请材料，推动辖内全部法人机构成功上线。

四、组织金融机构深化对脱贫攻坚的支持力度。创新“再贷款+特色产业带动”扶贫模式和“农信社+中原农险+风险补偿金”三方风险分担金融扶贫模式。规定贷款出现风险后三方分别承担30%、20%和50%的损失，贷款利率为3.915%、4%、4.35%三个档次。2017年，全市共发放扶贫再贷款6.9亿元、金融机构发放扶贫贷款21.20亿元，覆盖4290户建档立卡贫困户。

（常 虹）

【金融稳定情况】

一、继续做好存款保险相关工作。一是做好投保机构评级工作。对辖区11家投保机构进行评级，为下一步及时准确地收取保险费打下坚实的基础。二是做好存款保险现场核查和辖区问题投保机构风险监测工作。三是做好存款保险标识工作。按照“统一部署，属地管理；标准统一，依法使用”的原则做好存款保险标识的政策解读，确保存款保险标识工作顺利实施。

二、加大宣传，建立宣传长效机制。加大非法集资和存款保险宣传。3月15日，人行安阳市中支组织各银行业金融机构在市民文化广场进行集中宣传活动，累计发放宣传资料1000余份，接待咨询人员近百人次。

三、整合资源，做好保险业金融机构风险事件报送工作。利用金融稳定业务和反洗钱业务合署办公的优势，对辖区保险业金融机构风险事件报送工作做进一步的安排部署，进一步督促辖区各保险业金融机构建立健全风险事件报告制度，理顺报告程序，明确责任部门，规范及强化风险事件报告工作。积极与安阳市保险业协会沟通协调，建立风险事件信息共享机制，共同维护辖区金融稳定。

四、配合市委、市政府处置非法集资工作。先后有5人次被抽调到市处置非法集资办公室参与安阳市处置非法集资及维稳工作。安阳市处置非法集资及维稳工作已初见成效：一是安阳市非法集资处置工作进入资产处置阶段，二是积极做好集资户的思想教育工作，确保全辖社会稳定。

五、对辖区问题投保机构采取早纠措施。对问题投保机构采取约见谈话、制发风险警示函、同一存款人信息系统督查等存款保险应对措施，下发早期纠正通知书，对问题投保机构开展早期纠正操作，早期纠正工作取得阶段性效果。

六、开发金融机构风险监测预警系统。探索建立了安阳市银行业金融机构风险监测预警指标体系。利用该系统能够及时敏锐地发现金融机构运行中的存在风险和问题，防范和化解风险，提高了基层人民银行金融稳定工作的效率和水平。

（李　斌）

【国际收支情况】

2017年，全市跨境流入略有下降，跨境支出有所增长，跨境收支逆差扩大。跨境资金流动12730笔，金额12.24亿美元，同比上升2.81%。银行结售汇9.1亿美元，同比下降1.96%。

经常项目涉外支出略有增加，涉外收入下降较多，国际收支逆差扩大。2017年安阳市经常项目收入3.51亿美元，同比下降17.43%；经常项目支出7.07亿美元，同比上升2.08%；经常项目逆差3.56亿美元，同比扩大33.06%。资本和金融项目收支出现大幅上升，资本项目呈现净流入态势。资本与金融项目收入1.17亿万美元，同比上升66.89%。

（宋　丽）

【行业改革与发展】

一、银行业改革与发展

（一）提质增效，全力以赴支持实体经济发展。一是搭建合作平台，银企对接更顺畅，签约银企合作项目金额22.16亿元，落实到位20.74亿元。二是围绕供给侧改革转型升级，2017年末，安阳市“两高一剩”行业贷款67.5亿元，较年初减少4.04亿元；工业转型升级项目和战略新兴产业贷款余额7.74亿元，较年初增加3.00亿元；文化产业贷款6.12亿元，较年初增加2.71亿元。三是重点领域金融服务持续加强，银行业涉农贷款余额636.92亿元，较年初增加69.35亿元，增幅12.22%。四是全面推进金融扶贫落地生根。

（二）明职履责，坚决守住系统性区域性风险底线。保持信用风险防范高压态势，高度关注重点领域风险和房地产、地方政府违规融资担保等风险，督促银行做好风险防控。切实防范社会融资风险向银行传染，建立处非“十个台账”，开展百日宣传和涉非广告清理活动。规范P2P网络借贷中介机构业务活动，配合市政府对P2P网络平台进行后续检查，确保其规范运作。

（三）深化改革，持续提升法人机构综合竞争能力。一是深入推动农信社改革发展。2017年末，河南省农村信用联合社驻安阳办公室撤销；商都与相州农商行整合方案获省局认可；商都农商行成为全省十二家二级农商行之一，入选省级标杆银行公示名单；4家农商行已挂牌开业；林州联社不良贷款压降取得显著进展，累计消化不良贷款34.37亿元，主要财务指标基本达标。二是持续规范新型农村金融机构经营。通过监管通报约谈、现场检查等手段督促村镇银行强化合规理念，深化问题整改。辖内5家村镇银行实现县域全覆盖，新开业支行3家，1家村镇银行监管评级为2级，经营实力稳步提升。

（四）银行业发展需关注的问题。一是房价上涨明显，新增个人住房贷款占比过高。受库存减少、新开工不足以及刚性需求因素影响，2017年安阳市市区房价同比上涨16.25%，房价持续攀升。二是信贷投放行业分布失衡，制造业贷款大幅萎缩。安阳市制造业贷款同比下降了18.52亿元，降幅7.58%。新增信贷投放偏重于服务业和基础设施投资方面。三是流动性合理充裕，但不稳定因素增多。2017年末，安阳市商业银行流动性比例61.15%，存贷比52.87%，流动性整体充裕，但仍存在不稳定因素。

二、证券业改革与发展

机构数量持续增加，结构体系更趋完善。2017 年，安阳市证券业机构数量进一步增加，招商证券、长江证券和中银国际证券相继进驻，安阳市地市级证券营业部达到 13 家，期货公司 1 家，县域级证券营业部 4 家，证券期货从业人员 264 人。证券开户数量和市场交易量下降趋势明显。2017 年末，证券机构累计开户数为 2.37 万户，同比下降 3.32%；交易量累计发生额 1292.41 亿元，同比下降 5.40%。

三、保险业改革与发展

（一）机构数量继续增加，保费快速增长。2017 年末，安阳市保险公司达到 49 家。其中寿险公司 25 家，新增 4 家；财险公司 24 家，新增 5 家。安阳市实现保费收入 97.12 亿元，同比增长 27.70%。

（二）赔付支出大幅增长，保障功能有效发挥。2017 年，保险业赔款给付总支出为 27.70 亿元，同比增长 23.28%，其中人身险赔款和给付支出 17.49 亿元，财产险赔款支出 10.22 亿元。在不考虑人身险给付支出情况下，寿险、财险赔款比例分别为 1.21%、44.44%。人寿险保费收入远高于财产险保费收入，而赔付比例却低于财产险赔付比例。

2017 年安阳市保险业保费收入与赔款支出情况

单位：万元

项目	保费收入	赔款支出	赔款比例（%）
人身保险	723608	8788	1.21
其中：人寿险	669308	975	0.15
意外伤害险	11990	3238	27.00
健康险	42310	4579	10.82
财产保险	229925	102169	44.44
其中：商业车险	120259	47709	39.67
交强车险	77236	35964	46.56
农业险	12391	8061	65.06
汇总	953533	110957	11.64

数据来源：安阳市保险业协会

四、其他金融业态

2017 年末，安阳市共有 9 家融资性担保公司，11 家小贷公司，注册资本共 25.56 亿元。融资性担保公司净资产 14.25 亿元，全年担保代偿累计 456 笔，金额 3.20 亿元，营业收入 5324 万元，净利润 2238 万元。

（李　斌）

鹤壁市

【经济运行情况】

2017年，鹤壁市经济运行稳中向好，地区生产总值为832.6亿元，同比增长8.3%，增速居全省第5位。产业转型升级稳步推进，三次产业构成为7.3∶64.5∶28.2，一二三产业增速分别为4.4%、8.5%、9.3%。

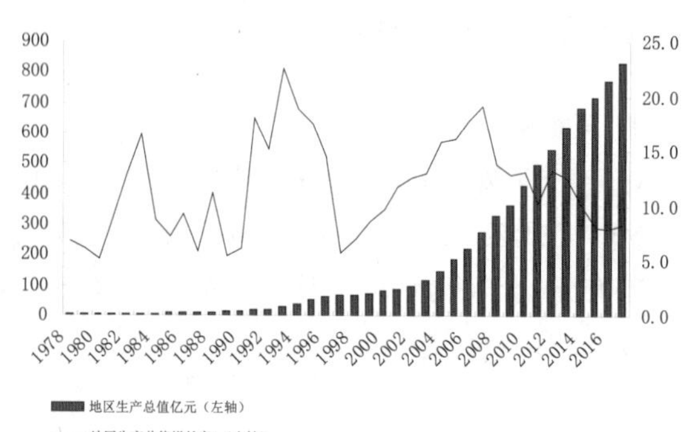

数据来源：鹤壁市统计局

图1 1978-2017年鹤壁市地区生产总值及增长率

一、工业生产企稳回升，工业结构持续优化。规模以上工业企业完成增加值454.0亿元，同比增长8.3%。五大主导产业增加值438.1亿元，增长8.3%，占规模以上工业增加值的96.5%。

二、固定资产投资保持稳定，投资结构进一步优化。固定资产投资完成901.7亿元，同比增长11.5%。其中，一、二、三产业分别增长53.2%、-4.5%、38.8%。固定资产投资施工项目1395个，同比增加793个。其中，新开工项目1039个，同比增加692个。

三、消费品市场保持活跃。实现社会消费品零售额230.5亿元，同比增长12.0%。限额以上消费品零售额80.7亿元，增长11.8%。

四、节能降耗势头良好。规模以上工业综合能源消耗量340.6万吨标准煤，增速与2016年同期持平。规模以上工业原煤消费量1416.2万吨，下降1.1%。万元工业增加值能耗下降7.7%。

五、财政收支平稳增长。公共财政预算收入完成59.7亿元，增长9.6%。公共财政预算支出完成122.4亿元，增长5.1%。

六、市场物价温和上涨。居民消费价格水平上涨0.7%。城市上涨0.6%，农村上涨0.8%。

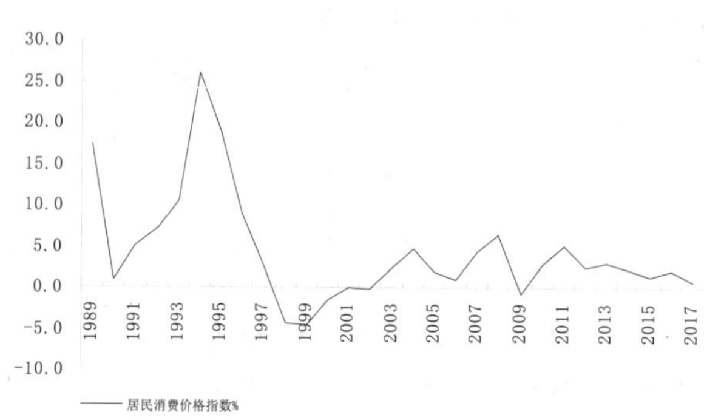

数据来源：鹤壁市统计局

图2 1989-2017年鹤壁市居民消费价格指数

（吴建芳）

【金融运行情况】

一、存贷款平稳较快增长。2017年末，鹤壁市本外币各项存款余额646.9亿元，同比增长7.9%；本外币各项贷款余额594.1亿元，同比增长10.5%。本外币余额存贷比91.8%，高于全省水平20.9个百分点，位居全省第1位；本外币新增存贷比119.5%，高于全省水平12.6个百分点，位居全省第3位。

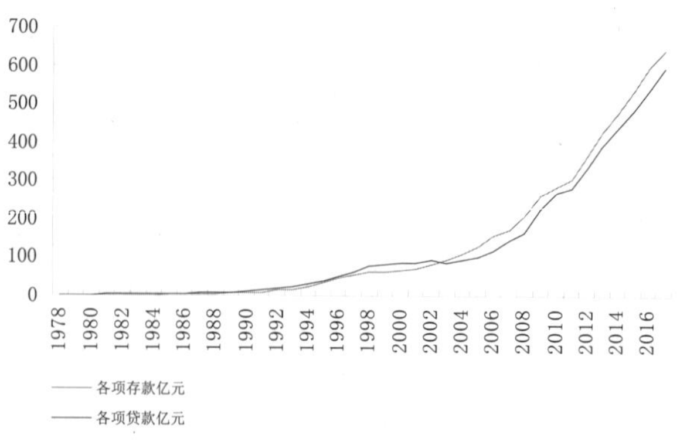

数据来源：鹤壁市统计局

图3 1989-2017年鹤壁市金融机构人民币存贷款趋势图

二、信贷结构进一步调整。一是中长期信贷投放快速增长。金融机构本外币中长期贷款余额340.8亿元，比年初增加45.1亿元，增长15.3%，增速高于各项贷款4.8个百分点。二是小微企业贷款较快增长。小微企业贷款余额234.3亿元，比年初增加24.8亿元，增长11.9%，增速高于各项贷款1.4个百分点。三是涉农贷款持续上升。涉农贷款余额为340.3亿元，比年初增加26.8亿元，增长8.5%。四是金融支持“去库存”效果显著。全市购房贷款余额110.2亿元，比年初增加27.6亿元，增长33.5%，增速高于各项贷款20.0个百分点。

三、社会融资规模适度扩张。2017年，全市社会融资规模增量48.3亿元，其中人民币贷款增量56.3亿元，占比116.5%，仍是社会融资规模增量的主要支撑。直接融资渠道发展缓慢，鹤壁市企业债券融资和股票融资仍然没有实现突破，资本市场发展滞后。

四、法人金融机构贷款利率总体走高，融资成本趋于上行。鹤壁市法人金融机构（含中原银行鹤壁分行及小贷公司）企业贷款加权利率水平为8.28%，同比提高0.76个百分点。

表1 鹤壁市法人金融机构企业贷款加权平均利率

单位：%

年份	一季度	二季度	三季度	四季度	汇总
2016年	9.53	7.09	8.27	6.68	7.52
2017年	8.48	8.16	8.02	8.42	8.28

数据来源：人行鹤壁市中支货币信贷管理科

五、普惠金融服务活动见成效。一是继续推动开展创业担保贷款业务、大学生“村官”金融服务以及农村金融产品方式创新。全市金融机构累计办理小额担保贷款1.61亿元，余额1.64亿元；农村金融产品创新贷款余额2.27亿元，同比增加1.0亿元；发放大学生“村官”贷款0.10亿元，余额0.22亿元。二是加强农村信用体系建设，建立农户信用评价体系及风险补偿机制，加强农户信用评定，对信用状况良好的贫困户颁发《普惠金融授信证》，优化信用农户贷款条件。三是加大农村金融基础设施建设，提高农村支付服务。建立惠农服务点1121个，行政村覆盖率100%，惠及农民57万人；打造综合服务站16个，分布在11个乡镇，乡镇覆盖率55%，惠及农民5万人，初步形成“银行分理处+ATM+综合金融服务站+惠农支付服务点”的农村支付服务网络。

六、金融精准扶贫效果明显。推动建立0.35亿元风险补偿基金，推出“家庭养殖贷”“美丽乡村贷”等金融产品。全市金融机构扶贫贷款余额11.6亿元，带动和服务贫困人口1.7万人；发放扶贫小额信用贷款8318笔，金额2.6亿元，贫困户获贷率达到58.2%。

（吴建芳）

【货币、信贷政策执行情况】

2017年，鹤壁市人民银行系统认真贯彻落实稳健中性的货币政策，实施“货币政策+宏观审慎政策”双支柱调控框架，金融机构贷款适度增长，对实体经济的支持力度进一步加大。

一、开展“窗口指导”，引导金融机构支持实体经济发展。出台《鹤壁市金融支持地方供给侧改革和实体经济发展信贷指导意见》等文件，组织召开金融形势分析会、信贷政策传导会议，指导金融机构加大对实体经济支持力度。法人金融机构新增贷款23.1亿元，增长15.2%，比全市各项贷款增速高4.7个百分点，增量占全市新增贷款总量的41%，法人机构惜贷慎贷情绪缓解。

二、运用货币政策工具引导信贷结构优化。一是加强再贷款管理。采取“核定额度、批次发放、循环使用、随借随还”的支农再贷款管理模式，提高支农再贷款审批发放和使用效率，支农再贷款余额4.24亿元。金融机构使用再贷款资金发放的贷款利率低于同期使用自有资金发放贷款利率5个百分点左右。二是执行差别化存款准备金政策，对1家机构优惠2个百分点，1家机构优惠1.5个百分点，2家机构优惠1个百分点。

三、加强利率管理，落实利率市场化改革各项措施。引导市级利率定价自律组织有效开展工作，监测辖区内金融机构实际存贷款利率和挂牌利率，合规开展同业存单和大额存单业务。2017年，辖内同业存单报备18亿元，发行10.8亿元；大额存单报备0.2亿元，认购62万元。

四、扎实推进法人金融机构宏观审慎管理。对辖内法人机构按季开展宏观审慎指标评估，要求评估结果为C的金融机构及时采取措施促进指标优化。加强信贷投放进度的监测和调控，做到持续、均衡投放。

五、支持脱贫攻坚战略实施。一是制定《“十三五”时期金融助推脱贫攻坚工作指导意见》，协助鹤壁市政府出台《鹤壁市扶贫小额信贷助推脱贫攻坚实施方案》。二是推动各县区建立金融扶贫三级服务组织（县级金融扶贫服务中心、乡级金融扶贫服务站、村级金融扶贫服务部）及小额信贷风险防控体系，辖内各县区均成立风险补偿基金。三是引导辖区金融机构开发适合贫困地区和贫困户的信贷产品。

六、推进农村承包土地经营权抵押贷款试点工作。推动增补风险补偿基金至0.1亿元，建立农村产权交易中心。组织召开金融支持浚县现代农业暨农地抵押贷款项目签约会，签约农地抵押贷款1.05亿元。创新设计推出“农户+再流转户+经营权+银行”贷款模式。浚县农村承包土地经营权抵押贷款余额1.52亿元、647笔，均位居全省试点县前列。269家企业及新型农村经营主体直接受益，4000多户农民实现原地转化和进城就业。

七、引导推进农村金融产品创新。鹤壁市各金融机构开办农民专业合作社贷款、订单农业贷款、农村青年创业贷款、巾帼创业贷款、两权抵押贷款共5种农村金融创新产品，受益农户2.66万户，受益企业28户。

（杜银轩）

【金融稳定情况】

一、银行业与金融稳定。一是全市银行业资产规模持续增长，信贷风险总体可控，经营效益有所下降。资产规模持续增长。鹤壁市银行业资产总额793.7亿元，较年初增长5.5%；负债总额771.0亿元，较年初增长5.7%。二是不良贷款压力较大。全市银行业金融机构账面不良贷款34.6亿元，不良率为5.8%，较年初增长0.7个百分点。政策性银行不良贷款率22.6%，关注类贷款比例达10.8%，较年初上升4.8个百分点；问题贷款（关注加不良）比例达16.6%，较年初上升5.5个百分点，信用风险加大。全年累计处置不良贷款15.7亿元，风险总体可控。三是银行业金融机构经营效益下降。全市金融机构实现利润（监管口径）2.6亿元，同比下降60.2%。

二、保险业与金融稳定。2017年，鹤壁市保险市场有业务经营主体22家，其中财产险市场有业务经营主体10家，寿险公司12家。保费总收入21.0亿元，同比增加2.4亿元，增幅13.2%。赔款和给付支出5.4亿元，同比增长6.3%。保险密度1285.7元/人，同比增长13.3%，保险深度为2.2%，同比下降0.2个百分点。

表2　鹤壁市2016–2017年保险业收支情况表

指标		2016年		2017年	
		绝对值	同比增长%	绝对值	同比增长%
（1）保费总收入	亿元	18.51	17.97	20.95	13.18
（2）人身险保费收入	亿元	13.36	17.92	14.97	12.05
（3）寿险公司退保金总额	百万元				
（4）分红险保费收入	亿元	4.54	16.41	5.34	17.62
（5）万能险保费收入	亿元	0.14	250.00	0.11	-21.43
（6）财产险保费收入	亿元	5.14	17.89	5.98	16.34
（7）车险保费收入	亿元	4.22	10.76	5.08	20.38
（8）责任险保费收入	亿元	0.15	15.38	0.18	20
（9）农业险保费收入	亿元	0.47	113.64	0.37	21.28
（10）赔款和给付支出	亿元	5.07	-3.80	5.39	6.31
（11）人身险赔款和给付支出	亿元	2.61	-20.18	2.68	2.68
（12）财产险赔款支出	亿元	2.46	23.00	2.71	10.16
（13）车险赔款支出	亿元	1.17	-32.76	2.31	97.14
（14）责任险赔款支出	亿元	0.08	60.00	0.06	25
（15）农业险赔款支出	亿元	0.21	133.33	0.21	0
（16）保险密度	元/人	1135.17	17.93	1285.7	13.26
（17）保险深度	%	2.41	0.12	2.22	-0.19

数据来源：鹤壁市金融稳定报告

三、证券业与金融稳定。2017年，鹤壁市共有3家证券公司在辖区设立5个营业部。证券市场经历2015–2016年较大波动后，投资者入市更加谨慎。全年交易量350.7亿元，利润亏损0.9亿元；股票融资融券业务1164户，增加95户，融资融券余额1.31亿元。

（王　伟）

【国际收支情况】

一、国际收支总量创历史新高，延续顺差格局但顺差量大幅减少。国际收支合计5.0亿美元，同比增长30.7%。经常项目顺差0.9亿美元，与2016年基本持平。

资本与金融项目逆差 0.4 亿美元，资金流出明显。

二、银行结售汇规模稳步增长，结售汇顺差大幅增加。银行结售汇合计 1.7 亿美元，同比增长 8.1%。银行结售汇顺差 0.7 亿美元，同比增长 64.6%。

三、跨境人民币持续跨越发展。实行跨境资金本外币一体化管理，2017 年全市跨境人民币汇入 5.6 亿元，汇出 8.0 亿元，实现跨境资金流动双向平衡，跨境人民币结算量 13.6 亿元，在全省排名第 6 位，同比增长 97.8%。

（蒋　伟 杜银轩）

【行业改革与发展】

一、银行业改革与发展。一是银行业机构体系更加健全。2017 年末，鹤壁辖区共有 13 家银行业金融机构，其中国有商业银行 5 家，农业发展银行 1 家，城市商业银行 2 家，农村商业银行 2 家，农村信用社 1 家，村镇银行 2 家。银行业从业人员 3628 人，比 2016 年增加 96 人；网点数 244 个，比 2016 年增加 2 个；法人金融机构 5 家，比 2016 年增加 1 个。新引进村镇银行 1 家，由农村信用社改制组建农村商业银行 1 家。二是农村信用社改制步伐加快。完成浚县农村信用合作联社改制组建成河南浚县农村商业银行股份有限公司；完成淇县农村信用联社改制阶段性目标任务，处置不良贷款、抵债资产和置入资产变现、消化财务损失等合计 18.9 亿元，其中政府置换资产 6.3 亿元已全部变现，协调市县政府免征处置问题产生税费 0.4 亿元。三是加快推进市级农商行改革。制定鹤壁市农信办、鹤壁农商银行组建方案，推进合并组建。四是增设县域及以下区域金融机构。中原银行鹤壁分行在乡镇设立 1 个支行；新设浚县郑银村镇银行开业，村镇银行实现县域全覆盖。五是债委会机制运行有效。债委会企业 53 家，融资余额占对公贷款的 43.4%。

二、保险业、证券业发展情况。2017 年，鹤壁市保险市场有业务经营主体 22 家，比 2016 年增加 1 家。其中财产险 10 家，与 2016 年持平；寿险 12 家，比 2016 年增加 1 家。鹤壁市证券业市场无法人金融机构，设立证券营业部 5 家。

（吴建芳）

【市场运行情况】

一、债券市场。鹤壁市债券市场成员共 3 家，全年债券业务交易量 1073 笔、金额 1145.1 亿元，同业拆借 24 笔、金额 22.1 亿元，实现盈利 0.9 亿元。债券业务发展稳健。2017 年末，鹤壁市银行间债券市场成员持有债券余额 11.1 亿元，同比增加 3.6 亿元。持债结构以政策性金融债为主。债券期限以 5-10 年内到期为主，金额 5.6 亿元，占比 50.2%。

二、票据市场。一是金融机构票据融资情况。2017 年末，金融机构票据融资（贴现）余额 3.3 亿元，同比增加 1.1 亿元；年累计发生 7.1 亿元，同比减少 32.1 亿元。二是票据业务开展情况。2017 年，鹤壁市金融机构累计签发银行承兑汇票 20.5 亿元，同比减少 15.6 亿元；余额 8.1 亿元，同比减少 2.4 亿元。

（杜银轩）

新乡市

【经济运行情况】

一、总体情况。2017 年新乡市实现地区生产总值 2384.81 亿元，同比增长 8.1%，高于河南省平均水平 0.3 个百分点。其中，第一产业实现增加值 227.17 亿元，同比增长 4.5%；第二产业增加值 1169 亿元，同比增长 8.3%；第三产业增加值 988.64 亿元，同比增长 9%。新乡市产业结构逐步优化，三次产业结构比由 2016 年的 10.3：49.6：40.1 调整为 2017 年的 9.5：49：41.5，第三产业逐步成为经济发展的主动力。

二、农业生产平稳发展。2017 年新乡市粮食产量 421.04 万吨，同比增长 0.5%。其中，夏粮产量 257.38 万吨，同比增长 3.4%；秋粮产量 163.7 万吨，同比下降 3.7%。全市猪肉产量 27.43 万吨，同比增长 4%，牛肉产量 2.41 万吨，同比下降 2.8%，禽蛋产量 29.8 万吨，同比增长 3.3%。

三、工业运行平稳较快。2017年各月度的累计增速均保持在8%以上。全市规模以上工业增加值同比增长8.7%，比2016年同期提高0.2个百分点，增速位居河南省第6位，比全省平均水平高0.7个百分点。

四、固定资产投资增速缓慢提升。2017年新乡市完成固定资产投资2210.53亿元，同比增长10.1%，增速比2016年同期提高6个百分点。

五、消费品市场稳健运行。2017年新乡市社会消费品零售总额增速平稳保持在12%以上，全年实现社会消费品零售总额966.23亿元，同比增长12%，比2016年同期提高1.1个百分点，增速位居河南省第9位，高于全省平均水平0.4个百分点，各项主要经济指标稳定增长。

六、物价水平温和上涨。2017年新乡市CPI同比上涨1.3%，食品烟酒价格指数同比下降1.4%，衣着同比上涨1.8%，居住同比上涨2.4%，生活用品及服务同比上涨2.2%，交通和通信同比上涨0.8%，教育文化和娱乐同比上涨4.9%，医疗保健同比上涨4%，其他用品和服务同比上涨1.7%；商品零售价格上涨1.4%。

七、财政收入质量较好。2017年新乡市完成一般公共预算收入159.1亿元，总量稳居河南省第4位，同比增长10%，比2016年同期提高5.9个百分点。其中，税收收入占一般公共预算收入的70.7%，比2016年同期提高2.7个百分点。

八、民生保障进一步增强。2017年新乡市教育、住房保障、农林水事务等民生投入278.5亿元，同比增长12.8%，增速高于一般公共预算支出0.9个百分点，总量占全市财政支出的75.7%，占比较2016年同期提高0.6个百分点。

（王秀芳　邢雪敏）

【金融运行情况】

一、存款平稳增长。2017年，新乡市金融机构人民币各项存款余额2541.33亿元，较年初增加215.88亿元，同比多增2.77亿元，余额同比增长9.28%。余额、新增额和余额同比增速分别居河南省第9位、第11位和第10位。从存款结构看，呈现“两升一降”的特点，即住户存款和广义政府存款增加，非金融企业存款减少。2017年末，住户存款较年初新增183.60亿元，占全部新增存款的85.05%；非金融企业存款余额383.29亿元，较年初下降39.36亿元。

二、贷款增速回升。2017年，新乡市金融机构人民币各项贷款余额1503.72亿元，较年初增加164.18亿元，同比多增100.78亿元，余额同比增长12.26%，低于河南省平均2.1个百分点，余额、新增额和余额同比增速分别居河南省第7位、第6位和第9位。从贷款结构看，住户贷款增速较快，企业贷款增速较慢。2017年末，住户贷款新增159.99亿元，同比多增61.68亿元，占辖区新增贷款额的97.44%。非金融企业及机关团体贷款呈现“短少长多”的特点，较年初增加4.18亿元。其中，短期贷款较年初下降31.06亿元，中长期贷款较年初增加30.15亿元，同比多增18.50亿元；票据融资较年初增加了5.83亿元，同比多增5.04亿元。

三、不良贷款余额、比率较年初双降。2017年末，全市银行业不良贷款余额50.7亿元，较年初减少9.42亿元，下降15.6个百分点；不良贷款率3.37%，比年初下降1.12个百分点。信用风险整体可控。

四、社会融资规模大幅提高。2017年，新乡市社会融资规模累计新增170.30亿元，远高于2016年社会融资规模累计新增额（110.23亿元）。分项目看，人民币贷款、非金融企业境内股票融资和保险公司赔偿新增较多，分别增加了164.17亿元、30.77亿元和13.89亿元。未贴现的银行承兑汇票下降较多，下降了42.11亿元。

五、住房按揭贷款利率持续攀升。2017年，辖区住房按揭贷款利率持续攀升，从年初的基准利率打九折，此后逐步攀升，至年底，金融机构首套房住房按揭贷款利率普遍较基准利率上浮15%-20%，二套房利率普遍较基准上浮20%-30%。在稳健中性货币政策大背景下，M2从年初以来增速持续降低，贷款利率持续走高。

（王秀芳　苏　宁）

【货币、信贷政策执行情况】

一、强化政策引导，积极贯彻落实稳健中性货币政策。一是出台《金融支持新乡经济发展的指导意见》，强化信贷政策结构性导向功能，加强宏观审慎管理，引导金融机构有序投放，着力支持实体经济发展。二是加强信贷与产业政策配合，引导金融机构改进信用评价机制，稳妥推进产融合作，积极开展科技、文化与金融合作。三是支持郑洛新国家自主创新示范区和郑洛新“中国制造2025”试点示范城市群建设，成功召开了金融支持郑洛新国家自主创新示范区建设研讨会，配合市政府举办金融·科技·产业融合创新政金企对接会、2017 年资本对接会等 2 次大型银企洽谈会，达成签约项目 599 个，签约金额 524.92 亿元。四是积极推动地方法人加入银行间债券市场，2017 年，新乡市银行间债券市场成员 10 家，持债规模较年初增加 45.02 亿元。五是推动跨境人民币结算和信贷量稳步增长，2017 年，全市跨境人民币收支达 14.13 亿元，跨境信贷融资资金累计 5.53 亿元。

二、灵活运用政策工具加大对重点领域和薄弱环节支持力度。一是引入再贷款综合授信管理理念，实现再贷款精准高效，2017 年累计发放支农再贷款 16.05 亿元，余额 15.45 亿元。2017 年，累计为 60 多家小微、涉农企业办理再贴现 14.11 亿元，降低企业财务成本 1383 万元。二是继续发挥普惠金融对薄弱环节的支持作用，推动构建政府 + 银行 + 担保 + 保险“四位一体”金融扶贫模式，发放扶贫再贷款 1.37 亿元，带动金融机构发放精准扶贫贷款 8.14 亿元，累计发放小额担保贷款 3.8 亿元，帮助建档立卡贫困户 5948 户、1.9 万人实现就业脱贫。

三、“两权”抵押贷款试点成效明显。至 2017 年末，长垣县土地承包经营权确权率 98%，颁证率 96%。耕地流转面积 39 万亩，流转率 37.5%。通过产权交易平台成功流转成交土地经营权 819 笔、39 万亩，成交金额 3.74 亿元。农地抵押贷款累计发放 12 笔、1.27 亿元，余额 1.17 亿元，在全省 9 个试点县（市）中位居第一。获嘉县集体土地确权工作已完成，颁证率 90% 以上。稳步推进农房试点工作，引导新乡县农村信用社不断完善“房贷通”农村社区住房抵押贷款业务，2017 年累计发放“房贷通”业务 31 笔、276 万元，余额 747 万元。

（王秀芳 周成礼）

【金融稳定情况】

一、银行业与金融稳定。一是金融运行平稳，存款平稳增长，贷款增速触底回升。从存款结构看，住户存款较年初新增 183.60 亿元，占全部新增存款的 85.05%；非金融企业存款余额 383.29 亿元，较年初下降 39.36 亿元。从贷款结构来看，住户贷款新增 159.99 亿元，同比多增 61.68 亿元，占辖区新增贷款的 97.44%。二是不良贷款余额、比率较年初双降。至 12 月末，新乡市银行业不良贷款余额 50.7 亿元，较年初减少 9.42 亿元，下降 15.6 个百分点；不良贷款率 3.37%，比年初下降 1.12 个百分点。三是主要法人机构风险抵补能力提高。至 12 月末，全市农合机构拨备覆盖率为 134.62%，较 2016 年同期提高 34.85 个百分点。资本利润率 11.20%，比年初提高 2.66 个百分点，达到 11% 监管标准。平均资本充足率 12.50%，比年初提高 1.62 个百分点，高于 10.5% 的监管标准。四是盈利保持增长，但基础仍不稳固。2017 年，全市银行业累计实现净利润 16.41 亿元，比 2016 年同期增加 5508 万元，同比少增 4.97 亿元，同比增速为 3.47%，比 2016 年同期下降 49.99 个百分点。

二、证券期货业与金融稳定。2017 年，新乡市共有证券期货经营机构 13 家，18 家营业部，从业人数近 300 人。人民银行新乡市中心支行监测的 8 家证券期货公司营业部，合计年净入市资金量约 5.36 亿元，累计交易量 1760.27 亿元，持股市值 163.17 亿元，股民总数 330434 人，新增开户股民数 47927 人，全年累计盈利 1829.80 万元。全市省定首发上市重点后备企业 46 家，新三板挂牌企业 37 家，累计融资 9.06 亿元，四板（中原股权交易中心）挂牌企业 261 家，新增 238 家。全市资本市场融资 93.6 亿元，为企业发展提供了坚实的助力支持。

三、保险业与金融稳定。2017 年，新乡市共有保险业金融机构 46 家，其中，财险机构 22 家，寿险机构 24 家。全市保险业累计实现保费收入 116.37 亿元，居河南省第四位，同比增长 34.46%，其中，财险业实现保费收入累计 19.86 亿元，全省排名第八位，同比增长 21.57%。累计赔付金额 9.12 亿元，同比增长 2.81%。其中，车辆商业险累计 11.25 亿元，占财险保费收入的 56.65%，同比增长 26.12%；交强险累计 5.30 亿元，占 26.69%，同比增长 2.51%。寿险业实现保费收入累计 96.51 亿元，全省排名第四位，同比增长 37.45%，高于全省 33.35% 的平均增速。累计赔（给）付金额 21.64 亿元，同比增长 2.32%。其中，个险业务累计 52.48 亿元，占寿险保费收入的 54.38%，同比增长 33.37%；银邮业务累计 40.35 亿元，占 41.81%，同比增长 43.39%。

四、银行间债券市场交易活跃，债券投资收益上升。2017 年，重点监测的 8 家银行间市场成员累计办理债券逆回购 3110 笔，金额 2529.96 亿元；债券正回购 1319 笔，金额 1411.75 亿元；现券买卖 649 笔，金额 373.72 亿元；实现银行间市场业务收益 6.91 亿元，其中持有债券实收利息收入 5.41 亿元、债券逆回购收入 1.28 亿元、其他收入 0.33 亿元。持债规模 153.79 亿元，同比增加 48.93 亿元，同比增长 46.66%。从债券类型看，持债品种主要有国债 12.91 亿元、地方政府债券 1.09 亿元、政策性银行债 70.89 亿元、金融债4.5亿元、公司信用类债券36.29亿元、其他28.09亿元。持债加权平均收益率4.16%。

五、黄金市场业务稳步发展，业务品种逐步丰富。2017年，新乡市共有12家银行业金融机构开展黄金业务，黄金业务以账户金、实物金为主。全年12家机构累计代理上海黄金交易所业务成交量321.06千克，金额8888.392万元；黄金自营业务成交量4.14千克，金额110.91万元；账户金成交量2025.18千克，金额45102.37万元；实物黄金业务成交量307.25千克，金额8650.14万元。

（王秀芳 冯鸿凌）

【国际收支情况】

一、新乡市跨境流动资金情况。2017年，全市跨境流动资金总额125234.34万美元，同比下降9.86%。其中涉外收入金额81048.55万美元，同比下降6.12%。对外支出金额44185.78万美元，同比下降16%。跨境资金净流入36862.77万美元，同比增长9.3%。

二、跨境人民币情况。全市跨境人民币收支142415.9万元，同比下降10.18%，其中跨境收入106651.9万元，同比上升10.29%，跨境支出35763.9万元，同比下降43.21%，净流入69769万元，同比上升208.66%。

三、外商直接投资和外债。辖内新登记FDI企业6家，ODI企业6家。资本项目外商直接投资项下资本金流入2826.1万美元，跨境流出8071.64万美元；境外投资项下无跨境流入，跨境流出3684万美元；办理外债登记9笔，新增外债签约金额1.7亿美元，累计提款金额1.03亿美元，外债还本付息金额6110万美元。

（王秀芳 畅 菁）

【银行业改革与发展】

一、扩大债委会成立范围。对重点服务企业对象成立临时债委会，建立动态帮扶机制。2017年末，共推动债务规模5000万元以上企业成立债委会142家，全市债委会企业新增贷款12.75亿元。其中通过无还本续贷、贷款展期等方式稳定融资73.8亿元；有序推动化解过剩产能。组织银行业机构开展涉企经营服务性收费清理规范自查活动，持续推动银行业“减费让利”，全年辖内银行机构，累计免除69项银行业服务收费，降低45项收费标准，累计减免收费金额0.62亿元。

二、农商行组建工作基本完成。2017年末，新乡市农信系统已有6家农信社完成农商行改制工作，并已挂牌开业，分别为辉县农商行、获嘉农商行、平原农商行、原阳农商行、延津农商行、长垣农商行。另外的封丘县、卫辉市、新乡县和凤泉区4家联社已达到农商行组建标准。平原农商行与凤泉区联社整合组建市级农商行的准备工作全部完成。

三、优化完善银行业机构网点建设，积极引进新金融机构入驻。对辖内3家城商行的44家营业网点提出优化完善建议。全年新设机构网点7家，其中开业1家社区银行。全市首家科技支行——平顶山银行科技支行于12月5日正式开业，填补了新乡市科技支行空白。

四、持续深化普惠金融机制改革。2017年，五家大型银行已有3家成立了专门的普惠金融部门，2家机构明确了专门部门承担普惠金融职能；筛选14家网点作为普惠金融信贷发起网点，2家普惠金融特色支行获上级行批准筹建，5家普惠金融特色网点升格获上级行批复。

（王秀芳）

焦作市

【经济运行情况】

2017年，焦作市经济总体保持健康平稳发展。工业生产平稳增长，固定资产投资、消费品市场平稳运行，财政收支稳步增长，市场物价基本稳定，地区生产总值2342.8亿元，居全省第7位，增长7.4%，居全省第15位。

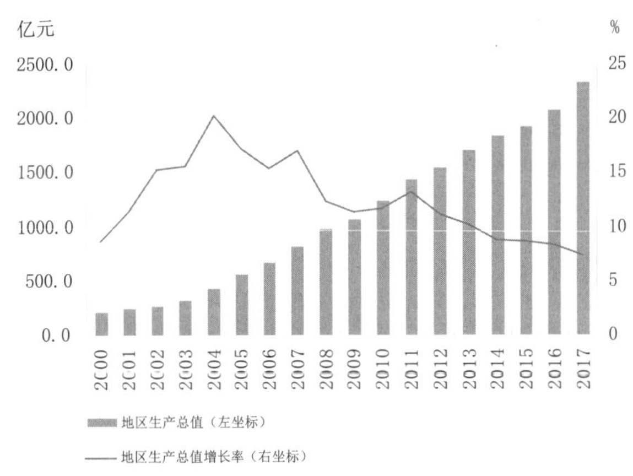

数据来源：焦作市统计局

图1 2000～2017年焦作市地区生产总值及其增长率

一、工业生产平稳增长。2017年全市规模以上工业增加值同比增长9.0%，居全省第2位。工业生产特点：一是大中型企业快速增长。2017年全市国有控股企业工业增加值同比增长10.0%，高于全市规模以上工业1.0个百分点。二是“433”产业拉动作用明显。2017年，全市“433”产业增加值同比增长10.0%，拉动全市规模以上工业增长7.9个百分点。三是高技术产业较快增长。2017年，全市高技术产业同比增长19.8%，高于全市平均水平10.8个百分点。

二、固定资产投资稳步增长。2017年全市固定资产投资2453.8亿元，居全省第5位，增长11.6%，居全省第8位。投资运行特点：一是第三产业投资快速增长。2017年，全市第三产业投资827.7亿元，同比增长25.0%，高于全市平均水平13.4个百分点。二是基础设施建设快速增长。2017年，全市基础设施建设投资301.4亿元，同比增长17.2%，高于全市平均水平5.6个百分点。

三、消费品市场平稳运行。2017年全市社会消费品零售总额784.3亿元，居全省第13位，增长12.2%，居全省第4位。消费品市场运行特点：一是城乡消费市场同步发展。2017年，全市城镇零售额637.1亿元，同比增长12.3%；乡村零售额147.2亿元，同比增长11.9%。二是限额以上企业销售活跃。2017年，全市限额以上企业社会消费品零售额326.8亿元，同比增长17.8%。三是批发和零售业主导作用突出。2017年，全市批发业零售额111.7亿元，同比增长14.6%。零售业零售额554.9亿元，同比增长12.3%。全市批发和零售业零售额占零售总额的比重达到85.0%，是拉动消费品市场增长的主要因素。

四、财政收支稳步增长。2017年，全市一般公共预算收入133.8亿元，居全省第7位，增长10.1%，居全省第13位。税收收入完成86.2亿元，占一般公共预算收入的比重为64.4%。2017年，一般公共预算支出239.4亿元，增长9.8%。

五、市场物价基本稳定。2017年全市居民消费价格同比上涨1.2%。八大类商品价格表现为“七升一降”，其中：衣着类上涨1.1%，居住类上涨3.2%，生活用品及服务类上涨0.8%，交通和通信类上涨1.1%，教育文化和娱乐类上涨3.6%，医疗保健类上涨8.5%，其他用品和服务类上涨1.7%；食品烟酒类下降3.8%。

六、城乡居民持续增收。2017年，城镇居民人均可支配收入29220元，居全省第7位，增长8.7%，居全省第10位；农村居民人均可支配收入16218元，居全省第3位，增长9.2%，居全省第8位。

（程肖宁）

【金融运行情况】

一、存款平稳增长，增速放缓。2017年末，焦作市金融机构本外币各项存款余额为1800.93亿元，较年初增加151.69亿元，同比增长9.2%，低于2016年末3.8个百分点。余额全省排名第13位，增速全省排名第11位。分项目看，住户存款、非金融企业存款增速放缓，同比分别增长 7.63%、14.2%，分别低于 2016 年末 2.80、9.59 个百分点。广义政府存款增加较多，全年新增 27.31 亿元，同比增长 14.62%，其中机关团体存款较年初增加 24.56 亿元，占新增广义政府存款的 89.93%，成为广义政府存款增加的主要因素。非银行业金融机构存款净下降，较年初减少 11.73 亿元。

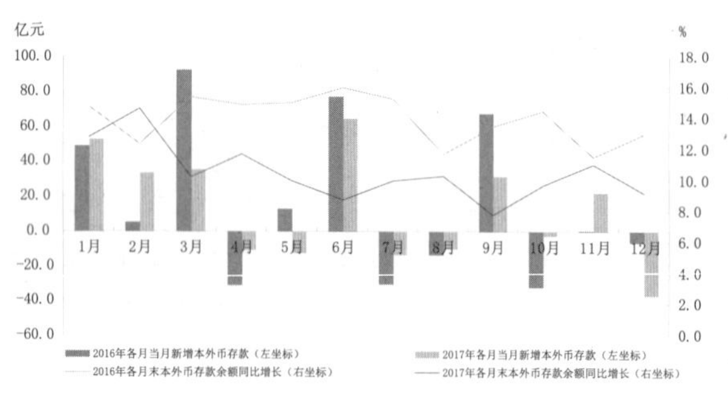

数据来源：中国人民银行焦作市中心支行调查统计科

图 2　2016 ~ 2017 年焦作市金融机构本外币各项存款增长变化

二、贷款快速增长，结构特征明显。 2017 年末，焦作市金融机构本外币各项贷款余额为 1231.09 亿元，较年初增加 137.85 亿元，同比增长 12.61%。余额全省排名第 12 位，增速全省排名第 7 位。分结构看，一是个人住房贷款快速增长，较年初增长 43.76%，高于 2016 年末 21.48 个百分点。二是基础设施领域、批发和零售业贷款合计增加 62.03 亿元，占新增各项贷款的 45.00%。三是部分薄弱领域贷款增长较快。2017 年末，焦作市小微企业贷款（含票据融资）同比增速为 17.68%，较同期大型、中型企业贷款增速分别高 21.56、17.85 个百分点；涉农贷款同比增速为 12.42%，同比提高 1.62 个百分点；精准扶贫贷款较年初增加 3.43 亿元，同比增速达 117.58%。

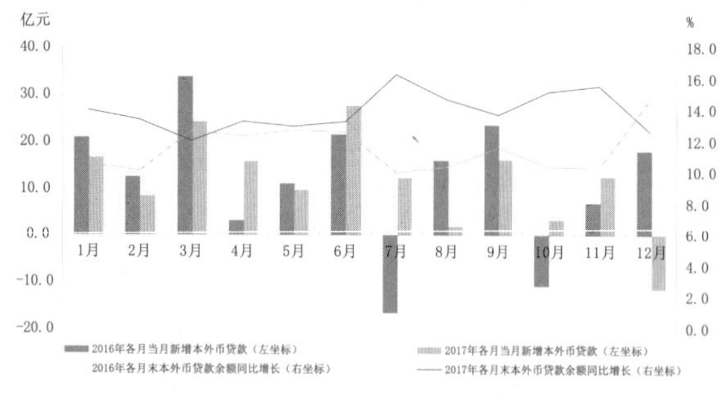

数据来源：中国人民银行焦作市中心支行调查统计科

图 3　2016 ~ 2017 年焦作市金融机构本外币各项贷款增长变化

三、社会融资规模适度扩张，融资结构“两升一降”。 2017 年，焦作市社会融资规模增量为 170.67 亿元，考虑不良贷款核销等资产处置因素后，实际增加 262.57 亿元。融资结构“两升一降”。表内贷款占比创新高，较年初增加 137.38 亿元，占社会融资规模增量的 80.50%，同比提高 28.6 个百分点。表外融资占比略有上升，全年增加 11.83 亿元，在社会融资规模增量中占比 6.9%，同比提高 1.9 个百分点。直接融资占比下降，全年增加 5.9 亿元，在社会融资规模增量中占比 3.46%，同比下降 35.6 个百分点。

（程肖宁）

【货币、信贷政策执行情况】

一、贯彻实施稳健中性的货币政策。 一是强化窗口指导，定期组织召开信贷运行分析会，分析研判辖内金融机构信贷增长、信贷投向和信贷资产质量与风险等情况，加强对金融机构信贷投放行为监测，主要指标实行按月监测。二是稳步推进宏观审慎评估工作，组织开展金融机构宏观审慎评估现场培训，对评估结果为 C 的金融机构开展约谈，提出提高测算评级的措施建议。

二、加强货币政策工具管理应用。 一是落实好支农再贷款战略合作协议。自 2016 年 10 月与温县人民政府签署支农再贷款战略合作协议以来，积极运用支农再贷款资金引导温县地方法人金融机构加大对农业龙头企业和专业大户的信贷支持。2017 年末，温县农村信用联社运用支农再贷款发放涉农贷款 1297 笔，余额 28076 万元，运用支农再贷款发放涉农贷款加权平均利率 5.94%，低于自营资金发放涉农贷款利率（10.01%）4.07 个百分点。二是加强存款准备金监测考核工作。对符合条件的金融机构实施定向降准，7 家法人金融机构下调存款准备金率，共释放流动性 7.77 亿元；6 家县域农业银行三农事业部享受存款准备金率下调 2 个百分点的优惠政策。三是认真做好再贷款、再贴现管理工作。2017 年，焦作市累计发放支农再贷款 4.45 亿元、再贴现 5.69 亿元、常备借贷便利 2 亿元。

三、加大信贷政策和产业政策的配合，加大对经济重点领域和薄弱环节的信贷支持。 一是积极做好沁阳普惠金融示范县申报工作，拟依托“一网三平台”信用体系建设成果，探索“信贷 + 信用”模式。二是加大金融扶贫政策落实力度。督促指导金融机构做好重点领域扶贫金融产品设计、具体实施等工作。三是做好新型农业经营主体主办行工作。继续在武陟、沁阳两个农村金融创新示范县（市）实施新型农业经营主体主办行制度。

四、推动金融市场规范创新发展，拓宽投融资渠道，支持实体经济健康发展。一是做好合格审慎评估工作。完成地方法人金融机构2017年度合格审慎评估，审核通过率为100%，其中焦作中旅银行股份有限公司为全国自律机制基础成员，14家农信社、农商行、村镇银行为全国自律机制观察成员。二是进一步支持直接融资发展，扩大债券融资规模。加强银行间市场成员培育工作，鼓励支持地方法人金融机构加入银行间市场。三是做好互联网金融风险专项整治工作。完成辖内法人金融机构与互联网金融从业机构开展合作情况调查。四是加强对全市银行间市场成员单位的监督管理，组织开展全市金融业务现场检查。

五、深入推进"跨境人民币进百企"活动。组织开展了"焦作市跨境人民币业务进百企活动"，参加工商企业跨境投资与贸易项目会议。2017年9月，与中国银行股份有限公司焦作分行组织辖内企业参加工商企业跨境投资与贸易项目对接会，对接洽谈项目22个，总投资190亿元。

（原皓静）

【金融稳定情况】

一、银行业稳定评估。2017年，全市银行体系风险整体可控。一是不良贷款清收处置持续推进。2017年，全市银行业金融机构共处置不良贷款24.05亿元。二是法人金融机构抵御风险能力增强。流动性比例达到监管标准。2017年末，焦作中旅银行股份有限公司流动性比例51.53%、农村合作机构流动性比例51.15%、村镇银行流动性比例44.39%。拨备覆盖率有所增加。2017年末，焦作中旅银行拨备覆盖率209.97%，村镇银行拨备覆盖率173.52%，拨备水平良好。资本递补能力较好。2017年末，焦作中旅银行资本净额78.19亿元，较年初增加5.01亿元，资本充足率15.04%，核心一级资本充足率14.23%，资本递补和抵御风险能力进一步增强。

二、证券业稳定评估。2017年，受股市低迷和费率下调影响，全市证券业市场交易量增长乏力，盈利水平大幅下滑。全市证券业金融机构累计成交额同比仅增长2.25%；全年实现营业收入5815.30万元，同比下降28.12个百分点。此外，证券业金融机构发展存在一些短板。各证券公司手续费及佣金收入、利息收入合计占营业收入的98%以上，整体营业收入结构比较单一、抗风险能力较差。证券化水平低。焦作市产业结构在资本市场融资竞争中处于劣势，上市公司直接融资规模与经济总量不相称，全市经济证券化率不足40%，远低于全国整体证券化率水平。

三、保险业稳定评估。2017年，保险业运行总体平稳。全市保费收入79.58亿元，同比增长17.97%；赔偿支出25.24亿元，同比增长17.29%。

（周　艳）

【国际收支情况】

一、银行结售汇同比涨幅不一，结售汇顺差规模扩大。2017年，焦作市银行累计结售汇12.52亿美元，同比增长26.91%。其中，银行结汇8.84亿美元，同比增长38.34%；银行售汇3.68亿美元，同比增长5.88%。结售汇顺差5.16亿美元，同比增长77.02%。

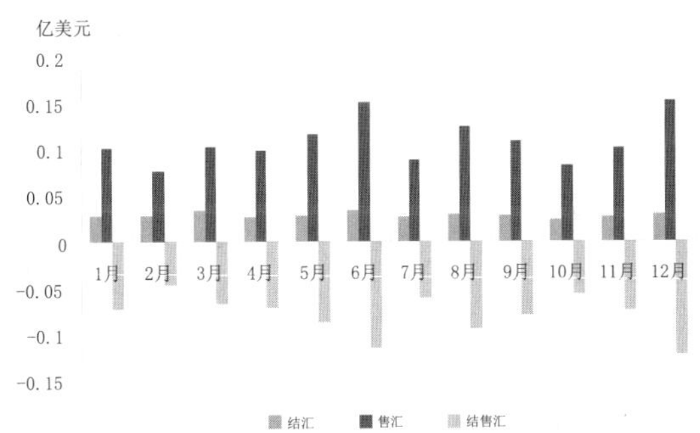

数据来源：中国人民银行焦作市中心支行国际收支科

图4　2016～2017年焦作市银行结售汇增长变化

二、跨境流动资金规模略有下降，资金净流入同比上升。2017年，焦作市跨境流动资金29020笔，金额26.77亿美元，同比下降3.85%。其中，涉外收入19014笔，金额16.42亿美元，同比下降1.57%；对外付款10006笔，金额10.35亿美元，同比下降7.25%；跨境资金净流入2.68亿美元，同比下降3.85%。

三、外贸进、出口同比双涨，进出口顺差规模有所扩大。2017年，焦作市对外贸易实现进出口总值148.64亿元，同比增长15.63%，位居全省第2位。其中，出口总值为107.7亿元，同比增长14.71%，位居全省第4位；进口总值为40.94亿元，同比增长18.13%，位居全省第4位；进出口顺差同比增长10.40%。

四、国外来华直接投资水平逐年下降。2017年，焦作市国外来华直接投资资金汇入0.61亿美元，同比下降45.05%。其中，大部分为接受境外母公司贷款，焦作市国外来华直接投资水平已连续三年下降。

（孙　萌）

【银行业改革与发展】

一、支持实体经济力度增大。一是信贷结构持续优化。2017年末，共退出产能过剩领域贷款金额13.25亿元，较2016年同期增加12.43亿元，支持节能环保项目和服务贷款余额为28.94亿元，较2016年同期增加6.11亿元。二是薄弱领域资金需求得到满足。2017年末，全市小微企业贷款增量和增速均位居全省第5位，涉农贷款增量和增速分别位居全省第7位和第5位。三是重点区域贷款持续增加。各银行业机构信贷投放持续加大对县域经济的支持力度，不断支持区域实体经济健康发展。2017年末，县域贷款余额502.02亿元，较年初增加64.74亿元，增长14.8%。

二、非信贷业务发展明显放缓。一是同业业务较年初减少。2017年末，全市银行业金融机构同业资产97.27亿元，较年初减少51.38亿元。二是表外业务增速放缓。2017年末，全市银行业金融机构表外业务余额411.56亿元，较年初新增15.23亿元，增长3.84%。三是投资业务同比少增。2017年末，全市银行业金融机构表内投资业务余额377.68亿元，较年初增加68.89亿元，同比少增84.25亿元。

三、银行业改革有序推进。一是进一步加强焦作中旅银行监管工作。2017年焦作中旅银行郑州分行开业，焦作银监分局出台城商行法人机构审慎监管会议制度，每季度通报运营情况监管评价。二是通过非现场监测、监管通报等方式加强村镇银行经营和风险状况披露，引导村镇银行坚守支农支小差异化发展理念。三是推动农合机构转型发展。按照洁净改革要求，以“不出钱、不回购、不兜底”为原则，强力推动辖内农合机构做好不良贷款清收、抵债资产处理等重点工作。2017年，博爱、沁阳先后召开农村商业银行股份有限公司第一次股东大会，焦作市农商行合并组建有序推进。

【证券业改革与发展】

一、机构数量持续增加，从业人员量质双高。2017年，广州、民生、中信建投3家证券机构进驻焦作，全市地市级证券机构达到13家，县域级证券机构达到3家，证券从业人员达288人，较年初增加48人。证券从业人员中研究生学历12人，占比4.17%；本科学历175人，占比60.76%。

二、市场交易量增长乏力，盈利水平大幅下滑。2017年，全市证券机构累计成交额1741.71亿元，同比增长2.25%。全年营业收入5815.30万元，实现净利润1341.59万元，同比分别下降28.12%、51.29%，其中9家机构均为亏损状态。

三、资本市场体系健全，融资渠道日益丰富。2017年末，全辖共有上市公司7家。利用资本市场直接融资153.26亿元，其中通过股票市场融资2.6亿元，债券市场融资28.9亿元，基金市场融资37.53亿元；通过产（股）权市场融资15.03亿元；通过资本市场融资36.9亿元；通过其他市场融资32.31亿元。

【保险业改革与发展】

一、机构数量继续增加，保费收入平稳增长。2017年末，焦作市保险公司数量43家，较年初新增1家，其中财险公司19家，寿险公司24家。2017年，全市实现保费收入79.58亿元，同比增长17.97%，其中，寿险保费收入61.99亿元，同比增长17.47%；财险保费收入17.59亿元，同比增长19.76%。保费收入居全省第10位，与2016年同期位次持平。

二、赔付支出持续增长，保障功能有效发挥。2017年，全市累计赔款与给付25.24亿元，同比增长17.29%。其中，财产险赔款支出9.66亿元，同比增长38.09%，赔付率为54.88%，较2016年同期提高7.28个百分点。寿险支付赔款15.58亿元，同比增长7.31%，其中寿险给付13.81亿元，同比增长5.87%；寿险理赔1.77亿元，同比增长20.03%。

三、保险市场份额集中，保险机构发展不平衡。2017年，位居市场份额前7位的寿险公司合计实现保费收入49.04亿元，市场份额合计79.11%；7家财险公司共实现保费收入14.74亿元，占财险行业总保费的83.80%。24家寿险公司中有16家公司保费收入高于2016年，其中建信人寿同比增长302.05%；其余8家公司保费收入低于2016年，其中幸福人寿保费收入同比下降62.14%。19家财险公司中有14家公司保费收入高于2016年，5家公司保费收入低于2016年。

（周　艳）

濮阳市

【经济运行情况】

2017年，濮阳市经济保持总体平稳、稳中向好的运行态势。初步核算，全年全市生产总值1620.56亿元，比2016年增长8.1%。一季度、上半年、前三季度全市生产总值分别增长7.9%、8.4%、8.5%，保持了稳中向好的增长态势。

一、三大需求不同程度增长。一是固定资产投资增速基本平稳，房地产开发投资较快增长。2017年，全市固定资产投资（不含农户）1703.60亿元，比2016年增长11.8%。其中：国有及国有控股投资520.51亿元，同比增长20.6%；民间投资1180.42亿元，同比增长9.9%。分产业看，第一产业完成投资57.92亿元，同比下降11.5%；第二产业完成投资827.9亿元，同比增长3.6%；第三产业完成投资817.78亿元，同比增长24.2%。全年房地产开发投资150.60亿元，同比增长21.3%，高于全市固定资产投资9.5个百分点。商品房销售面积444.99万平方米，同比增长11.1%。二是消费品市场总体运行平稳。全年全市社会消费品零售总额594.18亿元，比2016年增长12.1%。三是对外贸易体量较小，进口快速增长。全市进出口总值8.83亿美元，比2016年增长8.3%。其中，出口总值7.85亿美元，同比增长5.3%；进口总值0.97亿美元，同比增长41.0%。全年实际利用外商直接投资6.42亿美元，比2016年增长1.5%。全年对外承包工程、劳务合作和设计咨询业务完成合同额4.54亿美元，比2016年增长28.8%；营业额6.34亿美元，增长3.0%。

二、经济结构优化，发展动能持续增强。2017年，全市三次产业结构比为10.4：54.5：35.1，第三产业增加值568.69亿元，同比增长10.2%，占GDP比重35.1%，占比较2016年提高1个百分点，对GDP增长的贡献率40.7%，对经济增长的拉动作用更加明显。

三、市场物价运行平稳，居民消费价格温和上涨。2017年，全市居民消费价格同比上涨0.9%。其中：城市和农村均上涨0.9%。

四、财政收支较快增长。2017年，全市财政收支总体运行平稳。全市财政总收入105.3亿元，比2016年增长0.7%。一般公共预算收入81.11亿元，同比增长16.6%，其中税收收入占一般公共预算收入的74.3%。一般公共预算支出262.39亿元，同比增长17.2%。

（申新红）

【金融运行情况】

一、社会融资规模增量缩小。2017年，濮阳市社会融资规模增量为125.31亿元，同比少增4.15亿元。表内融资中，人民币各项贷款增加108.52亿元，同比多增14.91亿元；外币贷款减少0.17亿元，同比少减0.90亿元。表外融资减少28.92亿元，其中，委托贷款减少8.16亿元，同比多减24.65亿元；未贴现的银行承兑汇票减少5.02亿元，同比多减4.23亿元。直接融资增加8.96亿元，主要是企业债券融资增加8.50亿元，为濮阳市投资集团公司发行的城市停车场建设专项债券。

表1 2017年濮阳市社会融资规模及构成统计表

	2017年累计新增额（亿元）	比2016年增减（亿元）
地区社会融资规模	125.31	-4.15
1. 人民币贷款	108.52	14.91
2. 外币贷款（折合人民币）	-0.17	0.90
3. 委托贷款	-8.16	-24.65
4. 信托贷款		
5. 未贴现的银行承兑汇票	-5.02	-4.28
6. 企业债券融资	23.50	8.50
7. 非金融企业境内股票融资		
8. 投资性房地产		
9. 保险公司赔偿	7.07	0.52
10. 其他	-0.43	-0.06

数据来源：中国人民银行濮阳市中心支行

二、各项存款增势放缓。2017年末，濮阳市银行业金融机构人民币各项存款余额1512.19亿元，同比增长13.01%，增速比2016年回落1.82个百分点；较年初增加174.02亿元，同比多增1.15亿元。其中，住户存款较年初新增115.29亿元，同比少增2.57亿元；非金融企业存款较年初新增19.64亿元，同比多增0.93亿元，主要是活期存款增加较多；广义政府存款较年初新增38.75亿元，同比多增1.97亿元，主要是机关团体存款增加较多。

三、各项贷款快速增长。2017年末，濮阳市银行业金融机构人民币各项贷款余额744.32亿元，同比增长17.07%，增速与2016年基本持平，高于全省平均水平2.71个百分点，居全省第1位，比2016年前进2位；较年初增加108.52亿元，同比多增16.08亿元，贷款增量居全省第14位，比2016年下滑1位。中长期贷款同比增长35.97%，高于各项贷款18.9个百分点，较2016年加快5.98个百分点；较年初增加127.82亿元，同比多增52.31亿元，占各项贷款新增比例为117.79%；小型和微型企业贷款分别新增23.32亿元、1.98亿元，大型、中型企业贷款分别减少8.26亿元、4.53亿元。

（申新红）

【货币、信贷政策执行情况】

一、科学贯彻稳健中性的货币政策。一是加强信贷政策与产业政策协调配合。参与并完善政府主导、人民银行和市金融办牵头、政府有关部门及银行业金融机构参与的长效协调机制。二是加大信贷政策引导和窗口指导。两次召开濮阳市信贷形势分析会，分析、引导各家银行业金融机构信贷投放的力度和结构。三是改进小微企业金融服务。联合市政府金融办出台《濮阳市金融机构财政性存款考核办法》，将政府财政性存款在各银行的存放与各银行企业贷款新增量联系起来进行考核，激励各银行业金融机构对小微企业信贷政策的贯彻实施。四是加强多元化金融产品和服务创新。在继续推动创业担保贷款、新型农业经营主体贷款等产品的同时，鼓励商业银行优化信贷流程，降低融资准入门槛，为小微企业提供信贷、结算、理财等综合性金融服务。五是推进金融支持扶贫开发与服务。召开金融机构扶贫工作座谈会，统筹安排全市金融精准扶贫工作，加大金融机构发放扶贫贷款工作督促力度；以扶贫再贷款为平台，先后为带贫企业和贫困户发放扶贫贷款2.4亿元。

二、充分发挥货币政策工具作用。一是加强利率管理。建立自律机制，有效协调解决非理性定价行为。召开濮阳市2017年市场利率定价自律机制第一次工作会议，对利率定价自律机制成员换届选举。年内，4家法人金融机构参与合格审慎评估工作，最终基础成员1家，观察成员3家。二是规范存款准备金管理。将新增存款投放当地考核达标的7家县域法人金融机构的存款准备金率下调了一个百分点。三是管好用活再贷款。按季评估信贷政策支持再贷款、再贴现等央行政策工具实施效果。全年发放7笔再贷款，金额2.88亿元。四是加强再贴现管理。全年为中原银行濮阳分行办理再贴现12笔、金额2.79亿元，解决了160多家中小企业的资金困难。

三、加强宏观审慎管理。按月测算濮阳市法人金融机构月度贷款新增数，做好对各法人金融机构的信贷调控及指导工作；按日监测地方法人金融机构贷款新增情况；依据省级自律机制和宏观审慎评估委员会确定的评估结果，一对一约谈辖内评为C级的法人金融机构，并督促其及时调整经营行为。

四、推动跨境人民币业务。全年跨境人民币结算量12.99亿元，净流入11.35亿元。其中，人民币跨境收入12.17亿元，同比增长26.7%；人民币跨境支出0.82亿元，同比下降72.37%。

（康健宇）

【金融稳定情况】

2017年濮阳市银行业金融机构总体运行平稳。一是银行规模持续扩张。2017年末，全市银行业金融机构资产总计1673.78亿元，较年初增加198.48亿元，同比多增17.88亿元，增长13.45%，增速比2016年下降0.41个百分点；负债总计1638.16亿元，较年初增加195.39亿元，同比多增16.13亿元，增长13.54%，增速比2016年下降0.65个百分点。二是银行业不良贷款率较年初下降0.1个百分点，信贷风险整体可控。三是银行业全年实现盈利9.26亿元，同比减少1.64亿元，除中国银行、农发行、郑州银行和中原银行亏损外，其他机构均盈利，其中建行、农村信用社盈利均在3亿元以上；资产利润率0.59%，盈利水平保持较好。四是全市银行业流动性比例61.58%，较年初增长1.47个百分点，资金面整体相对宽松。五是人民银行濮阳市中心支行完成了存款保险投保机构存款评级，对投保机构实施风险差别费率，并开展存款保险现场核查，摸清投保机构的业务情况和风险底数。全年全市投保机构未发生风险事件。

（杨 军）

【国际收支情况】

2017年以来，受人民币升值及国际经济形势稳中向好的影响，濮阳市涉外收支总规模出现上升，跨境资金整体呈净流入状态，净流入总额5.3亿美元，同比上涨17.3%；结售汇顺差有所扩大，顺差规模3.8亿美元，同比上升25.2%。

一、外汇收支总体情况。收支总规模小幅上涨，净流入进一步扩大。全年涉外收支总规模8.6亿美元，同比上涨9.3%。其中，涉外收入6.96亿美元，同比增长12.22%，涉外支出1.66亿美元，同比下降1.47%；净流入5.3亿美元，同比上升17.3%。一是经常项目收入增幅大于支出，顺差有所增长。经常项目下收入6.71亿美元，同比上涨17.35%；支出1.34亿美元，同比上涨0.22%。经常项目顺差5.37亿美元，同比上涨22.62%。二是资本项目收入及支出均有所降低，收入降幅高于支出。资本与金融项目项下收入0.25亿美元，同比降低49.13%；支出0.31亿美元，同比降低48.19%。三是结售汇规模整体下降，售汇降幅明显。受人民币不断升值的影响，濮阳市辖区结汇5.02亿美元，同比上涨1.42%；售汇1.18亿美元，同比下降37.26%；结售汇顺差3.84亿美元，同比上涨25.22%。

二、外汇收支的主要特点。2017年，濮阳市一般贸易项下出口收汇4.55亿美元，同比上涨6.26%，服务贸易项下收汇同比大幅增长，付汇基本持平2016年。服务贸易项下收汇1.32亿美元，同比增长118.52%。直接投资项下业务收入及支出仅占总收入和总支出的4.16%和0.3%，分别同比下降90.9%和91.8%；辖内跨境融资项下总额为0.24亿美元，同比下降48.9%。

（郭婷婷）

【银行业改革与发展】

一、大型国有银行改革稳步推进。2017年，四家国有商业银行及邮政储蓄银行为应对新形势，加快转型发展，从机构、机制、营销、运行等方面进行了一系列改革，并取得了积极成果。

二、农村信用社改革成效明显。范县农村信用社于2017年1月顺利改制为农村商业银行。2017年末，全市农商行为2家，其余4家农信社的改制稳步推进，各项经营指标基本达标。其中，市区农信社和清丰农信社已获河南银监局批筹，南乐县农信社在河南银监局已上会通过。

三、普惠金融机制改革持续深化。部分银行业金融机构不仅设立普惠金融事业部、三农事业部，而且不断下沉重心，向县域、重点乡镇设立分支机构。年内，中原银行濮阳分行在南乐县元村设立了首家乡镇支行，中国银行在台前县也设立了支行。

【证券、保险业改革与发展】

一、证券业。2017年，濮阳市证券业受股市低迷影响，业绩有所下滑，保险业发展势头良好。2017年末，全市共有证券经营机构4家，年内新增1家。市场份额最大的中原证券濮阳分公司全年实现A股、基金交易量累计768.28亿元，市场份额0.315‰，年末客户总数106084户，总资产72.46亿元，其中托管证券市值68.16亿元。

二、保险业。全市共有保险支公司36家，其中寿险22家，财险14家，从业人员3万余人。全年保费收入75.01亿元，同比增长16.49%。其中寿险保费收入62.77亿元，同比增长16.31%；财险保费收入12.24亿元，同比增长17.47%。总赔付支出24.72亿元，同比增长19.42%。其中寿险赔付19.38亿元，同比增长21.43%；财险赔款5.34亿元，同比增长12.66%。

（杨 军）

许昌市

【经济运行情况】

2017年，全市生产总值完成2642.1亿元，比2016年同期同比增长8.7%，总量居全省第四位，增速居全省第1位。其中，第一产业增加值155.9亿元，增长4.1%；第二产业增加值1555.1亿元，增长8.3%；第三产业增加值931.1亿元，增长10.3%；三次产业结构为5.9：58.9：35.2。全市规模以上工业增加值比2016年同期增长9.0%，居全省第2位。固定资产投资完成2531.8亿元，比2016年同期增长11.8%。全市社会消费品零售总额完成891.3亿元，比2016年同期增长12.2%。

2017年，全市外贸出口有所增长，进口持续下降。全年全市进出口总值完成99.8亿元，比2016年同期增长2.0%。其中，出口总值92.3亿元，进口总值7.5亿元。一般公共预算收入完成145.3亿元，比2016年同期增长14.2%。

（李翼良）

【金融运行情况】

一、银行业运行基本情况。2017年12月末，许昌市银行业资产总额2566.03亿元，较2016年同期增加182.09亿元，增长7.64%；负债总额2470.73亿元，较2016年同期增加139.95亿元，增长5.66%。不良贷款余额86.13亿元，较2016年同期增加17.78亿元，占各项贷款余额的5.33%；实现利润7.40亿元，比2016年同期增加0.78亿元。

一是人民币各项存款较2016年增速增量均有所下降。2017年末，许昌市金融机构人民币各项存款余额2172.9亿元，比年初增加175.47亿元，增长8.78%，比2016年同期下降6.47个百分点。二是人民币各项贷款保持稳定。2017年末，许昌市金融机构人民币各项贷款余额1614.81亿元，比2016年同期增加150.58亿元，增长10.28%，同比上升2.38个百分点。承兑敞口略有收紧。2017年12月末，许昌市金融机构银行承兑汇票余额100.74亿元。

二、证券业运行情况。2017年末，许昌市证券业机构资产总额8.34亿元，比2016年同期减少3.07亿元；负债总额7.76亿元，比2016年同期减少2.88亿元。客户交易结算资金9.86亿元，比2016年同期减少3.77亿元；实现利润0.31亿元，较年初少盈0.01亿元。

表1 许昌市证券业机构基本情况表

单位：亿元

项目		2017年12月底	2016年12月底
机构数（个）	证券公司（非法人机构）	1	1
	证券营业部	14	11
	证券服务部	0	0
从业人员（人）		174	177
证券交易量		1664.63	1364.36
客户交易结算资金		9.86	13.63
资产总额		8.34	11.41
负债总额		7.76	10.63
利润总额		0.31	0.32
管理客户资产总值		167.24	145.19
其中：客户保证金		9.86	13.63
受托资产管理		153.61	131.56
营业收入		0.75	0.79
其中：经纪业务手续费收入		0.68	0.68
利息收入		0.07	0.11

三、保险业运行情况。2017年末，许昌市保险机构保费收入73.92亿元，其中人寿保费收入60.35亿元，财产保费收入13.57亿元；理赔支出23.24亿元，其中人寿理赔支出14.91元，财产理赔支出8.33亿元，缴纳税费5810.66万元，代收代缴车船税8421.44万元。

表2 许昌市保险业基本情况表

单位：亿元

项目		2017年12月底	2016年12月底	增减数
机构数（个）	非法人机构	48	46	2
网点数（个）		340	334	6
从业人员（人）	正式在编人员	1595	1580	15
	保险代理员	12940	12925	15
保费收入	人寿保险公司	60.35	52.96	7.39
	财产保险公司	13.57	13.67	-0.1
理赔支出	人寿保险公司	14.91	7.97	6.95
	财产保险公司	8.32	7.29	1.04
保费收入合计		73.92	66.63	7.29
理赔支出合计		23.24	15.25	7.98

（王志娟 包丰源）

【货币政策执行情况】

一、科学贯彻稳健中性货币政策，全面加强宏观审慎管理。一是加强窗口指导。制定印发《关于支持许昌经济社会转型发展的信贷指导意见》（许银发〔2017〕38号），要求银行业金融机构科学贯彻稳健中性货币政策，支持许昌市经济社会转型升级发展。二是加强宏观审慎管理。组织实施对辖内11家法人机构前3季度的宏观审慎评估工作，敦促法人金融机构专注主业、调整和优化信贷结构。三是强化货币政策管理。至2017年12月底，累计发放再贷款4亿元，开办电票再贴现业务，累计办理再贴现178笔、金额2.99亿元。四是继续做好住房金融服务工作。至2017年12月末，全市个人住房贷款余额291.69亿元，较年初增加73.56亿元，同比增长33.72%。

二、努力做好中小微企业金融服务。一是建立金融重点支持企业“白名单”制度。要求金融机构积极实施“一企一策”，提升金融服务水平，加大信贷支持力度，至2017年12月末，两批白名单内企业共获得贷款78.33亿元。二是开展“银税互动”行动。出台《关于进一步加强银税互动 助推小微企业发展的意见》，引导金融机构创新推出了“银税通宝”、“税易贷”、“税融通”、“税单贷”等创新金融产品。全年对符合条件的290户小微企业发放1.3亿元的纯信用贷款。三是大力推动供应链融资发展。督促核心企业在平台上积极确认应付账款，为上游中小企业融资提供信用背书，2017年办理贷款43.4亿元。四是积极搭建银企对接平台。2017年通过银企合作平台签约合作意向逾400亿元，实际到位资金不低于370亿元。

三、加强政策宣传与管理，推动区域金融市场健康发展。一是加强直接债务工具推广应用。2017年全市共发行中票、公司债、企业债91.5亿元，存续期债券余额172.9亿元。其中许昌市大盛微电股份有限公司获准发行全省首只双创公司债，融资5000万元。二是鼓励和规范票据业务发展。2017年，全市金融机构共签发银行承兑汇票15.35亿元，办理贴现14.6亿元。三是加强银行间债券市场监督管理工作。2017年许昌市金融市场业务量749笔、1407亿元。

四、加强黄金市场业务管理工作。严格按照程序办理商业银行黄金业务报备工作，采取暗访和接受监督举报形式，及时纠正金融机构开展黄金业务中存在的问题，督促其健全黄金市场业务风险管控制度，防范市场风险。2017年许昌市黄金交易量共1830千克，价值50913万元。

（侯栋军）

【金融稳定情况】

一、银行业与金融稳定。一是部分村镇银行小额贷款存在风险。2017年辖内某村镇银行在剔除员工担保贷款，该村镇银行户均余额为156万元，高于监管法定值56万元。经过与该村镇银行相关人员的座谈，该行存在集中发放小额贷款、人为修饰监管指标的问题。2017年被许昌银监局罚款20万元。二是商业银行法人客户不良贷款上升较多。2017年末，中国工商银行股份有限公司许昌市分行法人客户不良贷款34户、余额10.49亿元，较2016年同期增加5.49亿元，不良贷款比11.52%，较2016年同期增加5.8个百分点。三是政策性银行业务范围有限，信贷产品单一。如农业发展银行许昌市分行信贷产品比较单一，与农业农村经济发展的旺盛需求相比，需要进一步拓宽，信贷支农力度还不够大。四是部分农村商业银行贷款五级分类划分不准确。

二、证券业与金融稳定。一是盈利能力不高。2017年末，许昌市14家券商利润总额为0.31亿元，其中9家机构亏损。二是信用交易风险。在经纪业务中由于给予客户融资融券而承担的被欺骗风险、亏损风险、违规风险应当引起证券从业机构的高度重视。当合同一方或交易对手不能或不愿意履行合约承诺将会导致公司遭受损失。三是证券市场竞争日趋激烈。2017年末，许昌市证券营业部14个，市场日益饱和，存在争相降低佣金问题，使得券商佣金率不断走低。

三、保险业与金融稳定。一是代理人素质参差不齐，在管理上存在困难和问题。保险公司因为代理人来自各行各业，流动性较大，加之个人素质参差不齐，造成管理上存在一定的难度和问题。二是对人员（销售人员、保险人、被保险人）的诚信原则管理的不确定，易引发声誉风险的发生。三是退保率偏高风险。

（包丰源）

【国际收支情况】

一、银行结售汇双双增长。2017年许昌市辖内外汇指定银行代客结汇118523万美元，较2016年同期增长21.50%；代客售汇17562万美元，较2016年同期增长1.28%。结售汇顺差100,961万美元，较2016年同期增长25.87%。

二、跨境资金收支双双恢复增长。2017年，许昌市跨境资金收入129860万美元，较2016年同期增长5.76%；支出29,034万美元，较2016年同期增长0.37%。

三、外商投资企业向境外汇出利润继续进行。2017年，许昌市外商投资企业向境外汇出利润3218万美元，较2016年增长70.78%。

四、直接投资收支双双大幅增长。2017年全市外商来许直接投资收入1092万美元，较2016年同期增长55.78%。

（冯中校）

【行业改革与发展】

一、全力支持农业供给侧结构性改革。一是深入推进农地经营权抵押贷款试点工作，2017年，累计发放农地经营权抵押贷款153笔、10981万元，贷款余额10925.74万元。二是组织开展银农对接，助力新型农业主体快速发展。联合许昌市农业局制定印发了《关于加强银农对接助力农业供给侧改革暨发布金融重点支持农业企业名单的通知》（许银发〔2017〕89号），筛选优秀农业产业化龙头企业，建立金融重点支持农业企业“白名单”，指导金融机构积极主动开展对接。至2017年末，银农对接活动签约合作意向58.73亿元，到位资金50.15亿元，有效支持新型农业经营主体做大做强。

二、推动金融扶贫工作。一是建立金融扶贫保障体系，推动许昌市和各县（市、区）政府建立1.02亿元扶贫贷款风险补偿基金，建立银政保“三位一体”风险分担和风险熔断机制。二是完善农村信用体系建设，以加强农村信用体系建设为抓手，建设“信用户”、“信用村”、“信用乡镇”，大力推广扶贫小额信贷，产业扶贫带动，实现“信用＋信贷”联动，至2017年末，许昌市已录入河南省农村信用信息系统农户信息45359户，其中贫困户信息31962户。三是结合辖区实际，因地制宜开展产业扶贫，探索出“光伏扶贫”、“龙头企业＋贫困户”产业链金融、“政府风险补偿基金＋贫困户”等特色产品，对扶贫工作推进成效明显的机构优先办理支农再贷款、再贴现等予以支持。四是补充金融扶贫力量，确保各项政策落到实地、取得实效。至2017年末，许昌市金融精准扶贫贷款2564笔、金额25.66亿元，其中个人精准扶贫贷款2431笔、金额1.63亿元，产业扶贫贷款27笔、金额24.03亿元，支持带动贫困人口3105人。

三、推进普惠金融发展。一是引导金融机构加强与“双创”示范基地及各类众创空间等载体合作，加大对创业创新企业的扶持力度，设立科技专营支行，开发科技金融产品，支持禹州市大数据产业发展，荣获“全国双创百强县”。大力推动创业担保贷款，实行创业担保贷款基金市级统筹管理使用，增强担保能力，至2017年12月末共发放创业担保贷款3775笔、金额39584万元，支持3616人创业，带动8215人实现就业。二是积极做好新型城镇化金融服务，支持禹州市开展金融支持农民工返乡创业试点，引导金融机构支持产业集聚区带动人口集聚，满足进城农民安家落户金融需求，利用创业担保贷款支持进城和返乡创业农民工创业就业，累计向产业集聚区内吸收返乡农民工就业企业发放贷款4.7亿元、“农民安家贷”5.93亿元、创业担保贷款8735万元。

四、利用资本市场能力显著增强。2017年末，全市共有主板上市企业5家，全省排名第4位；新三板挂牌企业24家，全省排名第3位；区域股权市场挂牌企业35家。直接融资规模不断扩大。2017年全市累计完成直接融资144亿元，完成市定全年100亿目标任务的144%，省定92亿元的156%。一是上市公司（新三板挂牌公司）再融资工作稳步推进，尤其是新三板挂牌企业融资增长较快，新三板公司股票增发2.05亿元；上市（挂牌）公司发行公司债共计37.7亿元。二是积极推动符合条件的政府融资平台扩大融资规模，城投债、中期票据及非公开定向债务工具发行规模创出新高，各级融资平台共发行债券46.3亿元。三是积极利用基金、信托、金融租赁、股权、产业投资基金等多种直接融资工具，扩大直接融资规模，实现融资40.71亿元。

（张　斌　侯栋军）

漯河市

【经济运行情况】

2017年，漯河市生产总值1165.1亿元，增长8.2%，高于年初目标0.2个百分点；其中，第一产业增加值114.8亿元，增长4.4%；第二产业增加值713.8亿元，增长7.9%；第三产业增加值336.6亿元，增长10.3%；三次产业结构为9.8：61.3：28.9，第三产业增加值占生产总值的比重比2016年提高1.8个百分点，对全市GDP增长的贡献率达到33.3%。全年全市粮食种植面积400万亩，全年粮食产量177.8万吨，比2016年增长0.5%。

2017年，全市工业经济增速持续提升，规模以上工业增加值增长8.3%。固定资产投资1185.3亿元，增长11.8%。社会消费品零售总额550.3亿元，增长12%。全市居民消费价格指数为100.9%（以2016年为100%），涨幅比2016年下降0.5个百分点。一般公共预算收入82.7亿元，增长12.3%，高于年初目标4.8个百分点。全市城乡居民人均可支配收入增长9.9%。全市常住人口城镇化率达到50.91%，提高1.68个百分点。实际利用省外资金241亿元，增长7.7%，实际利用境外资金9.01亿美元，增长0.1%。稳定扩大社会就业，全年城镇新增就业4.44万人，失业人员再就业1.53万人，就业困难人员再就业7158人，新增农村劳动力转移就业2.72万人。

（李佩佩）

【金融运行情况】

2017年末，全市金融机构本外币各项存款余额1108.86亿元，较年初增加65.70亿元，增幅6.3%；2017年12月末，全市银行业机构各项贷款余额713.96亿元，较年初增加72.32亿元，增长11.27%，增速比2016年同期下降15.87个百分点，且低于全省平均水平3.29个百分点，位居全省第12位。全年社会融资规模增量为32.65亿元，同比下降18.1%。

（王继军）

【货币、信贷政策执行情况】

一、贯彻落实“货币政策＋宏观审慎政策”双支柱框架，进一步增强金融服务实体经济能力。定期召开金融形势分析会，深入分析漯河市金融形势，按季开展宏观审慎评估，强化对“货币政策＋宏观审慎政策”双支柱的宣传解释，有效协调地方政府目标、监管目标与人民银行总量调控目标的冲突，为漯河市供给侧结构性改革营造良好的货币金融环境。

二、强化责任担当，用心用情打好金融助推脱贫攻坚战。按照“精准扶贫、精准脱贫”的基本方略，积极传导实施稳健中性的货币政策，精准对接产业扶贫项目，2017年末，漯河市精准扶贫贷款余额12.84亿元，金融机构使用扶贫再贷款资金发放的贷款加权平均利率为3.91%，比同期使用自有资金发放的贷款利率低6.09个百分点。

三、加强再贷款、再贴现管理，提升货币政策工具运用效果。一是认真贯彻落实稳健中性货币政策和宏观审慎政策要求，坚持综合发力，坚持“有保有压、有扶有控”，强化正向激励。2017年，累计为辖区多家金融机构发放再贴现15.09亿元，较2016年同期增加13.13亿元，增长6.7倍。二是出台了《关于进一步做好金融支持小微企业发展工作的指导意见》，从增加有效信贷投入、提高贷款审批和发放效率、创新金融产品和服务等十个方面要求做好金融服务工作，滴灌实体经济。在符合宏观审慎要求的前提下，加大对法人金融机构支农支小再贷款的投放力度。2017年末，累计发放支农支小再贷款9.2亿元，较2016年增加3.5亿元，增幅61.4%；漯河市法人金融机构新发放贷款加权平均利率6.3187%，较年初下降了0.79个百分点。

四、强化监测分析，传导稳健中性货币政策，服务地方决策见成效。一是充分发挥利率市场自律功能，提升地区自主定价能力。漯河市利率定价自律机制不断完善，4家法人金融机构通过合格审慎评估，成为全国市场利率定价自律机制观察成员，利率定价系统建设和自主定价能力不断提升。二是建立差别化住房信贷政策监测制度，做好地区重点房地产调控。2017年末，漯河市房地产平均首付比例为30.3%，平均利率水平为基准利率上浮1.12倍，上浮比例占90.74%。

五、深入开展跨境人民币推广与宣传，采取有效措施

满足企业跨境人民币结算需求。2017年末，漯河市跨境人民币结算规模21.58亿元，同比增长32.9%，成为除美元、港币以外地区跨境第三大交易币种。

六、做好培育，加强监管，金融市场对实体经济支持作用明显增强。2017年底，辖区共有银行间债券市场成员3家，银行间同业拆借市场成员1家。全年辖区银行间债券市场成员共完成交易99笔、61.34亿元；共有7家银行业机构开展黄金市场业务，全年累计成交929千克，成交金额3.36亿元。

（陈湘诚）

【金融稳定情况】

一、银行业规模扩张速度放缓，资金“脱虚入实”有所显现。2017年末，全市银行业金融机构资产、负债总额分别为1315.27和1288.4亿元，分别比2016年同期增长8.13%和7.92%，增幅同比下降12.01和12.36个百分点。

二、整体盈利水平显著回升，法人机构风险抵补能力增强。2017年末，全市银行业机构累计实现盈利10.67亿元，同比增盈4.17亿元，增长64.15%。法人机构资本充足率水平良好，抵御风险能力提高。农信社、村镇银行和财务公司资本充足率为4.51%、17.3%和18.2%，分别比年初上升7.4、下降0.78和上升2.75个百分点；拨备覆盖率、流动性指标也有明显改善。

三、不良贷款呈现双降。2017年末，全市银行业机构不良贷款余额为22.07亿元，比年初下降14.84亿元；不良贷款率为3.09%，比年初下降2.66个百分点，不良贷款率比全省平均水平高0.79个百分点，在全省位于第13位。不良贷款清收处置力度加大，全市银行业通过批量转让收回现金、贷款核销等方式共处置不良贷款20.97亿元，比2016年同期多处置17.8亿元。

四、表外业务和投资业务规模收缩，金融去杠杆初现成效。表外业务规模不断下降，2017年末，全市银行业机构表外业务（担保、承诺、金融资产服务类、金融衍生品）余额149.79亿元，比年初减少17.21亿元。

（孟文强）

【国际收支情况】

2017年，全市跨境流动资金总额156364万美元，同比增长0.67%。其中涉外收入金额66442万美元，同比下降6.17%。对外支出金额89922万美元，同比增长6.40%。跨境资金净流出23480万美元，同比增长71.30%。

跨境人民币流动30045万元，同比下降37.85%，其中跨境收入736万元，同比下降88.15%；跨境支出29309万元，同比下降30.43%；净流出28573万元，同比下降20.44%。

（王晓琛）

【银行业改革与发展】

一、服务实体经济效率明显提升。一是信贷投放积极有效。2017年末，漯河市银行业金融机构贷款余额达713.96亿元，比年初增加72.32亿元，增长11.27%。若考虑农信改革18.59亿元不良贷款的调账因素，贷款实际比年初增加90.91亿元，增长14.17%。二是债委会制度深入推进。债委会工作制度进一步完善，完成融资规模5000万元以上的债委会组建，涵盖52家企业，在辖内银行业金融机构信贷规模合计93.29亿元。三是薄弱领域金融服务不断加强。小微金融服务方面。2017年末，小微企业贷款余额250.74亿元，比年初增加33.07亿元，增幅15.19%，高于各项贷款增速3.92个百分点，小微企业贷款户数2.18万户，同比增加0.67万户，小微企业申贷获得率96.65%，同比增加1.17个百分点。涉农贷款余额348.48亿元，比年初增加31.68亿元，增长10%。

二、银行业风险防范持续加强。一是信用风险有效化解。2017年，漯河市银行业金融机构不良贷款余额22.07亿元，不良贷款率3.09%，分别较年初减少14.84亿元和下降2.66个百分点，保持了不良贷款“双降”态势。二是流动性风险有效防范。重点加强对五家农信社和三家村镇银行监管，督促法人机构全面梳理所有可能诱发流动性风险的不稳定因素，并做好应对和处置工作。三是票据业务风险有效管控。2017年末，漯河市票据融资规模24.73亿元，比年初减少8.32亿元，下降25.17%。四是交叉性金融业务风险有效化解。2017年末，漯河市银行业金融机构表外业务余额149.79亿元，比年初减少17.21亿元，下降10.31%。委托贷款余额49.05亿元，比年初减少47.59亿元，下降49.25%。表内投资余额24.01亿元，比年初减少6.86亿元，下降22.22%。金融领域的交叉风险得到一定控制，银行业资金回归本源呈现积极信号。

三、银行业改革发展积极推进。一是全力推进农信社改革发展。2017年底，漯河市城建投公司向市区3家联社注资27亿元，另外剩余的13亿元资金将于1月中旬到账。市区3家联社自身累计清收和压降不良贷款共计7.94亿元，处置非标资产0.9亿元；处置抵债资产0.15亿元，不良贷款率压降到2.54%，拨备覆盖率162.56%，贷款拨备率为4.12%，达到组建农村商业银行标准。二是规范村镇银行发展。大力整治村镇银行委托贷款业务，促其回归“立足县域、服务社区、支农支小”的市场定位。新设村镇银行基层网点2个，金融服务覆盖面不断扩大。

四、监管有效性不断提升。一是严格依法监管。发挥监管处罚震慑作用。2017年，依法对召陵联社、农发行、邮储银行等3家机构处罚30万元，对3名高管处罚15万元，取消1名高管任职资格。二是推进科学监管。严格现场检查，对12家银行业金融机构开展现场检查项目15个，发现问题260个，涉及金额73.15亿元。依法办理行政许可，今年以来共受理行政许可事项28项，全部按要求实现信息公开。

（黄　冰）

【证券、保险业改革与发展】

2017年末，漯河三家证券公司（中原证券、民生证券、方正证券共5家营业部）实现累计交易量734.13亿元，比2016年下降16.4%；净利润1157.8万元，比2016年同期减少1111.71万元，降幅48.98%。客户总资产182.41亿元，同比增长27.05%。融资融券业务总收入4009.55万元，新增开立信用账户137个，累计开立信用账户2856个；信用交易额87.4亿元，实现利息收入3109.27万元。

2017年末，漯河市共有保险公司36家，较2016年新增1家。其中财险公司14家，寿险公司22家，从业人员近17000人。累计实现保费收入50.35亿元，同比增长29.745%。其中，财险收入8.39亿元，同比增长15.28%；寿险收入41.96亿元，同比增长32.71%。赔付支出共计14.34亿元，其中财险公司赔付4.46亿元，寿险公司赔付9.88亿元。缴纳各项税款总计1.63亿元。

（孟文强）

三门峡市

【经济运行情况】

2017年三门峡市生产总值完成1460.81亿元，同比增长8.5%，增速位居全省第二位。地方财政总收入完成144.4亿元，增长11.9%，其中财政一般公共预算收入108.18亿元，增长10.7%，增速比2016年高2.9个百分点。税收收入完成76.1亿元，增长15.2%，占公共预算收入的比重为70.3%，比2016年提升2个百分点，比全省平均比重高1.7个百分点。一般公共预算支出完成212.81亿元，增长13.6%，位居全省第五位。

一、财政向民生的投入大幅度增加。2017年，三门峡市财政支出中涉及民生支出157.8亿元，占一般公共预算支出比重74.1%。其中，教育、医疗卫生列入GDP核算的8项重点支出完成155.3亿元，增长19.9%，增速位居全省第二位。

二、投资优化增长，内需稳定增长，出口创新高。固定资产投资1980亿元，增长11.5%；社会消费品零售总额493.87亿元，增长11.8%；进出口稳定增长，进出口总值79.6亿元，增长9.7%，其中出口22.3亿元，增长28.7%。

三、工业结构改善明显，企业效益有所提升。2017年，三门峡市规模以上工业增加值622.52亿元，增长9.1%，增速位居全省第二位；规模以上工业企业实现主营业务收入3118.3亿元，增长8.3%，较2016年提高11个百分点；实现利润总额198.9亿元，增长5.7%，较2016年提高12.3个百分点；亏损企业亏损额同比下降33.8%，减亏8.6亿元；产成品库存下降8.5%。

四、第三产业和双高产业对经济增长的贡献率不断提高。第三产业占GDP比重达35.1%，较2016年提高0.6个百分点，对经济增长的贡献率达37.3%。高新技术产业、高成长性制造业增加值分别增长16.1%和16.2%，对工业的贡献率分别达29.8%和24.9%。

五、居民可支配收入较快增长，市场物价平稳。城镇居民人均可支配收入27562.3元，增长9.1%，农村居民人均可支配收入13084.4元，增长9.2%。市场物价稳定，居民消费价格稳定在1.8%。城镇居民收入、农村居民收入增速分别位居全省第五位和全省第一位。

【金融运行情况】

一、存款增速稳定。2017年，三门峡市金融机构本外币各项存款余额为1245.10亿元，同比增长8.47%，增速比2016年低1.76个百分点；比年初增加97.21亿元，同比少增9.25亿元。人民币各项存款余额1240.84亿元，较年初增加97.61亿元，同比增长8.54%，同比少增8.02亿元，增速比2016年低1.64个百分点，增速在全省地市中的排名第13位，低于全省0.89个百分点。

二、贷款增长强劲，同比多增。2017年，三门峡市金融机构本外币各项贷款余额为774.11亿元，同比增长9.72%，增速比2016年高5.61个百分点；比年初增加68.58亿元，同比多增40.74亿元。人民币贷款余额771.18亿元，比年初增加70.06亿元，增长9.99%，同比多增40.7亿元，增速比2016年高5.62个百分点。低于全省平均水平4.37个百分点，增速在全省地市排名第15位。分机构看，除工行和邮储银行贷款分别较年初较少2.99亿元、1.03亿元，其他机构均增加。

分项目看，中长期贷款快速增长。2017年，短期贷款余额为371.89亿元，较年初减少16.82亿元，下降4.33%。中长期贷款余额为366.67亿元，较年初增加83.16亿元，增长29.33%，高于短期贷款33.66个百分点。涉农贷款不增反降。2017年，全市金融机构涉农贷款余额为368.45亿元，较年初减少1.24亿元，下降0.34%。大型、中小型企业贷款增长，房地产贷款增势强劲。2017年，三门峡市金融机构大型企业贷款较年初增加15.98亿元，增长8.51%，增速比2016年高0.34个百分点；小微企业贷款较年初增加38.13亿元，增长30.75%，增速比2016年高3.86个百分点，高于各项贷款增速20.76个百分点；中型企业贷款较年初增加3.51亿元，增长4%，增速比2016年低1.17个百分点。三门峡市金融机构购房贷款余额74.45亿元，较年初增加24.55亿元，增长49.19%，增速比2016年高31.93个百分点。

【货币、信贷政策执行情况】

一、金融精准扶贫取得突破性进展。人民银行发挥金融扶贫牵头作用，在卢氏县创建金融助推脱贫攻坚试验区，打造金融服务、信用评级、产业支撑和风险防控“四大体系”，形成金融扶贫“卢氏模式”“陕州做法”，探索出一条“可复制、可推广”的金融扶贫之路，全省金融扶贫工作现场（培训）会、全省金融扶贫“卢氏模式”现场观摩推进会、全国金融扶贫现场观摩会在三门峡市召开。习近平总书记、汪洋副总理、马凯副总理等领导肯定批示，精准扶贫的做法被全省、全国推广。引导金融机构创新“农居贷”“脱贫助力贷”等一系列扶贫贷款产品和模式，撬动金融机构自有资金和财政资金的投入，为脱贫攻坚提供有力的资金支持。2017年三门峡市金融精准扶贫贷款余额达21.12亿元，较年初增加5.75亿元，增长37%。

二、畅通货币政策传导渠道，扩大信贷总量和社会融资规模。加强窗口指导，组织召开金融机构宏观调控季度例会和信贷工作座谈会。按季组织开展宏观审慎评估，引导金融机构合理确定信贷投放规划。举办利率报备培训班，组织召开三门峡市市场利率定价自律机制会议，完成2016年度法人金融机构合格审慎评估工作，8家机构被评估为全国利率自律机制观察员。2017年三门峡市贷款规模大幅增加，社会融资规模扩大，增量达72.04亿元，较2016年多增84.41亿元。

三、推进供给侧结构性改革，服务实体经济发展。组织开展“金融支持工业企业转型升级大走访”活动，全面摸排工业企业经营情况，实行差异化信贷政策，开展银农、银企对接活动，落实定向降准政策，提升创业担保贷款的便捷性，引导金融机构对重点领域和薄弱环节的信贷支持。2017年，三门峡市小微企业贷款大幅提升，创业担保贷款累计发放4609笔、金额4.79亿元。申请新增支农再贷款限额12亿元，使再贷款限额达20.2亿元；支农再贷款余额为14.39亿元，较2016年增加7.93亿元，增长1.23倍，累计发放再贷款13.07亿元，同比增长2.62倍。

【金融稳定情况】

防范和化解金融风险，着力维护辖区金融稳定。开展重点领域风险摸底排查，对辖内灵宝黄金产业、义马煤炭产业、高负债率企业、非法集资情况等重点行业及风险高发领域开展系统的风险排查。加强对金融机构黄金业务的检查，针对辖区灵宝市黄金质押骗贷案对地方金融生态环境带来的不利影响，向灵宝市政府送达《金融风险提示函》，有效化解黄金骨干企业间的担保链风险。围绕农信社（农商行）不良贷款处置开展核查，完成辖区存款保险保费归集，对辖区9家投保机构开展现场评级工作，根据风险状况实施存款保险差别费率制度。探索开展存款保险制度建设，创建存款保险分支机构名录管理系统。全年辖区金融运行平稳。

【国际收支情况】

跨境资金收支、银行结售汇总额同比下降，逆差额减少。2017 年三门峡市跨境资金收支总额 113856 万美元，同比下降 27.54%。其中，跨境收入总额 34586 万美元，同比增长 20.47%；跨境支出总额 79270 万美元，同比下降 38.69%；跨境资金净流出 44684 万美元，同比下降 55.58%。三门峡市银行累计结售汇 99704 万美元，同比下降 9.46%。其中，银行结汇 24982 万美元，同比增长 65.77%；银行售汇 74722 万美元，同比下降 21.39%。银行结售汇逆差 49740 万美元，同比下降 37.81%。

【行业改革与发展】

一、深化银行业改革发展。一是扎实推进两级农商行组建工作。陕州农商行、灵宝联社清收核销处置不良贷款 1.13 亿元；湖滨农商行压缩超比例贷款 7300 万元；灵宝联社处置变现抵债资产 3400 万元，政府出资回购置入资产 2.6 亿元，提前收回违规购买大额存单 14 亿元。在灵宝农信社验收核查中，核实收回违规贷款入股资金 1.1 亿元；在市级农商行组建中，对洛阳、灵宝等 37 家入股法人全部实施核实，确保股东资格真实合规。2017 年底灵宝农信社完成各项问题整改，即将批筹组建农商行。二是积极支持村镇银行改革。支持辖内 2 家法人机构股权平稳变更并实现更名，引导村镇银行进一步健全法人治理、加强内部控制，持续提升服务实体经济能力和风险抵抗能力。

二、银行业监管质效稳步提升。一是整治银行业市场取得初步成效。2017 年累计发现各类问题 184 个，涉及金额 75 亿元。做出行政处罚决定 23 件，处罚机构 8 家，罚没 517 万元，处罚责任人员 18 名。召开行政许可委员会会议 1 次，行政处罚委员会会议 6 次，依法核准高管任职资格 38 人，取消高管任职资格 9 人。责成银行业金融机构内部问责处理机构 8 个，人员 54 人次，依法向司法机关移交 1 人。二是加强信用风险防控。2017 年全力清收处置不良贷款，实现余额占比双下降。全年共清收处置化解各类不良贷款 26.73 亿元，不良贷款余额减少 2.29 亿元，占比下降 0.65 个百分点。三是加强金融债权维护，2017 年执行金融案件 382 笔，收回不良资产 11.07 亿元；传唤、抓捕、拘留、判刑金融老赖 1452 人，曝光失信人员 1724 人，查封、扣押财产 8.16 亿元，执行现金 1.78 亿元，通过仲裁解决借款纠纷 38 起，挽回经济损失 8000 多万元。

【证券、保险业改革与发展】

一、证券经营业务继续低迷，利润断崖式下跌得到遏制。2017 年，三门峡市证券行业共 5 家分支机构，其中中原证券和新时代证券分支机构的经营数据基本反映三门峡市证券市场的整体发展状况。2017 年，中原证券和新时代证券的管理客户资产分别为 30.80 亿元和 11.63 亿元，分别较年初增加 18.65% 和减少 14.63%；证券交易量分别为 25.03 亿元和 13.13 亿元，同比分别下降 20.17% 和 28.91%。利润总额同比分别下降 25.13% 和 37.75%。

二、保险业经营稳步发展。2017 年，三门峡市保险业机构共 25 家，财险公司业务增速大于寿险公司。全年实现保费收入 38.63 亿元，同比增长 22.36%，较 2016 年提高 8.18 个百分点。财险公司保费收入 8.33 亿元，同比增长 25.45%。

南阳市

【经济运行情况】

2017年，南阳市生产总值3377.70亿元，增长6.8%。其中第一产业增加值537.30亿元，增长4.6%；第二产业增加值1442.97亿元，增长5.6%；第三产业增加值1397.43亿元，增长9.2%。三次产业结构为15.9：42.7：41.4，第三产业增加值占生产总值的比重较2016年提高1.7个百分点。人均生产总值33577元，增长6.7%。2017年粮食作物种植面积1191.4千公顷，全年粮食产量643.18万吨。南阳市工业增加值1221.97亿元，增长5.7%。其中规模以上工业增加值增长6.1%，主营业务收入增长2.2%，实现利润增长15.0%。全市固定资产投资3815.41亿元，增长9.9%。社会消费品零售总额1950.92亿元，增长11.1%，居民消费价格稳定在1.5%。

2017年，全市一般公共预算收入284.15亿元，增长5.9%，公共预算支出584.24亿元，增长5.2%。全市城乡居民人均可支配收入19119元，增长9.7%，高于经济增速2.9个百分点。全市年末总人口1194.23万人，常住人口1005万人，城镇化率达44.67%。新批准外商投资企业11个，实际利用境外资金5.87亿美元，增长0.1%。稳定扩大社会就业，全年城镇新增就业8.05万人，失业人员再就业1.9万人，困难人员就业1.06万人，新增农村劳动力转移就业6.35万人。

（武鑫海）

【金融运行情况】

一、存贷款规模稳中有升。2017年末，南阳市金融机构本外币各项存款余额3782.71亿元，比年初增加312.15亿元，同比增长8.77%；在金融强监管去杠杆、居民可支配收入以及结构性存款外流等不利因素影响下，南阳市居民存款、企业存款合计增量仍保持在300亿元关口之上。各项贷款有突破，余额2127.95亿元，比年初增加242.61亿元，同比增长12.87%。

二、信贷结构继续优化调整。从行业投向看，2017年南阳市第一、二、三产业分别新增贷款35.93、20.65、110.67亿元，增量比2016年均有所提高。重点及薄弱领域贷款增长提升。2017年农林牧渔业贷款新增35.93亿元，同比多增40.96亿元。制造业贷款新增12.67亿元，同比多增8.88亿元。

三、小微企业贷款、涉农贷款政策引导效果明显。2017年末，南阳市涉农贷款余额1383.47亿元，较年初增加148.69亿元，占全部新增贷款的60.44%。小微企业贷款余额629.25亿元，较年初增加136.19亿元，同比多增44.13亿元；小微企业授信户数1805户，比2016年增加426户。

四、民生金融服务力度不断提升。2017年末，南阳市金融精准扶贫贷款余额达93.55亿元，当年净增44.03亿元，其中个人扶贫贷款余额27.19亿元，直接服务建档立卡贫困人口达21161人；产业精准扶贫贷款61.13亿元，间接带动建档立卡贫困人口104010人增收减贫。保障性安居工程贷款余额达4.08亿元，有效支持了公共租赁住房、棚户区改造等民生住房项目。土地承包经营权、农村住房财产抵押权贷款继续向前探索，2017年已累计发放0.6亿元。创业担保贷款年末余额8.47亿元，2017年累计发放7.01亿元，较好满足了7942人（次）创业资金需求。南阳市金融机构累计新发放个人购房贷款3.2万余笔、109.44亿元，个人住房贷款2017年净增71.68亿元。

（朱东升）

【货币政策执行情况】

一、综合运用多种政策工具，保持流动性合理充裕。一是强化试点带动，着力提升再贷款使用成效。积极参与优化运用扶贫再贷款发放贷款定价机制试点工作，带动辖内扶贫再贷款余额增至30亿元。二是有效发挥准备金政策定向调控和流动性支持作用。2017年以来，对新增存款投放当地考核达标的7家农信机构和村镇银行定向降准1个百分点；对考核达标的8家农行“三农金融事业部”定向降准2个百分点。三是创新提升扶贫再贷款使用效率，为金融扶贫提供充足资金。2017年累计向南阳市法人机构发放常备借贷便利14.98亿元，有效平抑市场流动性波动，2017年南阳市地方法人金融机构流动性平稳。

2017年末，南阳市支农、扶贫再贷款余额达42.4亿元，居河南省首位，同比增加13.05亿元。金融机构使用再贷款资金发放的贷款利率，低于同期使用自有资金发放贷款利率5个百分点以上。南阳市累计办理再贴现7.64亿元，80%以上支持了小微、涉农企业的票据融资。通过运用准备金工具，2017年累计向南阳市金融机构释放流动性约15亿元，有效提升支持实体经济的实力。

二、发挥货币政策工具的引导作用，引导利率水平趋于平稳。一是强化“价格型”货币政策调控框架培训工作，加强法人机构对利率市场化的适应能力。二是强化市级定价自律工作机制的约束力度，加强对利率政策执行情况的监督指导。三是大力推进合格审慎评估工作，提升同业存单发行积极性。2017年，南阳市16家地方法人金融机构参与合格审慎评估，经审核，达到自律机制基础成员标准的有1家，达到观察成员标准的有14家。四是推动法人金融机构建立、完善存贷款和内部资金转移定价系统，法人金融机构利率定价能力建设取得重要进展。金融机构整体利率水平趋于稳定，存款上浮幅度基本在基准利率的1.3倍之内，总体贷款利率跟随公开市场操作利率同比略有提高。

三、深入贯彻宏观审慎评估政策，引导货币信贷合理增长。一是加强对MPA评估新政策宣传解读，积极开展相关培训，不断强化法人金融机构审慎经营观念，着力引导金融机构加强自我约束。二是开展MPA对银行体系流动性影响调研，并创新编设《MPA倒退广义信贷增速表》，督促法人机构发挥主观能动性，自行按照宏观审慎评估要求，规范辖区广义信贷增速。三是扎实做好宏观审慎评估工作，分别于4月、7月、10月完成了度的正式评估工作。

（董博文）

【信贷政策执行情况】

一、大力推进金融精准扶贫，支持脱贫攻坚和贫困人口脱贫。一是开展并运用金融精准扶贫政策导向效果评估，引导辖区金融机构加大对贫困地区的资金投放。二是推进金融扶贫“四个体系”建设，2017年末，南阳市7个贫困县设立四方分担风险补偿金近2.5亿元，县、乡、村三级金融扶贫体系均已完善，农村贫困人口信用采集全覆盖。三是充分发挥再贷款在金融扶贫中的杠杆作用，精准对接产业扶贫需求开展创新。2017年末，南阳市再贷款限额达到42.9亿元，达到河南省的近五分之一。2017年，南阳市金融精准扶贫贷款余额93.55亿元，同比增长88.91%，较年初新增44.03亿元，累计带动服务贫困人口30.8万人，占南阳市建档立卡贫困人口的70%。

二、落实好创业担保贷款政策，支持大众创业、万众创新。落实好创业担保贷款政策。加强与人社部门的沟通协调，积极探索新模式、新机制，推动创业担保贷款业务规范发展，加大对符合条件的创业人员支持力度。2017年末，南阳市创业担保贷款余额8.5亿元，2017年累计发放贷款7910笔、金额6.98亿元。

三、加快推动农地经营权抵押贷款试点，推进农业供给侧结构性改革。一是搭建平台，强化配套机制建设。组织召开“两权”抵押贷款项目签约及政策宣讲大会，4家涉农金融机构与8家企业签约5098万元。二是探索可复制、易推广的贷款模式。创新推出“农地经营权抵押+担保+中原农保”的信贷模式，指导各机构在信贷管理制度、产品设计等方面加大倾斜力度。三是加强对试点工作的督导调研，协调推动有关部门加快流转交易平台建设，完善风险缓释等配套机制。2017年末，累计发放农村承包土地的经营权抵押贷款32400万元，余额7248万元。

四、创新信贷政策引导，加大对小微企业支持力度。一是以小微企业信贷政策导向效果评估为抓手，综合运用再贷款、再贴现等货币政策工具，引导资金向小微企业倾斜，降低小微企业融资成本。二是推广应收账款质押融资服务平台，引导金融机构向小微企业发放应收账款质押贷款。三是加大信贷产品创新力度。加大金融服务科技型、生态型小微企业支持力度，优化金融服务方式，提高小微企业融资能力。四是鼓励各银行业金融机构加大与上级行沟通，争取信贷规模、直贷项目和单列指标，引导金融机构向县域下放贷款审批权限。2017年末，小微企业贷款余额628.66亿元，较年初新增135.61亿元，新增占全部贷款比重为55.90%，同比增速为27.50%，高于各项贷款增速14.63个百分点。

（安珂铮）

【金融稳定情况】

一、进一步加强宏观审慎管理，合理引导金融机构稳健经营。在市场深化和金融创新快速发展的背景下，继续发挥宏观审慎政策的逆周期调节作用，引导金融机构加强流动性管理，盘活存量、优化增量，合理安排资产负债总量和期限结构，控制杠杆率，优化资金流向，有针对性地支持实体经济发展。

**二、发挥好金融稳定监测评估的针对性和有效性，不

断提高风险预判预警与处置能力。一是密切关注银行业金融机构资产质量变化情况和流动性风险状况，加强地方政府融资平台、房地产、产能过剩行业等领域信用风险监测，继续高度关注企业担保链传染风险。二是继续加强跨部门、跨行业、跨市场风险监测，有效控制交叉性和传染性风险。三是执行和落实好《存款保险条例》，做好存保评级工作，发挥好存保风险兜底和稳定器作用，履行管理职责，不断开展监测和预警工作，及时化解风险。

三、推动保险转型升级，规范资金运用谨防监管套利。推动保险公司在控制万能产品销售的同时增加传统保障型产品的销售；加快发展科技保险、文化产业保险等新兴保险业务，拓展网络营销。加大对保险资金的运用的关注力度，谨防产品多层嵌套、监管套利等问题，创新监管工作和强化监管信息系统等基础设施建设，从严规范保险资金关联交易行为，把差异化监管和分类监管落到实处。

四、加强证保机构风险监测，继续探索开展稳健性评估。2017 年南阳辖区没有证券直接监管部门，而金融产品及业务的交叉使金融行业间风险传染性日益增强。为此，加强对辖区证券机构风险监测，继续探索对其开展稳健性现场评估，同时积极探索保险业机构的风险监测与评估，通过加强监管，有效维护地方金融稳定。

五、继续深化金融体系改革，夯实金融稳定微观基础。引导、推动法人金融机构不断深化改革，积极稳妥推进农村商业银行组建。畅通银行业金融机构的市场准入，支持民间资本以及社会资本参与农村中小金融机构重组改制，支持符合条件的民间资本发起设立企业集团财务公司和参与发起设立村镇银行。金融机构要推进战略转型和经营方式调整，加强业务流程再造，适应利率、汇率市场化改革带来的挑战，提高创新发展能力和核心竞争力。

（王海彬）

【外汇收支形势】

2017 年，人民币汇率波动显著，跨境资金流动和购付汇模式发生变化，投资等主要渠道资金流动加快，跨境资金流入呈现出稳定的增长势头，流出下降，资金净流入大幅增长。2017 年，南阳市涉外收支总规模 24.39 亿美元，同比增长 2.7%；净流入 10.87 亿美元，同比增长 19.83%。结售汇总规模 18.63 亿美元，同比增长 76.8%；结售汇顺差 10.31 亿美元，同比增长 42.5%。

（杨　楠）

【银行业改革与发展】

一、资产负债规模扩张速度放缓。2017 年末，南阳银行业资产总额 4383 亿元、负债总额 4273 亿元，较 2016 年末分别增加 462.91 亿元和 450.51 亿元；增幅为 11.81% 和 11.79%，较 2016 年分别下降 0.80 和 0.92 个百分点。

二、盈利水平有所回升。2017 年 12 月末，南阳银行业实现利润 36.74 亿元，同比增盈 7.17 亿元，增长 24.23%，高于河南省利润同比增速平均水平 21.59 个百分点。

三、不良贷款整体“双降”，不良处置力度持续加大。2017 年末，南阳银行业不良贷款余额 77.34 亿元，较 2017 年初下降 31.34 亿元，不良率 3.63%，较年初下降 2.13 个百分点。

四、农信改革步伐加快。以风险处置为抓手，加快农信社改革，累计消化处置历史包袱 90.38 亿元。2017 年底，南阳辖区已有西峡、桐柏、邓州、内乡农商银行开业，社旗、镇平农商银行已获准筹建，南阳农商银行筹建材料已上报河南省银监局。

（宋玉长）

【证券业发展概况】

2017 年，南阳市 11 家证券公司整体运行稳健，经营合规，未发生重大风险事件。2017 年 12 月 31 日，南阳证券机构新增开户 33182 户，累计开户 319128 户，2017 年成交额达 1890.93 亿元，累计发债 30.09 亿元，实现利润 3337.11 万元。

2017 年，南阳市的证券业机构中，申万证券、华林证券、中信证券、中银证券、招商证券 5 家机构 2017 年均为负利润，而中原证券利润额为 1753.73 万元，占行业总利润的 52.55%，营业利润差异显著。

【保险业发展概况】

2017 年，南阳市保险业实现健康快速发展，呈现稳中有进、进中向好态势。2017 年，南阳市实现保费收入 153.07 亿元，同比增长 21.79%，稳居河南省第 2 位。其中，财产险市场保费收入 30.38 亿元，同比增长 18.35%；人身险市场保费收入 122.69 亿元，同比增长 22.69%。行业资产总额达到 277.23 亿元，同比增长 13.78%。财产险市场批退率低于河南省平均水平，人身险市场满期给付呈现下降趋势，行业平稳度过 74.39 亿元总额的退保和满期给付高峰，2017 年未发生重大风险和群体事件，牢牢守住了风险底线。

南阳市保险业发展质量逐步提升，多项指标在河南省排名均靠前列。产险盈利能力持续增强，利润占河南省总利润的26.23%，远高于保费占比；寿险销售结构逐渐优化，个代渠道业务占比62%，高于河南省平均水平7.53个百分点。保险深度达到5.17%，较2016年提高0.58个百分点，保险业与经济社会发展的匹配度不断提高。

（武鑫海）

商丘市

【经济运行情况】

2017年，商丘市经济运行稳中向好。商丘市生产总值2217.89亿元，增长8.7%，高于河南省平均水平0.9个百分点，增速居全省第一位。其中第一产业增加值389.59亿元，增长4.5%；第二产业增加值926.48亿元，增长8.6%；第三产业增加值901.82亿元，增长11.1%。三次产业结构为17.5：41.8：40.7，服务业增加值占GDP的40.7%，对GDP增长的贡献率为48.3%，比2016年提高0.7个百分点。全年粮食产量136.23亿斤，占河南省的1/9。工业经济平稳增长，规模以上工业增加值增长8.3%，实现利润增长15.3%。固定资产投资2233.14亿元，增长12.2%。社会消费品零售总额1032.30亿元，增长12.4%。居民消费价格上涨0.6%，低于全省平均水平0.8个百分点。

2017年，一般公共预算收入128.85亿元，增长15.2%；一般公共预算支出463.13亿元，增长9.1%。全市城乡居民人均可支配收入16684元，增长11%。实际引进省外资金613.5万美元，增长8.3%；实际利用境外资金3.26亿美元，增长0.1%。进出口贸易总额4.07亿元，增长32.1%。其中，进口0.55亿元，增长44.7%；出口3.51亿元，增长30.5%。全市工业用电量111.86亿千瓦时，增长4.2%。全市万元工业增加值能耗同比下降5.6%，环境治理成效明显。全市创业创新蓬勃发展，全年全市新增市场主体6.98万户，增长22.3%，年末共有各类市场主体33.02万户，增长15.8%。新增国家级高新技术产业化基地1家，总数4家，居全省第一位；新增国家级科技企业孵化器1家，总数5家，居全省第3位，为经济发展注入了活力。

（江行义）

【金融运行情况】

一、各项存款快速增长。2017年末，商丘市金融机构本外币各项存款余额2689.8亿元，较年初增加398.6亿元，增长17.4%，高于全省增速8个百分点，同比多增88.0亿元，增量居全省第1位，增幅居全省第2位。其中住户存款新增253.6亿元，增长15.1%，同比多增29.1亿元。非金融企业存款增加64.9亿元，增长22.9%，同比少增2.1亿元。广义政府存款新增80.6亿元，增长25.3%，同比多增61.7亿元。

二、各项贷款增量下降，贷款结构有待优化。2017年末，商丘市金融机构本外币各项贷款余额1433.3亿元，较年初增加143.6亿元，增长11.2%，低于全省增速3.2个百分点，同比少增3.6亿元，增量和增速分居全省第8和第12位。

三、金融机构盈利水平上升，不良双降。2017年末，商丘市银行业金融机构不良贷款余额65.7亿元，较年初减少18.3亿元；不良贷款率4.6%，较年初下降1.9个百分点。资产利润率0.7%，同比下降0.1个百分点，净利润19.9亿元，同比增加0.9亿元。

（曹秋华）

【货币、信贷政策执行情况】

一、加强“窗口指导”力度，畅通货币政策传导渠道，认真贯彻稳健货币政策。一是落实“货币政策＋宏观审慎”双支柱政策要求，利用季度经济金融分析会平台，加强对辖区经济金融运行情况的分析研判。二是落实好定向降准政策，及时向辖内有关金融机构传达了总行对普惠金融实施定向降准政策精神。按照定向降准考核机制要求，对金融机构差别存款准备金率进行了动态调整。三是进一步规范和发展再贴现业务，做好票交所再贴现模块运行测试工作，按照适度利润、涉农小微企业优先原则，在新系统环境下成功完成对浦发银行票据审核，并办理全市首笔电子商业汇票再贴现3410万元，缓解银行头寸压力。

二、优化运用扶贫再贷款新机制成效显著。2017年，引导辖区3家试点机构竞价申请扶贫再贷款7.7亿元，借用及投放扶贫再贷款金额占到全省17家试点机构投放总量的四分之一，加权平均利率为5.79%，试点地区融资成本显著降低，试点县精准扶贫贷款可得性、覆盖率显著提升。2017年末，商丘市扶贫再贷款余额20.15亿元，较年初增加44.2%。

三、加强地方法人金融机构管理。一是认真开展了宏观审慎评估工作。组织召开了辖区宏观审慎评估培训会，准确、高效完成了辖区14家法人金融机构评估工作，及时对C档法人金融机构主要负责人进行约谈。二是组织辖区法人金融机构积极申报，完成了2017年合格审慎评估初评工作，引导辖内符合条件的法人金融机构开展大额存单、同业存单发行交易。三是做好信贷调控。按照宏观审慎要求，引导辖区各法人金融机构广义信贷增速，确保广义信贷增速保持在合理区间，引导有限的信贷资金更多投向实体经济。四是加大法人金融机构再贷款资金使用情况、存款准备金制度落实情况现场检查。组织开展了2次再贷款使用情况、存款准备金制度落实情况现场检查，及时反馈问题，按时督促整改。

四、探索普惠金融发展路径。2017年末，辖区睢县、夏邑两县已有36个乡、183个村开展“信用乡、信用村”创建，授信57829户，占两县18-60岁全部农户的21.33%；信用贷款发放12989户，占全部授信农户的22.46%，金额64636万元，其中贫困户8764户，金额44217万元。并且推动政府加强金融扶贫信贷风险缓释机制建设。根据金融扶贫信贷投入配套需求，推动各县（区）政府普遍设立扶贫贷款风险（担保）补偿基金2.1亿元，较2016年末增加1.36亿元，增长183.8%。

五、积极吸引境外资金，切实做大跨境人民币结算量。2017年以来，中国人民银行商丘市中心支行继续积极推进跨境人民币业务发展，做大了辖区跨境人民币结算量。光大集团、中国电力集团2家集团公司投资人民币资金1.25亿元，在商丘辖内民权县、夏邑县设立光大城乡再生能源（商丘）控股有限公司、中国电力国际发展有限公司2家公司，极大带动县域地方经济发展。2017年末，商丘市跨境人民币结算量1.58亿元，其中，中国银行、农业银行、建设银行、工商银行的业务结算量分别为1亿元，农业银行0.5亿元。

（丁　涛）

【金融稳定情况】

一、银行业。一是银行业整体运行稳健，资产、负债规模高速增长。2017年末，全市银行业金融机构资产总额为3138.8亿元，较年初增加495.1亿元，同比多增131.7亿元，同比增长18.77%，增速上升2.8个百分点；负债规模为3075.4亿元，较年初增加493.亿元，同比多增138.9亿元，增长19.1%，增速上升3.2个百分点。二是法人银行业金融机构资本充足水平大幅提高，风险抵补能力有所增强。2017年末，商丘市法人银行业金融机构资本充足率11.3%，同比上升了5.9个百分点；2017年末，商丘市法人银行业金融机构拨备覆盖率237.5%，同比上升210.9个百分点，风险抵补能力有所增强。

二、证券业。一是证券机构资产总额大幅下降，盈利水平大幅下降。2017年末，商丘市证券业经营机构8家，证券营业部13个，资产总额6.1亿元，下降22.2%。负债总额5.8亿元，下降23.3%。本年累计营业收入0.7亿元，下降20.5%；本年累计净利润0.2亿元，下降44.4%。二是证券市场交易额小幅增长，投资者账户数增长放缓。2017年末，全市证券投资者资金账户数19.4万户，增长16.0%，较2016年同期回落10.7个百分点；投资者证券账户数46.2万户，增长25.6%，较2016年同期回落4.8个百分点。证券业市场本年累计交易额1262.4亿元，同比增加31.9亿元，增长2.6%。

三、保险业。2017年末，商丘市共有市级保险公司44家，其中财产保险公司21家，人身保险公司23家。保险密度为838.51元/人，同比增加155.43元/人，增长22.75%。保险深度为3.38%，同比上升0.45个百分点。实现保费收入85.7亿元，同比增长10.4%，其中人身险保费收入63.4亿元，同比增长7.0%；财险保费收入22.3亿元，同比增长20.91%。保险业赔款和给付支出20.66亿元，同比增长21.3%。其中，人身险赔款和给付支出14.5亿元，同比增长23.2%；财险赔款支出10.3亿元，同比增长16.0%。

四、票据市场。认真贯彻相关政策及操作要求，引导金融机构降低贴现利率，通过票据选择明确再贴现支持的重点，对涉农票据和小微企业签发、收受的票据，以及中小金融机构承兑、持有的票据、绿色票据、票面金额500万元以下的票据优先办理再贴现。2017年末，商丘市再贴现限额1亿元，再贴现余额为6410万元。

五、外汇市场。一是银行结售汇总量略有下降。2017年，商丘市银行累计结售汇 4.2 亿美元，同比下降 7.5%。其中，结汇收入 3.0 亿美元，增长 38.5%；售汇支出 1.2 亿美元，下降 48.9%。结售汇逆差 1.8 亿美元，同比多增 2.0 亿美元。二是跨境资金流动小幅上升，支出下降明显，总体呈现净流入态势。2017 年，商丘市跨境资金流动资金申报金额 4.2 亿美元，增长 5.1%。全年顺差 2.1 亿美元，总体呈现净流入态势。三是进出口贸易额回升明显。2017 年，商丘市进出口累计 4.1 亿美元，增长 32.1%。其中，出口额为 3.5 亿美元，增长 30.5%；进口 0.5 亿美元，增长 44.7%，顺差 3.0 亿美元。

六、债券市场。2017 年，商丘市各市场成员持债余额为 110.9 亿元，新增 45.9 亿元。其中，国债余额 6.0 亿元，政策性银行债余额 32.1 亿元，金融债 4.9 亿元，公司信用类债券 9.9 亿元，其他债券余额 56.2 亿元。办理回购业务 975 笔，交易金额 602.9 亿元，同比增加 123.6 亿元，增长 25.8%；现券交易 304 笔，交易金额 168.4 亿元，同比减少 65.2 亿元，下降 27.9%。

七、黄金市场。2017 年末，商丘 6 家机构共成交代理黄金 628.1 千克，增长 5.9%；成交额 1.7 亿元，增长 13.3%。其中个人黄金现货成交量 2.10 千克，成交金额 57 万元；个人黄金延期业务成交量 591.05 千克，成交金额 1.56 亿元。 账户金成交量 738.91 千克，成交金额 2.01 亿元。其中实物黄金成交量 147.74 千克，成交金额 0.51 亿元。

（李小娟）

【银行业改革与发展】

一、银行业机构体系更加完善，银行业发展环境日益优化。2017 年，商丘新增 1 家银行业机构——平顶山银行。2017 年末，商丘辖内共有银行业机构 20 家，包含政策性银行、中资五家大型银行、股份制银行、邮储银行、农村商业银行、农联社、村镇银行等，其中法人金融机构 14 家。商丘银行服务密度达 340.8 亿元 / 百万人，同比增长 51.9 亿元 / 百万人，同比多增 13.8 亿元 / 百万人。

二、继续深化大型商业银行改革创新。密切跟踪辖区内大型商业银行改革进展，关注金融机构经营方式和盈利模式转型方面的情况。跟踪监测评估辖区内农业银行“三农金融事业部”改革进展和成效，关注“三农金融事业部”深化管理体制和运行机制改革情况，积极采取措施推进辖区农业银行深化改革工作。

三、农信社改制取得突破。2017 年，民权农信社成功改制成农商行，辖内华商、永城、民权三家农商行与改制困难的睢县、夏邑、宁陵农信社实现了资金互帮互助。2017 年，累计引入资金 100 亿元，处置不良贷款 90 亿元，化解非标资产 17 亿元，处置置入资产 12 亿元，有力推动了农商行组建工作顺利进行，改制工作总体完成。商丘农商银行筹建工作于 2017 年 11 月通过银监局现场验收，等待批筹。柘城、虞城两县农信社改制农商行筹建申请材料已于 2017 年 12 月获得银监局行政许可会通过，等待获得筹建批复。睢县、夏邑、宁陵三县农信社主要监管指标已于 2017 年 12 月底达到组建农商行标准。

四、大力推进金融支持“双创”。响应国务院关于支持“大众创业、万众创新”的号召，引导银行业金融机构加大对“双创”群体的金融支持力度，2017 年末，商丘市金融机构共发放各类创业担保贷款 4.3 亿元，贷款余额 4.6 亿元，带动 1.7 万余人实现就业再就业。

五、务实开展农村金融创新。深入推进新型农业经营主体主办行工作，引导辖内涉农金融机构制定相关贷款管理办法，对合作对象开展信用评定，加大对家庭农场、农民专业合作社、农业产业化龙头企业等新型农业经营主体的信贷支持力度。2017 年以来，永城、民权两试点县（市）辖内涉农金融机构对 31 家新型农业经营主体累计发放贷款 2.8 亿元，贷款余额 3.86 亿元，较好支持了新型农业经营主体发展。

（李君宝）

信阳市

【经济运行情况】

2017年，信阳市生产总值2226.55亿元，按可比价格计算，较2016年增长6.7%，增速居全省末位，较2016年下降1.63个百分点。其中，第一产业增加值457.86亿元，增长4.4%；第二产业增加值863.41亿元，增长4.4%；第三产业增加值905.28亿元，增长10.6%。全年完成固定资产投资2415.04亿元，同比增长8.9%，增速同比回落0.7个百分点。全年房地产开发投资431.60亿元，同比增长20.4%，增速比2016年回落2.2个百分点。城乡消费市场较平稳，全年实现社会消费品零售总额1085.77亿元，同比增长10.6%，增速同比回落0.9个百分点。全年实际利用外商直接投资5.34亿美元。受国内外经济形势的影响，全市进出口总值5.41亿美元，同比下降6.95%。其中，出口总值2.96亿美元，同比下降7.69%；进口总值2.45亿美元，同比下降6.35%。

信阳市全年粮食总产量556.12万吨，居全省第5位，比2016年下降3.6%。工业用电量49.56亿千瓦时，同比下降7.89%。全年规模以上工业企业完成增加值560.44亿元，同比增长4.5%，增速回落3.5个百分点。信阳市全年财政收入148.38亿元，同比增长16.3%，增速较同期增加10.5个百分点。一般公共预算收入完成100.45亿元，同比增长12.2%。全年税收收入累计完成67.01亿元，同比增长11.9%。全年财政支出达446.21亿元，同比增长9.2%。全年社会保障和就业支出66.03亿元，同比增长21.1%；教育支出102.14亿元，同比增长7.69%；环境保护支出同比增长8.96%、城乡社区事务支出同比增长9.68%。全市人口880.53万，城镇居民人均可支配收入26061元，同比名义增长8.8%；农民人均纯收入11663元，同比名义增长9.5%，城乡居民收入稳定增长。全年新增城镇就业2.5万人，新增转移农村劳动力0.45万人，劳动力就业状况继续改善。

（吕　丽）

【金融运行情况】

2017年末，信阳市金融机构人民币各项存款余额为3050.7亿元，余额突破3000亿元关口，比2016年末增加352.7亿元，较2016年同期多增35.7亿元，同比增长13.1%。各项存款余额、增量、增速分别排全省第4位、第3位和第3位。其中，活期存款余额964.0亿元，比年初增加100.2亿元，同比多增5.7亿元。定期及其他存款余额1609.1亿元，比年初增加145.0亿元，同比少增14.6亿元。

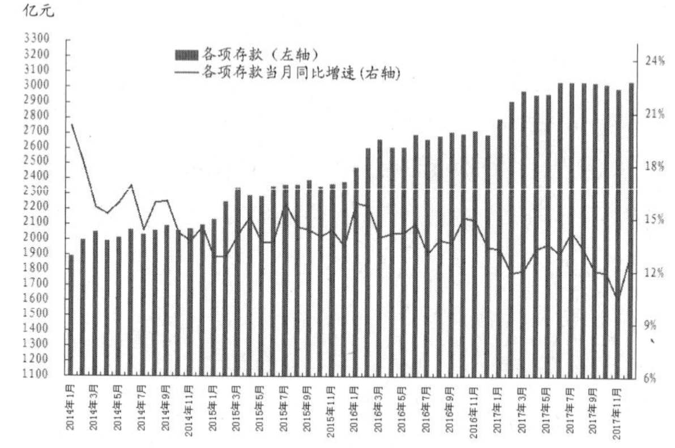

数据来源：中国人民银行信阳市中心支行调查统计部门

图1　信阳市金融机构各项存款余额及当月同比增速

2017年末，全市金融机构人民币各项贷款余额为1583.1亿元，比2016年末增加139.5亿元，较2016年同期少增12.3亿元，同比增长9.7%，增速较2016年回落2.1个百分点，各项贷款余额、增量、增速分别排全省第6位、第10位和第16位，增速排名较3季度下降8位，比年初下降7位。其中，金融机构中长期贷款余额869.3亿元，同比增长22.5%。金融机构短期贷款余额701.7亿元，同比下降0.5%。

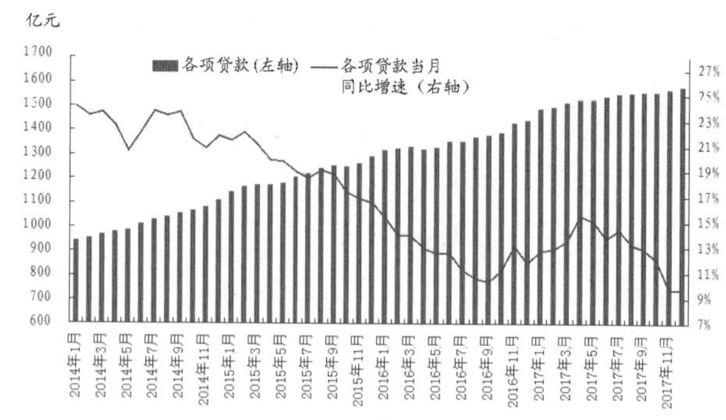

数据来源：中国人民银行信阳市中心支行调查统计部门

图2　金融机构各项贷款余额及当月同比增速

2017年末，全市金融机构不良贷款余额61.7亿元，不良率3.9%，较年初分别下降13.8亿元和1.3个百分点。不良贷款新增较多的机构主要有农发行、建设银行和工商银行，分别新增10.1亿元、8.9亿元和3.3亿元。

（刘　剑）

【货币政策执行情况】

一、加强窗口指导，贯彻落实稳健中性货币政策。2017年，先后6次利用窗口指导会、季度形势分析会等多种形式，传达和讲解稳健中性货币政策内涵和要求，引导金融机构准确理解并贯彻执行好稳健中性货币政策。

二、加强宏观审慎评估，切实抓好信贷调控。2017年，人行信阳市中心支行继续深入贯彻落实宏观审慎评估政策，有效运用MPA评估结果，加强对法人金融机构信贷调控。针对法人金融机构自订计划与上级规划有偏差、投放节奏与调控要求逆周期、日常测算精准度不高等问题，通过加大动态监测力度、下发货币政策指导意见书等措施，使法人金融机构顺应和落实信贷调控要求。

三、综合运用政策工具，保持信贷合理增长。2017年末，信阳市扶贫再贷款余额达18.8亿元，约占全省的1/7，实现了8个贫困县9家法人金融机构全覆盖。同时，向市区2家村镇银行发放支农再贷款8.2亿元，累计办理再贴现3亿元，为新县农商行成功办理首笔2亿元的常备借贷便利（SLF）业务，有效缓解其短期流动性紧张问题。

四、加强合格审慎评估，推进利率市场化。鼓励金融机构积极参与合格审慎评估，推动辖内14家法人金融机构全部参加评估，建立完善存款定价模板和存款定价管理办法，推广2家机构运用内部资金转移和存贷款定价系统。

【信贷政策执行情况】

一、全力做好扶贫开发金融服务工作。2017年末，信阳市扶贫再贷款余额达18.8亿元，约占全省的1/7，实现8个贫困县9家法人金融机构全覆盖，同时，向市区2家村镇银行发放支农再贷款8.2亿元，累计办理再贴现3亿元；至12月末，辖区8县均已设立金融扶贫信贷风险补偿金，总额2.26亿元，人保财险、中原农险已与辖区8县政府签订全面战略合作协议。2017年，全市新增产业精准扶贫贷款31亿元，同比增长143.5%。已投放易地扶贫搬迁各类贷款5.5亿元，累放创业担保贷款2.54亿元，累放助学贷款622.5万元。

二、深入推进“两权”抵押贷款试点。2017年末，辖区试点单位固始县农地抵押贷款余额11085万元，当年新增5685万元，位居全省第二位。“四个一”（一权一证一评估一抵押）简化了贷款流程，执行优惠利率（在基准利率1.5倍以下占比68.2%）提高了农户申请农地抵押贷款积极性。

三、加强和改善金融服务，积极服务供给侧结构性改革。按照“有保有压、有扶有控”的政策要求，对政策执行效果好的机构，强化正向激励，对不符合宏观审慎的，严控新增再贷款。再贴现方面，对涉农票据和小微企业签发、收受的票据优先办理再贴现，确保每季末占比高于50%，实现再贴现结构调整功能。从2017年信贷投向来看，全市信贷结构进一步优化，新增贷款前三的行业分别为租赁和商业服务业、批发零售业、水利环境公共设施管理业，分别新增22亿元、20.6亿元、8.8亿元，新增贷款主要流向消费、服务和公共设施建设行业，信贷结构得到进一步优化。

（李　一）

【金融稳定情况】

一、银行业情况。一是资产负债规模增速减缓，盈利水平下降。2017年末，信阳市银行业金融机构26家，资产总额3445.58亿元，同比增长10.52%，增速减少2.42%。全市银行业金融机构共实现当年利润24.42亿元，较2016年同期减少1.64亿元，同比下降6.3%。

二是地方法人银行业金融机构发展稳健。2017年末，信阳市地方法人银行业金融机构资产总额1163.16亿元，较2016年增加69.52亿元；负债总额1098.86亿元，较2016年增加73.24亿元；2017年实现盈利9.55亿元，比2016年减少2.05亿元；各项贷款余额594.38亿元，较2016年增加25.66亿元；各项存款余额998.73亿元，较2016年增加51.1亿元。信阳市地方法人银行业金融机构不良贷款余额15.71亿元，较2016年减少36.96亿元；不良贷款率为2.64%，较2016年下降6.62个百分点。

三是信贷防控风险压力仍然较大。2017年末，信阳市银行业五级分类不良贷款余额61.75亿元，同比减少13.79亿元，不良贷款率3.9%，同比下降1.33个百分点。如果剔除农信社风险化解因素，实际上全市不良贷款呈双升趋势。

四是存款保险深入实施。顺利完成2017年保费测算和缴费工作，科学开展信阳辖区地方法人投保机构存款保险风险评级。

二、证券业情况。2017年，信阳市13家证券分支机构主要收入仍然是传统的经纪业务收入，占其总收入的 59.42%，相比 2016 年有所下降；创新业务，即融资融券、资产管理计划、理财产品销售收入占比为 32.53%，较 2016 年有所提升。2017 年，信阳辖内 13 家证券分支机构开发融资融券资金账户数比 2016 年多 366 户，新增融资融券余额为 9398.757 万元，增长率为 19.4%，融资融券收入为 2945.02 万元，占总收入的 32.1%，较 2016 年提升了 4.24%。

三、保险业情况。财险公司近年面临的市场竞争很激烈，无序竞争的现象并不少见，导致销售成本提高。综合费用率居高不下，压缩盈利空间，给财险公司带来不小挑战。同时，新设立人寿公司扩张规模，短时期只能依靠银行和邮政渠道，代理人渠道建设则需要较长时间才能完成。

（吕　丽）

【国际收支情况】

一、总体情况。2017 年，信阳市银行结售汇累计完成 61693 万美元，同比增长 10.95%；其中结汇 27504 万美元，同比增长 9.43%，售汇 34189 万美元，同比增长 12.20%，结售汇逆差 6685 万美元。全市累计办理涉外收支 67534 万美元，同比增长 7.62%。其中，涉外支出 36256 万美元，同比增长 10.38%；涉外收入 31278 万美元，同比增长 4.58%。全年累计完成进出口货物收付汇 54179 万美元，同比增长 21%。其中，出口收汇 24536.2 万美元，同比增长 10.79%；进口付汇 29642.8 万美元，同比增长 30.12%。

二、外汇收支特点。2017 年，信阳市出口贸易保持继续稳定增长态势，同比上涨 30.12%。从行业属性看，手工艺品占比 32%，食品药品及农副产品加工占比 30%，电子产品及仪器配件占比 20%，转口贸易及退款占比 12%，矿产品及其他制品占比 6%；全市资本项目涉外收入 1030.2 万美元，同比增长 35.95%。涉外支出大幅下降；对私居民涉外收入 3589.6 万美元，同比下降 18.68%。

（桂山林）

【行业改革与发展】

一、银行业改革与发展。一是银行业体系进一步健全，形成有序竞争局面。2017 年，浦发银行、中信银行、兴业银行相继落户信阳。3 家村镇银行积极向农村乡镇布局网点，发展快速，2017 年新增乡镇网点 6 个，8 家农村信用社改组农村商业银行正稳步推进，其中，淮滨农商行已于 2017 年 9 月 19 日正式挂牌。二是农信社改革步伐加快，风险状况整体好转。2017 年末，全市农信社改制组建农商银行有序推进，已全部达到组建标准（包括完成现场审核、批准筹建、挂牌开业）。淮滨农商银行于 2017 年 9 月 19 日开业。息县、潢川两家联社分别于 10 月 28 日、10 月 29 日召开创立大会，光山联社于 12 月 4 日获得省银监局筹建批复，商城联社已完成省银监局现场验收。

二、证券业改革与发展。2017 年，信阳市新进 3 家券商，分别为招商证券股份有限公司信阳申城大道营业部，银河证券、民生证券股份有限责任公司信阳北京路证券营业部。2017 年末，信阳市共有证券分支机构 14 家。

三、保险业改革与发展。2017 年，信阳市保险公司资产总额 178.50 亿元，同比上升 32.38%；保费收入 106.51 亿元，同比增长 23.86%。信阳市新增寿险公司 2 家、财险公司 1 家，即恒大人寿、吉祥人寿和浙商财险。2017 年末，信阳市保险市场共有保险公司 39 家，其中，二级分公司 3 家，财险公司 18 家、寿险公司 21 家；专业保险中介机构 3 家。

（吕　丽）

周口市

【经济运行情况】

一、经济运行增势趋稳，“稳”的基础不断巩固。全年全市实现地区生产总值2517.03亿元，同比增长7.9%，高于全省平均水平0.1个百分点。其中，第一产业增加值466.88亿元，同比增长4.4%；第二产业增加值1156.86亿元，同比增长7.5%；第三产业增加值893.29亿元，同比增长10.6%。三次产业结构为18.5：46.0：35.5。此外，规模以上工业增加值、社会消费品零售总额增速分别比全省平均水平高0.3个和0.6个百分点。

二、从供需两侧看，供需趋衡，“好”的因素不断累积。一是从供给角度看，三次产业发展更加协调。农业稳定向好。全年全市第一产业占GDP的比重为18.5%，比2016年下降1.7个百分点。粮食总产量161.7亿斤，增长0.3%，总量保持全省第1位。二是从需求角度看，三大需求增长更趋平衡。投资平稳增长，消费持续较旺，全年全市固定资产投资2047.29亿元，同比增长9.9%，社会消费品零售总额1227.16亿元，同比增长12.2%。投资与消费增幅差距由2016年的3.7个百分点发展到2.3个百分点。三是开放型经济增长较快。全年全市（不含鹿邑）货物贸易进出口累计完成616233万元，同比增长19.1%，高于全省8.2个百分点，超年度目标任务19.1个百分点，居全省第2位。其中：出口385884万元，进口230349万元。全年全市利用跨境电商实现进出口44612万元，同比增长27.1%。

【金融运行情况】

一、金融机构人民币各项存款小幅减少。2017年末，周口市金融机构人民币各项存款余额2686.93亿元，同比增加290.19亿元，增长12.11%。一是住户存款小幅增加。金融机构住户存款余额2185.58亿元，同比增加233.41亿元，增长11.96%。二是非金融企业存款小幅减少，非金融企业存款余额195.46亿元，同比减少6.23亿元，下降3.09%。三是广义政府存款小幅减少，非银行业金融机构存款小幅减少，金融机构广义政府存款余额304.99亿元，同比增加64.65亿元，增长26.9%。周口市非银行业金融机构存款余额0.77亿元，同比减少1.62亿元，下降67.69%。

二、金融机构人民币各项贷款小幅增加。2017年末，周口市金融机构人民币各项贷款余额1098.66亿元，同比增加122.26亿元，增长12.52%。一是住户贷款小幅减少。2017年末，周口市金融机构住户贷款余额437.95亿元，同比增加93.14亿元，增长27.01%。分期限看，短期贷款余额132.97亿元，同比增加10.07亿元，增长8.2%。其中消费贷款余额39.07亿元，比年初增加20.95亿元；经营贷款余额93.9亿元，比年初减少10.88亿元。中长期贷款余额304.98亿元，同比增加83.06亿元，增长37.43%；其中消费贷款余额215.39亿元，比年初增加56.88亿元；经营贷款89.59亿元，比年初增加26.18亿元。二是非金融企业及机关团体贷款小幅增加。2017年末，周口市非金融机构及机关团体贷款余额660.69亿元，同比增加29.11亿元，增长4.61%。分项目看，短期贷款余额417.81亿元，同比减少4.43亿元，下降1.05%。中长期贷款余额233.81亿元，同比增加34.24亿元，增长17.16%。票据融资余额8.49亿元，同比减少0.59亿元，下降6.52%。

（孙树彪）

【货币、信贷政策执行情况】

一、有效贯彻稳健货币政策，货币政策工具运用呈现“多、新、活”特点。2017年，累计向地方法人金融机构发放了24.68亿元的信贷政策支持再贷款，有效引导地方法人金融机构加大对“三农”，特别是贫困地区的金融支持和服务工作，使农村信用社、村镇银行的信贷结构更趋合理，支持经济更具针对性。对贫困地区（太康县、沈丘县、商水县、淮阳县、郸城县）法人金融机构发放的扶贫再贷款利率在正常支农再贷款利率基础上下调1个百分点，并要求借用扶贫再贷款的机构发放的涉农贷款利率不能超过一年期贷款基准利率（年利率4.35%）。对符合一定比例存款用于当地政策的3家农村信用社和1家村镇银行执行比其他地方法人金融机构低1个百分点的准备金率，释放流动性5亿元，提高了县域金融机构支持“三农”的积极性。严格落实农业银行“三农金融事业部”改革试点差别化存款准备金率政策和降低部分金融机构存款准备金率政策。4月1日起，对全市符合条件的4家农行“三农金融事业部”实行较低的存款准备金率，释放流动性2亿元左右。

二、突出货币政策的宣传和引导。及时将稳健中性货币政策传递到地方党政领导，引导党委政府正确理解和把握稳健中性货币政策的内涵；扎实开展宏观审慎季度评估工作，加强金融机构自我约束和自律管理；加强对地方法人金融机构信贷运行状况的监测分析与指导，引导16家地方法人金融机构保持月度间、季度间贷款的平稳投放，加大对“三农”、小微企业、扶贫开发等重点领域和薄弱环节的支持力度；进一步加强利率管理工作，完善辖内市场利率定价自律机制，加强政策指导，引导利率理性定价。

三、做好信贷结构的调整和优化。利用多种政策工具，引导金融机构加大对“三农”和小微企业的金融支持和服务，严格控制对产能严重过剩行业新增产能项目、违规在建项目和环境违法企业新增授信。2017年共审核发放信贷政策支持再贷款24.68亿元；对中原银行周口分行办理再贴现0.97亿元；对3家农村信用社和1家县域村镇银行、4家农行“三农金融事业部”降低存款准备金率，有效支持重点领域资金需求。2017年末，周口市涉农和小微企业本外币贷款余额分别为778.02亿元和282.12亿元，分别较年初增加86.86亿元和31.22亿元。

四、强化民生金融的创新和发展。积极推动省级普惠金融试点县工作，指导辖内商水县政府成立普惠金融试点县创建工作领导小组和联席会议制度，制定《普惠金融试点工作方案》，落实普惠金融发展基金等政策配套措施。2017年，周口市累计发放小额担保贷款4.75亿元，帮助5120人创业或就业。落实助学贷款政策，发挥助学贷款政策在支持家庭困难学生就学创业的积极作用，2017年，辖内累计新增发放助学贷款36.9万元。

五、打造金融扶贫新模式，金融精准扶贫成效显著。2017年末，全市银行业金融机构累计向243个带贫龙头企业发放贷款22.98亿元，向3176个带贫农民专业合作社发放扶贫贷款12.7亿元，带动贫困人口131259人，向745个扶贫车间发放贷款14.9亿元，有效带动3750名贫困人口稳定就业增收。

（吴继灵）

【金融稳定情况】

一、银行业与金融稳定。稳健中性货币政策背景下，金融支持实体经济力度增强。金融机构在去杠杆背景下，积极采取措施，收缩投资及表外业务，加大信贷投放力度，为周口市实体经济发展提供了有力支持。近三年来，全辖信贷总量以13.09%、6.36%、12.52%快速增长。GDP亦步亦趋，金融业对经济的贡献率分别达2.99%、3.11%和3.13%，预计2018年将会突破3.19%。

二、证券业与金融稳定。证券市场总体稳健，监管合作成效明显。2017年末，周口市8家证券经营机构资产总额50.92亿元，规模进一步扩大。受国内外经济形势整体疲软的影响，8家证券经营机构盈利水平大幅下降。

三、保险业与金融稳定。全市保险行业稳健运行，保费收入快速增加。2017年末，全市共有经营主体42家，其中财险公司17家，寿险公司25家，县区支公司及营销服务部222家（不含乡镇营销服务部），从业人员58011人。2017年，全市累计实现保费收入100.83亿元，同比增长16.7%。其中，财产险公司保费收入24.92亿元，同比增长19.12%，人身险公司保费收入75.91亿元，同比增长15.94%。2017年共纳税总额3.28亿元，共支付各类赔款和给付30.79亿元。

四、金融市场发展与金融稳定。一是牵头落实金融稳定联席会议制度。加强了与地方政府、地方金融办、银行监管部门的横向联系，有重点地分析、评估、预测金融风险，发现风险苗头，及时研究处置，预防突发事件对区域金融体系造成冲击，努力构建金融稳定信息交流平台。二是全面推进个人账户分类管理工作。坚持账户核准三级审批制度，优化账户审批程序。落实个人账户分类管理、打击电信网络诈骗，防范账户管理风险。开展人民币银行结算账户管理检查，顺利完成对辖区17家银行机构人民币结算账户管理的现场执法检查。三是加强内控管理，防范和降低外汇管理风险。积极开展打击“逃骗汇、非法套汇”等专项行动。将75家“近两年未发生货物贸易外汇收支业务的”企业从系统中注销。依法对22家企业、5家银行的分支机构开展货物贸易现场核查。

（赵　晖）

【国际收支情况】

一、国际上收支申报。2017年，国际收支间接申报累计10622笔，金额70672.06万美元，同比上升4.18%。2017年，涉外收入申报7296笔，金额54045.89万美元，2016年，涉外收入申报6581笔，金额49567.11万美元，同比上升9.04%。2017年，对外支出申报3326笔，金额16626.17万美元；2016年，对外支出申报3035笔，金额

18268.04 万美元，同比下降 8.99%。

二、银行结售汇。2017 年，周口市银行结售汇合计 60459 万美元，同比下降 2.47%。其中，银行结汇 46819 万美元，同比上升 3.3%；银行售汇 13640 万美元，同比下降 18.15%。

三、跨境人民币业务。2017 年，人民币结算总量达 5.72 亿元，同期增长 36.84%，占全市进出口总额的 10.97%，其中，经常项下业务量 2.8 亿元，资本项下业务量 2.92 亿元，为辖内外贸企业提供了规避汇率风险的渠道。

（王桂伶）

【行业改革和发展】

一、在服务实体经济上出实招、求实效。一是信贷投放持续加大。2017 年末，全市银行业贷款余额 1099.88 亿元，较年初增加 122.07 亿元，不良贷款余额 68.71 亿元，较年初减少 12.08 亿元。二是重点领域持续保障。积极支持重点领域和重点项目，积极对接粮食生产核心区建设的资金需求，全面支持铁路、公路、水利、城市基础设施、棚户区改造、消费民生领域发展。三是供给侧结构性改革持续推进，去产能方面，落实化解过剩产能金融政策，压缩减少产能过剩行业贷款 4.88 亿元；去库存方面，新增保障性住房开发贷款、个人住房贷款及农民进城购房贷款 45.29 亿元，全市商品房积压现象得到缓解；去杠杆方面，盘活低效领域沉淀占用资金，实现处置不良贷款 34.34 亿元，有效降低企业金融杠杆；降成本方面，规范银行收费行为，着力降低融资成本，目前全市银行业净息差为 1.53%，较年初下降 1.18 个百分点；补短板方面，加大薄弱领域金融供给，支持农业供给侧结构性改革。全市小微企业贷款余额 405.51 亿元，同比增加 45.51 亿元，户数同比增加 1.55 万户，涉农贷款余额 768.31 亿元，同比增加 75.96 亿元。

二、在有效防控风险上用实力、求实效。一是严防信用风险。紧盯重点区域、重点机构和重点业务，组织开展信用风险排查，摸清全市风险底数；实行房地产行业风险监测“名单制”管理，及时预警风险；排查担保圈、链风险隐患，“一圈一策”形成处置预案。二是严防流动性风险。列出高风险机构名单，定期开展压力测试，“一对一”采取监管措施，对资产负债期限错配严重的银行业机构予以及时警示纠正。三是严防操作风险。继续保持高压态势，落实“黑名单”、“灰名单”管理，规范银行机构和员工行为，严格落实“双线”风险防控责任。四是严防交叉性金融风险。坚持实质重于形式，落实资金来源方责任，实施穿透管理识别风险，引导交叉性金融产品标准化、透明化、简约化发展。五是严防非法集资风险。重点紧盯“四种禁止性行为”，开展防范和处置非法集资百日宣传教育活动，进一步筑牢“防火墙”。六是严防外部风险。督促银行业机构切实管好员工、业务、资金、安全，防范外部风险向银行体系传导。

三、在深化改革发展上使实劲、求实效。一是稳妥有序推进农商行组建。2017 年，4 家农商行（太康、商水、沈丘、鹿邑）已正式挂牌开业，3 家（项城、扶沟、市区）获准筹建，其余 3 家联社（郸城、西华、淮阳）改制工作正有序推进。二是深入推进机构体系发展。引导银行业机构下沉经营重心，6 家村镇银行共设立支行达 11 家，金融服务覆盖面持续扩大。三是积极推动体制机制改革。督促农合法人机构按照“四步走”路径，全力抓好改革、发展和稳定；打击不正当揽储行为，整治机构重规模扩张、轻风险管控的业绩考核体系。四是深化普惠金融机制改革。进一步畅通服务路径，创新产品模式，完善指标统计和考评体系、小微续贷政策和尽职免责制度规定等机制，提高金融服务的覆盖率、可得性和满意度。

（黄四海）

驻马店市

【经济运行情况】

2017年，驻马店市生产总值2002.64亿元，增长8.3%，高于年初目标0.3个百分点；其中第一产业增加值373.75亿元，增长4.2%；第二产业增加值806.24亿元，增长8.1%；第三产业增加值822.65亿元，增长10.4%。三次产业结构为18.7：40.2：41.1，首次呈现“三二一”结构，服务业对经济增长的贡献率达50.5%。农业生产新建高标准粮田100万亩，全年粮食产量132.5亿斤，为历史第二高产年。工业经济稳定增长，规模以上工业增加值增长8.7%，主营业务收入增长12.5%，实现利润增长19.3%。全市固定资产投资1735.42亿元，增长11.9%。社会消费品零售总额886.44亿元，增长12.7%，高于年初目标0.7个百分点，居民消费价格稳定在1%。

2017年，全市一般公共预算收入115.2亿元，增长13.9%，高于年初目标4.9个百分点。全市城乡居民人均可支配收入增长8.9%，高于经济增速0.6个百分点。常住人口城镇化率达42.39%，提高1.5个百分点。实际到位省外资金262亿元，增长8.4%，实际利用境外资金3.99亿美元，增长3.3%。举办第二十届“中国农加工洽谈会”，签约亿元以上项目176个，投资总额815.3亿元。稳定扩大社会就业，全年城镇新增就业8.3万人，失业人员再就业3.2万人，困难人员就业1.38万人，新增农村劳动力转移就业6.05万人。

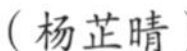

（杨芷晴）

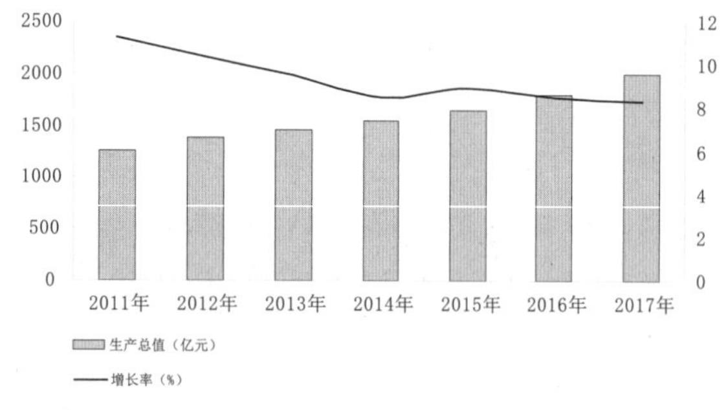

数据来源：驻马店市统计局

图1 2011-2017年驻马店市生产总值及其增长率

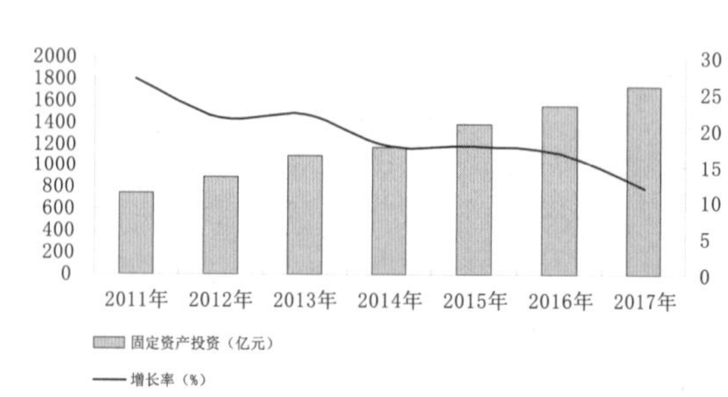

数据来源：驻马店市统计局

图2 2011-2017年驻马店市固定资产投资及其增长率

【金融运行情况】

2017年12月末，全市本外币存款余额2823.0亿元，居全省第5位，黄淮四市第2位（仅次于信阳）；同比增加293.1亿元，居全省第6位，黄淮四市第3位；同比增长11.6%，居全省第9位，黄淮四市第4位；剔除新蔡县，全市存款余额2558.1亿元。

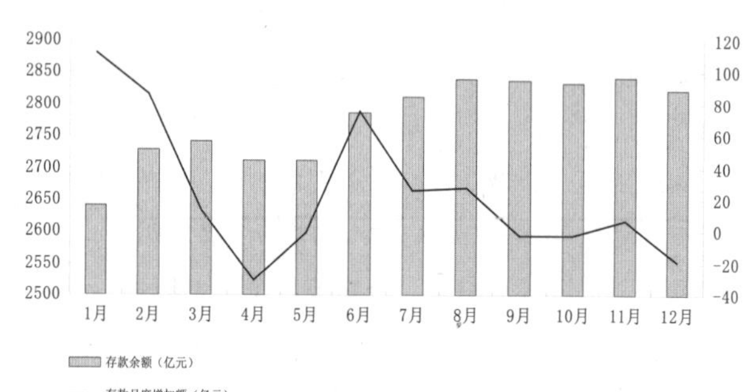

数据来源：中国人民银行驻马店中心支行调统科

图3 2017年驻马店市存款余额及存款月度增加额变化图

2017年12月末，全市贷款余额1418.9亿元，居全省第9位，黄淮四市第3位；同比增加191.0亿元，居全省第4位，黄淮四市第1位；同比增长15.6%，居全省第4位，黄淮四市第1位，而同期全省同比增长14.6%；较年初增加191.0亿元，居全省第4位，黄淮四市第1位；较年初增长15.6%，居全省第4位（仅次于濮阳、郑州、洛阳），黄淮四市第1位。

（杨芷晴）

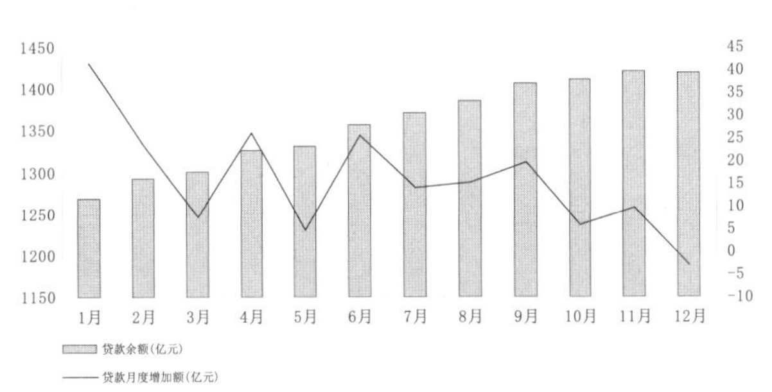

数据来源：中国人民银行驻马店中心支行调统科

图4 2017年驻马店市贷款余额及贷款月度增加额变化图

【货币、信贷政策执行情况】

一、传导贯彻货币政策，引导辖区金融机构信贷投放。正确处理好宏观调控与支持地方经济发展关系，强化预期管理，加强政策培训和宣传，辖区法人金融机构信贷投放总量适度、节奏平稳，自我约束和管理能力显著增强。一季度辖内12家法人金融机构参与评估，A档4家，B档7家，C档1家，驻马店市A档机构数量全省第一，C档机构全省最少。二、三、四季度全辖12家均为B。

二、实施定向降准政策。对驻马店农商行降低1.5个百分点存款准备金率；对考核达标的5个法人金融机构降低1个百分点存款准备金率；对农行“三农金融事业部”考核达标的4个农行县支行降低2个百分点存款准备金率。通过存款准备金政策，向辖区释放基础货币近10亿元。

三、管理运用好再贷款。向全市法人金融机构投放再贷款限额17.5亿元，其中：扶贫再贷款余额8.09亿元，支农再贷款余额5.3亿元，限额年内全部投放。2017年末，全市贷款余额1418.9亿元，较年初新增191亿元，增长15.56%，较全省高1个百分点，居全省第4位；全市余额存贷比50.26%，新增存贷比65.16%。

四、积极探索再贷款利率定价试点模式。将确山、正阳2县3机构纳入再贷款利率定价试点。按照“差别竞价、科学定价、以价提量、保本微利”的工作主线，推出“一带两补”的扶贫再贷款使用新模式。2017年末，全市3家试点机构利用新的模式和定价模型使用扶贫再贷款余额6.4亿元，较2016年增长4.4亿元，增长220%，惠及贫困人口2300多人，全市再贷款累计投放首次实现县域、法人金融机构全覆盖。

五、引导推动开展“两权”抵押贷款试点工作。截至2017年12月末，土地确权率和颁证率均达到100%。以遂平县为试点，投放支农再贷款4.3亿元，累计投放农地抵押贷款63笔16915万元，贷款余额15245万元。相关工作经验被金融时报刊发报道；在全省“两权”抵押贷款试点推进会上做经验交流；“土地经营权+”贷款模式被省“两权”抵押贷款试点工作简报予以肯定；试点工作受到全国的高度关注，2017年11月7日，农业部组织16家国家级、省级新闻媒体对遂平县进行采访和宣传报道。

六、金融扶贫工作成效显著。2017年，出台《驻马店市人民政府办公室关于2017年深入推进金融精准扶贫工作的实施意见》。向贫困地区倾斜扶贫再贷款限额12.3亿元，比2016年增加12亿元；金融精准扶贫贷款余额78.04亿元，其中，产业扶贫贷款余额61.3亿元，项目扶贫贷款1.44亿元，建档立卡贫困户贷款5.11亿元，已脱贫人口贷款9.33亿元，累计服务带动贫困人口12.17万人。

七、推动普惠金融蓬勃发展。选择贫困县确山县为试点，探索推动普惠金融发展方式。建立三级四层（县中心、镇分中心、村级服务部、普惠金融服务站）金融服务组织体系。确定农行、邮储、农商行和村镇银行四家试点银行，建立普惠金融农户和中小微企业两个项目库。设立6000万风险补偿金+应急还贷周转金，建立不良贷款熔断机制。完善政府、银行、保险三方风险分担机制。截至2017年12月，首批已经对三个试点村以及项目库的150户农户、60家中小微企业实施普惠综合授信，授信金额2000万元。

八、做好宏观审慎工作。2017年，人行驻马店中支引导和督促法人金融机构参与合格审慎评估，符合参评资格的11家法人金融机构全部参评，据全国自律机制委员会反馈，3家机构（确山农商行、正阳农商行、西平农商行）参与基础成员年检，全部顺利通过；8家机构参与合格审慎评估，全部被评为观察成员，过关率100%。2017年12月末，全辖累计备案同业存单发行计划47亿元，大额存单发行计划12亿元。

（刘　曲）

【金融稳定情况】

2017年，全市银行业机构整体运行稳中有进，资产结构合理调整，不良贷款得到有效调控，风险抵御能力不断提高，服务实体经济质效持续提升。但目前经济稳定向好的基础仍不稳固，银行业机构各类风险的复杂性、隐蔽性、传染性特征仍较突出，风险防控形势依然严峻。

一、银行业规模增速高位回落。2017年末，全市银行业机构资产、负债总额分别为3206.33亿元、3104.03亿元，较2016年分别增长了291.38亿元、280.35亿元，增速为10.00%、9.93%，同比增速分别下降4.38和4.27个百分点。

二、银行业盈利水平延续下滑态势。累计实现盈利28.78亿元，同比少盈利0.26亿元，减幅为0.89%。盈利较好的有农合机构、建设银行、邮储银行；较差的有洛阳银行，当年亏损2069.12万元。主要原因是受银行业机构拨备计提力度加大，负债成本上升、息差收窄，以及强监管环境下，银行中间业务收入大幅减少等多重因素影响，银行业盈利增速持续回落，未来盈利能力面临较大考验。

三、不良贷款压力巨大。全市不良贷款余额55.0亿元，较年初增加6.2亿元；不良贷款率3.9%，较年初下降0.1个百分点。其中：大中型企业涉及金额较大占比较高，房地产企业贷款出现不良，不良贷款呈现向大中型企业蔓延趋势，金融机构不良贷款处置方面仍面临巨大压力。

四、债券投资持续收缩。2017年末，金融机构债券投资余额为282.7亿元，较年初下降8.2%。主要原因：一是金融监管部门加大整治金融乱象力度，金融去杠杆力度加大；二是企业信用风险上升，债券违约时有发生，银行投资风险偏好下降，导致债券投资持续收缩。

五、银行依然有发展表外业务的冲动。2017年末，全市银行业表外业务（含金融衍生品）余额217.48亿元，比2016年增加5.06亿元，增幅为2.38%。其中，承兑汇票、发行非保本理财产品、委托贷款余额较多。

（张　毛）

【国际收支情况】

2017年，全市跨境流动资金总额48429万美元，同比下降3.9%。其中涉外收入金额36105万美元，同比下降5.6%。对外支出金额12324万美元，同比增长1.8%。跨境资金净流入23781万美元，同比下降9.1%。

跨境人民币流动272375.6万元，同比下降11.27%，其中跨境收入192737.6万元，同比下降17.57%；跨境支出79638万元，同比上升8.87%；净流入113099.6万元，同比下降29.6%。

（陈子昂）

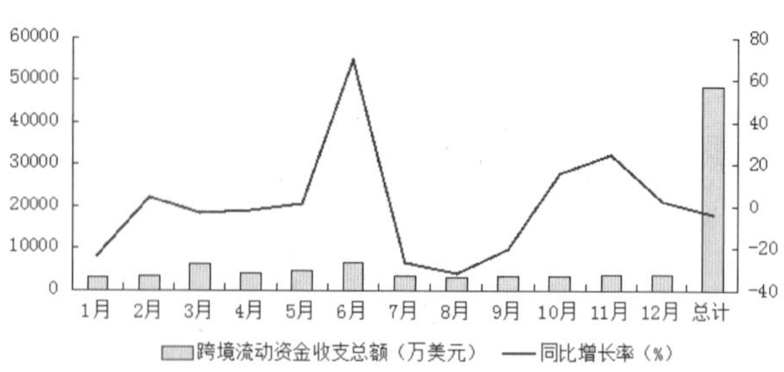

数据来源：中国人民银行驻马店中心支行外汇局

图5　2017年驻马店市跨境流动资金收支总额变化图

【银行业改革与发展】

一、持续深化大型国有银行改革。2017年，农业发展银行系统围绕服务国家粮食安全、农业现代化、城乡发展一体化、区域发展战略和脱贫攻坚等五大领域，积极发挥支农惠农助农作用，出现政策性创新业务持续增长、自营性信贷业务量收缩、盈利水平下降等特征；四家国有商业银行及邮政储蓄银行为应对新形势，加快转型发展，从机构、机制、营销、运行等方面进行了一系列改革，并取得了积极成果。

二、农村信用社改革成效明显。上蔡农信社及新蔡农信社分别于2017年4月和8月顺利改制为农村商业银行，2017年末，全市农商行达到7家。汝南农信社、平舆农信社、泌阳农信社改革稳步推进，各项经营指标基本达标。

三、积极引进股份制银行入驻。深化金融改革，洛阳银行驻马店分行、郑州银行驻马店分行及上蔡、新蔡农商银行挂牌开业，汝南农商银行即将挂牌，泌阳农商银行获准筹建，平舆农联社已上报筹建申请，确山村镇银行挂牌。

四、村镇银行数量持续增加。村镇银行作为新兴金融机构，2017年12月，确山郑银村镇银行正式开业，全辖村镇银行数量达到7家，经营状况良好。

五、持续深化普惠金融机制改革。继续引导和支持地方法人银行设立普惠金融事业部、三农事业部，引导条件成熟的银行机构进行小微企业信贷子公司改革。继续引导银行业机构下沉重心，鼓励城商行、村镇银行向县域、重点乡镇设立分支机构。

【证券、保险业改革与发展】

2017年，驻马店市证券保险业发展势头良好，全年新设5家保险机构、2家证券机构，分别为农银人寿保险股份有限公司、银河证券股份有限公司、平安养老保险股份有限公司、吉祥人寿保险股份有限公司等五家新设驻马店分支机构。保险机构及证券机构总量分别达到44家和6家。财产保险承保金额7041.99亿元，寿险累计实现保费收入61.87亿元。

（张 毛）

济源市

【经济运行情况】

一、经济增长平稳回升，工业企业效益持续转好。2017年，济源市完成生产总值612.47亿元，同比增长8.3%，增速比2016年回升0.3个百分点。分三次产业看，第一产业增加值19.91亿元，同比增长4.7%；第二产业增加值406.05亿元，同比增长8.3%；第三产业增加值186.44亿元，同比增长8.9%。三次产业结构为3.3：66.3：30.4，第二产业占比回升1.4个百分点，工业企业经济效益逐步向好。2017年末，全市规模以上工业企业利润总额93亿元，同比增长7.4%。

二、固定资产投资增速回落，投资结构有待优化。2017年，济源市实现全社会固定资产投资566.50亿元，同比增长4%，增速比2016年回落10.6个百分点。分产业看，第一产业投资22.72亿元，同比下降21.7%；第二产业投资252.31亿元，同比上升27.2%，其中，制造业投资190.58亿元，同比增长31.8%；第三产业投资291.45亿元，同比下降8.4%。

三、财政收入增长较快，居民收入持续提高。2017年，全市财政总收入69.6亿元，同比增长15.9%，增速比2016年回升10.3个百分点。其中，地方一般财政预算收入40.4亿元，同比增长9.8%；地方一般财政预算支出65亿元，同比增长14.9%。城乡居民可支配收入保持较快增长，全年城市居民人均可支配收入为30686.55元，同比增长8.7%。农村居民人均可支配收入同比增长8.9%。

四、居民消费价格温和上涨，消费市场平稳增长。2017年，全市居民消费价格涨幅平稳，比2016年同期上涨0.7%。八大类商品价格呈“六升二降”，其中，医疗保健类上涨6.8%，其他用品和服务上涨3.3%，居住类上涨2.1%，教育文化和娱乐业上涨1.4%，衣着类上涨0.9%，生活用品及服务上涨0.6%，食品烟酒类下降1.4%，交通和通讯价格下降1.9%。

五、房地产开发投资大幅降低。2017年，全市房地产开发投资13.7亿元，同比下降19.7%。房屋新开工面积18.96万平方米，同比下降39.7%。全市商品房销售面积51万平方米，同比下降11.03%。全市商品房销售额20.5亿元，同比下降0.24%。2017年末，济源市银行业金融机构房地产开发贷款余额2.08亿元，占全部贷款的0.7%，比年初减少0.19亿元，下降2.94%。个人住房贷款余额41.89亿元，同比增长0.21%。

（牛乔乔）

【金融运行情况】

一、存款保持较快增长，贷款增速稳步回升。2017年末，济源市银行业金融机构本外币各项存款余额430.43亿元，同比增长11.94%，比同期减少3.83个百分点。本外币各项贷款余额297.68亿元，同比增长12.37%，比同期减少1.02个百分点。

二、不良贷款实现“双降”，信贷资产质量有所好转。2017年末，济源市银行业金融机构不良贷款余额4.12亿元，较年初减少1.82亿元，同比下降30.54%；不良贷款率1.39%，较年初下降0.85个百分点。全市关注类贷款余额7.3亿元，较年初增加3.34亿元，同比增长84.36%；关注类贷款比例2.45%，较年初上升0.96个百分点。

三、中长期贷款占比上升，票据融资交易活跃度下降。2017年末，济源市银行业金融机构中长期贷款余额90.31亿元，较年初增加13.42亿元。票据融资余额34.46亿元，较年初减少12.31亿元。短期贷款有所增加，非金融企业短期贷款余额131.74亿元，较年初增加24.48亿元。

四、经营利润平稳增加，中间业务收入减少。2017年，济源市银行业金融机构实现账面利润总额6.5亿元，较年初增加0.38亿元，增幅6.21%。利息收入同比增长19.11%，占营业收入的比例由2016年的51.50%上升至2017年的55.98%。投资收益同比下降0.18%，实现中间业务收入1.64亿元，同比下降2.38%。

五、法人机构运行质量良好，抗风险能力进一步增强。2017年末，济源农村商业银行资本充足率及核心一级资本充足率分别为15.79%和14.71%，澳洲联邦银行（济源）村镇银行资本充足率及核心一级资本充足率分别为41.62%和40.86%；两家地方法人金融机构的贷款损失准备充足率分别为177.12%和105.57%，流动性比例分别为26.66%和75.49%。

（牛乔乔）

【货币、信贷政策执行情况】

一、加强窗口指导，稳健中性的货币政策得到有效贯彻。加大窗口指导力度，通过金融形势分析会、窗口指导会等多种形式向金融机构传导稳健中性的货币政策，维持济源辖区货币信贷总量和社会融资规模合理适度增长，推动辖区经济金融协调发展。加强法人金融机构宏观审慎评估，对信贷增速进行微调，保持信贷增长适度均衡。

二、加大对"三农"、小微企业等经济薄弱环节支持，促进实体经济发展。一是积极办理再贴现，引导金融机构资金向"三农"和小微企业倾斜。通过降低贷款利率，减少企业利息支出，降低企业融资成本。2017年累计办理再贴现124笔、金额2.46亿元，累计收回50笔、金额0.9亿元，余额1.56亿元。2017年末，济源市小微企业贷款余额37.64亿元。二是对济源农商银行使用支农再贷款情况开展现场检查，确保合规使用。2017年末，济源市涉农贷款余额160.47亿元，较年初增加27.98亿元，增幅21.12%。

三、落实信贷政策，积极推进重点工作开展。一是积极推进农村承包土地的经营权抵押贷款试点工作。进一步完善农村承包土地的经营权抵押贷款相关制度，出台了《济源市农村承包土地的经营权抵押贷款管理暂行办法》等，开展政策宣讲、银农对接、外出学习、推荐项目等一系列活动，推动农地抵押贷款试点稳步开展。2017年末，累计发放农地抵押贷款5笔，金额1123万元，余额593万元。二是积极开展金融扶贫工作。与扶贫办、金融办、财政局等职能部门协商讨论研究，出台金融扶贫相关政策，充分发挥金融在脱贫攻坚中的作用，助推脱贫攻坚。2017年末，济源市发放小额扶贫信贷704万元，涉及建档立卡贫困户179户，带动贫困人口703人。发放产业扶贫贷款7613万元，带动贫困户841户。三是积极推进农村集体资产股权改革和股权抵押贷款，协调济源农商银行发放一笔农村集体资产股权抵押贷款，金额5800万元。四是开展创业担保贷款。联合出台创业担保贷款支持创业就业政策，把建档立卡贫困户列入支持范围，支持下岗失业人员、贫困人员就业创业，支持吸纳下岗失业人员就业的劳动密集型企业。2017年累计发放小额担保贷款778笔，金额9119万元，其中小企业贷款15笔、2790万元，贷款余额8997万元。五是积极引导房地产企业贷款和个人住房贷款。认真贯彻国家住房信贷政策，支持济源市房地产行业健康发展。2017年末，全市房产开发贷款余额2.08亿元，同比下降0.19亿元，降幅8.37%。个人住房贷款余额40.95亿元，同比增加3.05亿元，增幅8.05%。

四、创新信贷模式，大力支持现代农业发展。积极开展"四台一会"融资模式，有效解决新型农业经营主体抵押难、融资难、融资贵问题。2017年末，累计为全市112家新型农业经营主体提供扶持贷款4.3亿元，贷款余额9280万元，贴息500万元，有力促进了济源市现代农业建设的快速健康发展。

五、加强利率管理，推进利率市场化改革。对金融机构存贷款利率、民间借贷利率定期监测。召开济源市市场利率定价自律机制会议，审议讨论并修订了《济源市市场利率定价自律机制工作指引》。开展合格审慎评估，指导济源农商银行顺利通过自律机制年审。指导济源农商银行发行同业存单和大额存单，2017年累计发行大额存单5.69亿元，累计发行同业存单5.3亿元。

六、加强金融市场监管，规范业务开展。定期对黄金市场业务、银行间债券市场业务、同业拆借业务、票据市场业务进行监测分析，开展风险提示。对济源农商银行间债券市场业务、同业拆借业务，建行济源分行黄金市场业务开展执法检查。

七、规范开展跨境人民币结算业务。印发《济源市跨境人民币业务考核评价办法》，进一步加强对外汇指定银行开展跨境人民币结算业务的考核，通过考核评价规范业务开展，促进业务发展。2017年末，完成跨境人民币收付结算6.86亿元，同比增加4.16亿元，增幅154.1%。

（王胜利）

【国际收支情况】

一、稳步提高国际收支和结售汇数据质量。2017年末，济源市涉外收支总额20.62亿美元，同比增加38.5%。其中涉外收入7.1亿美元，同比增加251%；涉外支出13.52亿美元，同比增加5.7%。涉外收支逆差6.42亿美元，逆差同比减少40.77%。银行结售汇11.28亿美元，其中结汇1.70亿美元，售汇9.58亿美元。

二、认真做好对境外资产负债及损益申报工作。一是加强对境外资产负债及损益统计申报监管，督促辖内外汇指定银行及时、准确、完整申报境外资产负债及损益。二是加大数据核查力度，督促辖内外汇指定银行认真复核上报数据，及时修改错误数据，提高数据质量。

三、进一步完善考核机制。结合辖区实际，创新外汇管理方式，建立了非现场监管、现场检查、银行自评、外汇局考核相结合的监管工作机制，组织完成了对2017年度辖内外汇指定银行执行外汇管理规定情况的综合考核，提高了外汇管理政策的实施效果。

（郝丙建）

【银行业改革与发展】

2017年末，济源市共有银行业金融机构10家。其中，1家政策性银行，5家国有商业银行，1家邮政储蓄银行，1家城市商业银行，2家地方法人金融机构，分别为济源农村商业银行和澳洲联邦银行（济源）村镇银行。济源市银行业金融机构负债总额837.6亿元，同比增长8.3%；济源市银行业金融机构资产总额858.98亿元，同比增长8.41%。

一、促发展，提高服务实体经济质效。一是引导地方法人金融机构立足县域，服务三农，围绕扩大抵押担保物范围、农业产业链金融等重点领域做好服务和创新，进一步加大对农村金融改革的支持力度。二是全面推动“两权”抵押贷款试点工作的顺利开展。指导农商行制定了《济源市农村承包土地的经营权抵押贷款管理办法》，建议政府有关部门明确“两权”发证机关和登记机关，制定“两权”评估、抵押、登记、处置的规范性文件，全面推动“两权”抵押贷款试点工作的顺利开展。

二、补短板，积极践行普惠金融。一是加大对小微、涉农信贷的支持力度。完善监管措施，落实目标任务，加大监测力度。加强涉农贷款监测。继续加强对涉农贷款“一个不低于”目标的日常监测，督导金融机构进一步增加涉农贷款发放力度。二是加强金融精准扶贫。组织辖内金融机构配合地方政府扶贫办、金融办等相关部门，制定《济源市金融精准扶贫工作方案》。

三、防风险，坚决守住风险底线。一是打好不良贷款化解攻坚战。从2017年10月份开始，联合开展了为期三个月专项追讨逃废银行债务的“利剑”行动，取得良好成效。二是开展重点风险排查。组织对农行、农商行等5家金融机构开展了信用风险全面排查工作，组织对建行济源分行开展了信用风险专项排查工作，对排查发现的问题，责令被检查机构及时进行了整改。组织开展企业担保圈贷款风险隐患排查工作。三是持续关注非法集资风险。组织辖内银行业金融机构开展了防范、打击非法集资宣传月活动，协调、督促各银行业金融机构制定了《疑似非法集资事件应急处置预案》，规范疑似非法集资事件的应急管理和应急处置程序。

四、促改革，加快地方法人金融机构改革发展步伐。一是加强法人金融机构管理。组织召开了对法人金融机构的审慎监管会谈，组织开展对济源农商行监管评级和数据质量评级工作、对济源农商行标杆银行候选推荐工作。引导农商行进一步健全完善内控制度，巩固改革成果。2017年6月，济源农商行被银监会评为全国标杆银行，其中农商行的“济源农贷”作为小额农民信用贷款发放模式向全省农合机构进行推广。二是引导济源农商行扩大其作为村镇银行发起行的持股比例。8月底，农商行完成对舞阳玉川村镇银行的持股比例由30%增加到40%，对止阳玉川村镇银行的持股比例由23%增加到33%，共计增加村镇银行持股金额1000万元。三是督导做好齐鲁银行对澳洲联邦（济源）村镇银行收购工作，确保收购工作安全过渡、平稳交接，稳健运行。

【证券、保险业改革与发展】

一、证券业。2017年末，济源市辖区共有证券营业部4家，分别为国泰君安股份有限公司济源营业部、国都证券有限责任公司济源文昌中路证券营业部、中原证券股份有限公司济源济水大街证券营业部、方正证券股份有限公司济源宣化东街证券营业部。经营范围主要包括：证券经纪、证券投资咨询、与证券交易、证券活动有关的财务顾问、证券投资基金代销、融资融券业务、代销金融产品业务等，4家营业部主营业务依然是券商最传统的经纪业务，主要收入来自公司客户的交易佣金收入。

二、保险业。2017年末，济源市辖内共有保险机构

25家，其中财险12家，寿险13家。全年累计实现保费收入17.19亿元，同比增长0.14%；理赔支出4.47亿元，较2016年增加0.02亿元。财险保费收入4.77亿元，同比增长0.3%；赔付支出2.32亿元，同比下降0.14%；寿险保费收入12.42亿元，同比增长0.08%；赔付支出2.15亿元，同比增长0.24%。辖内产险以车险业务为主，车险占辖内产险的83.22%，同比增加2.07个百分比；责任险、农业险投保较少，只占辖内产险的10.06%，同比减少1.42个百分比。

（郝丙建）

第四部分

金融社团组织

河南省金融学会

【综述】

一、创新模式，丰富内容，"中原金融大讲堂"影响力持续提升。扩大"中原金融大讲堂"作为河南省高层次学术交流平台的影响力，使中原金融大讲堂成为一项常态化、制度化的工作。一是将中原金融大讲堂举办模式由现场授课扩大为使用电视电话会议系统向全省直播，受众范围扩大至全省人民银行系统和金融机构。二是进一步创新中原金融大讲堂举办形式，联合河南电视台制作《中原金融大讲堂——走进普惠金融》电视节目，邀请4名专家学者，以访谈的形式向社会大众宣传、推广普惠金融知识、理念及兰考试验区相关情况。河南电视台新闻频道播出中原金融大讲堂第七期"走近普惠金融"，广泛宣传普惠金融的发展理念和成果。三是授课内容更加丰富。邀请的嘉宾有省政府和人民银行总行的领导，有高校的教授专家，有商业银行总行的行长和作家等，讲座内容涉及货币、金融、保险、外汇、互联网技术以及河南省经济发展等。在我们的组织和宣传下，各会员单位积极承办、踊跃聘请各自领域的专家领导。四是会员单位承办的积极性提高。2017年中原金融大讲堂已经举办14期，学会会员单位自发承办了4期。我们将进一步探索实现大讲堂学术理论成果的转化，为政府决策提供参考，传播金融理论。

二、发挥学会平台优势，积极开展学术交流研讨。一是组织开展多种形式的学术交流研讨活动。召开"中原金融创新发展与支持实体经济研讨会"，邀请著名金融学家曾康霖教授等10名专家进行研讨，金融时报进行了专题报道；举办"河南省金融信息安全保障与风险防范论坛"等研讨活动，积极参加省委社科普及周活动，受到广泛好评。联合团委举办《中原金融大讲堂·青年博闻讲堂》，提高青年职工研究水平。河南省金融学会被评为2017年全国社科联先进组织。二是指导召开区域性金融学会间的研讨交流。指导安阳、新乡召开豫北六市金融扶贫与"两权"、金融支持"郑洛新自创区"等区域性学术交流活动20余次，增进区域性金融问题研究及学术成果交流。三是加强与兄弟省份的学术沟通交流，拓宽研究视野。积极参加"金融支持鄂州国际航空大都市建设研讨会"，交流金融支持郑州航空港建设经验。受邀参加山东社科论坛，交流普惠金融与区域发展。

三、强化科研组织，加大研究成果转化力度。一是组织全省会员单位开展2017年度河南省金融学会课题招标工作，加强选题指导和交流沟通，强化课题服务全省经济金融发展的作用。单设青年课题，为会员单位年轻研究骨干提供学术研究平台。金融学会承担的河南省社科联2016年度调研课题《政府视角下对产业结构变动升级与适应性结构研究》和《互联网金融监管制度研究》获优秀调研成果一等奖。二是加快课题成果转化步伐。选取2016年度河南省金融学会重点课题获奖优秀成果汇编成册，在中国金融出版社公开出版书籍《2016年河南省金融学会重点研究课题》。这些成果较为全面、系统地展示了区域金融研究成果，及时反映金融领域的最新研究成果，更好地服务于河南省各金融业态健康发展。三是召开了河南省金融学会八届三次理事会议，加强各会员单位的交流和沟通，充分听取各会员单位的意见和建议，进一步增强各会员单位参与学会工作的积极性。

（张　欣）

【《金融理论与实践》月刊】

一、高质量按时完成期刊编辑、出版、发行等工作。全年完成12期的出版工作，圆满完成全年17400册的顺利发行，积极开展2018年期刊发行工作；按照中国金融学会"中国金融论坛"智库网站材料报送要求，按时报送《金融理论与实践》2017年的近300篇文章摘要、关键词及12篇代表性文章的全文。完成河南省新闻出版广电总局要求的年报、半年报和质量核验材料，顺利通过年检，编校差错率不断降低。多次积极参加"金融期刊联盟研讨会""数字出版研讨会"等会议，已与兄弟期刊建立了稳定的联系机制，学习交流外审、出版流程、期刊发行、财务等方面的经验。

二、优化出版编审机制，继续保持学术期刊的品牌。建立知名专家的作者名库，积极约稿，与国内知名专家白钦先、邱兆祥、谢太峰等建立联系机制，了解最新研究成果并及时刊发。做好中文核心期刊的数据分析，利用大数据统计和分析《金融理论与实践》发表文章在相关平台的被索量、被引量，分析期刊引用较高文章类型，找准方向，为提高办刊质量和《金融理论与实践》在中文期刊中的影响力打好基础。严格执行刊发稿件查重率控制在20%以内的制度，确保文章首创性和出版质量。坚持并完善重点稿件由金融专家匿名专审的制度，外部专审文章数量由每期10篇增至20余篇，由原来的四位专家轮流审稿转变为每期均由三位专家同时审稿，确保评审意见的客观性，充分保证刊文质量。**三、重视从业人员建设，不断拓展、提升编辑人员的业务技能。**编辑部三名责任编辑先后参加全国科学技术名词审定委员会、中国新闻出版传媒集团、中国新闻出版研究院和河南省新闻出版广电局举办的8余次培训，不断提高编辑业务技能。获得编校大赛一、二等奖和培训证书，并按照出版管理部门要求对责任编辑进行续展注册，保证期刊编辑队伍的正常履职。

（王淑云）

河南省钱币学会

【综述】

2017年，河南省钱币博物馆按照“严格管理、带好队伍、促进业务”发展目标，积极落实“认真严谨，质量效率”工作措施，努力“前移争先、冲刺A级”，较好地完成了博物馆内部建设、《中国钱币大辞典》余卷编纂、钱币研究及其他工作任务。

【河南省钱币博物馆】

一是严格执行《河南省钱币博物馆管理制度(试行)》、《河南省钱币博物馆突发事件应急预案》和《河南省钱币博物馆接受捐赠管理办法》，对博物馆日常管理程序、藏品归属、管理员要求、参观秩序等进行规范。二是进一步规范馆藏物品保管条件。按照博物馆管理相关要求，重新设计制作馆藏物品保管柜，以实木为基础，辅助棉布，制成九、六、四宫格，分年代分朝代进行区别管理存放。三是电子档案与纸质档案并行管理。对藏品室保管柜设计专门卡片，建立电子档案，规范藏品管理。全年共清理、分类、登记各类藏品30000余件。四是强化安全措施。建立库房管理制度和出入库制度，安装了电视监控设备和报警设备。

【河南省钱币学会】

一是配合总行做好中国钱币学会2017年学术年会的召开。二是参加省委宣传部、省社科联与郑州市共同举办的2017年社科普及周活动，向社会公众全面介绍钱币学会发展历程和特色活动等，彰显金融普及和惠及公众的功能。三是积极参与并推荐作品成功入选总行“庆国庆 喜迎十九大——央行职工个人收藏展”暨人民银行收藏协会2017年年会。四是进一步完善“一带一路”古代货币展方案，内容主要分为陆上丝路货币与海上丝路货币部分，精选国内展品共200余枚(件)。五是积极参加总行课题研究。完成《钱币学与钱币史研究》和《在安源工人运动中中国共产党领导下的金融与货币》课题。

【《中国钱币大辞典》编纂】

一是分别组织召开2017年《中国钱币大辞典》编纂工作推进会、《清编·制钱卷》（上下卷）编纂工作会和《清编·银锭卷》编纂工作会。要求实行“三审三校”程序，积极推行“一二三”工作法，即围绕质量效率中心，采取两方校核同步推进（大辞典编辑部与中华书局）、三方联动同步改稿（撰稿人、审稿人、专家学者）工作模式，最大限度调动各方面积极性和主动性，高标准、高效率完成《清编·制钱卷》的编纂工作。二是做好《中国钱币大辞典》编纂工作。2017年，《民国编·商业银行纸币卷》已印刷出版。《民国编·军事纸币卷》和《清编·银锭卷》报总行二三审校核。三是拟于2018年组织召开《清编·制钱卷》（上下卷）第二次编纂工作会议和《清编·金银币卷》第一次审稿会。《清编·纸币卷》（2本）、《清编·金银币卷》、《清编·制钱卷》（2本）等3编5本书稿撰写完成并送交中华书局。

（孙 钰）

河南省金融会计学会

一、建立河南省金融会计学会党支部。按照河南省民政厅的要求，积极向人行郑州中支机关党委反映，筹备河南省金融会计学会党支部成立相关事宜。获批后及时召开支部大会和党员大会，组织全体党员认真学习党的十九大和第五次全国金融工作会议精神、《中国共产党章程》。加强党风廉政建设。

二、积极参加各类学术交流。参加中国金融会计学会2017年学术年会、中国金融会计学会举办的《金融会计大讲堂》、中国金融会计学会举办的地方金融会计学会工作座谈会。参加省社科联学会工作会议和省社科联2017年学术年会。

三、办好学会内部刊物《河南金融会计》。力争在质量和数量等方面有所提高，为全省广大金融会计人员开创学习交流园地、搭建信息交流平台。及时反映工作学习工作中的热点、难点和焦点问题。把工作中积累的经验教训、意见和建议反映出来，供借鉴参考。

四、完成河南省金融会计学会年审工作。向中国金融会计学会、省社科联分别报送学会2017年度工作情况和2018年工作安排。按时完成学会社团法人登记证的年检工作。

五、积极开展学术研究和学术交流。积极参与中国金融会计学会和相关部门安排的课题研究。深入基层单位与相关人员一起开展调查研究，形成课题研究成果上报。

（何有水）

第五部分

金融专栏

河南兰考县普惠金融改革试验区建设成效明显

自2016年12月《河南省兰考县普惠金融改革试验区总体方案》（以下简称《总体方案》）批复以来，在人民银行等七部委的大力指导和支持下，河南省紧扣《总体方案》，建立工作机制，完善服务体系，优化金融基础设施，强化政策激励引导，推动重点领域金融创新，推广数字普惠金融，试验区建设取得了初步成效，兰考县金融服务覆盖面、可得性、满意度明显改善。

一、试验区建设进展情况

河南省按照《总体方案》，围绕把兰考建设成为“全国普惠金融改革先行区、创新示范区、运行安全区”的目标定位，制定《<河南省兰考县普惠金融改革试验区总体方案>落实意见》，确定“政策引导与市场机制相结合，问题导向与目标导向相统一，夯实基础与重点创新并举，传统金融与数字金融共同发力”的思路，努力推进普惠金融改革创新试验，形成了以“一平台四体系”为重点、银行证券保险及各有关方面共同发力、配套政策体系不断完善的建设局面，初步找到了普惠金融在试验区落地的有效路径。

（一）探索建设“一平台四体系”，着力解决普惠金融落地的“最后一公里”问题。一是试验区针对普惠金融落地中的农民融资难、服务成本高、运行效率低、信用建设难、线上服务不足等问题，创新开发“普惠金融一网通”平台、实施普惠授信、开展信用信贷相长行动、构建风险防控机制、推进普惠金融服务站建设，形成了“以数字普惠金融为核心，以金融服务、普惠授信、信用建设、风险防控为基本内容”的“一平台四体系”实践模式。二是搭建“普惠金融一网通”平台。充分运用金融科技，推动解决普惠金融落地中成本高、效率低、风控难问题。以微信公众号为依托，打造支付、理财、保险、证券、生活缴费、惠农补贴、金融消费权益保护等一站式的线上“金融超市”平台和“普惠通”APP。目前，平台拓展上线近300个生活缴费项目，兰考县关注量超过4.77万人，“普惠通”APP用户超过1.45万户，方便了群众的生产生活。三是创新开展普惠授信。按照“宽授信、严启用、严管理”原则创新小额信贷产品流程，先由金融机构对农户普遍预授信，农民有正当生产经营项目且具备“三无”条件（无拖欠贷款利息、被列入银行黑名单；无赌博、欺诈等不良行为；无游手好闲、好吃懒做等“懒汉”习气），即可无抵押无担保启用贷款，进而解决农村融资难融资贵融资慢问题。同时，河南省内6家金融机构、银联河南分公司通过“普惠金融一网通”和“普惠通”APP开展线上普惠授信。目前，试验区已试点发放普惠授信贷款5066户、2.04亿元，其中大部分农户都是首次从银行获得贷款。四是开展“信用信贷相长”行动。着力探索解决信用和信贷“谁先谁后、相互制约、难以突破”问题，先通过普惠授信让农民与银行联系起来，农民申请贷款时再采集农户信息，在使用贷款中积累信用记录、培养信用习惯。对守信农户，银行提升其信用评级，让农民体会信用的价值，实现信用与信贷的互促相长。通过该行动完成了16.03万户信用信息采集工作，覆盖面达95.4%，大部分农户首次有了自己的电子信用档案。五是建立银、政、保、担风险分段分担机制。为探索解决普惠授信中的风险分摊难、权责利不对等问题，一方面，试验区引入保险、担保等市场主体与银行、风险补偿金共担风险，使风险更加分散；另一方面，把普惠授信不良率划分为“2%以下、2%-5%、5%-10%、10%以上”四段。2%以内的不良损失由银行全部承担，让银行成为风险承担的首要主体。对于不良率超过2%的剩余部分，银行按区间担责递减，且对于不良率超出10%的部分不再分担，解除了银行开展普惠授信的后顾之忧；风险补偿金担责随不良率上升而递增，压实了地方政府信用环境建设责任；保险、担保机构按固定比例承担风险，并建立“风险隔离”机制，当不良率达到一定比例时，银行可以暂停普惠授信业务，进而为保险及担保机构设定风险承担上限，确保分担业务的保本微利、商业可持续。六是建设乡村普惠金融服务站。依托村委党群服务中心提质改造，建设“4+X”功能的村级普惠金融服务站，将便民金融服务、信用体系建设、协助风险防控、金融消费权益保护和银行特色服务整合到服务站，提供线下综合金融服务。目前试验区已建成服务站365个，成为联结服务群众的“金融加油站”。

（二）深化普惠金融产品和服务创新，切实加大对精准扶贫、新型城镇化等重点领域的支持力度。突出抓好金融精准扶贫，创新推出“产业发展信用贷”“三位一体”等金融扶贫模式，有力助推了兰考在全国首批脱贫摘帽。同时，推出30余种“普惠型”信贷产品，促进金融扶贫与普惠金融的有效衔接，使贫困人口、小微企业、农民工等重点人群和农业农村基础设施建设等重点领域都能方便地享受到适合自身需要的金融服务。积极引入上市公司入驻兰考，支持企业在“新三板”和中原股权交易中心挂牌，引导产业资本向兰考倾斜。实施“脱贫路上零风险”“小康路上有保障”保险项目，大力发展农村保险市场。

（三）强化要素服务平台建设，夯实普惠金融发展支撑。建立农村和中小企业信用信息系统，开发信用评级功能，供金融机构查询参考使用。其中，农户信息涵盖168项指标、中小微企业信息涵盖447项指标。建设农村产权交易平台，开展产权信息发布和组织交易，将林权、大型农机具等纳入抵（质）押范围，稳妥推进农民住房财产权抵押贷款试点。探索建立人民银行兰考县公共金融服务大厅，在县行政服务中心专设普惠金融服务中心，分别实现公共金融服务和普惠金融业务的一站式办理。

（四）加强统筹协调，努力构建与普惠金融发展相协调的政策体系。强化财政扶持，加快农村产权确权颁证，完善扶贫信息系统，设立风险补偿金7575万元、信贷周转金2500万元，建立了资金补充机制。人民银行在兰考设立再贷款再贴现窗口，2017年累计办理再贴现2.33亿元、发放扶贫再贷款10.02亿元。监管部门引导银行适度向试验区下放信贷管理和产品创新权限，适度提高涉农、小微企业不良贷款容忍度。

（五）大力开展金融教育，保护金融消费者权益。在兰考举办普惠金融农民讲习堂、知识宣传周、金融知识进乡镇、进校园、走进农民工系列活动，对县直部门和乡村干部、驻村工作队员进行金融知识培训，提升城乡居民的金融素养和防范金融风险的能力。

二、工作成效

通过一年多的探索实践，我们对党中央、国务院加快发展普惠金融的决策部署有了更加深刻的认识和体会。实践表明，真正抓好试验区建设工作，必须坚持以人民为中心，着力解决人民群众反映最强烈、需求最迫切的金融服务短板和难点问题；必须坚持金融回归本源，着力破解县域经济发展中金融支持实体经济的薄弱环节问题；必须坚持乡村振兴战略，着力解决全面小康进程中城乡融合发展问题。一年来，试验区建设取得了初步成效。

（一）普惠金融助力兰考经济社会发展成效明显。经济金融实现良性互动，兰考县经济发展势头良好，主要经济指标持续居于全省第一方阵。2017年前三季度，兰考县生产总值分别增长9.3%、10.1%、10.2%，高于全省1.3、1.9、2.1个百分点。2017年2月，兰考县在全省率先脱贫摘帽。

（二）兰考普惠金融发展指数大幅提升。通过“一平台四体系”建设，兰考县城乡居民对普惠金融的获得感不断增强，金融服务覆盖面、可得性、满意度明显改善。据人民银行郑州中心支行季度统计监测显示，兰考县普惠金融发展指数（IFI）由2015年末的0.26上升到0.39，在全省县（市）排名由第22位上升到第2位。覆盖面、可得性、满意度分项指标排名分别较2015年提升10位、83位、9位。

（三）兰考金融发展明显提速。兰考县主要金融指标优于全省平均水平，2017年底全县金融机构各项存贷款余额分别达220.2亿元、149.8亿元，增速高于全省平均水平9.4、13.5个百分点。资本市场取得突破，瑞华电力IPO获证监会初步反馈，新增新三板企业2家、中原股权交易中心挂牌企业36家。保险机构为建档立卡贫困户人身、财产、产业发展提供风险保障42亿元，为农业设施提供保障3.8亿元，有力助推了兰考县稳定脱贫奔小康。

（四）“一平台四体系”模式在省内初步复制推广。河南栾川县、确山县、淅川县复制兰考试验区做法，取得较好效果。如洛阳栾川县结合乡村旅游发展推广普惠授信，短短3个月时间，评定9个信用村，发放普惠授信证1539户、授信1.2亿元，发放贷款6608万元。

助推脱贫攻坚　金融扶贫“卢氏模式”得到推广

2017年3月，河南省委省政府做出在卢氏县建立金融助推脱贫攻坚试验区的决策部署，卢氏金融扶贫试点工作开始启动。人民银行郑州中心支行扎实贯彻落实人民银行与6部委联合出台的《关于金融助推脱贫攻坚的实施意见》等金融扶贫政策措施，发挥在河南省脱贫攻坚金融服务工作中组织引导作用，在省市县三级联动和金融办等部门参与下，经过近一年的探索和实践，凝聚多方力量，全力做好金融扶贫工作，形成金融扶贫“卢氏模式”。习近平总书记、汪洋副总理、马凯副总理对“卢氏模式”做出批示。2017年7月7-8日、8月31日，河南省两次在三门峡召开金融扶贫工作现场会。11月16-17日，全国金融扶贫现场观摩会在三门峡市召开，卢氏金融扶贫试点工作在不到一年时间内形成独具特色的“卢氏模式”，成效显著，受到全国的关注，成为河南的一张金融名片。

一、“卢氏模式”的主要内容

卢氏县地处河南省西部，是秦巴山片区国家扶贫开发工作重点县、河南省“三山一滩”扶贫开发工作重点县和深度贫困县。2016年底全县仍有未脱贫贫困户16301户50682人，贫困发生率15.23%，是河南省贫困发生率最高、贫困程度最深的县。河南启动卢氏金融扶贫试点工作以后，人民银行郑州中心支行高度重视、快速行动，与河南省扶贫、财政等部门一起，开展破解扶贫小额贷款“落地难”问题的金融扶贫试点工作。按照“政银联动、风险共担、多方参与、合作共赢”的工作思路，参与制定《金融助推卢氏县脱贫攻坚试验区工作方案》，构建“金融服务、信用评价、风险防控、产业支撑”四大体系，形成金融扶贫“卢氏模式”。该模式一经落地，卢氏金融扶贫工作开始发生深刻变化，呈现新的格局和面貌。

（一）建设金融扶贫服务体系。设立1个县级金融扶贫服务中心、19个乡级金融扶贫服务站、352个村级金融扶贫服务部，负责政策宣传、信用信息采集、贷款受理和初步审核、担保受理等工作，向银行批量提供信息，解决金融服务供需不衔接的问题。

（二）建设信用评价体系。指导卢氏县运用人民银行郑州中心支行开发的农村信用信息系统，建立覆盖全县的农户信用信息大数据库，农户信息采集率和入库率均达到93.7%，其中贫困户采集率和入库率均达到100%，给每个农户建立信用档案，根据不同分值将信用评定结果分为4个等级，依级别不同相应给予5万元至20万元信用额度。

（三）建设产业支撑体系。按照绿色、特色、生态和三次产业融合发展的思路，确定绿色农业等产业发展重点，形成多种产业扶贫经营方式。

（四）建设风险防控体系。河南省财政、县级财政分别出资2000万元、3000万元建立风险补偿基金，对贫困户、带贫企业贷款违约产生的损失，按比例给予补偿。

二、“卢氏模式”的创新突破

（一）坚持问题导向，破解制约瓶颈。金融扶贫是打赢脱贫攻坚的重要支撑。但长期以来，金融扶贫中的四大难题一直成为金融资源无法惠及“三农”、贫困地区、贫困群体的障碍：一是金融机构网点少，金融服务不到位；二是信用氛围差，信息采集难，贫困户有信率低；三是缺乏产业支撑，贫困户贷款意愿低；四是风险管控难，银行不敢贷。对此，与河南省财政厅、扶贫办等部门一道，研究出台《金融助推卢氏县脱贫攻坚试验区工作方案》，着力破解金融扶贫中的瓶颈。

1.针对扶贫力量薄弱问题，建立三级联动金融扶贫服务体系。整合县乡村和金融机构力量，在县、乡、村分别建立金融扶贫服务中心、站、部，构建“三级联动、政银融合”的服务体系，按照“村部受理初审，乡站审核把关，县中心推荐核保，合作银行接单放款”的贷款优化流程，前移金融监管关口，形成“牵头推进有机构、办理服务有人员、贷款发放有流程”的工作格局，有效解决金融扶贫“谁来扶”“干什么”的问题。

2.针对贫困户缺乏信用支撑问题，建立切实可行的信用评价体系。以人民银行郑州中支搭建的河南省农村信用信息系统为依托，建立信息采集和信用评分体系。在评价标准方面，对原有指标权重进行调整，适当降低贫困户资产类指标分值，调整邻里和睦、遵纪守法等社会管理类指标分值，明确140多项定量和定性指标。在评价方式方面，以系统评分为基础、人工评价为补充、等级公示为手段，确保信用评定结果公平、公正、准确。对无异议的评定结果录入河南省农村信用信息系统，并授予不同的信用等级。使贫困户变成“有信户”，获得金融机构的授信，实现农村信用体系与金融扶贫工作的精准对接，解决“扶持谁”的问题。

3. 针对贫困户贷款意愿低问题，建立产业支撑体系。坚持以产业带动脱贫为主导的金融扶贫理念，引导金融机构加大对特色产业、符合发展规划的贫困户创业项目，以及各类新型农业经营主体的信贷支持，形成生产带动、劳务增收、合作经营、自主创业等多种带贫经营模式，使贫困户可通过流转土地、股金分红、就地务工等多种方式增加收入，降低贫困户的经营风险，提高生产收益，解决贫困户缺技术、缺项目“不愿贷”的难题。

4. 针对扶贫贷款风险控制难问题，建立健全风险防控体系。推动建立卢氏县政府、合作银行、省农信担保公司、省再担保集团“四位一体”风险共担机制，对建档立卡贫困户、带贫农业经营主体贷款损失风险，由上述四方分别按照2：1：5：2和2：2：4：2的比例分担；建立贷款熔断机制，对贷款不良率超过5%的行政村、超过30%的村和超过5%的乡镇，金融机构可暂停对该村、该乡镇的授信和贷款发放，从而发挥信用惩戒作用，防范风险扩散。风险管控关口前移，强化三级服务体系贷前、贷后管理职责，解决金融机构“不敢贷”的问题。

（二）凝聚多方力量，推动机制建设。金融扶贫是一项系统工程，不仅需要金融部门自身的努力，更需要地方政府的强力推动。在“卢氏模式”推进过程中，建立五种工作落实机制，凝聚多方力量，形成金融扶贫合力，确保金融扶贫政策落地生根。

1. 建立省、市、县人民银行联动机制。人民银行郑州中支在再贷款投放、信用体系建设、普惠金融服务等方面为人民银行三门峡市中支提供一系列政策支持。人民银行三门峡市中支及时把金融扶贫政策传达贯彻到基层，由此形成“人民银行郑州中支指导、市中支组织、县支行落实”的工作格局，促使政策上下贯通，使各项金融扶贫政策得到有效落实。

2. 与三门峡市扶贫办建立金融扶贫联合办公机制。人民银行三门峡市中支与三门峡市扶贫办建立每周会商制度，把金融扶贫政策与三门峡实际相结合，形成市级层面工作合力。并共同制定《三门峡市三级金融扶贫服务体系机构设置及工作职责》《金融扶贫服务体系经费保障机制》等文件，形成金融扶贫的长效机制。

3. 与卢氏县政府建立市县两级联合办公机制。人民银行三门峡市中支与卢氏县政府紧密协作，采取每周沟通、定期会商、联合调研等方式，实现市县两级直接联动、减少中间环节，有效提升金融扶贫工作效率。

4. 建立三门峡市金融扶贫联席会议机制。人民银行三门峡市中支定期组织银行、证券、保险机构会商金融扶贫工作推进中遇到的问题，发挥互补优势，形成银、证、保协调一致，全行业助力脱贫攻坚的合力。

5. 建立由人民银行内部相关业务部门组成的卢氏县金融扶贫试验区创建工作协调机制。人民银行郑州中支整合货币信贷、调查统计、支付结算、国库、货币发行、征信管理、金融消费者保护等职能部门力量，发挥各自业务优势，加强部门之间协作配合，促使各项金融普惠政策在卢氏落地，不断创新金融扶贫体制机制和方式方法，推动试验区建设逐步深化。

（三）用好政策工具，撬动金融资源。人民银行积极运用再贷款政策工具，以扶贫再贷款、支农再贷款引导金融机构增强放贷积极性，加大扶贫贷款投放力度。2017年，人民银行郑州中支为三门峡市中支新增扶贫、支农再贷款限额12亿元，使其再贷款限额达到20.2亿元。人民银行三门峡市中支依托卢氏县“四位一体”扶贫贷款模式，向卢氏县法人机构发放扶贫再贷款、支小再贷款5.27亿元；向辖内非贫困县法人机构发放支农再贷款、支小再贷款9.12亿元，用于复制推广“卢氏模式”。再贷款的投入，一方面促使小额扶贫贷款政策落地，贫困户享受到免抵押免担保、财政全额贴息、基准利率的优惠扶持；另一方面，撬动金融机构自有资金的投入，放大金融扶贫效应。2017年，三门峡市新增扶贫贷款58.19亿元，同比增长2.79倍。

三、“卢氏模式”的主要成效

卢氏县金融扶贫四个体系建设有机融合，环环相扣，良性发展，实现扶贫政策、金融政策、财政政策、产业政策深度融合。通过构建有效的三级服务体系，扩大金融扶贫服务的覆盖面，呈现金融扶贫“有人管”的好现象；有产业作支撑，贫困户踊跃贷款发展产业，户贷率从2016年的不足5%提高到2017年的40%以上，呈现群众愿贷的好现象；以信用体系建设为基础，卢氏县所有农户信息采集率和入库率均达到93.7%，其中贫困户采集率和入库率均达到100%；强化服务保障，简化贷款流程，4天内即可完成贷款办理，呈现贷款好贷的好现象；通过设立科学合理的风险分担机制，解决金融机构放款的后顾之忧。2017年，卢氏县金融机构新增扶贫贷款累计10.1亿元，是2016年的11.5倍。其中建档立卡贫困户7124户、贷款3.57亿元，合作社110家、贷款3.43亿元，龙头企业15家、贷款3.09亿元，共带动贫困户7002户，呈现金融机构敢贷的好现象。

四、“卢氏模式”的实践意义

“卢氏模式”不仅解决扶贫资金的投入问题，而且对经济、社会发展产生综合的乘数效应：

（一）农村基层党组织的凝聚力进一步增强。金融扶贫服务体系、特别是村级金融扶贫服务部的建立，赋予基层党支部新的职责，在引领贫困户脱贫致富和乡村治理方面有新的抓手，让广大群众看到村党支部帮助大家建立信用、协调贷款、联系项目的辛勤劳动，提高了村党支部威信，增强了号召力，密切党组织同人民群众的血肉联系。

（二）农村文明风尚逐步形成。通过信用引领，营造诚实守信良好氛围，“失信者受罚、守信者受益”的共识普遍形成。有257户农户为争当信用户，主动偿还逾期贷款1100余万元。不少农户为获得信用等级，积极化解邻里纠纷，改变自身不良习气，形成一种正面的文明风尚。

（三）促进扶贫产业发展，带动脱贫致富。卢氏县新型农业经营主体达1406家，较2016年增加881家；建成培训就业基地19个、产业扶贫就业基地176个、产业扶贫增收大棚1213个，带动1.09万名贫困人口稳定脱贫，超上级下达减贫目标1.87%。贫困发生率由15.23%下降为12.03%。

（四）奠定经济发展的基础。“四个体系”的有效融合，促进了金融业的发展。2017年，卢氏县存、贷款余额分别达135.7亿元、57.9亿元，分别较年初增长21.7%、40.8%，高出三门峡市平均增速13.1和30.8个百分点；金融资源的注入为经济发展奠定扎实的基础。2017年，卢氏县完成生产总值91.1亿元，同比增长9.1%；一般公共预算收入6.3亿元，同比增长18%；全社会固定资产投资145.6亿元，同比增长14.5%；农村居民可支配收入8820元，同比增长10%，经济指标均高于三门峡市平均增速。

“卢氏模式”，开创河南省金融扶贫工作新局面。自2017年7月份以来，“卢氏模式”在全省52个贫困县全面推广，取得阶段性成效。三级服务体系全面建立，金融服务延伸至2.16万个村，实现进村入户到人；农村信用体系借势推进，共采集农户信息792.18万户，采集率85.13%，其中，建档立卡贫困户信息111.21万户，采集率98.45%；风险防控体系逐步建立，共到位担保、风险补偿基金24.35亿元；产业支撑体系形式多样，新型农业经营主体蓬勃发展，成为带贫主力军。与此同时，非贫困县的推广工作也在逐步推进。在“卢氏模式”的带动下，全省金融扶贫贷款2017年末余额达1162.3亿元，较年初增加482.6亿元，增长71%。其中：建档立卡贫困户贷款同比增长54.2%，产业带动脱贫贷款同比增长61%，项目精准扶贫贷款同比增长179%。

（杜旭辉 王晓棠）

中国（河南）自由贸易试验区金融服务体系建设初见成效

自2017年4月1日，中国（河南）自由贸易试验区正式挂牌运行以来，人民银行郑州中心支行牵头各金融监管部门紧紧围绕“两体系一枢纽”的国家定位，突出“多式联运”和“跨境电商”的河南特色，稳中求进、主动作为，大力支持推动自贸区建设发展。

【主要举措】

一、立足部门实际，出台支持自贸区发展意见。各金融监管部门结合自身工作职责，先后制定印发了指导意见、工作方案、实施细则等文件，如人民银行郑州中心支行印发《关于支持中国（河南）自由贸易试验区发展的意见》、河南银监局出台《关于进一步加强中国（河南）自由贸易试验区金融服务工作的二十条措施》、河南保监局制定《关于河南保险业支持中国（河南）自由贸易试验区建设工作推进方案》、外汇局河南省分局制定《推进中国（河南）自由贸易试验区外汇管理改革试点实施细则》、省金融办出台《关于支持中国（河南）自由贸易试验区的意见》，进一步简政放权，推动贸易投融资便利化，服务河南自贸区发展。

二、夯实工作机制，推进工作有效开展。一是作为牵头部门，人民银行郑州中心支行对照金融服务体系建设方案，把各项任务逐一分解到相关部门，并建立工作台账，及时梳理总结进展情况。同时，在行内新增设自贸科，牵头做好人民银行及外汇局的自贸区相关工作。二是银监局、保监局等部门细化局内任务分工，建立银行、保险公司联络员制度，以可检验的成效倒逼改革任务推动，层层压实责任。

三、推进简政放权，释放改革红利。一是人民银行郑州中心支行推出基本存款账户核准“直通车”服务，简化优化业务办理流程，为企业开展经营创造良好条件。二是河南银监局简化自贸区银行业机构事前准入事项，推进监管制度创新，推动银行业“放管服”改革向纵深发展。三是河南保监局将自贸区内支公司高管人员的任职资格准入方式由事前审批改为事后备案，并缩短备案时间，提高准入效率。

四、注重政策引导，丰富自贸区金融生态。一是支持和推动银行业金融机构通过升格现有分支机构、优化区内机构布局等方式，为自贸区提供综合化、专业化、便利化的金融服务。二是加强宣传推介，引导证券、期货、基金公司入驻自贸区；积极推动区内中原股权交易中心持续提升功能，服务不同发展阶段企业需求。三是对迁入自贸区的保险机构营业场所变更事项，加快审批速度。四是支持中原证券联合建业集团、森源集团等民营企业发起设立中原人寿保险公司，支持中原农险在首次增资扩股中接纳民营资本参与增资，有序推动对民营资本开放。

五、加强业务指导，提升自贸区金融服务水平。一是鼓励引导银行业和保险业金融机构开发创新性产品和服务，精准对接“两体系一枢纽”建设的金融服务需求，加强对外贸易风险保障服务和自贸区内科技创新。二是利用好郑州商品交易所期货交易优势，推动苹果期货等新产品上市交易，发挥期货的价格发现和防范风险功能。三是支持符合条件的上市公司和挂牌公司利用配股、增发、发行债券等方式实施再融资。四是积极引导国内具有影响力的支付机构在自贸区内成立河南分公司，为自贸区企业特别是跨境电商企业提供方便、快捷、高效的支付服务。五是向国家外汇管理局申请个人本外币兑换特许业务试点资格并获得批复同意，便利自贸区个人本外币兑换。六是推动支持郑州宇通集团财务有限公司获批即期结售汇业务经营资格，拓展财务公司业务范围。

六、注重收放并举，牢牢守住风险底线。一是加强金融监管合作，联合各金融监管部门探索建立符合实际的自贸区监测统计报表制度。二是建立自贸区金融工作小组，加强日常信息沟通交流，重点关注创新业务风险，做到早发现、早预防。三是强化监管处罚，既依法处罚机构，也问责责任人，提高监管的威慑力。

七、加强政策引导和宣传。灵活运用河南自贸区新闻发布会、河南省银行外汇和跨境人民币业务展业自律机制、《金融时报》、《河南日报》等主流媒体及实地调研走访等多种形式，围绕扩大金融对内对外开放、拓展金融服务功能、推动跨境投融资创新、建立健全金融风险防控体系等四个方面，做好相关政策解读与宣传，为河南自贸区建设营造良好的金融舆论环境。

【取得的成效】

一、自贸区内金融机构体系进一步完善。一是银行业金融机构主动积极入驻自贸区。其中，中国银行建立河南自贸区分支行、服务窗口、业务咨询柜台的“三级服务体系”，工商银行、建设银行、农业银行、浦发银行、中原银行等5家设立了自贸区分行或支行。二是区内证券期货公司实力不断增强。现有的4家证券期货法人机构中，中原证券有效利用资本市场，通过A股上市和发行次级债，募集资金43亿元；华信期货增资52.57亿元，净资产和净资本均排名同行业全国第一位。三是现有财务公司不断拓展业务。郑州宇通集团财务有限公司成为我省首家获得即期结售汇业务经营资格的非银行金融机构。四是本外币兑换业务市场服务更加多样。经国家外汇管理局批复同意，目前已有上海易兑外币兑换有限公司的两家分公司试点开展个人本外币兑换特许业务。

二、贸易投融资便利化有效提升。一是企业业务办理时限不断缩短。区内企业开立基本存款账户一天即可实现；银行行政许可事项实现“一个口子”进出；保险支公司高管任职资格的事后备案3个工作日即可完成；将“企业名录登记”纳入“三十五证合一”，大大减少企业脚底成本。二是企业跨境收支更加便利。区内名录登记为A类企业的9.13亿美元外汇收入无须进入待核查账户即可收汇；中欧班列（郑州）的跨境汇款实现当天到账，最快仅需2分钟。三是企业融资渠道不断拓宽。区内2家企业通过本外币资金池业务，净流入资金13.7亿元；1家企业上市融资2.05亿元；7家公司通过新三板融资2.29亿元；1家企业通过发行可转换公司债券募集资金13亿元。

三、区内金融创新效应开始显现。一是创新政银合作形式。洛阳片区搭建“信贷+信用”小微企业金融服务平台，建立信保基金资金池，为20家科技型企业提供融资支持2.7亿元。工商银行创新合作使用政府风险补偿资金池，为科技型小微企业量身定制个性化融资方案“科技贷”。浦发银行和中信银行通过与政府设立城市发展基金，试点探索投贷联动，支持文创旅游和高端装备制造发展。二是积极开办新兴金融业务。国开行开出3.44亿元授信支持我省本土企业首单飞机租赁业务落地。宇通财务公司成功发行省内首笔3.78亿元的汽车消费贷款类资产证券化项目债权。中原银行在全国银行间债券市场公开发行不超过15亿元的中西部地区首单“双创”金融债券。人保财险公司积极开展首台（套）重大技术装备保险试点，共为4家企业的12个项目提供总保额3.6亿元的首台（套）保险保障。三是探索跨境金融产品服务创新。洛阳银行成功开办辖内首家地方法人金融机构自身全口径跨境融资业务。交通银行和平安银行利用其总行离岸金融业务优势，积极开展跨境直贷、跨境联贷和离岸结算。郑州银行成功发行河南省首单总额11.91亿美元的境外优先股。

"金融豫军"成河南新名片

"金融豫军"主要指河南省本土金融业，即具有法人资质的河南省金融机构。"金融豫军"作为河南的一张新名片，多次出现在政府工作报告及相关发展规划之中。2016年10月，《河南日报》全文刊发了由河南省金融学会撰写的《"金融豫军"发展战略研究》，对"金融豫军"的内涵进行了全面诠释，按金融集团化发展趋势将"金融豫军"划分为五大军团，提出各自的发展战略与政策建议。2017年7月10日开始，河南卫视制作了《聚焦金融业"新河南现象"》，其中以"豫军突起"为题，从不同侧面，展现出近年来河南金融业的发展和变化，勾勒出河南金融业的未来。

从2010年到2017年，在"引金入豫"和"金融豫军"双轮推动下，河南金融业增加值占全省GDP的比重由3.2%提升到5.6%，快速发展的金融业已经成为河南新兴的支柱产业。

【"金融豫军"演进历程】

长期以来，河南金融业在全国处于相对落后状态，滞后于经济发展，存贷比、贷款增量和增速处于全国中下游，大量资本流向省外。2013年底，河南省金融业增加值占GDP的比重为3.98%，低于全国平均水平3.02个百分点，全省没有一家省级银行业和保险业法人金融机构，在全省三百余家证券期货和基金机构中河南本土机构仅有3家。

面对这一局面，历届省委省政府高度重视，从陆续出台支持金融业发展政策到加强"引金入豫"，再到明确"金融豫军"战略，为河南省金融业发展迎来了新时代。

"引金入豫"，就是要大力引进银行、证券、期货、保险、信托等各类金融机构入驻或在我省开展业务。由于河南经济基础薄弱，"引金入豫"也是一个十分艰难的过程，从1995年广发银行郑州分行开业，到2016年浙商银行签约入驻，仅引进12家全国性股份制商业银行进驻河南就用了21年的时间。"引金入豫"不但为河南经济发展带来了资金，更为河南金融业培养了大量高级管理人才，为本土金融的聚力发展打下了坚实的基础。

"金融豫军"战略，就是利用大力组建和发展本省法人金融机构，增强金融在区域内调动和配置金融资源的能力，为河南经济持续协调发展服务。时任河南省委书记谢伏瞻在2017年全省金融工作会议上强调，要深化金融改革，稳固壮大金融豫军。

【"金融豫军"发展与崛起】

2014年——"金融豫军"蹒跚起步

2014年6月，河南唯一本土法人券商中原证券在香港联交所主板上市，成为国内第四家在港上市的券商，打开了我省沟通海外资本市场的新通道。12月，由省内13家地方性城市商业银行通过新设合并的方式，组建了河南省第一家省级股份制商业银行——中原银行正式开业，结束了河南没有本土省级法人银行的历史。12月，由洛阳银行作为主发起人设立的洛银金融租赁股份有限公司正式成立，填补了我省没有金融租赁类非银行金融机构的空白。

2015年——"金融豫军"快速发展

在省委省政府的推动下，2015年河南省银行、保险、证券、信托、产业基金、资管公司、股权交易中心等金融"多兵种"全面集结，"金融豫军"进入全面崛起阶段。2015年5月，中原农业保险股份有限公司成立，填补了河南没有保险法人机构的历史空白。7月，天瑞集团财务有限责任公司获批，成为我省继宇通客车、平煤神马、河南能化、一拖集团财务公司的第5家企业集团财务公司。9月，由河南省政府批准设立的省级区域股权交易市场——中原股权交易中心正式开业。10月，中原资产管理有限公司在郑州成立，为有效化解区域性金融风险、优化区域金融生态提供了"稳定器"和"安全网"。12月，郑州银行在香港联合交易所主板上市，是H股上市的第三家内地城商行。

2016年——"金融豫军"深化改革

2016年2月，河南双汇集团财务有限公司获批筹建，这是我省成立的第6家企业集团财务公司。3月，河南省农业信贷担保有限责任公司获批成立，是我省国有独资政策性担保机构，在全省范围内构建农业信贷担保体系，创新财政和金融协同支农机制。3月，郑州发展投资公司、交银国际信托、郑东新区建设开发投资总公司及百瑞信托共同出资筹建中原金控有限公司。3月23日，由郑州银行、宇通客车和天伦燃气共同发起设立河南九鼎金融租赁股份有限公司正式开业，标志着郑州银行向全国一流的金融控股银行集团迈出了坚实步伐。4月省内首家农业融资租赁股份有限公司——河南省农业融资租赁股份有限公司注册成立。7月，洛阳农商银行挂牌开业，成为全省首家由城区机构合并建成的市级股份制商业银行。全省农村信用社改制为农商行总数已达58家，占全省农合机构的41.7%。

2017年——“金融豫军”加速崛起

通过几年的快速发展，“金融豫军”资产规模快速增长，对全省经济的支撑能力不断提升。2017年1月，中原证券股份有限公司A股成功在上海证券交易所挂牌上市，正式成为全国证券行业第八家A+H即内地和香港两地上市券商之一，也是河南省首家实现两地上市的金融企业。中原银行成立后仅两年半的时间，资产总额翻番，成为河南省最大的城市商业银行，2017年7月中原银行成功登陆港交所，是港交所当年融资规模仅次于国泰君安的第二大IPO。中原农业保险公司、中原消费金融公司、中原航空租赁公司等开业。郑州银行邀请全国22家金融机构，率先在行业内发起全国首个商贸物流银行联盟，2017年商贸物流类贷款余额达468亿元，占全行贷款的33.9%，特色初步彰显。兰考普惠金融改革试验区建设成效明显，“一平台四体系”的普惠金融模式在多地进行复制推广。全省金融机构本外币存、贷款余额分别突破6万亿元和4万亿元，是2012年末的1.9倍和2.1倍。

【“金融豫军”五大军团】

“金融豫军”之所以成“军”，其一在于我省本土金融业蓬勃发展，初具规模，正成为全省经济发展的支柱产业；其二则在于我省金融业态不断丰富，金融“多兵种”全面集结，已形成较为完整的谱系。适时对“金融豫军”进行重新梳理，组团谋划策略，形成多层次的“金融豫军”谱系，对“金融豫军”的健康发展具有重要的指导意义。

一、中原系集团军

伴随着中原经济区的建设，我省以“中原”挂名的金融机构种类齐全、规模较大、业务全面，正成为“金融豫军”的核心力量。按照“立足中原，突出主力，组团发展，整体推进”的战略思路，将中原银行、中原证券、中原信托、中原期货、中原农业保险、中原资管、中原航基、中原股权、百瑞信托等金融企业建制为中原系集团军，加大政策支持和扶持，通过多重控股、参股，不断拓展金融领域，完善金融业态类型，形成具有全金融牌照的综合性金融集团，为全省经济发展提供全方位的金融支持，形成“金融豫军”的核心。

二、城商系特色军团

在组建中原银行过程中，为推进部分基础较好的城商行实现特色化经营与发展，将其中规模较大、特色鲜明、经营良好的四家城商行——郑州银行、洛阳银行、平顶山银行、焦作中旅银行进行了单独改制，保留了一部分稀缺金融牌照。对这四家城商银行建制为城商系特色军团，按照“突出特色，布局全省，创新理念，服务中原”的原则，不断创新发展，加强区域经营特色，逐步形成全省跨区域经营的中小型商业银行，服务全省经济建设与发展，建立具有较强区域特色的精品银行和市民银行。

三、涉农系野战军团

近几年，在我省农村金融领域，通过改制、新设等形式，组建了一大批农商银行、村镇银行，成为支持农村经济发展和普惠金融服务的主力军。按照“加快改制，立足三农，完善内控，稳健经营”的原则，将农信社（农商行）、村镇银行等农村小微金融机构统一编组为涉农系野战军团。其寓意，一是立足基层、立足农村，重点支持我省“三农”经济的发展，使之成为总体规模较大、网点覆盖率高、服务“三农”和小微企业的金融主力军团。二是加快全省农村信用社向农村商业银行的改制，不断完善内控管理制度，全面推进农村金融机构的正规化改造，增强涉农金融机构的经营能力与风险防控能力建设。

四、期货产业旗舰队

郑州商品交易所是我国四大期货交易所之一，是我省唯一的全国性金融交易所。围绕郑商所也吸引了全国大部分期货经纪公司入驻河南，至2017年底全省期货公司法人机构2家，期货分公司及营业部达到83家，形成了全国重要的期货产业集聚中心。以郑商所为核心，组建期货产业旗舰队，按照“站位全球，面向全国，服务河南，提高影响”的思路，推进郑商所扩大交易品种和规模，培育我省期货行业的发展，提升郑商所对大宗农产品的定价实力，为河南省经济发展特别是农业发展提供多层次的金融服务。

五、新金融兵团

近年来，随着互联网金融和金融科技的快速发展，我省组建了一大批互联网金融公司、小额贷款公司、融资担保公司、金融租赁公司、消费金融公司、财务公司等新型金融机构以及准金融组织，进一步丰富了我省的金融业态，促进了多层次金融服务体系的建设。按照“规范经营、稳步发展、强化管理、防范风险”的原则，立足技术创新、理念创新和模式创新，将这些新型金融性公司统一组建为新金融兵团。针对新金融兵团总体经营规模较小、金融监管体系不健全、抗风险能力不高等特点，要加强规范管理，确保合法合规稳步发展，积极引进战略投资和产业资本，提高经营与风险防控能力，支持和鼓励具有较强金融运营和风险防控能力的小额贷款公司、村镇银行以及融资性担保公司组建民营银行。

【“金融豫军”发展优势】

“金融豫军”作为本土金融机构与当地经济具有天然的“同盟”关系，不仅锦上添花，也能雪中送炭；既基于市场关系互利互惠，也能基于地域考虑唇齿相依，共渡难关。其对我省区域经济的支撑作用与全国性大金融机构或股份制商业银行相比具有独特的作用，特别是在普惠金融、涉农金融、民生金融等小微金融领域等方面具有不可比拟的独特优势。

一、“金融豫军”资产规模持续较快增长，金融资源配置以本省为主。在过去很多年中，以四大国有银行为主的全国性金融机构通过资金的跨区域调配，大量资金从欠发达区域流向发达地区，充当了金融资源的“抽水机”角色。而“金融豫军”作为本土金融机构更注重于“源于斯，用于斯”，金融资源配置比重不断提高，在为区域经济发展提供强劲动力的同时，自身资产规模也在不断提升。在2017年全国银行业协会发展的“中国银行业100强榜单”中，中原银行以总资产4330.71亿元排名第35位，郑州银行、洛阳银行分别排名第47位和第62位。在英国《银行》排出的2016年全球1000家大银行中，中原银行、郑州银行和洛阳银行组团入榜全球银行“500强”，排名分别为第210、338和431名，河南省本土金融业发展正逐步迈入新的时代。

二、“金融豫军”成普惠金融服务主体，贴近市民、服务小微、支持“三农”的定位为增强我省经济活力发挥积极作用。大型金融机构由于资金雄厚，其服务对象倾向于大公司、大企业、大集团，而地方法人金融机构普遍资产规模小，主要服务对象更倾向于小微企业，为促进区域经济活力提供最广泛的金融支持，正逐步成为普惠金融产品与服务的主体。一是市民银行成为本土法人金融机构的经营特色。从我省居民贷款来看，大型商业银行对个人贷款主要集中于中长期住房按揭贷款，而针对个人短期经营性贷款则以地方法人金融机构为主。截止到2017年末，全省地方法人金融机构个人经营性贷款总额2986.6亿元，占全省银行业个人经营性贷款的70.6%。二是积极打造小微企业融资专家。从对小微企业的支持上，地方法人金融机构以点多、面广、额度小的经营特色，加强对小微企业融资支持。

三、“金融豫军”决策链条扁平化，金融创新与服务更具地域性。大型金融机构由于经营空间广泛，需要考虑各个经济区划的不同特点进行决策，普遍具有决策链条长、决策效率偏低的痼疾。而地方法人金融机构由于经营空间相对较小，决策链条也相对扁平化，能够充分发挥出更快捷的决策机制。表现在金融产品与服务创新上，地方法人金融机构在产品设计上更接地气，能充分发挥区域经济特色，金融创新产品适应性较强。

四、“金融豫军”在支持区域发展与货币政策调控中的步调更趋协调。“金融豫军”作为本土法人金融机构，多数都由地方政府及国有资本出资组建，对区域经济的发展与支持与政府规划更加协调。如中原银行主动融入全省战略布局、加强银政企合作、服务重点项目，积极为中原经济区、粮食生产核心区、郑州航空港经济综合实验区、郑洛新国家自主创新示范区提供综合金融服务。

第六部分

河南金融大事记

一月

3日 中原证券股份有限公司在上海证券交易所成功上市（股票简称：中原证券，股票代码：601375），成为沪港两地上市公司。

6日 太康农村商业银行挂牌开业；范县农村商业银行挂牌开业。

9日 商水农村商业银行挂牌开业。

9日 由中国人民银行郑州中心支行和省政府金融办联合举办的“河南省兰考县普惠金融改革试验区推进会”在兰考顺利召开。

9日 中国人民银行党委委员、副行长陈雨露赴兰考县支行、祥符支行慰问。

12日 中国人民银行滑县支行发行库恢复运行。

16日 李友意任中华联合财产保险股份有限公司河南分公司党委书记、总经理。

19日 中国人民银行郑州中心支行召开2017年河南省人民银行系统工作暨外汇管理工作会议。

二月

6日 金春花同志任中国邮政储蓄银行河南省分行党委书记。

10日 石永拴同志任建设银行河南省分行党委书记、行长。

13-14日 中国大地财产保险股份有限公司副总经理尚勇涛赴河南分公司、洛阳中心支公司调研。

21日 浙商银行股份有限公司董事长沈仁康、行长刘晓春一行到浙商银行郑州分行调研。

三月

6日 经济日报等12家媒体赴中牟郑银村镇银行进行“村镇银行培育发展十周年”专题采访。

10日 李香稳任人民银行鹤壁市中心支行党委副书记、副行长（主持工作）。

10日 钮明任中国人民银行许昌分行行长、党委书记。

13日 人民银行郑州中心支行与兰考县政府、中国普惠金融研究院签订《共建兰考县普惠金融改革试验区战略合作备忘录》。

15日 中国金融期货交易所纪委书记陈士轰来河南证监局调研。

15日 中国银行股份有限公司任德齐副行长到河南省分行调研。

17日 上海浦东发展银行副行长崔炳文赴郑州分行开展调研。

23日 郑州三晖电气股份有限公司完成首次公开发行股票并在深圳证券交易所上市。

四月

10日 上海浦东发展银行副行长潘卫东赴郑州出席2017年零售业务交流活动。

13日 中国邮政集团公司董事长李国华到河南省分行调研指导工作。

13日 高潮任济源市中支党委书记、行长兼外汇管理局济源中心支行局长。

14日 上蔡农村商业银行挂牌开业。

17日 王振京任百瑞信托有限责任公司董事长。

27日 平顶山市财政局党组书记、局长高永华兼任平顶山银行股份有限公司党委书记。

五月

11日 中国银行河南省分行办理中国银行系统内首笔国内信用证转让业务9993万元。

17日 国内首个仓单统一保险项目在郑州正式落地。

19日 平顶山银行股份有限公司手机银行“FIDO+”项目成功上线，成为全国首家采用“FIDO+”移动端认证解决方案的金融机构。

24-26日 中国工商银行股份有限公司董事长易会满赴工商银行河南省分行调研。

六月

2日 杨中同志任恒丰银行股份有限公司郑州分行党委副书记（主持工作）。

6日 平顶山银行股份有限公司直销银行正式上线。

12-16日 中国农业发展银行党委委员、纪委书记宋先平到河南省分行调研。

14日 中国民生银行副行长石杰莅临民生银行郑州分行进行调研。

15日 陕州农村商业银行挂牌开业。

16日 邓州农村商业银行挂牌开业。

20日 民权农村商业银行挂牌开业。

20日 “2017兰考县普惠金融改革试验区推进活动周”开幕。

20日 中国人民银行会计财务司司长杨伟中赴平顶山市中心支行调研。

20日 中国人民银行林州市（县）支行发行库恢复运行。

21-22日 中国民生银行党委副书记、监事会主席张俊潼莅临民生银行郑州分行进行调研。

29日 新郑农商银行、济源农商银行被评选为全国标杆农商银行。

七月

5日 《金融时报》理论部主任王华庆到确山县竹沟镇对农村金融综合服务站进行调研。

7-8日 河南省金融扶贫工作现场会在三门峡召开。

9日 中国人民银行刘国强行长助理一行莅临人民银行郑州中心支行调研指导工作。

9日 中国工商银行股份有限公司张红力副行长到河南分行调研。

11日 中国人民银行货币金银局局长王信赴兰考县支行调研。

17日 韩武军任东亚银行（中国）有限公司郑州分行行长。

18日 招商银行股份有限公司田惠宇行长赴郑州分行调研。

19日 中原银行正式在港交所挂牌上市。

28日 河南证监局与省金融办签订《区域性股权市场监管合作备忘录》。

八月

10日 滑县农村商业银行挂牌开业；新蔡农村商业银行挂牌开业。

23日 田建华同志任中国银行业监督管理委员会河南监管局党委书记、局长。

24日 中国银行业监督管理委员会副主席曹宇莅临中原银行调研。

九月

2日 中共中国人民银行委员会党校兰考教育基地挂牌。

6日 安诚财产保险股份有限公司纪委书记廖俊莅临河南分公司视察指导。

6日 通许农村商业银行挂牌开业。

6日 中国东方资产管理股份有限公司总裁张子艾到河南省分公司调研。

8日 中国证监会方星海副主席出席2017年第二届中国（郑州）国际期货论坛并致辞。

15日 南阳森霸光电股份有限公司完成首次公开发行股票并在深圳证券交易所上市。

15日 杞县农村商业银行挂牌开业。

19日 淮滨农村商业银行挂牌开业。

20日 全国人大常务委员会副委员长兼全国人大常委会秘书长王晨率执法检查组来到中原银行，就《中华人民共和国网络安全法》和《全国人大关于加强网络信息保护的决定》贯彻实施情况开展执法检查。

20-23日 人民银行郑州中心支行代表队夺得总行反假货币知识与技能竞赛团体奖第一名、个人全能奖第一名、个人竞答单项第一名及个人点钞识假第三名。

22日 人民银行驻马店守押分中心正式运行。

25日 尉氏农村商业银行挂牌开业。

27日 沈丘农村商业银行挂牌开业。

十月

11日 吴启金任中国进出口银行河南省分行行长、党委副书记。

11-13日 国务院参事室和人民银行参事室联合调研组考察兰考县普惠金融改革试验区和栾川县普惠金融建设工作情况。

15日 襄城农村商业银行挂牌开业。

26日 内乡农村商业银行挂牌开业。

26日 中国银行河南省分行办理“澳元贷款+CCS”交易业务，为辖内首笔澳元贷款业务。

27日 中国信达资产管理股份有限公司总裁助理梁强到河南分公司调研。

十一月

1日 许昌农村商业银行挂牌开业。

2日 河南银监局批复同意齐鲁银行受让7家“澳洲联邦银行系”村镇银行主发起行股权，开我省村镇银行主发起行股权整建制转让先河。

5-6日 中国民生银行董事长洪崎莅临民生银行郑州分行调研指导工作。

6日 浚县郑银村镇银行股份有限公司开业。

8-9日 中国民生银行副行长李彬莅临民生银行郑州分行进行调研。

9日 中国东方资产管理股份有限公司党委书记吴跃到河南省分公司调研。

16日 郑州银行发起成立的浚县郑银村镇银行开业。

20日 浚县农村信用合作联社改组成河南浚县农村商业银行股份有限公司。

23日 鹿邑农村商业银行挂牌开业。

27日 陈润儿省长到建设银行河南省分行调研。

28日 郑州银行发起的确山郑银村镇银行开业。

十二月

2-3日 中国证监会姜洋副主席赴桐柏县调研指导工作。

5日 王哲当选为河南省农村信用社联合社第二届理事会理事长，高保宏当选为河南省农村信用社联合社第二届理事会副理事长。

5日 焦作中旅银行股份有限公司郑州分行开业。

6日 浚县农村商业银行挂牌开业。

12日 河南省交通规划设计研究院股份有限公司完成首次公开发行股票并在深圳证券交易所上市。

13日 渤海银行股份有限公司赖得盛总裁莅临郑州分行开展年度考核工作。

19日 延津农村商业银行挂牌开业。

20日 李双锁同志担任郑州中心支行党委委员、副行长。

21日 中央媒体采访团赴兰考县调研采访普惠金融。

23日 原阳农村商业银行挂牌开业。

26日 熊开同志任招商银行股份有限公司郑州分行党委书记。

28日 中原资产管理有限公司完成中西部首架本土经营性租赁飞机业务，这是中部地区首单SPV结构飞机租赁项目。

第七部分

河南金融统计资料

一、综合业务统计表

（一）本外币信贷收支表

河南省金融机构可比口径本外币信贷收支表

汇率： 6.5342　　2017 年 12 月　　单位：万元

栏目 来源项目名称	本月余额	比年初增减数		栏目 运用项目名称	本月余额	比年初增减数	
		今年	去年			今年	去年
一、各项存款	600375968	50565852	66976464	一、各项贷款	425467865	54071853	53410183
（一）境内存款	600216163	50528412	66977978	（一）境内贷款	423684692	53399231	52851284
1. 住户存款	324222540	28422570	34249821	1. 住户贷款	152514955	26925322	25147895
（1）活期存款	123025107	11234697	15115812	（1）短期贷款	36408181	335567	-375780
（2）定期及其他存款	201197433	17187874	19134009	消费贷款	12972217	3878574	636351
2. 非金融企业存款	165909528	9511378	18202801	经营贷款	23435964	-3543007	-1012131
（1）活期存款	80471045	9725623	11256265	（2）中长期贷款	116106773	26589756	25523675
（2）定期及其他存款	85438483	-214245	6946535	消费贷款	97243778	22522580	23520543
3. 广义政府存款	88594333	9558262	9612169	经营贷款	18862995	4067176	2003132
（1）财政性存款	8134290	1197093	-1436721	2. 非金融企业及机关团体贷款	271159777	26463949	27713389
（2）机关团体存款	80460043	8361169	11048890	（1）短期贷款	113740756	2932425	7167839
4. 非银行业金融机构存款	21489762	3036202	4913187	（2）中长期贷款	142819029	25700226	16235708
（二）境外存款	159805	37440	-1514	（3）票据融资	11363693	-3151967	3036412
二、金融债券	1899627	390013	60549	（4）融资租赁	2902885	1038023	1335110
其中：境外发行				（5）各项垫款	333415	-54758	-61680
三、卖出回购资产	413477	-411259	166396	3. 非银行业金融机构贷款	9960	9960	-10000
四、借款及非银行业金融机构拆入	1020240	-702783	1080780	（二）境外贷款	1783173	672622	558899
五、联行往来（净）				二、债券投资	48617174	4652709	14000535
六、应付及暂收款	13518419	2537979	844078	其中：境外债券			
七、各项准备	13272914	1590327	2076771	三、股权及其他投资	47804212	6189793	17412408
八、所有者权益	27676058	4970898	3230679	四、买入返售资产	1452033	521442	-937544
其中：实收资本	11413171	1519723	1370993	五、存放非银行业金融机构款项	807623	756500	-369622
九、其他	-28398766	-5516666	3740452	六、联行往来（净）	94734831	-14200298	-6580244
				其中：境内存放二级准备金	11163933	717802	1446904
				七、金银占款			
				八、中央银行外汇占款			
				九、应收及预付款	5661993	1316170	1224101
				十、投资性房地产	20201	2827	-1199
				十一、固定资产	5212006	113366	17552
资金来源总计	**629777937**	**53424362**	**78176169**	**资金运用总计**	**629777937**	**53424362**	**78176169**

河南省存款类金融机构可比口径本外币信贷收支表

汇率：6.5342　　　　2017年12月　　　　单位：万元

来源项目名称	本月余额	比年初增减数 今年	比年初增减数 去年	运用项目名称	本月余额	比年初增减数 今年	比年初增减数 去年
一、各项存款	600919017	49825778	66442112	一、各项贷款	422561083	53014043	51871672
（一）境内存款	600759212	49788338	66443627	（一）境内贷款	420777911	52341421	51312774
1. 住户存款	324222535	28422660	34249821	1. 住户贷款	152514955	26925322	25147895
（1）活期存款	123025107	11234697	15115812	（1）短期贷款	36408181	335567	-375780
（2）定期及其他存款	201197428	17187963	19134009	消费贷款	12972217	3878574	636351
2. 非金融企业存款	165796971	9485437	18159410	经营贷款	23435964	-3543007	-1012131
（1）活期存款	80471045	9725623	11256265	（2）中长期贷款	116106773	26589756	25523675
（2）定期及其他存款	85325925	-240186	6903144	消费贷款	97243778	22522580	23520543
3. 广义政府存款	88594333	9558262	9612169	经营贷款	18862995	4067176	2003132
（1）财政性存款	8134290	1197093	-1436721	2. 非金融企业及机关团体贷款	267932492	25381225	26190379
（2）机关团体存款	80460043	8361169	11048890	（1）短期贷款	113570756	2879425	7128739
4. 非银行业金融机构存款	22145373	2321979	4422227	（2）中长期贷款	142664629	25716526	16079308
（二）境外存款	159805	37440	-1514	（3）票据融资	11363693	-3151967	3036412
二、金融债券	1899627	390013	60549	（4）融资租赁		-8000	7600
其中：境外发行				（5）各项垫款	333415	-54758	-61680
三、卖出回购资产	551177	-421344	224181	3. 非银行业金融机构贷款	330464	34873	-25500
四、借款及非银行业金融机构拆入	1020240	-702783	1080780	（二）境外贷款	1783173	672622	558899
五、联行往来（净）				二、债券投资	48616991	4652800	14116697
六、应付及暂收款	13046654	2251159	818395	其中：境外债券			
七、各项准备	13098258	1501486	2032686	三、股权及其他投资	46357370	5877030	17031152
八、所有者权益	25742802	4669022	2609696	四、买入返售资产	1452033	498442	-924562
其中：实收资本	10288171	1418888	955718	五、存放非银行业金融机构款项	842623	784459	-441065
九、其他	-30952982	-5304445	2829102	六、联行往来（净）	94734831	-14200298	-6580244
				其中：境内存放二级准备金	11163933	717802	1446904
				七、金银占款			
				八、中央银行外汇占款			
				九、应收及预付款	5547515	1469113	1007421
				十、投资性房地产	18141	2965	-1061
				十一、固定资产	5194206	110332	17493
资金来源总计	**625324793**	**52208886**	**76097502**	**资金运用总计**	**625324793**	**52208886**	**76097502**

河南省大型银行可比口径本外币信贷收支表

汇率：6.5342　　2017 年 12 月　　单位：万元

栏目 来源项目名称	本月余额	比年初增减数		栏目 运用项目名称	本月余额	比年初增减数	
		今年	去年			今年	去年
一、各项存款	302547915	23225027	28563467	一、各项贷款	211836031	26775662	26245153
（一）境内存款	302443327	23214930	28561917	（一）境内贷款	210222618	26170267	25783187
1. 个人存款	185462543	15094868	19215232	1. 短期贷款	39631764	5501905	-883868
其中：活期储蓄存款	80332723	6433369	9803888	（1）个人贷款及透支	9444196	2193179	-619310
定期储蓄存款	56533434	-1512365	-155364	其中：个人消费贷款	7630488	2804459	35168
结构性存款	4015773	847354	293322	（2）单位贷款及透支	30187561	3308813	-264558
2. 单位存款	111120114	8837356	9750531	经营贷款及透支	24255140	1810421	-17719
其中：活期存款	67283109	5708160	8923945	固定资产贷款	179774	-95034	160838
定期存款	14426027	-562120	-3493307	并购贷款			
保证金存款	7951033	-902163	417678	贸易融资	5752646	1593426	-407677
结构性存款	2212358	-237444	141633	（3）非存款类金融机构贷款	8	-87	
3. 国库定期存款	843300	460949	-243949	2. 中长期贷款	165095673	24126510	24201554
4. 非存款类金融机构存款	5017369	-1178243	-159897	（1）个人贷款	77300865	13761605	17291825
（二）境外存款	104588	10098	1550	其中：个人消费贷款	72393039	13391625	17182367
二、代理财政性存款	238949	59903	-27326	（2）单位贷款	87794808	10364905	6909729
三、金融债券				经营贷款	10958590	983708	1124902
其中：境外发行				固定资产贷款	76046916	9093589	5743295
四、卖出回购资产			-33919	并购贷款	471341	290041	5970
五、向中央银行借款	21002	9055	-69758	贸易融资	317961	-2433	35561
六、银行业存款类金融机构往来	1929163	257439	-1122179	（3）非存款类金融机构贷款			
七、借款及非存款类金融机构拆入	444871	393482	-350604	3. 票据融资	5452616	-3436325	2537022
八、联行往来（净）				4. 融资租赁			
九、应付及暂收款	4951011	176787	-103713	5. 各项垫款	42564	-21823	-71521
其中：应付利息	3295102	156416	-148642	（二）境外贷款	1613413	605395	461967
十、其他负债	3388645	1089630	-57476	二、债券投资	1229123	80783	552309
十一、所有者权益	2688817	644537	224673	三、股权及其他投资	108964	-182777	-629559
其中：实收资本				四、买入返售资产			
				五、存放中央银行存款	58872	-176499	31482
				六、缴存中央银行财政性存款	522045	327592	-72847
				七、银行业存款类金融机构往来	183118	-1198048	-511405
				八、存放非存款类金融机构款项	106	-7019	455
				九、联行往来	99726760	3394145	-8256184
				其中：境内存放二级准备金	9907798	623599	927980
				十、库存现金	1516353	3037	46295
				十一、应收及预付款	1102472	313088	15999
				其中：应收利息	561659	92469	-90751
				十二、投资性房地产			
				十三、固定资产	2031882	27790	37290
				十四、其他资产	1755493	-3218677	9791400
				十五、减：各项准备	3860844	283217	227223
				其中：贷款损失准备	3705973	267381	230370
资金来源总计	**316210373**	**25855860**	**27023165**	**资金运用总计**	**316210373**	**25855860**	**27023165**

河南省中小型银行可比口径本外币信贷收支表

汇率：6.5342　　　　2017 年 12 月　　　　单位：万元

栏目 来源项目名称	本月余额	比年初增减数		栏目 运用项目名称	本月余额	比年初增减数	
		今年	去年			今年	去年
一、各项存款	75858537	-3356586	5825828	一、各项贷款	87356633	11193009	11299131
（一）境内存款	75806937	-3385536	5831358	（一）境内贷款	87220355	11158855	11202607
1.个人存款	11963275	-985929	96958	1.短期贷款	43901411	-527441	4166900
其中：活期储蓄存款	6502498	407041	950554	（1）个人贷款及透支	5635328	84326	-519216
定期储蓄存款	2410095	-951062	-1235031	其中：个人消费贷款	2617220	299793	106932
结构性存款	1593729	-496695	268501	（2）单位贷款及透支	38236084	-611767	4686117
2.单位存款	56130991	-3048018	6022433	经营贷款及透支	35871744	485781	2802518
其中：活期存款	22102513	226067	4789113	固定资产贷款	10733	-8055	-50840
定期存款	7036361	-1346063	-3097849	并购贷款			
保证金存款	13519129	-1337574	1696909	贸易融资	2353606	-1089494	1934438
结构性存款	2979647	-734722	-340539	（3）非存款类金融机构贷款	30000		
3.国库定期存款	437100	350100	-103000	2.中长期贷款	41293581	11306808	6692407
4.非存款类金融机构存款	7275570	298312	-185033	（1）个人贷款	16445632	4047692	4153242
（二）境外存款	51600	28950	-5529	其中：个人消费贷款	13775990	3713994	4171277
二、代理财政性存款	471210	92129	34117	（2）单位贷款	24847949	7259117	2539165
三、金融债券				经营贷款	9564191	3398691	1384752
其中：境外发行				固定资产贷款	14414624	3305181	942421
四、卖出回购资产	238837	81698	-175921	并购贷款	353242	177931	131061
五、向中央银行借款	265987	202155	-9938	贸易融资	515892	377314	80931
六、银行业存款类金融机构往来	3529526	-2753000	-890508	（3）非存款类金融机构贷款			
七、借款及非存款类金融机构拆入	564050	-1105842	1438027	3.票据融资	1864959	397451	312796
八、联行往来（净）	8477321	8477321		4.融资租赁			
九、应付及暂收款	1110894	102498	87861	5.各项垫款	160404	-17964	30504
其中：应付利息	516229	58106	-7969	（二）境外贷款	136279	34154	96524
十、其他负债	710222	-5959	-62019	二、债券投资	3499564	-1219836	-370190
十一、所有者权益	564520	55482	-582060	三、股权及其他投资	498970	-239453	-508279
其中：实收资本				四、买入返售资产		-135055	-2502240
				五、存放中央银行存款	91908	-11726	-63920
				六、缴存中央银行财政性存款	23344	20664	-199217
				七、银行业存款类金融机构往来	658201	-902354	471987
				八、存放非存款类金融机构款项	128	0	2
				九、联行往来		-7039312	-1363001
				其中：境内存放二级准备金	992466	37164	423013
				十、库存现金	173509	-7866	-5224
				十一、应收及预付款	666663	161261	-23083
				其中：应收利息	311528	27053	68728
				十二、投资性房地产	11444	5561	482
				十三、固定资产	311045	-23175	19716
				十四、其他资产	639052	47084	-80906
				十五、减：各项准备	2139360	58906	1009871
				其中：贷款损失准备	1993819	59065	1002680
资金来源总计	**91791102**	**1789896**	**5665387**	**资金运用总计**	**91791102**	**1789896**	**5665387**

国家开发银行股份有限公司河南省分行可比口径本外币信贷收支表

汇率：6.5342　　2017 年 12 月　　单位：万元

栏目 来源项目名称	本月余额	比年初增减数		栏目 运用项目名称	本月余额	比年初增减数	
		今年	去年			今年	去年
一、各项存款	7635711	733088	224803	一、各项贷款	33282494	4306289	3743217
（一）境内存款	7635711	733088	224803	（一）境内贷款	31727356	3696698	3260470
1. 个人存款				1. 短期贷款	814745	5566	−40566
其中：活期储蓄存款				（1）个人贷款及透支		−5204	785
定期储蓄存款				其中：个人消费贷款			
结构性存款				（2）单位贷款及透支	814745	10770	−41351
2. 单位存款	7635711	733088	225143	经营贷款及透支	658745	687	−180068
其中：活期存款	6326286	−242747	441221	固定资产贷款	146000	4800	134000
定期存款	65371	−13030	8302	并购贷款			
保证金存款	28804	1725	−29676	贸易融资	10000	5283	4717
结构性存款		−10000	5000	（3）非存款类金融机构贷款			
3. 国库定期存款				2. 中长期贷款	30912611	3691132	3301036
4. 非存款类金融机构存款			−341	（1）个人贷款	997984	259585	351881
（二）境外存款				其中：个人消费贷款	886353	208507	298608
二、代理财政性存款				（2）单位贷款	29914627	3431547	2949154
三、金融债券				经营贷款	1588525	497337	403076
其中：境外发行				固定资产贷款	28265778	2976373	2497741
四、卖出回购资产				并购贷款			
五、向中央银行借款				贸易融资	60324	−42164	48337
六、银行业存款类金融机构往来	2151	−418385	−373448	（3）非存款类金融机构贷款			
七、借款及非存款类金融机构拆入				3. 票据融资			
八、联行往来（净）	24147653	2870154	3338715	4 融资租赁			
九、应付及暂收款	29015	−15120	3572	5. 各项垫款			
其中：应付利息	15147	−4205	291	（二）境外贷款	1555139	609591	482747
十、其他负债	218927	42643	39955	二、债券投资			
十一、所有者权益	518122	−38336	120243	三、股权及其他投资		−180000	−275000
其中：实收资本				四、买入返售资产			
				五、存放中央银行存款	2910	−20490	13159
				六、缴存中央银行财政性存款			
				七、银行业存款类金融机构往来		−1000000	
				八、存放非存款类金融机构款项			
				九、联行往来			
				其中：境内存放二级准备金			
				十、库存现金			
				十一、应收及预付款	76961	12510	9820
				其中：应收利息	58918	6117	9188
				十二、投资性房地产			
				十三、固定资产	49850	−2221	−2114
				十四、其他资产	69062	−4253	10209
				十五、减：各项准备	929699	−62209	145452
				其中：贷款损失准备	929699	−62209	145452
资金来源总计	**32551579**	**3174044**	**3353839**	**资金运用总计**	**32551579**	**3174044**	**3353839**

中国农业发展银行河南省分行可比口径本外币信贷收支表

汇率：6.5342　　　　2017年12月　　　　单位：万元

栏目 来源项目名称	本月余额	比年初增减数		栏目 运用项目名称	本月余额	比年初增减数	
		今年	去年			今年	去年
一、各项存款	1807584	–815147	225185	一、各项贷款	22835225	1444615	2576338
（一）境内存款	1807584	–815147	225185	（一）境内贷款	22835225	1444615	2576338
1. 个人存款				1. 短期贷款	18595576	1541527	2483261
其中：活期储蓄存款				（1）个人贷款及透支			
定期储蓄存款				其中：个人消费贷款			
结构性存款				（2）单位贷款及透支	18595576	1541527	2483261
2. 单位存款	1807584	–815147	225185	经营贷款及透支	18592576	1540524	2491115
其中：活期存款	1647856	–736150	333263	固定资产贷款	3000	3000	–3950
定期存款	50392	–43346	–21416	并购贷款			
保证金存款	109337	–35351	–84879	贸易融资		–1997	–3903
结构性存款				（3）非存款类金融机构贷款			
3. 国库定期存款				2. 中长期贷款	4210631	–119336	93600
4. 非存款类金融机构存款				（1）个人贷款			
（二）境外存款				其中：个人消费贷款			
二、代理财政性存款	450191	75542	87921	（2）单位贷款	4210631	–119336	93600
三、金融债券				经营贷款	15730	–2920	–6071
其中：境外发行				固定资产贷款	4194901	–116416	99671
四、卖出回购资产				并购贷款			
五、向中央银行借款				贸易融资			
六、银行业存款类金融机构往来		–28062	–76540	（3）非存款类金融机构贷款			
七、借款及非存款类金融机构拆入				3. 票据融资			
八、联行往来（净）	20724271	2448824	2054774	4. 融资租赁			
九、应付及暂收款	49254	16688	1092	5. 各项垫款	29018	22423	–523
其中：应付利息	1307	465	162	（二）境外贷款			
十、其他负债	63280	202	–140	二、债券投资	489916	489916	
十一、所有者权益	85	305618	–358314	三、股权及其他投资			
其中：实收资本				四、买入返售资产			
				五、存放中央银行存款	4129	–5811	–12125
				六、缴存中央银行财政性存款			
				七、银行业存款类金融机构往来	13453	–8738	–2595
				八、存放非存款类金融机构款项			
				九、联行往来			
				其中：境内存放二级准备金			
				十、库存现金	621	86	–67
				十一、应收及预付款	75692	5303	51464
				其中：应收利息	71331	3077	52377
				十二、投资性房地产			
				十三、固定资产	73678	–5643	–2153
				十四、其他资产	361156	1756	70846
				十五、减：各项准备	759203	–82181	747729
				其中：贷款损失准备	666699	–81090	747789
资金来源总计	**23094666**	**2003665**	**1933979**	**资金运用总计**	**23094666**	**2003665**	**1933979**

中国进出口银行河南省分行可比口径本外币信贷收支表

汇率：6.5342　　2017 年 12 月　　单位：万元

来源项目名称	本月余额	比年初增减数 今年	比年初增减数 去年	运用项目名称	本月余额	比年初增减数 今年	比年初增减数 去年
一、各项存款	120313	120313		一、各项贷款	2680065	2680065	
（一）境内存款	120312	120312		（一）境内贷款	2636065	2636065	
1. 个人存款				1. 短期贷款	273840	273840	
其中：活期储蓄存款				（1）个人贷款及透支			
定期储蓄存款				其中：个人消费贷款			
结构性存款				（2）单位贷款及透支	273840	273840	
2. 单位存款	120312	120312		经营贷款及透支	164840	164840	
其中：活期存款	102483	102483		固定资产贷款			
定期存款	3000	3000		并购贷款			
保证金存款	14829	14829		贸易融资	109000	109000	
结构性存款				（3）非存款类金融机构贷款			
3. 国库定期存款				2. 中长期贷款	2362225	2362225	
4. 非存款类金融机构存款				（1）个人贷款			
（二）境外存款	1	1		其中：个人消费贷款			
二、代理财政性存款				（2）单位贷款	2362225	2362225	
三、金融债券				经营贷款	1018564	1018564	
其中：境外发行				固定资产贷款	1008165	1008165	
四、卖出回购资产				并购贷款			
五、向中央银行借款				贸易融资	335496	335496	
六、银行业存款类金融机构往来				（3）非存款类金融机构贷款			
七、借款及非存款类金融机构拆入				3. 票据融资			
八、联行往来（净）	2498045	2498045		4. 融资租赁			
九、应付及暂收款	4846	4846		5. 各项垫款			
其中：应付利息	2851	2851		（二）境外贷款	44000	44000	
十、其他负债	24839	24839		二、债券投资			
十一、所有者权益	18286	18286		三、股权及其他投资			
其中：实收资本				四、买入返售资产			
				五、存放中央银行存款			
				六、缴存中央银行财政性存款			
				七、银行业存款类金融机构往来			
				八、存放非存款类金融机构款项			
				九、联行往来			
				其中：境内存放二级准备金			
				十、库存现金	5	5	
				十一、应收及预付款	8106	8106	
				其中：应收利息	7667	7667	
				十二、投资性房地产			
				十三、固定资产	616	616	
				十四、其他资产	11053	11053	
				十五、减：各项准备	33516	33516	
				其中：贷款损失准备	33516	33516	
资金来源总计	**2666329**	**2666329**		**资金运用总计**	**2666329**	**2666329**	

中国工商银行股份有限公司河南省分行可比口径本外币信贷收支表

汇率：6.5342　　　　2017年12月　　　　单位：万元

栏目 来源项目名称	本月余额	比年初增减数		栏目 运用项目名称	本月余额	比年初增减数	
		今年	去年			今年	去年
一、各项存款	53170300	2368971	3655048	一、各项贷款	41253974	4226478	3892169
（一）境内存款	53145659	2368010	3657446	（一）境内贷款	41199347	4230955	3857387
1.个人存款	33182019	1211647	2591710	1.短期贷款	6589622	325614	−272683
其中：活期储蓄存款	14981207	31172	1159701	（1）个人贷款及透支	263929	−121402	−214658
定期储蓄存款	14653626	−89388	574794	其中：个人消费贷款	194578	−63330	−129977
结构性存款	565064	−154354	19293	（2）单位贷款及透支	6325693	447016	−58026
2.单位存款	18956189	1301112	1138921	经营贷款及透支	5050279	68922	−10630
其中：活期存款	11181316	926771	843256	固定资产贷款	6838	−24159	30997
定期存款	2474689	−535634	−671514	并购贷款			
保证金存款	2013740	169075	127319	贸易融资	1268577	402254	−78393
结构性存款	214897	31850	74956	（3）非存款类金融机构贷款			
3.国库定期存款	285900	30699	−66499	2.中长期贷款	33490879	4212822	3805350
4.非存款类金融机构存款	721551	−175447	−6686	（1）个人贷款	18519518	2946062	3564740
（二）境外存款	24641	961	−2398	其中：个人消费贷款	17838742	3127241	3478108
二、代理财政性存款	61746	40752	−54441	（2）单位贷款	14971361	1266761	240610
三、金融债券				经营贷款	789908	117252	−166028
其中：境外发行				固定资产贷款	13739546	1061750	408568
四、卖出回购资产				并购贷款	371841	201541	−1930
五、向中央银行借款				贸易融资	70066	−113782	
六、银行业存款类金融机构往来	297736	−108143	15819	（3）非存款类金融机构贷款			
七、借款及非存款类金融机构拆入	3032	−158	−26719	3.票据融资	1116182	−305152	333183
八、联行往来（净）				4.融资租赁			
九、应付及暂收款	1150455	42229	−86537	5.各项垫款	2663	−2329	−8464
其中：应付利息	579576	22155	−36764	（二）境外贷款	54627	−4477	34782
十、其他负债	435438	5387	5859	二、债券投资	1090455	191751	321635
十一、所有者权益	492199	−50992	−114987	三、股权及其他投资	53900		
其中：实收资本				四、买入返售资产			
				五、存放中央银行存款			
				六、缴存中央银行财政性存款	258717	185177	41223
				七、银行业存款类金融机构往来	457	−92	−122
				八、存放非存款类金融机构款项			
				九、联行往来	12499702	−2243458	−828069
				其中：境内存放二级准备金			
				十、库存现金	242371	−16185	14344
				十一、应收及预付款	338927	61268	74428
				其中：应收利息	125118	14457	11467
				十二、投资性房地产			
				十三、固定资产	338469	2174	−1401
				十四、其他资产	400340	61872	−41004
				十五、减：各项准备	866406	170939	79162
				其中：贷款损失准备	825091	162097	77400
资金来源总计	**55610906**	**2298047**	**3394041**	**资金运用总计**	**55610906**	**2298047**	**3394041**

中国农业银行股份有限公司河南省分行可比口径本外币信贷收支表

汇率：6.5342　　2017年12月　　单位：万元

栏目 来源项目名称	本月余额	比年初增减数		栏目 运用项目名称	本月余额	比年初增减数	
		今年	去年			今年	去年
一、各项存款	52708838	3801809	5164348	一、各项贷款	26517808	4829345	4916379
（一）境内存款	52702124	3802948	5162326	（一）境内贷款	26517056	4829117	4916020
1.个人存款	38227274	2558633	3618001	1.短期贷款	6821982	1615882	58400
其中：活期储蓄存款	17781922	1478282	2137343	（1）个人贷款及透支	1949068	410810	-101604
定期储蓄存款	18850862	651237	961209	其中：个人消费贷款	1781656	583608	152807
结构性存款			-21494	（2）单位贷款及透支	4872914	1205072	160004
2.单位存款	14043760	1515151	1515021	经营贷款及透支	4678066	1295760	301153
其中：活期存款	9242600	1231545	890088	固定资产贷款	8181	-41819	50000
定期存款	1425260	186567	-182127	并购贷款			
保证金存款	515653	-258568	288433	贸易融资	186666	-48869	-191149
结构性存款	17000	-14000	-87500	（3）非存款类金融机构贷款			
3.国库定期存款		-1150	-2450	2.中长期贷款	19269304	4432245	3737722
4.非存款类金融机构存款	431090	-269686	31755	（1）个人贷款	10100858	3043113	2638151
（二）境外存款	6714	-1140	2021	其中：个人消费贷款	9985493	3081000	2660042
二、代理财政性存款	22554	-6610	25143	（2）单位贷款	9168446	1389132	1099571
三、金融债券				经营贷款	2229788	-216981	78349
其中：境外发行				固定资产贷款	6927659	1606113	1010221
四、卖出回购资产			-33919	并购贷款	11000		11000
五、向中央银行借款				贸易融资			
六、银行业存款类金融机构往来	371311	109984	-37804	（3）非存款类金融机构贷款			
七、借款及非存款类金融机构拆入				3.票据融资	421518	-1219009	1139398
八、联行往来（净）				4.融资租赁			
九、应付及暂收款	955807	7197	25149	5.各项垫款	4253		-19500
其中：应付利息	697593	29364	-3580	（二）境外贷款	752	228	359
十、其他负债	138560	-746	1854	二、债券投资	109	61	
十一、所有者权益	413636	5472	46480	三、股权及其他投资			
其中：实收资本				四、买入返售资产			
				五、存放中央银行存款	2133	476	-475
				六、缴存中央银行财政性存款	31367	5441	20931
				七、银行业存款类金融机构往来	1324	-29388	5443
				八、存放非存款类金融机构款项	56	1	1
				九、联行往来	27571180	-851798	47474
				其中：境内存放二级准备金			
				十、库存现金	428439	14319	8541
				十一、应收及预付款	74530	20477	4681
				其中：应收利息	40854	10249	220
				十二、投资性房地产			
				十三、固定资产	424372	-16070	-7873
				十四、其他资产	242007	-10909	124348
				十五、减：各项准备	682619	44849	-71800
				其中：贷款损失准备	656844	35680	-73595
资金来源总计	**54610705**	**3917106**	**5191250**	**资金运用总计**	**54610705**	**3917106**	**5191250**

中国银行股份有限公司河南省分行可比口径本外币信贷收支表

汇率：6.5342　　2017 年 12 月　　单位：万元

栏目 来源项目名称	本月 余额	比年初增减数		栏目 运用项目名称	本月 余额	比年初增减数	
		今年	去年			今年	去年
一、各项存款	44675488	3940032	2967739	一、各项贷款	32607398	4182986	2809866
（一）境内存款	44625419	3932259	2964860	（一）境内贷款	32606434	4183196	2866568
1. 个人存款	21803430	1829058	2584863	1. 短期贷款	9161320	1190698	−924268
其中：活期储蓄存款	10192500	1315997	1514230	（1）个人贷款及透支	2348006	573118	−53071
定期储蓄存款	8991185	−472867	34727	其中：个人消费贷款	2208706	754264	3405
结构性存款				（2）单位贷款及透支	6813315	617580	−871197
2. 单位存款	22577971	2301910	1199328	经营贷款及透支	5282187	136058	−35127
其中：活期存款	12507947	1215665	1698713	固定资产贷款	1200	−12500	−48550
定期存款	3968706	396589	−966246	并购贷款			
保证金存款	1577492	−432209	19632	贸易融资	1529928	494022	−787519
结构性存款	583000	324000	19000	（3）非存款类金融机构贷款			
3. 国库定期存款				2. 中长期贷款	22433613	3672198	3883174
4. 非存款类金融机构存款	244018	−198709	−819331	（1）个人贷款	13090431	2688213	3049145
（二）境外存款	50069	7773	2879	其中：个人消费贷款	12116114	2464694	2915962
二、代理财政性存款	23513	21845	209	（2）单位贷款	9343181	983984	834029
三、金融债券				经营贷款	1114302	70709	−153249
其中：境外发行				固定资产贷款	8181894	899749	1000621
四、卖出回购资产				并购贷款			
五、向中央银行借款	21002	9075	−69778	贸易融资	46985	13526	−13344
六、银行业存款类金融机构往来	110414	12457	−118082	（3）非存款类金融机构贷款			
七、借款及非存款类金融机构拆入	9023	9023	−327021	3. 票据融资	992640	−661377	−66741
八、联行往来（净）				4. 融资租赁			
九、应付及暂收款	863555	101508	29497	5. 各项垫款	18861	−18323	−25598
其中：应付利息	551048	37101	2983	（二）境外贷款	964	−210	−56702
十、其他负债	83353	72	7	二、债券投资	130862	−110751	232965
十一、所有者权益	424793	424793	326833	三、股权及其他投资			−250000
其中：实收资本				四、买入返售资产			
				五、存放中央银行存款	151	−60294	−3073
				六、缴存中央银行财政性存款	66186	50553	−95884
				七、银行业存款类金融机构往来	2030	190	−967
				八、存放非存款类金融机构款项	50		
				九、联行往来	13244183	366370	127774
				其中：境内存放二级准备金			
				十、库存现金	244222	17225	−30824
				十一、应收及预付款	245304	127998	9415
				其中：应收利息	90897	9982	706
				十二、投资性房地产			
				十三、固定资产	298051	14866	13732
				十四、其他资产	36372	−5837	−3391
				十五、减：各项准备	663669	64500	209
				其中：贷款损失准备	647702	63251	−1372
资金来源总计	**46211140**	**4518805**	**2809405**	**资金运用总计**	**46211140**	**4518805**	**2809405**

中国建设银行股份有限公司河南省分行可比口径本外币信贷收支表

汇率：6.5342　　　　2017年12月　　　　单位：万元

栏目 来源项目名称	本月余额	比年初增减数		栏目 运用项目名称	本月余额	比年初增减数	
		今年	去年			今年	去年
一、各项存款	57089882	3953789	5465082	一、各项贷款	42293645	3978990	5106826
（一）境内存款	57075024	3952210	5467940	（一）境内贷款	42292387	3978874	5106267
1.个人存款	31958418	2082468	3123736	1.短期贷款	8695543	1842883	135933
其中：活期储蓄存款	13687056	1250578	1848710	（1）个人贷款及透支	2772676	855349	−210734
定期储蓄存款	10055708	−472871	180531	其中：个人消费贷款	2623020	924383	−56431
结构性存款	281540	244382	−7549	（2）单位贷款及透支	5922860	987620	346667
2.单位存款	23972418	1765420	2134118	经营贷款及透支	4438306	417345	−109631
其中：活期存款	13127069	1371116	1508981	固定资产贷款	1000	−11690	8679
定期存款	2893298	−311526	−623566	并购贷款			
保证金存款	2496160	−52864	145637	贸易融资	1483554	581965	447620
结构性存款	179260	−60065	−172923	（3）非存款类金融机构贷款	8	-87	
3.国库定期存款	318000	318000		2.中长期贷款	32675595	3432000	4834477
4.非存款类金融机构存款	826187	−213678	210086	（1）个人贷款	17824564	2326748	3962364
（二）境外存款	14858	1578	−2858	其中：个人消费贷款	17496114	2195832	3961404
二、代理财政性存款	93993	34163	−50235	（2）单位贷款	14851031	1105252	872113
三、金融债券				经营贷款	3432611	597740	765909
其中：境外发行				固定资产贷款	11191697	280789	109336
四、卖出回购资产				并购贷款	88500	88500	−3100
五、向中央银行借款				贸易融资	138223	138223	−32
六、银行业存款类金融机构往来	132153	101785	−196452	（3）非存款类金融机构贷款			
七、借款及非存款类金融机构拆入	432816	384618	3136	3.票据融资	916183	−1298502	134565
八、联行往来（净）				4.融资租赁			
九、应付及暂收款	725288	10660	−67476	5.各项垫款	5065	2493	1293
其中：应付利息	535860	6310	−33308	（二）境外贷款	1258	116	559
十、其他负债	325949	306	−56030	二、债券投资	7697	−278	−2291
十一、所有者权益	−269085	−111494	−316960	三、股权及其他投资	54964	−2777	−104559
其中：实收资本				四、买入返售资产			
				五、存放中央银行存款		−9122	−15235
				六、缴存中央银行财政性存款	134771	92880	−61813
				七、银行业存款类金融机构往来	147071	−54094	−549509
				八、存放非存款类金融机构款项		−7020	454
				九、联行往来	14751823	288894	659878
				其中：境内存放二级准备金	9044177	623599	927980
				十、库存现金	304743	10492	10813
				十一、应收及预付款	208889	72239	15922
				其中：应收利息	113020	35885	−11332
				十二、投资性房地产			
				十三、固定资产	595217	−6315	14604
				十四、其他资产	100105	6334	−305195
				十五、减：各项准备	67928	−3603	−11169
				其中：贷款损失准备	6	6	
资金来源总计	**58530996**	**4373826**	**4781064**	**资金运用总计**	**58530996**	**4373826**	**4781064**

交通银行股份有限公司河南省分行可比口径本外币信贷收支表

汇率：6.5342　　　　2017年12月　　　　单位：万元

来源项目名称	本月余额	比年初增减数		运用项目名称	本月余额	比年初增减数	
		今年	去年			今年	去年
一、各项存款	25276622	350074	3230512	一、各项贷款	14043013	917180	1004098
（一）境内存款	25268641	348466	3228664	（一）境内贷款	14042340	917033	1003877
1.个人存款	9330440	469600	1002757	1.短期贷款	3078845	−16847	−198207
其中：活期储蓄存款	3075232	−133937	491005	（1）个人贷款及透支	107903	−4620	−1442
定期储蓄存款	2248517	−343579	−246666	其中：个人消费贷款	57227	609	10337
结构性存款	3169170	757326	303072	（2）单位贷款及透支	2970942	−12227	−196764
2.单位存款	13017569	189119	1982178	经营贷款及透支	2812919	22725	−82327
其中：活期存款	6378274	60800	2347010	固定资产贷款	15155	−8229	−15288
定期存款	1534099	−13737	−1388913	并购贷款			
保证金存款	1126275	−348152	−164207	贸易融资	142867	−26723	−99150
结构性存款	1218201	−509229	303100	（3）非存款类金融机构贷款			
3.国库定期存款	161600	35600	−174000	2.中长期贷款	10653160	869557	1514994
4.非存款类金融机构存款	2759031	−345854	417728	（1）个人贷款	5267026	645216	1055684
（二）境外存款	7981	1609	1848	其中：个人消费贷款	4749260	608249	1017483
二、代理财政性存款	597	−1531	2128	（2）单位贷款	5386133	224341	459310
三、金融债券				经营贷款	1447381	−185428	251739
其中：境外发行				固定资产贷款	3938752	410369	206971
四、卖出回购资产				并购贷款			
五、向中央银行借款		−20	20	贸易融资		−600	600
六、银行业存款类金融机构往来	954907	615807	−340618	（3）非存款类金融机构贷款			
七、借款及非存款类金融机构拆入				3.票据融资	298614	67988	−293658
八、联行往来（净）				4.融资租赁			
九、应付及暂收款	359274	−4103	18679	5.各项垫款	11722	−3665	−19253
其中：应付利息	278748	7325	14046	（二）境外贷款	673	147	221
十、其他负债	158041	6974	15146	二、债券投资			
十一、所有者权益	383563	22737	94791	三、股权及其他投资	100		
其中：实收资本				四、买入返售资产			
				五、存放中央银行存款	50561	−81057	42317
				六、缴存中央银行财政性存款	14019	13856	−12379
				七、银行业存款类金融机构往来	31274	−114074	33412
				八、存放非存款类金融机构款项			
				九、联行往来	12917762	256791	1969781
				其中：境内存放二级准备金	863621		
				十、库存现金	77260	−42	6424
				十一、应收及预付款	35031	6189	−486
				其中：应收利息	31144	6212	1087
				十二、投资性房地产			
				十三、固定资产	160484	536	−721
				十四、其他资产	37595	−10048	−11459
				十五、减：各项准备	234096	−608	10329
				其中：贷款损失准备	232754	−1045	9620
资金来源总计	**27133004**	**989939**	**3020658**	**资金运用总计**	**27133004**	**989939**	**3020658**

中信银行股份有限公司郑州分行可比口径本外币信贷收支表

汇率：6.5342　　　　2017年12月　　　　单位：万元

来源项目名称	本月余额	比年初增减数 今年	比年初增减数 去年	运用项目名称	本月余额	比年初增减数 今年	比年初增减数 去年
一、各项存款	15277264	-1881219	2200848	一、各项贷款	12513167	2409752	809878
（一）境内存款	15244505	-1908626	2200731	（一）境内贷款	12511867	2409769	809839
1. 个人存款	2396597	-138913	206192	1. 短期贷款	3715383	-309167	-1058275
其中：活期储蓄存款	1262711	11740	340462	（1）个人贷款及透支	383292	-310590	-17431
定期储蓄存款	381150	-128894	-112981	其中：个人消费贷款	341703	-247678	46716
结构性存款	413054	-84704	-48988	（2）单位贷款及透支	3302091	-28577	-1040844
2. 单位存款	11872216	-1080671	2071170	经营贷款及透支	3289918	59763	-933070
其中：活期存款	6065065	281137	2438865	固定资产贷款			
定期存款	683954	-340006	-1325948	并购贷款			
保证金存款	2732570	-542694	594223	贸易融资	12174	-88340	-107774
结构性存款	467797	15937	-660540	（3）非存款类金融机构贷款	30000	30000	
3. 国库定期存款	56800	6800	-10000	2. 中长期贷款	8124845	2414530	1925302
4. 非存款类金融机构存款	918892	-695842	-66631	（1）个人贷款	3719647	1504374	806978
（二）境外存款	32759	27407	118	其中：个人消费贷款	3417854	1449632	806098
二、代理财政性存款	8975	6744	2231	（2）单位贷款	4405198	910157	1118325
三、金融债券				经营贷款	2453987	424229	652862
其中：境外发行				固定资产贷款	1798828	524123	286550
四、卖出回购资产	58854	7854	51000	并购贷款	130684	-27456	158140
五、向中央银行借款	66591	27078	-9254	贸易融资	21700	-10740	20772
六、银行业存款类金融机构往来	546254	-780685	-1648324	（3）非存款类金融机构贷款			
七、借款及非存款类金融机构拆入		-59330	16168	3. 票据融资	660320	309021	-66366
八、联行往来（净）				4. 融资租赁			
九、应付及暂收款	330474	26161	14993	5. 各项垫款	11318	-4615	9178
其中：应付利息	89209	-9600	-39044	（二）境外贷款	1301	-16	39
十、其他负债	64065	2774	-266	二、债券投资			
十一、所有者权益	180077	-44402	36752	三、股权及其他投资			
其中：实收资本				四、买入返售资产			-269680
				五、存放中央银行存款			-12309
				六、缴存中央银行财政性存款	5619	4821	-24808
				七、银行业存款类金融机构往来	479138	410203	-110646
				八、存放非存款类金融机构款项			
				九、联行往来	3535629	-5466381	310529
				其中：境内存放二级准备金			
				十、库存现金	37124	5323	206
				十一、应收及预付款	75864	-2305	-39572
				其中：应收利息	42957	10644	-514
				十二、投资性房地产			
				十三、固定资产	43673	-1452	7197
				十四、其他资产	46898	999	3900
				十五、减：各项准备	204558	55986	10546
				其中：贷款损失准备	194518	53706	8668
资金来源总计	**16532554**	**-2695026**	**664148**	**资金运用总计**	**16532554**	**-2695026**	**664148**

广发银行股份有限公司郑州分行可比口径本外币信贷收支表

汇率：6.5342　　　　2017 年 12 月　　　　单位：万元

栏目 来源项目名称	本月余额	比年初增减数 今年	比年初增减数 去年	栏目 运用项目名称	本月余额	比年初增减数 今年	比年初增减数 去年
一、各项存款	4863852	−1260956	1125553	一、各项贷款	4490295	−1053864	1741383
（一）境内存款	4862983	−1260681	1125738	（一）境内贷款	4490274	−1053850	1741386
1. 个人存款	616064	−68902	−124677	1. 短期贷款	1879112	−1611651	1373608
其中：活期储蓄存款	349323	−26413	6361	（1）个人贷款及透支	51971	−95148	−43778
定期储蓄存款	164315	−33530	−104155	其中：个人消费贷款	6357	−1844	6291
结构性存款	93152	−8530	−26125	（2）单位贷款及透支	1827141	−1516503	1417386
2. 单位存款	4183739	−1104310	1400855	经营贷款及透支	1816144	−389503	299121
其中：活期存款	853715	176370	−2290	固定资产贷款			
定期存款	552214	34747	21887	并购贷款			
保证金存款	2373440	−1250081	1237560	贸易融资	10997	−1126999	1118264
结构性存款	189381	−147628	206738	（3）非存款类金融机构贷款			
3. 国库定期存款	42600	42600		2. 中长期贷款	2531040	664686	205855
4. 非存款类金融机构存款	20580	−130069	−150441	（1）个人贷款	1247427	145685	−31010
（二）境外存款	869	−275	−185	其中：个人消费贷款	918995	260514	13859
二、代理财政性存款	154	13	−62	（2）单位贷款	1283613	519001	236865
三、金融债券				经营贷款	1071627	434472	386302
其中：境外发行				固定资产贷款	197654	70197	−149437
四、卖出回购资产				并购贷款			
五、向中央银行借款				贸易融资	14332	14332	
六、银行业存款类金融机构往来	1722	927	−46044	（3）非存款类金融机构贷款			
七、借款及非存款类金融机构拆入		−979504	979504	3. 票据融资	22180	−101138	123318
八、联行往来（净）				4. 融资租赁			
九、应付及暂收款	40597	−9895	12875	5. 各项垫款	57942	−5747	38605
其中：应付利息	31425	−10064	13099	（二）境外贷款	21	−14	−3
十、其他负债	45296	−4087	3417	二、债券投资	100	−348	−130
十一、所有者权益	−47676	10468	−73670	三、股权及其他投资			
其中：实收资本				四、买入返售资产			−257632
				五、存放中央银行存款	72732	33314	4469
				六、缴存中央银行财政性存款	41	−62	−1958
				七、银行业存款类金融机构往来	9900	−6987	−2815
				八、存放非存款类金融机构款项			
				九、联行往来	388067	−1194933	598526
				其中：境内存放二级准备金			
				十、库存现金	12767	−1204	−3831
				十一、应收及预付款	20302	−21676	−13653
				其中：应收利息	11329	−10295	9442
				十二、投资性房地产			
				十三、固定资产	17873	−1029	−1145
				十四、其他资产	6261	−307	367
				十五、减：各项准备	114393	−4059	62007
				其中：贷款损失准备	113365	−4379	61955
资金来源总计	**4903946**	**−2243035**	**2001574**	**资金运用总计**	**4903946**	**−2243035**	**2001574**

中国光大银行股份有限公司郑州分行可比口径本外币信贷收支表

汇率：6.5342　　2017年12月　　单位：万元

来源项目名称	本月余额	比年初增减数 今年	比年初增减数 去年	运用项目名称	本月余额	比年初增减数 今年	比年初增减数 去年
一、各项存款	6643946	-462823	884095	一、各项贷款	5853890	120518	949187
（一）境内存款	6642997	-462649	884417	（一）境内贷款	5853690	120802	949140
1. 个人存款	1469447	-8225	41386	1. 短期贷款	2200182	-392111	433117
其中：活期储蓄存款	568983	-32920	111134	（1）个人贷款及透支	40453	-23475	-32597
定期储蓄存款	204531	-33796	-22239	其中：个人消费贷款	12606	-4346	-5100
结构性存款	609986	53001	-79137	（2）单位贷款及透支	2159728	-368636	465714
2. 单位存款	4782000	-280703	426038	经营贷款及透支	1384979	-208776	-86399
其中：活期存款	923050	-503182	11963	固定资产贷款	583	566	-50
定期存款	1220486	239513	-206411	并购贷款			
保证金存款	1615490	-29584	505866	贸易融资	774166	-160426	552163
结构性存款	141700	-162800	79700	（3）非存款类金融机构贷款			
3. 国库定期存款	36700	24700	-18000	2. 中长期贷款	3611187	727868	448275
4. 非存款类金融机构存款	354851	-198420	434993	（1）个人贷款	1834043	316408	149593
（二）境外存款	948	-174	-322	其中：个人消费贷款	1425001	327526	236583
二、代理财政性存款	353	-786	1139	（2）单位贷款	1777145	411461	298682
三、金融债券				经营贷款	240258	80098	-106610
其中：境外发行				固定资产贷款	1488358	314722	410383
四、卖出回购资产				并购贷款			
五、向中央银行借款				贸易融资	48528	16640	-5091
六、银行业存款类金融机构往来	427970	-512056	765473	（3）非存款类金融机构贷款			
七、借款及非存款类金融机构拆入	351942	-153856	452621	3. 票据融资	31024	-204119	72046
八、联行往来（净）				4. 融资租赁			
九、应付及暂收款	98500	28140	1864	5. 各项垫款	11297	-10837	-4298
其中：应付利息	68102	26963	8702	（二）境外贷款	200	-284	47
十、其他负债	57895	17710	2634	二、债券投资	547	111	-192
十一、所有者权益	66884	11978	-29926	三、股权及其他投资	8350	8350	
其中：实收资本				四、买入返售资产			-171704
				五、存放中央银行存款		-5302	-1637
				六、缴存中央银行财政性存款	3200	2651	-5977
				七、银行业存款类金融机构往来	9183	-16127	9399
				八、存放非存款类金融机构款项	66	-1	1
				九、联行往来	1844722	-1193571	1347822
				其中：境内存放二级准备金	417843	-12944	31890
				十、库存现金	16409	-6510	-916
				十一、应收及预付款	20583	7942	859
				其中：应收利息	18760	7495	257
				十二、投资性房地产			
				十三、固定资产	9512	-2236	-176
				十四、其他资产	16042	-622	-4105
				十五、减：各项准备	135014	-13106	44660
				其中：贷款损失准备	134700	-13182	44564
资金来源总计	**7647490**	**-1071692**	**2077901**	**资金运用总计**	**7647490**	**-1071692**	**2077901**

上海浦东发展银行股份有限公司郑州分行可比口径本外币信贷收支表

汇率：6.5342　　　　2017 年 12 月　　　　单位：万元

栏目 来源项目名称	本月余额	比年初增减数		栏目 运用项目名称	本月余额	比年初增减数	
		今年	去年			今年	去年
一、各项存款	18078901	1120570	-499540	一、各项贷款	13403878	868389	1460530
（一）境内存款	18073111	1120142	-494388	（一）境内贷款	13403369	868873	1460575
1. 个人存款	3028951	-54063	-280039	1. 短期贷款	4985858	-970487	-608618
其中：活期储蓄存款	1249298	95746	194137	（1）个人贷款及透支	1700912	173554	-135689
定期储蓄存款	1033018	-286870	-134446	其中：个人消费贷款	1437854	230676	-49151
结构性存款	207847	85988	-347756	（2）单位贷款及透支	3284946	-1144041	-472929
2. 单位存款	11140147	-644712	-1140635	经营贷款及透支	3124442	-1123348	-397910
其中：活期存款	3811971	-257221	284875	固定资产贷款	3400	-9800	-37411
定期存款	1536529	-139576	-1144567	并购贷款			
保证金存款	1937550	-165048	-640789	贸易融资	157104	-10894	-37608
结构性存款	336708	-211795	-524383	（3）非存款类金融机构贷款			
3. 国库定期存款	82500	82500		2. 中长期贷款	7717135	1347753	2116793
4. 非存款类金融机构存款	3821513	1736417	926287	（1）个人贷款	3596001	360853	1211420
（二）境外存款	5790	429	-5152	其中：个人消费贷款	2800783	148020	1131046
二、代理财政性存款				（2）单位贷款	4121134	986900	905373
三、金融债券				经营贷款	923288	303097	316492
其中：境外发行				固定资产贷款	3131346	617303	609281
四、卖出回购资产		-55345	55345	并购贷款	66500	66500	-20400
五、向中央银行借款	93833	93833		贸易融资			
六、银行业存款类金融机构往来	1803560	861702	622293	（3）非存款类金融机构贷款			
七、借款及非存款类金融机构拆入		-72582	-56907	3. 票据融资	676288	498294	-46662
八、联行往来（净）				4. 融资租赁			
九、应付及暂收款	170069	45838	-31151	5. 各项垫款	24088	-6687	-938
其中：应付利息	128055	29616	-6563	（二）境外贷款	509	-484	-45
十、其他负债	167048	-1279	-24	二、债券投资	2978911	-1739514	-369859
十一、所有者权益	15822	-266637	-27549	三、股权及其他投资			
其中：实收资本				四、买入返售资产			-109324
				五、存放中央银行存款		-42618	3858
				六、缴存中央银行财政性存款	510	269	-1898
				七、银行业存款类金融机构往来	73378	-543535	549014
				八、存放非存款类金融机构款项			
				九、联行往来	4071554	3160246	-1363846
				其中：境内存放二级准备金			
				十、库存现金	32659	-368	-4212
				十一、应收及预付款	92371	-469	-44753
				其中：应收利息	61219	-11817	-6982
				十二、投资性房地产			
				十三、固定资产	18344	-1443	-2472
				十四、其他资产	6996	2057	-761
				十五、减：各项准备	349369	-23086	53809
				其中：贷款损失准备	319641	-17234	52990
资金来源总计	**20329232**	**1726100**	**62468**	**资金运用总计**	**20329232**	**1726100**	**62468**

招商银行股份有限公司郑州分行可比口径本外币信贷收支表

汇率：6.5342　　2017年12月　　单位：万元

栏目 来源项目名称	本月余额	比年初增减数		栏目 运用项目名称	本月余额	比年初增减数	
		今年	去年			今年	去年
一、各项存款	4259676	529644	-784548	一、各项贷款	4738645	504916	-102476
（一）境内存款	4252714	528881	-785213	（一）境内贷款	4737297	504781	-101299
1.个人存款	1255663	60349	-27541	1.短期贷款	2564448	-130447	-376667
其中：活期储蓄存款	1012001	58967	31576	（1）个人贷款及透支	970235	91730	-177723
定期储蓄存款	154602	-74194	-59588	其中：个人消费贷款	337945	123494	22827
结构性存款	72425	72425		（2）单位贷款及透支	1594213	-222177	-198944
2.单位存款	2807088	326916	-526430	经营贷款及透支	947980	-104451	-428333
其中：活期存款	1091979	151266	-31684	固定资产贷款		-5571	5571
定期存款	143098	-17662	-89893	并购贷款			
保证金存款	815189	-139285	-402748	贸易融资	646233	-112155	223818
结构性存款	206350	179250	-64600	（3）非存款类金融机构贷款			
3.国库定期存款	30000	30000	-70000	2.中长期贷款	1987733	627422	250636
4.非存款类金融机构存款	159963	111616	-161242	（1）个人贷款	1264155	170590	358535
（二）境外存款	6962	763	666	其中：个人消费贷款	960387	187669	350944
二、代理财政性存款		-870	702	（2）单位贷款	723578	456832	-107899
三、金融债券				经营贷款	169484	58897	40866
其中：境外发行				固定资产贷款	443285	293547	-142086
四、卖出回购资产	50374	50374	-225860	并购贷款	104158	97737	-6679
五、向中央银行借款	62923	38605	8405	贸易融资	6651	6651	
六、银行业存款类金融机构往来	17227	-625	-78980	（3）非存款类金融机构贷款			
七、借款及非存款类金融机构拆入				3.票据融资	182137	7568	36325
八、联行往来（净）	385653	474397	304188	4.融资租赁			
九、应付及暂收款	53284	-115	-8710	5.各项垫款	2979	238	-11593
其中：应付利息	14563	-4076	-7133	（二）境外贷款	1348	135	-1177
十、其他负债	21703	-4	-13293	二、债券投资			
十一、所有者权益	6333	-14277	-10306	三、股权及其他投资	140820	-369462	-393908
其中：实收资本				四、买入返售资产			-231600
				五、存放中央银行存款			-19019
				六、缴存中央银行财政性存款	347	-513	-13930
				七、银行业存款类金融机构往来	25218	11868	10844
				八、存放非存款类金融机构款项	62	2	1
				九、联行往来			
				其中：境内存放二级准备金			
				十、库存现金	20523	1288	-1684
				十一、应收及预付款	14781	3018	-2041
				其中：应收利息	9950	1801	-3708
				十二、投资性房地产	11444	5561	482
				十三、固定资产	48305	-9529	-4738
				十四、其他资产	12521	-4688	-23022
				十五、减：各项准备	155492	14126	27311
				其中：贷款损失准备	150099	14038	22764
资金来源总计	**4857173**	**128335**	**-808402**	**资金运用总计**	**4857173**	**128335**	**-808402**

兴业银行股份有限公司郑州分行可比口径本外币信贷收支表

汇率：6.5342　　　　2017 年 12 月　　　　单位：万元

来源项目名称	本月余额	比年初增减数		运用项目名称	本月余额	比年初增减数	
		今年	去年			今年	去年
一、各项存款	7291102	994783	965639	一、各项贷款	5335881	937006	397185
（一）境内存款	7289831	994249	966307	（一）境内贷款	5335881	937006	397185
1. 个人存款	1013482	160106	28340	1. 短期贷款	1995471	227430	468483
其中：活期储蓄存款	788686	127325	47568	（1）个人贷款及透支	127349	17233	−50461
定期储蓄存款	159372	30114	−26228	其中：个人消费贷款	89501	34351	−12634
结构性存款	14443	10624	−8136	（2）单位贷款及透支	1868123	240197	518944
2. 单位存款	4593398	884352	483359	经营贷款及透支	1400144	109848	314538
其中：活期存款	1609132	613835	−258603	固定资产贷款			
定期存款	901916	−62234	479636	并购贷款			
保证金存款	1167209	203222	313615	贸易融资	467979	130349	204406
结构性存款	457700	77000	−195700	（3）非存款类金融机构贷款		−30000	
3. 国库定期存款	41300	26300	−15000	2. 中长期贷款	3327139	724300	32551
4. 非存款类金融机构存款	1641651	−76510	469609	（1）个人贷款	1964634	523718	439704
（二）境外存款	1271	534	−668	其中：个人消费贷款	1738020	532584	443301
二、代理财政性存款	553	553		（2）单位贷款	1362506	200582	−407153
三、金融债券				经营贷款	688911	−50989	−279900
其中：境外发行				固定资产贷款	673594	251571	−127253
四、卖出回购资产				并购贷款			
五、向中央银行借款				贸易融资			
六、银行业存款类金融机构往来	436550	−1280519	624400	（3）非存款类金融机构贷款			
七、借款及非存款类金融机构拆入			−3247	3. 票据融资	6928	−5591	−113813
八、联行往来（净）				4. 融资租赁			
九、应付及暂收款	78793	15728	−2130	5. 各项垫款	6343	−9133	9964
其中：应付利息	50630	8782	1624	（二）境外贷款			
十、其他负债	63051	−38408	−83061	二、债券投资	89	−1	−9
十一、所有者权益	64874	19133	−36884	三、股权及其他投资			−27
其中：实收资本				四、买入返售资产			−5000
				五、存放中央银行存款			−915
				六、缴存中央银行财政性存款	2628	2598	−1862
				七、银行业存款类金融机构往来	6906	−9065	2504
				八、存放非存款类金融机构款项		−1	
				九、联行往来	2602407	−1149958	1170684
				其中：境内存放二级准备金			
				十、库存现金	17433	−3778	872
				十一、应收及预付款	17834	727	1153
				其中：应收利息	14911	−638	5037
				十二、投资性房地产			
				十三、固定资产	20347	363	−2191
				十四、其他资产	43584	−38094	−80938
				十五、减：各项准备	112186	28527	16739
				其中：贷款损失准备	111096	28015	17197
资金来源总计	**7934923**	**−288731**	**1464718**	**资金运用总计**	**7934923**	**−288731**	**1464718**

中国民生银行股份有限公司郑州分行可比口径本外币信贷收支表

汇率：6.5342　　　　　　　　　　2017年12月　　　　　　　　　　单位：万元

栏目 来源项目名称	本月余额	比年初增减数		栏目 运用项目名称	本月余额	比年初增减数	
		今年	去年			今年	去年
一、各项存款	7796576	-3251949	-533058	一、各项贷款	8418614	1226490	1422020
（一）境内存款	7794839	-3252906	-531226	（一）境内贷款	8418142	1226697	1421762
1.个人存款	1251845	-1185987	39255	1.短期贷款	4704006	241185	280358
其中：活期储蓄存款	665387	15706	27319	（1）个人贷款及透支	2089107	99952	34335
定期储蓄存款	145317	-438879	-788569	其中：个人消费贷款	183118	2349	89454
结构性存款	159081	-649241	778962	（2）单位贷款及透支	2614899	141233	246022
2.单位存款	6350648	-1815357	793710	经营贷款及透支	2611349	137683	261022
其中：活期存款	2419573	-293896	528735	固定资产贷款	3550	3550	-15000
定期存款	866618	-752505	-938657	并购贷款			
保证金存款	883819	82482	-232965	贸易融资			
结构性存款	1030211	-634486	818246	（3）非存款类金融机构贷款			
3.国库定期存款	37100	37100		2.中长期贷款	3425620	1079249	838597
4.非存款类金融机构存款	155246	-288662	-1364192	（1）个人贷款	1550033	432039	972358
（二）境外存款	1738	957	-1831	其中：个人消费贷款	1334233	258889	941181
二、代理财政性存款	10	-40	-57815	（2）单位贷款	1875588	647210	-133761
三、金融债券				经营贷款	793120	441650	-116459
其中：境外发行				固定资产贷款	1069018	202860	-17303
四、卖出回购资产	129610	78815	50794	并购贷款	13450	2700	
五、向中央银行借款	40639	40639		贸易融资			
六、银行业存款类金融机构往来	174476	-976627	-1044598	（3）非存款类金融机构贷款			
七、借款及非存款类金融机构拆入	212108	159431	52677	3.票据融资	271097	-90131	312698
八、联行往来（净）				4.融资租赁			
九、应付及暂收款	115368	621	16967	5.各项垫款	17420	-3607	-9891
其中：应付利息	68574	-4027	1604	（二）境外贷款	472	-206	258
十、其他负债	168848	243	18262	二、债券投资			
十一、所有者权益	85484	-57002	-92024	三、股权及其他投资			
其中：实收资本				四、买入返售资产			-999516
				五、存放中央银行存款			-2898
				六、缴存中央银行财政性存款	110	28	-148795
				七、银行业存款类金融机构往来	13988	-274775	-459263
				八、存放非存款类金融机构款项			
				九、联行往来	259467	-4990559	-1318337
				其中：境内存放二级准备金			
				十、库存现金	21964	-4148	-45
				十一、应收及预付款	62605	11672	-9386
				其中：应收利息	51134	8890	7884
				十二、投资性房地产			
				十三、固定资产	17698	-2214	-443
				十四、其他资产	119252	70342	-51379
				十五、减：各项准备	190578	42705	20752
				其中：贷款损失准备	188656	41773	20161
资金来源总计	**8723120**	**-4005867**	**-1588795**	**资金运用总计**	**8723120**	**-4005867**	**-1588795**

华夏银行股份有限公司郑州分行可比口径本外币信贷收支表

汇率：6.5342　　　　2017 年 12 月　　　　单位：万元

栏目 来源项目名称	本月余额	比年初增减数		栏目 运用项目名称	本月余额	比年初增减数	
		今年	去年			今年	去年
一、各项存款	3231708	402103	830760	一、各项贷款	2050174	572010	380936
（一）境内存款	3231541	402569	830145	（一）境内贷款	2050174	572010	380936
1. 个人存款	422736	76216	107515	1. 短期贷款	1075558	230311	211194
其中：活期储蓄存款	275714	46777	98236	（1）个人贷款及透支	38345	12923	-6231
定期储蓄存款	100195	15963	2258	其中：个人消费贷款	8292	-1940	-9176
结构性存款	1551	1551	-319	（2）单位贷款及透支	1037212	217389	217425
2. 单位存款	2808744	326305	723123	经营贷款及透支	1034102	217979	216925
其中：活期存款	1036224	112430	243781	固定资产贷款			
定期存款	86083	-114610	-18360	并购贷款			
保证金存款	750730	145136	144673	贸易融资	3110	-590	500
结构性存款	31800	31800		（3）非存款类金融机构贷款			
3. 国库定期存款				2. 中长期贷款	962558	342746	158750
4. 非存款类金融机构存款	60	47	-493	（1）个人贷款	575180	166744	115023
（二）境外存款	167	-465	615	其中：个人消费贷款	528601	150989	119370
二、代理财政性存款				（2）单位贷款	387378	176002	43727
三、金融债券				经营贷款	322072	128392	64373
其中：境外发行				固定资产贷款	65306	47610	-20646
四、卖出回购资产			-107200	并购贷款			
五、向中央银行借款				贸易融资			
六、银行业存款类金融机构往来	2	1	-60101	（3）非存款类金融机构贷款			
七、借款及非存款类金融机构拆入				3. 票据融资	12058	-1047	10991
八、联行往来（净）				4. 融资租赁			
九、应付及暂收款	80781	-48509	57403	5. 各项垫款			
其中：应付利息	7933	1488	448	（二）境外贷款			
十、其他负债		-10000		二、债券投资	30000	30000	
十一、所有者权益	30393	6583	-6853	三、股权及其他投资	349800	259800	90000
其中：实收资本				四、买入返售资产			-592839
				五、存放中央银行存款			-6238
				六、缴存中央银行财政性存款	15	15	-5
				七、银行业存款类金融机构往来	2890	-199229	202072
				八、存放非存款类金融机构款项			
				九、联行往来	857818	-300130	649612
				其中：境内存放二级准备金	203565	7713	62462
				十、库存现金	2524	-586	484
				十一、应收及预付款	67117	865	5889
				其中：应收利息	487	-914	1228
				十二、投资性房地产			
				十三、固定资产	31007	-998	-1275
				十四、其他资产	1627	384	-144
				十五、减：各项准备	50088	11952	14484
				其中：贷款损失准备	46565	9377	14759
资金来源总计	**3342883**	**350178**	**714009**	**资金运用总计**	**3342883**	**350178**	**714009**

平安银行股份有限公司郑州分行可比口径本外币信贷收支表

汇率：6.5342　　2017年12月　　单位：万元

来源项目名称	本月余额	比年初增减数		运用项目名称	本月余额	比年初增减数	
		今年	去年			今年	去年
一、各项存款	2925304	-300240	-689992	一、各项贷款	2236432	-44918	391813
（一）境内存款	2924217	-300011	-691215	（一）境内贷款	2148004	-35942	294408
1.个人存款	381342	63598	89651	1.短期贷款	906846	-8455	335891
其中：活期储蓄存款	254062	44799	83114	（1）个人贷款及透支	209011	103924	-100071
定期储蓄存款	39755	-24494	6603	其中：个人消费贷款	182347	156144	8797
结构性存款	22191	22191		（2）单位贷款及透支	697835	-112378	435962
2.单位存款	2431038	-342173	-278135	经营贷款及透支	594396	-215583	451439
其中：活期存款	1133248	-146221	569922	固定资产贷款			
定期存款	310522	-179629	-509425	并购贷款			
保证金存款	355612	35466	-157666	贸易融资	103439	103204	-15477
结构性存款				（3）非存款类金融机构贷款			
3.国库定期存款	23500	23500		2.中长期贷款	1241157	-15649	-19246
4.非存款类金融机构存款	88337	-44936	-502731	（1）个人贷款	518808	265171	117048
（二）境外存款	1087	-228	1224	其中：个人消费贷款	481688	241337	115301
二、代理财政性存款	16	16		（2）单位贷款	722349	-280821	-136294
三、金融债券				经营贷款	603296	-196404	-71354
其中：境外发行				固定资产贷款	79382	-119089	-60940
四、卖出回购资产				并购贷款	38450	38450	
五、向中央银行借款			-9089	贸易融资	1222	-3778	-4000
六、银行业存款类金融机构往来	91763	58525	-73670	（3）非存款类金融机构贷款			
七、借款及非存款类金融机构拆入			-2790	3.票据融资		-11838	-22237
八、联行往来（净）				4.融资租赁			
九、应付及暂收款	60837	12784	6778	5.各项垫款			
其中：应付利息	37797	13867	5189	（二）境外贷款	88429	-8976	97405
十、其他负债	13978	2557	-273	二、债券投资			
十一、所有者权益	89044	17053	5769	三、股权及其他投资		-138141	-204344
其中：实收资本				四、买入返售资产			
				五、存放中央银行存款			-23461
				六、缴存中央银行财政性存款	114	97	16
				七、银行业存款类金融机构往来	21856	-266540	271752
				八、存放非存款类金融机构款项			
				九、联行往来	723346	89822	-1226994
				其中：境内存放二级准备金			
				十、库存现金	9313	314	3523
				十一、应收及预付款	199460	141760	21329
				其中：应收利息	13180	4957	1289
				十二、投资性房地产			
				十三、固定资产	2472	-938	917
				十四、其他资产	9838	542	4165
				十五、减：各项准备	21890	-8698	1983
				其中：贷款损失准备	21890	-8698	1983
资金来源总计	**3180941**	**-209305**	**-763266**	**资金运用总计**	**3180941**	**-209305**	**-763266**

中国邮政储蓄银行股份有限公司河南省分行可比口径本外币信贷收支表

汇率：6.5342　　　　2017 年 12 月　　　　单位：万元

来源项目名称	本月余额	比年初增减数		运用项目名称	本月余额	比年初增减数	
		今年	去年			今年	去年
一、各项存款	61991073	8077264	7855936	一、各项贷款	21837698	4334394	4772598
（一）境内存款	61990749	8077948	7855879	（一）境内贷款	21837698	4334394	4772598
1. 个人存款	50960962	6943461	6294165	1. 短期贷款	4469707	538110	357523
其中：活期储蓄存款	20614806	2491277	2652898	（1）个人贷款及透支	2002614	485128	-38585
定期储蓄存款	1733537	-784896	-1659959	其中：个人消费贷款	765302	604925	55026
结构性存款				（2）单位贷款及透支	2467093	52982	396108
2. 单位存款	10916496	1031555	1555822	经营贷款及透支	1334638	-131076	98911
其中：活期存款	8519618	1145009	1194676	固定资产贷款	1400	-1437	1000
定期存款	2064602	-271349	330757	并购贷款			
保证金存款	192909	18831	30539	贸易融资	1131054	185494	296197
结构性存款				（3）非存款类金融机构贷款			
3. 国库定期存款	77800	77800	-1000	2. 中长期贷款	15660512	3816556	3124800
4. 非存款类金融机构存款	35492	25132	6891	（1）个人贷款	11500484	1852668	2669858
（二）境外存款	324	-684	57	其中：个人消费贷款	9320963	1706102	2850761
二、代理财政性存款	36546	-28717	49870	（2）单位贷款	4160028	1963888	454942
三、金融债券				经营贷款	356075	103079	-54893
其中：境外发行				固定资产贷款	3801590	1858446	509835
四、卖出回购资产				并购贷款			
五、向中央银行借款				贸易融资	2364	2364	
六、银行业存款类金融机构往来	60491	-56066	-71594	（3）非存款类金融机构贷款			
七、借款及非存款类金融机构拆入				3. 票据融资	1707479	-20273	1290275
八、联行往来（净）				4. 融资租赁			
九、应付及暂收款	867617	34415	-26597	5. 各项垫款			
其中：应付利息	637130	58366	-92311	（二）境外贷款			
十、其他负债	2028486	1035103	-64267	二、债券投资			
十一、所有者权益	725591	392357	68274	三、股权及其他投资			
其中：实收资本				四、买入返售资产			
				五、存放中央银行存款	3117	-6012	-5210
				六、缴存中央银行财政性存款	16984	-20315	35074
				七、银行业存款类金融机构往来	962	-590	336
				八、存放非存款类金融机构款项			
				九、联行往来	42889761	8447500	-6894308
				其中：境内存放二级准备金			
				十、库存现金	219318	-22772	36997
				十一、应收及预付款	122831	12407	-97781
				其中：应收利息	101707	9568	-102087
				十二、投资性房地产			
				十三、固定资产	165439	34820	21063
				十四、其他资产	870122	-3255726	10017893
				十五、减：各项准备	416427	69348	75040
				其中：贷款损失准备	413878	69601	72867
资金来源总计	**65709805**	**9454357**	**7811622**	**资金运用总计**	**65709805**	**9454357**	**7811622**

郑州银行股份有限公司可比口径本外币信贷收支表

汇率：6.5342　　　　2017年12月　　　　单位：万元

来源项目名称	本月余额	比年初增减数 今年	比年初增减数 去年	运用项目名称	本月余额	比年初增减数 今年	比年初增减数 去年
一、各项存款	28795453	4641155	6466670	一、各项贷款	12777058	1675526	1667543
（一）境内存款	28795453	4641155	6466670	（一）境内贷款	12743637	1642105	1667543
1.个人存款	6719541	644338	1367690	1.短期贷款	7771646	348660	862369
其中：活期储蓄存款	1913565	329201	348509	（1）个人贷款及透支	1580984	37225	120924
定期储蓄存款	3125794	-17132	473428	其中：个人消费贷款	858229	380833	108598
结构性存款	976991	310693	-64656	（2）单位贷款及透支	6190662	311435	741444
2.单位存款	18174524	2802866	3210765	经营贷款及透支	5245758	143297	592167
其中：活期存款	8813345	1098718	1429817	固定资产贷款	240481	-71961	1677
定期存款	3937018	432178	995661	并购贷款			
保证金存款	1913190	-412148	-155895	贸易融资	704423	240098	147600
结构性存款	1941450	1529550	208340	（3）非存款类金融机构贷款			
3.国库定期存款	554600	384600	120000	2.中长期贷款	4745636	1585819	766509
4.非存款类金融机构存款	3346788	809351	1768215	（1）个人贷款	1797891	862924	73727
（二）境外存款				其中：个人消费贷款	1207333	463559	-44567
二、代理财政性存款	2088	1187	542	（2）单位贷款	2947745	722895	692781
三、金融债券	1260000	500000	60000	经营贷款	1652803	485150	443340
其中：境外发行				固定资产贷款	1294941	237746	249441
四、卖出回购资产	1408550	-1916587	1364877	并购贷款			
五、向中央银行借款	150000	150000		贸易融资			
六、银行业存款类金融机构往来	7036899	2024622	1052745	（3）非存款类金融机构贷款			
七、借款及非存款类金融机构拆入			-6494	3.票据融资	216070	-293756	60814
八、联行往来（净）	2561	2561	-1020	4.融资租赁			
九、应付及暂收款	684913	300232	-1101	5.各项垫款	10286	1382	-22148
其中：应付利息	429064	131155	82256	（二）境外贷款	33421	33421	
十、其他负债	84653	65954	5023	二、债券投资	6058076	927312	1149317
十一、所有者权益	3209115	1132581	314700	三、股权及其他投资	15904360	3527855	5122423
其中：实收资本	1308111	766277	27261	四、买入返售资产	440748	93688	-624571
				五、存放中央银行存款	4437495	280015	955122
				六、缴存中央银行财政性存款	41079	37478	-9425
				七、银行业存款类金融机构往来	2121642	1261345	-199269
				八、存放非存款类金融机构款项	347017	327681	-377727
				九、联行往来		-1524191	1524193
				其中：境内存放二级准备金			
				十、库存现金	76026	-19469	10126
				十一、应收及预付款	476119	172166	127156
				其中：应收利息	249150	75278	100515
				十二、投资性房地产			
				十三、固定资产	179591	11383	6029
				十四、其他资产	223890	187699	1947
				十五、减：各项准备	448867	56782	96922
				其中：贷款损失准备	382233	44782	68522
资金来源总计	**42634233**	**6901706**	**9255942**	**资金运用总计**	**42634233**	**6901706**	**9255942**

河南省外资银行可比口径本外币信贷收支表

汇率：6.5342　　2017 年 12 月　　单位：万元

栏目 来源项目名称	本月余额	比年初增减数		栏目 运用项目名称	本月余额	比年初增减数	
		今年	去年			今年	去年
一、各项存款	126575	-60380	-78517	一、各项贷款	285795	-90564	-35217
（一）境内存款	123797	-58690	-80738	（一）境内贷款	285795	-90156	-35625
1. 个人存款	15309	-381	4048	1. 短期贷款	245425	-91485	-51355
其中：活期储蓄存款	6729	-737	1454	（1）个人贷款及透支			
定期储蓄存款	6073	-1120	2130	其中：个人消费贷款			
结构性存款	1501	717	308	（2）单位贷款及透支	245425	-91485	-51355
2. 单位存款	108419	-17864	-74788	经营贷款及透支	115692	-107922	-92067
其中：活期存款	43327	-49900	6851	固定资产贷款		-9865	-17600
定期存款	17691	1900	-5359	并购贷款			
保证金存款	8196	3229	-6039	贸易融资	129733	26302	58311
结构性存款	28500	22500	-51000	（3）非存款类金融机构贷款			
3. 国库定期存款				2. 中长期贷款	40370	1565	17451
4. 非存款类金融机构存款	69	-40445	-9999	（1）个人贷款	3564	-956	-2354
（二）境外存款	2778	-1689	2222	其中：个人消费贷款	28	-154	-202
二、代理财政性存款				（2）单位贷款	36806	2521	19805
三、金融债券				经营贷款	7800	-2600	10400
其中：境外发行				固定资产贷款	29006	5121	9405
四、卖出回购资产				并购贷款			
五、向中央银行借款				贸易融资			
六、银行业存款类金融机构往来	4	-8		（3）非存款类金融机构贷款			
七、借款及非存款类金融机构拆入				3. 票据融资			-1721
八、联行往来（净）	161172	-24222	110717	4. 融资租赁			
九、应付及暂收款	1731	-1338	-384	5. 各项垫款		-236	
其中：应付利息	339	-1080	-27	（二）境外贷款		-408	408
十、其他负债	54693	22093	-358	二、债券投资			
十一、所有者权益	58379	11344	7720	三、股权及其他投资			
其中：实收资本				四、买入返售资产			
				五、存放中央银行存款	1814	-607	664
				六、缴存中央银行财政性存款			
				七、银行业存款类金融机构往来	87451	14954	71979
				八、存放非存款类金融机构款项	85	-75	59
				九、联行往来			
				其中：境内存放二级准备金			
				十、库存现金	307	-100	22
				十一、应收及预付款	3328	-92	-3478
				其中：应收利息	3045	33	-3629
				十二、投资性房地产			
				十三、固定资产	136	-37	-126
				十四、其他资产	25773	19574	-889
				十五、减：各项准备	2135	-4437	-6164
				其中：贷款损失准备	2135	-4436	-6159
资金来源总计	**402554**	**-52510**	**39177**	**资金运用总计**	**402554**	**-52510**	**39177**

河南省城商行可比口径本外币信贷收支表

汇率：6.5342　　　　2017 年 12 月　　　　单位：万元

栏目 来源项目名称	本月余额	比年初增减数		栏目 运用项目名称	本月余额	比年初增减数	
		今年	去年			今年	去年
一、各项存款	85701694	15658546	16650929	一、各项贷款	45100066	6431889	6368527
（一）境内存款	85700858	15658457	16650696	（一）境内贷款	45066585	6398408	6368527
1. 个人存款	26104646	3820382	3775772	1. 短期贷款	24426477	−588964	2342700
其中：活期储蓄存款	8009309	2108931	1400055	（1）个人贷款及透支	4107657	−256163	486716
定期储蓄存款	12669819	−496382	888121	其中：个人消费贷款	1419437	468328	242403
结构性存款	2542570	998547	287555	（2）单位贷款及透支	20113820	−312801	1891483
2. 单位存款	49117295	8011167	8105769	经营贷款及透支	18267590	−595200	1636861
其中：活期存款	24015888	4694095	4178774	固定资产贷款	742535	−127341	−60982
定期存款	10482718	492308	2589905	并购贷款			
保证金存款	7285334	−454411	−479580	贸易融资	1103695	409739	315604
结构性存款	2442196	1732396	246774	（3）非存款类金融机构贷款	205000	−20000	−35500
3. 国库定期存款	950900	780900	20000	2. 中长期贷款	17504162	7159164	4143667
4. 非存款类金融机构存款	9528017	3046008	4749155	（1）个人贷款	7850627	4416695	1587486
（二）境外存款	836	89	233	其中：个人消费贷款	6142400	3369602	1378686
二、代理财政性存款	97865	65921	−30656	（2）单位贷款	9653039	2742469	2556181
三、金融债券	1859876	350262	60549	经营贷款	6115911	1547260	1860299
其中：境外发行				固定资产贷款	3453708	1223096	643175
四、卖出回购资产	8326788	−377245	2565028	并购贷款	54905	−30735	27040
五、向中央银行借款	760392	347972	227132	贸易融资	28515	2848	25667
六、银行业存款类金融机构往来	19869392	443684	7965765	（3）非存款类金融机构贷款	496		
七、借款及非存款类金融机构拆入			−6494	3. 票据融资	3033790	−146842	−80258
八、联行往来（净）				4. 融资租赁			
九、应付及暂收款	2140212	588854	268740	5. 各项垫款	102157	−24950	−37582
其中：应付利息	1114088	282136	148647	（二）境外贷款	33481	33481	
十、其他负债	284324	−1725974	753167	二、债券投资	16307580	3288440	3443901
十一、所有者权益	10726002	2447628	981162	三、股权及其他投资	41066701	7921838	13563960
其中：实收资本	4345473	1114992	197743	四、买入返售资产	3749480	1171641	−2677052
				五、存放中央银行存款	14354259	2076832	1946705
				六、缴存中央银行财政性存款	215082	140473	−5423
				七、银行业存款类金融机构往来	6496113	−975268	3967200
				八、存放非存款类金融机构款项	840942	790304	−369615
				九、联行往来	145426	−3284954	2900101
				其中：境内存放二级准备金		−10998	4998
				十、库存现金	280676	9152	20327
				十一、应收及预付款	1394977	276680	404501
				其中：应收利息	859105	182945	424321
				十二、投资性房地产	6697	−2596	−1543
				十三、固定资产	867094	−10919	36269
				十四、其他资产	1060522	320441	185174
				十五、减：各项准备	2119068	354304	347709
				其中：贷款损失准备	1660491	251356	226177
资金来源总计	**129766545**	**17799649**	**29435324**	**资金运用总计**	**129766545**	**17799649**	**29435324**

河南省信托投资公司可比口径本外币信贷收支表

汇率：6.5342　　　　2017 年 12 月　　　　单位：万元

来源项目名称	本月余额	比年初增减数 今年	比年初增减数 去年	运用项目名称	本月余额	比年初增减数 今年	比年初增减数 去年
一、各项存款				一、各项贷款	324400	36700	195500
（一）境内存款				（一）境内贷款	324400	36700	195500
1. 个人存款				1. 短期贷款	170000	53000	39100
其中：活期储蓄存款				（1）个人贷款及透支			
定期储蓄存款				其中：个人消费贷款			
结构性存款				（2）单位贷款及透支	170000	53000	39100
2. 单位存款				经营贷款及透支	170000	53000	39100
其中：活期存款				固定资产贷款			
定期存款				并购贷款			
保证金存款				贸易融资			
结构性存款				（3）非存款类金融机构贷款	154400	-16300	156400
3. 国库定期存款				2. 中长期贷款			
4. 非存款类金融机构存款				（1）个人贷款			
（二）境外存款				其中：个人消费贷款	154400	-16300	156400
二、代理财政性存款				（2）单位贷款	154400	-16300	156400
三、金融债券				经营贷款			
其中：境外发行				固定资产贷款			
四、卖出回购资产				并购贷款			
五、向中央银行借款	373938	231214	-9959	贸易融资			
六、银行业存款类金融机构往来	32242	904	12157	（3）非存款类金融机构贷款			
七、借款及非存款类金融机构拆入	1506004	169783	387893	3. 票据融资			
八、联行往来（净）	765000	835	215275	4. 融资租赁			
九、应付及暂收款				5. 各项垫款	183	-91	-116162
其中：应付利息				（二）境外贷款	1446842	312763	381256
十、其他负债				二、债券投资			
十一、所有者权益				三、股权及其他投资			
其中：实收资本				四、买入返售资产			
				五、存放中央银行存款			
				六、缴存中央银行财政性存款	5	-3	-2
				七、银行业存款类金融机构往来	52359	23220	-16778
				八、存放非存款类金融机构款项	430	-77	336
				九、联行往来	2060	-138	-138
				其中：境内存放二级准备金	16986	2968	-349
				十、库存现金	181161	77480	-28859
				十一、应收及预付款	111811	50997	24377
				其中：应收利息	1912185	401902	390091
				十二、投资性房地产			
				十三、固定资产	136	-37	-126
				十四、其他资产	25773	19574	-889
				十五、减：各项准备	2135	-4437	-6164
				其中：贷款损失准备	2135	-4436	-6159
资金来源总计	**402554**	**-52510**	**39177**	**资金运用总计**	**402554**	**-52510**	**39177**

河南省金融租赁公司可比口径本外币信贷收支表

汇率：6.5342　　2017 年 12 月　　单位：万元

栏目 来源项目名称	本月余额	比年初增减数		栏目 运用项目名称	本月余额	比年初增减数	
		今年	去年			今年	去年
一、各项存款	112562	25851	43391	一、各项贷款	2902885	1046023	1327510
（一）境内存款	112562	25851	43391	（一）境内贷款	2902885	1046023	1327510
1. 个人存款	5	-90		1. 短期贷款			
其中：保证金存款	5	-90		（1）个人贷款及透支			
2. 单位存款	112558	25941	43391	其中：个人消费贷款			
其中：活期存款				（2）单位贷款及透支			
定期存款				经营贷款及透支			
保证金存款	112558	25941	43391	固定资产贷款			
（二）境外存款				并购贷款			
二、代理财政性存款				贸易融资			
三、金融债券				2. 中长期贷款			
其中：境外发行				（1）个人贷款			
四、卖出回购资产				其中：个人消费贷款			
五、中长期借款				（2）单位贷款			
其中：境外借款				经营贷款			
六、向中央银行借款				固定资产贷款			
七、金融机构存放				并购贷款			
八、金融机构拆入	2263400	582400	1276200	贸易融资			
九、应付及暂收款	97827	55605	35642	3. 票据融资			
十、其他负债	76098	14939	42094	4. 融资租赁	2902885	1046023	1327510
十一、所有者权益	427251	132093	233090	5. 各项垫款			
其中：实收资本	360000	100000	200000	（二）境外贷款			
				二、债券投资			
				三、股权及其他投资			
				四、买入返售资产			
				五、存放中央银行存款			
				六、存放金融机构	39409	-25017	58052
				七、拆放金融机构	30000	30000	
				八、库存现金			
				九、应收及预付款	62119	-176162	233458
				其中：应收利息	24818	8759	12174
				十、投资性房地产			
				十一、固定资产	814	66	408
				十二、其他资产	4756	-26178	30695
				十三、减：各项准备	62845	37844	19707
资金来源总计	**2977138**	**810889**	**1630417**	**资金运用总计**	**2977138**	**810889**	**1630417**

（二）河南省各市金融统计表

郑州市金融机构可比口径本外币信贷收支表

2017年12月

单位：万元

来源项目名称	本月余额	比年初增减数 今年	比年初增减数 去年	运用项目名称	本月余额	比年初增减数 今年	比年初增减数 去年
一、各项存款	211004154	12684258	23850698	一、各项贷款	186375463	26427671	30292318
（一）境内存款	210919267	12675471	23843740	（一）境内贷款	184691435	25794273	29710806
1.住户存款	66048001	2295082	6302947	1.住户贷款	63627711	13856424	14481475
（1）活期存款	29710648	1244736	4103784	（1）短期贷款	10100078	1290169	-299272
（2）定期及其他存款	36337353	1050346	2199163	消费贷款	5151348	1816065	244029
2.非金融企业存款	90826804	4982033	9015103	经营贷款	4948731	-525895	-543301
（1）活期存款	43246048	4589327	5434019	（2）中长期贷款	53527633	12566255	14780747
（2）定期及其他存款	47580756	392706	3581084	消费贷款	47750019	10952073	14116799
3.广义政府存款	34477931	2549693	4440697	经营贷款	5777613	1614182	663948
（1）财政性存款	3102635	1276380	-1777143	2.非金融企业及机关团体贷款	121053764	11927889	15239331
（2）机关团体存款	31375296	1273313	6217840	（1）短期贷款	36412811	1503702	2866450
4.非银行业金融机构存款	19566531	2848664	4084993	（2）中长期贷款	80145812	11926655	10243117
（二）境外存款	84887	8787	6958	（3）票据融资	3334649	-1964113	1615010
二、金融债券	1260000	500000	60000	（4）融资租赁	1065076	479221	585455
其中：境外发行				（5）各项垫款	95418	-17576	-70702
三、卖出回购资产	289966	-384804	228330	3.非银行业金融机构贷款	9960	9960	-10000
四、借款及非银行业金融机构拆入	564988	-1106649	1080916	（二）境外贷款	1684028	633398	581512
五、联行往来（净）	9049837	9049837		二、债券投资	20373260	-887158	4208025
六、应付及暂收款	4615616	1343391	198583	其中：境外债券			
七、各项准备	4350925	353274	706485	三、股权及其他投资	34417523	7367431	12256048
八、所有者权益	14710696	3080226	1364519	四、买入返售资产	772253	431212	-579948
其中：实收资本	5260247	1344536	408112	五、存放非银行业金融机构款项	798186	762026	-376700
九、其他	454523	-4993885	10893676	六、联行往来（净）		-14093318	-7938825
				其中：境内存放二级准备金	4598726	191551	826296
				七、金银占款			
				八、中央银行外汇占款			
				九、应收及预付款	2106932	449601	486558
				十、投资性房地产	12302	4573	-8
				十一、固定资产	1444785	63611	35739
资金来源总计	**246300705**	**20525649**	**38383207**	**资金运用总计**	**246300705**	**20525649**	**38383207**

开封市金融机构可比口径本外币信贷收支表

2017 年 12 月　　单位：万元

来源项目名称	本月余额	比年初增减数		运用项目名称	本月余额	比年初增减数	
		今年	去年			今年	去年
一、各项存款	19336057	2843416	1921082	一、各项贷款	13675235	1787832	1702724
（一）境内存款	19327856	2840251	1920309	（一）境内贷款	13675203	1788919	1702848
1. 住户存款	12998334	1466911	1523247	1. 住户贷款	6520573	1332275	1263341
（1）活期存款	5257157	556305	653602	（1）短期贷款	1626750	62624	291949
（2）定期及其他存款	7741177	910606	869645	消费贷款	420052	210475	10903
2. 非金融企业存款	3223161	541542	280428	经营贷款	1206698	-147851	281047
（1）活期存款	1973141	393592	249536	（2）中长期贷款	4893823	1269651	971392
（2）定期及其他存款	1250021	147949	30892	消费贷款	4257072	1153186	925888
3. 广义政府存款	2794034	597877	61393	经营贷款	636751	116465	45504
（1）财政性存款	231227	86878	-61983	2. 非金融企业及机关团体贷款	7154630	456645	439507
（2）机关团体存款	2562807	511000	123376	（1）短期贷款	3092345	-56942	134743
4. 非银行业金融机构存款	312327	233921	55241	（2）中长期贷款	3838418	610825	297864
（二）境外存款	8201	3165	774	（3）票据融资	223768	-93867	8622
二、金融债券				（4）融资租赁			
其中：境外发行				（5）各项垫款	99	-3373	-1721
三、卖出回购资产	11700	11700		3. 非银行业金融机构贷款			
四、借款及非银行业金融机构拆入				（二）境外贷款	32	-1088	-125
五、联行往来（净）				二、债券投资	967634	6255	837771
六、应付及暂收款	229396	-91235	80169	其中：境外债券			
七、各项准备	333825	68388	-32566	三、股权及其他投资	88402	-33312	-44186
八、所有者权益	668218	42408	182035	四、买入返售资产	20000	-20948	40948
其中：实收资本	271229	26629	20600	五、存放非银行业金融机构款项			
九、其他	-1842336	-542081	572413	六、联行往来（净）	3668800	542573	161467
				其中：境内存放二级准备金	337712	37522	32774
				七、金银占款			
				八、中央银行外汇占款			
				九、应收及预付款	135031	34380	26463
				十、投资性房地产			
				十一、固定资产	181838	15898	-2054
资金来源总计	**18736939**	**2332677**	**2723134**	**资金运用总计**	**18736939**	**2332677**	**2723134**

洛阳市金融机构可比口径本外币信贷收支表

2017年12月

单位：万元

来源项目名称	本月余额	比年初增减数 今年	比年初增减数 去年	运用项目名称	本月余额	比年初增减数 今年	比年初增减数 去年
一、各项存款	53482424	3340191	7981642	一、各项贷款	35396365	4954140	3971721
（一）境内存款	53470384	3339233	7986323	（一）境内贷款	35362995	4955936	3950902
1.住户存款	25981534	2150778	3063083	1.住户贷款	10605562	2084727	1305743
（1）活期存款	9511529	1310948	505302	（1）短期贷款	3770728	506122	292577
（2）定期及其他存款	16470005	839830	2557782	消费贷款	1207032	589023	140418
2.非金融企业存款	20218891	583348	4244885	经营贷款	2563696	-82901	152158
（1）活期存款	6714254	910949	1313002	（2）中长期贷款	6834834	1578605	1013166
（2）定期及其他存款	13504637	-327601	2931883	消费贷款	5980977	1335111	1088399
3.广义政府存款	6084632	558998	58295	经营贷款	853857	243494	-75232
（1）财政性存款	700363	182039	-80809	2.非金融企业及机关团体贷款	24757432	2871209	2645159
（2）机关团体存款	5384269	376959	139104	（1）短期贷款	10066308	8571	514084
4.非银行业金融机构存款	1185327	46110	620060	（2）中长期贷款	10414874	3127550	934623
（二）境外存款	12040	958	-4680	（3）票据融资	2393582	-812521	442102
二、金融债券	639627	-109987	549	（4）融资租赁	1837809	558803	749656
其中：境外发行				（5）各项垫款	44859	-11194	4695
三、卖出回购资产	9931	9931	-149800	3.非银行业金融机构贷款			
四、借款及非银行业金融机构拆入	5665	4778	-3223	（二）境外贷款	33371	-1796	20818
五、联行往来（净）				二、债券投资	6017472	1151616	1752097
六、应付及暂收款	1097349	107354	113038	其中：境外债券			
七、各项准备	1352936	311647	200744	三、股权及其他投资	5005940	-380898	1458629
八、所有者权益	3385750	436324	617155	四、买入返售资产	169676	134191	-294791
其中：实收资本	939131	53498	183163	五、存放非银行业金融机构款项	8025	-6870	7127
九、其他	-1687293	192233	-155064	六、联行往来（净）	10661353	-1755371	1590107
				其中：境内存放二级准备金	899210	9465	69842
				七、金银占款			
				八、中央银行外汇占款			
				九、应收及预付款	609517	191507	91574
				十、投资性房地产			
				十一、固定资产	418041	4156	28576
资金来源总计	**58286389**	**4292470**	**8605040**	**资金运用总计**	**58286389**	**4292470**	**8605040**

平顶山市金融机构可比口径本外币信贷收支表

2017 年 12 月　　单位：万元

来源项目名称	本月余额	比年初增减数 今年	比年初增减数 去年	运用项目名称	本月余额	比年初增减数 今年	比年初增减数 去年
一、各项存款	25560640	2681034	2723761	一、各项贷款	17335811	1411341	1821646
（一）境内存款	25558904	2681035	2726724	（一）境内贷款	17335724	1411345	1821590
1. 住户存款	16190529	1741098	1825672	1. 住户贷款	3691852	369370	485246
（1）活期存款	6162011	559784	802103	（1）短期贷款	1291455	-175924	79632
（2）定期及其他存款	10028518	1181314	1023569	消费贷款	433544	106948	57955
2. 非金融企业存款	6112106	711578	754503	经营贷款	857911	-282872	21677
（1）活期存款	2938009	460282	726386	（2）中长期贷款	2400398	545294	405614
（2）定期及其他存款	3174097	251296	28117	消费贷款	1982163	458091	423596
3. 广义政府存款	3254582	289312	87463	经营贷款	418235	87202	-17982
（1）财政性存款	260822	-142921	-65825	2. 非金融企业及机关团体贷款	13643872	1041975	1336344
（2）机关团体存款	2993760	432232	153289	（1）短期贷款	7221556	468009	374064
4. 非银行业金融机构存款	1686	-60952	59086	（2）中长期贷款	4933394	763021	262451
（二）境外存款	1736	-1	-2963	（3）票据融资	1472936	-193864	699044
二、金融债券				（4）融资租赁			
其中：境外发行				（5）各项垫款	15986	4809	785
三、卖出回购资产	42143	42143		3. 非银行业金融机构贷款			
四、借款及非银行业金融机构拆入				（二）境外贷款	87	-4	57
五、联行往来（净）				二、债券投资	3287567	79730	1872052
六、应付及暂收款	702390	262704	-14488	其中：境外债券			
七、各项准备	676795	52009	88638	三、股权及其他投资	3233102	123496	1041225
八、所有者权益	1539503	101190	118508	四、买入返售资产	40739	40739	
其中：实收资本	664508	28398	13097	五、存放非银行业金融机构款项	506	506	
九、其他	-1599422	-1094890	1637211	六、联行往来（净）	2504704	308367	-264560
				其中：境内存放二级准备金	435840	62970	32792
				七、金银占款			
				八、中央银行外汇占款			
				九、应收及预付款	221981	57585	67213
				十、投资性房地产	135	-82	-13
				十一、固定资产	297506	22509	16066
资金来源总计	**26922051**	**2044191**	**4553629**	**资金运用总计**	**26922051**	**2044191**	**4553629**

安阳市金融机构可比口径本外币信贷收支表

2017 年 12 月

单位：万元

栏目 来源项目名称	本月余额	比年初增减数		栏目 运用项目名称	本月余额	比年初增减数	
		今年	去年			今年	去年
一、各项存款	24890296	2783592	2024468	一、各项贷款	13048066	1413531	1511965
（一）境内存款	24889088	2784386	2023419	（一）境内贷款	13048046	1413511	1511981
1. 住户存款	16972233	1578979	1628263	1. 住户贷款	5957647	900046	749926
（1）活期存款	5476494	619902	727667	（1）短期贷款	1497810	18882	-86042
（2）定期及其他存款	11495739	959077	900596	消费贷款	529451	267548	42154
2. 非金融企业存款	4541594	603990	-43179	经营贷款	968359	-248666	-128196
（1）活期存款	1778813	181885	149969	（2）中长期贷款	4459837	881164	835968
（2）定期及其他存款	2762781	422104	-193148	消费贷款	3578715	752454	728507
3. 广义政府存款	3354986	603356	439583	经营贷款	881122	128710	107461
（1）财政性存款	213580	47037	-22308	2. 非金融企业及机关团体贷款	7090399	513465	762055
（2）机关团体存款	3141406	556319	461891	（1）短期贷款	3832405	-131447	121863
4. 非银行业金融机构存款	20274	-1939	-1248	（2）中长期贷款	2565544	655935	456543
（二）境外存款	1208	-794	1049	（3）票据融资	641983	-12828	148235
二、金融债券				（4）融资租赁			
其中：境外发行				（5）各项垫款	50467	1805	35415
三、卖出回购资产				3. 非银行业金融机构贷款			
四、借款及非银行业金融机构拆入	4193	4193		（二）境外贷款	20	20	-16
五、联行往来（净）				二、债券投资	1138781	416538	-415297
六、应付及暂收款	595389	139451	19150	其中：境外债券			
七、各项准备	460626	108146	-6668	三、股权及其他投资	528022	-451054	887333
八、所有者权益	504912	30324	91121	四、买入返售资产	20942	11247	-16305
其中：实收资本	244519	12691	35306	五、存放非银行业金融机构款项			
九、其他	-1329804	520944	-1003024	六、联行往来（净）	9944699	2074680	-897814
				其中：境内存放二级准备金	428548	50260	32697
				七、金银占款			
				八、中央银行外汇占款			
				九、应收及预付款	245635	114498	60882
				十、投资性房地产	941	-323	235
				十一、固定资产	198527	7533	-5951
资金来源总计	**25125612**	**3586650**	**1125047**	**资金运用总计**	**25125612**	**3586650**	**1125047**

鹤壁市金融机构可比口径本外币信贷收支表

2017 年 12 月

单位：万元

来源项目名称	本月余额	比年初增减数 今年	比年初增减数 去年	运用项目名称	本月余额	比年初增减数 今年	比年初增减数 去年
一、各项存款	6469469	470741	589455	一、各项贷款	5940788	562543	519720
（一）境内存款	6469055	470714	589434	（一）境内贷款	5940788	562543	519720
1. 住户存款	4352005	460497	485798	1. 住户贷款	1618802	356893	126833
（1）活期存款	1689185	140167	176658	（1）短期贷款	375302	83493	-31697
（2）定期及其他存款	2662820	320330	309140	消费贷款	189100	100216	4725
2. 非金融企业存款	1122649	-119518	138060	经营贷款	186202	-16723	-36422
（1）活期存款	773963	-124213	174916	（2）中长期贷款	1243500	273399	158531
（2）定期及其他存款	348687	4694	-36856	消费贷款	1100888	267076	163832
3. 广义政府存款	986522	153125	-14120	经营贷款	142611	6323	-5301
（1）财政性存款	78466	-9423	-93133	2. 非金融企业及机关团体贷款	4321986	205650	392887
（2）机关团体存款	908055	162549	79013	（1）短期贷款	2122625	19853	-35235
4. 非银行业金融机构存款	7879	-23389	-20303	（2）中长期贷款	2164071	177685	510390
（二）境外存款	413	26	21	（3）票据融资	33350	10782	-81769
二、金融债券				（4）融资租赁			
其中：境外发行				（5）各项垫款	1940	-2670	-500
三、卖出回购资产		-33950	24050	3. 非银行业金融机构贷款			
四、借款及非银行业金融机构拆入				（二）境外贷款			
五、联行往来（净）	76392	76392		二、债券投资	111158	35881	-214802
六、应付及暂收款	126472	40614	-10504	其中：境外债券			
七、各项准备	226940	61924	2719	三、股权及其他投资	192248	-142029	195200
八、所有者权益	213915	14169	51316	四、买入返售资产			
其中：实收资本	127433	9717	29322	五、存放非银行业金融机构款项			
九、其他	-663221	-234681	-196009	六、联行往来（净）		-110681	-14994
				其中：境内存放二级准备金	130389	-1941	15530
				七、金银占款			
				八、中央银行外汇占款			
				九、应收及预付款	74592	18166	-14108
				十、投资性房地产			
				十一、固定资产	131180	31328	-9990
资金来源总计	**6449967**	**395208**	**461026**	**资金运用总计**	**6449967**	**395208**	**461026**

新乡市金融机构可比口径本外币信贷收支表

2017年12月

单位：万元

来源项目名称	本月余额	比年初增减数 今年	比年初增减数 去年	运用项目名称	本月余额	比年初增减数 今年	比年初增减数 去年
一、各项存款	25526195	2171252	2162309	一、各项贷款	15040638	1645142	625616
（一）境内存款	25522398	2171963	2162175	（一）境内贷款	15040502	1645042	625581
1. 住户存款	17907960	1834627	1911864	1. 住户贷款	6531700	1599972	983073
（1）活期存款	6632986	618495	866380	（1）短期贷款	997410	204259	88526
（2）定期及其他存款	11274974	1216133	1045484	消费贷款	461883	247283	4798
2. 非金融企业存款	3878146	-379174	-242826	经营贷款	535527	-43024	83728
（1）活期存款	2048973	166249	-182591	（2）中长期贷款	5534290	1395712	894547
（2）定期及其他存款	1829173	-545423	-60235	消费贷款	5044263	1252842	900751
3. 广义政府存款	3657296	659109	494211	经营贷款	490027	142870	-6204
（1）财政性存款	285607	-49326	-135737	2. 非金融企业及机关团体贷款	8508802	45070	-357492
（2）机关团体存款	3371690	708435	629948	（1）短期贷款	4561361	-307341	-465444
4. 非银行业金融机构存款	78996	57401	-1074	（2）中长期贷款	3648455	301504	116482
（二）境外存款	3797	-711	135	（3）票据融资	283052	58255	7821
二、金融债券				（4）融资租赁			
其中：境外发行				（5）各项垫款	15935	-7348	-16351
三、卖出回购资产	25582	-40651	66233	3. 非银行业金融机构贷款			
四、借款及非银行业金融机构拆入	565			（二）境外贷款	136	100	36
五、联行往来（净）				二、债券投资	1361287	237784	1005979
六、应付及暂收款	478806	-23986	26308	其中：境外债券			
七、各项准备	433838	16329	-79988	三、股权及其他投资	57596	-191205	-12680
八、所有者权益	655025	99674	133384	四、买入返售资产	55233	55233	
其中：实收资本	313303	27310	11286	五、存放非银行业金融机构款项			
九、其他	-2413076	-119886	-290867	六、联行往来（净）	7625365	303277	272771
				其中：境内存放二级准备金	483751	40840	49821
				七、金银占款			
				八、中央银行外汇占款			
				九、应收及预付款	331237	80468	139878
				十、投资性房地产			
				十一、固定资产	235579	-27968	-14185
资金来源总计	**24706934**	**2102732**	**2017379**	**资金运用总计**	**24706934**	**2102732**	**2017379**

焦作市金融机构可比口径本外币信贷收支表

2017 年 12 月　　单位：万元

来源项目名称	本月余额	比年初增减数 今年	比年初增减数 去年	运用项目名称	本月余额	比年初增减数 今年	比年初增减数 去年
一、各项存款	18009265	1516899	1896363	一、各项贷款	12310924	1378532	1405084
（一）境内存款	18006596	1517391	1899147	（一）境内贷款	12310898	1378533	1405179
1. 住户存款	11150874	789726	978578	1. 住户贷款	3639047	880526	289563
（1）活期存款	3312263	180821	366160	（1）短期贷款	1206059	178301	-37741
（2）定期及其他存款	7838611	608906	612418	消费贷款	403339	196852	50044
2. 非金融企业存款	4605076	571888	772314	经营贷款	802719	-18551	-87785
（1）活期存款	2039972	158441	528524	（2）中长期贷款	2432988	702225	327304
（2）定期及其他存款	2565105	413447	243791	消费贷款	1822711	572108	250204
3. 广义政府存款	2167898	273059	-20324	经营贷款	610277	130117	77099
（1）财政性存款	211553	27498	-38201	2. 非金融企业及机关团体贷款	8671851	498008	1115616
（2）机关团体存款	1956345	245561	17877	（1）短期贷款	4169006	385528	206294
4. 非银行业金融机构存款	82747	-117282	168579	（2）中长期贷款	3981010	171602	859111
（二）境外存款	2669	-493	-2784	（3）票据融资	512116	-59581	55834
二、金融债券				（4）融资租赁			
其中：境外发行				（5）各项垫款	9718	458	-5623
二、卖出回购资产		1000	1000	3. 非银行业金融机构贷款			
四、借款及非银行业金融机构拆入				（二）境外贷款	26	-2	-94
五、联行往来（净）				二、债券投资	1610637	328881	850171
六、应付及暂收款	615547	145240	135128	其中：境外债券			
七、各项准备	437523	66530	34472	三、股权及其他投资	2224940	418868	681178
八、所有者权益	1134859	76643	354829	四、买入返售资产			
其中：实收资本	674330	-29402	202173	五、存放非银行业金融机构款项	109	40	-49
九、其他	-505627	735930	213614	六、联行往来（净）	3271989	398796	-343862
				其中：境内存放二级准备金	230795	24650	5943
				七、金银占款			
				八、中央银行外汇占款			
				九、应收及预付款	100295	15127	30664
				十、投资性房地产	75	-29	-52
				十一、固定资产	172597	27	12272
资金来源总计	**19691566**	**2540242**	**2635407**	**资金运用总计**	**19691566**	**2540242**	**2635407**

濮阳市金融机构可比口径本外币信贷收支表

2017 年 12 月

单位：万元

栏目 来源项目名称	本月余额	比年初增减数		栏目 运用项目名称	本月余额	比年初增减数	
		今年	去年			今年	去年
一、各项存款	15238750.56	1759318.13	1763039.32	一、各项贷款	7443816.28	1083376.40	914147.17
（一）境内存款	15237916.40	1759906.94	1762602.12	（一）境内贷款	7443742.15	1083323.35	925831.59
1. 住户存款	10818096.07	1151204.46	1202074.06	1. 住户贷款	3953220.30	921350.62	586858.95
（1）活期存款	4381162.34	564525.51	605343.52	（1）短期贷款	1300386.12	105434.27	100283.81
（2）定期及其他存款	6436933.73	586678.96	596730.54	消费贷款	396416.12	217801.77	17709.06
2. 非金融企业存款	1687484.17	217303.74	197927.46	经营贷款	903970.01	−112367.49	82574.75
（1）活期存款	1309042.87	175326.94	266314.26	（2）中长期贷款	2652834.17	815916.35	486575.15
（2）定期及其他存款	378441.29	41976.80	−68386.79	消费贷款	2222794.42	634486.81	437297.88
3. 广义政府存款	2722929.27	387519.11	367882.29	经营贷款	430039.76	181429.53	49277.27
（1）财政性存款	143301.77	−85720.80	17345.87	2. 非金融企业及机关团体贷款	3490521.86	161972.72	338972.64
（2）机关团体存款	2579627.49	473239.91	350536.42	（1）短期贷款	1189601.60	−368184.47	153943.58
4. 非银行业金融机构存款	9406.90	3879.63	−5281.69	（2）中长期贷款	2178631.08	460688.52	267313.97
（二）境外存款	834.16	−588.81	437.20	（3）票据融资	122289.17	69468.68	−82284.91
二、金融债券				（4）融资租赁			
其中：境外发行				（5）各项垫款			
三、卖出回购资产	5600.00	5600.00		3. 非银行业金融机构贷款			
四、借款及非银行业金融机构拆入	124.00	1.00	−4561.94	（二）境外贷款	74.13	53.05	−11684.42
五、联行往来（净）				二、债券投资	150604.81	−30474.75	−15786.80
六、应付及暂收款	304749.96	9273.38	−31452.17	其中：境外债券			
七、各项准备	231956.93	52524.72	31548.75	三、股权及其他投资	2198.00	−79002.00	−20440.00
八、所有者权益	335767.20	12127.22	56833.98	四、买入返售资产			
其中：实收资本	135193.00		18364.00	五、存放非银行业金融机构款项	30.00	30.00	
九、其他	−1317359.61	243568.51	−1142977.32	六、联行往来（净）	6984860.31	1109528.85	−202915.41
				其中：境内存放二级准备金	452454.95	38381.05	39783.72
				七、金银占款			
				八、中央银行外汇占款			
				九、应收及预付款	72331.79	23515.84	2334.69
				十、投资性房地产			
				十一、固定资产	145747.85	−24561.38	−4909.04
资金来源总计	**14799589.04**	**2082412.96**	**672430.61**	**资金运用总计**	**14799589.04**	**2082412.96**	**672430.61**

许昌市金融机构可比口径本外币信贷收支表

2017 年 12 月

单位：万元

栏目 来源项目名称	本月余额	比年初增减数		栏目 运用项目名称	本月余额	比年初增减数	
		今年	去年			今年	去年
一、各项存款	21785797.07	1748390.67	2675439.35	一、各项贷款	16188362.39	1507462.75	1050801.23
（一）境内存款	21782847.16	1747616.07	2675331.87	（一）境内贷款	16167816.57	1509970.98	1051426.53
1. 住户存款	14257850.11	1484959.47	1576058.69	1. 住户贷款	5163212.22	642886.34	536440.52
（1）活期存款	5022143.26	514301.85	604707.75	（1）短期贷款	1673059.59	-99379.63	-84485.91
（2）定期及其他存款	9235706.86	970657.62	971350.94	消费贷款	400127.36	170983.97	37751.44
2. 非金融企业存款	4492118.37	-88569.46	649256.11	经营贷款	1272932.23	-270363.61	-122237.35
（1）活期存款	2691796.42	649455.73	753084.70	（2）中长期贷款	3490152.64	742265.97	620926.43
（2）定期及其他存款	1800321.95	-738025.19	-103828.59	消费贷款	3009128.49	717074.32	588321.53
3. 广义政府存款	3017504.04	354547.06	459168.78	经营贷款	481024.14	25191.65	32604.91
（1）财政性存款	283394.09	-82783.08	186647.89	2. 非金融企业及机关团体贷款	11004604.35	867084.64	514986.01
（2）机关团体存款	2734109.95	437330.14	272520.89	（1）短期贷款	6379464.54	-66885.74	-269395.94
4. 非银行业金融机构存款	15374.64	-3321.00	-9151.71	（2）中长期贷款	4366006.90	1035422.11	726858.63
（二）境外存款	2949.91	774.60	107.48	（3）票据融资	237573.66	108443.60	69626.77
二、金融债券				（4）融资租赁			
其中：境外发行				（5）各项垫款	21559.25	6991.88	-12103.44
三、卖出回购资产				3. 非银行业金融机构贷款			
四、借款及非银行业金融机构拆入				（二）境外贷款	20545.82	-2508.23	-625.31
五、联行往来（净）				二、债券投资	186433.59	-180092.41	169487.98
六、应付及暂收款	392540.78	-272725.74	282382.58	其中：境外债券			
七、各项准备	672261.28	13094.12	26896.68	三、股权及其他投资	244476.00	94465.00	16727.00
八、所有者权益	907168.31	373510.22	56500.65	四、买入返售资产			
其中：实收资本	305501.00	93814.00	8871.00	五、存放非银行业金融机构款项			
九、其他	-2037121.78	256362.42	-224220.39	六、联行往来（净）	4620570.19	602305.67	1547842.53
				其中：境内存放二级准备金	315616.78	26247.40	12825.65
				七、金银占款			
				八、中央银行外汇占款			
				九、应收及预付款	203319.53	63703.90	52319.77
				十、投资性房地产	4330.00	506.00	-816.00
				十一、固定资产	273153.94	30280.76	-19363.63
资金来源总计	**21720645.65**	**2118631.68**	**2816998.88**	**资金运用总计**	**21720645.65**	**2118631.68**	**2816998.88**

漯河市金融机构可比口径本外币信贷收支表

2017 年 12 月

单位：万元

栏目 来源项目名称	本月余额	比年初增减数		栏目 运用项目名称	本月余额	比年初增减数	
		今年	去年			今年	去年
一、各项存款	11088689.80	657097.03	1950155.61	一、各项贷款	7139613.83	723227.35	1369523.77
（一）境内存款	11087240.51	657100.65	1950224.95	（一）境内贷款	7139613.83	723227.35	1369523.77
1. 住户存款	7204582.81	578011.84	813779.78	1. 住户贷款	2518148.62	400034.98	409085.63
（1）活期存款	2387293.68	211153.90	264953.33	（1）短期贷款	667467.00	-21949.95	3787.17
（2）定期及其他存款	4817289.13	366857.94	548826.45	消费贷款	261549.09	130767.55	8733.72
2. 非金融企业存款	2223913.10	291265.33	667568.30	经营贷款	405917.91	-152717.51	-4946.55
（1）活期存款	1001140.42	22524.42	324046.15	（2）中长期贷款	1850681.62	421984.93	405298.45
（2）定期及其他存款	1222772.68	268740.91	343522.15	消费贷款	1562150.56	359127.22	330031.67
3. 广义政府存款	1530962.20	-247349.78	379590.95	经营贷款	288531.06	62857.71	75266.78
（1）财政性存款	261379.90	-155155.17	162528.51	2. 非金融企业及机关团体贷款	4621465.21	323192.37	960438.14
（2）机关团体存款	1269582.30	-92194.61	217062.44	（1）短期贷款	3155740.71	83890.71	730121.36
4. 非银行业金融机构存款	127782.40	35173.26	89285.92	（2）中长期贷款	1348139.12	240090.61	184960.56
（二）境外存款	1449.29	-3.61	-69.34	（3）票据融资	115328.38	542.05	45180.23
二、金融债券				（4）融资租赁			
其中：境外发行				（5）各项垫款	2257.00	-1331.00	176.00
三、卖出回购资产				3. 非银行业金融机构贷款			
四、借款及非银行业金融机构拆入	1426.08	-408.29	-31.35	（二）境外贷款			
五、联行往来（净）				二、债券投资	82753.75	-39491.36	56999.66
六、应付及暂收款	181634.81	20271.33	18524.49	其中：境外债券			
七、各项准备	159333.43	17731.68	32477.12	三、股权及其他投资	154597.00	-31774.00	-148124.00
八、所有者权益	256786.52	68498.03	64855.12	四、买入返售资产		-5000.00	5000.00
其中：实收资本	119985.00	-24243.00	-1773.00	五、存放非银行业金融机构款项			
九、其他	-1555552.18	-353170.64	-357868.76	六、联行往来（净）	2601733.72	-206095.14	415266.18
				其中：境内存放二级准备金	190604.50	1025.93	17457.37
				七、金银占款			
				八、中央银行外汇占款			
				九、应收及预付款	48903.60	-14075.05	-12084.19
				十、投资性房地产			
				十一、固定资产	104716.57	-16772.66	21530.81
资金来源总计	**10132318.47**	**410019.14**	**1708112.22**	**资金运用总计**	**10132318.47**	**410019.14**	**1708112.22**

三门峡市金融机构可比口径本外币信贷收支表

2017 年 12 月

单位：万元

栏目 来源项目名称	本月余额	比年初增减数		栏目 运用项目名称	本月余额	比年初增减数	
		今年	去年			今年	去年
一、各项存款	12451023	972090	1064975	一、各项贷款	7741116	685769	278394
（一）境内存款	12450589	972264	1064981	（一）境内贷款	7741116	685787	278376
1. 住户存款	7931987	509550	838114	1. 住户贷款	2422899	137776	-71559
（1）活期存款	2894431	221284	311973	（1）短期贷款	1270786	-209170	-225217
（2）定期及其他存款	5037556	288266	526141	消费贷款	415900	57733	-195537
2. 非金融企业存款	2569112	182487	76572	经营贷款	854886	-266903	-29681
（1）活期存款	1311460	158903	163694	（2）中长期贷款	1152113	346946	153658
（2）定期及其他存款	1257652	23583	-87122	消费贷款	810864	233746	88332
3. 广义政府存款	1947818	284775	157316	经营贷款	341248	113200	65326
（1）财政性存款	255952	21292	75625	2. 非金融企业及机关团体贷款	5318218	548011	349935
（2）机关团体存款	1691866	263483	81691	（1）短期贷款	2477431	26283	317862
4. 非银行业金融机构存款	1672	-4548	-7021	（2）中长期贷款	2514600	484480	85713
（二）境外存款	434	-174	-6	（3）票据融资	306198	39491	-40956
二、金融债券				（4）融资租赁			
其中：境外发行				（5）各项垫款	19990	-2243	-12684
三、卖出回购资产				3. 非银行业金融机构贷款			
四、借款及非银行业金融机构拆入	10000	10000		（二）境外贷款		-18	18
五、联行往来（净）				二、债券投资	813766	-19381	203869
六、应付及暂收款	219780	-1448	-28349	其中：境外债券			
七、各项准备	341593	45430	71198	三、股权及其他投资	71034	-78283	76100
八、所有者权益	271616	11833	-36077	四、买入返售资产			
其中：实收资本	114271	19911	12007	五、存放非银行业金融机构款项			
九、其他	-614156	-14983	-259751	六、联行往来（净）	3745298	463967	190829
				其中：境内存放二级准备金	270870	12225	33021
				七、金银占款			
				八、中央银行外汇占款			
				九、应收及预付款	161559	-11486	70753
				十、投资性房地产			
				十一、固定资产	147083	-17663	-7949
资金来源总计	**12679856**	**1022922**	**811996**	**资金运用总计**	**12679856**	**1022922**	**811996**

南阳市金融机构可比口径本外币信贷收支表

2017 年 12 月

单位：万元

来源项目名称	本月余额	比年初增减数 今年	比年初增减数 去年	运用项目名称	本月余额	比年初增减数 今年	比年初增减数 去年
一、各项存款	37827050	3121460	3812732	一、各项贷款	21295658	2438231	1603862
（一）境内存款	37798196	3096241	3812266	（一）境内贷款	21295400	2437973	1603872
1. 住户存款	26097262	2577859	2935536	1. 住户贷款	9004020	750676	755825
（1）活期存款	9250698	730173	1062913	（1）短期贷款	3765156	-133021	-74640
（2）定期及其他存款	16846564	1847686	1872624	消费贷款	697681	392684	77434
2. 非金融企业存款	5791387	-374743	100501	经营贷款	3067475	-525705	-152074
（1）活期存款	3176314	79423	502781	（2）中长期贷款	5238864	883697	830466
（2）定期及其他存款	2615073	-454166	-402280	消费贷款	3544749	702542	564250
3. 广义政府存款	5903963	894263	793438	经营贷款	1694114	181155	266216
（1）财政性存款	242550	-181722	176694	2. 非金融企业及机关团体贷款	12291380	1687297	848047
（2）机关团体存款	5661412	1075985	616745	（1）短期贷款	7503653	403541	477316
4. 非银行业金融机构存款	5585	-1138	-17210	（2）中长期贷款	4250138	1270720	453826
（二）境外存款	28854	25219	466	（3）票据融资	519308	8864	-78157
二、金融债券				（4）融资租赁			
其中：境外发行				（5）各项垫款	18281	4172	-4938
三、卖出回购资产		-14783	-12317	3. 非银行业金融机构贷款			
四、借款及非银行业金融机构拆入				（二）境外贷款	258	258	-10
五、联行往来（净）				二、债券投资	1896067	442058	526493
六、应付及暂收款	733808	105238	25147	其中：境外债券			
七、各项准备	698021	127639	69889	三、股权及其他投资	397961	283112	-88870
八、所有者权益	1179962	206781	131485	四、买入返售资产	139364	139364	
其中：实收资本	615875	83146	72262	五、存放非银行业金融机构款项	737	737	
九、其他	-2826712	690236	-2243699	六、联行往来（净）	13312140	890506	-312234
				其中：境内存放二级准备金	854796	110400	144750
				七、金银占款			
				八、中央银行外汇占款			
				九、应收及预付款	282840	63499	47026
				十、投资性房地产			
				十一、固定资产	287362	-20936	6959
资金来源总计	**37612130**	**4236571**	**1783236**	**资金运用总计**	**37612130**	**4236571**	**1783236**

商丘市金融机构可比口径本外币信贷收支表

2017 年 12 月　　　　单位：万元

栏目 来源项目名称	本月余额	比年初增减数		栏目 运用项目名称	本月余额	比年初增减数	
		今年	去年			今年	去年
一、各项存款	26861171	3989072	3091383	一、各项贷款	14321885	1436340	1508085
（一）境内存款	26860144	3989350	3090858	（一）境内贷款	14321885	1436340	1539298
1. 住户存款	19365163	2538497	2234492	1. 住户贷款	5316436	989568	649068
（1）活期存款	8351148	1218796	1063661	（1）短期贷款	1313187	-55852	-29714
（2）定期及其他存款	11014014	1319701	1170831	消费贷款	430926	205512	3776
2. 非金融企业存款	3486871	650810	664692	经营贷款	882261	-261364	-33490
（1）活期存款	2379964	671226	409485	（2）中长期贷款	4003249	1045420	678782
（2）定期及其他存款	1106907	-20416	255207	消费贷款	3100067	775417	577202
3. 广义政府存款	3996831	805863	188771	经营贷款	903182	270003	101580
（1）财政性存款	584958	65157	114316	2. 非金融企业及机关团体贷款	9005449	446772	890230
（2）机关团体存款	3411873	740707	74455	（1）短期贷款	5433782	83597	682371
4. 非银行业金融机构存款	11280	-5821	2903	（2）中长期贷款	3282421	285881	289312
（二）境外存款	1026	-279	525	（3）票据融资	259296	61130	-81884
二、金融债券				（4）融资租赁			
其中：境外发行				（5）各项垫款	29950	16164	431
二、卖出回购资产	9975	375	-15500	3. 非银行业金融机构贷款			
四、借款及非银行业金融机构拆入				（二）境外贷款			-31214
五、联行往来（净）				二、债券投资	887304	192902	298348
六、应付及暂收款	555444	177065	-23191	其中：境外债券			
七、各项准备	437893	105529	39246	三、股权及其他投资	342356	34390	36882
八、所有者权益	627960	27341	157458	四、买入返售资产	170195	-275129	-92846
其中：实收资本	312848	-74800	84622	五、存放非银行业金融机构款项	30	30	
九、其他	-3095309	-607090	-2180951	六、联行往来（净）	9161448	2280404	-669696
				其中：境内存放二级准备金	318775	30119	28463
				七、金银占款			
				八、中央银行外汇占款			
				九、应收及预付款	227692	25620	-13655
				十、投资性房地产			
				十一、固定资产	286224	-2265	1328
资金来源总计	**25397135**	**3692292**	**1068446**	**资金运用总计**	**25397135**	**3692292**	**1068446**

信阳市金融机构可比口径本外币信贷收支表

2017年12月

单位：万元

来源项目名称	本月余额	比年初增减数 今年	比年初增减数 去年	运用项目名称	本月余额	比年初增减数 今年	比年初增减数 去年
一、各项存款	30506994	3526506	3181643	一、各项贷款	15830998	1388225	1520297
（一）境内存款	30502271	3525548	3183764	（一）境内贷款	15830723	1388180	1520193
1. 住户存款	21230668	2122826	2006100	1. 住户贷款	8637915	1067749	1035264
（1）活期存款	7169498	840262	955523	（1）短期贷款	2447931	-129022	-140157
（2）定期及其他存款	14061170	1282564	1050578	消费贷款	438798	175049	-7904
2. 非金融企业存款	4557568	329213	547517	经营贷款	2009133	-304070	-132253
（1）活期存款	2511004	166327	-9219	（2）中长期贷款	6189984	1196770	1175421
（2）定期及其他存款	2046565	162885	556736	消费贷款	3963522	887312	731736
3. 广义政府存款	4666719	1028810	709804	经营贷款	2226462	309458	443686
（1）财政性存款	608361	236957	30541	2. 非金融企业及机关团体贷款	7192808	320432	484929
（2）机关团体存款	4058358	791853	679263	（1）短期贷款	4597505	89936	435652
4. 非银行业金融机构存款	47317	44699	-79658	（2）中长期贷款	2489725	268901	111683
（二）境外存款	4723	958	-2121	（3）票据融资	105280	-38406	-62704
二、金融债券				（4）融资租赁			
其中：境外发行				（5）各项垫款	298		298
三、卖出回购资产		-4400	4400	3. 非银行业金融机构贷款			
四、借款及非银行业金融机构拆入				（二）境外贷款	275	45	104
五、联行往来（净）				二、债券投资	1074246	353206	603290
六、应付及暂收款	889433	211996	67818	其中：境外债券			
七、各项准备	537447	80300	76811	三、股权及其他投资	13284	-22680	-5380
八、所有者权益	777279	-2143	97921	四、买入返售资产	19837	-33261	398
其中：实收资本	381918	-81949	51249	五、存放非银行业金融机构款项			
九、其他	-4166213	-697681	-1190197	六、联行往来（净）	11187766	1397262	70018
				其中：境内存放二级准备金	434826	37582	35615
				七、金银占款			
				八、中央银行外汇占款			
				九、应收及预付款	152945	35519	34624
				十、投资性房地产			
				十一、固定资产	265865	-3693	15148
资金来源总计	**28544940**	**3114577**	**2238395**	**资金运用总计**	**28544940**	**3114577**	**2238395**

周口市金融机构可比口径本外币信贷收支表

2017年12月

单位：万元

来源项目名称	本月余额	比年初增减数 今年	比年初增减数 去年	运用项目名称	本月余额	比年初增减数 今年	比年初增减数 去年
一、各项存款	26869252	2901928	2868099	一、各项贷款	10986578	1222617	584259
（一）境内存款	26868173	2902131	2867464	（一）境内贷款	10986418	1222518	584198
1. 住户存款	21855844	2333562	2203693	1. 住户贷款	4379495	931373	340184
（1）活期存款	8173802	934094	1129429	（1）短期贷款	1329727	100740	-91882
（2）定期及其他存款	13682042	1399467	1074264	消费贷款	390706	209529	84429
2. 非金融企业存款	1954637	29376	308905	经营贷款	939021	-108789	-176311
（1）活期存款	1557174	211833	317239	（2）中长期贷款	3049768	830633	432066
（2）定期及其他存款	397463	-182457	-8334	消费贷款	2153876	568795	318613
3. 广义政府存款	3049948	555420	368507	经营贷款	895891	261838	113454
（1）财政性存款	287361	-81039	135637	2. 非金融企业及机关团体贷款	6606923	291145	244014
（2）机关团体存款	2762587	636458	232870	（1）短期贷款	4178054	-44348	301715
4. 非银行业金融机构存款	7744	-16226	-13642	（2）中长期贷款	2338137	342401	-15437
（二）境外存款	1078	-203	636	（3）票据融资	84869	-5920	-28165
二、金融债券				（4）融资租赁			
其中：境外发行				（5）各项垫款	5863	-988	-14099
三、卖出回购资产				3. 非银行业金融机构贷款			
四、借款及非银行业金融机构拆入	112			（二）境外贷款	160	99	61
五、联行往来（净）				二、债券投资	3684709	1981464	818171
六、应付及暂收款	643050	131298	-34839	其中：境外债券			
七、各项准备	464654	58988	-22016	三、股权及其他投资	315561	-210521	428793
八、所有者权益	703272	34412	206641	四、买入返售资产			
其中：实收资本	304172	-33852	98205	五、存放非银行业金融机构款项			
九、其他	-1670224	1593140	-1421470	六、联行往来（净）	11532160	1592628	-188440
				其中：境内存放二级准备金	326831	28748	24319
				七、金银占款			
				八、中央银行外汇占款			
				九、应收及预付款	257707	124847	6867
				十、投资性房地产	2418	-1818	-545
				十一、固定资产	230984	11049	-52689
资金来源总计	**27010116**	**4719766**	**1596415**	**资金运用总计**	**27010116**	**4719766**	**1596415**

驻马店市金融机构可比口径本外币信贷收支表

2017年12月

单位：万元

来源项目名称	本月余额	比年初增减数		运用项目名称	本月余额	比年初增减数	
		今年	去年			今年	去年
一、各项存款	28229973	2931448	2922445	一、各项贷款	14189033	1910029	1124409
（一）境内存款	28226816	2930682	2922520	（一）境内贷款	14188911	1909960	1124390
1. 住户存款	21114386	2578688	2416404	1. 住户贷款	6027717	981490	581055
（1）活期存款	6542947	701155	857277	（1）短期贷款	1168255	43237	-76037
（2）定期及其他存款	14571440	1877533	1559127	消费贷款	395222	210212	52461
2. 非金融企业存款	2978932	516037	152056	经营贷款	773034	-166975	-128498
（1）活期存款	2076502	705980	39377	（2）中长期贷款	4859462	938253	657092
（2）定期及其他存款	902430	-189943	112679	消费贷款	3169189	782470	590726
3. 广义政府存款	4128901	-165255	368291	经营贷款	1690273	155783	66366
（1）财政性存款	283257	-6811	-104190	2. 非金融企业及机关团体贷款	8161194	928470	543335
（2）机关团体存款	3845644	-158444	472481	（1）短期贷款	4609235	342950	323777
4. 非银行业金融机构存款	4597	1212	-14231	（2）中长期贷款	3510804	683291	205839
（二）境外存款	3157	766	-75	（3）票据融资	40560	-55335	-22224
二、金融债券				（4）融资租赁			
其中：境外发行				（5）各项垫款	595	-42436	35943
三、卖出回购资产	18500	-1500	20000	3. 非银行业金融机构贷款			
四、借款及非银行业金融机构拆入	350			（二）境外贷款	122	68	19
五、联行往来（净）				二、债券投资	2827067	-251563	1309848
六、应付及暂收款	617745	43583	5457	其中：境外债券			
七、各项准备	527973	102421	69691	三、股权及其他投资	151540	-77394	26250
八、所有者权益	1018648	191843	211661	四、买入返售资产	29167	29167	
其中：实收资本	560908	57578	99677	五、存放非银行业金融机构款项			
九、其他	-1736964	-515910	-1009031	六、联行往来（净）	10979416	1083915	-363639
				其中：境内存放二级准备金	395749	22987	32622
				七、金银占款			
				八、中央银行外汇占款			
				九、应收及预付款	307603	35080	124814
				十、投资性房地产			
				十一、固定资产	192400	22652	-1459
资金来源总计	**28676226**	**2751886**	**2220223**	**资金运用总计**	**28676226**	**2751886**	**2220223**

济源市金融机构可比口径本外币信贷收支表

2017 年 12 月　　单位：万元

来源项目名称	本月余额	比年初增减数 今年	比年初增减数 去年	运用项目名称	本月余额	比年初增减数 今年	比年初增减数 去年
一、各项存款	4304345	459231	501907	一、各项贷款	2976840	327651	312765
（一）境内存款	4304080	459238	501798	（一）境内贷款	2976802	327655	312723
1. 住户存款	2651995	249099	289920	1. 住户贷款	884454	123260	-7769
（1）活期存款	1025702	79675	37714	（1）短期贷款	411461	71726	-33371
（2）定期及其他存款	1626293	169423	252205	消费贷款	156581	78662	23360
2. 非金融企业存款	963172	93226	36652	经营贷款	254880	-6937	-56731
（1）活期存款	440191	10494	88805	（2）中长期贷款	472992	51534	25602
（2）定期及其他存款	522981	82733	-52152	消费贷款	424715	30213	30821
3. 广义政府存款	688837	117061	175277	经营贷款	48277	21321	-5219
（1）财政性存款	23721	-27042	21461	2. 非金融企业及机关团体贷款	2092349	204395	320492
（2）机关团体存款	665115	144103	153816	（1）短期贷款	1317419	244775	89047
4. 非银行业金融机构存款	76	-148	-50	（2）中长期贷款	430159	82692	-17979
（二）境外存款	266	-7	108	（3）票据融资	344570	-123072	250124
二、金融债券				（4）融资租赁			
其中：境外发行				（5）各项垫款	200		-700
三、卖出回购资产				3. 非银行业金融机构贷款			
四、借款及非银行业金融机构拆入				（二）境外贷款	38	-4	42
五、联行往来（净）				二、债券投资	564420	153934	-187778
六、应付及暂收款	83631	5558	11516	其中：境外债券			
七、各项准备	77884	5932	-8172	三、股权及其他投资	301635	-431040	721000
八、所有者权益	209073	29816	25575	四、买入返售资产	14627	14627	
其中：实收资本	62000	6742	24450	五、存放非银行业金融机构款项			
九、其他	-123094	-380835	329797	六、联行往来（净）	642588	64929	-8277
				其中：境内存放二级准备金	58312	-5237	14400
				七、金银占款			
				八、中央银行外汇占款			
				九、应收及预付款	24912	-9431	22634
				十、投资性房地产			
				十一、固定资产	26817	-968	278
资金来源总计	**4551840**	**119702**	**860623**	**资金运用总计**	**4551840**	**119702**	**860623**

(三)外汇业务统计表

河南省国际收支间接申报表

2017年1-12月

单位：万美元

地区＼项目	收入申报		支出申报		笔数排序	金额排序
	笔数	金额	笔数	金额		
合计	**324,856**	**47,466,116**	**190,682**	**44,891,109**		
郑州	117,733	33,496,789	97,285	34,846,051	1	1
开封	9,487	821,305	5,502	190,275	14	8
洛阳	33,977	2,105,970	20,026	1,409,473	2	2
平顶山	5,464	946,803	4,093	1,089,145	4	14
安阳	7,701	456,661	5,014	755,557	8	9
鹤壁	2,506	264,669	1,718	227,645	13	18
新乡	19,813	810,412	9,724	441,952	10	5
焦作	18,709	1,604,776	10,008	1,012,413	5	6
济源	2,703	718,554	1,706	1,355,005	3	17
濮阳	16,706	706,836	5,798	166,290	15	7
许昌	26,567	1,281,430	4,126	284,884	12	4
漯河	9,258	664,116	3,183	898,929	6	10
三门峡	3,790	345,790	2,432	792,686	7	16
南阳	24,046	1,763,975	7,222	676,281	9	3
商丘	7,525	314,146	3,459	103,995	18	11
信阳	6,254	291,790	3,485	362,549	11	13
周口	7,285	540,349	3,318	166,266	16	12
驻马店	5,329	331,696	2,570	111,348	17	15

河南省国际收支申报明细表

2017 年 1−12 月　　　　单位：千美元

项目 交易类别	收入		支出		差额		累计同比 ±%		
	本月	本年累计	本月	本年累计	本月	本年累计	收入	支出	差额
合计	**5,506,507**	**47,466,116**	**5,933,925**	**44,891,109**	**−427,418**	**2,575,007**	**9.35**	**20.19**	**−57.48**
1. 经常账户	4,643,204	43,646,100	5,129,773	39,225,681	−486,569	4,420,419	18.91	28.26	−27.80
1.1. 货物和服务	4,576,657	42,957,577	4,996,795	37,711,349	−420,138	5,246,228	19.48	31.48	−27.86
1.1.1. 货物贸易	4,488,236	42,343,608	4,677,423	34,299,525	−189,187	8,044,083	20.06	36.83	−21.15
其中 一般贸易	1,645,955	15,109,634	1,009,945	8,800,974	636,010	6,308,660	25.11	7.12	63.41
进料加工贸易	2,811,569	26,661,654	3,650,450	25,214,418	−838,881	1,447,236	19.96	56.31	−76.25
1.1.2. 服务贸易	88,421	613,969	319,372	3,411,824	−230,951	−2,797,855	−10.21	−5.57	−4.49
1.1.2.1. 加工服务	4,668	44,688	64	275	4,604	44,413	9.96	−45.22	10.65
1.1.2.2. 运输服务	7,627	117,545	27,659	165,309	−20,032	−47,764	21.00	46.63	206.28
1.1.2.3. 旅行	4,248	51,183	229,182	2,839,760	−224,934	−2,788,577	−6.76	−8.50	−8.53
1.1.2.4. 建设	38,458	164,826	2,999	100,417	35,459	64,409	−52.31	−34.99	−66.31
1.1.2.5. 保险服务	39	9,641	12	2,324	27	7,317	220.94	−36.03	
1.1.2.6. 金融服务	130	152	775	19,142	−645	−18,990	−38.96	51.13	52.94
1.1.2.7. 电信、计算机和信息服务	2,259	10,062	1,244	8,140	1,015	1,922	40.85	−6.28	
1.1.2.8. 其他商业服务	30,358	210,442	49,588	225,877	−19,230	−15,435	61.58	19.98	−73.40
其中 法律、会计、广告等专业和管理咨询服务	1,629	16,094	32,746	98,927	−31,117	−82,833	109.12	65.64	59.21
1.1.2.9. 文化和娱乐服务	437	4,296	1,560	5,119	−1,123	−823	115.02	−13.02	−78.83
其中 视听和相关服务	338	3,872	20	58	318	3,814	152.25	−66.86	180.44
1.1.2.10. 别处未涵盖的维护和维修服务	157	848	490	3,218	−333	−2,370	−22.06	−11.45	−6.91
1.1.2.11. 别处未涵盖的知识产权使用费	36	267	5,790	41,846	−5,754	−41,579	−84.77	129.43	152.21
1.1.2.12. 别处未涵盖的政府货物和服务	4	19	9	397	−5	−378	850.00	−55.54	−57.58
1.2. 初次收入（收益）	54,449	531,592	125,113	1,388,852	−70,664	−857,260	−6.59	−22.18	−29.48
1.2.1. 职工报酬	45,775	471,968	873	7,462	44,902	464,506	−14.17	23.65	−14.59

续表

项目 交易类别	收入		支出		差额		累计同比 ±%		
	本月	本年累计	本月	本年累计	本月	本年累计	收入	支出	差额
1.2.2. 投资收益	4,396	41,741	124,140	1,368,919	−119,744	−1,327,178	129.27	−21.89	−23.47
1.2.2.1. 直接投资股息、红利及利息	4,396	38,351	99,880	1,160,413	−95,484	−1,122,062	271.01	−28.34	−30.27
1.2.2.2. 证券投资收益		3,380		46,700		−43,320	−57.02	−17.96	−11.70
1.2.2.3. 其他投资收益		10	24,260	161,806	−24,260	−161,796	150.00	112.52	112.51
1.2.3. 其他初次收入	4,278	17,883	100	12,471	4,178	5,412	1,661.87	−52.56	
1.3. 二次收入（经常转移）	12,098	156,931	7,865	125,480	4,233	31,451	−14.32	7.66	−52.78
1.3.1. 捐赠和无偿援助	10,757	130,594	7,309	108,204	3,448	22,390	−19.00	−0.91	−56.96
1.3.2. 非寿险保险赔偿	2	446	53	254	−51	192	55.40	−39.09	
1.3.3. 社会保障	25	322			25	322	−35.21		
1.3.4. 其他二次收入（经常转移）	1,314	25,569	503	17,022	811	8,547	20.89	145.52	−39.88
2. 资本和金融账户	863,303	3,820,016	804,152	5,665,428	59,151	−1,845,412	−43.01	−16.30	2,671.10
2.1. 资本账户	10	617		18,257	10	−17,640	−78.20	337.92	1,217.40
2.1.1. 资本转移	10	594		2,840	10	−2,246	−65.86	2,657.28	
2.1.2. 非生产非金融资产转让		23		15,417		−15,394	−97.89	279.17	417.27
2.2. 金融账户	863,293	3,819,399	804,152	5,647,171	59,141	−1,827,772	−42.99	−16.52	2,700.93
2.2.1. 直接投资	491,179	1,993,171	484,864	2,853,354	6,315	−860,183	−44.79	−44.66	−44.38
2.2.1.1. 我国对境外直接投资	65,961	371,417	464,352	1,787,050	−398,391	−1,415,633	−51.12	−58.16	−59.68
2.2.1.2. 外国来华直接投资	421,513	1,608,289	18,162	858,797	403,351	749,492	−41.53	13.83	−62.45
2.2.1.3. 联属企业之间的投资	3,705	13,465	2,350	207,507	1,355	−194,042	−86.47	58.04	509.91
2.2.2. 证券投资及金融衍生工具	119,227	158,343	2,000	36,007	117,227	122,336	37.18	−81.04	
2.2.2.1. 股本	119,227	138,333		1,807	119,227	136,526	23.32	−98.87	
2.2.2.2. 投资基金									
2.2.2.3. 债券									
2.2.2.4. 金融衍生工具		20,010	2,000	34,200	−2,000	−14,190	515.69	13.68	−47.12
2.2.3. 其他投资	252,887	1,667,885	317,288	2,757,810	−64,401	−1,089,925	−43.92	94.43	
2.2.3.1. 资产	195	2,361		44,881	195	−42,520	30.01	641,057.14	
2.2.3.2. 负债	252,692	1,665,524	317,288	2,712,929	−64,596	−1,047,405	−43.96	91.27	

（四）证券情况统计表

河南省境内上市公司经营业绩表

2017 年

证券代码	证券简称	总股本（亿股）	资产总计（亿元）	所有者权益合计（亿元）	营业总收入（亿元）	归属母公司股东的净利润（亿元）	基本每股收益（元）
603993.SH	洛阳钼业	215.9924	978.3725	459.0913	241.4756	27.2780	0.1400
601608.SH	中信重工	43.3942	197.3847	73.1044	46.2058	0.3132	0.0100
601375.SH	中原证券	39.2373	406.6147	114.5212	21.4762	4.4198	0.1100
000895.SZ	双汇发展	32.9956	230.8907	154.6733	505.7833	43.1930	1.3091
002477.SZ	雏鹰农牧	31.3516	228.5988	64.4400	56.9820	0.4519	0.0100
600569.SH	安阳钢铁	23.9368	331.5275	67.5450	270.2921	16.0078	0.6690
600403.SH	*ST 大有	23.9081	164.4094	69.9941	68.3434	4.8039	0.2000
601666.SH	平煤股份	23.6116	430.5440	137.0725	207.4150	13.7699	0.5832
600020.SH	中原高速	22.4737	502.4104	133.1215	58.4653	11.7291	0.4016
600066.SH	宇通客车	22.1394	361.6541	156.0586	332.2195	31.2919	1.4100
002601.SZ	龙蟒佰利	20.3210	208.4635	133.3421	103.5312	25.0241	1.2500
000933.SZ	神火股份	19.0050	539.3222	78.3535	188.9915	3.6809	0.1937
600595.SH	中孚实业	17.4154	255.6778	53.5563	115.2200	–1.8933	–0.1100
601717.SH	郑煤机	17.3247	191.5459	115.7531	75.4767	2.8425	0.1670
600172.SH	黄河旋风	14.2632	110.6507	51.7251	31.6653	3.3986	0.2383
600312.SH	平高电气	13.5692	192.3191	91.7776	89.5976	6.3052	0.4647
000949.SZ	新乡化纤	12.5766	64.7936	35.6577	41.0742	0.3027	0.0241
002132.SZ	恒星科技	12.5656	64.4138	30.9910	30.4618	0.5659	0.0450
600069.SH	银鸽投资	12.4910	40.0522	20.1922	29.3737	0.5559	0.0400
300064.SZ	豫金刚石	12.0548	90.9256	68.8840	15.3277	2.3095	0.1916
000612.SZ	焦作万方	11.9220	74.6478	47.1010	50.1676	1.7573	0.1480
002714.SZ	牧原股份	11.5846	240.4463	127.3661	100.4242	23.6553	2.1200
001896.SZ	豫能控股	11.5059	208.9636	73.3722	87.6033	0.5353	0.0470
600439.SH	瑞贝卡	11.3199	44.5168	26.7095	19.4665	2.1512	0.1900
002770.SZ	科迪乳业	10.9487	28.3121	16.6336	12.3871	1.2669	0.1200
600531.SH	豫光金铅	10.9024	108.5826	32.6284	174.4888	2.9119	0.2700
600186.SH	莲花健康	10.6202	18.8923	–1.1078	18.5291	–1.0343	–0.1000
000719.SZ	中原传媒	10.2320	109.6519	72.1809	81.7447	6.9322	0.6800
600121.SH	*ST 郑煤	10.1534	112.6062	44.0465	57.1240	6.2745	0.6180
000400.SZ	许继电气	10.0833	153.0872	81.2475	103.3072	6.1378	0.6087
601038.SH	一拖股份	9.8585	141.0277	54.3898	73.5794	0.5651	0.0572
000676.SZ	智度股份	9.6571	70.2731	50.5516	63.7539	5.2733	0.5460
002613.SZ	北玻股份	9.3717	21.2261	16.1575	11.3398	–0.5926	–0.0632
002007.SZ	华兰生物	9.3009	52.1931	48.4207	23.6818	8.2082	0.8825
002358.SZ	森源电气	9.2976	85.4934	48.9700	35.5147	4.4672	0.4800
002225.SZ	濮耐股份	8.9032	47.7821	24.7332	28.1463	0.2219	0.0251

续表

证券代码	证券简称	总股本（亿股）	资产总计（亿元）	所有者权益合计（亿元）	营业总收入（亿元）	归属母公司股东的净利润（亿元）	基本每股收益(元)
300263.SZ	隆华节能	8.8208	36.5476	25.9061	10.6832	0.4601	0.0522
600207.SH	安彩高科	8.6296	23.2799	19.3939	19.8393	0.0908	0.0105
002087.SZ	新野纺织	8.1679	91.1820	32.7474	51.9520	2.9218	0.3577
002216.SZ	三全食品	8.1265	43.6247	20.0359	52.5587	0.7202	0.0900
002535.SZ	林州重机	8.0168	77.2257	29.4015	16.5188	0.3507	0.0400
002179.SZ	中航光电	7.9101	100.3018	54.2820	63.6181	8.2535	1.0525
000544.SZ	中原环保	6.4979	67.6088	55.7528	9.7630	3.2235	0.5000
002407.SZ	多氟多	6.4643	70.3604	31.9831	37.6809	2.5651	0.4100
600781.SH	辅仁药业	6.2716	98.8007	46.6091	57.9992	3.9200	0.9400
002448.SZ	中原内配	6.0682	38.2405	24.4125	15.0415	2.7923	0.4723
600285.SH	羚锐制药	5.9232	33.0756	22.0405	18.4853	2.1711	0.3670
601677.SH	明泰铝业	5.8998	86.4190	55.1914	103.6630	3.5197	0.7300
600222.SH	太龙药业	5.7389	28.0818	15.0824	11.6839	0.0513	0.0089
600469.SH	风神股份	5.6241	73.8754	19.1904	73.0361	–4.7499	–0.8500
002406.SZ	远东传动	5.6100	27.2577	23.4762	15.2261	1.8721	0.3300
300259.SZ	新天科技	5.3439	23.0490	19.4433	7.4489	1.6096	0.3000
002321.SZ	华英农业	5.3429	80.6265	28.7525	41.2193	0.6126	0.1147
600876.SH	洛阳玻璃	5.2677	13.7313	5.5914	3.6705	0.2057	0.0390
002582.SZ	好想你	5.1568	51.5382	32.7449	40.7045	1.0690	0.2100
002423.SZ	中原特钢	5.0299	34.2587	15.7211	9.7293	–2.5792	–0.5128
300080.SZ	易成新能	5.0280	66.9213	25.7381	18.2575	–10.2413	–2.0368
000885.SZ	同力水泥	4.9638	81.0169	20.1125	47.2041	6.0285	1.2234
300179.SZ	四方达	4.7741	9.8088	8.0505	3.1450	0.6157	0.1289
002046.SZ	轴研科技	4.6314	37.4046	22.1950	14.9405	0.1637	0.0354
600810.SH	神马股份	4.4228	99.3182	29.8578	106.8474	0.6712	0.1500
002560.SZ	通达股份	4.2914	24.6587	16.3711	16.6421	0.1203	0.0300
603658.SH	安图生物	4.2000	21.8732	16.8947	14.0014	4.4656	1.0600
002296.SZ	辉煌科技	3.7666	22.4889	14.1251	5.4689	–1.5174	–0.4029
002536.SZ	西泵股份	3.3381	31.7601	20.6107	26.6600	2.4155	0.7200
300248.SZ	新开普	3.2448	20.3809	13.8048	7.6962	1.1967	0.3700
603566.SH	普莱柯	3.2374	18.0511	15.6884	5.2990	1.1419	0.3600
300007.SZ	汉威科技	2.9302	42.7897	19.0713	14.4418	1.1032	0.3800
300437.SZ	清水源	2.1832	30.8783	13.9341	8.4113	1.1326	0.5188
002189.SZ	利达光电	1.9924	9.1798	6.0816	9.1287	0.2176	0.1100
300480.SZ	光力科技	1.9227	7.5207	6.7014	1.9249	0.3843	0.2100
300109.SZ	新开源	1.6973	19.5864	13.0242	4.8858	0.9282	0.5500
300481.SZ	濮阳惠成	1.6138	6.3276	5.1570	5.4092	0.7416	0.4600
603508.SH	思维列控	1.6000	27.6373	25.6536	4.6009	1.3110	0.8200
600753.SH	东方银星	1.2800	2.1938	1.6156	3.4623	0.1898	0.1480
300701.SZ	森霸传感	0.8000	4.5835	4.3705	1.7743	0.6005	0.9200
002857.SZ	三晖电气	0.8000	5.5024	4.2553	2.0421	0.3325	0.4400
300732.SZ	设研院	0.7200	23.8705	15.3565	9.3520	2.3026	4.2600

河南省境内上市公司新股发行情况表

单位：亿元

时间	上市公司名称	首次公开发行	再融资金额				
			公开发行	非公开发行		配股	优先股
				现金认购	非现金资产认购		
2017年1月	中原证券	28.00					
2017年2月	同力水泥			3.00			
2017年3月	郑煤机			1.57	5.50		
2017年3月	三晖电气	2.05					
2017年4月	牧原股份			30.77			
2017年4月	豫能控股			6.90	18.66		
2017年7月	洛阳钼业			180.00			
2017年7月	光力科技				1.51		
2017年9月	森霸股份	2.63					
2017年12月	轴研科技				9.81		
2017年12月	明泰铝业			10.78			
2017年12月	设研院	7.46					
2017年12月	辅仁药业				74.18		
2017年	**合计**	**40.14**		**233.02**	**109.66**		

河南省股票成交金额表

2011年－2017年

单位：亿元

地区 \ 年份	2011	2012	2013	2014	2015	2016	2017
郑 州	11176.51	9241.54	10132.35	16509.32	54869.28	27582.91	24884.56
开 封	445.92	315.76	441.43	672.34	2295.89	1286.23	1046.43
洛 阳	1886.47	1433.71	1830.23	2992.73	10204.13	5452.62	4691.73
平顶山	741.02	538.33	718.20	1080.65	3637.42	1325.89	1739.19
安 阳	574.31	406.11	494.44	708.64	2272.12	1246.66	1075.06
鹤 壁	203.57	161.61	152.79	224.48	779.87	382.46	314.48
新 乡	788.36	704.73	759.19	1192.20	3897.78	2035.68	1747.50
焦 作	462.84	363.18	449.34	720.99	2668.86	1524.01	1444.40
濮 阳	336.87	312.22	341.07	556.53	2561.37	1001.09	783.62
许 昌	629.23	453.74	585.25	995.24	3216.74	979.02	1760.40
漯 河	239.84	180.64	281.89	363.48	1187.18	620.49	730.78
三门峡	282.79	212.67	275.73	396.72	1311.51	628.89	647.48
南 阳	617.53	492.04	638.12	950.42	3316.89	1989.05	1942.54
商 丘	370.97	278.46	337.19	510.78	1803.07	1083.03	1020.90
信 阳	379.96	310.93	386.30	732.32	2537.20	1403.25	1374.26
周 口	295.90	229.53	306.28	438.46	1535.72	1014.57	757.50
驻马店	361.94	293.89	383.13	579.57	2015.70	1406.36	1017.42
济 源	79.56	58.37	73.24	132.48	467.59	272.43	243.93
总 计	**19873.60**	**15960.46**	**18586.20**	**29757.37**	**100578.31**	**51234.66**	**47222.18**

注：以上数据源自证监会机构监管综合信息系统（CISP 系统）

郑州商品交易所期货交易情况统计表

2016年-2017年

品种 Commodity	2016年成交量 Volume in 2016	2017年成交量 Volume in 2017	同比增减 Year-on-year growth rate	2016年成交金额 Turnover in 2016	2017年成交金额 Turnover in 2017	同比增减 Year-on-year growth rate	2016年末持仓量 End of year open interest in 2016	2017年末持仓量 End of year open interest in 2017	同比增减 Year-on-year growth rate
优质强筋小麦 WH	49.97	37.75	-24.46%	281.09	217.70	-22.55%	10690	1417	-86.74%
普通小麦 PM	0.02	0.01	-52.60%	0.21	0.10	-50.96%	3	1	-66.67%
一号棉花 CF	8052.75	2605.68	-67.64%	55013.09	20123.54	-63.42%	169324	179091	5.77%
白糖 SR	11725.74	6105.69	-47.93%	69642.04	39560.57	-43.19%	272591	314593	15.41%
精对苯二甲酸 TA	17265.24	14039.44	-18.68%	41816.74	36964.10	-11.60%	1312770	663133	-49.49%
菜籽油 OI	2731.02	2599.07	-4.83%	17925.52	17374.30	-3.08%	155143	176048	13.47%
早籼稻 RI	0.20	0.10	-48.15%	1.09	0.57	-48.05%	27	1	-96.30%
晚籼稻 LR	0.03	0.02	-39.52%	0.18	0.12	-34.02%	3	2	-33.33%
粳稻 JR	0.03	0.03	-23.68%	0.22	0.17	-22.84%	6	5	-16.67%
甲醇 MA	13673.47	13700.52	0.20%	28255.32	36573.66	29.44%	222123	333104	49.96%
玻璃 FG	6764.83	4109.14	-39.26%	14913.78	11071.67	-25.76%	91800	244875	166.75%
油菜籽 RS	1.87	0.19	-89.82%	7.75	0.96	-87.59%	89	1	-98.88%
菜籽粕 RM	24626.78	7973.65	-67.62%	57754.76	18509.81	-67.95%	333746	419215	25.61%
硅铁 SF	65.95	1627.82	2368.32%	173.93	5603.68	3121.81%	1350	104006	7604.15%
锰硅 SM	136.45	2492.10	1726.35%	493.77	8513.16	1624.10%	10137	45781	351.62%
动力煤 ZC	5029.71	3070.76	-38.95%	24017.53	18352.51	-23.59%	116736	161696	38.51%
棉纱 CY	-	12.42	-	-	143.63	-	-	120	-
苹果 AP	-	79.39	-	-	636.55	-	-	10680	-
总计 Total	**90124.07**	**58453.77**	**-35.14%**	**310297.11**	**213646.81**	**-31.15%**	**2696538**	**2653769**	**-1.59%**

注：1. 成交量：万手（Trading volume in 10 thousand contracts）
2. 持仓量：手（Open Interest in 1 contract）
3. 成交金额：亿元（Trading value in 100 million yuan）
4. 成交量、成交金额不包含期转现（EFPs are not included in trading volume and value）
5. 成交量、成交金额、年末持仓量按单边统计（Trading Volume, Turnover and End of Year OI are single side）

二、金融机构业务统计表

（一）资产负债表

国家开发银行股份有限公司河南省分行资产负债表

2017 年

单位：元

项目名称	期末数	项目名称	期末数
资产		负债	
现金及存放中央银行款项	29,100,648.46	向中央银行借款	
存放同业款项	9,395,194.29	同业及其他金融机构存放款项	21,512,901.60
贵金属		拆入资金	
拆出资金		交易性金融负债	
交易性金融资产		衍生金融负债	
衍生金融资产	472,500.00	卖出回购金融资产	
买入返售金融资产		吸收存款	76,225,839,158.84
应收利息	510,406,899.48	应付职工薪酬	10,425,859.62
发放贷款和垫款	302,785,242,794.78	应交税费	121,197,277.90
可供出售金融资产		应付利息	18,325,105.71
持有至到期投资		预计负债	534,874,047.95
应收款项类投资		应付债券	
长期股权投资		递延所得税负债	
投资性房地产		其他负债	313,402,639,717.90
固定资产	498,498,903.82	负债合计	390,334,814,069.52
无形资产	18,376.81	所有者权益（或股东权益）	
递延所得税资产		实收资本（或股本）	
其他资产	91,520,629,471.53	资本公积	
		减：库存股	
		盈余公积	
		一般风险准备	
		未分配利润	5,018,950,719.65
		外币报表折算差额	
		所有者权益（或股东权益）合计	5,018,950,719.65
资产总计	**395,353,764,789.17**	**负债及所有者权益（或股东权益）总计**	**395,353,764,789.17**

中国农业发展银行河南省分行资产负债表

2017 年

单位：元

项目名称	期末数	项目名称	期末数
资产		负债	
现金及银行存款	6,206,405.09	向中央银行借款	
存放中央银行款项	41,289,961.98	联行存放款项	207,242,709,319.73
贵金属		同业及其他金融机构存放款项	2,221.51
存放联行款项		拆入资金	
存放同业款项	134,528,773.13	以公允价值计量且其变动计入当期损益的金融负债	
拆出资金		衍生金融负债	
以公允价值计量且其变动计入当期损益的金融资产		卖出回购金融资产	
衍生金融资产		吸收存款	22,577,759,401.20
买入返售金融资产		应付职工薪酬	151,364,444.78
应收款项类金融资产	4,899,160,000.00	应交税费	103,192,559.21
应收利息	713,310,309.79	应付利息	13,067,748.71
其他应收款	54,831,773.02	其他应付款	226,021,987.96
发放贷款和垫款	221,685,255,944.20	预计负债	
可供出售金融资产		应付债券	
持有至到期投资		递延所得税负债	
长期股权投资		其他负债	631,696,398.00
投资性房地产		负债合计	230,945,814,081.09
固定资产	722,687,178.81	所有者权益（或股东权益）	
在建工程	14,050,000.00	实收资本（或股本）	
固定资产清理	39,194.78	其中：国家资本	
无形资产	10,071,831.27	集体资本	
商誉		法人资本	
长期待摊费用		其中：国有法人资本	
抵债资产	2,664,265,097.33	个人资本	
递延所得税资产		外商资本	
其他资产	970,000.00	其他权益工具	
		资本公积	
		减：库存股	
		其他综合收益	
		盈余公积	
		一般风险准备	
		未分配利润	852,388.30
		归属于母公司所有者权益合计	852,388.30
		少数股东权益	
		所有者权益（或股东权益）合计	852,388.30
资产总计	**230,946,666,469.40**	**负债及所有者权益（或股东权益）总计**	**230,946,666,469.40**

中国进出口银行河南省分行资产负债表

2017 年

单位：元

项目名称	期末数	项目名称	期末数
资产		负债	
现金及银行存款	108,530,179.59	向中央银行借款	
存放中央银行款项		联行存放款项	24,980,454,283.61
贵金属		同业及其他金融机构存放款项	
存放联行款项		拆入资金	
存放同业款项		交易性金融负债	
拆出资金		衍生金融负债	1,760,911.75
交易性金融资产		卖出回购金融资产	
衍生金融资产	1,950,618.99	吸收存款	1,203,132,459.11
买入返售金融资产		应付职工薪酬	805,690.00
应收款项类金融资产		应交税费	18,677,884.64
应收利息	76,615,875.43	应付利息	28,511,033.35
其他应收款	4,393,283.15	其他应付款	461,466.46
发放贷款和垫款	26,465,548,323.35	预计负债	32,562,589.55
长期股权投资		应付债券	
固定资产	6,157,810.01	递延所得税负债	
在建工程		其他负债	214,065,399.91
固定资产清理		负债合计	26,480,431,718.38
无形资产	96,466.72	所有者权益（或股东权益）	
递延所得税资产		未分配利润	182,861,110.81
其他资产	271.95	所有者权益（或股东权益）合计	182,861,110.81
资产总计	**26,663,292,829.19**	**负债及所有者权益（或股东权益）总计**	**26,663,292,829.19**

中国工商银行股份有限公司河南省分行资产负债表

2017 年

单位：元

项目名称	期末数	项目名称	期末数
现金	2,423,261,564	单位存款	174,934,426,737
贵金属	2,852,840,322	储蓄存款	331,494,789,981
存放中央银行款项		向中央银行借款	
存放同业款项	4,570,088	同业存放款项	7,382,274,302
境内商业银行	4,570,088	同业拆入	
存放系统内款项	124,990,586,246	卖出回购款项	
拨付营运资金		汇出汇款	27,173,939
应收利息	1,251,049,807	应解汇款	149,035,817
贷款	387,989,195,614	存入保证金	20,631,414,220
贸易融资	13,343,627,725	其他存款	
贴现及买断式转贴现	11,161,823,038	应付利息	5,794,960,911
其他贷款		应交税费	2,503,724,635
拆放同业		应付职工薪酬	327,253,620
其他应收款	2,220,355,955	应付福利费	
投资	11,508,953,773	应付股利	
债券	10,904,551,141	其他应付款	2,916,135,233
股票		预提费用	
其他	604,402,632	递延收益	361,309,113
买入返售资产		预计负债	1,784,580
长期待摊费用	114,341,496	转贷款资金	
固定资产原价	6,402,492,059	应付债券	
减：累计折旧	3,383,240,860	其他负债	410,035,022
固定资产净值	3,019,251,199	递延所得税负债	61,288,757
固定资产清理	-14,319,487	负债合计	546,995,606,867
在建工程	362,752,771	少数股东权益	
无形资产	816,147,411	实收资本	3,481,343,139
抵债资产	17,554,395	资本公积	-116,040,593
递延所得税资产	-16,054,381	其他综合收益	
其他资产	2,016,439,023	盈余公积	
投资性房地产		一般风险准备	
衍生金融资产	521,936	信托赔偿准备	
商誉		未分配利润	5,038,265,560
减：各项资产减值损失准备	8,663,201,588	所有者权益合计	8,403,568,106
资产总计	**555,399,174,973**	**负债及所有者权益总计**	**555,399,174,973**

中国农业银行股份有限公司河南省分行资产负债表

2017 年　　单位：元

项目名称	期末数	项目名称	期末数
资产		负债	
现金及存放中央银行款项	4,619,382,823.36	向中央银行借款	
存放同业款项净额	13,797,649.14	同业及其他金融机构存放款项	7,994,009,595.85
存放同业款项总额	13,797,649.14	联行存放款项	1,275,551,030.69
减：存放同业减值准备		拆入资金	
贵金属	170,520.00	以公允价值计量且其变动计入当期损益的金融负债	
存放联行款项	275,698,810,791.11	衍生金融负债	
衍生金融资产	54.95	卖出回购金融资产	
应收利息	408,543,027.86	客户存款	523,033,015,971.46
发放贷款及垫款净额	258,186,143,899.49	其中：公司活期存款	111,942,969,245.94
发放贷款及垫款总额	265,178,079,813.92	公司定期存款	23,194,464,522.75
其中：对公贷款及垫款	144,671,306,179.64	个人活期存款	178,538,442,773.27
零售贷款及垫款	120,506,773,634.28	个人定期存款	203,729,329,205.70
减：发放贷款及垫款减值准备	−6,991,935,914.43	保证金存款	5,228,346,749.54
持有至到期投资净额	−30,397,228.80	其他存款	399,463,474.26
持有至到期投资总额	0	应付职工薪酬	798,365,571.37
减：持有至到期投资减值准备	−30,397,228.80	应交税费	227,860,482.61
应收款项类投资净额	632,282.28	应付利息	6,973,738,178.75
应收款项类投资总额	1,087,175.97	预计负债	315,006,585.72
减：应收款项类减值准备	−454,893.69	应付债券及发行存款证	
固定资产净值	4,171,328,613.02	递延所得税负债	
固定资产原值	7,990,290,249.27	其他负债	1,262,622,253.79
减：累计折旧	−3,811,488,698.83	其中：应付财政部款项	
减：固定资产减值准备	−7,472,937.42	应付待结算及清算款项	735,508,521.29
无形资产净值	916,361,324.02	久悬未取款项	45,212,024.64
无形资产原值	1,347,510,812.73	递延收益	67,200,438.92
减：累计摊销	−428,998,171.77	预估增值税销项税	17,421,128.57
减：无形资产减值准备	−2,151,316.94	其他负债－其他	397,280,140.37
递延所得税资产	1,339,705,621.23	负债合计	541,880,169,670.24
其他资产	444,648,381.20	所有者权益	
其中：应收及暂付款	80,246,909.21	实收资本	
抵债资产	325,000.00	其他权益工具	
长期待摊费用	86,341,786.19	资本公积	
商誉		其他综合收益	
待处理资产	66,182,570.39	盈余公积	
分摊往来		一般风险准备	
固定资产清理	63,799,770.92	未分配利润（累计亏损）	3,888,958,088.62
预估增值税进项税额	61,002,733.16	归属于母公司所有者权益合计	3,888,958,088.62
不动产留抵增值税进项税	6,233,349.56	少数股东权益	
其他资产－其他	80,516,261.77	所有者权益合计	3,888,958,088.62
资产总计	**545,769,127,758.86**	**负债及所有者权益总计**	**545,769,127,758.86**

中国银行股份有限公司河南省分行资产负债表

2017 年

单位：万元

项目名称	期末数	项目名称	期末数
现金及存放中央银行款项	310,746.01	向中央银行借款	21,001.63
存放同业款项	14,055,073.52	同业及其他金融机构存放款项	354,432.06
贵金属	12,067.84	拆入资金	801,550.34
买入返售金融资产		吸收存款	44,447,792.06
应收利息	88,834.05	应付职工薪酬	68,512.00
发放贷款和垫款	31,936,375.59	应交税费	25,377.36
可供出售金融资产		应付利息	548,985.04
持有至到期投资		预计负债	3,565.35
贷款及应收款项类债券	130,862.40	发行债券	0.34
投资性房地产		其他负债	141,993.96
固定资产	297,650.53	负债合计	46,413,210.14
无形资产	10,085.02	股本（营运资金）	77,826.59
其他资产	74,532.04	未分配利润	425,190.26
		归属于母公司股东权益合计	503,016.85
		股东权益合计	503,016.85
资产总计	**46,916,227.00**	**负债及股东权益总计**	**46,916,226.99**

中国建设银行股份有限公司河南省分行资产负债表

2017 年

单位：万元（本外币）

项目名称	期末数	项目名称	期末数
资产		负债	
现金及存放中央银行款项	439,484.87	向中央银行借款	
存放同业款项	30,954.82	同业及其他金融机构存放款项	851,990.77
贵金属	901.69	拆入资金	84,912.04
拆出资金		以公允价值计量且其变动计入当期损益的金融负债	460,799.50
交易性金融资产	116,100.00	衍生金融负债	824.17
衍生金融资产	17,308.63	卖出回购金融资产	
买入返售金融资产		吸收存款	56,342,927.04
发放贷款和垫款	40,229,296.52	应付利息	520,588.46
应收利息	70,722.42	应付职工薪酬	20,572.37
投资性金融资产		应交税费	29,699.30
对子公司投资		预计负债	3,819.42
纳入合并范围的结构化主体投资		应付债券	
对联营合营企业投资		递延所得税负债	
投资性房地产		其他负债	307,711.47
固定资产	509,147.48	负债合计	58,623,844.53
在建工程	79,976.12	股东权益	
无形资产	47,220.59	资本公积	8,741.36
商誉		盈余公积	
递延所得税资产	846.88	未分配利润	-277,822.38
其他资产	16,796,014.39	股东权益合计	-269,081.02
资产总计	**58,354,763.51**	**负债及股东权益总计**	**58,354,763.51**

交通银行股份有限公司河南省分行资产负债表

2017 年　　单位：元

项目名称	期末数	项目名称	期末数
现金及存放中央银行款项	1,418,406,496.92	向中央银行借款	
贵金属		同业及其他金融机构存放款项	37,139,385,987.96
存放同业款项	312,742,752.85	拆入资金	
拆出资金		以公允价值计量且其变动计入当期损益的金融负债	21,602,006.66
以公允价值计量且其变动计入当期损益的金融资产	234,113,568.96	衍生金融负债	
衍生金融资产		卖出回购金融资产款	
套期工具		客户存款	203,070,593,743.31
买入返售金融资产		应付职工薪酬	295,465,810.87
应收利息	311,444,386.11	应交税费	-13,276,748.97
发放贷款和垫款	138,174,963,031.67	应付利息	2,787,401,430.72
可供出售金融资产		预计负债	
持有至到期投资		发行存款证	22,111,290,442.51
应收款项类投资		应付债券	
长期股权投资		递延所得税负债	
投资性房地产		其他负债	607,747,934.66
固定资产	1,507,650,589.40	联行往来	
在建工程	97,170,988.66	负债合计	266,020,210,607.72
无形资产	24,380,052.86	股本	
递延所得税资产		未分配利润	3,835,625,576.60
其他资产	225,118,108.02	归属于母公司股东权益合计	3,835,625,576.60
联行往来	127,549,846,208.87	股东权益合计	3,835,625,576.60
资产总计	**269,855,836,184.32**	**负债及股东权益总计**	**269,855,836,184.32**

中信银行股份有限公司郑州分行资产负债表

2017 年　　单位：万元

项目名称	期末数	项目名称	期末数
资产		负债	
现金及存放中央银行款项	42,741.53	向中央银行借款	
存放同业款项	479,137.00	同业及其他金融机构存放款项	1,444,166.35
贵金属		拆入资金	
拆出资金	30,000.00	以公允价值计量且其变动计入当期损益的金融负债	
以公允价值计量且其变动计入当期损益的金融资产		衍生金融负债	
衍生金融资产		卖出回购金融资产	124,782.57
买入返售金融资产		吸收存款	14,378,561.93
应收利息	36,313.24	应付职工薪酬	30,387.88
发放贷款和垫款	12,270,872.36	应交税费	158,153.91
可供出售金融资产		应付利息	89,207.83
持有至到期投资		预计负债	27.59
应收款项类投资		已发行债务凭证	
长期股权投资		联行存放	0.10
固定资产	43,673.14	其他负债	64,715.03
无形资产	3,292.68	负债合计	16,290,003.20
递延所得税资产	27,985.03	股东权益	
存放联行	3,535,419.39	拨入营运资金	33,333.90
其他资产	33,959.00	未分配利润	180,056.27
		股东权益合计	213,390.17
资产总计	**16,503,393.37**	**负债及股东权益总计**	**16,503,393.37**

广发银行股份有限公司郑州分行资产负债表

2017 年

单位：元

项目名称	期末数	项目名称	期末数
资产		负债	
现金及存放中央银行款项	855,386,965.34	向中央银行借款	
存放同业款项	99,012,276.45	同业及其他金融机构存放款项	220,330,040.98
贵金属		拆入资金	
拆出资金		交易性金融负债	
交易性金融资产		衍生金融负债	
衍生金融资产		卖出回购金融资产	
买入返售金融资产		吸收存款	48,436,927,568.61
应收利息	113,281,075.71	应付职工薪酬	13,437,058.22
发放贷款和垫款	43,766,758,808.94	应交税费	34,579,020.52
应收款项投资	1,003,000.00	应付利息	314,258,414.57
可供出售金融资产		预计负债	1,620,453.00
持有至到期投资		其他负债	85,001,871.13
长期股权投资		负债合计	49,106,154,427.03
固定资产	178,723,152.68	所有者权益（或股东权益）	
在建工程		实收资本（或股本）	435,000,000.00
无形资产	600,841.39	未分配利润	−476,748,389.00
递延所得税资产		外币报表折算差额	−0.09
其他资产	4,049,639,917.43	所有者权益（或股东权益）合计	−41,748,389.09
资产总计	**49,064,406,037.94**	**负债及所有者权益（或股东权益）总计**	**49,064,406,037.94**

中国光大银行股份有限公司郑州分行资产负债表

2017 年

单位：万元

项目名称	期末数	项目名称	期末数
资产		负债	
现金及银行存款	16,406.79	对公存款	4,934,813.32
贵金属		储蓄存款	1,468,319.85
存放中央银行款项	3,199.50	财政性存款	353.06
存放同业款项	9,244.05	向中央银行借款	
存放联行款项	1,820,533.06	同业存放款项	470,502.16
拆出资金		联行存放款项	
买入返售金融资产		同业拆入款项	529,304.58
发放贷款和垫款	5,000,069.78	卖出回购金融资产	
贸易融资	818,674.21	应解汇款	16,705.24
贴现	29,883.90	汇出汇款	1.92
信贷资产减值准备	134,690.10	应付利息	68,035.50
应收利息	18,732.54	其他应付款	2,142.77
其他应收款	1,542.29	交易性金融负债	
持有至到期投资	547.16	应付职工薪酬	16,534.29
长期股权投资		应交税费	6,064.11
应收账款类投资	8,266.50	应付股利	
固定资产原值	35,225.61	预计负债	1,247.11
减：累计折旧	25,792.65	递延所得税负债	
固定资产净值	9,432.96	其他负债	28,215.70
在建工程	79.00	负债合计	7,542,239.60
无形资产	1,429.29	股东权益	
长期待摊费用	1,798.49	股本	
抵债资产		未分配利润	66,942.03
其他资产	4,032.23	股东权益合计	66,942.03
资产总计	**7,609,181.63**	**负债及股东权益总计**	**7,609,181.63**

上海浦东发展银行股份有限公司郑州分行资产负债表

2017 年　　单位：万元（本外币）

项目名称	期末数	项目名称	期末数
资产		负债及所有者权益	
现金	32660	向中央银行借款	
存放中央银行款项	511	同业存放款项	5618772
存放同业	73372	拆入资金	
拆出资金		交易性金融负债	
贵金属		加或减：交易性金融负债公允价值调整	
交易性金融资产		衍生金融负债	
加或减：交易性金融资产公允价值调整		卖出回购金融资产	93061
衍生金融资产		短期存款	6659976
买入返售金融资产		短期储蓄存款	2637037
减：买入返售金融资产减值准备		存入短期保证金	353962
应收利息	59535	长期存款	786211
短期贷款	4663661	长期储蓄存款	199324
贴现	657233	存入长期保证金	1585164
进出口押汇	73964	发行单位大额存单	1459952
中期贷款	2007886	发行个人大额存单	190970
长期贷款	5703421	应解汇款及临时存款	18916
逾期贷款	278386	汇出汇款	37
减：贷款呆账准备	319641	资产托管存款	371617
可供出售金融资产	135383	应付职工薪酬	1706
分为贷款和应收款的金融资产	2843528	应交税费	10590
减：分为贷款和应收款金融资产减值准备	28361	应付利息	126618
固定资产	45595	发行长期债券	
减：累计折旧	27425	递延所得税负债	
在建工程	172	其他应付款	10642
无形资产	472	预提费用	
减：无形资产累计摊销	287	其他流动负债	
减：无形资产减值准备		其他长期负债	
长期待摊费用	5861	负债合计	20124555
递延所得税资产		实收资本	
其他应收款	31153	其他权益工具	
减：坏账准备	1364	资本公积	
其他流动资产	3360114	其他综合收益	
待处理抵债资产		盈余公积	
减：抵债资产跌价准备		一般风险准备	
其他长期资产	544552	未分配利润	15825
减：其他非贷款资产减值准备		所有者权益合计	15825
资产总计	**20140380**	**负债及所有者权益总计**	**20140380**

招商银行股份有限公司郑州分行资产负债表

2017 年　　　　单位：万元

项目名称	期末数	项目名称	期末数
资产		负债及所有者权益	
现金	19,080.21	单位存款	1,988,398.94
贵金属	2,074.16	储蓄存款	1,217,536.73
存放中央银行款项		同业存放款项	174,372.39
存放同业款项	24,155.62	系统内存放款项	436,225.37
存放系统内款项		同业拆入	
拨付营运资金		卖出回购款项	113,297.44
应收利息	10,122.71	汇出汇款	2,349.79
贷款	3,895,690.89	应解汇款	18,214.24
贸易融资	652,883.96	存入保证金	816,335.08
贴现及买断式转贴现	182,136.78	其他存款	
其他贷款		应付利息	14,530.06
拆放同业		应交税费	5,836.05
其他应收款	6,213.88	应付职工薪酬	13,447.40
投资	140,820.00	其他应付款	9,347.89
买入返售资产		递延收益	9,502.34
长期待摊费用	925.09	其他负债	668.70
固定资产原价	79,243.09	递延所得税负债	
减：累计折旧	30,937.84	负债合计	4,820,062.42
固定资产净值	48,305.25	少数股东权益	
固定资产清理		所有者权益	19,187.55
在建工程		实收资本	21,700.00
无形资产	52.70	资本公积	
抵债资产		盈余公积	
递延所得税资产		未分配利润	6,261.30
其他资产	19,427.81	外币报表折算差额	
减：各项资产减值损失准备	153,865.34	所有者权益合计	27,961.30
资产总计	**4,848,023.72**	**负债及所有者权益总计**	**4,848,023.72**

兴业银行股份有限公司郑州分行资产负债表

2017 年　　单位：元

项目名称	期末数	项目名称	期末数
资产		负债及所有者权益	
现金及存放中央银行款项	200,606,890.78	同业及其他金融机构存放款项	20,657,820,113.26
存放同业款项	69,087,031.90	拆入资金	113,499,404.36
贵金属		吸收存款	56,511,093,223
拆出资金		应付职工薪酬	173,939,058.06
交易性金融资产		应交税费	42,021,314.56
衍生金融资产		应付利息	506,296,522.33
买入返售金融资产		预计负债	
应收利息	149,115,206.36	应付债券	
发放贷款及垫款	52,246,951,071.33	递延所得税负债	
可供出售金融资产		其他负债	3,103,720,122.88
持有至到期投资		负债合计	81,108,389,758.87
应收款项类投资	894,187.68	所有者权益（或股东权益）	
长期股权投资		股本	
投资性房地产		资本公积	
固定资产	191,820,188.51	盈余公积	
在建工程	5,856,324.17	一般风险准备	
无形资产	9,507,919.25	未分配利润	648,738,904.99
递延所得税资产		减：库存股	
其他资产	28,883,289,843.88	所有者权益（或股东权益）合计	648,738,904.99
资产总计	**81,757,128,663.86**	**负债及所有者权益总计**	**81,757,128,663.86**

中国民生银行股份有限公司郑州分行资产负债表

2017 年　　单位：万元

项目名称	期末数	项目名称	期末数
现金及存放中央银行款项	22,073.77882	向中央银行借款	
存放同业及其他金融机构款项	13,988.08238	同业及其他金融机构存放款项	329,721.7919
贵金属	108,339.5924	拆入资金	212,108.1453
衍生金融资产		卖出回购金融资产	170,249.2943
买入返售金融资产		吸收存款	7,641,340.512
应收利息	50,002.63494	应付职工薪酬	12,679.4483
发放贷款和垫款	8,227,159.61	应交税费	10,104.63483
可供出售金融资产		应付利息	67,570.2511
持有至到期投资		预计负债	3,596.613625
投资性房地产		其他负债	21,975.7319
固定资产	17,697.87579	负债合计	8,469,346.423
无形资产	104.832029	股本	168,317
递延所得税资产		未分配利润	85,484.17114
其他资产	283,781.1883	外币报表折算差额	0.000019
		股东权益合计	253,801.1712
资产总计	**8,723,147.594**	**负债及股东权益总计**	**8,723,147.594**

汇丰银行（中国）有限公司郑州分行资产负债表

2017 年

单位：万元

项目名称	期末数	项目名称	期末数
流动资产		流动负债	
现金及银行存款	145.93	短期存款	25,347.12
存放中央银行款项	1,791.28	短期储蓄存款	9,761.74
存放同业款项	1,662.27	财政性存款	
存放联行款项	27,009.08	向中央银行借款	
拆放同业款项		同业存放款项	3.53
短期贷款	89,691.75	系统内借入	168,020.26
贸易融资	124,690.83	应付利息	125.31
应收利息	357.67	其他应付款	0.02
其他流动资产	24,597.48	存入短期保证金	4,443.00
流动资产合计	269,946.29	应付工资	81.36
长期资产		应付福利费	25.30
中长期贷款	8,450.33	应交税金	134.42
固定资产原值	205.79	其他流动负债	402,006.42
减：累计折旧	175.01	流动负债合计	609,948.48
固定资产净值	30.78	长期负债	
在建工程		拨入营运资金	10,000.00
长期资产合计	8,481.11	长期负债合计	10,000.00
无形、递延及其他资产		所有者权益	
无形资产		实收资本	
长期待摊费用		资本公积	16.90
递延税款	11.01	未分配利润	35,342.89
其他资产合计	376,880.87	所有者权益合计	35,359.79
资产总计	**655,308.27**	**负债及所有者权益总计**	**655,308.27**

东亚银行(中国)有限公司郑州分行资产负债表

2017 年

单位：万元

项目名称	期末数	项目名称	期末数
资产		负债	
现金及存放中央银行款项	183.56	向中央银行借款	
存放同业款项	603.21	同业及其他金融机构存放款项	69.21
交易性金融资产		衍生金融负债	2.08
衍生金融资产	4.37	吸收存款	63,835.27
买入返售金融资产		应付职工薪酬	113.27
应收利息	1,106.15	应交税费	140.54
发放贷款和垫款	57,919.63	应付利息	146.14
应收款项类投资		其他负债	787.32
投资性房地产		负债合计	65,093.82
固定资产	104.99	所有者权益	
在建工程		实收资本	10,000.00
无形资产		资本公积	-2.63
递延所得税资产	689.98	其他综合收益	36.08
其他资产	-971.02	未分配利润	16,630.90
联行往来资产（净）	32,117.30	所有者权益合计	26,664.36
资产总计	**91,758.18**	**负债及所有者权益总计**	**91,758.18**

华夏银行股份有限公司郑州分行资产负债表

2017 年　　单位：元（本外币）

项目名称	期末数	项目名称	期末数
资产		负债	
现金及存放中央银行款项	25,239,884.43	向中央银行借款	
存放同业款项	28,894,942.75	同业及其他金融机构存放款项	599,254.43
贵金属	82,430.77	拆入资金	
应收利息	57,776,218.68	吸收存款	32,316,170,011.86
发放贷款及垫款	20,036,087,767.73	应付职工薪酬	80,957,053.75
可供出售金融资产		应交税费	17,794,692.35
持有至到期投资	300,000,000.00	应付利息	79,330,015.99
应收款项类投资	3,463,020,000.00	其他负债	34,346,420.29
长期股权投资		负债合计	32,529,197,448.67
投资性房地产		股东权益	
固定资产	310,067,023.30	股本	
无形资产		未分配利润	303,933,553.33
其他资产	8,611,962,734.34	股东权益合计	303,933,553.33
资产总计	**32,833,131,002.00**	**负债及股东权益总计**	**32,833,131,002.00**

平安银行股份有限公司郑州分行资产负债表

2017 年

单位：万元

项目名称	期末数	项目名称	期末数
资产		负债	
现金及银行存款	9,312.21	对公存款	2,450,750.52
贵金属		储蓄存款	381,759.17
存放中央银行款项	1,403.38	财政性存款	
存放同业款项	21,855.77	向中央银行借款	
存放联行款项	721,889.77	同业存放款项	179,812.91
发放贷款和垫款	2,131,473.91	卖出回购金融资产	
贸易融资	104,660.71	应解汇款	4,400.53
信贷资产减值准备	21,889.70	应付利息	37,796.22
应收利息	13,179.75	其他应付款	1,704.45
其他应收款	186,280.35	交易性金融负债	
长期股权投资		应付职工薪酬	18,241.96
应收账款类投资		应交税费	3,093.20
固定资产原值	5,586.94	预计负债	
减：累计折旧	3,115.24	递延所得税负债	
固定资产净值	2,471.70	其他负债	13,977.89
投资性房地产		负债合计	3,091,536.85
固定资产清理		股东权益	
在建工程		股本	
无形资产	29.89	资本公积	
长期待摊费用	1,740.50	一般风险准备	
抵债资产	3,918.40	未分配利润	89,037.05
递延所得税资产		其中：本年利润	89,037.05
其他资产	4,247.26	股东权益合计	89,037.05
资产总计	**3,180,573.90**	**负债及股东权益总计**	**3,180,573.90**

渣打银行（中国）有限公司郑州分行资产负债表

2017 年

单位：万元

项目名称	期末数	项目名称	期末数
流动资产		流动负债	
现金及银行存款	388.18	短期存款	10,077.57
存放中央银行款项		短期储蓄存款	
存放同业款项		财政性存款	
存放联行款项	20,196.93	向中央银行借款	
拆放同业款项	85,270.91	同业存放款项	
短期贷款		系统内借入	72,477.58
贸易融资	5,042.24	应解汇款	
应收利息	1,183.82	汇出汇款	
减：坏账准备		委托存款	
其他应收款	7.50	委托投资资金	
贴现		应付代理证券款项	
代理证券		卖出回购款项	
买入返售金融资产		应付利息	67.48
其他流动资产	1,304.90	其他应付款	102.69
一年内到期的长期投资		存入短期保证金	
流动资产合计	113,394.49	应付工资	
长期资产		应付福利费	1.28
中长期贷款		应交税金	4.91
非应计贷款		预提费用	1.27
减：贷款呆账准备		发行短期债券	
长期债券投资		其他流动负债	1,265.81
长期股权投资		一年内到期的长期负债	
减：投资风险准备		流动负债合计	83,998.58
固定资产原值	348.44	长期负债	
减：累计折旧	348.44	长期存款	13,040.96
固定资产净值		长期储蓄存款	
固定资产清理		存入长期保证金	
在建工程		拨入营运资金	10,000.00
待处理固定资产净损失		长期负债合计	23,040.96
抵债资产		所有者权益	
长期资产合计		实收资本	
无形、递延及其他资产		资本公积	
无形资产		未分配利润	6,354.95
长期待摊费用		所有者权益合计	6,354.95
资产总计	**113,394.49**	**负债及所有者权益总计**	**113,394.49**

恒丰银行股份有限公司郑州分行资产负债表

2017 年　　单位：万元

项目名称	期末数	项目名称	期末数
资产		负债	
现金及存放中央银行款项	16,556.51	向中央银行借款	1,992.00
存放同业款项	1,524.34	同业及其他金融机构存放款项	94,122.48
贵金属		拆入资金	
拆出资金		交易性金融负债	85,670.55
买入返售金融资产		吸收存款	1,469,584.93
应收利息	6,099.92	应付职工薪酬	2,455.31
发放贷款和垫款	1,307,279.79	应交税费	1,225.47
贷款损失准备	-13,073.94	应付利息	10,937.61
固定资产	26,248.47	其他负债	1,105.39
无形资产		负债合计	1,667,093.74
递延所得税资产		股东权益	33,832.89
其他资产	356,291.54	实收资本	10,000
在建工程		未分配利润	23,832.89
		股东权益合计	33,832.89
资产总计	**1,700,926.64**	**负债及股东权益总计**	**1,700,926.64**

渤海银行股份有限公司郑州分行资产负债表

2017 年　　单位：万元

项目名称	期末数	项目名称	期末数
资产		负债	
现金及银行存款	371.91	向中央银行借款	
存放中央银行款项	7,650.90	同业及其他金融机构存放款项	356.69
存放同业款项	610.24	拆入资金	
应收利息	1,179.24	客户存款	898,253.17
发放贷款和垫款	746,977.68	应解及汇出款	287.25
减：贷款损失准备		应付职工薪酬	5,649.34
发放贷款和垫款净值	746,977.68	应交税费	746.16
交易性金融资产		应付利息	4,175.46
应收款项投资		其他负债	316.23
长期股权投资		负债合计	909,784.30
投资性房地产		股东权益	
固定资产原值	1,044.64	股本	
减：累计折旧和减值准备	318.17	资本公积	
固定资产净值	726.46	其他综合收益	
无形资产净值		未分配利润	32,913.17
递延所得税资产		本年利润	
其他资产	185,181.03	股东权益合计	32,913.17
资产总计	**942,697.47**	**负债及股东权益总计**	**942,697.47**

浙商银行股份有限公司郑州分行资产负债表

2017 年　　单位：万元

项目名称	期末数	项目名称	期末数
现金及存放中央银行款项	3,396.57	向中央银行借款	
贵金属		同业及其他金融机构存放款项	
存放同业款项	777,058.67	拆入资金	465,450.48
拆出资金	777,058.67	以公允价值计量且其变动计入当期损益的金融负债	
套期工具		客户存款	1,055,662.24
买入返售金融资产		应付职工薪酬	166.54
应收利息	1,323.29	应交税费	658.57
发放贷款和垫款	746,054.36	应付利息	
投资性房地产		其他负债	10,342.61
固定资产	546.87	联行往来	
在建工程		负债合计	1,532,280.44
递延所得税资产		未分配利润	–1,831.80
其他资产	2,068.89	归属于母公司股东权益合计	
联行往来		股东权益合计	–1,831.80
资产总计	**1,530,448.64**	**负债及股东权益总计**	**1,530,448.64**

中国邮政储蓄银行股份有限公司河南省分行资产负债表

2017 年

单位：万元

项目名称	期末数	项目名称	期末数
现金	219,318	单位存款	10,812,023
贵金属	221	储蓄存款	50,961,285
存放中央银行款项	3,117	向中央银行借款	
存放同业款项	962	同业存放款项	83,832
境内同业	962	境内同业	83,832
境外同业		境外同业	
存放系统内款项	42,266,388	系统内存放款项	
拨付营运资金		同业拆入	
应收利息	101,707	卖出回购款项	
贷款	18,996,801	境内外金融机构	
贸易融资	1,133,418	境内外非金融机构	
贴现及买断式转贴现	1,707,479	卖出回购款项（按品种分类）	
其他贷款		债券	
拆放同业		票据	
其他应收款	21,124	贷款	
投资		其他	
债券		汇出汇款	
股票		应解汇款	1,514
其他		存入保证金	192,909
其中：长期股权投资		其他存款	
买入返售资产		应付利息	637,130
境内外金融机构		应交税费	35,693
境内外非金融机构		应付职工薪酬	42,757
买入返售资产（按品种分类）		应付股利	
债券		其他应付款	143,801
票据		递延收益	259
贷款		预计负债	
其他		应付债券	
长期待摊费用	3,112	其他负债	1,282,233
固定资产原价	184,243	衍生金融负债	
减：累计折旧	89,967	递延所得税负债	
固定资产净值	94,275	负债合计	64,193,437
固定资产清理	1	实收资本	
在建工程	71,163	资本公积	
无形资产	3,469	其中：重估储备	
抵债资产	300	盈余公积	
递延所得税资产		一般风险准备	
其他资产	733,906	信托赔偿准备	
投资性房地产		未分配利润	746,896
衍生金融资产		其中：本年利润	413,240
商誉		外币报表折算差额	
减：各项资产减值损失准备	416,427	所有者权益合计	746,896
资产总计	**64,940,334**	**负债及所有者权益总计**	**64,940,334**

河南省农村信用社联合社资产负债表

2017 年　　单位：元

项目名称	期末数	项目名称	期末数
资产		负债	
现金及存放中央银行款项	223,579,817,812.13	向中央银行借款	23,305,001,000.00
贵金属	376,068.36	联行存放款项	247,339,602.38
存放联行款项	23,237,729.87	同业及其他金融机构存放款项	63,269,407,971.13
存放同业款项	111,726,588,655.30	拆入资金	150,750,000.00
拆出资金	3,268,605,300.00	交易性金融负债	
交易性金融资产	117,506,546,017.06	衍生金融负债	
衍生金融资产		卖出回购金融资产	71,637,602,412.13
买入返售金融资产	81,226,529,763.21	吸收存款	1,185,881,331,365.35
应收款项类金融资产	53,595,443,622.21	应付职工薪酬	1,143,416,296.69
应收利息	11,524,336,768.10	应交税费	1,936,877,288.69
应收股利		应付利息	22,019,832,693.43
其他应收款	9,605,968,397.74	应付股利	448,838,132.21
发放贷款和垫款	631,091,247,191.23	其他应付款	20,230,480,574.75
可供出售金融资产	99,236,455,637.70	预计负债	
持有至到期投资	132,518,048,838.70	应付债券	397,506,609.25
长期股权投资	1,760,367,135.45	递延所得税负债	33,943,216.81
投资性房地产		其他负债	17,306,397,987.92
固定资产	12,028,574,931.92	负债合计	1,408,008,725,150.74
在建工程	4,027,613,030.91	所有者权益	
固定资产清理	15,157,532.58	实收资本（股本）	46,201,546,794.70
无形资产	8,287,972,346.02	其中：法人股股本	27,833,939,076.38
长期待摊费用	975,414,891.24	自然人股股本	18,367,607,718.32
抵债资产	8,031,532,426.80	其他权益工具	
递延所得税资产	810,239,892.46	资本公积	4,696,877,013.35
待处理财产损溢	256,608,418.94	减：库存股	10,040,000.00
其他资产	-358,926.50	其他综合收益	-253,081,251.39
		盈余公积	9,539,743,492.31
		一般风险准备	19,074,364,690.71
		未分配利润	23,838,187,591.01
		所有者权益合计	103,087,598,330.69
资产总计	**1,511,096,323,481.43**	**负债及所有者权益总计**	**1,511,096,323,481.43**

中原银行股份有限公司资产负债表

2017 年

单位：千元

项目名称	期末数	项目名称	期末数
资产		负债	
现金及存放中央银行款项	63,502,414	向中央银行借款	887,887
存放同业及其他金融机构款项	7,864,074	同业及其他金融机构存放款项	40,529,790
拆出资金	1,363,355	拆入资金	4,182,105
以公允价值计量且其变动计入当期损益的金融资产	9,865,812	卖出回购金融资产	40,809,848
买入返售金融资产	12,988,617	吸收存款	299,295,508
应收利息	3,462,387	应付职工薪酬	1,641,434
发放贷款和垫款	182,748,192	应交税费	1,233,144
可供出售金融资产	94,530,342	应付利息	2,880,359
持有至到期投资	23,735,307	预计负债	25,966
应收款项类投资	99,660,276	应付债券	74,128,630
长期股权投资	796,702	其他负债	1,601,877
固定资产	4,517,499	负债合计	467,216,548
无形资产	1,249,529	股东权益	
递延所得税资产	1,993,905	股本	20,075,000
其他资产	3,681,949	资本公积	14,009,074
		其他综合收益	-941,591
		盈余公积	1,258,065
		一般准备	6,320,746
		未分配利润	4,022,518
		归属于本行股东权益合计	44,743,812
		股东权益合计	44,743,812
资产总计	**511,960,360**	**负债及股东权益总计**	**511,960,360**

郑州银行股份有限公司资产负债表

2017 年　　单位：千元

项目名称	期末数	项目名称	期末数
资产		负债	
现金及存放中央银行款项	45,545,998	向中央银行借款	1,500,000
存放同业及其他金融机构款项	4,284,808	同业及其他金融机构存放款项	29,212,403
拆出资金	15,297,528	拆入资金	14,048,389
以公允价值计量且其变动计入当期损益的金融资产	11,849,297	衍生金融负债	32,310
买入返售金融资产	4,407,476	卖出回购金融资产	14,085,500
应收利息	2,454,950	吸收存款	254,502,449
发放贷款及垫款	123,722,963	应付职工薪酬	346,446
可供出售金融资产	35,086,298	应交税费	659,883
持有至到期投资	59,267,821	应付利息	4,296,664
应收款项类投资	116,470,830	预计负债	59,417
长期股权投资	1,455,344	应付债券	73,170,060
固定资产	1,787,973	其他债券	753,669
无形资产	534,758	负债合计	392,667,190
递延所得税资产	1,255,294	股东权益	
其他资产	1,343,338	股本	5,321,932
		其他权益工具	
		其中：优先股	7,825,508
		资本公积	3,054,927
		其他综合收益	—75,281
		盈余公积	2,054,756
		一般风险准备	5,463,200
		未分配利润	8,452,444
		股东权益合计	32,097,486
资产总计	**424,764,676**	**负债及股东权益总计**	**424,764,676**

中原证券股份有限公司资产负债表

2017 年

单位：元

项目名称	期末数	项目名称	期末数
资产		负债	
货币资金	8,637,094,541.90	短期借款	2,184,702,824.94
其中：客户存款	5,845,016,371.42	应付短期融资款	2,863,870,000.00
结算备付金	2,350,216,490.39	拆入资金	1,015,000,000.00
其中：客户备付金	1,897,834,124.73	以公允价值计量且其变动计入当期损益的金融负债	361,418,021.45
拆出资金	40,000,000.00	衍生金融负债	470,687.56
融出资金	6,352,970,795.89	卖出回购金融资产	7,284,879,072.67
以公允价值计量且其变动计入当期损益的金融资产	7,622,502,695.46	代理买卖证券款	6,825,312,091.98
衍生金融资产	59,937,640.59	代理承销证券款	434,400,000.00
买入返售金融资产	9,207,017,252.98	信用交易代理买卖证券款	701,190,639.86
应收款项	100,459,566.63	应付职工薪酬	422,504,072.58
应收利息	449,077,223.16	应交税费	93,179,488.97
存出保证金	260,826,228.11	应付款项	210,081,115.40
应收股利		应付利息	218,265,110.69
持有待售资产		应付债券	6,496,634,877.25
可供出售金融资产	2,947,069,537.72	递延所得税负债	10,359,558.42
持有至到期投资		其他负债	87,080,933.14
长期应收款		负债合计	29,209,348,494.91
长期股权投资	506,047,624.88	所有者权益（或股东权益）	
投资性房地产	21,876,497.20	实收资本（或股本）	3,923,734,700.00
固定资产	230,665,275.17	资本公积	3,834,851,234.06
在建工程	7,541,922.85	其他综合收益	−21,687,932.62
无形资产	164,389,756.59	盈余公积	759,323,041.28
开发支出		一般风险准备	1,273,612,926.64
商誉	21,362,392.41	未分配利润	400,017,717.67
长期待摊费用		归属于母公司所有者权益（或股东权益）合计	10,169,851,687.03
递延所得税资产	161,341,507.05	少数股东权益	1,282,267,498.43
其他资产	1,521,070,731.39	所有者权益（或股东权益）合计	11,452,119,185.46
资产总计	**40,661,467,680.37**	**负债及所有者权益（或股东权益）总计**	**40,661,467,680.37**

中国出口信用保险公司河南分公司资产负债表

2017 年　　　　单位：元

项目名称	期末数	项目名称	期末数
货币资金	24,795,346.19	存入保证金	
现金		拆入资金	
银行存款	24,795,346.19	衍生金融负债	
其他货币资金		卖出回购金融资产	
拆出资金		预收保费	3,047,256.04
存出保证金		应付手续费及佣金	
交易性金融资产		应付分保账款	
衍生金融资产		应付职工薪酬	568,225.96
买入返售金融资产		应交税费	-7,700,096.05
应收票据		应付赔付款	
应收利息		应付利息	
应收保费	4,689,867.13	其他应付款	16,811,947.05
减：坏账准备	2,208,826.76	未到期责任准备金	454,171,046.28
应收保费净值	2,481,040.37	未决赔款准备金	180,915,210.10
应收代位追偿款	991,749.44	应付债券	
应收分保账款		预计负债	
应收分保未到期责任准备金	16,604,926.67	递延所得税负债	
应收分保未决赔款准备金	68,329,129.03	货币兑换	
预付赔付款		系统往来	
其他应收款	813,451.75	委托资产往来	-497,910,204.01
定期存款		其他负债	
可供出售金融资产		负债合计	149,903,385.37
持有至到期投资		所有者权益	
长期股权投资		实收资本	
长期应收款		出口信用保险风险基金	
存出资本保证金		资本公积	
固定资产		其中：公允价值变动	
减：累计折旧		盈余公积	
固定资产减值准备		一般风险准备	
固定资产净值		未分配利润	-34,046,355.06
在建工程	2,132,771.75	其中：本年利润	-34,046,355.06
固定资产清理	1,544,079.98	所有者权益合计	-34,046,355.06
无形资产			
商誉	588,691.77		
长期待摊费用			
抵债资产			
递延所得税资产			
其他资产	1,252,695.09		
资产总计	**115,857,030.31**	**负债及所有者权益总计**	**115,857,030.31**

中国人民财产保险股份有限公司河南省分公司资产负债表

2017 年

单位：元

项目名称	期末数	项目名称	期末数
库存现金		拆入资金	
银行存款	298,566,660.83	衍生金融负债	
其他货币资金		卖出回购金融资产款	
拆出资金		预收保费	757,555,321.96
备用金		应付手续费	266,483,155.27
交易性金融资产		应付保费	17,397,022.84
衍生金融资产		应付利息	
买入返售金融资产		应付分保账款	-30,966.60
应收保费	789,961,582.97	系统往来	-7,628,759,300.25
应收股利		其中：分保内部往来	519,580,290.56
应收利息	16,361.80	存入分保保证金	
应收票据	54,404,791.06	存入保证金	15,044,393.16
应收代位追偿款	5,322,482.97	应付职工薪酬	62,256,876.59
应收分保账款	566,560.12	应付股利	
预付手续费	131,736,482.25	应交税费	52,026,915.59
存出分保保证金		应付赔付款	139,602,777.66
应收分保未到期责任准备金	203,681,383.71	应付保单红利	9,319,539.88
应收分保未决赔款准备金	226,626,172.75	预计负债	
存出保证金	20,671,761.88	其他应付款	127,257,741.58
代付赔款	18,335,262.03	保户储金及投资款	54,944,037.66
预付赔款	5,618,124.42	未到期责任准备金	4,049,564,091.76
其他应收款	73,689,967.18	未决赔款准备金	4,028,408,467.61
减：坏账准备	187,519,367.99	农险巨灾准备金	128,140,366.39
固定资产	649,774,154.56	长期借款	
减：累计折旧	437,900,075.99	应付债券	
固定资产净值	211,874,078.57	独立账户负债	
减：固定资产减值准备		货币兑换	
在建工程	13,980,583.20	递延所得税负债	
减：在建工程减值准备		长期应付款	
固定资产合计	225,854,661.77	负债合计	2,079,210,441.10
无形资产	238,911,013.57	所有者权益	
减：无形资产累计摊销	94,412,885.48	股本	
无形资产净值	144,498,128.09	资本公积	
减：无形资产减值准备		盈余公积	
长期待摊费用	33,881,100.30	一般风险准备	
损余物资	2,700,091.69	未分配利润	
独立账户资产		其中：本年利润	
其他资产	30,598,233.27	所有者权益合计	
资产总计	**2,079,210,441.10**	**负债及所有者权益总计**	**2,079,210,441.10**

天安财产保险股份有限公司河南省分公司资产负债表

2017 年

单位：元

项目名称	期末数	项目名称	期末数
流动资产		流动负债	
货币资金	1,670,661.09	存入保证金	
其中：现金		交易性金融负债	
活期存款	1,573,478.63	应付手续费	16,364,769.71
银行存款汇率评估	97,182.46	其中：保险业务	16,364,769.71
存出保证金		投资业务	
应收票据	710,000.00	预收保费	25,760,051.02
应收保费	4,252,357.73	预收保户储金	
预付赔款	653,130.78	应付职工薪酬	6,050,943.88
预付手续费	4,258,640.45	应交税费	5,211,983.16
应收保户储金		应付赔付款	644,015.42
应收代位追偿款	10,000.00	其中：结案赔款	642,015.42
应收分保账款		预付赔款	2,000.00
其中：分出业务		垫付赔款	
分入业务		应付退保款	408,617.37
预估账单		应付共保款	38,778.17
应收分保未到期责任准备金	1,843,396.29	其他应付款	21,631,679.80
应收分保未决赔款准备金	4,611,346.01	预提费用	822,965.45
其中：已发生已报告	3,417,981.59	预计负债	
已发生未报告	1,193,364.42	递延收益	
预估间接理赔费用		未到期责任准备金	332,294,739.10
其他应收款	10,116,966.88	未决赔款准备金	188,664,888.53
内部往来	8,215,254,482.46	其中：已发生已报告	163,401,526.52
减：坏账准备	1,680,123.93	已发生未报告	20,262,283.78
其中：应收保费	1,663,023.93	预估间接理赔费用	5,001,078.23
应收代位追偿款	10,000.00	保费准备金	
其他应收款		保户储金	7,651,376,138.16
低值易耗品	74,809.08	流动负债合计	8,249,269,569.77
待摊费用	1,341,175.96	长期负债	
流动资产合计	8,243,116,842.80	长期负债合计	
固定资产		负债合计	8,249,269,569.77
固定资产原值	15,567,170.68	长期股权投资变动	
减：累计折旧	10,158,491.25	其他综合收益	
固定资产净值	5,408,679.43	其中：可供出售公允价值	
固定资产净额	5,408,679.43	递延所得税	
固定资产合计	5,408,679.43	未分配利润	
长期待摊费用	744,047.54	其中：本年累计净利润	
无形资产及其他资产合计	744,047.54	所有者权益合计	
资产总计	**8,249,269,569.77**	**负债及所有者权益总计**	**8,249,269,569.77**

中国平安财产保险股份有限公司河南分公司资产负债表

2017 年

单位：元

项目名称	期末数	项目名称	期末数
流动资产		流动负债	
现金		拆入资金	
银行存款	11,575,298.08	应付手续费	-67,727,176.06
应收保费	1,932,606,224.23	应付分保账款	10,126,637.02
应收分保账款	35,728,921.28	预收保费	601,800,401.05
分保未决赔款准备金	107,640,076.00	应付工资	-10,729,991.66
分保未到期责任准备金	114,149,520.48	应交税金	4,164,241.28
其他应收款	6,828,594,961.95	未决赔款准备金	2,277,484,033.30
其他流动资产		未到期责任准备金	4,313,332,334.10
流动资产合计	9,030,295,002.02	保费准备金	6,286,835.51
固定资产合计	35,969,670.63	其他流动负债	272,364,216.45
无形资产及其他资产	27,912,628.57	流动负债合计	7,407,101,530.99
抵债物资		负债合计	7,407,101,530.99
其他长期资产		所有者权益	
减：其他资产减值准备		未分配利润	1,150,174,453.88
无形资产及其他资产合计	27,912,628.57	其中：本年利润	536,901,316.35
		资本汇差调整	
		所有者权益合计	1,687,075,770.23
资产总计	**9,094,177,301.22**	**负债及所有者权益总计**	**9,094,177,301.22**

永安财产保险股份有限公司河南分公司资产负债表

2017 年

单位：元

项目名称	期末数	项目名称	期末数
货币资金	21,202.04	短期借款	
买入返售金融资产		预收保费	2,855,021.29
应收利息		应付手续费及佣金	11,333,492.81
应收保费	53,362,103.61	应付职工薪酬	3,449,972.80
应收代位追偿款		应交税费	1,557,855.65
应收分保账款		应付赔付款	9,550,928.85
应收分保未到期责任准备金	4,707,992.54	未到期责任准备金	155,806,233.28
应收分保未决赔款准备金	2,262,369.93	未决赔款准备金	171,063,933.84
定期存款		保费准备金	22,295,834.50
可供出售金融资产		其他负债	-313,662,157.22
固定资产	2,847,351.00	负债合计	64,251,115.80
无形资产		股本	
独立账户资产		大灾风险利润准备	16,298,494.78
递延所得税资产		未分配利润	-8,493,244.74
其他资产	8,855,346.72	股东权益合计	7,805,250.04
资产总计	**72,056,365.84**	**负债及股东权益总计**	**72,056,365.84**

太平财产保险有限公司河南分公司资产负债表

2017 年

单位：元

项目名称	期末数	项目名称	期末数
流动资产		流动负债	
现金		拆入资金	
银行存款	32,078.02	应付手续费	5,010,027.56
应收保费	11,730,481.11	应付分保账款	371,269.33
分保未决赔款准备金	24,269,493.41	预收保费	50,673,386.17
分保未到期责任准备金	33,725,198.47	系统往来	-726,619,606.43
存出保证金	2,689,992.94	应付工资	20,834,974.85
其他应收款	-961,122.49	应交税金	2,315,257.97
减：坏账准备	34,890.34	其他应付款	26,980,079.10
待摊费用	1,922,613.22	未决赔款准备金	223,716,852.55
其他流动资产	10,264,096.78	未到期责任准备金	292,322,462.58
流动资产合计	83,637,941.12	其他流动负债	351,504.15
固定资产原值	15,400,274.63	流动负债合计	-104,043,792.17
减：累计折旧	9,200,976.13	保险保障基金	1,740,115.70
固定资产净值	6,199,298.50	长期负债合计	1,740,115.70
减：固定资产减值准备		负债合计	-102,303,676.47
固定资产合计	6,199,298.50	所有者权益	
长期待摊费用	1,595,138.63	未分配利润	193,736,054.72
无形资产及其他资产合计	1,595,138.63	其中：本年利润	39,176,948.98
		所有者权益合计	193,736,054.72
资产总计	**91,432,378.25**	**负债及所有者权益总计**	**91,432,378.25**

中华联合财产保险股份有限公司河南分公司资产负债表

2017 年

单位：元

项目名称	期末数	项目名称	期末数
流动资产		流动负债	
现金		短期借款	
银行存款	7,645,294.47	拆入资金	
应收保费	512,804,428.35	应付手续费	35,971,298.09
应收款项小计	619,798,198.25	应付分保账款	88,546,919.13
减：坏账准备	71,070,116.61	预收保费	89,612,585.15
应收款项净额	548,728,081.64	存入保证金	18,620,000.00
预付赔款	51,620,360.01	应付工资	81,240,490.92
存出保证金	4,965,460.39	应付福利费	5,522,234.06
其他应收款	13,218,772.73	应交税金	26,897,136.73
待摊费用	18,974,260.28	其他应付款	71,047,375.21
其他流动资产	1,137,057,321.08	未决赔款准备金	732,733,935.4
流动资产合计	1,782,209,550.60	未到期责任准备金	819,164,632.1
固宗资产	88,458,868.45	其他流动负债	156,667,459.6
固定资产原值	150,455,146.45	流动负债合计	
减：累计折旧	61,996,278.00	负债合计	2,126,024,066.46
固定资产净值	88,458,868.45	所有者权益	
固定资产合计	88,458,868.45	未分配利润	-250,621,889.2
长期待摊费用	4,733,758.21	所有者权益合计	-250,621,889.2
资产总计	**1,875,402,177.26**	**负债及所有者权益总计**	**1,875,402,177.26**

中国大地财产保险股份有限公司河南分公司资产负债表

2017 年

单位：元

项目名称	期末数	项目名称	期末数
流动资产		流动负债	
现金		拆入资金	
银行存款	8,617.40	应付手续费	17,497,819.55
应收保费	117,388,269.53	应付赔付款	6,041,627.12
分保未决赔款准备金	25,950,606.93	预收保费	68,906,924.15
分保未到期责任准备金	23,233,395.18	分保内部往来	94,432,894.94
存出保证金	2,973,702.01	系统往来	-1,488,010,074.86
预付赔款	13,391,566.91	应付工资	2,051,594.03
其他应收款	1,368,252.02	应交税金	2,307,962.94
年内到期长债投资减值		其他应付款	17,537,863.07
其他流动资产	2,300,000.00	未决赔款准备金	275,179,761.95
流动资产合计		保费不足准备金	-3,432.69
固定资产	9,134,666.16	未到期责任准备金	473,006,474.24
固定资产原值	22,347,045.7	其他流动负债	703,644,766.75
减：累计折旧	13,212,379.54	流动负债合计	
固定资产净值	9,134,666.16	负债合计	172,594,181.19
长期待摊费用	14,465,257.04	未分配利润	37,620,151.99
无形资产及其他资产合计		所有者权益合计	37,620,151.99
资产总计	**210,214,333.18**	**负债及所有者权益总计**	**210,214,333.18**

华安财产保险股份有限公司河南分公司资产负债表

2017 年

单位：万元

项目名称	期末数	项目名称	期末数
资产		负债	
货币资金	1,140.43	短期借款	
买入返售金融资产		预收保费	685.95
应收利息		应付手续费及佣金	1,209.15
应收保费	106.90	应付分保账款	
应收代位追偿款	4.44	应付职工薪酬	47.06
应收分保账款		应交税费	573.28
应收分保未到期责任准备金	7,611.14	应付赔付款	55.21
应收分保未决赔款准备金	2,743.65	应付保单红利	
应收分保长期健康险责任准备金		未到期责任准备金	26,193.17
保户质押贷款		未决赔款准备金	17,509.38
投资性房地产	7,049.10	递延所得税负债	754.17
固定资产	2,816.17	其他负债	-10.14
其中：固定资产原价	4,255.80	其中：其他应付款	-9.69
无形资产		长期应付款	
其他资产	27,502.42	负债合计	47,017.25
其中：其他应收款	170.99	所有者权益	
预付赔款	658.58	营运资金	
待摊费用	77.99	资本公积	22.03
存出分保准备金		未分配利润	1,954.29
其他长期资产		所有者权益合计	1,976.32
资产总计	**48,993.57**	**负债及所有者权益总计**	**48,993.57**

都邦财产保险股份有限公司河南分公司资产负债表

2017 年

单位：元

项目名称	期末数	项目名称	期末数
流动资产		流动负债	
银行存款	400,853.92	短期借款	
应收保费	222,718.32	拆入资金	
应收款项小计	222,718.32	应付手续费	3,547,919.96
减：坏账准备	−223,482.57	预收保费	8,051,140.71
应收款项净额	−764.25	应付工资	1,694,270.09
预付赔款	3,936,669.64	应交税金	23,081,568.92
其他应收款	1,043,414.25	其他应付款	1,083,902.67
流动资产合计	5,380,173.56	预提费用	
固定资产原值	6,467,087.36	未决赔款准备金	95,446,109.66
减：累计折旧	4,953,558.00	未到期责任准备金	115,721,210.31
固定资产净值	1,513,529.36	其他流动负债	−231,587,476.26
固定资产合计	1,513,529.36	流动负债合计	17,038,646.06
无形资产	19,416.67	负债合计	17,038,646.06
长期待摊费用	241,809.66	所有者权益	
其他长期资产	4,999,376.79	未分配利润	−4,884,340.02
无形资产及其他资产合计	5,260,603.12	所有者权益合计	−4,884,340.02
资产总计	**12,154,306.04**	**负债及所有者权益总计**	**12,154,306.04**

渤海财产保险股份有限公司河南分公司资产负债表

2017 年

单位：万元

项目名称	期末数	项目名称	期末数
流动资产		流动负债	
现金		拆入资金	
银行存款	207.81	应付手续费	490.17
应收保费	−5.82	应付赔款	39.73
分保未决赔款准备金	73.72	预收保费	772.71
分保未到期责任准备金	165.22	应付工资	582.95
存出保证金		应交税金	258.65
代付赔款		预提费用	40.85
预付赔款	720.2	其他应付款	139.76
其他应收款	64.19	未决赔款准备金	8,949.71
减：坏账准备	50.91	保费不足准备金	
低值易耗品		未到期责任准备金	13,019.59
待摊费用	61.37	其他流动负债	165.01
其他流动资产	22,807.42	流动负债合计	24,459.13
流动资产合计	24,043.2	其他长期负债	
固定资产	267.72	负债合计	
固定资产原值	852.93	所有者权益	
减：累计折旧	585.21	未分配利润	−148.21
固定资产净值	267.72	其中：本年利润	−148.21
固定资产合计	267.72	所有者权益合计	−148.21
资产总计	**24,310.92**	**负债及所有者权益总计**	**24,310.92**

中国人寿财产保险股份有限公司河南省分公司资产负债表

2017年

单位：万元

项目名称	期末数	项目名称	期末数
流动资产		流动负债	
现金		拆入资金	
银行存款	2,909.11	应付手续费	4,184.55
应收保费	23,031.99	应付保户红利	-4,623.64
分保未决赔款准备金	8,868.02	应付赔付款	5,320.13
分保未到期责任准备金	11,225.25	预收保费	30,196.92
代付赔款	72.32	应付工资	1,725.73
预付赔款	50,713.54	应交税金	6,078.53
其他应收款	9,771.64	其他应付款	5,240.48
待摊费用	1,500.85	未决赔款准备金	245,298.58
其他流动资产	412,882.70	未到期责任准备金	259,190.26
流动资产合计	520,975.42	保户投资金	
长期投资		保户储金	7.5
固定资产		其他流动负债	297.16
固定资产原值	10,121.62	流动负债合计	552,916.20
减：累计折旧	6,842.29	长期负债合计	
固定资产净值	3,279.33	递延税款贷项	
减：固定资产减值准备		负债合计	552,916.20
在建工程	20,721.39	所有者权益	
减：在建工程减值准备		股本	
固定资产合计	24,000.72	营运资本	
无形资产及其他资产		资本公积	
无形资产	0.63	盈余公积	
长期待摊费用	1,638.38	总准备金	
抵债物资		未分配利润	-4,442.91
其他长期资产	1,858.14	其中：本年利润	
无形资产及其他资产合计	3,497.15	所有者权益合计	-4,442.91
递延税款借项			
资产总计	**548,473.29**	**负债及所有者权益总计**	**548,473.29**

永诚财产保险股份有限公司河南分公司资产负债表

2017 年　　单位：元

项目名称	期末数	项目名称	期末数
流动资产		流动负债	
现金		拆入资金	
银行存款	13,261.50	应付手续费	5,501,690.53
应收保费	20,086,549.11	应付分保账款	67,270,978.77
应收分保账款	55,373,133.76	应付赔付款	2,240,289.31
分保未决赔款准备金	4,104,772.10	预收保费	3,570,679.55
分保未到期责任准备金	10,502,411.10	应付工资	-106,509.08
预付赔款	2,710,628.60	应交税金	2,346,238.14
其他应收款	8,254,000.24	预计负债	
减：坏账准备	452,765.76	其他应付款	
其他流动资产	421,646.29	未决赔款准备金	47,961,047.95
流动资产合计	101,013,636.94	未到期责任准备金	62,227,426.72
固定资产		一年内到期的长期负债	
固定资产原值	5,940,105.89	其他流动负债	-85048111.49
减：累计折旧	4,037,036.43	流动负债合计	105,963,730.40
固定资产净值	1,903,069.46	负债合计	133,450,331.72
减：固定资产减值准备		所有者权益	
固定资产合计	1,903,069.46	资本公积	
无形资产及其他资产		盈余公积	
无形资产	10,500.00	其中：法定公益金	
长期待摊费用	205,434.10	未分配利润	-2,831,089.93
无形资产及其他资产合计	10,500.00	所有者权益合计	-2,831,089.93
资产总计	**103,132,640.48**	**负债及所有者权益总计**	**103,132,640.48**

中银保险有限公司河南分公司资产负债表

2017 年

单位：元

项目名称	期末数	项目名称	期末数
流动资产		流动负债	
现金		短期借款	
银行存款	131,846.42	拆入资金	
短期投资		应付手续费	5,958,409.63
拆出资金		应付分保账款	19,658,392.15
应收保费	5,691,032.29	预收保费	13,949,105.92
应收分保账款	11,839,824.6	存入分保准备金	
应收款项小计	17,530,856.89	存入保证金	
减：坏账准备	307,168.37	应付工资	7,454,938.23
预付赔款	339,891.95	应交税金	136,226.71
存出保证金	896,088.48	卖出回购证券款	
其他应收款	1,175,812.01	其他应付款	1,886,534.86
待摊费用	401,519.53	预提费用	
其他流动资产	24,099,060.18	未决赔款准备金	141,308,693.50
流动资产合计	44,267,907.09	未到期责任准备金	106,339,197.30
固定资产	1,069,281.92	保户储金	
固定资产原值	6,665,783.58	其他流动负债	-249,095,816.10
减：累计折旧	5,596,501.66	流动负债合计	47,595,682.13
固定资产净值	1,069,281.92	长期负债合计	
固定资产合计	1,069,281.92	独立账户负债	
无形资产及其他资产		负债合计	47,595,682.13
无形资产	3,434.13	所有者权益	
长期待摊费用	1,160,749.52	未分配利润	-1,094,309.47
无形资产及其他资产合计	1,164,183.65	所有者权益合计	-1,094,309.47
资产总计	**46,501,372.66**	**负债及所有者权益总计**	**46,501,372.66**

安诚财产保险股份有限公司河南分公司资产负债表

2017 年　　　　单位：元

项目名称	期末数	项目名称	期末数
流动资产		流动负债	
现金		拆入资金	
银行存款	15414.13	应付手续费	1,208,771.82
应收利息		应付赔款	390,276.86
应收红利		预收保费	3,094,180.04
应收保费	2734967.59	预收分保赔款	
应收分保账款		分保内部往来	
应收及托收票据		系统往来	−125,971,358.00
分保未决赔款准备金	13,282.36	存入保证金	
分保未到期责任准备金	442,886.60	应付工资	592,039.96
存出保证金		应交税金	1,078,954.46
预付赔款	2,316,929.74	预提费用	
其他应收款	2,233,909.11	预计负债	
减：坏账准备		其他应付款	3,561,864.48
低值易耗品		未决赔款准备金	46,522,769.33
待摊费用	184,487.29	保费不足准备金	
年内到期长期债券投资		未到期责任准备金	80,841,780.73
年内到期长债投资减值		货币兑换	
其他流动资产	242457.92	保户投资金	
流动资产合计	8184334.74	保户储金	
长期投资		一年内到期的长期负债	
长期股权投资		其他流动负债	
长期债权投资		流动负债合计	11,319,279.68
长期基金投资		长期负债	
固定资产		其他长期负债	
固定资产原值	3,596,169.96	长期负债合计	
减：累计折旧	2,756,813.70	递延税款贷项	
固定资产净值	839,356.26	负债合计	11,319,279.68
减：固定资产减值准备		所有者权益	
长期待摊费用	1,516,582.78	未分配利润	−779,005.90
抵债物资		其中：本年利润	−779,005.90
其他长期资产		资本汇差调整	
无形资产及其他资产合计		所有者权益合计	−779,005.90
资产总计	**10,540,273.78**	**负债及所有者权益总计**	**10,540,273.78**

中国人寿保险股份有限公司河南省分公司资产负债表

2017 年

单位：元

项目名称	期末数	项目名称	期末数
资产		负债	
货币资金	855,848,619.76	短期借款	
拆出资金		存入保证金	128,036,924.00
应收利息	77,838,192.66	预收保费	486,984,911.09
应收保费	1,780,639,787.79	应付手续费及佣金	415,478,060.28
应收代位追偿款		应付职工薪酬	321,053,154.66
应收分保账款		应交税费	49,869,276.20
应收分保未到期责任准备金	19,956,574.23	其他应付款	1,009,781,373.17
应收分保未决赔款准备金	1,047,649.40	应付赔付款	3,183,832,396.29
应收分保寿险责任准备金	24,288,208.86	应付保单红利	3,586,145,752.24
应收分保长期健康险责任准备金	217,814,955.35	保户储金及投资款	8,748,891,995.68
预付赔付款		未到期责任准备金	392,755,470.20
待摊费用	50,348,095.51	未决赔款准备金	1,069,423,643.92
其他应收款	111,519,320.18	寿险责任准备金	112,586,958,649.90
贷款	6,969,800,932.29	长期健康险责任准备金	5,447,442,666.51
其中：保户质押贷款	6,969,800,932.29	代理业务负债	48,871,830.33
系统往来	96,863,102,324.71	其他负债	541,127,843.73
定期存款		负债合计	138,016,653,948.20
投资性房地产	3,526,424.59	所有者权益（或股东权益）	
固定资产	399,405,142.63	未分配利润	−30,004,675,202.72
在建工程	186,553,454.74	外币报表折算差额	
无形资产	139,463,165.32	归属于母公司的所有者权益合计	−30,004,675,202.72
长期待摊费用	28,197,622.14	少数股东权益	
其他资产	282,628,275.32	所有者权益（或股东权益）合计	−30,004,675,202.72
资产总计	**108,011,978,745.48**	**负债及所有者权益（或股东权益）总计**	**108,011,978,745.48**

中国平安人寿保险股份有限公司河南分公司资产负债表

2017 年

单位：元

项目名称	期末数	项目名称	期末数
资产		负债	
货币资金	7,839,379.07	短期借款	
应收利息	35,678,193.70	代理承销证券款	
应收股利		预收保费	1,849,563,735.70
应收账款		预收赔付款	
应收保费	448,637,896.13	应付手续费及佣金	597,212,954.47
应收管理费		应付分保账款	
应收代位追偿款		应付职工薪酬	218,910,356.47
应收分保账款		应交税费	50,842,588.53
应收分保未到期责任准备金	13,486,956.37	应付利息	
应收分保未决赔款准备金	13,084,898.98	应付赔付款	922,164,172.65
应收分保寿险责任准备金	23,547,274.92	应付保单红利	727,867,849.11
应收分保长期健康险责任准备金	14,960,412.54	保户储金及投资款	18,863,127,857.18
其他应收款	283,749,197.22	未到期责任准备金	49,091,234.64
保户质押贷款	2,314,878,622.25	未决赔款准备金	29,872,764.05
发放贷款及垫款		寿险责任准备金	19,525,574,235.29
系统内非寿险往来		长期健康险责任准备金	1,353,666,932.32
内部往来		长期借款	
系统内寿险往来	42,759,897,098.82	长期债券	
存出保证金	55,000.00	独立账户负债	48,752,414.54
可供出售金融资产		其他负债	220,882,211.09
套期工具		负债合计	44,457,529,306.04
被套期项目		所有者权益（或股东权益）	
长期股权投资		上级拨入资金	50,000,000.00
投资性房地产		本年利润	1,206,161,178.07
固定资产	52,496,895.71	未分配利润	403,932,225.23
其他资产	149,310,883.63	所有者权益合计	1,660,093,403.30
资产总计	**46,117,622,709.34**	**负债及所有者权益总计**	**46,117,622,709.34**

泰康人寿保险有限责任公司河南分公司资产负债表

2017 年

单位：百万元

项目名称	期末数	项目名称	期末数
资产		负债	
货币资金	0.58	短期借款	
拆出资金		拆入资金	
交易性金融资产		交易性金融负债	
衍生金融资产		衍生金融负债	
买入返售金融资产		卖出回购金融资产	
应收利息	22.80	预收保费	244.89
应收保费	93.24	应付手续费及佣金	76.29
应收代位追偿款		应付分保账款	39.88
应收分保账款	34.59	应付职工薪酬	68.04
应收分保未到期责任准备金	7.55	应交税费	6.37
应收分保未决赔款准备金	1.65	应付赔付款	827.45
应收分保寿险责任准备金	6.49	应付保单红利	1,848.16
应收分保长期健康险责任准备金	22.19	保户储金及投资款	7,544.55
保户质押贷款	723.38	未到期责任准备金	64.58
定期存款		未决赔款准备金	11.09
可供出售金融资产		寿险责任准备金	25,122.97
持有至到期投资		长期健康险责任准备金	1,062.87
长期股权投资		长期借款	
存出资本保证金		应付债券	
投资性房地产		独立账户负债	2,769.74
固定资产	19.35	递延所得税负债	−1.65
无形资产		其他负债	−36,137.74
独立账户资产	1,139.88	负债合计	3,547.51
递延所得税资产		所有者权益（或股东权益）	
其他资产	193.87	实收资本（或股本）	
		资本公积	−532.43
		未分配利润	−749.51
		所有者权益（或股东权益）合计	−1,281.94
资产总计	**2,265.57**	**负债及所有者权益（或股东权益）总计**	**2,265.57**

太平人寿保险有限公司河南分公司资产负债表

2017 年　　单位：万元

项目名称	期末数	项目名称	期末数
资产		负债	
货币资金	5.93	衍生金融负债	
应收利息	77.14	卖出回购金融资产	
应收保费	9,733.37	预收保费	29,773.97
应收代位追偿款		应付手续费及佣金	4,393.98
应收分保账款		应付分保账款	
应收分保未到期责任准备金	1,098.01	应付职工薪酬	3,822.35
应收分保未决赔款准备金	77.92	应交税费	372.57
应收分保寿险责任准备金	277.48	应付利息	
应收分保长期健康险责任准备金	489.05	保险保障基金	
保户质押贷款	151,858.28	应付赔付款	16,259.63
固定资产	5,275.10	其他应付款	1,874.37
固定资产原值	8,896.61	应付保单红利	27,696.96
房屋及建筑屋原值	5,253.46	保户储金及投资款	62,204.74
电子计算机原值	1,940.96	未到期责任准备金	6,460.70
办公及电器设备原值	589.83	未决赔款准备金	1,343.91
通讯设备原值	56.22	其中：已发生未报告准备金	1,210.51
交通运输设备原值	524.91	寿险责任准备金	1,536,609.34
安全保卫设备原值	37.59	长期健康险责任准备金	129,960.94
自有物业装修费原值	493.63	长期借款	
减：累计折旧	3,621.51	应付债券	
房屋及建筑屋折旧	865.40	递延所得税负债	
电子计算机折旧	1,356.54	独立账户负债	2,097.10
办公及电器设备折旧	425.54	内部往来（总公司）	
通讯设备折旧	37.23	内部往来	-1,425,817.90
交通运输设备折旧	437.11	递延收益	
安全保卫设备折旧	15.85	其他负债	
自有物业装修费折旧	483.83	负债合计	397,052.68
递延所得税资产		所有者权益	
其他资产	4,830.75	实收资本	
其中：其它应收款	3,086.13	资本公积	528.00
物料用品	89.73	未分配利润	-223,857.65
固定资产清理	6.06	本年利润	-10,951.83
待摊费用	1,086.64	年初未分配利润	-212,905.81
长期待摊费用	562.17	所有者权益合计	-223,329.64
资产总计	**173,723.03**	**负债及所有者权益总计**	**173,723.03**

合众人寿保险股份有限公司河南分公司资产负债表

2017 年

单位：元

项目名称	期末数	项目名称	期末数
流动资产		流动负债	
现金		短期借款	
银行存款	9,411.38	拆入资金	
短期投资		应付手续费	1,527,228.55
减：短期投资跌价准备		应付佣金	5,568,936.26
拆出资金		应付分保账款	
保户质押贷款	159,939,695.52	预收保费	35,186,251.41
应收利息	7,015,204.84	预收分保赔款	
应收保费	14,500,629.25	存入分保准备金	
应收分保账款		存入保证金	
应收款项小计		应付工资	2,389,715.63
应收款项净额		应付保户利差	113,722,100.94
预付赔款		应付利润	
存出分保准备金	430,711,687.28	应交税金	711,210.11
买入返售证券		其他应付款	157,770,821.07
材料物品		未决赔款准备金	4,875,637.72
低值易耗品		未到期责任准备金	7,622,804.85
待摊费用		保户储金	624,802,694.26
一年内到期的长期债券投资		其他流动负债	12,661.3
其他流动资产	2,529,463,234.06	流动负债合计	
流动资产合计		长期负债	
长期投资		长期责任准备金	
长期股权投资		寿险责任准备金	2,939,976,500.39
长期债券投资		长期健康险责任准备金	79,423,149.21
固定资产	3,651,720.39	住房基金	
固定资产原值		其中：住房周转金	
减：累计折旧		其他长期负债	
固定资产净值		长期负债合计	
在建工程		独立账户负债	321,389.55
固定资产清理		负债合计	3,973,911,101.25
待处理固定资产净损失		所有者权益	
固定资产合计		实收资本	
无形资产及其他资产		营运资金	
其他长期资产	19,673,937.96	总准备金	
无形资产及其他资产合计		未分配利润	−808,945,580.57
独立账户资产		所有者权益合计	−808,945,580.57
资产总计	**3,164,965,520.68**	**负债及所有者权益总计**	**3,164,965,520.68**

富德生命人寿保险股份有限公司河南分公司资产负债表

2017 年

单位：元

项目名称	期末数	项目名称	期末数
资产		负债	
货币资金	526,033.59	短期借款	
拆出资金		拆入资金	
应收利息	7,222,159.13	预收保费	9,227,446.76
应收保费	44,316,143.45	应付手续费及佣金	137,678,414.03
应收代位追偿款		应付分保账款	79,623.39
应收分保账款	85,220.11	应付职工薪酬	9,242,765.02
应收分保未到期责任准备金	1,197,600.62	应交税费	2,091,472.79
应收分保未决赔款准备金	113,165.62	应付赔付款	136,640,138.08
应收分保寿险责任准备金	1,005,135.09	应付保单红利	33,689,390.39
应收分保长期健康险责任准备金	6,809,141.73	保户储金及投资	17,520,408,262.78
保户质押贷款	240,562,969.98	未到期责任准备金	27,525,359.90
定期存款		未决赔款准备金	15,863,959.40
可供出售金融资产		寿险责任准备金	10,956,361,746.79
贷款		长期健康险责任准备金	98,469,609.57
持有至到期投资		独立账户负债	−22,526,611.57
投资性房地产		递延所得税负债	
固定资产	9,416,008.80	其他负债	−89,368,305.18
无形资产		负债合计	28,835,383,272.15
独立账户资产	−146,946,240.14	所有者权益	
递延所得税资产		未分配利润	−5,436,796,959.72
其他资产	23,234,278,974.45	所有者权益合计	−5,436,796,959.72
资产总计	**23,398,586,312.43**	**负债及所有者权益总计**	**23,398,586,312.43**

中荷人寿保险有限公司河南省分公司资产负债表

2017 年

单位：元

项目名称	期末数	项目名称	期末数
流动资产		流动负债	
现金		短期借款	
银行存款	97,029.53	拆入资金	
其他货币资金		应付手续费	6,111,472.04
短期投资		应付佣金	11,482,471.31
减：短期投资跌价准备		应付赔款	20,108,090.73
拆出资金		预收保费	3,723,880.08
保户质押贷款	162,746,264.17	应付工资	1,903,018.09
应收利息	8,902,627.22	应付福利费	
应收保费	26,525,119.1	应付保户红利	132,029,792.48
应收分保账款	4,447,664.47	应付利润	
其他应收款	8,421,993.75	应交税金	1,468,732.32
应收款项小计	210,844,668.71	其他应付款	5,749,374.56
减：坏账准备		未决赔款准备金	2,290,584.81
应收款项净额	210,844,668.71	未到期责任准备金	5,789,029.7
待摊费用		保户储金	137,025,146.82
待处理流动资产净失		其他流动负债	9,415,970.07
一年内到期的长期债券投资		长期负债	
长期投资		寿险责任准备金	2,679,024,245.38
长期股权投资		长期健康险责任准备金	34,684,064.62
固定资产	1,507,128.47	应付债券	
固定资产原值	5,669,732.8	负债合计	3,050,805,873.01
减：累计折旧	4,162,604.33	所有者权益	
固定资产净值		实收资本	
无形资产及其他资产		未分配利润	−376,765,247.43
其他长期资产	2,461,591,798.87	本年利润	
资产总计	**2,674,040,625.58**	**负债及所有者权益总计**	**2,674,040,625.58**

平安养老保险股份有限公司河南分公司资产负债表

2017 年　　单位：元

项目名称	期末数	项目名称	期末数
资产		负债	
货币资金	9,626,646.49	短期借款	
其中：银行存放央行款项		向央行借款	
银行存放同业款项		同业及其他金融机构存放款项	
应收股利		预收保费	82,874,501.95
应收账款		预收赔付款	
应收保费	289,305,299.92	应付手续费及佣金	9,206,417.43
应收管理费	12,208,284.80	应付分保账款	
应收代位追偿款		预计负债	5,301,633.99
应收分保账款		应交税费	427,235.61
应收分保未到期责任准备金	167,045.78	应付利息	
应收分保未决赔款准备金	45,404.07	应付赔付款	271,140,327.52
应收分保寿险责任准备金		应付保单红利	1,148,157.43
应收分保长期健康险责任准备金	13,710.47	保户储金及投资款	474,399,833.17
其他应收款	12,134,796.35	未到期责任准备金	97,959,487.77
保户质押贷款		未决赔款准备金	152,114,238.26
发放贷款及垫款		寿险责任准备金	
系统内非寿险往来		长期健康险责任准备金	288,249.60
系统内寿险往来	818,976,386.62	长期债券	
存出保证金（证券公司）	595,500.000	货币兑换	
持有至到期投资		其他负债	8,748,477.67
套期工具		负债合计	1,103,608,560.40
被套期项目		所有者权益（或股东权益）	
固定资产	3,357,763.56	本年利润	12,266,286.01
无形资产	4,245.30	未分配利润	32,316,857.18
其他资产	1,756,620.23	所有者权益合计	44,583,143.19
资产总计	**1,148,191,703.59**	**负债及所有者权益总计**	**1,148,191,703.59**

中国人民人寿保险股份有限公司河南省分公司资产负债表

2017 年

单位：元

项目名称	期末数	项目名称	期末数
资产		负债	
货币资金	-35,306,326.22	短期借款	
以公允价值计量且其变动计入当期损益的金融资产		衍生金融负债	
衍生金融资产		卖出回购金融资产	
买入返售金融资产		预收保费	121,097,624.58
应收利息	10,232,872.07	应付手续费及佣金	22,485,173.09
应收保费	51,304,635.98	应付职工薪酬	63,929,831.49
应收分保账款		应交税费	1,528,969.90
应收分保未到期责任准备金		应付赔付款	586,319,332.91
应收分保未决赔款准备金		应付保单红利	271,038,603.27
应收分保寿险责任准备金		保户储金及投资款	1,004,990,187.03
应收分保长期健康险责任准备金		未到期责任准备金	42,441,522.00
保户质押贷款	164,978,494.15	未决赔款准备金	35,556,448.00
定期存款		寿险责任准备金	13,553,229,755.00
可供出售金融资产		长期健康险责任准备金	574,851,253.00
持有至到期投资		其他负债	15,795,085.33
贷款和应收款项		负债合计	16,293,263,785.60
长期股权投资		所有者权益	
存出资本保证金		股本	
投资性房地产	245,976,000.00	资本公积	
固定资产	122,739,578.84	其他综合收益	14,195,342.90
无形资产	70,604.17	未分配利润	-7,005,463,895.51
独立账户资产		以前年度损益科目	
递延所得税资产		外币折算差异	
其他资产	8,741,999,374.00	所有者权益合计	-6,991,268,552.61
资产总计	**9,301,995,232.99**	**负债及所有者权益总计**	**9,301,995,232.99**

信泰人寿保险股份有限公司河南分公司资产负债表

2017 年　　单位：元

项目名称	期末数	项目名称	期末数
流动资产		流动负债	
现金		短期借款	
银行存款	134,900.44	拆入资金	
短期投资		应付手续费	13,032,798.54
保户质押贷款	25,918,133.53	预收保费	1,830,570.41
应收利息	1,056,165.99	预收分保赔款	
应收保费	6,493,457.59	存入分保准备金	
应收分保账款		存入保证金	
应收款项小计		应付工资	9,480,300.65
减：坏账准备		应付福利费	
应收款项净额		应付保户利差	10,059,068.08
预付赔款		应付利润	
存出分保准备金		应交税金	609,419.67
存出保证金		卖出回购证券款	
买入返售证券		其他应付款	37,501,510.64
其他应收款	5,257,993.76	预提费用	
材料物品		未决赔款准备金	2,328,270.26
低值易耗品		未到期责任准备金	1,743,786.36
待摊费用		保户储金	354,663,761.53
待处理流动资产净损失		一年内到期的长期负债	
一年内到期的长期债券投资		其他流动负债	7,197.58
其他流动资产	1,502,137,795.11	流动负债合计	431,256,683.7
流动资产合计	1,540,998,446.42	长期负债	
长期投资		长期责任准备金	
长期股权投资		寿险责任准备金	1,754,260,493.33
长期债券投资		长期健康险责任准备金	1,751,068.05
固定资产	2,020,458.8	住房基金	
固定资产原值		其中：住房周转金	
减：累计折旧		其他长期负债	
固定资产净值		长期负债合计	
在建工程		独立账户负债	
固定资产清理		负债合计	2,187,268,245.1
待处理固定资产净损失		所有者权益	
固定资产合计		实收资本	
无形资产及其他资产		营运资金	
无形资产及其他资产合计		未分配利润	-644,249,339.88
独立账户资产		所有者权益合计	-644,249,339.88
资产总计	**1,543,018,905.22**	**负债及所有者权益总计**	**1,543,018,905.22**

国华人寿保险股份有限公司河南分公司资产负债表

2017 年

单位：元

项目名称	期末数	项目名称	期末数
流动资产	3,918,475.47	流动负债	
现金		短期借款	
银行存款		拆入资金	
短期投资		应付手续费	122,909,801.9
减：短期投资跌价准备		应付佣金	797,720.48
拆出资金		应付分保账款	8,706,926.39
保户质押贷款	27,874,576.5	预收保费	139,944.17
应收利息	320,375.8	预收分保赔款	55,874,837.12
应收保费	14,196,882.34	存入分保准备金	
应收分保账款	5,448,195.22	存入保证金	
应收款项小计	19,965,453.36	应付工资	1,736,059.65
减：坏账准备		应付福利费	
应收款项净额		应付保户利差	16,928,299.79
预付赔款		应付利润	
存出分保准备金	146,812,958.7	应交税金	171,910.18
存出保证金		卖出回购证券款	
买入返售证券		其他应付款	2,295,015.51
其他应收款		预提费用	
材料物品		未决赔款准备金	13,253,367.36
低值易耗品		未到期责任准备金	663,017.39
其他流动资产		流动负债合计	
流动资产合计	198,571,464.1	长期负债	
长期投资		长期责任准备金	30,098,639.83
长期股权投资		寿险责任准备金	6,066,013,947
固定资产	1,425,231.55	住房基金	
固定资产原值		其中：住房周转金	
减：累计折旧		其他长期负债	3,285,213,904
固定资产净值		长期负债合计	
在建工程		独立账户负债	
固定资产清理		负债合计	9,604,803,390
待处理固定资产净损失		所有者权益	
其他长期资产	7,483,722,636	总准备金	
无形资产及其他资产合计		未分配利润	-1,921,084,058
独立账户资产		所有者权益合计	-1,921,084,058
资产总计	**7,683,719,332**	**负债及所有者权益总计**	**7,683,719,332**

华泰人寿保险股份有限公司河南分公司资产负债表

2017 年 单位：元

项目名称	期末数	项目名称	期末数
资产		负债	
货币资金	157,956.59	短期借款	
拆出资金		存入保证金	
交易性金融资产		拆入资金	
衍生金融资产		交易性金融负债	
买入返售金融资产		衍生金融负债	
应收利息	4,233,739.31	卖出回购金融资产	
应收保费	21,437,616.73	应付手续费及佣金	7,756,266.53
应收管理费（养老）		应付营销费用（养老）	
应收代位追偿款		预收保费	12,296,112.67
应收分保账款		应付职工薪酬	1,562,491.14
应收分保未到期责任准备金	4,002,752.67	应交税费	611,581.70
应收分保未决赔款准备金	3,203,992.86	保险保障基金	
应收分保寿险责任准备金	1,283,446.89	应付赔付款	43,612,728.67
应收分保长期健康险责任准备金	3,795,523.20	其他应付款	6,406,648.20
保户质押贷款	78,393,745.30	应付保单红利	95,933,064.79
贷款		应付分保账款	
存出保证金		未到期责任准备金	11,163,478.91
定期存款		未决赔款准备金	6,394,208.58
可供出售金融资产		其中：已发生未报告未决赔款准备金	6,061,099.79
持有至到期投资		寿险责任准备金	1,817,102,595.34
长期股权投资		长期健康险责任准备金	8,745,421.04
存出资本保证金		保户储金及投资款	262,799,069.94
投资性房地产		系统往来（贷项）	−2,261,419,104.25
固定资产	1,704,114.81	其他负债	611,444.64
无形资产		负债合计	13,576,007.90
独立账户资产		所有者权益（或股东权益）	
递延所得税资产		未分配利润	113,114,528.50
其他资产	8,477,648.04	所有者权益合计	113,114,528.50
资产总计	**126,690,536.40**	**负债及所有者权益总计**	**126,690,536.40**

太平养老保险股份有限公司河南分公司资产负债表

2017 年

单位：万元

项目名称	期末数	项目名称	期末数
流动资产		流动负债	
现金		短期借款	
银行存款	25.53	拆入资金	
短期投资		应付手续费	224.79
减：短期投资跌价准备		应付佣金	
保户质押贷款		预收保费	726.67
应收利息		预收分保赔款	
应收保费	29.09	存入分保准备金	
应收分保账款		存入保证金	
应收款项小计		应付工资	314.93
减：坏账准备	-50.00	应付福利费	
应收款项净额	522.32	应付保户利差	
存出分保准备金		应交税金	-38.66
存出保证金		卖出回购证券款	
买入返售证券		其他应付款	614.40
其他应收款	93.22	预提费用	26.55
材料物品		未决赔款准备金	1,446.74
低值易耗品		未到期责任准备金	1,501.39
待摊费用	95.93	保户储金	321.79
待处理流动资产净损失		一年内到期的长期负债	
一年内到期的长期债券投资		其他流动负债	-21,323.35
其他流动资产		流动负债合计	-16,184.76
流动资产合计	716.09	长期负债	
长期投资		长期责任准备金	
长期股权投资		寿险责任准备金	13,253.65
长期债券投资		长期健康险责任准备金	9,171.42
减：投资风险准备		保险保障基金	
固定资产		住房基金	
固定资产清理		负债合计	6,240.31
待处理固定资产净损失		所有者权益	
固定资产合计	74.08	实收资本	
无形资产及其他资产		营运资金	
无形资产		外汇营运资金	
长期待摊费用	47.04	资本公积	
无形资产及其他资产合计		未分配利润	-5,403.10
独立账户资产		所有者权益合计	-5,403.10
资产总计	**837.21**	**负债及所有者权益总计**	**837.21**

中国华融资产管理股份有限公司河南省分公司资产负债表

2017 年　　单位：元

项目名称	期末数	项目名称	期末数
资产		负债	
货币资金	333,670,381.55	短期借款	
其中：客户资金存款		其中：质押借款	
交易性金融资产	6,854,304,029.34	卖出回购金融资产	
其中：不良资产	6,854,304,029.34	代理买卖证券款	
衍生金融资产		应付职工薪酬	18,455,881.67
应收账款	2,058,000.00	应交税费	1,226,541.95
预付账款	134,304,746.97	应付利息	
应收款项类金融资产	8,314,137,130.89	责任准备金	
存出保证金		存入保证金	267,721,326.50
其他应收款	1,058,332.58	预收账款	16,468,786.77
可供出售金融资产	631,999,411.51	其他应付款	1,806,513.59
其中：不良资产	500,454,554.56	代理兑付证券款	
固定资产净值	27,674,961.47	应付债券	
其中：固定资产原值	50,641,445.17	长期借款	
其中：累计折旧	22,966,483.70	系统内往来	12,993,287,964.22
无形资产净值	6,864,454.51	其他负债	
其中：无形资产原值	7,060,581.78	负债合计	13,298,967,014.70
其中：累计摊销	196,127.27	所有者权益（或股东权益）	
其中：交易席位费		其他综合收益	-81,074,484.56
商誉		未分配利润	3,088,515,445.80
长期待摊费用	535,441.69	其中：交易性金融资产浮动盈亏	71,342,603.92
抵债资产		归属于母公司所有者权益合计	3,007,440,961.24
其他资产	-198,914.57	所有者权益（或股东权益）合计	3,007,440,961.24
资产总计	**16,306,407,975.94**	**负债及所有者权益（或股东权益）总计**	**16,306,407,975.94**

中国长城资产管理股份有限公司河南省分公司资产负债表

2017 年　　单位：元

项目名称	期末数	项目名称	期末数
资产		负债	
货币资金	5,090,931.50	短期借款	
存放中央银行款项		向中央银行借款	
拆出资金	115,847,415.01	拆入资金	6,551,313,793.16
其中：存放系统内款项	115,847,415.01	其中：系统内存放款项	6,551,313,793.16
以公允价值计量且其变动计入当期损益的金融资产	4,432,866,328.15	以公允价值计量且其变动计入当期损益的金融负债	
其中：指定以公允价值计量且其变动计入当期损益的金融资产	3,227,426,081.81	应付款项	11,382,981.52
应收款项类金融资产	1,969,363,163.00	其中：应付账款	11,382,981.52
应收款项	35,862,863.22	其他应付款	8,198,830.64
其中：应收账款	35,862,863.22	预收账款	64,518,743.40
其他应收款	3,437,583.07	应付职工薪酬	13,592,481.79
长期应收款	14,420,400.00	应交税费	5,202,653.71
可供出售金融资产	102,227,484.86	负债合计	6,654,209,484.22
抵债资产	614,433,711.09	所有者权益（或股东权益）	
固定资产	857,041.57	其他综合收益	25,892,210.34
其他资产	328,552.19	未分配利润	425,965,456.94
其中：存出保证金		拨入营运资金	188,668,322.16
长期待摊费用	328,552.19	归属于母公司所有者权益合计	640,525,989.44
其他		所有者权益（或股东权益）合计	640,525,989.44
资产总计	**7,294,735,473.66**	**负债及所有者权益（或股东权益）总计**	**7,294,735,473.66**

中国东方资产管理股份有限公司河南省分公司资产负债表

2017 年

单位：元

项目名称	期末数	项目名称	期末数
资产		负债	
货币资金	3,515,242.34	短期借款	
存放中央银行款项		拆入资金	
拆出资金		交易性金融负债	
交易性金融资产	2,431,773,311.76	应付账款	1,000,395,000.00
应收账款	5,271,988,172.79	应付职工薪酬	2,541,333.53
应收利息	20,348,448.77	应交税费	764,349.05
贷款		其他负债	7,281,698,024.24
可供出售金融资产	23,537,633.42	负债合计	8,285,398,706.82
持有至到期投资	593,700,000.00	所有者权益（或股东权益）	
固定资产	16,590,944.09	未分配利润	76,055,046.35
无形资产		所有者权益（或股东权益）合计	76,055,046.35
资产总计	**8,361,453,753.17**	**负债及所有者权益（或股东权益）总计**	**8,361,453,753.17**

中国信达资产管理股份有限公司河南省分公司资产负债表

2017 年

单位：元

项目名称	期末数	项目名称	期末数
资产		负债	
货币资金	5,984,128.56	短期借款	
存放中央银行款项		向中央银行借款	
拆出资金		拆入资金	
以公允价值计量且其变动计入当期损益的金融资产	6,292,176,322.76	应付款项	7,099,715.43
衍生金融资产		应付职工薪酬	29,332,233.89
应收款项类金融资产	11,275,448,220.95	应交税费	7,532,860.66
应收利息		预计负债	2,403,000.00
应收款项	484,358,090.60	递延所得税负债	
可供出售金融资产		其他负债	15,021,447,147.48
长期股权投资	59,403,408.20	负债合计	15,067,814,957.46
投资性房地产		所有者权益（或股东权益）	
固定资产	1,186,987.42	归属于母公司所有者权益合计	3,095,993,577.06
其他资产	4,286,598.38	所有者权益（或股东权益）合计	3,095,993,577.06
资产总计	**18,122,843,756.87**	**负债及所有者权益（或股东权益）总计**	**18,163,808,534.52**

中原资产管理有限公司资产负债表

2017 年　　单位：元

项目名称	期末数	项目名称	期末数
流动资产		流动负债	
货币资金	2,877,246,759.63	短期借款	6,699,924,248.06
以公允价值计量且其变动计入当期损益的金融资产	7,844,898,415.77	应付账款	289,908,365.18
		预收款项	300,539,219.01
应收票据	32,748,013.06	应付职工薪酬	68,304,959.26
应收款项	6,420,515,119.21	应交税费	217,836,917.56
预付款项	4,139,015.53	应付利息	277,481,233.95
应收利息	51,586,514.44	其他应付款	5,407,753,460.64
其他应收款	2,977,224,307.32	一年内到期的非流动负债	8,162,749,623.99
存货	4,909,816,470.30	其他流动负债	660,404,300.00
持有待售资产		流动负债合计	22,084,902,327.65
一年内到期的非流动资产	7,390,602,380.19	长期借款	23,808,478,155.40
其他流动资产	38,002,075.38	长期应付款	1,563,927,186.57
流动资产合计	32,576,627,281.27	专项应付款	424,849,931.04
非流动资产		递延收益	10,021,262.53
可供出售金融资产	20,969,730,407.70	递延所得税负债	699,794,089.24
长期应收款	15,081,720,121.56	其他非流动负债	12,664,516,795.24
长期股权投资	2,111,454,500.09	非流动负债合计	39,171,587,420.02
固定资产	1,245,086,035.79	负债合计	61,256,489,747.67
在建工程	277,344,506.00	所有者权益	
无形资产	977,653,392.30	实收资本	3,000,000,000.00
长期待摊费用	2,277,358.57	其他综合收益	2,416,940,919.21
递延所得税资产	64,997,342.03	盈余公积	47,861,452.47
非流动资产合计	40,730,263,664.04	未分配利润	434,662,979.96
		归属于母公司所有者权益合计	5,899,465,351.64
		少数股东权益	6,150,935,846.00
		所有者权益合计	12,050,401,197.64
资产总计	**73,306,890,945.31**	**负债及所有者权益总计**	**73,306,890,945.31**

中原信托有限公司资产负债表

2017 年

单位：元

项目名称	期末数	项目名称	期末数
流动资产		流动负债	
货币资金	1,299,997,291.24	短期借款	
交易性金融资产		交易性金融负债	
买入返售金融资产		应付票据	
应收账款	118,022,215.34	应付账款	
预付款项		预收款项	
应收利息	4,301,055.56	应付职工薪酬	149,610,343.80
应收股利		应交税费	139,380,040.21
其他应收款	148,139,126.03	应付利息	
一年内到期的非流动资产		其他应付款	1,718,092,509.08
流动资产合计	1,570,459,688.17	其他流动负债	
非流动资产		流动负债合计	2,007,082,893.09
发放贷款及垫款	1,544,000,000.00	非流动负债	
可供出售金融资产	4,690,011,421.99	长期借款	
长期股权投资	2,050,032,841.78	专项应付款	
投资性房地产	21,074,579.31	预计负债	
固定资产	88,955,848.04	递延所得税负债	
在建工程	35,672,880.13	其他非流动负债	
工程物资		非流动负债合计	
固定资产清理		负债合计	2,007,082,893.09
无形资产	47,916,681.80	所有者权益	
开发支出		实收资本	3,650,000,000.00
商誉		资本公积	1,483,794,508.99
长期待摊费用	299,711.88	减：库存股	
递延所得税资产	1,037,525.00	其他综合收益	−7,322,407.85
其他非流动资产		盈余公积	518,149,567.88
抵债资产	4,278,463.44	未分配利润	2,140,728,356.22
其他非流动资产		一般风险准备	261,306,723.21
非流动资产合计	8,483,279,953.37	所有者权益合计	8,046,656,748.45
资产总计	**10,053,739,641.54**	**负债及所有者权益总计**	**10,053,739,641.54**

百瑞信托有限责任公司资产负债表

2017 年　　单位：万元

项目名称	期末数	项目名称	期末数
流动资产		流动负债	
货币资金	37,850.98	应付职工薪酬	815.58
以公允价值计量且其变动计入当期损益的金融资产	63,399.70	应交税费	14,832.45
应收账款	9,587.54	其中：应交税金	14,737.25
应收利息		应付股利	
其他应收款	10,471.28	其他应付款	157,574.04
流动资产合计	121,309.51	流动负债合计	173,222.07
非流动资产		非流动负债	
发放贷款及垫款	170,000.00	预计负债	31,110.23
可供出售金融资产	607,638.67	递延所得税负债	1,131.85
固定资产原价	8,781.31	非流动负债合计	32,242.08
减：累计折旧	4,258.21	负债合计	205,464.15
固定资产净值	4,523.10	所有者权益（或股东权益）	
减：固定资产减值准备	8.65	实收资本（或股本）	400,000.00
固定资产净额	4,514.45	国家资本	320,040.00
无形资产	847.34	其中：国有法人资本	220,160.00
长期待摊费用	89.06	外商资本	79,960.00
递延所得税资产	2,515.35	实收资本（或股本）净额	400,000.00
非流动资产合计	785,604.86	资本公积	7,609.33
		其他综合收益	3,395.56
		盈余公积	55,112.28
		其中：法定公积金	55,112.28
		一般风险准备	51,735.46
		未分配利润	183,597.59
		归属于母公司所有者权益合计	701,450.22
		所有者权益（或股东权益）合计	701,450.22
资产总计	**906,914.37**	**负债及所有者权益（或股东权益）总计**	**906,914.37**

(二)损益表

国家开发银行股份有限公司河南省分行损益表

2017 年　　单位：元

项目名称	本年累计数
营业收入	6,338,956,730.02
利息净收入	6,247,230,095.64
利息收入	15,842,969,546.01
利息支出	−9,595,739,450.37
手续费及佣金净收入	89,987,365.78
手续费及佣金收入	138,706,275.87
手续费及佣金支出	−48,718,910.09
投资收益	1,465,589.78
其中：对联营企业和合营企业的投资收益	
公允价值变动收益 /（损失）	−47,500.00
汇兑收益	321,178.82
其他业务收入	
营业支出	−1,315,488,547.98
税金及附加	−110,882,091.25
业务及管理费	−160,667,997.79
资产减值损失	−1,043,938,458.94
其他业务成本	
营业利润	5,023,468,182.04
加：营业外收入	75,576,970.00
减：营业外支出	−80,094,432.39
利润总额	5,018,950,719.65
减：所得税费用	
净利润	**5,018,950,719.65**

中国农业发展银行河南省分行损益表

2017 年　　单位：元

项目名称	本年累计数
一、营业收入	1,613,801,959.92
（一）利息净收入	1,504,685,569.22
利息收入	9,265,051,329.84
利息支出	7,760,365,760.62
（二）手续费及佣金净收入	−37,590,067.39
手续费及佣金收入	6,624,390.82
手续费及佣金支出	44,214,458.21
（三）投资收益（损失以“−”号填列）	144,706,883.01
其中：对联营企业和合营企业的投资收益	
（四）公允价值变动收益（损失以“−”号填列）	
（五）汇兑收益（损失以“−”号填列）	1,413,975.79
（六）其他业务收入	585,599.29
二、营业支出	1,603,819,961.79
（一）税金及附加	46,485,256.00
（二）业务及管理费	1,124,408,388.75
（三）资产减值损失（转回金额以“−”号填列）	396,413,699.52
（四）其他业务成本	36,512,617.52
三、营业利润（亏损以“−”号填列）	9,981,998.14
加：营业外收入	4,897,576.88
减：营业外支出	13,891,425.70
四、利润总额（亏损以“−”号填列）	988,149.31
减：所得税费用	135,761.01
五、净利润（亏损以“−”号填列）	**852,388.30**

中国进出口银行河南省分行损益表

2017 年 单位：元

项目名称	本年累计数
一、营业收入	300,151,407.58
（一）利息净收入	270,271,269.30
利息收入	910,509,942.10
利息支出	640,238,672.80
（二）手续费及佣金净收入	25,859,318.50
手续费及佣金收入	25,871,418.50
手续费及佣金支出	12,100.00
（三）投资收益（损失以“–”号填列）	
其中：对联营企业和合营企业的投资收益	
（四）公允价值变动收益（损失以“–”号填列）	189,707.23
（五）其他收入	3,831,112.55
汇兑收益（损失以“–”号填列）	3,831,112.55
其他业务收入	
二、营业支出	122,290,296.77
（一）税金及附加	7,013,846.08
（二）业务及管理费	32,359,366.16
（三）资产减值损失或呆账损失（转回金额以“–”号填列）	80,591,155.86
（四）其他业务成本	2,325,928.67
三、营业利润（亏损以“–”号填列）	177,861,110.81
加：营业外收入	5,000,000.00
减：营业外支出	
四、利润总额（亏损以“–”号填列）	182,861,110.81
减：所得税费用	
五、净利润（亏损以“–”号填列）	**182,861,110.81**
对公理财收入	137,788,479.53
投资银行业务收入	138,731,454.06

中国工商银行股份有限公司河南省分行损益表

2017 年 单位：元

项目名称	本年累计数
1. 利息净收入	12,536,091,291
1.1 利息收入	19,302,413,370
1.1.1 存放中央银行利息收入	359,694
1.1.2 同业往来利息收入	–161,206
1.1.3 贷款利息收入	17,549,304,296
1.1.4 投资利息收入	326,181,239
1.1.4.1 其中：债券投资利息收入	326,181,239
1.1.5 系统内往来利息收入	1,426,729,348
1.1.6 其他利息收入	
1.2 利息支出	6,766,322,079
1.2.1 中央银行借款利息支出	
1.2.2 同业往来利息支出	113,213,676
1.2.3 存款利息支出	6,653,108,403
2. 手续费及佣金净收入	4,536,175,939
2.1 手续费及佣金收入	4,924,951,164
2.2 手续费及佣金支出	388,775,225
3. 投资收益（损失以“–”号填列）	–19,678,957
3.1 其他投资收益	–19,678,957
4. 公允价值变动收益	10,286
5. 汇兑收益	–4,708,722
6. 其他业务收入	51,288,285
7. 营业支出	5,422,881,959
7.1 业务及管理费	5,171,893,728
7.1.1 其中：工资薪金支出	1,617,005,483
7.2 税金及附加	202,290,635
7.3 其他营业支出	48,697,596
8. 营业外净收入	45,222,253
8.1 营业外收入	82,868,361
8.2 营业外支出	37,646,108
9. 计提资产减值损失前的利润总额	11,721,518,416
9.1 减：资产减值损失（转回的金额以“–”号填列）	4,798,115,643
10. 计提资产减值损失后的利润总额	6,923,402,773
10.1 减：所得税费用	1,885,137,214
11. 少数股东损益	
12. 净利润（亏损以“–”号填列）	**5,038,265,560**

中国农业银行股份有限公司河南省分行损益表

2017 年　　　　单位：元

项目名称	本年累计数
一、营业收入	13,491,903,364.80
（一）利息净收入	3,913,512,785.04
1、利息收入	10,660,528,870.57
其中：对公贷款和垫款利息收入	6,117,192,427.11
零售贷款和垫款利息收入	4,395,522,454.74
票据贴现利息收入	140,353,329.70
应收款项类投资利息收入	
持有至到期投资利息收入	
可供出售金融资产利息收入	
存放中央银行利息收入	664,279.95
买入返售金融资产利息收入	
拆出资金利息收入	
存放同业利息收入	6,796,379.07
以公允价值计量且其变动计入当期损益的金融资产利息收入	
其他利息收入	
2、利息支出	6,747,016,085.53
其中：吸收存款利息支出	6,502,950,900.81
同业存放利息支出	244,065,185.86
卖出回购金融资产利息支出	
拆入资金利息支出	
以公允价值计量且其变动计入当期损益的金融负债利息支出	
向中央银行借款利息支出	
发行债券利息支出	
其他利息支出	1.14
（二）系统内往来净收入	7,617,770,567.06
1、系统内往来收入	7,619,190,470.32
2、系统内往来支出	1,419,903.26
（三）手续费及佣金净收入	1,943,731,467.13
1、手续费及佣金收入	2,276,625,718.18
其中：结算与清算手续费收入	213,452,890.75
代理业务手续费收入	595,688,982.12
银行卡手续费收入	945,682,583.99
个人理财及私人银行业务收入	4,784,150.69
担保及承诺手续费收入	18,639,994.89
电子银行业务收入	263,186,773.46
托管及其他受托业务佣金收入	17,587,869.86
对公理财收入	
投资银行业务收入	198,121,554.57
其他业务手续费收入	19,480,917.85
2、手续费及佣金支出	332,894,251.05
其中：银行卡手续费支出	220,341,209.16
结算与清算手续费支出	35,548,459.08
其他业务手续费支出	77,004,582.81
（四）投资收益	3,766.18

续表

项目名称	本年累计数
其中：衍生金融工具收益/(损失)	5,145,205.37
交易性金融工具收益/(损失)	5,324,296.08
指定为以公允价值计量且其变动计入当期损益的金融工具收益/(损失)	149,698.64
可供出售金融资产收益/(损失)	
对联营和合营企业投资收益/(损失)	
境内其他股权投资处置收益/(损失)	
其他投资收益/(损失)	33,158.25
（五）公允价值变动损益	48.08
其中：交易性金融工具公允价值变动损益	
指定为以公允价值计量且其变动计入当期损益的金融工具公允价值变动损益	
衍生金融工具公允价值变动损益	48.08
其他公允价值变动损益	
（六）汇兑损益	5,922,562.75
（七）其他业务收入	10,969,700.92
二、营业支出	8,353,777,680.24
（一）税金及附加	126,438,918.77
（二）业务及管理费	5,909,785,851.24
其中：员工费用	3,884,022,827.19
折旧及摊销	668,535,223.49
业务费用	1,357,227,800.56
（三）资产减值损失	2,353,562,271.63
其中：发放贷款及垫款减值损失	2,254,368,064.82
可供出售金融资产减值损失	
持有至到期投资减值损失	11,516,399.90
应收款项类投资减值损失	29,086.55
固定资产减值损失	
存放同业减值损失	
拆出资金减值损失	
买入返售金融资产减值损失	
长期股权投资减值损失	
无形资产减值损失	
其他应收款减值损失	87,298,547.36
抵债资产减值损失	325,000.00
其他资产减值损失	25,173.00
（四）其他业务成本	36,009,361.40
其中：贴现资产转让损益	
三、营业利润	5,138,125,684.56
四、营业外净收入	51,527,102.64
1、营业外收入	82,898,004.68
2、营业外支出	31,370,902.04
五、利润总额	5,189,652,787.20
减：所得税费用	1,300,719,924.47
六、净利润	**3,888,932,862.73**

中国银行股份有限公司河南省分行损益表

2017 年　　单位：万元

项目名称	本年累计数
一、营业收入	1,300,344.10
利息净收入	1,045,728.36
利息收入	2,557,756.42
利息支出	-1,512,028.06
手续费及佣金净收入	221,707.14
手续费及佣金收入	226,908.23
手续费及佣金支出	-5,201.09
投资收益	0.08
其中：对联营企业和合营企业的投资收益	
公允价值变动收益	
汇兑收益	
其他业务收入	32,908.52
二、营业支出	-690,877.21
税金及附加	-13,624.26
业务及管理费	-421,009.00
资产减值损失	-235,309.33
其他业务成本	-20,934.62
三、营业利润	609,466.89
加：营业外收入	234.36
减：营业外支出	-1,278.20
四、利润总额	608,423.05
减：所得税费用	-183,232.79
五、税后利润	**425,190.26**

中国建设银行股份有限公司河南省分行损益表

2017 年　　单位：万元（本外币）

项目名称	本年累计数
一、营业收入	1,784,896.76
利息净收入	1,442,251.73
利息收入	2,146,709.68
利息支出	704,457.95
手续费及佣金净收入	329,609.65
手续费及佣金收入	373,456.96
手续费及佣金支出	43,847.31
投资收益（损失以“-”号填列）	9,237.30
其中：对联营企业和合营企业的投资收益	
公允价值变动收益（损失以“-”号填列）	-199.92
汇兑收益（损失以“-”号填列）	2,761.84
其他业务收入	1,236.16
二、营业支出	1,159,941.33
税金及附加	19,817.68
业务及管理费	536,855.63
资产减值损失	544,396.35
其他业务成本	58,871.67
三、营业利润（亏损以“-”号填列）	624,955.43
加：营业外收入	14,336.24
减：营业外支出	4,819.05
四、利润总额（亏损总额以“-”号填列）	634,472.63
减：所得税费用	
五、净利润（亏损以“-”号填列）	**634,472.63**

交通银行股份有限公司河南省分行损益表

2017年　　单位：元

项目名称	本年累计数
一、营业收入	6,471,708,553.77
利息净收入	4,878,672,690.75
利息收入	14,980,080,908.72
利息支出	10,101,408,217.97
手续费及佣金净收入	1,292,244,071.44
手续费及佣金收入	1,368,134,046.68
手续费及佣金支出	75,889,975.24
租赁收益	
投资收益	345,943.18
公允价值变动收益	
汇兑净收益	17,053,272.59
其他业务收入	283,392,575.81
二、营业支出	2,660,938,227.28
业务及管理费	1,570,891,384.48
税金及附加	76,235,074.52
资产减值损失	909,093,402.67
其他业务支出	104,718,365.61
三、营业利润	3,810,770,326.49
加：营业外收入	38,070,079.89
减：营业外支出	4,069,835.77
四、利润总额	3,844,770,570.61
减：所得税费用	
五、净利润	3,844,770,570.61
加：年度损益调整	-9,144,994.01
加：留存利润	
六、利润总额	**3,835,625,576.60**

中信银行股份有限公司郑州分行损益表

2017年　　单位：万元

项目名称	本年累计数
一、营业收入	537,287.75
利息净收入	292,670.14
利息收入	594,841.71
利息支出	-302,171.57
手续费及佣金净收入	56,415.66
手续费及佣金收入	59,077.66
手续费及佣金支出	-2,662.00
投资收益/(损失)	6,204.09
公允价值变动收益/(损失)	
汇兑收益/(损失)	2,017.14
系统内往来收支	181,329.75
其他业务损益	-1,349.03
二、营业支出	-296,730.68
税金及附加	-5,746.22
业务及管理费	-164,164.82
资产减值损失	-126,819.64
其他业务成本	
三、营业利润	240,557.06
加：营业外收入	2,345.62
减：营业外支出	-779.55
四、利润总额	242,123.12
减：所得税费用	-62,066.85
五、净利润	**180,056.27**

广发银行股份有限公司郑州分行损益表

2017 年　　单位：元

项目名称	本年累计数
一、营业收入	1,464,013,877.63
利息净收入	1,372,320,966.13
利息收入	4,213,309,289.21
利息支出	2,840,988,323.08
手续费及佣金净收入	87,238,345.02
手续费及佣金收入	104,919,754.87
手续费及佣金支出	17,681,409.85
投资收益（损失以“-”号填列）	
其中：对联营企业和合营企业的投资收益	
公允价值变动收益（损失以“-”号填列）	-387,960.25
汇兑收益（损失以“-”号填列）	3,406,684.54
其他营业收入	1,465,842.19
二、营业支出	1,931,867,768.10
税金及附加	20,986,950.33
业务及管理费	611,620,843.17
资产减值损失	1,299,137,218.76
其他业务成本	122,755.84
三、营业利润（损失以“-”号填列）	-467,823,890.47
加：营业外收入	2,614,384.66
减：营业外支出	11,538,883.67
加：以前年度损益调整	
加：外币损益折算差	0.48
四、利润总额（亏损总额以“-”号填列）	-476,748,389.00
减：所得税费用	
五、净利润（亏损以“-”号填列）	**-476,748,389.00**

中国光大银行股份有限公司郑州分行损益表

2017 年　　单位：万元

项目名称	本年累计数
一、营业收入	202,674.12
利息净收入	186,690.35
利息收入	253,933.73
利息支出	112,419.76
金融企业往来收入	134,364.76
金融企业往来支出	89,188.39
手续费及佣金净收入	15,489.99
手续费及佣金收入	15,714.15
手续费及佣金支出	224.16
投资收益	0.30
公允价值变动收益	2.79
汇兑收益	469.41
其他业务收入	21.29
二、营业支出	127,408.86
税金及附加	2,182.53
业务管理费用	71,050.90
资产减值损失	53,457.65
其他业务成本	717.78
三、营业利润	75,265.26
加：营业外收入	1,357.44
减：营业外支出	587.97
四、利润总额	76,034.74
减：所得税费用	8,928.22
五、净利润	**67,106.52**

上海浦东发展银行股份有限公司郑州分行损益表

2017 年　　单位：万元（本外币）

项目名称	本年累计数
一、营业收入	560,499
利息收入	833,922
金融机构往来利息收入	17,448
系统内往来收入	752,098
联行往来利息收入	
利息支出	207,719
金融机构往来利息支出	173,983
系统内往来支出	733,566
联行往来利息支出	
手续费收入	68,305
手续费支出	7,474
投资收益	2
汇兑收益	704
汇兑损失	85
其他营业收入	10,511
其他收益	336
二、营业支出	544,881
税金及附加	4,603
营业费用	117,566
资产减值损失	421,356
其他营业支出	1,356
三、营业利润（亏损以“–”号填列）	15,618
加：营业外收入	254
减：营业外支出	47
四、利润总额（亏损以“–”号填列）	15,825
五、净利润（亏损以“–”号填列）	**15,825**

招商银行股份有限公司郑州分行损益表

2017 年　　单位：万元

项目名称	本年累计数
1. 利息净收入	149,155
1.1 利息收入	361,732
1.2 利息支出	212,577
2. 手续费及佣金净收入	27,091
2.1 手续费及佣金收入	28,693
2.2 手续费及佣金支出	1,602
3. 投资收益（损失以“–”号填列）	5,760
3.1 股权投资收益（金融机构）	
3.2 股权投资收益（其他机构）	
3.3 其他投资收益	5,760
4. 公允价值变动收益	
5. 汇兑收益	846
6. 其他业务收入	50
7. 营业支出	71,661
7.1 业务及管理费	68,764
7.2 税金及附加	2,897
7.3 其他营业支出	
8. 营业外净收入	854
8.1 营业外收入	2,132
8.2 营业外支出	1,278
9. 计提资产减值损失前的利润总额	112,095
9.1 减：资产减值损失（转回的金额以“–”号填列）	103,651
10. 计提资产减值损失后的利润总额	8,444
10.1 减：所得税费用	2,111
11. 少数股东损益	
12. 净利润（亏损以“–”号填列）	**6,333**

兴业银行股份有限公司郑州分行损益表

2017 年　　单位：元

项目名称	本年累计数
（一）利息收入	2,283,037,047.73
（二）金融往来收入	1,431,478,783.71
（三）中间业务收入	262,715,094.14
（四）其它营业收入	8,796,790.67
（五）汇兑损益	4,695,597.47
（六）投资收益	693,229.39
（七）价值变动损益	
（八）营业外收入	2,865,959.67
收入合计	3,994,282,502.78
（一）利息支出	807,864,743.87
（二）金融企业往来支出	1,173,448,303.01
（三）手续费支出	16,441,157.73
（四）业务及管理费	680,705,462.91
（五）折旧费用	20,813,763.85
（六）税金及附加	21,320,219.96
（七）其它营业支出	778,074.34
（八）资产损失	491,025,314.83
（九）营业外支出	133,146,557.27
支出合计	3,345,543,597.77
（十）以前年度损益调整	
利润总额	648,738,905.01
（十一）减：所得税费用	
净利润	**648,738,905.01**

中国民生银行股份有限公司郑州分行损益表

2017 年　　单位：万元

项目名称	本年累计数
一、营业收入	326,119.011
利息净收入	204,607.5078
利息收入	415,200.3131
利息支出	210,592.8054
手续费及佣金净收入	19,815.79738
手续费及佣金收入	27,036.73578
手续费及佣金支出	7,220.938393
投资收益（损失以“-”号填列）	4,108.829903
公允价值变动收益（损失以“-”号填列）	
汇兑收益（损失以“-”号填列）	78.169227
其他业务收入	97,401.80677
其他收益	106.9
二、营业支出	239,845.327
税金及附加	3,945.771177
业务及管理费	101,293.6287
资产减值损失	138,426.8841
其他业务成本	-3,820.956938
三、营业利润（亏损以“-”号填列）	86,273.68402
加：营业外收入	25.21838
减：营业外支出	519.881111
四、利润总额（亏损总额以“-”号填列）	85,779.02129
减：所得税费用	
五、净利润（净亏损以“-”号填列）	**85,779.02129**

汇丰银行(中国)有限公司郑州分行损益表

2017年　　单位：万元

项目名称	本年累计数
一、营业收入	12,075.40
利息收入	11,685.61
金融机构往来利息收入	873.07
系统内往来利息收入	854.84
联行往来利息收入	
手续费收入	265.06
租赁收入	
汇兑收益	124.71
其他营业收入	
二、营业支出	8,321.25
利息支出	6,974.38
金融机构往来利息支出	6,756.74
系统内往来利息支出	6,753.11
联行往来利息支出	
手续费支出	1.24
营业费用	1,262.49
汇兑损失	
其他营业支出	83.14
三、营业税金及附加	76.36
四、营业利润	3,677.79
加：投资收益	
加：营业外收入	
减：营业外支出	
加或减：以前年度损益调整	
五、利润总额	**3,677.79**

东亚银行(中国)有限公司郑州分行损益表

2017年　　单位：万元

项目名称	本年累计数
一、营业收入	4,062.74
1. 利息净收入	3,991.66
利息收入	8,661.50
利息支出	4,669.84
2. 手续费及佣金净收入	68.20
手续费及佣金收入	68.90
手续费及佣金支出	0.70
3. 投资收益	0.01
4. 公允价值变动收益	
5. 汇兑净收益	2.87
6. 其他业务收入	
二、营业支出	-1,784.92
1. 业务及管理费	2,669.19
2. 税金及附加	40.78
3. 资产减值损失	-4,494.89
4. 其他业务支出	
三、营业利润	5,847.66
加：营业外收入	112.23
减：营业外支出	60.33
四、利润总额	5,899.55
减：所得税费用	495.09
五、净利润	**5,404.46**

华夏银行股份有限公司郑州分行损益表

2017 年　　单位：元（本外币）

项目名称	本年累计数
一、营业收入	993,774,021.54
利息净收入	966,733,336.03
利息收入	1,234,931,150.89
利息支出	268,197,814.86
手续费及佣金净收入	22,931,125.14
手续费及佣金收入	101,488,068.36
手续费及佣金支出	78,556,943.22
投资收益	
公允价值变动收益	
汇兑收益	4,108,975.47
其他业务收入	584.9
二、营业支出	656,814,878.52
税金及附加	11,000,336.87
业务及管理费	351,333,615.15
资产减值损失	294,480,926.50
其他业务成本	
三、营业利润	336,959,143.02
加：营业外收入	3,314,902.63
减：营业外支出	199,876.72
四、利润总额	340,074,168.93
减：所得税费用	36,140,615.60
五、净利润	**303,933,553.33**

平安银行股份有限公司郑州分行损益表

2017 年　　单位：万元

项目名称	本年累计数
一、营业收入	130,271.13
利息净收入	116,360.71
利息收入	154,511.05
利息支出	47,878.94
金融企业往来收入	126,074.86
金融企业往来支出	116,346.25
手续费及佣金净收入	8,456.43
手续费及佣金收入	10,367.69
手续费及佣金支出	1,911.27
投资收益	5,370.61
公允价值变动收益	
汇兑收益	-11.19
其他业务收入	94.58
二、营业支出	41,161.89
税金及附加	1,246.73
业务管理费用	35,513.18
资产减值损失	4,288.24
其他业务成本	113.74
三、营业利润	89,109.24
加：营业外收入	0.44
减：营业外支出	72.64
四、利润总额	89,037.05
减：所得税费用	
五、净利润	**89,037.05**

渣打银行（中国）有限公司郑州分行损益表

2017 年　　单位：万元

项目名称	本年累计数
一、营业收入	3,372.89
利息收入	3,197.77
金融机构往来利息收入	1,703.72
系统内往来利息收入	402.46
联行往来利息收入	
手续费收入	149.17
租赁收入	
汇兑收益	11.02
其他营业收入	14.93
二、营业支出	954.71
利息支出	434.46
金融机构往来利息支出	
系统内往来利息支出	294.95
联行往来利息支出	
手续费支出	0.05
营业费用	520.20
汇兑损失	
其他营业支出	
三、营业税金及附加	8.58
四、营业利润	2,409.60
加：投资收益	
加：营业外收入	
减：营业外支出	33.00
加或减：以前年度损益调整	
五、利润总额	**2,376.60**

恒丰银行股份有限公司郑州分行损益表

2017 年　　单位：万元

项目名称	本年累计数
一、营业收入	92,097.31
利息收入	61,366.24
金融机构往来利息收入	26,473.88
外汇业务收入	
其他手续费收入	4,140.00
信贷资产证券化交易收益	
其他营业收入	83.03
投资收益	
公允价值变动损益	
代理贵金属	
汇兑损益	1.19
贵金属租借损益	
自营金交所贵金属买卖损益	32.97
二、营业支出	68,768.39
利息支出	24,474.49
金融机构往来利息支出	24,567.61
营业费用	5,696.38
外汇业务支出	
手续费支出	339.45
职工薪酬	9,030.51
其他营业支出	1,436.29
资产减值损失	3,223.66
三、营业税费	434.49
营业税费	434.49
四、营业利润（亏损以“－”号填列）	22,894.43
加：营业外收入	949.19
加：衍生金融工具估值损益	
加：衍生金融工具交易损益	
加：套期损益	
减：营业外支出	10.73
五、利润总额（亏损以“－”号填列）	23,832.89
减：所得税费用	
六、净利润（亏损以“－”号填列）	**23,832.89**

渤海银行股份有限公司郑州分行损益表

2017 年 单位：万元

项目名称	本年累计数
一、营业收入	48,699.21
利息净收入	29,651.45
其中：利息收入	54,775.03
利息支出	25,123.58
手续费及佣金净收入	18,647.76
其中：手续费及佣金收入	18,882.18
手续费及佣金支出	234.42
投资损益	
公允价值变动损益	
汇兑损益	
其他业务收入	400.00
二、营业支出	15,042.10
税金及附加	323.26
业务及管理费	14,715.69
其中：人工费用	8,306.48
业务费用	6,175.83
折旧费用	233.37
资产减值损失	
其他业务成本	3.16
三、营业利润	33,657.11
加：营业外收入	0.12
减：营业外支出	
四、利润总额	33,657.23
减：所得税费用	744.06
五、净利润	**32,913.17**

浙商银行股份有限公司郑州分行损益表

2017 年 单位：万元

项目名称	本年累计数
一、营业收入	16,218.13
利息净收入	15,516.76
利息收入	20,891.82
利息支出	5,375.05
手续费及佣金净收入	600.74
手续费及佣金收入	638.56
手续费及佣金支出	37.83
租赁收益	
投资收益	95.94
公允价值变动收益	
汇兑净收益	–0.02
其他业务收入	4.70
二、营业支出	18,241.01
业务及管理费	10,676.14
税金及附加	104.53
资产减值损失	7,460.35
其他业务支出	
三、营业利润	–2,022.88
加：营业外收入	304.47
减：营业外支出	100.00
四、利润总额	–1,818.42
减：所得税费用	13.38
五、净利润	**–1,831.80**

中国邮政储蓄银行股份有限公司河南省分行损益表

2017 年　　单位：万元

项目名称	本年累计数
一、营业收入	1,507,659
（一）利息净收入	1,398,200
利息收入	2,833,248
利息支出	1,435,048
（二）手续费及佣金净收入	103,063
手续费及佣金收入	170,506
手续费及佣金支出	67,443
（三）投资收益（损失以“-”号填列）	15
其中：对联营企业和合营企业的投资收益	
（四）公允价值变动收益（损失以“-”号填列）	
（五）汇兑收益（损失以“-”号填列）	71
（六）其他业务收入	3,170
（七）其他收益	3,140
二、营业支出	1,068,707
（一）税金及附加	8,894
（二）业务及管理费	953,614
（三）资产减值损失	104,317
（四）其他业务成本	1,882
三、营业利润（亏损以“-”号填列）	438,952
加：营业外收入	904
减：营业外支出	196
四、利润总额（亏损总额以“-”号填列）	439,659
减：所得税费用	16,510
五、净利润（亏损以“-”号填列）	**423,149**

河南省农村信用社联合社损益表

2017 年　　单位：元

项目名称	本年累计数
一、营业收入	83,410,838,715.77
利息收入	53,096,376,878.04
金融机构往来收入	13,591,456,683.77
手续费及佣金收入	594,401,602.92
其他业务收入	450,347,993.67
汇兑损益	
公允价值变动损益	-190,525,045.30
投资收益	15,626,355,658.68
其他收益	242,424,943.99
二、营业支出	63,548,039,211.16
利息支出	20,469,241,667.96
金融机构往来支出	6,420,381,320.82
手续费及佣金支出	633,333,392.80
业务及管理费	16,786,112,496.03
其他业务支出	90,246,049.06
税金及附加	435,335,318.66
资产减值损失	18,713,388,965.83
三、营业利润（亏损以“-”号填列）	19,862,799,504.61
加：营业外收入	566,661,803.05
减：营业外支出	663,056,065.16
四、利润总额（亏损以“-”号填列）	19,766,405,242.50
减：所得税费用	5,742,851,083.48
1. 当期所得税费用	5,742,008,186.50
2. 递延所得税费用	842,896.98
五、净利润（亏损以“-”号填列）	**14,023,554,159.02**
盈余社数（个）	140.00
盈余金额	14,023,554,159.02
亏损社数（个）	
亏损金额	

中原银行股份有限公司损益表

2017 年　　单位：千元

项目名称	本年累计数
营业收入	
利息收入	20,548,430
利息支出	-8,913,204
利息净收入	11,635,226
手续费及佣金收入	901,638
手续费及佣金支出	-100,059
手续费及佣金净收入	801,579
投资净收益/(损失)	-85,940
公允价值变动净损失	-50,620
汇兑净收益/(损失)	-222,329
其他业务收入	36,893
营业收入合计	12,114,809
营业支出	
税金及附加	-117,604
业务及管理费	-5,351,967
资产减值损失	-1,890,944
其他业务成本	-10,800
营业支出合计	-7,371,315
资产处置收益/(损失)	14,691
其他收益	108,930
营业利润	4,867,115
加：营业外收入	32,171
减：营业外支出	-7,075
利润总额	4,892,211
减：所得税费用	-1,082,188
净利润	**3,810,023**
归属于本行股东的净利润	3,810,023
少数股东损益	
其他综合收益的税后净额：	
(一)以后不能重分类进损益的其他综合收益	
重新计量设定受益计划负债的变动	-1,514
(二)以后将重分类进损益的其他综合收益	
可供出售金融资产公允价值变动损益	-364,051
其他综合收益的税后净额	-365,565
综合收益总额	3,444,458
归属于本行股东的综合收益总额	3,444,458
归属于少数股东的综合收益总额	

郑州银行股份有限公司损益表

2017 年　　单位：千元

项目名称	本年累计数
营业收入	
利息收入	17,893.056
手续费及佣金收入	1,726,209
投资净收益	458,374
公允价值变动净收益/(损失)	-125,275
汇兑净收益/(损失)	24,579
其他业务收入	51,595
营业收入合计	19,811,529
营业支出	
利息支出	-9,928,950
手续费及佣金支出	-59,406
税金及附加	-76,309
业务及管理费	-2520,599
资产减值损失	-1855,359
其他业务成本	-28,491
营业支出合计	-14,469,114
营业利润	5,342,415
加：营业外收入	55,667
减：营业外支出	-6,466
利润总额	-5,391,616
减：所得税费用	-1,172,990
净利润	**4,218,626**

中原证券股份有限公司损益表

2017 年　　　　单位：元

项目名称	本年累计数
一、营业收入	2,147,620,089.37
手续费及佣金净收入	920,497,725.09
其中：经纪业务手续费净收入	544,470,262.56
投资银行业务手续费净收入	116,649,151.16
资产管理业务手续费净收入	91,611,726.88
利息净收入	461,017,735.56
投资收益（损失以“－”号填列）	501,967,179.81
其中：对联营企业和合营企业的投资收益	6,566,348.88
资产处置收益（损失以“－”号填列）	-5,792.24
公允价值变动收益（损失以“－”号填列）	-87,055,707.88
汇兑收益（损失以“－”号填列）	-1,290,753.60
其他收益	
其他业务收入	352,489,702.63
二、营业支出	1,474,298,646.72
税金及附加	15,908,568.94
业务及管理费	1,071,767,642.98
资产减值损失	75,892,177.00
其他业务成本	310,730,257.80
三、营业利润（亏损以“－”号填列）	673,321,442.65
加：营业外收入	21,917,555.02
减：营业外支出	15,130,312.36
四、利润总额（亏损总额以“－”号填列）	680,108,685.31
减：所得税费用	158,945,969.39
五、净利润（净亏损以“－”号填列）	**521,162,715.92**
（一）按经营持续性分类	

续表

项目名称	本年累计数
1. 持续经营净利润（亏损以“－”号填列）	521,162,715.92
2. 终止经营净利润（亏损以“－”号填列）	
（二）按所有权归属分类	
1. 少数股东损益	79,180,123.25
2. 归属于母公司股东的净利润	441,982,592.67
六、其他综合收益的税后净额	-105,372,736.85
归属于母公司所有者的其他综合收益的税后净额	-85,514,123.17
（一）以后不能重分类进损益的其他综合收益	
1. 重新计量设定受益计划净负债或净资产的变动	
2. 权益法下在被投资单位不能重分类进损益的其他综合收益中享有的份额	
（二）以后将重分类进损益的其他综合收益	-85,514,123.17
1. 权益法下在被投资单位以后将重分类进损益的其他综合收益中享有的份额	
2. 可供出售金融资产公允价值变动损益	-57,790,074.69
3. 持有至到期投资重分类为可供出售金融资产损益	
4. 现金流量套期损益的有效部分	
5. 外币财务报表折算差额	-27,724,048.48
6. 其他	
归属于少数股东的其他综合收益的税后净额	-19,858,613.68
七、综合收益总额	415,789,979.07
归属于母公司所有者的综合收益总额	356,468,469.50
归属于少数股东的综合收益总额	59,321,509.57
八、每股收益	
（一）基本每股收益（元/股）	0.11
（二）稀释每股收益（元/股）	0.11

中国出口信用保险公司河南分公司损益表

2017 年　　　　单位：元

项目名称	本年累计数
一、营业收入	22,194,717.36
已赚保费	11,165,632.36
保险业务收入	251,461,327.51
其中：分保费收入	
减：分出保费	27,568,927.13
提取未到期责任准备金	212,726,768.02
投资收益	
公允价值变动收益	
汇兑收益	9,410,794.83
其他业务收入	1,618,290.17
其中：利息收入	59,876.09
信息咨询收入	908,092.01
二、营业支出	55,331,637.15
赔付支出	141,813,243.92
减：追偿收入	16,022,349.24
摊回赔付支出	42,339,894.70
提取未决赔款准备金	−63,888,427.12
减：摊回未决赔款准备金	−24,064,088.30
分保费用	
税金及附加	295,953.70
手续费及佣金支出	
业务及管理费	16,035,811.78
减：摊回分保费用	5,953,374.50
其他业务支出	230,261.32
其中：利息支出	
信息咨询支出	206,900.00
资产减值损失	1,096,323.69
三、营业利润	−33,136,919.79
加：营业外收入	2,814.49
减：营业外支出	2,204.43
四、利润总额	−33,136,309.73
减：所得税费用	910,045.33
五、净利润	**−34,046,355.06**

中国人民财产保险股份有限公司河南省分公司损益表

2017 年　　　　单位：万元

项目名称	本年累计数
一、保费收入	1,107,019.51
加：分保费收入	
二、毛保费收入	1,107,019.51
减：分出保费	57,447.71
三、净保费收入	1,049,571.81
减：提取未到期责任准备金	85,035.57
加：提取分包未到期责任准备金	831.28
四、已赚净保费	965,367.51
五、赔付成本	546,598.30
赔付支出	583,329.29
其中：直接赔款	560,403.79
直接理赔费用	6,731.51
间接理赔费用	23,411.06
代位追偿款	−6,274.52
收回赔款及物资折价	−942.54
加：分保赔付支出	
减：摊回赔付支出	39,719.17
加：提取未决赔款准备金	−7,869.63
减：提取分保未决赔款准备金	−9,269.58
加：提取农险巨灾准备金	1,588.23
六、费用	394,676.31
手续费支出	255,305.55
加：税金及附加	7,455.15
加：承保费用	139,386.12
加：分保费用支出	
减：摊回分保费用	22,531.92
加：资产减值损失	3,331.87
加：提取保险保障基金	8,856.47
加：提取交强险救助基金	2,873.07
七、承保毛利	24,092.91
减：管理费用	22,606.30
八、承保利润	1,486.61
九、投资净收益	−59.03
公允价值变动损益	−28.77
加：投资收益	
加：利息收入	12.43
减：利息支出	
减：投资费用	
加：汇兑损益	−42.68
减：投资资产减值损失	
十、其他业务收支净额	−887.52
其他业务收入	3,287.59
其他业务支出	4,175.11
十一、营业利润	540.07
加：营业外收入	502.63
减：营业外支出	611.78
十二、利润总额	430.92
减：所得税费用	242.51
十三、净利润	**188.41**

天安财产保险股份有限公司河南省分公司损益表

2017 年　　单位：元

项目名称	本年累计数
一、营业收入	749,004,705.97
已赚保费	746,200,061.27
保险业务收入	794,412,025.63
其中：保费收入	794,412,025.63
分保费收入	
减：分出保费	4,925,858.47
提取未到期责任准备金	43,286,105.89
其中：原保险合同	39,543,198.47
再保险合同	3,742,907.42
投资净收益	
汇兑净收益	-3,866.97
利息收入	31,400.22
其中：大面额协议存款利息	
其他定期存款利息	
活期存款利息	
其他业务收入	2,777,111.45
二、营业支出	716,738,382.04
赔付总支出	365,214,438.72
其中：赔付支出	365,214,438.72
分保赔付支出	
减：摊回赔付支出	7,594,930.14
提取未决赔款准备金	27,484,671.84
其中：已发生已报告	49,662,158.67
已发生未报告	-22,259,927.09
预估间接理赔费用	82,440.26
减：摊回未决赔款准备金	229,217.46
提取保费准备金	
手续费支出	158,810,303.24
分保费用	
营业税金及附加	6,245,844.33
业务及管理费	164,874,642.49
其中：保险保障基金	6,465,410.13
减：摊回分保费用	1,845,559.91
利息支出	
其中：卖出回购金融资产利息	
债券利息	
再保保证金利息	
其他业务支出	2,797,399.58
其中：投资型保险业务费用	1,486,716.00
资产减值损失	980,789.35
三、营业利润（亏损以“-”号填列）	32,266,323.93
加：营业外收入	1,663,386.02
减：营业外支出	268,920.98
四、利润总额（亏损以“-”号填列）	33,660,788.97
减：所得税费用	
五、净利润（亏损以“-”号填列）	**33,660,788.97**
六、其他综合收益	
七、综合收益总额	33,660,788.97

中国平安财产保险股份有限公司河南分公司损益表

2017 年　　单位：元

项目名称	本年累计数
一、营业收入	6,815,900,309.45
已赚保费	6,776,441,414.00
保险业务收入	7,821,557,495.20
其中：分保费收入	
减：分出保费	300,652,973.18
提取未到期责任准备金	744,463,108.02
利息收入	
利息支出	
手续费及佣金净收入	
手续费及佣金收入	
手续费及佣金支出	
投资收益 /（损失）	24,282.12
其中：对联营企业和合营企业的投资收益	
公允价值变动收益 /（损失）	
汇兑收益 /（损失）	1,457,545.26
其他业务收入	35,685,268.07
二、营业支出	6,278,456,007.77
退保金	
赔付支出	2,930,999,047.47
减：摊回赔付支出	140,021,687.49
提取保费准备金	2,750,609.23
提取保险责任准备金	749,473,799.47
减：摊回保险责任准备金	6,591,907.74
保单红利支出	
分保费用	
税金及附加	43,716,390.35
保险业务手续费及佣金支出	1,619,171,226.30
业务及管理费	1,199,127,178.46
减：摊回分保费用	132,370,792.44
其他业务成本	1,836,323.12
资产减值损失	10,365,821.04
三、营业利润	537,444,301.68
加：营业外收入	1,388,023.11
减：营业外支出	1,931,008.44
四、利润总额	536,901,316.35
减：所得税费用	
五、净利润	**536,901,316.35**

永安财产保险股份有限公司河南分公司损益表

2017 年　　单位：元

项目名称	本年累计数
一、营业收入	478,070,581.63
1. 已赚保费	477,447,748.98
保险业务收入	474,050,676.16
保费收入	474,050,676.16
分保费收入	
分出保费	15,619,604.37
提取未到期责任准备金	−19,016,677.19
2. 投资净收益	6,095.32
3. 公允价值变动净收益	
4. 汇兑净收益	125.82
5. 其他业务收入	616,611.51
其中：利息收入	
二、营业支出	486,237,587.61
1. 赔付总支出	320,072,280.19
其中：赔款支出	320,072,280.19
分保赔款支出	
减：摊回赔付支出	10,738,654.78
2. 提取保险责任准备金	−34,170,058.68
减：摊回保险责任准备金	−2,237,341.03
3. 提取保费准备金	3,616,718.83
4. 手续费及佣金支出	58,887,227.56
5. 分保费用	
6. 退保金	
7. 保单红利支出	
8. 营业税金及附加	2,219,129.26
9. 业务及管理费	148,176,736.78
减：摊回分保费用	4,440,478.78
10. 其他业务支出	610,278.19
其中：利息支出	
11. 资产减值损失	−232,931.99
三、营业利润	−8,167,005.98
其中：承保利润	−8,412,492.43
加：营业外收入	2,171.96
减：营业外支出	328,410.72
四、利润总额	−8,493,244.74
减：所得税费用	
五、净利润	**−8,493,244.74**

太平财产保险有限公司河南分公司损益表

2017 年　　单位：元

项目名称	本年累计数
一、保险业务收入	902,997,133.88
1. 保费收入	902,997,133.88
2. 分保费收入	
3. 追偿款收入	
二、保险业务支出	788,764,167.42
1. 赔款支出	349,818,634.90
减：摊回分保赔款	30,106,458.08
2. 分出保费	106,561,658.04
3. 分保赔款支出	
4. 分保费用支出	
5. 手续费及佣金支出	162,947,752.83
6. 营业税金及附加	6,090,027.44
减：摊回分保税金	
7. 营业费用	245,990,031.43
减：摊回分保费用	52,537,479.14
8. 提取保险保障基金	
三、准备金提转差	73,046,217.09
1. 提存未决赔款准备金	41,978,133.06
其中：提存已发生未报案	
减：转回未决赔款准备金	11,539,330.83
其中：转回已发生未报案	
2. 提存未到期责任准备金	42,607,414.86
减：转回未到期责任准备金	
3. 提存长期责任准备金	
减：转回长期责任准备金	
4. 提存保费不足准备金	
减：转回保费不足准备金	
四、承保利润	41,186,749.37
加：投资收益	
利息收入	2,757.37
买入返售证券收入	
其他收入	4,284,364.23
汇兑收益	11,424.02
减：利息支出	
其中：保户红利支出	
风险保费支出	
卖出回购证券利息支出	
其他支出	2,156,034.68
五、营业利润	43,329,260.31
加：营业外收入	73,378.91
减：营业外支出	139,420.59
六、利润总额	43,263,218.63
减：所得税费用	4,086,269.65
七、净利润	**39,176,948.98**

中华联合财产保险股份有限公司河南分公司损益表

2017 年　　单位：元

项目名称	本年累计数
一、保险业务收入	
1. 保费收入	2,199,481,295.65
2. 分保费收入	
3. 追偿款收入	
4. 其他业务收入	7,156,801.98
5. 投资收益	24,902.78
6. 汇兑收益	-1,343.14
二、保险业务支出	
1. 死伤医疗给付	
2. 满期给付	
3. 年金给付	
4. 退保金	
5. 赔款支出	1,469,377,835.04
减：摊回分保赔款	42,506,819.44
6. 分出保费	52,819,970.96
7. 分保赔款支出	
8. 分保费用支出	
9. 手续费及佣金支出	284,742,884.11
10. 佣金支出	
11. 营业税金及附加	8,944,955.26
12. 营业费用	534,978,447.70
减：摊回分保费用	25,048,106.83
13. 其他业务成本	1,468,639.37
14. 资产减值损失	6,597,204.84
三、准备金提转差	
1. 提存未决赔款准备金	-24,407,044.23
减：转回未决赔款准备金	-9,079,712.65
2. 提存未到期责任准备金	-4,870,079.32
3. 提存寿险责任准备金	
4. 提存长期健康险责任准备金	
四、营业利润	-64,515,943.84
加：营业外收入	360,583.86
减：营业外支出	1,184,598.41
五、利润总额	-65,339,957.39
减：所得税费用	9,454.82
六、净利润	**-65,349,412.21**

中国大地财产保险股份有限公司河南分公司损益表

2017 年　　单位：万元

项目名称	本年累计数
一、营业收入	112,005.23
已赚保费	111,596.02
保险业务收入	123,410.37
其中：分保费收入	0.00
减：分出保费	7,796.27
提取未到期责任准备金	4,018.09
利息收入	0.53
利息支出	0.00
手续费及佣金净收入	
手续费及佣金收入	
手续费及佣金支出	20,348.88
投资收益 /（损失）	
其中：对联营企业和合营企业的投资收益	
公允价值变动收益 /（损失）	
汇兑收益 /（损失）	1.20
其他业务收入	407.48
二、营业支出	108,214.99
退保金	
赔付支出	57,880.32
减：摊回赔付支出	2,673.53
提取保费准备金	
提取保险责任准备金	4,509.40
减：摊回保险责任准备金	616.82
保单红利支出	
分保费用	
营业税金及附加	808.56
保险业务手续费及佣金支出	20,348.88
业务及管理费	31,025.92
减：摊回分保费用	3,630.54
其他业务成本	377.82
资产减值损失	184.97
三、营业利润	3,790.24
加：营业外收入	4.41
减：营业外支出	32.63
四、利润总额	3,762.02
减：所得税费用	
五、净利润	**3,762.02**

华安财产保险股份有限公司河南分公司损益表

2017 年　　单位：万元

项目名称	本年累计数
一、营业收入	54,593.25
已赚保费	53,986.60
保险业务收入	72,381.89
其中：分保费收入	
减：分出保费	16,865.64
提取未到期责任准备金	1,529.65
投资收益（损失以“－”号填列）	
其中：对联营企业和合营企业的投资收益	
公允价值变动收益（损失以“－”号填列）	224.57
汇兑收益（损失以“－”号填列）	-10.80
其他业务收入	392.88
二、营业支出	52,557.50
退保金	
赔付支出	24,784.84
减：摊回赔付支出	948.97
提取保险责任准备金	5,237.20
减：摊回保险责任准备金	2,749.95
保单红利支出	
分保费用	
营业税金及附加	569.98
手续费及佣金支出	17,328.02
业务及管理费	15,462.81
减：摊回分保费用	7,127.63
其他业务成本	2.45
资产减值损失	-1.25
三、营业利润（亏损以“－”号填列）	2,035.76
加：营业外收入	30.08
减：营业外支出	55.10
四、利润总额（亏损总额以“－”号填列）	2,010.74
减：所得税费用	56.46
五、净利润（净亏损以“－”填列）	**1,954.29**

都邦财产保险股份有限公司河南省分公司损益表

2017 年　　单位：元

项目名称	本年累计数
一、保险业务收入	267,840,065.21
1. 保费收入	266,688,271.60
2. 分保费收入	
3. 追偿款收入	
4. 其他业务收入	1,151,793.61
二、保险业务支出	275,378,750.47
1. 死伤医疗给付	
2. 满期给付	
3. 年金给付	
4. 退保金	
5. 赔款支出	113,210,950.16
减：摊回分保赔款	430,581.60
6. 分出保费	1,541,854.58
7. 分保赔款支出	
8. 分保费用支出	
9. 手续费及佣金支出	28,399,005.49
10. 佣金支出	
11. 营业税金及附加	1,419,324.00
12. 营业费用	131,514,220.86
减：摊回分保费用	427,023.02
13. 其他业务成本	151,000.00
三、准备金提转差	34,633,868.15
1. 提存未决赔款准备金	1,998,054.43
减：转回未决赔款准备金	57,960.26
2. 提存未到期责任准备金	32,693,773.98
3. 提存寿险责任准备金	
4. 提存长期健康险责任准备金	
四、营业利润	-12,630,246.94
加：营业外收入	7,762,543.3
减：营业外支出	16,636.38
五、利润总额	-4,884,340.02
六、净利润	**-4,884,340.02**

渤海财产保险股份有限公司河南分公司损益表

2017 年　　单位：万元

项目名称	本年累计数
一、保险业务收入	39,171.54
1. 保费收入	39,117.07
2. 分保费收入	
3. 追偿款收入	54.47
二、保险业务支出	34,592.25
1. 赔款支出	13,900.69
减：摊回分保赔款	95.15
2. 分出保费	301.26
3. 分保赔款支出	
4. 分保费用支出	
5. 手续费及佣金支出	6,027.17
6. 营业税金及附加	287.59
减：摊回分保税金	
7. 营业费用	13,931.54
减：摊回分保费用	73.79
8. 提取保险保障基金	312.94
三、准备金提转差	4,849.28
1. 提存未决赔款准备金	3,534.71
其中：提存已发生未报案	125.79
减：转回未决赔款准备金	82.95
其中：转回已发生未报案	49.72
2. 提存未到期责任准备金	1,397.52
减：转回未到期责任准备金	
3. 提存长期责任准备金	
减：转回长期责任准备金	
4. 提存保费不足准备金	
减：转回保费不足准备金	
四、承保利润	-269.99
加：投资收益	1.26
利息收入	
买入返售证券收入	
其他收入	115.02
汇兑收益	
减：利息支出	
其中：保户红利支出	
风险保费支出	
卖出回购证券利息支出	
其他支出	
五、营业利润	-153.71
加：营业外收入	8.28
减：营业外支出	2.07
六、利润总额	-147.5
减：所得税费用	0.71
七、净利润	**-148.21**

中国人寿财产保险股份有限公司河南省分公司损益表

2017 年　　单位：万元

项目名称	本年累计数
一、营业收入	656,798.20
已赚保费	653,839.81
保险业务收入	722,879.11
其中：分保费收入	
减：分出保费	32,618.74
提取未到期责任准备金	36,420.56
利息收入	
利息支出	
手续费及佣金净收入	
手续费及佣金收入	
手续费及佣金支出	
投资收益 /（损失）	48.39
其中：对联营企业和合营企业的投资收益	
公允价值变动收益 /（损失）	
汇兑收益 /（损失）	0.06
其他业务收入	2,909.94
二、营业支出	671,132.22
退保金	
赔付支出	389,960.56
减：摊回赔付支出	13,244.06
提取保费准备金	1,206.64
提取保险责任准备金	37,102.90
减：摊回保险责任准备金	215.21
保单红利支出	
分保费用	
营业税金及附加	4,760.99
保险业务手续费及佣金支出	146,487.65
业务及管理费	113,476.09
减：摊回分保费用	11,587.46
其他业务成本	3,086.04
资产减值损失	98.09
三、营业利润	-14,334.02
加：营业外收入	138.44
减：营业外支出	89.73
四、利润总额	-14,285.31
减：所得税费用	5,410.43
五、净利润	**-19,695.74**

永诚财产保险股份有限公司河南分公司损益表

2017 年　　单位：元

项目名称	本年累计数
一、保险业务收入	186,819,644.65
1. 保费收入	186,819,644.65
2. 分保费收入	
3. 追偿款收入	
二、保险业务支出	
1. 赔款支出	101,753,709.57
减：摊回分保赔款	8,398,168.04
2. 分出保费	36,178,795.45
3. 分保赔款支出	
4. 分保费用支出	
5. 手续费及佣金支出	25,036,115.49
6. 营业税金及附加	1,036,365.43
减：摊回分保税金	
7. 营业费用	76,268,652.87
减：摊回分保费用	13,869,054.31
8. 提取保险保障基金	
三、准备金提转差	
1. 提存未决赔款准备金	727,580,615.38
其中：提存已发生未报案	174,085,411.60
减：转回未决赔款准备金	744,879,505.22
其中：转回已发生未报案	198,715,982.63
2. 提存未到期责任准备金	1,277,105,951.97
减：转回未到期责任准备金	1,305,632,199.14
3. 提存长期责任准备金	
减：转回长期责任准备金	
4. 提存保费不足准备金	
减：转回保费不足准备金	
四、承保利润	3,529,592.47
加：投资收益	
利息收入	1,075.93
买入返售证券收入	
其他收入	642,572.66
汇兑收益	10,518.68
减：利息支出	
其中：保户红利支出	
风险保费支出	
卖出回购证券利息支出	
其他支出	525,203.49
五、营业利润	3,658,556.25
加：营业外收入	4,108.88
减：营业外支出	2,000.00
六、利润总额	3,660,665.13
减：所得税费用	
七、净利润	**3,660,665.13**

中银保险有限公司河南分公司损益表

2017 年　　单位：元

项目名称	本年累计数
一、保险业务收入	183,589,605.10
1. 保费收入	179,957,299.90
2. 分保费收入	
3. 追偿款收入	
4. 其他业务收入	3,632,305.18
二、保险业务支出	195,218,956.80
1. 死伤医疗给付	
2. 满期给付	
3. 年金给付	
4. 退保金	
5. 赔款支出	107,103,964.70
减：摊回分保赔款	3,468,796.62
6. 分出保费	13,267,058.98
7. 分保赔款支出	
8. 分保费用支出	
9. 手续费及佣金支出	52,534,146.52
10. 佣金支出	
11. 营业税金及附加	1,192,923.80
12. 营业费用	28,722,608.82
减：摊回分保费用	3,812,360.53
13. 其他业务成本	−320,588.93
三、准备金提转差	−16,379,955.47
1. 提存未决赔款准备金	7,616,859.24
减：转回未决赔款准备金	6,484,657.15
2. 提存未到期责任准备金	−17,512,157.56
3. 提存寿险责任准备金	
4. 提存长期健康险责任准备金	
四、营业利润	4,750,603.76
加：营业外收入	12,874.05
减：营业外支出	205,480.54
五、利润总额	4,557,997.27
六、净利润	**−3,090,178.36**

安诚财产保险股份有限公司河南分公司损益表

2017 年　　单位：元

项目名称	本年累计数
一、保险业务收入	159,012,256.8
1. 保费收入	159,012,256.8
2. 分保费收入	
3. 追偿款收入	
二、保险业务支出	159,323,814.19
1. 赔款支出	78,977,058.76
减：摊回分保赔款	3,791.29
2. 分出保费	35,845.39
3. 分保赔款支出	
4. 分保费用支出	
5. 手续费及佣金支出	31,885,168.19
6. 营业税金及附加	1,084,388.26
减：摊回分保税金	
7. 营业费用	46,086,636.29
减：摊回分保费用	13,589.46
8. 提取保险保障基金	1,272,098.05
三、准备金提转差	1,877,047.00
1. 提存未决赔款准备金	–9,409,433.42
其中：提存已发生未报案	3,055,496.9
减：转回未决赔款准备金	–96,958.84
其中转回已发生未报案	–15,437.67
2. 提存未到期责任准备金	11,189,521.58
减：转回未到期责任准备金	–9,409,433.42
3. 提存长期责任准备金	
减：转回长期责任准备金	
4. 提存保费不足准备金	
减：转回保费不足准备金	
四、承保利润	–2,188,604.36
加：投资收益	
利息收入	1,289.87
买入返售证券收入	
其他收入	1,399,303.61
汇兑收益	
减：利息支出	
其中：保户红利支出	
风险保费支出	
卖出回购证券利息支出	
其他支出	7,865.44
五、营业利润	–795,876.32
加：营业外收入	26,870.42
减：营业外支出	10,000
六、利润总额	–779,005.9
减：所得税费用	
七、净利润	**–779,005.9**

中国人寿保险股份有限公司河南省分公司损益表

2017 年　　单位：元

项目名称	本年累计数
一、营业收入	30,214,199,991.41
已赚保费	29,716,125,552.05
保险业务收入	30,000,656,225.25
其中：分保费收入	
减：分出保费	237,135,833.24
提取未到期责任准备金	47,394,839.96
投资收益（损失以“–”号填列）	327,393,973.34
其中：对联营企业和合营企业的投资收益	
公允价值变动收益（损失以“–”号填列）	
汇兑收益（损失以“–”号填列）	
其他业务收入	170,680,466.02
二、营业支出	34,904,716,236.91
退保金	6,984,892,708.15
赔付支出	14,692,159,566.84
其中：死亡给付	449,675,797.85
伤残给付	11,637,326.29
医疗给付	498,875,313.26
满期给付	10,386,787,964.42
年金给付	1,097,005,936.61
赔款支出	2,248,177,228.41
部分领取	
分保赔款	
减：摊回赔付支出	91,606,321.00
提取保险责任准备金	6,119,503,959.19
其中：提取未决赔款准备金	207,531,492.16
提取寿险责任准备金	4,654,765,934.72
提取长期健康险责任准备金	1,257,206,532.31
减：摊回保险责任准备金	243,150,813.61
保单红利支出	1,344,096,585.75
分保费用	
营业税金及附加	18,532,883.98
手续费及佣金支出	3,785,008,358.49
业务及管理费	1,812,768,137.71
其中：保险保障基金	55,887,879.15
减：摊回分保费用	44,689,635.09
其他业务支出	527,140,986.27
资产减值损失	59,820.23
三、营业利润（亏损以“–”号填列）	–4,690,516,245.50
加：营业外收入	1,944,133.88
减：营业外支出	14,924,702.39
四、利润总额（亏损以“–”号填列）	–4,703,496,814.01
减：所得税费用	
五、净利润（亏损以“–”号填列）	**–4,703,496,814.01**

注：以前年度损益调整

中国平安人寿保险股份有限公司河南分公司损益表

2017 年　　单位：元

项目名称	本年累计数
一、营业收入	17,625,863,285.11
已赚保费	16,982,902,603.41
保险业务收入	17,096,712,718.45
其中：分保费收入	
减：分出保费	104,517,397.85
提取未到期责任准备金	9,292,717.19
银行业务利息净收入	95,156,764.36
利息收入	95,156,764.36
利息支出	
手续费及佣金净收入	
手续费及佣金收入	
手续费及佣金支出	
投资收益	
其中：对联营企业和合营企业的投资收益	
公允价值变动收益	
汇兑收益	
其他业务收入	547,593,917.34
其他收益	210,000.00
二、营业支出	16,421,797,504.26
退保金	592,295,502.82
赔付支出	2,152,017,237.21
减：摊回赔付支出	81,260,845.60
提取保险责任准备金	5,556,478,253.98
减：摊回保险责任准备金	10,571,708.11
保单红利支出	307,788,843.03
分保费用	
营业税金及附加	10,050,062.53
保险业务手续费及佣金支出	4,967,230,995.78
业务及管理费	1,500,576,069.36
减：摊回分保费用	16,177,718.01
其他业务成本	1,443,370,811.27
资产减值损失	
三、营业利润	1,204,065,780.85
加：营业外收入	5,071,792.80
减：营业外支出	2,976,395.58
四、利润总额	1,206,161,178.07
减：所得税费用	
五、净利润	**1,206,161,178.07**

泰康人寿保险有限责任公司河南分公司损益表

2017 年　　单位：百万元

项目名称	本年累计数
一、营业收入	7,254.09
已赚保费	7,193.04
保险业务收入	7,296.78
其中：分保费收入	
减：分出保费	80.97
提取未到期责任准备金	22.77
投资收益（损失以“–”号填列）	33.49
其中：对联营企业和合营企业的投资收益	
公允价值变动收益（损失以“–”号填列）	
汇兑收益（损失以“–”号填列）	
其他业务收入	27.56
二、营业支出	8,009.47
退保金	4,670.35
赔付支出	2,778.71
减：摊回赔付支出	37.70
提取保险责任准备金	–1,990.59
减：摊回保险责任准备金	13.51
保单红利支出	443.23
分保费用	
营业税金及附加	0.56
手续费及佣金支出	1,211.91
业务及管理费	618.31
减：摊回分保费用	12.63
其他业务成本	340.81
资产减值损失	
三、营业利润（亏损以“–”号填列）	–755.39
加：营业外收入	6.16
减：营业外支出	0.76
四、利润总额（亏损总额以“–”号填列）	–749.99
减：所得税费用	–0.48
五、净利润（净亏损以“–”号填列）	**–749.51**

太平人寿保险有限公司河南分公司损益表

2017 年　　单位：万元

项目名称	本年累计数
一、营业收入	475,066.69
已赚保费	463,109.08
保险业务收入	471,830.41
其中：分保费收入	
减：分出保费	6,196.27
提取未到期责任准备金	2,525.06
管理费收入	0.00
投资收益（损失以“-”填列）	5,528.98
其中：对联营企业和合营企业的投资收益	
公允价值变动收益（损失以“-”填列）	
汇兑收益（损失以“-”填列）	
其他业务收入	6,428.63
二、营业支出	483,355.04
退保金	79,441.32
赔付支出	72,124.57
减：摊回赔付支出	5,540.00
提取未决赔款准备金	639.32
减：摊回未决赔款准备金	-1.93
提取寿险责任准备金	186,239.06
减：摊回寿险责任准备金	42.14
提取长期健康险责任准备金	19,109.91
减：摊回长期健康险责任准备金	-790.23
保单红利支出	33,887.08
分保费用	0.00
税金及附加	196.34
手续费及佣金支出	47,232.27
企业年金营销费用	
业务及管理费	36,281.55
减：摊回分保费用	772.53
其他业务成本	13,766.14
资产减值损失	
三、营业利润（亏损以“-”号填列）	-8,288.35
加：营业外收入	79.01
减：营业外支出	55.26
四、利润总额（亏损总额以“-”填列）	-8,264.61
减：所得税费用	2,687.23
五、净利润（净亏损以“-”填列）	**-10,951.83**

合众人寿保险股份有限公司河南分公司损益表

2017 年　　单位：元

项目名称	本年累计数
一、保险业务收入	1,581,846,042.70
1. 保费收入	1,573,345,384.06
2. 分保费收入	
3. 追偿款收入	
4. 其他业务收入	8,500,658.64
二、保险业务支出	
1. 死伤医疗给付	28,698,191.07
2. 满期给付	182,470,628.78
3. 年金给付	50,474,057.92
4. 退保金	373,802,724.97
5. 赔款支出	9,753,811.47
减：摊回分保赔款	
6. 分出保费	61,167,665.5
7. 分保赔款支出	
8. 分保费用支出	
9. 手续费及佣金支出	155,635,753.94
10. 佣金支出	
11. 营业税金及附加	558,652.01
12. 营业费用	114,744,239.57
减：摊回分保费用	2,272,161.61
13. 其他业务成本	77,017,707.59
三、准备金提转差	
1. 提存未决赔款准备金	2,051,680.71
减：转回未决赔款准备金	
2. 提存未到期责任准备金	2,845,192.68
3. 提存寿险责任准备金	531,531,665.1
4. 提存长期健康险责任准备金	40,663,223.94
四、营业利润	-95,736,677.33
加：营业外收入	1,386,757.2
减：营业外支出	738,109.42
五、利润总额	-95,088,029.55
六、净利润	-95,088,029.55

富德生命人寿保险股份有限公司河南分公司损益表

2017 年　　单位：元

项目名称	本年累计数
一、营业收入	4,226,628,837.07
已赚保费	4,201,586,049.76
保险业务收入	4,215,832,311.02
其中：分保费收入	
减：分出保费	
提取未到期责任准备金	14,246,261.26
投资收益	
公允价值变动收益	
汇兑收益	
其他业务收入	25,042,787.31
二、营业支出	5,758,896,573.42
退保金	3,549,531,742.14
赔付支出	1,049,140,418.94
减：摊回赔付支出	
提取保险责任准备金	−963,942,969.62
减：摊回保险责任准备金	2,706,110.18
保单红利支出	66,533,580.01
分保费用	
营业税金及附加	940,054.97
手续费及佣金支出	709,397,189.22
业务及管理费	485,584,743.62
减：摊回分保费用	−1,502,908.32
利息支出	
其他业务成本	862,915,016.00
资产减值损失	
三、营业利润	−1,532,267,736.35
加：营业外收入	397,298.43
减：营业外支出	299,296.87
减：以前年度损益调整	
四、利润总额	−1,532,169,734.79
减：所得税费用	
五、净利润	**−1,532,169,734.79**

中荷人寿保险有限公司河南省分公司损益表

2017 年　　单位：元

项目名称	本年累计数
一、保险业务收入	1,033,009,265.24
1. 保费收入	1,033,009,265.24
2. 分保费收入	
二、保险业务支出	494,136,627.16
1. 死伤医疗给付	34,686,445.61
2. 满期给付	96,797,426.01
3. 年金给付	8,116,762.49
4. 退保金	51,190,208.83
5. 赔款支出	3,163,140.39
减：摊回分保赔款	6,782,180.88
6. 分出保费	11,726,085.95
7. 分保赔款支出	
8. 分保费用支出	
9. 手续费支出	44,688,749.87
10. 佣金支出	131,352,638.29
11. 营业税金及附加	134,998.8
12. 营业费用	118,064,875.64
减：摊回分保费用	683,250.34
13. 提取保险保障基金	1,680,726.5
三、准备金提转差	592,071,670.34
1. 提存未决赔款准备金	1,121,588.13
减：转回未决赔款准备金	78,048.09
2. 提存未到期责任准备金	2,104,640.28
减：转回未到期责任准备金	
3. 提存寿险责任准备金	564,886,474.23
减：转回寿险责任准备金	175,491.69
4. 提存长期健康险责任准备金	27,276,435.09
减：转回长期健康险责任准备金	3,063,927.61
四、承保利润	−53,199,032.26
加：投资收益	8,717,070.4
利息收入	586,160.16
其他收入	3,219,348.64
汇兑收益	
买入返售证券收入	
独立账户收益	
减：利息支出	
保户利差支出	
卖出回购证券支出	
其他支出	
独立账户费用	
五、营业利润	−40,676,453.06
加：营业外收入	
减：营业外支出	31,684.42
六、利润总额	−40,708,137.48
减：所得税费用	
七、净利润	**−40,708,137.48**

平安养老保险股份有限公司河南分公司损益表

2017 年　　单位：元

项目名称	本年累计数
一、营业收入	945,905,543.09
已赚保费	931,476,596.08
保险业务收入	957,978,041.27
其中：分保费收入	
减：分出保费	321,418.13
提取未到期责任准备金	26,180,027.06
年金业务收入	10,513,167.93
账户管理费收入	1,998.92
投资管理费收入	9,430,940.23
受托费收入	1,080,228.78
手续费及佣金净收入	
手续费及佣金收入	
手续费及佣金支出	
投资收益	13,643.91
其中：对联营企业和合营企业的投资收益	
公允价值变动收益	
汇兑收益	
其他业务收入	3,656,091.17
其他收益	246,044.00
二、营业支出	934,133,764.29
退保金	3,900.00
赔付支出	869,771,294.67
减：摊回赔付支出	187,347.51
提取保险责任准备金	−75,455,123.35
减：摊回保险责任准备金	−34,212.55
保单红利支出	
分保费用	
营业税金及附加	−1,301,314.71
保险业务手续费及佣金支出	54,125,590.28
业务及管理费	77,346,309.94
减：摊回分保费用	262,103.85
其他业务成本	10,052,831.76
资产减值损失	5,514.51
三、营业利润	11,771,778.80
加：营业外收入	494,507.21
减：营业外支出	
四、利润总额	12,266,286.01
减：所得税费用	
五、净利润	**12,266,286.01**

中国人民人寿保险股份有限公司河南省分公司损益表

2017 年　　单位：元

项目名称	本年累计数
一、营业收入	5,365,961,353.33
已赚保费	5,299,226,112.19
保险业务收入	5,298,392,427.19
其中：分保费收入	
减：分出保费	
减：提取未到期责任准备金	−833,685.00
投资收益	20,366,927.90
其中：对联营企业和合营企业的投资收益	
公允价值变动收益	5,376,000.00
汇兑收益	
其他业务收入	40,992,313.24
二、营业支出	6,264,141,782.46
退保金	2,701,971,014.16
赔付支出	3,820,046,302.57
减：摊回赔付支出	
提取保险责任准备金	−1,107,538,348.00
减：摊回保险责任准备金	
保单红利支出	164,099,248.08
分保费用	
税金及附加	3,710,996.16
手续费及佣金支出	368,860,292.18
业务及管理费	239,524,732.83
减：摊回分保费用	
其他业务成本	72,988,674.87
资产减值损失	478,869.61
三、营业利润	−898,180,429.13
加：营业外收入	275,911.22
减：营业外支出	257,405.59
四、利润总额	−898,161,923.50
减：所得税费用	
五、净利润	**−898,161,923.50**

信泰人寿保险股份有限公司河南分公司损益表

2017 年 单位：元

项目名称	本年累计数
一、保险业务收入	1,333,249,376.34
1. 保费收入	1,331,548,718.39
2. 分保费收入	
3. 追偿款收入	
4. 其他业务收入	1,700,657.95
二、保险业务支出	392,212,216.3
1. 死伤医疗给付	
2. 满期给付	
3. 年金给付	
4. 退保金	28,979,261.95
5. 赔款支出	128,671,600.06
减：摊回分保赔款	8,079,463.79
6. 分出保费	
7. 分保赔款支出	
8. 分保费用支出	
9. 手续费及佣金支出	123,036,914.83
10. 保单红利支出	8,598,930.2
11. 营业税金及附加	56,824.52
12. 营业费用	81,015,836.16
减：摊回分保费用	1,671,087.33
13. 其他业务成本	31,603,399.65
三、准备金提转差	1,102,967,390.74
1. 提存未决赔款准备金	1,370,894.8
减：转回未决赔款准备金	507,791.88
2. 提存未到期责任准备金	
3. 提存寿险责任准备金	1,112,015,363
4. 提存长期健康险责任准备金	−9,911,074.96
四、营业利润	−161,930,230.65
加：营业外收入	20,393.03
减：营业外支出	36,324.41
五、利润总额	−161,946,162.03
六、净利润	**−161,946,162.03**

国华人寿保险股份有限公司河南分公司损益表

2017 年 单位：元

项目名称	本年累计数
一、保险业务收入	3,235,111,624
1. 保费收入	3,362,005,552
2. 分保费收入	−146,808,895.3
3. 追偿款收入	
4. 其他业务收入	19,914,967.33
二、保险业务支出	2,187,844,185
1. 死伤医疗给付	
2. 满期给付	
3. 年金给付	
4. 退保金	1,565,281,288
5. 赔款支出	222,785,999.8
减：摊回分保赔款	2,697,365.31
6. 分出保费	
7. 分保赔款支出	
8. 分保费用支出	−17,747,941.2
9. 手续费及佣金支出	112,588,208.6
10. 佣金支出	
11. 营业税金及附加	348,272.6
12. 营业费用	114,057,403.8
减：摊回分保费用	
13. 其他业务成本	193,228,318.1
三、准备金提转差	1,493,935,084
1. 提存未决赔款准备金	4,202,120.51
减：转回未决赔款准备金	1,106,821.52
2. 提存未到期责任准备金	327,881.92
3. 提存寿险责任准备金	1,476,316,984
4. 提存长期健康险责任准备金	14,194,919.79
四、营业利润	−446,667,645
加：营业外收入	296,239.97
减：营业外支出	170,409.21
五、利润总额	−446,541,814.3
六、净利润	**−446,692,200.3**

华泰人寿保险股份有限公司河南分公司损益表

2017 年　　单位：元

项目名称	本年累计数
一、营业收入	697,409,462.44
已赚保费	577,844,776.78
保险业务收入	594,292,534.47
其中：分保费收入	
减：分出保费	19,344,994.60
提取未到期责任准备金	-2,897,236.91
管理费收入（养老）	
投资收益（损失以“-”号填列）	116,751,658.67
公允价值变动收益（损失以“-”号填列）	
汇兑收益（损失以“-”号填列）	
其他业务收入	2,813,026.99
二、营业支出	631,880,537.48
退保金	40,659,917.49
赔付支出	181,216,218.03
减：摊回赔付支出	11,040,810.11
提取未决赔款准备金	2,638,330.87
减：摊回未决赔款准备金	1,325,568.17
提取寿险责任准备金	186,297,512.23
减：摊回寿险责任准备金	293,124.41
提取长期健康险责任准备金	7,520,355.88
减：摊回长期健康险责任准备金	1,181,929.91
保单红利支出	33,830,520.28
分保费用	
营业税金及附加	113,054.86
手续费及佣金支出	111,629,202.99
营销费用（养老）	
业务及管理费	72,069,896.86
减：摊回分保费用	1,181,552.85
其他业务成本	10,928,513.44
资产减值损失	
三、营业利润（亏损以“-”号填列）	65,528,924.96
加：营业外收入	56,361.95
减：营业外支出	138,428.71
四、利润总额	65,446,858.20
五、净利润	**65,446,858.20**

太平养老保险股份有限公司河南分公司损益表

2017 年　　单位：万元

项目名称	本年累计数
一、保险业务收入	29,379.83
1. 保费收入	28,064.30
2. 分保费收入	
3. 追偿款收入	
4. 其他业务收入	1,315.53
二、保险业务支出	16,431.49
1. 死伤医疗给付	
2. 满期给付	
3. 年金给付	
4. 退保金	5,229.80
5. 赔款支出	4,730.91
减：摊回分保赔款	563.62
6. 分出保费	871.02
7. 分保赔款支出	
8. 分保费用支出	
9. 手续费及佣金支出	2,043.70
10. 佣金支出	
11. 营业税金及附加	18.76
12. 营业费用	3,296.16
减：摊回分保费用	225.85
13. 其他业务成本	1,030.61
三、准备金提转差	14,484.34
1. 提存未决赔款准备金	405.16
减：转回未决赔款准备金	52.30
2. 提存未到期责任准备金	119.31
3. 提存寿险责任准备金	12,136.22
4. 提存长期健康险责任准备金	1,875.95
四、营业利润	-1,535.99
加：营业外收入	0.39
减：营业外支出	8.38
五、利润总额	-1,543.99
六、净利润	**-1,543.99**

中国华融资产管理股份有限公司河南省分公司损益表

2017 年 单位：元

项目名称	本年累计数
一、营业收入	1,154,310,901.32
利息收入	804,538.51
银行、租赁、信托利息收入	
证券、期货利息收入	
资产公司、非金融类利息收入	804,538.51
手续费及佣金收入	49,824,495.63
信托业务收入（信托专用）	
租赁业务收入（租赁专用）	
证券业务收入（证券、期货专用）	
基金业务收入（基金专用）	
财务顾问收入	
代理业务收入	49,824,495.63
其他	
投资收益	1,046,314,943.54
对联营企业和合营企业的投资收益	
待处置资产投资收益	796,235,019.13
其他投资收益	250,079,924.41
公允价值变动损益	40,340,426.53
实业类公司主营业务收入	
汇兑损益	
其他业务收入	17,026,497.11
二、营业支出	239,905,943.59
营业税金及附加	4,340,498.89
利息支出	18,011,000.00
银行、租赁、信托利息支出	
证券、期货利息支出	
资产公司、非金融类利息支出	18,011,000.00
手续费及佣金支出	
信托业务支出（信托专用）	
租赁业务支出（租赁专用）	
证券业务支出（证券、期货专用）	

续表

项目名称	本年累计数
基金业务支出（基金专用）	
财务顾问支出	
代理业务支出	
其他	
业务及管理费	39,882,996.35
折旧费	3,847,084.13
职工薪酬	24,628,546.23
业务费用	6,178,189.09
管理费用	5,229,176.90
资产减值损失	175,028,183.06
实业类公司主营业务成本	
其他业务成本	2,643,265.29
三、营业利润	914,404,957.73
加：营业外收入	229,091.04
减：营业外支出	
四、利润总额	914,634,048.77
减：所得税费用	
五、净利润	**914,634,048.77**
归属于母公司所有者的净利润	914,634,048.77
少数股东损益	
永续债持有者损益	
六、其他综合收益的税后净额	26,713,825.58
（一）以后不能重分类进损益的其他综合收益	
（二）以后将重分类进损益的其他综合收益	26,713,825.58
1. 权益法下在被投资单位以后将重分类进损益的其他综合收益中享有的份额	
2. 可供出售金融资产公允价值变动损益	26,713,825.58
3. 持有至到期投资重分类为可供出售金融资产损益	
4. 现金流量套期损益的有效部分	
5. 外币财务报表折算差额	
6. 其他	
七、综合收益总额	941,347,874.35

中国长城资产管理股份有限公司河南省分公司损益表

2017 年　　单位：元

项目名称	本年累计数
一、营业收入	408,419,206.04
（一）手续费及佣金净收入	7,559,599.85
（二）投资收益（损失以“–”号填列）	266,295,247.51
其中：对联营企业和合营企业的投资收益	
其中：不良资产处置净收益	
其中：改制银行不良资产处置净收益	
其他收购不良资产处置净收益	264,102,256.82
（三）公允价值变动净损益（损失以“–”号填列）	133,538,935.24
（四）汇兑收益（损失以“–”号填列）	
（五）其他业务收入	1,025,423.44
二、营业支出	251,487,918.61
（一）营业税金及附加	1,985,790.45
（二）业务及管理费	44,401,746.94
折旧	873,799.04
人员费用	30,567,682.94
管理费用	5,678,591.75
业务费用	7,281,673.21
（三）利息净支出	163,547,947.28
利息支出	162,577,900.42
其中：人行再贷款利息支出	
系统内资金往来利息支出	162,577,900.42
其他利息支出	
利息收入	–970,046.86

续表

项目名称	本年累计数
其中：系统内资金往来利息收入	
（四）资产减值损失（转回金额以“–”填列）	41,552,433.94
（五）其他业务成本	
三、营业利润（亏损以“–”填列）	156,931,287.43
加：营业外收入	2,013,975.43
减：营业外支出	512,362.69
四、利润总额（亏损以“–”填列）	158,432,900.17
减：所得税费用	
五、净利润（亏损以“–”填列）	**158,432,900.17**
归属于母公司所有者的净利润	158,432,900.17
少数股东权益	
六、其他综合收益的税后净额	–8,284,283.22
（一）以后不能重分类进损益的其他综合收益	
（二）以后将重分类进损益的其他综合收益	–8,284,283.22
1. 权益法下在被投资单位以后将重分类进损益的其他综合收益中享有的份额	
2. 可供出售金融资产公允价值变动损益	–8,284,283.22
3. 持有至到期投资重分类为可供出售金融资产损益	
4. 现金流量套期损益的有效部分	
5. 外币财务报表折算差额	
6. 其他	
七、综合收益总额	150,148,616.95

中国东方资产管理股份有限公司河南省分公司损益表

2017 年　　单位：元

项目名称	本年累计数	项目名称	本年累计数
手续费及佣金收入		业务及管理费	19,932,699.70
手续费及佣金支出		折旧费	1,558,296.07
资产处置收益	95,394.49	人员费用	12,024,419.37
不良贷款	95,394.49	职工工资	7,141,849.56
建行可疑类	95,394.49	职工福利费	459,666.46
工行可疑类		医疗费	52,067.72
投资收益	372,107,697.20	食堂支出	292,435.14
持有至到期投资	7,356,340.04	其他	115,163.60
持有期间	7,356,340.04	职工教育经费	107,127.74
出售		工会经费	142,836.99
不良贷款		社会保险费用	3,208,476.68
其他		养老保险	2,260,406.49
固定收益类投资	350,905,153.65	基本养老保险	2,260,406.49
信托产品		补充养老保险	
次级债		医疗保险	707,557.87
重组类不良资产收购	149,662,824.39	基本医疗保险	707,557.87
有限合伙企业基金份额	201,242,070.01	补充医疗保险	
资产管理计划	259.25	失业保险	132,028.41
资产证券化交易收益	13,558,208.19	工伤保险	23,830.97
政策性债转股	287,995.32	生育保险	84,652.94
非上市股权	287,995.32	其他保险	
持有期间	287,995.32	住房公积金	638,811.50
债转股	287,995.32	住房补贴	325,650.44
公允价值变动损益	7,937,108.91	管理费用	3,537,321.57
交易性金融资产	74,541.37	业务招待费	386,547.15
交易性金融负债		电子设备运转费	19,221.37
不良贷款	7,862,567.54	邮电费	206,693.20
延期收款及重组项目		办公用品费	181,656.00
汇兑损益		公杂费	168,270.52
货币兑换		办公用品	13,385.48
期末汇率调整		物业管理费	126,572.96
其他		办公用车费	1,010,966.04
		差旅费	1,230,743.03
租赁收入		水电费	99,496.54
		租赁费	52,800.00
其他业务收入	42,466.46	修理费	139,881.86
资产处置		会议费	8,358.49
建行可疑类		取暖费	70,086.87
工行可疑类		绿化费	4,298.06

续表

项目名称	本年累计数	项目名称	本年累计数
其他		业务费用	2,812,662.69
自营收入	42,466.46	业务宣传费	735.04
自有资产租赁收入		投资业务	735.04
其他	42,466.46	公告费	65,324.15
税金及附加	381,858.20	处置业务	10,560.00
营业税金		建行可疑类	5,000.00
城市维护建设税	107,712.32	政策类	5,560.00
教育费附加	46,162.42	投资业务	54,764.15
房产税	190,817.76	资产评估费	619,529.23
土地使用税	3,738.24	投资业务	619,529.23
其他税金		审计费	304,854.37
增值税		投资业务	304,854.37
地方教育费附加	30,774.96	律师费	1,163,249.66
印花税	347.50	处置业务	30,000.00
车船使用税	2,305.00	建行可疑类	30,000.00
利息支出	260,411,502.13	投资业务	1,133,249.66
借款		咨询费	392,351.75
中央银行再贷款		处置业务	-22,500.00
长期借款		其他	-22,500.00
短期借款		投资业务	414,851.75
拆入资金		诉讼费	96,164.00
系统内借款	260,411,502.13	投资业务	96,164.00
利息收入	2,102,407.48	拍卖费	97,087.38
金融机构往来	20,791.68	投资业务	97,087.38
中央银行		委托手续费	26,320.75
商业银行	20,791.68	投资业务	26,320.75
其他金融机构		其他项目处置费	47,046.36
系统内往来	2,081,615.80	处置业务	11,669.00
资产减值损失	25,308,877.22	其他	11,669.00
坏账准备	25,308,877.22	投资业务	35,377.36
其他业务成本		总额	2,812,662.69
		处置业务	29,729.00
营业外收入	16,823.88	建行可疑类	35,000.00
非流动资产利得	16,823.88	工行可疑类	
处置固定资产净收益	16,823.88	其他	-10,831.00
营业外支出	211,914.82	政策性	5,560.00
债务重组损失		中行损失类	
公益性捐赠支出	211,914.82	投资业务	2,782,933.69
收入小计	382,301,898.42	支出小计	306,246,852.07
净收益	76,055,046.35	净损失	
累计损益	**76,055,046.35**	**累计损益**	

中国信达资产管理股份有限公司河南省分公司损益表

2017 年 单位：元

项目名称	本年累计数
一、营业收入	1,439,353,606.12
（一）手续费及佣金净收入	-521,472.83
（二）投资收益（损失以“-”号填列）	1,361,482,407.39
其中：对联营企业和合营企业的投资收益	8,327,929.16
其中：不良资产处置净收益	1,161,542,467.56
其中：改制银行不良资产处置净收益	27,191,385.66
其他收购不良资产处置净收益	1,134,351,081.90
（三）公允价值变动收益（损失以“-”号填列）	78,392,671.56
（四）汇兑收益（损失以“-”号填列）	
（五）其他业务收入	
二、营业支出	108,388,456.74
（一）税金及附加	6,130,682.19
（二）业务及管理费	40,767,945.46
折旧	307,260.89
人员费用	31,936,180.20
管理费用	4,624,444.49
业务费用	3,900,059.88
（三）利息净支出	-14,628,057.48
利息支出	
人行再贷款利息支出	
其他利息支出（剔除系统内往来支出）	
利息收入	14,628,057.48
（四）资产减值损失（转回金额以“-”号填列）	76,117,886.57
（五）其他业务成本	
三、营业利润（亏损以“-”号填列）	1,330,965,149.38
加：营业外收入	62,530.75
减：营业外支出	592,537.79
四、利润总额（亏损以“-”号填列）	1,330,435,142.34
减：所得税费用	
五、净利润（亏损以“-”号填列）	**1,330,435,142.34**

中原资产管理有限公司损益表

2017 年 单位：元

项目名称	本年累计数
一、营业收入	1,946,304,424.34
其中：利息收入	1,634,872,536.39
手续费及佣金收入	118,891,296.33
资产经营收入	8,150,943.40
商品销售收入	154,184,951.62
其他收入	30,204,696.60
减：营业成本	170,545,293.42
税金及附加	73,749,231.61
业务及管理费	466,055,018.16
财务费用	2,074,476,201.68
资产减值损失	249,915,609.97
加：公允价值变动损益	149,665,646.72
投资收益	977,380,025.73
其中：对联营企业和合营企业的投资收益	3,534,942.12
资产处置收益	230,687,872.31
其他收益	228,950,498.00
二、营业利润	498,247,112.26
加：营业外收入	2,989,824.88
减：营业外支出	14,587,859.77
三、利润总额	486,649,077.37
减：所得税费用	85,061,548.06
四、净利润	**401,587,529.31**
（一）按经营持续性分类：	
1. 持续经营净利润	401,587,529.31
2. 终止经营净利润	
（二）按所有权归属分类：	
1. 少数股东损益	6,728,193.86
2. 归属于母公司所有者的净利润	394,859,335.45
五、其他综合收益的税后净额	2,217,461,364.94
（一）归属于母公司所有者的其他综合收益的税后净额	2,217,461,364.94
以后将重分类进损益的其他综合收益	
可供出售金融资产公允价值变动损益	2,217,461,364.94
（二）归属于少数股东的其他综合收益的税后净额	
六、综合收益总额	2,619,048,894.25
归属于母公司所有者的综合收益总额	2,612,320,700.39
归属于少数股东的综合收益总额	6,728,193.86

中原信托有限公司损益表

2017 年　　　　单位：元

项目名称	本年累计数
一、营业收入	1,760,356,825.78
利息净收入	94,512,281.68
利息收入	174,753,115.02
利息支出	80,240,833.34
手续费及佣金净收入	1,231,611,504.15
手续费及佣金收入	1,231,611,504.15
手续费及佣金支出	
投资收益(损失以"–"号填列)	430,661,836.45
其中：对联营企业和合营企业的投资收益	
资产处置收益(损失以"–"号填列)	6,551.32
公允价值变动收益(损失以"–"号填列)	
汇兑收益(损失以"–"号填列)	–4,579.61
其他业务收入	3,569,231.79
二、营业支出	675,681,792.31
营业税金及附加	10,658,296.42
业务及管理费	213,935,403.82
资产减值损失	449,514,964.06
其他业务成本	1,573,128.01
三、营业利润(亏损以"–"号填列)	1,084,675,033.47
加：营业外收入	1,200,989.63
减：营业外支出	23,696.01
四、利润总额(亏损以"–"号填列)	1,085,852,327.09
减：所得税费用	322,736,469.17
五、净利润(净亏损以"–"号填列)	**763,115,857.92**
六、每股收益	
(一)基本每股收益	
(二)稀释每股收益	
减：其他调整事项	
七、其他综合收益	–624,059.06
八、综合收益总和	762,491,798.86

百瑞信托有限责任公司损益表

2017 年　　　　单位：万元

项目名称	本年累计数
一、营业收入	183,221.42
利息净收入	11,379.96
利息收入	20,188.37
利息支出	8,808.41
手续费及佣金净收入	125,864.26
手续费及佣金收入	125,864.26
投资收益(损失以"–"号填列)	46,793.66
汇兑收益(损失以"–"号填列)	–993.22
租赁收入	128.50
其他业务收入	48.26
二、营业支出	41,982.14
税金及附加	1,282.79
业务及管理费	34,653.13
资产减值损失(转回以"–"号填列)	6,046.22
三、营业利润(亏损以"–"号填列)	141,239.29
加：营业外收入	103.04
其中：非流动资产处置利得	2.73
政府补助	100.00
减：营业外支出	141.23
其中：非流动资产处置损失	
四、利润总额(亏损以"–"号填列)	141,201.10
减：所得税费用	37,642.16
五、净利润(亏损以"–"号填列)	**103,558.93**
六、其他综合收益的税后净额	–10,807.67
可供出售金融资产公允价值变动损益	–10,807.67
七、综合收益总额	92,751.27

（三）保险业务统计表

中国人民财产保险股份有限公司河南省分公司保费收入情况表

2017 年

单位：万元

地区 \ 项目	企业财产保险	机动车辆保险	货物运输保险	责任保险	信用保证保险	农业保险	短期健康保险	意外健康保险	其他保险	合计
河南省	**15365.66**	**917279.74**	**4666.55**	**35086.18**	**31243.69**	**55767.57**	**23688.00**	**12023.27**	**11898.84**	**1107019.51**
郑州	2974.93	310069.71	1612.95	5708.33	5101.65	2186.97	1632.58	2447.77	3328.46	**335063.35**
开封	723.41	23243.20	45.14	638.07	489.08	5456.51	244.69	243.45	314.90	**31398.46**
洛阳	1254.41	80168.97	458.26	4881.45	1954.28	2775.24	1548.67	1499.38	1233.82	**95774.48**
平顶山	1381.70	31919.69	224.34	1389.39	644.06	5364.21	6153.69	284.17	559.78	**47921.02**
安阳	1052.65	56138.14	235.62	2495.17	2237.08	608.20	672.65	1226.14	449.76	**65115.42**
鹤壁	795.03	11899.65	39.55	720.79	459.21	1023.19	173.13	248.78	43.37	**15402.71**
新乡	590.25	43248.78	418.35	1716.67	2880.12	951.10	755.42	409.27	190.82	**51160.77**
焦作	787.84	37170.01	294.86	1437.20	1979.33	3586.28	301.47	562.19	65.75	**46184.94**
濮阳	273.03	22073.34	121.42	1236.32	1970.84	1981.51	231.84	466.16	408.00	**28762.46**
许昌	955.94	42034.66	220.31	1738.00	2610.75	2400.21	376.80	822.16	335.64	**51494.47**
漯河	220.64	7684.61	41.39	628.37	128.16	1041.75	742.03	166.27	176.74	**10829.95**
三门峡	344.31	22688.82	62.95	1153.93	1831.12	2040.00	249.10	1139.39	759.33	**30268.97**
南阳	1682.52	51636.42	376.11	2717.64	3385.30	6565.83	3836.22	564.81	794.12	**71558.97**
商丘	335.69	45341.82	100.73	1725.89	3376.21	5313.03	227.92	560.58	492.94	**57474.82**
信阳	477.30	40329.27	108.06	1753.26	324.95	2359.44	4469.14	350.67	1757.69	**51929.79**
周口	412.85	54112.90	112.45	2120.58	1541.86	2433.35	841.04	490.10	239.24	**62304.36**
驻马店	632.86	32084.72	89.24	2650.04	320.39	9220.63	1210.48	482.87	610.63	**47301.85**
济源	470.31	5435.03	104.79	375.09	9.28	460.13	21.14	59.11	137.85	**7072.73**

中国人民财产保险股份有限公司河南省分公司理赔情况表

2017 年

单位：万元

地区 \ 项目	企业财产保险	机动车辆保险	货物运输保险	责任保险	信用保证保险	农业保险	短期健康保险	意外健康保险	其他保险	合计
河南省	**15190.80**	**469671.97**	**2934.98**	**14713.09**	**4427.57**	**41227.27**	**385.58**	**8399.20**	**6801.09**	**563751.57**
郑州	1218.23	135774.20	1234.21	1593.05	2518.21	1483.75		1520.74	3102.44	**148444.83**
开封	102.53	11256.44	5.32	105.03		2903.67		129.31	249.08	**14751.39**
洛阳	915.00	38714.32	220.35	1827.65	66.04	1761.32	381.03	1168.16	164.99	**45218.86**
平顶山	701.56	17592.31	5.24	608.52		4492.83	1.20	57.66	135.42	**23594.74**
安阳	300.96	31272.21	76.91	1765.19	45.00	911.04		1096.98	273.96	**35742.27**
鹤壁	63.05	8240.47	19.51	227.34		793.99		156.24	5.16	**9505.77**
新乡	5748.58	16571.19	103.94	412.05	40.41	1584.06		322.75	21.92	**24804.89**
焦作	292.99	17493.88	222.29	427.67	433.95	2583.55		837.53	8.58	**22300.44**
濮阳	1001.11	11453.45	51.95	263.09	54.28	808.51		199.64	29.81	**13861.85**
许昌	495.10	28960.15	217.07	905.37	586.20	1432.19		496.87	119.29	**33212.23**
漯河	194.09	5876.11	33.44	96.42		1249.19		46.29	169.13	**7664.67**
三门峡	154.58	10371.03	13.78	1793.23	13.55	1277.48	2.14	850.85	405.10	**14881.75**
南阳	385.09	30228.25	92.03	1830.44	570.95	4362.79	1.21	268.77	183.25	**37922.78**
商丘	2082.22	27463.53	43.31	678.96	33.29	3049.97		433.35	96.16	**33880.78**
信阳	281.27	26914.92	5.71	830.55		1820.97		199.43	846.59	**30899.44**
周口	132.59	28707.14	504.14	474.61	65.69	1095.76		273.64	129.67	**31383.25**
驻马店	346.06	19007.92	31.04	842.48		9332.79		286.49	858.10	**30704.87**
济源	775.78	3774.04	54.77	31.43		283.39		54.50	2.44	**4976.35**

天安财产保险股份有限公司河南省分公司保费收入情况表

2017 年

单位：万元

项目 地区	企业财产保险	机动车辆保险	货物运输保险	责任保险	短期健康保险	意外伤害保险	其他保险	合　计
河南省	**1027.17**	**73459.97**	**129.41**	**1115.74**	**1370.36**	**1997.10**	**341.46**	**79441.20**
郑　州	119.43	20282.50	29.61	369.79	436.40	861.75	140.27	**22239.75**
开　封	26.22	3688.46	2.67	4.25	19.09	53.80	20.14	**3814.63**
洛　阳	10.21	1573.55	1.45	43.52	24.44	33.11	1.47	**1687.76**
平顶山	0.57	3310.03	6.63	7.66	110.82	147.93	0.24	**3583.87**
安　阳	72.59	4178.09	0.02	73.28	45.29	41.73	2.49	**4413.48**
鹤　壁	4.68	5035.21	0.77	71.34	113.88	80.26	1.46	**5307.60**
新　乡	14.99	1692.06	30.23	15.48	48.84	94.54	19.31	**1915.45**
焦　作	20.04	6898.89		0.94	103.33	71.40	3.25	**7097.85**
濮　阳	18.91	3604.79	1.42	89.43	23.61	44.33	0.78	**3783.25**
许　昌	16.63	2295.89	1.48	16.15	34.09	56.88	2.05	**2423.17**
漯　河	13.72	3153.28	4.11	9.62	46.95	33.76	7.80	**3269.24**
三门峡		1087.83	0.05	3.40	53.60	51.72	0.12	**1196.72**
南　阳	2.14	3581.51		29.43	38.73	70.73	32.06	**3754.59**
商　丘	129.26	2905.48		37.94	97.55	44.86	0.31	**3215.40**
信　阳	1.55	1724.05	0.02	13.50	34.53	28.40	10.00	**1812.04**
周　口	20.01	1916.57	0.02	190.14	69.44	159.19	4.84	**2360.21**
驻马店	34.98	4863.04		78.76	39.98	78.02	94.17	**5188.95**
济　源	521.25	1668.74	50.93	61.11	29.80	44.70	0.70	**2377.23**

天安财产保险股份有限公司河南省分公司理赔情况表

2017 年

单位：万元

项目 地区	企业财产保险	机动车辆保险	货物运输保险	责任保险	短期健康保险	意外伤害保险	其他保险	合　计
河南省	**560.58**	**33456.69**	**31.97**	**415.50**	**320.41**	**945.60**	**790.70**	**36521.44**
郑　州	12.78	9664.73	17.94	140.74	43.74	131.59	308.70	**10320.23**
开　封		1200.26			11.29	5.93	0.93	**1218.42**
洛　阳	263.52	488.82	0.30	7.48	3.79	5.51	0.63	**770.05**
平顶山		1602.45			0.31	67.76	2.46	**1672.98**
安　阳	30.89	1341.82		4.57	21.53	5.28		**1404.08**
鹤　壁		1499.07		32.34	29.78	187.98		**1749.18**
新　乡		902.26	12.75	21.77	5.03	3.08	4.29	**949.18**
焦　作		3076.14		2.33	2.22	224.96	0.71	**3306.37**
濮　阳	10.19	1182.56		119.20	6.40	0.45	0.23	**1319.03**
许　昌	3.64	1238.44		0.60	3.65	33.77		**1280.10**
漯　河	6.25	2037.98	0.98	0.30	6.30	7.49	4.89	**2064.18**
三门峡	0.06	218.10			133.47	6.74		**358.36**
南　阳		2176.36		3.58	5.28	47.20	15.21	**2247.62**
商　丘		1217.02		0.54	13.11	90.52	0.03	**1321.23**
信　阳		1445.02			1.94	2.37	26.85	**1476.18**
周　口	0.02	1237.78		59.97	17.12	117.27		**1432.16**
驻马店	1.42	2070.64		0.32	2.02	1.91	425.77	**2502.09**
济　源	231.81	857.24		21.76	13.42	5.78		**1130.01**

中国平安财产保险股份有限公司河南分公司保费收入情况表

2017 年

单位：万元

项目 地区	企业财产保险	机动车辆保险	货物运输保险	责任保险	信用保证保险	短期健康保险	意外伤害保险	其他保险	合　计
河南省	**6699.19**	**634585.76**	**657.65**	**18162.93**	**87849.01**	**2068.48**	**19266.40**	**12866.33**	**782155.75**
郑　州	4071.25	258462.31	400.76	7875.55	71648.01	1325.72	9835.86	3453.23	**357072.69**
开　封	68.22	22013.75	12.09	451.23		8.27	402.89	386.04	**23342.48**
洛　阳	94.35	30849.83	26.36	832.01	4184.40	59.66	907.16	319.74	**37273.51**
平顶山	131.44	21618.12	0.14	616.44		10.02	399.87	135.44	**22911.47**
安　阳	387.24	24464.18	59.33	758.67		12.19	807.92	212.85	**26702.37**
鹤　壁	48.68	9208.11		147.60		12.26	206.65	17.80	**9641.10**
新　乡	393.33	41325.68	27.47	979.21	0.37	303.99	1149.17	973.81	**45153.03**
焦　作	371.32	22435.05	17.98	1676.66	3352.48	51.09	388.27	29.47	**28322.31**
濮　阳	278.57	27970.63	16.50	580.18		60.95	772.86	108.17	**29787.86**
许　昌	66.84	20862.04	28.89	387.41	2664.80	31.78	385.04	23.83	**24450.64**
漯　河	42.55	11920.74	9.81	178.51		12.48	296.81	12.09	**12472.99**
三门峡	7.63	10208.71	0.32	217.16	10.86	10.47	252.66	82.14	**10789.97**
南　阳	132.35	29571.12	1.27	1064.05	5987.80	32.31	1216.27	2952.86	**40958.02**
商　丘	138.46	32780.35	2.20	865.17		7.45	607.35	1330.73	**35731.70**
信　阳	24.91	20761.96		386.08		65.47	564.68	981.17	**22784.26**
周　口	7.44	20578.62		237.93		5.21	372.75	310.61	**21512.56**
驻马店	105.89	19522.81		401.09		47.68	510.83	667.41	**21255.72**
济　源	328.73	10031.75	54.53	507.98	0.29	11.46	189.37	868.95	**11993.07**
本　级	–5.78	0.69		71.40		175.12	348.50	2415.69	**3005.63**

中国平安财产保险股份有限公司河南分公司理赔情况表

2017 年

单位：万元

项目 地区	企业财产保险	机动车辆保险	货物运输保险	责任保险	短期健康保险	意外伤害保险	其他保险	合　计
河南省	**2953.18**	**251989.40**	**261.38**	**4992.81**	**1206.09**	**1878.19**	**29818.87**	**293099.90**
郑　州	734.54	102751.08	99.43	1875.03	650.78	728.57	13450.57	**120289.99**
开　封	16.48	8809.96	0.01	152.19	27.43	131.46	66.00	**9203.54**
洛　阳	13.75	10708.43	11.83	347.98	30.14	51.35	3373.54	**14537.02**
平顶山	88.91	8506.36	0.17	132.50	3.68	15.40	82.26	**8829.27**
安　阳	343.29	10618.61	0.97	148.91	5.34	245.60	137.71	**11500.44**
鹤　壁	0.20	3719.99		57.93	9.95	5.73	10.51	**3804.32**
新　乡	58.35	15015.99	78.61	388.11	56.73	126.67	907.75	**16632.21**
焦　作	727.21	11285.57	16.25	144.89	26.71	156.21	2779.46	**15136.29**
濮　阳	367.51	10693.87	13.14	184.55	25.72	91.50	11.76	**11388.05**
许　昌	2.29	8051.08	0.25	154.79	17.16	34.61	2817.52	**11077.70**
漯　河	13.51	5497.86	0.31	46.49	8.35	6.19	36.34	**5609.06**
三门峡	0.32	4089.72	0.10	67.06	21.47	0.58	17.78	**4197.04**
南　阳	17.59	12008.07	0.14	425.34	51.53	57.33	4388.43	**16948.43**
商　丘	29.55	12652.92	0.10	384.15	2.24	62.41	162.94	**13294.32**
信　阳	0.35	7920.91	0.12	56.58	12.89	62.49	421.58	**8474.92**
周　口	0.30	7203.14	0.10	57.42	2.16	15.53	271.97	**7550.62**
驻马店	50.50	7097.09	0.29	68.83	15.93	36.43	164.30	**7433.38**
济　源	197.91	4099.40	36.70	163.17	26.22	10.99	611.66	**5146.05**
本　级	290.60	1259.32	2.84	136.87	211.68	39.15	106.78	**2047.24**

永安财产保险股份有限公司河南分公司保费收入情况表

2017年

单位：万元

项目 地区	企业财产保险	机动车辆保险	货物运输保险	责任保险	短期健康保险	意外伤害保险	其他保险	合　计
河南省	**701.67**	**34056.79**	**105.81**	**1687.14**	**70.95**	**713.71**	**10069**	**47405.07**
郑　州	142.56	10394.79	8.63	16.06	13.55	152.89	11.80	**10740.29**
洛　阳	52.98	3104.14	90.47	66.31	2.05	29.30	622.75	**3968.00**
平顶山	23.57	2876.76		125.82	1.09	62.65	88.69	**3178.58**
安　阳	61.14	463.90		0.73	4.79	13.67	970.03	**1514.27**
新　乡	297.45	2744.42	0.44	26.49	2.48	31.94	38.26	**3141.48**
许　昌	8.88	3304.45		59.53	0.67	18.69	1.29	**3393.50**
漯　河	9.62	1029.33		145.53	1.89	5.60	147.16	**1339.12**
三门峡		1667.89		215.54	3.62	9.95	636.06	**2533.05**
南　阳	2.62	585.28	6.27	9.47	5.54	4.25	582.48	**1195.90**
商　丘	2.03	1026.08		473.97	24.55	93.88	1200.45	**2820.96**
信　阳	21.84	1814.64		91.09	2.00	127.52	1530.93	**3588.01**
周　口	64.96	3277.03		156.10	4.39	74.17	2336.50	**5913.15**
驻马店	14.03	1768.09		300.50	4.35	89.19	1902.60	**4078.76**

永安财产保险股份有限公司河南分公司理赔情况表

2017年

单位：万元

项目 地区	企业财产保险	机动车辆保险	货物运输保险	责任保险	短期健康保险	意外伤害保险	其他保险	合　计
河南省	**523.05**	**21419.23**	**70.08**	**1221.27**	**18.51**	**391.99**	**8363.10**	**32007.23**
郑　州	406.68	8978.32	1.34	126.90	8.29	156.61	532.03	**10210.17**
洛　阳	-0.48	971.53	7.86	9.08	0.53	9.21	447.44	**1445.18**
平顶山	0.50	939.29		272.48		-19.63	86.59	**1279.24**
安　阳	46.11	217.91				6.42	1025.76	**1296.19**
新　乡	44.56	1929.12	60.87	9.25	2.59	19.44	9.56	**2075.39**
许　昌		1124.34		25.52	0.39	9.92		**1160.17**
漯　河		1017.87		100.19	0.98	1.85	539.24	**1660.12**
三门峡	0.61	941.45		152.22	0.57	54.92	483.29	**1633.05**
南　阳		423.89			2.65	2.33	742.72	**1171.59**
商　丘		1180.85		284.78	2.03	22.02	216.81	**1706.49**
信　阳	7.68	1589.48		26.19		55.97	1386.01	**3065.34**
周　口		1027.16		155.18	0.49	21.82	1549.92	**2754.57**
驻马店	17.40	1078.00		59.48		51.10	1343.74	**2549.72**

太平财产保险有限公司河南分公司保费收入情况表

2017 年

单位：万元

项目 地区	企业财产保险	机动车辆保险	货物运输保险	责任保险	短期健康保险	意外伤害保险	其他保险	合 计
河南省	**590.01**	**81820.58**	**77.55**	**915.45**	**55.44**	**5255.72**	**1585.14**	**90299.89**
郑 州	177.52	21475.54	38.5	326.80	14.05	3242.95	1481.33	**26756.69**
开 封	57.17	1594.13	3.33	31.76	2.95	92.10	0.32	**1781.75**
洛 阳	20.76	7292.95		41.86	1.18	245.22	1.16	**7603.12**
平顶山	13.01	3683.04		33.05	3.57	106.15	5.92	**3844.99**
安 阳	17.17	3655.82	1.63	18.46	1.88	140.69	0.09	**3835.73**
新 乡	76.87	4360.98		21.37	2.86	63.55	0.66	**4526.29**
濮 阳	9.53	2731.94	6.7	65.44	1.7	339.47	8.69	**3163.46**
南 阳	13.68	4340.25	0.94	30.52	1.78	147.75	3.13	**4520.04**
焦 作	36.49	3493.63	8.37	113.91	6.56	73.61	6.85	**3740.2**
信 阳	6.14	2372.45		1.84	0.49	48.77	13.60	**2443.29**
周 口	25.48	5560.06	2.28	35.37	4.61	244.07	2.34	**5874.2**
商 丘	46.76	8074.66	0.46	124.98	6.65	138.65	2.92	**8395.08**
三门峡	52.46	3000.18		20.03	0.78	99.34	2.59	**3175.37**
许 昌	31.70	4146.69		39.07	2.87	160.68	52.87	**4433.87**
驻马店	5.28	6038.26	15.33	10.99	3.53	112.73	1.89	**6188.01**

太平财产保险有限公司河南分公司理赔情况表

2017 年

单位：万元

项目 地区	企业财产保险	机动车辆保险	货物运输保险	责任保险	意外伤害保险	其他保险	合 计
河南省	**−0.95**	**6978.06**		**46.15**	**63.00**	**433.69**	**7519.95**
郑 州	40.77	4528.38		19.64	166.23	14.26	**4769.28**
开 封		879.37		1.77	15.38	25.00	**921.52**
洛 阳	1.35	2647.05	−0.24	7.22	9.96		**2665.34**
平顶山	5.97	1307.19		12.43	19.77	1.92	**1347.28**
安 阳	11.47	1412.19		1.90	267.37	0.82	**1693.75**
新 乡	0.49	1308.70	1.27		3.86	0.25	**1314.57**
濮 阳		1659.86	10.89	17.60	50.29	1.67	**1740.31**
南 阳	3.52	1471.46		4.32	6.57		**1485.87**
焦 作	21.77	824.86	0.05	19.53	1.49	3.00	**870.7**
信 阳	2.29	1454.35		0.63	1.44		**1458.71**
周 口	12.02	2551.43		53.50	25.52	0.23	**2642.7**
商 丘	12.55	3143.52		11.63	6.83	0.46	**3174.99**
三门峡	0.21	1075.88		3.89	4.25	0.58	**1084.81**
许 昌	0.56	974.99		0.41	2.21	4.41	**982.58**
驻马店		689.69			1.23		**690.92**

中华联合财产保险股份有限公司河南分公司保费收入情况表

2017 年

单位：万元

项目 地区	企业财产保险	机动车辆保险	货物运输保险	责任保险	信用保证保险	农业保险	短期健康保险	意外健康保险	其他保险	合　计
河南省	**3572**	**123829**	**317**	**6942**	**1288**	**70047**	**5149**	**5401**	**3402**	**219948**
郑　州	1513	36032	148	1383	617	1956	296	896	827	**43668**
开　封	37	1640		205	25	1839	49	146	5	**3946**
洛　阳	355	5213	15	338	29	7306	118	437	1031	**14842**
平顶山	509	3109		308	78	2342	18	71	61	**6495**
安　阳	415	5904		466	7	1158	587	229	4	**8770**
鹤　壁	37	2550		216	72	1495	40	126	4	**4540**
新　乡	16	2797	44	202	4	2883	46	157	77	**6227**
焦　作	78	6378	14	792	8	1210	99	329	11	**8918**
濮　阳	55	2740	4	208	35	707	-1386	154	9	**2525**
许　昌	26	3559	11	292	10	955	37	120	2	**5010**
漯　河	57	3479	1	30		2374	28	114	40	**6122**
三门峡	5	2748		181	9	1879	164	873	2	**5861**
南　阳	141	9149	79	712	231	11905	2296	355	95	**24965**
商　丘	123	7689		484		6208	418	457	252	**15630**
信　阳	18	9930		359		4071	652	264	5	**15299**
周　口	71	8652		231	15	12527	1601	269	677	**24043**
驻马店	100	10324		457	149	7726	71	318	295	**19440**
济　源	16	1937	1	78		1505	19	86	4	**3645**

中华联合财产保险股份有限公司河南分公司理赔情况表

2017 年

单位：万元

项目 地区	企业财产保险	机动车辆保险	货物运输保险	责任保险	信用保证保险	农业保险	短期健康保险	意外健康保险	其他保险	合　计
河南省	**1346.7**	**77014.9**	**378.3**	**3774.4**	**797.1**	**51109.0**	**4581.7**	**3036.2**	**451.8**	**142490.0**
郑　州	410.5	15643.3	15.9	563.5		1901.8	1.0	186.7	27.6	**18750.2**
开　封	14.2	1001.9		70.2		1662.3		50.1	0.5	**2799.3**
洛　阳	18.2	5070.5	-15.8	241.4		5411.2	0.1	217.0	77.4	**11020.1**
平顶山	328.7	1769.5		40.5		1206.1		2.8	0.0	**3347.6**
安　阳	218.6	2274.6		84.0		772.7	453.6	378.6	0.8	**4182.9**
鹤　壁	31.1	1678.9		90.6		1031.1		120.2	0.1	**2952.0**
新　乡		2352.7	5.7	50.7	157.7	2177.0		154.2	11.4	**4909.4**
焦　作	26.0	6518.5	127.1	646.2		1120.7		397.2	0.2	**8835.8**
濮　阳	16.4	2217.5	101.0	54.0		584.6	512.0	123.8	0.6	**3609.8**
许　昌	15.5	1996.5	60.7	239.3		970.2	1.2	76.8	0.1	**3360.2**
漯　河	11.3	2709.5		0.1		1873.4		45.8	0.1	**4640.3**
三门峡		1855.1		162.1		1057.8		216.5		**3291.6**
南　阳	83.5	5885.1	76.5	224.3	604.4	10149.6	2089.6	220.0	0.8	**19333.9**
商　丘	16.6	5913.8		417.5		3665.3	203.7	210.5	22.5	**10449.9**
信　阳		6276.4		585.4		2753.9	566.0	58.8	0.2	**10240.7**
周　口	0.5	5110.4	1.1	18.5	35.0	8507.3	754.6	100.0	278.4	**14805.7**
驻马店	90.2	6094.2		174.0		5198.9		210.1	25.4	**11792.8**
济　源	0.9	872.4		55.9		1065.2		175.9	3.5	**2173.9**
港　区	64.3	1774.1	6.2	56.0				91.0	2.2	**1993.9**

中国大地财产保险股份有限公司河南分公司保费收入情况表

2017 年

单位：万元

项目 地区	企业财产保险	机动车辆保险	货物运输保险	责任保险	短期健康保险	意外伤害保险	其他保险	合　计
河南省	**2131.54**	**92802.72**	**2577.51**	**4317.07**	**5395.39**	**5896.41**	**10289.68**	**123410.33**
郑　州	1577.60	18880.25	525.74	1666.82	2263.14	1897.07	7122.86	**33933.47**
开　封	67.97	2814.54	37.47	27.53	8.90	242.60	-0.18	**3198.83**
洛　阳	119.29	9369.03	59.34	610.95	163.10	1085.94	2273.44	**13681.08**
平顶山	45.49	7315.54	97.94	181.83	16.33	405.94	53.11	**8116.17**
安　阳	1.92	2491.12	391.07	177.62	15.79	391.47	0.50	**3469.49**
新　乡	3.19	2266.57	74.41	28.69	10.47	159.58	178.74	**2721.66**
焦　作	1.68	1513.25	670.46	12.68	4.26	116.14	0.26	**2318.74**
濮　阳	159.23	4679.61	57.23	338.81	60.52	215.16	47.22	**5557.77**
许　昌	10.37	3494.38	40.07	96.82	13.37	110.41	1.85	**3767.27**
漯　河	62.02	3347.42	325.93	95.75	2.79	70.93	89.48	**3994.33**
三门峡		1279.13	70.87	46.84	8.27	228.53	5.47	**1639.11**
南　阳	48.21	8386.81	185.57	52.28	735.70	200.33	7.98	**9616.88**
商　丘	16.27	6834.54	25.32	189.75	3.79	193.47	96.19	**7359.33**
信　阳		3024.66	0.75	613.22	462.37	170.75	339.97	**4611.72**
周　口	17.88	12774.15	11.96	115.63	1289.14	276.02	71.24	**14556.02**
驻马店	0.42	4331.71	3.39	61.85	337.46	132.06	1.56	**4868.45**

中国大地财产保险股份有限公司河南分公司理赔情况表

2017 年

单位：万元

项目 地区	企业财产保险	机动车辆保险	货物运输保险	责任保险	短期健康保险	意外伤害保险	其他保险	合　计
河南省	**1316.77**	**44967.85**	**330.06**	**1194.72**	**3583.06**	**1719.46**	**608.93**	**53720.84**
郑　州	891.46	9002.99	9.94	702.73	1863.38	148.14	226.22	**12844.87**
开　封	76.50	1271.40	5.83	0.77		30.28	11.40	**1396.18**
洛　阳	2.70	3875.67	13.60	219.83	6.05	510.51	190.31	**4818.67**
平顶山	0.38	2931.06		9.43		91.02		**3031.89**
安　阳		1339.49		33.23	0.10	201.49		**1574.30**
新　乡		1042.36	0.29	23.66		176.40		**1242.71**
焦　作		565.13		0.69		33.27		**599.09**
濮　阳	333.78	2430.35	23.72	32.09	53.11	32.83	0.08	**2905.97**
许　昌		1685.95		13.37		26.35	0.50	**1726.17**
漯　河	0.35	2038.78	224.82	25.10		18.29	2.09	**2309.43**
三门峡		742.19	21.88	0.98	0.03	180.98	0.20	**946.26**
南　阳	8.27	4220.13		1.77	455.85	77.81	0.70	**4764.53**
商　丘		3203.37		5.97		76.94	12.31	**3298.60**
信　阳	0.12	1992.71	29.98	117.63	431.46	22.92	164.32	**2759.14**
周　口	3.20	6571.83		0.59	584.58	37.98	0.59	**7198.77**
驻马店		2054.44		6.88	188.49	54.25	0.20	**2304.26**

华安财产保险股份有限公司河南分公司保费收入情况表

2017 年

单位：万元

项目 地区	企业财产保险	机动车辆保险	货物运输保险	责任保险	信用保证保险	短期健康保险	意外伤害保险	其他保险	合计
河南省	**347.17**	**68415.41**	**18.33**	**2187.29**		**333.75**	**723.93**	**356.01**	**72381.89**
郑州	45.24	19378.66	1.38	599.77		50.49	263.27	236.80	**20575.62**
开封	2.03	3342.26		76.49		0.06	34.08		**3454.92**
洛阳	84.20	2757.25		186.35		61.51	57.92	19.48	**3166.69**
平顶山	9.93	1553.02		282.76		32.00	12.13	4.64	**1894.48**
安阳	20.26	6451.18		3.33		53.01	1.20	−0.35	**6528.62**
鹤壁		1093.45		53.79		0.01	10.39		**1157.64**
新乡	19.02	5518.85		28.78		30.23	16.07	0.01	**5612.96**
焦作	1.07	4010.30	0.17	151.69			2.59	0.85	**4166.66**
濮阳		1765.31	2.55	16.36		0.02	2.57		**1786.82**
许昌		1482.10		19.90		0.02	0.95		**1502.96**
漯河	14.72	2124.26	1.42	244.44		0.01	16.22	19.68	**2420.74**
三门峡	4.43	2287.00		1.72		6.10	10.99	74.73	**2384.97**
南阳	48.49	1674.46	10.57	121.55		0.00	5.32	0.17	**1860.55**
商丘	73.22	2123.07	1.12	13.54		100.12	16.07	−0.01	**2327.13**
信阳		3967.15	1.13	138.30		0.02	246.39		**4352.99**
周口	0.03	3345.83		30.74			2.18		**3378.77**
驻马店	20.01	3601.08		102.62		0.17	22.41		**3746.29**
济源	4.52	1940.19		115.16			3.19	0.01	**2063.07**

华安财产保险股份有限公司河南分公司理赔情况表

2017 年

单位：万元

项目 地区	企业财产保险	机动车辆保险	货物运输保险	责任保险	信用保证保险	短期健康保险	意外伤害保险	其他保险	合计
河南省	**79.60**	**23611.15**	**0.77**	**468.56**		**20.10**	**579.26**	**25.40**	**24784.84**
郑州	6.18	6654.62	0.50	113.85		20.10	183.35	22.21	**7000.79**
开封	0.28	714.14		70.42			5.58		**790.42**
洛阳	13.74	792.96		45.29			18.78	1.11	**871.88**
平顶山	13.26	628.54		10.01			19.22		**671.03**
安阳		1467.48					271.79		**1739.27**
鹤壁		83.46					2.35		**85.82**
新乡		1973.43					5.73	1.83	**1980.99**
焦作		1893.96		9.30					**1903.25**
济源		124.50					5.06		**129.55**
濮阳		325.36		0.28			0.03		**325.67**
许昌	23.12	779.61		21.53			0.83		**825.09**
漯河	0.16	1309.55					0.47		**1310.18**
三门峡	11.33	414.32	0.11	73.03			4.26	0.26	**503.32**
南阳	1.07	576.12	0.16	0.00			13.99		**591.35**
商丘		1825.19		7.78			47.69		**1880.67**
信阳		1121.94		112.32			0.12		**1234.38**
周口	10.46	2036.03							**2046.49**
驻马店		889.95		4.75					**894.70**

都邦财产保险股份有限公司河南分公司保费收入情况表

2017 年

单位：万元

项目 地区	企业财产保险	机动车辆保险	货物运输保险	责任保险	信用保证保险	农业保险	短期健康保险	意外健康保险	其他保险	合 计
河南省	**89.54**	**21584.26**	**102.86**	**872.25**				**666.97**	**2.30**	**23318.18**
郑 州	8.94	10308.20	32.56	151.37				47.48	2.30	**10550.85**
洛 阳	4.49	514.71	19.50	44.54				29.90		**613.14**
新 乡	65.70	5228.65		221.56				68.11		**5584.02**
焦 作		1814.85	50.80	33.39				7.43		**1906.47**
濮 阳		933.82		49.69				40.56		**1024.07**
许 昌	1.45	965.16		48.11				15.62		**1030.34**
三门峡	5.32	290.79		9.46				14.33		**319.90**
南 阳	1.65	260.62		16.30				2.42		**280.99**
驻马店	1.98	1267.45		297.84				22.96		**1590.23**

都邦财产保险股份有限公司河南分公司理赔情况表

2017 年

单位：万元

项目 地区	企业财产保险	机动车辆保险	货物运输保险	责任保险	信用保证保险	农业保险	短期健康保险	意外健康保险	其他保险	合 计
河南省	**13.95**	**9973**	**89.52**	**164.52**				**469.13**		**10710.12**
郑 州		3998		9.69				401.55		**4409.24**
洛 阳		311	50.68	6.45				16.57		**384.7**
安 阳		726		1.67				12.09		**739.76**
新 乡	12.81	1875		57.94				3.57		**1949.32**
焦 作		1086	38.84	51.24				2.24		**1178.32**
濮 阳		443		15.92				0.93		**459.85**
许 昌		440		1.49				1.84		**443.33**
三门峡	1.14	213		0.26				2.27		**216.67**
南 阳		127		0.79				0.14		**127.93**
商 丘		39		0.67				4.46		**44.13**
驻马店		651		11.9				23.35		**686.25**
济 源		64		6.5				0.12		**70.62**

渤海财产保险股份有限公司河南分公司保费收入情况表

2017 年

单位：万元

地区＼项目	企业财产保险	机动车辆保险	货物运输保险	责任保险	短期健康保险	意外伤害保险	其他保险	合　计
河南省	**174.6**	**37898.8**	**8.39**	**638.84**	**84.22**	**244.05**	**68.17**	**39117.07**
郑　州	100.21	15875.59	2.42	206.78	33.11	76.66	44.43	**16339.2**
开　封		1981.00		13.71	6.3	15.71		**2016.72**
洛　阳		1219.23		0.05	0.35	0.60	0.01	**1220.24**
安　阳	19.56	675.90		3.02	1.66	3.09		**703.23**
鹤　壁	1.94	1412.53		48.77	0.62	1.70		**1465.56**
新　乡	8.70	1680.34	0.25	17.75	5.99	11.91		**1724.94**
焦　作		1003.19		28.43	0.18	0.42	0.02	**1032.24**
濮　阳	0.93	2315.14		43.33	3.00	12.76	0.02	**2375.18**
许　昌	1.51	1704.61	4.25	22.03	4.45	7.86	23.55	**1768.26**
南　阳	21.27	1914.69		0.19	2.84	8.80		**1947.79**
商　丘	1.86	995.19		20.19	8.13	28.30	0.01	**1053.68**
信　阳	8.09	1046.52		3.85	0.32	0.35	0.02	**1059.15**
周　口	4.83	1283.08		22.63	5.24	45.18	0.05	**1361.01**
驻马店	2.36	2861.01		163.53	3.79	12.03	0.03	**3042.75**
济　源	3.34	1930.78	1.47	44.58	8.24	18.68	0.03	**2007.12**

渤海财产保险股份有限公司河南分公司理赔情况表

2017 年

单位：万元

地区＼项目	企业财产保险	机动车辆保险	货物运输保险	责任保险	短期健康保险	意外伤害保险	其他保险	合　计
河南省	**24.98**	**13769.7**		**84.26**	**15.72**	**4.3**	**1.73**	**13900.69**
郑　州	0.44	6647.32		46.5	3.76	0.07	1.73	**6699.82**
开　封		623.74		3.66	3.41	4.23		**635.04**
洛　阳		514.06						**514.06**
安　阳		50.61			0.18			**50.79**
鹤　壁		180.35						**180.35**
新　乡	6.16	535.52		0.74	4.63			**547.05**
焦　作		144.63						**144.63**
濮　阳		709.26		5.92	0.95			**716.13**
许　昌		519.13			1.11			**520.24**
南　阳	18.38	877.04			0.16			**895.58**
商　丘		294.40			1.17			**295.57**
信　阳		164.62		0.07				**164.69**
周　口		473.18		8.95	0.20			**482.33**
驻马店		1302.25		17.67	0.07			**1319.99**
济　源		733.59		0.75	0.08			**734.42**

中国人寿财产保险股份有限公司河南省分公司保费收入情况表

2017 年

单位：万元

项目 地区	企业财产保险	机动车辆保险	货物运输保险	责任保险	信用保证保险	短期健康保险	意外伤害保险	其他保险	合 计
河南省	**7367.44**	**628281.08**	**763.61**	**18683.59**	**27.34**	**1071.76**	**15678.16**	**51006.12**	**722879.11**
郑 州	3654.56	248489.28	199.79	2978.44	20.95	139.44	7005.92	2288.22	**264776.61**
开 封	63.47	16868.31	19.14	1626.68	0.47	30.53	721.73	2649.31	**21979.64**
洛 阳	309.60	33920.96	64.58	1279.63		26.77	956.29	3650.82	**40208.65**
平顶山	154.79	31303.60	3.79	915.33		22.72	371.65	4206.79	**36978.67**
安 阳	198.39	39426.50	47.43	1017.53		11.89	605.88	2970.21	**44277.84**
鹤 壁	65.08	10267.28	0.25	210.99		12.31	298.04	845.96	**11699.90**
新 乡	1085.91	21207.31	34.13	727.44		11.29	308.94	1146.19	**24521.20**
焦 作	52.78	18451.31	146.87	816.05		14.96	407.83	1629.74	**21519.55**
濮 阳	34.16	12344.80	2.36	817.99		12.82	187.13	896.65	**14295.91**
许 昌	564.22	19272.89	49.67	807.93		18.59	300.28	827.02	**21840.60**
漯 河	173.69	13499.60	63.50	297.69	2.19	401.71	99.40	1707.07	**16244.85**
三门峡	108.77	10620.70	29.37	942.38		8.03	1742.20	672.99	**14124.44**
南 阳	377.69	37550.86	58.21	1430.34	1.23	19.92	948.62	7092.28	**47479.14**
商 丘	111.42	24014.55	15.82	549.79		17.56	327.38	2132.52	**27169.06**
信 阳	135.82	21203.60		1305.89	2.50	12.23	448.10	2426.79	**25534.93**
周 口	140.77	42389.28	12.12	1754.41		286.35	378.89	6381.36	**51343.18**
驻马店	97.94	20742.70	4.63	962.27		21.27	355.68	9373.51	**31558.01**
济 源	38.38	6707.55	11.93	242.80		3.38	214.19	108.69	**7326.93**

中国人寿财产保险股份有限公司河南省分公司理赔情况表

2017 年

单位：万元

项目 地区	企业财产保险	机动车辆保险	货物运输保险	责任保险	短期健康保险	意外伤害保险	其他保险	合 计
河南省	**2183.05**	**341907.81**	**422.33**	**6492.17**	**73.36**	**7196.32**	**31685.52**	**389960.56**
郑 州	807.48	125153.61	111.49	1124.82	19.28	3135.30	352.29	**130704.27**
开 封	1.23	9695.94	7.94	245.84	0.77	119.98	649.74	**10721.44**
洛 阳	39.36	17344.98	151.92	168.13	0.44	257.98	1695.95	**19658.78**
平顶山	15.02	18628.23	0.09	371.92	0.41	21.91	2629.85	**21667.43**
安 阳	14.31	16275.60	11.92	442.70	0.22	566.72	2276.10	**19587.57**
鹤 壁	1.09	5292.88	1.62	100.05	0.26	92.72	261.84	**5750.45**
新 乡	445.97	12887.39	46.07	145.86	0.81	77.33	1075.73	**14679.14**
焦 作	11.08	12303.95	43.35	312.58	0.41	21.47	1597.68	**14290.52**
濮 阳	0.73	6121.76	2.03	144.53	0.23	59.56	29.29	**6358.13**
许 昌	82.00	10928.64	3.17	275.21	0.88	55.72	728.31	**12073.93**
漯 河	61.74	6673.28	10.67	114.96	44.63	47.31	688.80	**7641.39**
三门峡	275.12	5342.27	7.44	674.79	0.20	2032.19	1147.43	**9479.45**
南 阳	229.89	23951.86	15.41	492.47	0.79	237.08	6460.55	**31388.06**
商 丘	171.03	15314.52	4.95	252.55	1.03	98.59	698.86	**16541.52**
信 阳	8.14	12788.16		279.59	0.62	108.18	1318.92	**14503.62**
周 口	6.16	23924.91	0.17	681.52	1.53	80.02	3065.71	**27760.02**
驻马店	2.56	13680.82	2.66	604.14	0.50	105.56	6828.69	**21224.92**
济 源	9.17	3246.20	1.37	57.80	0.04	69.60	146.35	**3530.54**
本 级	0.99	2352.81	0.05	2.70	0.32	9.09	33.43	**2399.39**

永诚财产保险股份有限公司河南分公司保费收入情况表

2017 年

单位：万元

项目 地区	企业财产保险	机动车辆保险	货物运输保险	责任保险	短期健康保险	意外伤害保险	其他保险	合 计
河南省	**4659.43**	**12576.78**	**55.25**	**424.35**	**62.66**	**273.09**	**630.40**	**18681.96**
郑 州	4506.10	5388.89	3.76	71.24	22.60	86.54	608.83	**10687.96**
洛 阳	5.41	1340.19		145.70	1.73	1.84	21.25	**1516.12**
平顶山	9.48	1171.16		52.86	1.44	0.38		**1235.32**
新 乡	7.62	466.17		7.06	0.48	8.74		**490.07**
焦 作	42.04	379.58		34.06	28.37	56.56	0.32	**540.93**
濮 阳	31.47	944.25	44.89	60.41	3.57	9.05		**1093.64**
南 阳	54.25	817.15	6.60	8.98	0.94	73.88		**961.80**
商 丘	1.23	957.17		34.63	1.19	14.71		**1008.93**
驻马店	1.83	1112.22	0.00	9.41	2.34	21.39		**1147.19**

永诚财产保险股份有限公司河南分公司理赔情况表

2017 年

单位：万元

项目 地区	企业财产保险	机动车辆保险	货物运输保险	责任保险	短期健康保险	意外伤害保险	其他保险	合 计
河南省	**1007.91**	**7949.84**	**18.35**	**108.48**	**25.88**	**113.22**	**951.69**	**10175.37**
郑 州	981.63	3976.99	10.26	26.43	6.31	16.60	693.26	**5711.48**
洛 阳	0.32	656.43	3.16	64.15			56.68	**780.74**
平顶山		175.46					37.30	**212.76**
新 乡		324.71				1.44	23.99	**350.14**
焦 作	18.01	102.56		3.18	19.57	2.46	15.75	**161.53**
濮 阳		995.16	2.63	12.78		36.78	42.66	**1090.01**
南 阳	7.95	373.59		0.80		11.95	17.68	**411.97**
商 丘		722.57		0.10		11.16	17.65	**751.48**
驻马店		622.37	2.30	1.04		32.83	46.72	**705.26**

中银保险有限公司河南分公司保费收入情况表

2017 年

单位：万元

项目 地区	企业财产保险	机动车辆保险	货物运输保险	责任保险	信用保证保险	农业保险	短期健康保险	意外健康保险	其他保险	合　计
河南省	**1927.75**	**11561.1**	**162.57**	**434.9**	**2219.87**		**690.15**	**314.55**	**684.84**	**17995.72**
郑　州	915.76	5110.73	141.62	385.87	627.80		593.30	240.34	565.52	**8580.94**
洛　阳	518.72	492.35		1.65	299.79		22.96	16.31	36.5	**1388.28**
安　阳	124.45	132.50		1.65	302.09		12.62	16.06	17.07	**606.44**
新　乡	168.68	747.66	0.11	3.07	566.42		2.51	8.98	26.19	**1523.60**
焦　作	52.46	1298.65	19.88	3.54	108.53		20.10	7.39	15.95	**1526.50**
许　昌	91.76	1100.06	0.96	3.79	265.85		22.30	12.17	11.59	**1508.48**
南　阳	55.92	2679.15		35.33	49.39		16.36	13.30	12.02	**2861.48**

中银保险有限公司河南分公司理赔情况表

2017 年

单位：万元

项目 地区	企业财产保险	机动车辆保险	货物运输保险	责任保险	信用保证保险	农业保险	短期健康保险	意外健康保险	其他保险	合　计
河南省	**756.19**	**6896.10**	**51.99**	**45.26**	**1803.78**			**658.71**		**10212.03**
郑　州	559.97	3272.79	51.99	45.18	758.64			481.46		**5170.03**
洛　阳	164.21	324.51			54.83			39.63		**583.18**
安　阳	8.84	69.49		0.08	203.45			0.35		**282.21**
新　乡		551.60			412.48			15.43		**979.51**
焦　作	23.17	871.67						68.19		**963.03**
许　昌		1113.67			143.35			50.65		**1307.67**
南　阳		692.37			231.03			3.00		**926.4**

安诚财产保险股份有限公司河南分公司保费收入情况表

2017 年

单位：万元

地区＼项目	企业财产保险	机动车辆保险	货物运输保险	责任保险	短期健康保险	意外伤害保险	其他保险	合计
河南省	**29.69**	**15089.8**		**340.36**	**6.03**	**182.93**	**252.42**	**15901.23**
郑州	25.12	10180.06		235.77		104.79	248.88	**10794.62**
洛阳	1.86	360.69			6.03	2.47	0.15	**371.2**
鹤壁	0.11	682.58		1.05		3.69	0.01	**687.44**
许昌	2.6	2083.38		11.02		1.04	0.03	**2098.07**
南阳		1783.09		92.52		70.94	3.35	**1949.9**

安诚财产保险股份有限公司河南分公司理赔情况表

2017 年

单位：万元

地区＼项目	企业财产保险	机动车辆保险	货物运输保险	责任保险	短期健康保险	意外伤害保险	其他保险	合计
河南省	**1.99**	**6714.45**		**184.21**	**0.2**	**486.50**		**7387.35**
郑州	1.99	4863.33		156.11	0.2	470.95		**5492.58**
洛阳		174.69				3.07		**177.76**
鹤壁		158.44		22.44		0.14		**181.02**
许昌		449.98				11.99		**461.97**
南阳		1067.98		5.66		0.34		**1073.98**

中国人寿保险股份有限公司河南省分公司保费收入情况表

2017 年

单位：万元

项目/地区	个人业务			团体业务			合 计
	人寿保险	意外伤害险	健康险	人寿保险	意外伤害险	健康险	
河南省	**2463074.83**	**40648.79**	**256563.59**	**-3188.98**	**27341.05**	**216029.71**	**3000468.99**
郑 州	360740.20	5055.33	41848.51	351.41	7162.48	21644.67	**436802.60**
开 封	67949.65	3178.49	7951.65	-34.86	231.62	9703.62	**88980.16**
洛 阳	233202.41	1785.54	20284.54	535.83	2332.73	20098.29	**278239.35**
平顶山	148379.26	1648.47	14525.34	148.83	1661.17	13740.94	**180104.01**
安 阳	140341.55	2238.54	14286.37	-6.77	2306.23	11575.23	**170741.15**
鹤 壁	63850.30	1277.16	6571.32	73.23	237.15	790.08	**72799.24**
新 乡	126861.46	1871.84	11096.70	-97.71	1362.55	16187.19	**157282.02**
焦 作	127840.77	2020.74	13094.53	505.03	1513.65	721.81	**145696.54**
濮 阳	131378.45	2972.90	14239.12	-57.50	1369.64	620.94	**150523.55**
许 昌	121076.80	2066.80	9052.44	-690.04	1011.86	1331.19	**133849.05**
漯 河	63440.24	1380.88	6854.11	-65.89	293.54	5689.22	**77592.11**
三门峡	89651.10	776.30	6409.11	8.14	768.98	5174.01	**102787.65**
南 阳	212000.41	3423.15	28773.10	-558.62	2126.04	30376.61	**276140.69**
商 丘	128341.30	3064.86	13471.94	-276.36	1458.46	18546.39	**164606.60**
信 阳	158300.15	2545.97	16372.77	35.56	1118.77	21613.01	**199986.24**
周 口	103399.44	1607.10	11093.98	-2431.61	360.03	31888.28	**145917.22**
驻马店	158873.22	3538.45	17217.11	-643.19	1566.90	5962.49	**186514.96**
济 源	27448.12	196.28	3420.96	15.52	459.27	365.73	**31905.87**

中国人寿保险股份有限公司河南省分公司赔款和给付情况表

2017 年

单位：万元

项目/地区	个人业务			团体业务			合 计
	人寿保险	意外伤害险	健康险	人寿保险	意外伤害险	健康险	
河南省	**1220277.13**	**9101.60**	**40364.99**	**1343.40**	**9127.38**	**189001.44**	**1469215.96**
郑 州	133740.06	854.20	5416.74	310.85	2047.13	21042.68	**163411.66**
开 封	41917.81	298.85	1874.37	2.00	5.50	9574.86	**53673.39**
洛 阳	106996.28	354.42	2306.97	240.20	1379.03	13818.01	**125094.91**
平顶山	76122.76	441.24	2380.04	124.70	979.96	13218.37	**93267.07**
安 阳	61480.09	987.44	2659.54	10.05	549.54	9269.85	**74956.51**
鹤 壁	23339.82	249.25	1608.82	78.50	119.10	1024.07	**26419.56**
新 乡	66213.15	1361.24	2839.93	47.20	507.43	15529.99	**86498.94**
焦 作	61322.55	378.46	2404.87	208.35	627.60	587.31	**65529.14**
濮 阳	71255.71	452.40	2163.20	31.40	362.66	171.76	**74437.13**
许 昌	55907.84	379.09	1801.22	10.55	97.74	962.49	**59158.93**
漯 河	35058.56	144.60	1297.03	2.60	49.50	5397.67	**41949.95**
三门峡	53404.86	171.62	921.37	9.20	500.17	4053.89	**59061.11**
南 阳	118235.59	1361.36	4219.02	120.30	466.14	25341.54	**149743.96**
商 丘	60588.25	450.96	1501.24	30.00	466.58	16736.33	**79773.36**
信 阳	67716.59	291.57	2713.28	50.00	237.10	21923.87	**92932.40**
周 口	99028.96	326.55	1452.73	8.50	149.05	24610.18	**125575.96**
驻马店	77449.46	508.20	2423.69	59.00	373.65	5106.38	**85920.38**
济 源	10498.80	90.15	380.95	0.00	209.50	632.20	**11811.59**

中国平安人寿保险股份有限公司河南分公司保费收入情况表

2017年

单位：万元

地区＼项目	个人业务			团体业务			合 计
	人寿保险	意外伤害险	健康险	人寿保险	意外伤害险	健康险	
河南省	**1137123.32**	**92682.01**	**479851.7**	**14.24**			**1709671.27**
郑 州	652230.72	52447.69	291054.95	14.24			**995747.60**
开 封	60256.3	5248.64	28255.31				**93760.25**
洛 阳	47131.64	3460.46	15020.5				**65612.60**
平顶山	19389.37	1578.49	7228.83				**28196.69**
安 阳	21632.57	1767.23	7376.49				**30776.29**
鹤 壁	5507.83	425.77	1789.1				**7722.70**
新 乡	80449.04	5961.25	30996.71				**117407.00**
焦 作	38415.26	3125.82	15726.52				**57267.60**
濮 阳	45093.42	3627.58	17881.99				**66602.99**
许 昌	34367.16	2673.81	12971.07				**50012.04**
漯 河	10989.16	793.1	3710.92				**15493.18**
三门峡	5945.47	468.34	1589.43				**8003.24**
南 阳	48839.4	4636.43	19488.62				**72964.45**
商 丘	9132.56	904.03	3310.96				**13347.55**
信 阳	11909.32	1215.32	4274.52				**17399.16**
周 口	20838.07	2112.83	8974.72				**31925.62**
驻马店	12624.69	1275.04	5281.13				**19180.86**
济 源	12371.33	960.16	4919.93				**18251.42**

中国平安人寿保险股份有限公司河南分公司赔款和给付情况表

2017年

单位：万元

地区＼项目	个人业务				团体业务				合 计
	赔款	死伤医疗给付	满期给付	年金给付	赔款	死伤医疗给付	满期给付	年金给付	
河南省	**7787.61**	**139665.42**	**58979.45**	**7208.74**		**17.36**		**1543.14**	**215201.72**
郑 州	3246.00	83840.86	30871.00	4944.31		17.36		1543.14	**124462.67**
开 封	482.49	10767.59	2370.13	298.29					**13918.50**
洛 阳	227.99	3291.47	1965.35	324.74					**5809.54**
平顶山	95.17	2045.42	2498.95	103.87					**4743.41**
安 阳	195.38	1872.30	1737.83	177.18					**3982.70**
鹤 壁	106.59	488.18	113.38	21.19					**729.34**
新 乡	757.74	10981.38	5220.29	275.05					**17234.45**
焦 作	375.28	4716.91	2424.88	287.17					**7804.25**
濮 阳	598.52	5063.00	3609.26	139.82					**9410.60**
许 昌	364.74	4171.62	1090.78	102.53					**5729.67**
漯 河	40.23	1241.36	441.36	11.73					**1734.69**
三门峡	156.86	571.05	740.02	48.75					**1516.68**
南 阳	478.60	5158.46	3009.67	132.47					**8779.20**
商 丘	80.49	665.63	1344.96	15.21					**2106.30**
信 阳	79.86	487.16	284.47	6.77					**858.26**
周 口	211.22	1967.99	501.49	79.96					**2760.67**
驻马店	143.05	1064.65	224.00	6.56					**1438.26**
济 源	147.41	1270.38	531.64	233.14					**2182.56**

泰康人寿保险有限责任公司河南分公司保费收入情况表

2017 年

单位：百万元

项目／地区	合计	个人业务							团体业务			其中：新单保费
		人寿保险					意外伤害险	健康险	人寿保险		健康险	
		小计	普通寿险	分红寿险	投资连结保险	万能保险			小计	普通寿险		
河南省	**7296.78**	**6095.36**	**1792.81**	**4230.67**	**0.14**	**71.73**	**39.02**	**1160.53**	**0.39**	**0.39**	**1.49**	**2972.37**
郑　州	**1494.58**	1205.15	338.12	860.65	0.01	6.36	11.68	276.26			1.48	673.26
濮　阳	**598.32**	505.98	177.70	322.40	0.02	5.86	2.11	90.22				266.20
安　阳	**366.02**	317.96	76.63	236.76		4.58	1.32	46.69	0.05	0.05		140.54
南　阳	**946.84**	760.39	207.85	540.71		11.83	6.10	180.35				319.66
焦　作	**466.81**	403.46	94.40	303.68		5.38	3.42	59.61	0.31	0.31		180.23
平顶山	**236.07**	210.58	83.07	126.36		1.15	0.67	24.82				120.53
洛　阳	**454.19**	377.00	110.01	263.30	0.02	3.67	3.23	73.96				190.68
许　昌	**419.02**	356.76	85.98	265.88	0.01	4.89	2.17	60.08				148.12
开　封	**209.13**	176.72	49.96	122.43	0.03	4.30	0.48	31.94				81.94
新　乡	**437.39**	375.69	99.22	272.44		4.03	1.38	60.32				182.86
商　丘	**431.76**	351.43	94.45	252.77		4.20	1.75	78.58				153.56
三门峡	**239.00**	211.63	94.64	115.35		1.64	0.93	26.43				119.17
周　口	**163.33**	134.63	44.18	87.85		2.59	1.44	27.24				56.93
鹤　壁	**139.08**	116.56	45.09	69.50		1.98	0.25	22.28				62.53
信　阳	**362.62**	304.76	104.85	195.23		4.68	1.32	56.54				152.11
驻马店	**170.43**	145.89	48.24	95.33		2.31	0.21	24.33				64.39
漯　河	**95.49**	85.38	30.17	53.97		1.24	0.38	9.73				37.81
济　源	**66.71**	55.39	8.28	46.06		1.04	0.18	11.14				21.85

泰康人寿保险有限责任公司河南分公司赔款和给付情况表

2017 年

单位：百万元

项目 / 地区	赔付支出									退保金	保户投资款新增交费	投连险独立账户新增交费
	合计	个人业务				团体业务						
		赔款支出	死伤医疗给付	满期给付	年金给付	赔款支出	死伤医疗给付	满期给付	年金给付			
河南省	**2778.71**	**31.43**	**228.51**	**1846.04**	**671.54**	**0.81**	**0.38**		**0.01**	**4670.35**	**1320.01**	**939.78**
郑州	**223.34**	8.66	37.26	93.32	83.91	0.19				128.87	160.82	677.53
濮阳	**192.47**	1.34	15.69	123.63	51.73	0.07				314.50	107.17	1.04
安阳	**130.39**	0.93	11.91	80.17	37.38					269.68	81.65	18.80
南阳	**251.53**	6.35	38.91	126.01	80.22	0.04				396.99	197.38	14.93
焦作	**147.37**	1.72	15.88	82.61	46.68	0.20	0.28			227.78	99.77	21.40
平顶山	**120.67**	0.71	5.88	89.88	24.20			0		229.60	27.62	1.54
洛阳	**172.83**	2.17	15.31	114.57	40.74	0.03				228.36	79.89	57.61
许昌	**141.94**	1.62	12.18	86.13	41.99	0.03				158.35	94.51	12.40
开封	**87.05**	0.87	9.03	46.17	30.98					432.16	61.57	0.66
新乡	**300.54**	1.31	10.61	233.66	54.94	0.01			0.01	720.68	80.48	126.12
商丘	**252.54**	2.44	13.04	190.85	46.16	0.05				345.24	85.79	2.61
三门峡	**62.14**	0.70	6.63	33.17	21.64	0.00				144.73	38.84	0.75
周口	**175.70**	0.43	7.26	149.97	17.94	0.00	0.10			191.65	35.50	0.03
鹤壁	**30.82**	0.49	4.48	14.23	11.59	0.03				105.43	29.59	2.53
信阳	**174.66**	0.99	10.70	128.50	34.32	0.14				218.19	69.74	0.02
驻马店	**232.50**	0.39	7.89	199.45	24.77	0.00				307.29	31.40	1.57
漯河	**73.90**	0.11	3.70	53.52	16.57	0.00				249.92	17.18	0.25
济源	**8.34**	0.21	2.14	0.20	5.78	0.01				0.95	21.11	0.00

太平人寿保险有限公司河南分公司保费收入情况表

2017 年

单位：万元

项目/地区	个人业务			团体业务			银保业务			合 计
	人寿保险	意外伤害险	健康保险	人寿保险	意外伤害险	健康保险	人寿保险	意外伤害险	健康保险	
河南省	**277084.84**	**8483.70**	**77691.88**				**107175.46**	**5.48**	**1389.04**	**471830.41**
郑 州	51038.53	2090.31	13396.02				32674.98	4.24	907.40	**100111.49**
安 阳	19944.30	321.72	4115.19				7424.36	0.03	56.77	**31862.38**
洛 阳	16459.38	431.51	4107.88				11293.08	0.00	32.75	**32324.60**
南 阳	31554.46	1036.88	8976.20				8346.15	0.17	31.63	**49945.50**
平顶山	8852.09	247.70	2899.87				3283.99	0.03	24.18	**15307.86**
驻马店	31434.24	982.21	9538.71				1479.81	0.06	10.07	**43445.10**
新 乡	5764.16	127.62	1431.99				2615.09	0.00	68.33	**10007.18**
周 口	28272.54	1023.38	9775.01				3453.12	0.27	55.73	**42580.05**
信 阳	6750.13	232.78	1966.38				904.31	0.56	27.74	**9881.90**
漯 河	7108.13	197.60	1977.56				860.32	0.00	5.07	**10148.67**
三门峡	14665.65	315.53	3279.58				11053.26	0.00	31.16	**29345.17**
开 封	8307.47	218.02	3014.45				12046.44	0.00	31.38	**23617.77**
焦 作	4470.91	107.51	1259.32				1616.78	0.00	23.66	**7478.17**
商 丘	19626.15	456.06	5278.50				4851.45	0.00	27.16	**30239.32**
濮 阳	6788.67	173.28	1498.57				1520.85	0.06	20.31	**10001.74**
许 昌	12301.61	460.64	4416.79				2868.13	0.00	34.94	**20082.12**
鹤 壁	1462.51	27.40	387.19				169.69	0.06	0.31	**2047.16**
济 源	2283.92	33.55	372.66				713.66	0.00	0.46	**3404.24**

统计口径：年度总保费（含续收保费）

太平人寿保险有限公司河南分公司赔款和给付情况表

2017 年

单位：万元

项目/地区	个人业务		团体业务		银保业务		合 计
	赔款	给付	赔款	给付	赔款	年金给付	
河南省	**17181.97**	**17394.89**	**1.40**		**1132.92**	**36413.39**	**72124.57**
郑 州	3334.78	3076.58	1.40		465.41	9798.31	**16676.48**
安 阳	1040.75	1064.08			50.98	942.41	**3098.21**
洛 阳	691.93	1145.90			83.48	1357.75	**3279.06**
南 阳	2089.44	2115.57			68.07	2249.36	**6522.45**
平顶山	595.24	479.79			33.19	1716.80	**2825.03**
驻马店	1666.50	1694.83			32.60	860.90	**4254.82**
新 乡	473.43	327.63			63.37	1972.89	**2837.33**
周 口	1658.20	2167.89			27.16	5225.18	**9078.42**
信 阳	231.96	399.96			33.34	2205.56	**2870.82**
漯 河	586.36	421.06			22.75	1024.90	**2055.06**
三门峡	702.73	1168.72			87.43	2107.58	**4066.46**
开 封	1275.82	563.58			64.79	908.93	**2813.13**
焦 作	235.39	221.96			12.65	901.98	**1371.99**
商 丘	918.93	1134.42			50.90	3320.16	**5424.41**
濮 阳	476.05	426.14			21.81	825.74	**1749.74**
许 昌	1047.04	766.01			7.59	518.81	**2339.45**
鹤 壁	94.55	64.75			2.91	197.74	**359.95**
济 源	62.87	156.01			4.46	278.39	**501.73**

合众人寿保险股份有限公司河南分公司保费收入情况表

2017 年

单位：万元

项目 地区	个人业务			团体业务			合 计
	人寿保险	意外伤害险	健康险	人寿保险	意外伤害险	健康险	
河南省	**139641.30**	**536.89**	**13902.51**	**1683.44**	**246.71**	**1323.69**	**157334.54**
郑 州	21120.39	287.81	2094.79	1265.71	219.98	991.01	**25979.68**
开 封	9034.44	8.26	1021.56	10.30	4.88	22.52	**10101.95**
洛 阳	5508.75	23.65	780.15	94.69	0.33	8.84	**6416.43**
平顶山	6555.07	26.04	1246.86	0.12	1.44	12.99	**7842.53**
安 阳	15957.05	31.80	992.98	59.68	5.06	38.16	**17084.72**
鹤 壁	2046.51	12.98	410.61	0.02	0.35	4.18	**2474.66**
新 乡	24605.39	8.65	654.58	76.42	2.26	48.62	**25395.93**
焦 作	1742.09	6.32	313.13	3.51	0.11	2.88	**2068.05**
濮 阳	13096.61	4.57	786.36	94.00	0.35	32.13	**14014.01**
许 昌	8115.82	44.69	1186.89	0.08	7.42	23.09	**9377.99**
漯 河	4947.59	15.49	724.67	0.01	0.46	6.75	**5694.97**
南 阳	6773.02	23.85	1355.16	3.26	1.71	35.34	**8192.35**
商 丘	6268.22	15.02	1036.36	29.53	0.60	21.49	**7371.22**
信 阳	5852.54	6.42	321.08	40.27	0.34	45.25	**6265.90**
周 口	4854.12	11.89	352.35		0.41	18.20	**5236.97**
驻马店	1780.93	2.78	320.65	5.83	0.95	10.94	**2122.07**
济 源	1382.75	6.66	304.34		0.06	1.30	**1695.11**

合众人寿保险股份有限公司河南分公司赔款和给付情况表

2017 年

单位：万元

项目 地区	个人业务				团体业务				合 计
	赔款	死伤医疗给付	满期给付	年金给付	赔款	死伤医疗给付	满期给付	年金给付	
河南省	**765.02**	**2866.82**	**18247.06**	**5047.41**	**210.36**	**3.00**			**27139.67**
郑 州	144.38	400.22	1626.93	760.57	206.41	3.00			**3141.51**
开 封	46.73	96.69	203.55	305.50	0.07				**652.54**
洛 阳	30.23	118.23	1364.45	283.06					**1795.98**
平顶山	72.48	241.77	246.88	398.98	0.31				**960.42**
安 阳	74.01	206.21	2132.47	512.71					**2925.41**
鹤 壁	22.27	145.87	1.10	94.75	0.01				**264.00**
新 乡	35.57	108.38	238.42	268.68	0.78				**651.83**
焦 作	6.58	71.00	18.45	114.38					**210.41**
濮 阳	9.39	168.09	2671.80	186.98					**3036.26**
许 昌	66.18	322.60	35.40	490.18	2.78				**917.13**
漯 河	38.85	69.02	4.10	314.05					**426.02**
南 阳	101.25	488.70	3296.50	429.65					**4316.09**
商 丘	31.15	271.28	2341.67	498.54					**3142.63**
信 阳	9.23	40.04	2315.10	116.35					**2480.72**
周 口	27.00	18.87	601.33	112.28					**759.49**
驻马店	43.68	70.10	1148.91	90.87					**1353.56**
济 源	6.06	29.76		69.87					**105.68**

富德生命人寿保险股份有限公司河南分公司保费收入情况表

2017 年

单位：万元

项目 地区	个人业务			团体业务			银保业务			合 计
	人寿保险	意外伤害险	健康险	人寿保险	意外伤害险	健康险	人寿保险	意外伤害险	健康险	
河南省	**88251.66**	**823.70**	**67819.92**	**314.14**	**3866.97**	**452.09**	**242657.74**	**0.06**	**1030.62**	**405216.90**
郑 州	12889.67	784.32	9917.48	170.94	1033.68	142.41	16982.36	0.06	72.73	**41993.65**
开 封	4824.02	0.77	4000.51	12.24	189.96	31.25	10069.13		29.79	**19157.67**
洛 阳	4382.79	10.36	3150.81	1.65	227.50	8.92	17859.81		30.79	**25672.62**
平顶山	3944.43	1.26	2877.21	2.10	148.26	12.81	9642.23		33.73	**16662.03**
安 阳	2255.50	0.02	2111.02	3.45	136.87	9.34	19179.17		93.41	**23788.78**
鹤 壁	1261.44	0.44	900.12	1.75	50.62	8.65	1821.39		11.49	**4055.89**
新 乡	3555.77	0.74	2506.73	34.59	429.13	33.43	16345.03		28.27	**22933.70**
焦 作	8262.87	3.93	5228.58	3.93	172.01	23.94	11924.27		122.28	**25741.81**
濮 阳	2051.20	0.36	1697.79	54.16	144.06	14.40	19488.70		76.38	**23527.06**
许 昌	3743.96	1.20	3682.99	3.54	108.56	10.69	17401.24		54.27	**25006.43**
漯 河	1984.25	0.04	1408.85	10.07	101.34	18.98	13876.97		118.44	**17518.95**
三门峡	962.44		792.76	2.54	56.40	1.95	12472.80		45.28	**14334.17**
南 阳	11547.74	6.88	9338.55	5.70	268.00	39.11	18702.21		38.31	**39946.48**
商 丘	3701.44	0.66	2588.49	0.14	96.27	12.64	12107.05		50.43	**18557.12**
信 阳	6397.16	0.69	3745.07	1.02	253.76	24.85	9426.69		37.19	**19886.42**
周 口	9701.82	7.87	8718.29	5.46	294.56	42.43	22012.96		132.78	**40916.19**
驻马店	4393.11	3.31	3124.51	0.60	100.72	9.64	13315.00		55.05	**21001.94**
济 源	2392.04	0.85	2030.19	0.26	55.28	6.67	30.70			**4516.00**

富德生命人寿保险股份有限公司河南分公司赔款和给付情况表

2017 年

单位：万元

项目 地区	个人业务				团体业务				银保业务				合 计
	赔款	死伤医疗给付	满期给付	年金给付	赔款	死伤医疗给付	满期给付	年金给付	赔款	死伤医疗给付	满期给付	年金给付	
河南省	**7615.19**	**7387.22**	**222.92**	**5.05**	**1458.97**	**1458.97**			**84706.79**	**2943.73**	**81763.06**		**93780.95**
郑 州	1627.52	1599.31	27.85	0.36	433.33	433.33			4682.71	101.12	4581.59		**6743.56**
开 封	527.77	527.77			72.2	72.20			4175.62	117.13	4058.49		**4775.59**
洛 阳	483.94	394.20	89.63	0.11	33.39	33.39			9270.35	211.78	9058.57		**9787.68**
平顶山	194.73	194.73			30.65	30.65			4095.61	177.56	3918.05		**4320.99**
安 阳	188.43	188.43			35.56	35.56			7244.09	327.86	6916.23		**7468.08**
鹤 壁	95.13	95.13			29.59	29.59			6.96	6.96			**131.68**
新 乡	410.67	367.56	40.19	2.92	65.52	65.52			2056.8	90.40	1966.40		**2532.99**
焦 作	594.3	583.00	11.3		60.35	60.35			2829.37	555.08	2274.29		**3484.02**
濮 阳	189.3	189.30			50.11	50.11			3465.3	66.74	3398.56		**3704.71**
许 昌	291.92	291.92			45.72	45.72			2226.35	120.50	2105.85		**2563.99**
漯 河	127.44	127.44			76.84	76.84			1354.24	102.79	1251.45		**1558.52**
三门峡	79.93	79.93			6	6.00			144.51	144.51			**230.44**
南 阳	1220.63	1169.52	49.45	1.66	173.64	173.64			3315.73	267.19	3048.54		**4710**
商 丘	149.19	149.19			65.51	65.51			994.22	97.89	896.33		**1208.92**
信 阳	241.84	241.84			74.75	74.75			9120.48	47.72	9072.76		**9437.07**
周 口	623.4	623.40			149.72	149.72			21782.12	119.91	21662.21		**22555.24**
驻马店	329.93	325.43	4.5		20.86	20.86			7447.35	374.24	7073.11		**7798.14**
济 源	239.12	239.12			30.96	30.96			495	14.36	480.64		**765.08**

中荷人寿保险有限公司河南省分公司保费收入情况表

2017 年

单位：万元

地区＼项目	个人业务			团体业务			合计
	人寿保险	意外伤害险	健康险	人寿保险	意外伤害险	健康险	
河南省	**79243.36**	**1258.95**	**22513.13**	**9.86**	**232.89**	**42.74**	**103300.93**
郑州	51585.70	737.32	11760.56	9.69	123.17	41.52	**64257.96**
洛阳	15897.02	301.83	6147.90	0.17	69.09	0.22	**22416.23**
安阳	4353.70	15.83	625.02		2.44		**4996.99**
焦作	7406.94	203.97	3979.65		38.19	1	**11629.75**

中荷人寿保险有限公司河南省分公司赔款和给付情况表

2017 年

单位：万元

地区＼项目	个人业务				团体业务				合计
	赔款	死伤医疗给付	满期给付	年金给付	赔款	死伤医疗给付	满期给付	年金给付	
河南省	**196.63**	**3466.64**	**9679.74**	**811.68**	**119.68**	**2**			**14276.37**
郑州	105.39	2366.96	6785.04	591.26	92.16	2			**9942.81**
洛阳	46.81	547.65	1976.82	118.58	23.53				**2713.39**
安阳	2.68	66.04	703.06	24.63	0.63				**797.04**
焦作	41.75	485.99	214.82	77.21	3.36				**823.13**

平安养老保险股份有限公司河南分公司保费收入情况表

2017 年

单位：万元

项目 地区	个人业务			团体业务			合计
	人寿保险	意外伤害险	健康险	人寿保险	意外伤害险	健康险	
河南省				**27576.17**	**14359.41**	**20603.48**	**62539.05**
郑州				24817.95	11062.61	15533.01	**51413.57**
洛阳				693.29	844.93	690.27	**2228.49**
平顶山				490.86	418.68	413.31	**1322.84**
新乡				758.13	914.25	1995.95	**3668.33**
焦作				715.92	312.05	329.55	**1357.52**
濮阳				5.25	118.17	238.56	**361.99**
许昌				46.89	535.51	667.98	**1250.39**
商丘				43.77	61.37	166.57	**271.71**
驻马店				4.11	91.83	568.27	**664.21**

平安养老保险股份有限公司河南分公司赔款和给付情况表

2017 年

单位：万元

项目 地区	个人业务				团体业务				合计
	赔款	死伤医疗给付	满期给付	年金给付	赔款	死伤医疗给付	满期给付	年金给付	
河南省					**92410.37**	**86218.37**			**178628.74**
郑州					86912.86	81697.25			**168610.11**
开封					479.90	479.90			**959.80**
洛阳					1199.61	618.62			**1818.23**
平顶山					538.85	538.85			**1077.70**
安阳					150.12	150.12			**300.24**
新乡					846.22	526.63			**1372.85**
焦作					281.69	205.89			**487.58**
濮阳					309.70	309.70			**619.40**
许昌					670.86	670.86			**1314.72**
漯河					279.77	279.77			**559.54**
南阳					446.13	446.13			**892.26**
商丘					110.48	110.48			**220.96**
驻马店					114.54	114.54			**229.08**
济源					69.63	69.63			**139.26**

信泰人寿保险股份有限公司河南分公司保费收入情况表

2017 年

单位：万元

项目 地区	个人业务			团体业务			合 计
	人寿保险	意外伤害险	健康险	人寿保险	意外伤害险	健康险	
河南省	**7129.94**	**9.35**	**2338.15**	**245.12**	**5.49**	**51.6**	**9779.65**
郑 州	581.61	0.46	151.02	30.57	5.49	13.63	**782.78**
洛 阳	724.37	0.99	304.24	31.67		1.78	**1063.05**
安 阳	140.7	0.33	133.57	39		8.29	**321.89**
新 乡	213.3	0.71	189.02	55.55		7.47	**466.05**
濮 阳	139.76	0.45	87.48	16.2		7.15	**251.04**
许 昌	986.06	1.41	221.14	4.61		1.6	**1214.82**
南 阳	854.92	0.47	203.52	8.92		3.04	**1070.87**
商 丘	2849.3	3.08	823.24	43.33		4.47	**3073.42**
周 口	188.23	0.05	40.01				**228.29**
驻马店	451.69	1.4	184.91	15.27		4.17	**657.44**

统计口径：年度总保费（含续收保费）

信泰人寿保险股份有限公司河南分公司赔款和给付情况表

2017 年

单位：万元

项目 地区	个人业务				团体业务				合 计
	赔款	死伤医疗给付	满期给付	年金给付	赔款	死伤医疗给付	满期给付	年金给付	
河南省	**13.24**	**439.85**		**834.02**	**2.88**			**13.17**	**1303.16**
郑 州	9.62	20.75		87.15	2.88			2.23	**122.63**
洛 阳	0.12	231.51		102.39				2.01	**336.03**
安 阳				1.31				2.39	**3.7**
新 乡	0.07			9.14				0.45	**9.66**
濮 阳				7.99				0.99	**8.98**
许 昌	2.13	29.52		131.88				0.29	**163.82**
南 阳	0.24	27.06		93.65				0.56	**121.51**
商 丘	0.84	101.34		332.7				3.03	**437.91**
周 口		0.04		11.52					**11.56**
驻马店	0.22	29.63		56.29				1.22	**87.36**

华泰人寿保险股份有限公司河南分公司保费收入情况表

2017 年

单位：万元

地区 \ 项目	个人业务			团体业务			合 计
	人寿保险	意外伤害险	健康险	人寿保险	意外伤害险	健康险	
河南省	**46570.32**	**110.39**	**11789.95**	**45.28**	**600.18**	**313.13**	**59429.25**
郑 州	15127.01	54.90	4031.30	26.94	294.78	231.79	**19766.73**
开 封	2439.24	10.13	1300.28		24.04	5.87	**3779.56**
洛 阳	7708.33	20.82	1425.13	0.39	52.17	14.01	**9220.86**
平顶山	594.88	0.63	165.01		7.74	1.43	**769.71**
安 阳	3359.67	3.49	783.12	0.58	29.09	11.95	**4187.90**
新 乡	601.20	1.63	82.68		9.72	0.84	**696.07**
焦 作	1071.03	1.58	355.85		8.13	3.17	**1439.77**
许 昌	3028.17	2.23	461.07		50.04	3.90	**3545.41**
漯 河	4819.22	4.96	1203.82	17.28	59.44	23.01	**6127.73**
南 阳	3764.80	4.88	1011.18		40.75	12.46	**4834.08**
周 口	3177.52	2.56	721.42	0.09	20.80	3.55	**3925.94**
驻马店	567.63	2.02	142.05		1.79	0.45	**713.94**
济 源	311.62	0.54	107.02		1.68	0.71	**421.57**

华泰人寿保险股份有限公司河南分公司赔款和给付情况表

2017 年

单位：万元

地区 \ 项目	个人业务				团体业务				合 计
	赔款	死伤医疗给付	满期给付	年金给付	赔款	死伤医疗给付	满期给付	年金给付	
河南省	**721.51**	**1258.16**	**13320.20**	**2363.51**	**421.10**	**37.15**			**18121.62**
郑 州	359.63	410.15	2059.25	810.70	187.06	12.00			**3838.78**
开 封	138.11	81.88	139.80	103.70	13.08				**476.57**
洛 阳	47.28	115.42	1202.63	398.06	17.44	0.15			**1780.98**
平顶山	5.21	35.15		42.03	3.02				**85.40**
安 阳	26.93	153.70		121.90	24.66				**327.20**
新 乡	5.57		97.17	34.74	52.77				**190.25**
焦 作	13.91	64.24	2.74	52.64	4.51				**138.03**
许 昌	21.64	85.36	1647.95	169.32	9.40				**1933.68**
漯 河	42.89	97.89	702.94	196.25	72.50	25.00			**1137.48**
南 阳	28.43	84.70	3287.84	242.37	26.78				**3670.12**
周 口	24.04	93.15	4179.87	146.32	9.11				**4452.49**
驻马店	1.64	19.20		25.37	0.64				**46.85**
济 源	6.23	17.32		20.12	0.14				**43.81**

(四)金融机构人员统计表

中国人民银行河南省辖内机构人员统计表

2017 年

项目 地区	机构数	总人数	按性别分		按年龄分		按职称分			按学历分		
			男	女	40 岁以下	40 岁以上	中级以下	中级	高级	大专以下	大学	研究生
合 计	**129**	**6241**	**4147**	**2094**	**1244**	**4997**	**2053**	**3618**	**200**	**1487**	**4217**	**537**
郑 州	8	693	396	297	196	497	129	367	57	93	412	188
开 封	6	298	199	99	75	223	135	158	5	95	175	28
洛 阳	10	440	302	138	78	362	200	235	4	134	280	26
平顶山	7	317	221	96	58	259	76	188	12	15	279	23
安 阳	6	289	190	99	54	235	61	187	12	43	226	20
鹤 壁	3	169	115	54	46	123	61	101	7	39	122	8
新 乡	9	447	281	166	84	363	110	320	17	137	283	27
焦 作	7	329	226	103	57	272	107	185	6	87	222	20
濮 阳	6	300	203	97	61	239	74	217	9	13	270	17
许 昌	6	283	187	96	69	214	118	159	6	56	204	23
漯 河	4	230	147	83	43	187	72	149	8	43	172	15
三门峡	6	244	170	74	55	189	77	105	6	90	135	19
南 阳	13	503	341	162	89	414	161	264	17	159	325	19
商 丘	8	412	283	129	60	352	181	218	13	98	296	18
信 阳	9	426	293	133	59	367	147	270	4	189	211	26
周 口	10	414	314	100	68	346	129	268	12	74	317	23
驻马店	10	389	247	142	70	319	189	196	4	118	249	22
济 源	1	58	32	26	22	36	26	31	1	4	39	15

中国人民银行郑州中心支行机构人员统计表

2017 年

项目 地区	总人数	按性别分		按年龄分		按职称分			按学历分		
		男	女	40 岁以下	40 岁以上	中级以下	中级	高级	大专以下	大学	研究生
全 辖	**693**	**396**	**297**	**196**	**497**	**129**	**367**	**57**	**93**	**412**	**188**
机关本部	485	265	220	173	312	64	257	56	45	270	170
登 封	29	18	11	4	25	13	12		9	18	2
巩 义	32	16	16	4	28	13	14		9	20	3
上 街	16	11	5	3	13	1	10			13	3
中 牟	33	23	10	3	30	9	18	1	12	18	3
新 密	33	20	13	1	32	16	15		11	22	
新 郑	31	19	12	3	28	4	23		3	24	4
荥 阳	34	24	10	5	29	9	18		4	27	3

河南省银行机构人员统计表

2017 年

项目/地区	机构数	总人数	按性别分		按年龄分		按职称分			按学历分		
			男	女	40 岁以下	40 岁以上	中级以下	中级	高级	大专以下	大学	研究生
人　行	129	6241	4147	2094	1244	4997	2053	3618	200	1487	4217	537
国开行		261	164	97	193	68						156
农发行	152	3477	1975	1502	1312	2182	1771	1646	60	1102	2132	243
进出口行	1	46	26	20	39	7					13	33
工　行	734	19593	10298	9295	4316	15277	13264	5975	354	10159	8985	449
农　行	1170	23235	12932	10303	4279	18956	16667	6214	354	15073	7570	592
中国银行	504	12603	6071	6532	5315	7288						
建　行	691	17023	8336	8687	6671	10352	11988	4602	433	1447	14455	1121
交　行	115	2982	1363	1529	2010	882	2121	755	16	981	1466	445
中　信		2351	1130	1221	2097	254	2024	304	23	85	1660	606
光　大		1356	615	741	1056	300	213	241	23	133	924	299
广　发		1281	610	671	988	293	984	209	88	73	1048	160
浦　发		1755	988	767	1441	314	1202	538	15	139	1365	251
招　商		1146	583	563	1008	138				64	867	215
兴　业	59	1049	476	573	947	102	879	163	7	105	802	142
邮　储		10615	4481	6134	7122	3493	10290	285	40	1015	9100	500
民　生		1612	748	864	1411	201	1579	26	7	66	1298	248
汇　丰	1	19	5	14	14	5				1	12	6
东亚银行	2	61	27	34	11	50	40	17	4	6	42	13
华夏银行	10	351	187	164	302	49	306	42	3	9	302	40
平安银行		452	236	216	396	56	384	63	5	55	307	90
渣打银行	1	8	4	4	6	2	6	2			2	4
恒丰银行	3	157	105	52	127	30	84	65	8	1	109	47
浙商银行	1	142	96	46	120	22				6	100	36
渤海银行	1	146	96	50	111	35					124	22

河南省各保险公司机构人员统计表

2017 年

项目 地区	机构数	总人数	按性别分		按年龄分		按职称分			按学历分		
			男	女	40 岁以下	40 岁以上	中级以下	中级	高级	大专以下	大学	研究生
出口信用	3	43	25	18	38	5	30	9	4		24	19
人民财产保险	324	5100	2878	2222	2792	2308	4380	672	48	2884	2079	137
天安保险	62	543	303	240	353	190	19	5	30	73	466	4
平安财险	137	3108	1597	1511	2910	198	2885	219	4	1316	1739	53
永安保险	87	640	328	312	372	268	10	23	2	131	506	3
太平财险	15	308	182	126	265	43	286	18	4	94	199	15
中华联合	179	1993	1041	952	1381	693	1903	83	7	1245	719	29
大地保险		1352	691	661	1000	352				289	1048	15
华安财险		416	197	219	281	135	4	9	3	74	337	5
都邦保险	9	128	61	67	110	18				1	125	2
渤海保险		423	243	180	318	105	78	13		289	130	4
中国人寿财产保险	152	2681	1385	1295	1875	806	2170	119	150	1061	1573	47
永诚保险		171	83	88	117	54	23	29	2	83	78	4
中银保险	6	132	74	58	96	36	99	32	1		119	13
安诚财险		161	83	78	120	41	3	10	1	91	70	
中国人寿	301	6152	2853	3299	3241	2911	5503	606	43	2324	3763	65
平安人寿	19	2906	1619	1287	2742	164	2751	144	11	83	2704	119
泰康人寿		1357	558	799							977	73
太平人寿		1897	889	1008	1489	390	25	33	4	44	1812	41
合众人寿	53	475	242	233	326	149	4	10		172	299	4
富德生命人寿	85	2130	652	1478	1596	534	5	46	10	12	667	1451
中荷人寿	8	137	96	41	114	23	132	4	1	1	129	7
平安养老	15	376	180	196	308	68				143	220	13
人民人寿	121	1130	453	664	388	729	1015	89	13	65	1031	21
信泰人寿	9	403	148	255	309	94				200	197	6
国华人寿		222	105	117	139	83				69	149	4
华泰人寿	50	333	159	178	228	105	15	20	3	8	319	6
太平养老	1	143	64	79	80	63	1	6	2	56	81	6

河南省地方金融机构人员统计表

2017 年

项目 地区	机构数	总人数	按性别分		按年龄分		按职称分			按学历分		
			男	女	40 岁以下	40 岁以上	中级以下	中级	高级	大专以下	大学	研究生
省农联社	5277	63771					55314	8156	301	38466	24146	1159
中原银行	473	13540	6272	7268	9203	4337	1541	2294	195	3614	7449	1466
郑州银行		4171	1488	2683	2408	1763	2027	1467	677	915	2664	592
洛阳银行		2306	951	1335	1759	503	1888	410	8	631	1480	177
平顶山银行	73	2072	1019	1053	1651	421	1792	270	10	479	1421	172
焦作中旅银行	39	1127	566	561	832	295	907	209	11	170	818	139

河南省其他金融机构人员统计表

2017 年

项目 地区	机构数	总人数	按性别分		按年龄分		按职称分			按学历分		
			男	女	40 岁以下	40 岁以上	中级以下	中级	高级	大专以下	大学	研究生
华融资产		57	39	18	25	32	28	16	13	5	33	19
长城资产		71	50	21	27	44	32	32	7	10	46	15
东方资产		35	25	10	25	10	22	8	5		18	17
信达资产		53	35	18	29	24	23	23	7	2	24	27
中原资产		54	31	23	38	16	36	15	3		18	36
中原信托	1	257	163	94	198	59	11	90	20	17	54	186
中国银联		36	28	8	23	13	24	12		1	29	6
一拖财务	1	39	10	29	25	14	20	18	1	8	26	5
洛银金融租赁	1	68	55	13	57	11				2	38	28

中国农业发展银行河南省分行机构人员统计表

2017 年

项目 地区	机构数	总人数	按性别分		按年龄分		按职称分			按学历分		
			男	女	40 岁以下	40 岁以上	中级以下	中级	高级	大专以下	大学	研究生
全 省	**152**	**3477**	**1975**	**1502**	**1312**	**2182**	**1771**	**1646**	**60**	**1102**	**2132**	**243**
机关本部	1	115	76	39	19	96	21	59	35	12	76	27
郑 州	9	282	132	150	118	164	163	111	8	66	185	31
开 封	7	170	97	73	73	97	79	88	3	46	109	15
洛 阳	11	225	130	95	90	135	120	104	1	79	135	11
平顶山	8	154	84	70	57	97	83	69	2	50	96	8
安 阳	7	133	83	50	53	80	78	55		39	81	13
鹤 壁	4	89	50	39	37	52	39	49	1	15	66	8
新 乡	10	203	104	99	74	129	112	90	1	60	135	8
焦 作	8	164	80	84	62	102	119	44	1	55	94	15
濮 阳	7	150	79	71	75	75	75	75		33	107	10
许 昌	7	156	86	70	73	83	89	66	1	35	109	12
漯 河	5	125	70	55	49	76	61	63	1	34	87	4
三门峡	7	132	77	55	58	74	71	61		32	94	6
南 阳	15	311	174	137	111	200	166	144	1	106	189	16
商 丘	10	255	162	93	74	181	90	163	2	101	142	12
信 阳	12	267	164	103	96	171	178	88	1	114	138	15
周 口	12	276	168	108	85	191	109	166	1	135	125	16
驻马店	11	244	144	100	94	150	106	137	1	87	144	13
济 源	1	26	15	11	15	11	12	14		3	20	3

注：没有地市级分支机构的单位，改成其他分支机构。

中国工商银行股份有限公司河南省分行机构人员统计表

2017 年

项目 地区	机构数	总人数	按性别分		按年龄分		按职称分			按学历分		
			男	女	40 岁以下	40 岁以上	中级以下	中级	高级	大专以下	大学	研究生
全　省	**734**	**19593**	**10298**	**9295**	**4316**	**15277**	**13264**	**5975**	**354**	**10159**	**8985**	**449**
机关本部	1	892	482	410	241	651	297	409	186	125	680	87
郑　州	154	3636	1592	2044	1485	2151	2745	856	35	1493	1967	176
开　封	32	881	502	379	142	739	631	239	11	526	338	17
洛　阳	81	1907	926	981	367	1540	1509	379	19	1060	819	28
平顶山	41	973	565	408	149	824	519	448	6	598	364	11
安　阳	43	1075	549	526	137	938	605	462	8	486	576	13
鹤　壁	14	387	214	173	56	331	203	177	7	199	185	3
新　乡	43	1172	602	570	177	995	824	340	8	718	435	19
焦　作	34	918	473	445	148	770	824	82	12	621	281	16
濮　阳	32	839	453	386	159	680	480	352	7	438	389	12
许　昌	33	789	425	364	179	610	548	234	7	425	351	13
漯　河	21	571	330	241	83	488	362	203	6	324	243	4
三门峡	21	685	361	324	121	564	473	206	6	423	257	5
南　阳	46	1164	624	540	202	962	765	390	9	615	535	14
商　丘	30	868	527	341	150	718	490	371	7	393	471	4
信　阳	36	994	614	380	171	823	727	260	7	653	331	10
周　口	35	872	513	359	155	717	629	234	9	502	362	8
驻马店	29	806	470	336	142	664	510	293	3	458	343	5
济　源	8	164	76	88	52	112	123	40	1	102	58	4

中国农业银行股份有限公司河南省分行机构人员统计表

2017 年

项目 地区	机构数	总人数	按性别分		按年龄分		按职称分			按学历分		
			男	女	40 岁以下	40 岁以上	中级以下	中级	高级	大专以下	大学	研究生
全 省	**1170**	**23235**	**12932**	**10303**	**4279**	**18956**	**16667**	**6214**	**354**	**15073**	**7570**	**592**
机关本部	1	696	380	316	190	506	238	282	176	173	450	73
郑 州	147	2513	1147	1366	698	1815	1952	544	17	1456	900	157
开 封	49	1062	576	486	178	884	840	220	2	700	331	31
洛 阳	87	1799	930	869	302	1497	1443	340	16	1258	489	52
三门峡	39	769	424	345	176	593	570	191	8	475	282	12
平顶山	68	1185	713	472	194	991	796	387	2	752	416	17
许 昌	67	1127	610	517	209	918	857	261	9	760	345	22
漯 河	35	752	407	345	122	630	560	187	5	546	198	8
安 阳	67	1162	664	498	237	925	835	323	4	706	427	29
鹤 壁	15	308	187	121	64	244	205	101	2	178	124	6
新 乡	66	1431	837	594	187	1244	958	455	18	986	429	16
焦 作	51	919	492	427	164	755	703	202	14	593	303	23
濮 阳	41	863	484	379	149	714	572	279	12	540	306	17
商 丘	63	1388	831	557	218	1170	947	427	14	1029	345	14
周 口	88	1600	915	685	256	1344	1206	385	9	1161	428	11
驻马店	80	1616	939	677	202	1414	1028	578	10	1097	503	16
南 阳	90	1702	990	712	278	1424	1227	461	14	1136	534	32
信 阳	95	1881	1185	696	256	1625	1403	472	6	1333	526	22
济 源	11	196	108	88	66	130	160	34	2	111	81	4
郑州自贸区	8	95	29	66	65	30	71	24		21	62	12
其他分支机构	2	171	84	87	68	103	96	61	14	62	91	18

中国银行股份有限公司河南省分行机构人员统计表

2017 年

项目 地区	机构数	总人数	按性别分		按年龄分		按学历分			
			男	女	40 岁以下	40 岁以上	大专以下	大专	大学本科	研究生及以上
河南省	**504**	**12603**	**6071**	**6532**	**5315**	**7288**	**918**	**3464**	**7602**	**619**
机关本部	93	3182	1475	1707	1671	1511	95	507	2204	376
开　封	22	534	276	258	211	323	46	131	345	12
洛　阳	51	1168	549	619	477	691	112	291	728	37
新　乡	36	772	391	381	219	553	69	302	377	24
安　阳	32	734	373	361	197	537	49	265	407	13
南　阳	33	756	350	406	270	486	74	292	376	14
商　丘	21	557	291	266	183	374	82	144	318	13
濮　阳	21	491	233	258	173	318	56	158	264	13
焦　作	31	720	344	376	238	482	70	263	372	15
平顶山	25	529	249	280	225	304	39	182	291	17
信　阳	21	450	211	239	183	267	52	150	236	12
许　昌	29	589	281	308	278	311	47	224	306	12
周　口	21	510	266	244	214	296	28	135	335	12
漯　河	16	377	190	187	113	264	39	132	198	8
驻马店	19	408	206	202	229	179	14	104	279	11
鹤　壁	12	280	148	132	125	155	10	74	186	10
三门峡	14	375	155	220	196	179	31	86	253	5
济　源	7	171	83	88	113	58	5	24	127	15

中国建设银行股份有限公司河南省分行机构人员统计表

2017 年

项目 地区	机构数	总人数	按性别分		按年龄分		按职称分			按学历分		
			男	女	40 岁以下	40 岁以上	中级以下	中级	高级	大专以下	大学	研究生
全 省	**691**	**17023**	**8336**	**8687**	**6671**	**10352**	**11988**	**4602**	**433**	**1447**	**14455**	**1121**
机关本部	2	1234	662	572	552	682	454	513	267	77	960	197
郑 州	146	3307	1337	1970	1824	1483	2534	719	54	121	2761	425
开 封	31	634	310	324	240	394	459	174	1	51	550	33
洛 阳	68	1521	747	774	430	1091	1170	340	11	148	1307	66
平顶山	34	825	402	423	206	619	519	292	14	112	676	37
安 阳	39	836	400	436	324	512	587	242	7	61	734	41
鹤 壁	17	394	192	202	134	260	277	114	3	38	343	13
新 乡	41	859	407	452	376	483	623	229	7	28	784	47
焦 作	35	757	357	400	266	491	527	222	8	32	689	36
濮 阳	44	1027	548	479	275	752	720	296	11	169	832	26
许 昌	30	663	294	369	306	357	502	154	7	61	569	33
漯 河	19	541	265	276	208	333	446	92	3	68	454	19
三门峡	25	610	271	339	245	365	507	95	8	33	555	22
南 阳	40	944	527	417	257	687	663	279	2	121	789	34
商 丘	30	823	471	352	219	604	556	260	7	139	670	14
信 阳	30	677	391	286	253	424	510	156	11	88	558	31
周 口	26	605	354	251	224	381	448	155	2	57	529	19
驻马店	27	620	328	292	244	376	374	239	7	35	569	16
济 源	7	146	73	73	88	58	112	31	3	8	126	12

交通银行股份有限公司河南省分行机构人员统计表

2017 年

地区＼项目	机构数	总人数	按性别分		按年龄分		按职称分			按学历分		
			男	女	40 岁以下	40 岁以上	中级以下	中级	高级	大专以下	大学	研究生
全　省	**115**	**2982**	**1363**	**1529**	**2010**	**882**	**2121**	**755**	**16**	**981**	**1466**	**445**
机关本部	1	448	205	243	172	276	921	283	11	78	274	96
郑　州	62	1207	525	682	871	336	178	259	3	809	216	182
洛　阳	19	482	200	282	303	179	352	130		76	365	41
南　阳	4	116	58	58	101	15	110	6		3	91	22
安　阳	5	88	53	35	79	9	74	14			76	12
焦　作	3	82	50	32	69	13	72	10		4	72	6
平顶山	4	76	40	36	71	5	66	10		1	57	18
新　乡	4	92	47	45	80	12	81	10	1	1	73	18
许　昌	4	86	49	37	73	13	79	6	1	3	72	11
开　封	4	79	45	34	69	10	69	10		4	60	15
信　阳	1	43	29	14	41	2	40	3			32	11
济　源	3	56	33	23	51	5	50	6		1	47	8
商　丘	1	37	29	8	30	7	29	8		1	31	5

中信银行股份有限公司郑州分行机构人员统计表

2017 年

地区＼项目	总人数	按性别分		按年龄分		按职称分			按学历分		
		男	女	40 岁以下	40 岁以上	中级以下	中级	高级	大专以下	大学	研究生
全　省	**2351**	**1130**	**1221**	**2097**	**254**	**2024**	**304**	**23**	**85**	**1660**	**606**
机关本部	498	221	277	393	105	377	108	13	20	305	173
郑　州	824	390	434	768	56	749	72	3	33	572	219
洛　阳	222	112	110	203	19	196	26		8	158	56
南　阳	175	83	92	157	18	157	16	2	8	133	34
安　阳	154	69	85	140	14	131	23		5	133	16
焦　作	156	71	85	140	16	138	18		7	121	28
平顶山	141	78	63	132	9	127	14		2	110	29
新　乡	91	50	41	82	9	79	12		1	61	29
商　丘	56	34	22	51	5	40	14	2	1	44	11
信　阳	34	22	12	31	3	30	1	3		23	11

中国光大银行股份有限公司郑州分行机构人员统计表

2017 年

地区＼项目	总人数	按性别分		按年龄分		按职称分			按学历分		
		男	女	40 岁以下	40 岁以上	中级以下	中级	高级	大专以下	大学	研究生
全　省	**1356**	**615**	**741**	**1056**	**300**	**213**	**241**	**23**	**133**	**924**	**299**
郑　州	973	422	551	706	267	191	223	21	115	659	199
洛　阳	116	52	64	105	11	8	5		6	79	31
许　昌	75	44	31	72	3	4	2	1	6	50	19
焦　作	89	43	46	79	10	8	6	1	5	61	23
南　阳	103	54	49	94	9	2	5		1	75	27

广发银行股份有限公司郑州分行机构人员统计表

2017 年

项目 地区	总人数	按性别分		按年龄分		按职称分			按学历分		
		男	女	40 岁以下	40 岁以上	中级以下	中级	高级	大专以下	大学本科	研究生以上
全　省	**1281**	**610**	**671**	**988**	**293**	**984**	**209**	**88**	**73**	**1048**	**160**
机关本部	331	152	179	177	154	176	95	60	26	245	60
直营团队	14	8	6	9	5	10	2	2		13	1
营业部	30	15	15	27	3	26	3	1	1	22	7
嵩山路支行	27	13	14	23	4	22	4	1	1	23	3
金水路支行	28	12	16	25	3	26	2		2	25	1
行政区支行	26	12	14	23	3	22	4			19	7
郑花路支行	26	14	12	25	1	24	2		1	22	3
商城支行	28	14	14	25	3	26	1	1		26	2
未来大道支行	24	10	14	22	2	22	2		2	18	4
科技支行	28	13	15	23	5	24	2	2	2	23	3
郑汴路支行	26	12	14	24	2	24	2		4	15	7
银基支行	28	12	16	22	6	23	4	1	1	25	2
黄河路支行	24	10	14	18	6	18	4	2	1	19	4
郑东新区支行	27	10	17	24	3	25	2		1	23	3
淮河路支行	27	11	16	25	2	23	3	1	3	21	3
金成支行	25	11	14	19	6	19	3	3	1	19	5
经三路支行	25	13	12	24	1	23	2		1	20	4
农业路支行	25	9	16	24	1	23	2			21	4
南阳路支行	25	12	13	23	2	22	2	1		21	4
金水花园支行	41	27	14	38	3	38	2	1	1	32	8
商都支行	27	15	12	25	2	24	2	1	1	23	3
航海东路支行	26	10	16	24	2	24	2		1	21	4
航空港支行	17	10	7	13	4	13	3	1		13	4
安阳分行	83	38	45	52	31	53	26	4	10	72	1
新乡分行	90	42	48	66	24	67	18	5	9	78	3
平顶山分行	56	25	31	54	2	53	3		1	53	2
焦作分行	48	22	26	45	3	44	4		1	46	1
三门峡分行	42	28	14	36	6	37	5		1	40	1
南阳分行	38	21	17	35	3	34	3	1	1	34	3
洛阳分行	19	9	10	18	1	19				16	3

招商银行股份有限公司郑州分行机构人员统计表

2017 年

项目 地区	总人数	按性别分		按年龄分		按学历分		
		男	女	40 岁以下	40 岁以上	大专及以下	大学本科	研究生
合　计	**1146**	**583**	**563**	**1008**	**138**	**64**	**867**	**215**
郑州同城	855	422	433	750	105	46	628	181
洛阳分行	98	58	40	87	11	6	83	9
安阳分行	80	40	40	71	9	8	67	5
许昌分行	65	36	29	57	8	2	52	11
南阳分行	48	27	21	43	5	2	37	9

兴业银行股份有限公司郑州分行机构人员统计表

2017 年

项目 地区	机构数	总人数	按性别分		按年龄分		按职称分			按学历分		
			男	女	40 岁以下	40 岁以上	中级以下	中级	高级	大专以下	大学	研究生
合　计	**59**	**1049**	**476**	**573**	**947**	**102**	**879**	**163**	**7**	**105**	**802**	**142**
机关本部	1	218	114	104	183	35	158	56	4	2	133	83
分行营业部	1	27	11	16	23	4	25	2		7	18	2
中原路支行	1	13	4	9	12	1	12	1		1	11	1
东大街支行	1	12	5	7	11	1	10	2		1	10	1
金水东路支行	1	22	7	15	20	2	20	2		4	16	2
商务外环路支行	1	26	8	18	25	1	24	2		4	20	2
郑汴路支行	1	15	5	10	14	1	14	1			12	3
中原万达支行	1	11	5	6	10	1	10	1			10	1
文化路支行	1	14	6	8	13	1	12	2			13	1
纬一路支行	1	13	4	9	12	1	11	2			12	1
嵩山南路支行	1	16	5	11	15	1	15	1			15	1
农业路支行	1	12	3	9	11	1	11	1		1	10	1
凤凰城支行	1	14	7	7	12	2	12	2		1	12	1
航海中路支行	1	8	6	2	7	1	6	2		2	3	3
合作大厦支行	1	14	5	9	12	2	12	2		2	10	2
建设路支行	1	14	8	6	13	1	12	2			13	1
南浦国际金融中心支行	1	20	7	13	16	4	18	2		1	18	1
天赋路支行	1	8	6	2	6	2	7	1			7	1
新郑支行	6	31	15	16	25	6	28	2	1	9	19	3
黄河南路支行	1	17	6	11	16	1	16	1		2	13	2
科源路支行	1	10	7	3	10		8	2			8	2
兴业大厦支行	1	12	5	7	12		11	1			10	2
紫荆山路支行	1	9	5	4	8	1	8	1			8	1
百荣商贸城支行	1	13	6	7	12	1	12	1		1	10	2
零售拓展一部		4	1	3	4		3	1			2	2
零售拓展二部		2	1	1	1	1	1	1			2	
零售拓展三部		3	2	1	3		2	1			3	
零售拓展四部		2	1	1	2		1	1			2	
企业金融总部直属业务二部		4	2	2	4		3	1		2	2	
企业金融总部直属业务四部		4	3	1	4		1	3		1	3	
企业金融总部直属业务五部		5	2	3	4	1	2	3		1	4	
企业金融总部直属业务六部		5	2	3	4	1	3	2		1	4	
企业金融总部直属业务九部		11	4	7	9	2	7	3	1	3	8	
企业金融总部直属业务十一部		8	4	4	7	1	6	2			8	
企业金融总部直属业务十二部		5	4	1	5		3	2			5	
企业金融总部直属业务十五部		7	5	2	7		5	2			7	
企业金融总部直属业务十七部		9	6	3	8	1	6	3		2	7	
企业金融总部直属安阳业务部		4	3	1	3	1	3	1			4	
企业金融总部直属汽车金融业务部		3	1	2	3			3			3	
牡丹城支行	1	13	5	8	12	1	12	1		3	9	1
平顶山分行本部	1	58	31	27	30	28	46	11	1	5	48	5
平顶山分行营业部	1	6	2	4	3	3	5	1		1	5	
体育路支行	1	11	5	6	5	6	11			2	8	1
新城区支行	1	7	2	5	5	2	6	1			6	1
新乡分行	1	59	30	29	48	11	44	15		5	51	3
驻马店分行	1	23	15	8	10	13	18	5		2	17	4

中国民生银行股份有限公司郑州分行机构人员统计表

2017 年

项目 地区	总人数	按性别分		按年龄分		按职称分			按学历分		
		男	女	40岁以下	40岁以上	中级以下	中级	高级	大专以下	大学	研究生
全　省	**1612**	**748**	**864**	**1411**	**201**	**1579**	**26**	**7**	**66**	**1298**	**248**
机关本部	361	175	186	298	63	336	19	6	4	234	123
分行营业部	34	14	20	33	1	34				31	3
花园路支行	35	16	19	30	5	35			1	29	5
郑汴路支行	26	10	16	26		26			1	19	6
文化路支行	31	15	16	29	2	31			1	28	2
商都路支行	24	10	14	23	1	24			1	20	3
航海路支行	25	13	12	23	2	25			1	23	1
郑花路支行	27	15	12	25	2	27			1	23	3
建设路支行	28	10	18	27	1	28			3	22	3
紫荆支行	21	13	8	19	2	21			2	17	2
经济技术开发区支行	23	11	12	21	2	23			1	21	1
陇海路支行	31	15	16	29	2	31			1	23	7
嵩山路支行	25	10	15	25		25			1	21	3
未来路支行	30	15	15	28	2	30			2	24	4
心怡路支行	31	15	16	30	1	31			1	27	3
国基路支行	19	10	9	18	1	19				15	4
九如路支行	27	7	20	25	2	27				23	4
农业路支行	20	6	14	19	1	20			1	18	1
铭功路支行	17	7	10	16	1	17				14	3
南阳路支行	19	7	12	18	1	19				18	1
秦岭路支行	20	7	13	19	1	20			1	16	3
商鼎路支行	22	12	10	21	1	22			1	16	5
纬三路支行	18	9	9	15	3	18			1	16	1
大学路支行	17	6	11	16	1	17				14	3
洛阳分行本部	95	43	52	79	16	94			3	80	12
洛阳联盟路支行	14	4	10	12	2	14			1	11	2
洛阳南昌路支行	16	5	11	13	3	16			2	13	1
洛阳新区支行	14	6	8	11	3	14				14	
洛阳永泰街支行	15	6	9	13	2	15			1	13	1
洛阳西工支行	13	5	8	12	1	13				13	
洛阳偃师支行	12	8	4	10	2	12				12	
南阳分行本部	97	50	47	80	17	96	1		3	82	12
南阳中州路支行	15	1	14	14	1	15				15	
南阳人民路支行	17	3	14	15	2	17				17	
南阳光武路支行	17	8	9	16	1	17				17	
南阳长江路支行	12	3	9	12		12				10	2
许昌分行本部	65	42	23	46	19	61	3	1	2	58	5
许昌许由路支行	21	9	12	18	3	19	2			21	
许昌禹州支行	16	10	6	15	1	16			1	14	1
许昌长葛支行	18	10	8	17	1	18				18	
许昌相府支行	20	7	13	19	1	20			2	17	1
信阳分行本部	95	40	55	81	14	95			15	74	6
信阳固始支行	15	7	8	13	2	15			3	12	
信阳潢川支行	10	5	5	9	1	10			2	8	
新乡分行	43	23	20	37	6	43			3	33	7
漯河分行	41	25	16	36	5	41			3	34	4

东亚银行（中国）有限公司郑州分行机构人员统计表

2017 年

项目 地区	机构数	总人数	按性别分		按年龄分		按职称分			按学历分		
			男	女	40 岁以下	40 岁以上	中级以下	中级	高级	大专以下	大学	研究生
总　计	**2**	**61**	**27**	**34**	**11**	**50**	**40**	**17**	**4**	**6**	**42**	**13**
郑州分行	1	56	24	32	10	46	36	16	4	6	38	12
郑州商鼎路支行	1	5	3	2	1	4	4	1			4	1

华夏银行股份有限公司郑州分行机构人员统计表

2017 年

项目 地区	机构数	总人数	按性别分		按年龄分		按职称分			按学历分		
			男	女	40 岁以下	40 岁以上	中级以下	中级	高级	大专以下	大学	研究生
全　省	**10**	**351**	**187**	**164**	**302**	**49**	**306**	**42**	**3**	**9**	**302**	**40**
机关本部	1	193	112	81	148	45	154	36	3	4	159	30
英协路支行	1	18	11	7	18		18			1	16	1
建设路支行	1	24	10	14	23	1	23	1			23	1
文化路支行	1	14	6	8	14		14				14	
农业路支行	1	19	9	10	18	1	17	2		1	17	1
纬五路支行	1	20	8	12	20		19	1			20	
北环路支行	1	18	9	9	18		18				18	
九如路支行	1	14	7	7	13	1	14			1	9	4
国基路支行	1	18	9	9	18		18			1	14	3
航空港区支行	1	13	7	6	12	1	11	2		1	12	

恒丰银行股份有限公司郑州分行机构人员统计表

2017 年

项目 地区	机构数	总人数	按性别分		按年龄分		按职称分			按学历分		
			男	女	40 岁以下	40 岁以上	中级以下	中级	高级	大专以下	大学	研究生
全　省	**3**	**157**	**105**	**52**	**127**	**30**	**84**	**65**	**8**	**1**	**109**	**47**
机关本部	1	111	84	27	90	21	60	43			83	38
郑　州	1	27	10	17	23	4	15	12		1	19	7
洛　阳	1	19	11	8	14	5	9	10			17	2

中国邮政储蓄银行股份有限公司河南省分行机构人员统计表

2017 年

项目 地区	总人数	按性别分		按年龄分		按职称分			按学历分		
		男	女	40岁以下	40岁以上	中级以下	中级	高级	大专以下	大学	研究生
全 省	**10615**	**4481**	**6134**	**7122**	**3493**	**10290**	**285**	**40**	**1015**	**9100**	**500**
济源市直属支行	119	46	73	81	38	115	3	1	15	98	6
安阳市分行	548	224	324	358	190	542	5	1	68	459	21
洛阳市分行	727	302	425	483	244	719	6	2	82	614	31
南阳市分行	900	418	482	554	346	881	16	3	48	819	33
焦作市分行	484	175	309	318	166	441	42	1	68	404	12
商丘市分行	733	378	355	426	307	706	27		129	587	17
信阳市分行	668	339	329	434	234	656	10	2	76	576	16
郑州市分行	1035	338	697	782	253	997	36	2	39	900	96
河南省分行直属支行	50	13	37	47	3	46	3	1		36	14
漯河市分行	328	136	192	224	104	322	6		35	283	10
新乡市分行	723	287	436	504	219	713	10		44	648	31
驻马店市分行	736	355	381	507	229	714	22		38	678	20
周口市分行	727	300	427	496	231	702	24	1	76	641	10
平顶山市分行	518	259	259	299	219	501	16	1	85	405	28
濮阳市分行	475	197	278	346	129	462	12	1	46	419	10
许昌市分行	465	182	283	328	137	454	10	1	46	396	23
三门峡市分行	404	152	252	297	107	397	4	3	34	350	20
鹤壁市分行	230	86	144	169	61	220	10		22	205	3
开封市分行	464	182	282	297	167	453	10	1	52	391	21
郑州市郑汴路支行											
河南省分行本部	281	112	169	172	109	249	13	19	12	191	78

河南省农村信用社联合社机构人员统计表

2017 年

地区＼项目	机构数	总人数	按年龄分			按职称分			按学历分		
			35 岁以下	36 岁-45 岁	46 岁及以上	中级以下	中级	高级	大专以下	大学	研究生
全 省	**5277**	**63771**	**22572**	**17877**	**23322**	**55314**	**8156**	**301**	**38466**	**24146**	**1159**
机关本部	1	516	355	95	66	354	121	41	21	331	164
郑 州	486	4621	1751	1265	1605	3873	640	108	2358	1918	345
开 封	184	2140	720	624	796	1904	232	4	1365	755	20
洛 阳	408	3961	1351	1061	1549	3237	708	16	2332	1538	91
平顶山	333	3976	1277	1332	1367	3199	745	32	1997	1924	55
安 阳	364	4144	1097	1744	1303	3616	511	17	2945	1173	26
鹤 壁	128	1462	603	373	486	1308	153	1	866	572	24
新 乡	346	4123	2015	869	1239	3746	375	2	2235	1824	64
焦 作	279	3380	1356	914	1110	3131	246	3	2016	1328	36
濮 阳	183	2441	952	662	827	2130	306	5	1533	885	23
许 昌	269	2744	949	761	1034	2464	272	8	1504	1197	43
漯 河	138	2272	629	582	1061	2064	206	2	1588	672	12
三门峡	163	2173	897	529	747	1973	187	13	1036	1116	21
南 阳	486	7014	2103	2020	2891	6354	655	5	4660	2298	56
商 丘	348	4145	1675	1048	1422	3591	549	5	2519	1578	48
信 阳	361	4518	1562	1267	1689	3807	706	5	2802	1660	56
周 口	414	5096	1297	1341	2458	4521	566	9	3729	1338	29
驻马店	337	4354	1647	1221	1486	3441	889	24	2603	1722	29
济 源	49	691	336	169	186	601	89	1	357	317	17

中原银行股份有限公司机构人员统计表

2017 年

项目 地区	机构数	总人数	按性别分		按年龄分		按职称分			按学历分		
			男	女	40 岁以下	40 岁以上	中级以下	中级	高级	大专以下	大学	研究生
全　省	**473**	**13540**	**6272**	**7268**	**9203**	**4337**	**1541**	**2294**	**195**	**3614**	**7449**	**1466**
机关本部	1	1248	691	557	1173	75	77	222	27	21	609	618
郑　州	33	807	409	398	775	32	50	49	2	19	596	192
洛　阳	1	151	73	78	139	12	9	6	4	3	105	43
南　阳	47	1192	502	690	605	587	47	142	6	507	638	47
安　阳	27	716	325	391	393	323	113	164	8	195	445	76
焦　作	7	182	84	98	169	13	10	13	1	4	152	26
平顶山	9	255	109	146	244	11	15	14		10	189	56
新　乡	40	1024	434	590	602	422	81	202	6	386	536	102
许　昌	29	941	412	529	685	256	137	91	33	396	508	37
开　封	33	1020	497	523	469	551	115	190	8	384	575	61
济　源	2	103	37	66	99	4	12	4	2	3	86	14
漯　河	25	586	286	300	362	224	33	66	5	189	344	53
三门峡	29	773	334	439	574	199	70	171	16	172	547	54
濮　阳	24	753	338	415	389	364	172	142	42	323	380	50
鹤　壁	19	408	119	209	264	144	100	86	2	86	277	45
周　口	28	719	350	369	467	252	85	222	16	221	466	32
驻马店	41	815	347	468	613	202	80	111	6	176	559	80
商　丘	49	1068	464	604	673	395	132	123	5	460	576	32
信　阳	29	746	366	380	475	271	74	275	6	173	496	77

郑州银行股份有限公司机构人员统计表

2017 年

项目 地区	总人数	按性别分		按年龄分		按职称分			按学历分		
		男	女	40岁以下	40岁以上	中级以下	中级	高级	大专以下	大学	研究生
总　计	**4171**	**1488**	**2683**	**2408**	**1763**	**2027**	**1467**	**677**	**915**	**2664**	**592**
机关本部	1037	557	480	480	557	521	390	126	235	684	118
安阳分行	43	3	40	37	6	19	19	5	8	32	3
百花路支行	19	3	16	13	6	8	7	4	3	12	4
宝龙城支行	19	11	8	11	8	11	7	1	2	15	2
北环路支行	28	7	21	16	12	13	9	6	6	13	9
博金商贸城支行	21	8	13	17	4	13	7	1	5	15	1
财经支行	24	10	14	14	10	12	9	3	3	18	3
长椿路支行	25	7	18	16	9	11	8	6	3	19	3
晨旭路支行	23	9	14	17	6	13	9	1	2	20	1
大石桥支行	17	3	14	11	6	11	5	1	5	10	2
大学科技园小微支行	9	6	3	5	4	6	3		3	5	1
大学路支行	22	11	11	15	7	13	5	4	9	12	1
登封支行	21	8	13	9	12	9	9	3	4	15	2
帝湖花园社区支行	7	1	6	6	1	4	3			6	1
电厂路支行	19	7	12	13	6	11	5	3	4	15	
东明路支行	17	13	4	9	8	11	5	1	2	14	1
二里岗支行	27	12	15	18	9	13	10	4	4	22	1
二七万达社区支行	7	2	5	5	2	5	2		2	5	
高铁站支行	17	7	10	10	7	11	4	2	3	12	2
巩义支行	22	7	15	12	10	9	8	5	8	13	1
管城支行	32	3	29	22	10	17	10	5	2	20	10
国基路小微支行	17	10	7	12	5	10	6	1	5	11	1
航海东路小微支行	9	4	5	7	2	6	2	1	2	5	2
航空港区支行	27	10	17	19	8	14	11	2	8	17	2
花卉市场支行	18	8	10	15	3	12	5	1	2	16	
花园路小微支行	20	4	16	17	3	10	6	4	9	11	
淮河路支行	20	8	12	13	7	10	6	4	5	14	1
惠济支行	28	14	14	18	10	14	11	3	8	18	2
建设支行	19	5	14	11	8	9	7	3	4	13	2
金城支行	21	5	16	18	3	10	7	4	3	15	3
金海大道支行	21	10	11	15	6	14	6	1	9	12	
金水东路支行	27	9	18	16	11	12	9	6	4	17	6
金水路小微支行	11	7	4	6	5	6	5		1	9	1
锦艺新时代社区支行	7	3	4	4	3	5	1	1		6	1
京广南路支行	25	14	11	13	12	16	7	2	8	16	1
经济技术开发区支行	36	5	31	25	11	18	14	4	5	25	6
康宁路小微支行	13	7	6	8	5	8	4	1	6	7	
龙子湖支行	23	5	18	14	9	8	9	6	3	11	9
陇海支行	27	8	19	20	7	16	10	1	5	20	2
洛阳分行	48	4	44	34	14	19	21	8	8	31	9

续表

项目 地区	总人数	按性别分		按年龄分		按职称分			按学历分		
		男	女	40岁以下	40岁以上	中级以下	中级	高级	大专以下	大学	研究生
漯河分行	42	3	39	33	9	19	15	8	3	35	4
南阳分行	49	16	33	21	28	18	20	11	19	22	8
农业东路支行	33	0	33	24	9	15	10	8	6	18	9
农业路支行	25	12	13	18	7	13	10	2	4	20	1
平顶山分行	47	10	37	33	14	22	17	8	11	29	7
濮阳分行	57	9	48	42	15	26	21	10	5	45	7
普罗旺世社区支行	6		6	6		4	1	1		6	
七里河支行	17	6	11	14	3	10	7		2	15	
秦岭路小微支行	12	7	5	7	5	7	4	1	3	8	1
汝河路支行	33	8	25	17	16	17	11	5	3	28	2
商鼎路支行	28	5	23	20	8	14	11	3	5	20	3
商都支行	20	8	12	16	4	12	6	2	4	15	1
商品大世界支行	15	5	10	13	2	9	5	1	3	10	2
商丘分行	47	3	44	41	6	23	17	7	9	30	8
上街金屏路支行	15	5	10	10	5	8	7		5	8	2
陶瓷城支行	17	4	13	16	1	11	5	1	4	12	1
桐柏路支行	15	3	12	13	2	9	5	1	5	9	1
纬五路支行	35	1	34	31	4	16	13	6	9	18	8
未来路小微支行	11	8	3	7	4	9	1	1		11	
未来路支行	19	7	12	15	4	8	8	3	4	14	1
文博东路支行	18	5	13	14	4	12	6		4	13	1
五里堡支行	22	7	15	18	4	13	7	2	6	14	2
西区支行	25	9	16	13	12	14	7	4	5	16	4
新密支行	22	9	13	10	12	9	9	4	7	12	3
新乡分行	52	1	51	44	8	22	23	7	14	31	7
新郑支行	17	8	9	4	13	4	8	5	6	10	1
信基路支行	17	5	12	9	8	6	6	5	2	12	3
信阳分行	41	2	39	34	7	17	16	8	6	29	6
许昌分行	51	8	43	39	12	26	20	5	5	42	4
银基支行	16	7	9	8	8	10	4	2	2	13	1
荥阳支行	29	7	22	17	12	13	13	3	12	16	1
优胜北路支行	23	8	15	17	6	13	9	1	6	15	2
远大理想城社区支行	6	2	4	4	2	4	2			5	1
正光路支行	20	6	14	17	3	12	7	1	3	15	2
郑花路支行	17	6	11	11	6	10	6	1	3	14	
政通路支行	31	8	23	19	12	15	10	6	9	14	8
中牟万邦物流支行	16	13	3	5	11	9	5	2	3	10	3
中牟支行	23	12	11	8	15	12	8	3	7	13	3
中原路支行	35	4	31	26	9	17	11	7	7	23	5
中州大道小微支行	17	9	8	12	5	11	5	1	3	12	2

洛阳银行股份有限公司机构人员统计表

2017 年

项目 地区	总人数	按性别分		按年龄分		按职称分			按学历分		
		男	女	40岁以下	40岁以上	中级以下	中级	高级	大专以下	大学	研究生
总　计	**2306**	**951**	**1335**	**1759**	**503**	**1888**	**410**	**8**	**631**	**1480**	**177**
机关本部	537	336	201	311	226	359	171	7	182	269	86
营业部	31	10	21	26	5	24	7		9	20	2
龙祥支行	17	6	10	14	2	14	3		4	11	1
长江路支行	24	2	1	1	2	22	2			3	
大学城支行	13	3	10	12	1	12	1		1	11	1
景华支行	14	4	10	10	4	11	3		6	7	1
丽春支行	13	5	8	12	1	10	3		6	7	
牡丹支行	17	3	15	13	5	14	3		6	10	2
南昌路支行	13	1	12	10	3	11	2		4	8	1
兴华支行	23	11	12	18	3	17	6		4	18	1
王城支行	12	3	9	8	4	10	2		4	8	
西苑支行	16	3	13	12	2	12	4		1	15	
同乐支行	15	4	11	11	4	10	5		6	7	2
安乐支行	14	5	9	9	4	13	1		6	8	
纱厂路支行	16	6	10	13	3	14	2		6	9	1
涧东支行	21	7	14	15	5	18	3		6	15	
道北支行	15	5	10	9	5	11	4		7	8	
东花坛支行	26	12	16	19	9	17	8	1	11	17	
东华支行	13	4	10	12	2	12	1		4	9	1
丽新路支行	13	3	10	10	3	12	1		3	9	1
富兴支行	14	3	11	11	3	13	1		5	9	
高新支行	24	7	17	18	5	23	1		7	15	2
英才路支行	12	3	9	10	2	11	1		3	8	1
洛龙区支行	20	8	12	18	2	15	5		2	17	1
友谊支行	13	3	10	12	1	11	2		6	6	1
伊滨科技支行	9	5	4	7	2	6	3		4	5	
河阳支行	11	4	7	7	2	10	1		4	7	
吉利支行	23	9	14	17	4	21	2		7	16	
涧西支行	12	2	10	9	3	8	4		4	7	1
江西路支行	15	4	11	10	5	13	2		6	9	
金谷园支行	12	4	8	8	3	10	2		5	7	
上阳支行	12	4	8	8	3	8	4		6	6	
九龙鼎支行	29	9	20	21	8	24	5		6	23	
春都路支行	15	4	11	13	2	9	6		4	11	
凯东支行	27	11	16	19	8	21	6		7	20	
老城支行	13	3	10	11	2	10	3		5	6	2
珠江路支行	14	6	8	9	4	12	2		6	7	1
周城支行	14	2	10	11	1	11	3		2	9	1
六一二支行	29	12	17	22	7	21	8		10	17	2

续表

项目 地区	总人数	按性别分		按年龄分		按职称分			按学历分		
		男	女	40岁以下	40岁以上	中级以下	中级	高级	大专以下	大学	研究生
武汉路支行	13	4	9	9	4	12	1		4	9	
中州支行	23	8	15	17	5	14	9		5	17	1
开元湖支行	15	2	14	13	3	14	1		6	8	2
太康路支行	11	4	7	10	1	10	1		2	7	2
外语学院支行	11	2	9	8	3	8	3		3	7	1
关林支行	13	5	8	7	5	7	6		3	10	
恒大支行	13	3	10	10	3	12	1		4	8	1
民族路支行	12	3	9	9	3	9	3		3	7	2
新星支行	12	3	9	8	4	9	3		7	5	
金业支行	14	1	10	7	4	11	3		3	8	
启明支行	13	3	10	10	3	11	2		6	7	
群星支行	15	2	14	9	7	11	4		8	8	
洛浦支行	10	3	7	7	3	7	3		5	5	
西工支行	28	9	20	21	7	25	3		9	16	4
国花路支行	24	9	16	14	10	17	7		11	13	1
唐宫中路支行	26	9	17	18	7	19	7		8	15	3
联盟路支行	14	4	10	11	3	10	4		1	12	1
勤政苑支行	13	2	11	11	2	12	1		2	11	
军安小区社区支行	2		2	2		2				2	
洛阳中隧小区社区支行	1		1	1		1				1	
洛阳河洛世家社区支行	1		1	1		1				1	
洛阳香港城社区支行	2	1	1	2		2				2	
洛阳杨文社区支行	1		1	1		1			1		
洛阳中电阳光社区支行	1		1	1		1				1	
洛阳中侨绿城社区支行	1		1	1		1				1	
洛阳白马寺社区支行	2	1	1	2		2			1	1	
洛阳西霞院社区支行	2	1	1	2		2			1	1	
洛阳河阳新村社区支行	2		2	2		2			2		
洛阳长春路社区支行	2		2	2		2			1	1	
洛阳洛宜西路社区支行	3	1	2	3		3				3	
洛阳河畔明珠社区支行	2		2	2		2			1	1	
洛阳春都东路社区支行	2		2	2		2				2	
洛阳解放路社区支行	1		1	1		1				1	
洛阳启明西路社区支行	1		1	1		1				1	
新安县支行	20	10	10	18	2	19	1		5	14	1
新安涧河路支行	11	3	8	11		10	1		2	7	2
偃师华夏路支行	13	2	11	12	1	12	1		5	8	
偃师支行	20	9	11	14	5	17	3		5	15	
汝阳支行	15	6	9	13	2	14	1		4	11	
宜阳支行	15	5	10	12	2	15	0		3	12	

续表

项目 地区	总人数	按性别分		按年龄分		按职称分			按学历分		
		男	女	40岁以下	40岁以上	中级以下	中级	高级	大专以下	大学	研究生
伊川支行	14	4	10	12	2	12	2		4	10	
嵩县支行	15	7	8	12	2	14	1		4	11	
洛宁支行	15	6	7	9	3	13	2		4	9	
孟津支行	4	2	2	2	2	2	2			3	1
栾川支行	1	1		1			1				1
洛宁兴宁支行	9	2	7	7	1	8	1		3	6	
嵩县白云支行	9	2	7	7	2	9			4	5	
洛宁兴宁路社区支行	2		2	2		2			2		
嵩县人民路社区支行	2		2	2		2			2		
宜阳解放路社区支行	1		1	1		1			1		
偃师兴隆街社区支行	2		2	2		2			2		
偃师太学路社区支行	2		2	2		2			2		
新安杭州路社区支行	1		1	1		1			1		
伊川龙鼎社区支行	1		1	1		1			1		
汝阳凤山路社区支行	2	1	1	2		2			2		
郑州分行	26	12	14	24	2	25	1		3	23	
郑州农业路支行	17	7	10	17		16	1		2	13	2
郑州航海路支行	16	5	12	16	1	15	1		2	12	3
郑州东风路支行	15	8	7	15		14	1		7	7	1
郑州经三路支行	17	6	11	17		17			3	13	1
郑州航空港区支行	13	8	5	13		12	1			13	
郑州未来路支行	15	7	8	14	1	14	1		2	12	1
郑州瑞达路支行	13	7	6	13		13			2	10	1
郑州淮河路支行	12	4	9	13		11	1		1	9	3
郑州电厂路支行	17	9	8	12	5	16	1		4	11	2
郑州紫荆山路支行	10	4	6	8	2	8	2		3	7	
郑州纬二路社区支行	2		2	2		2			1	1	
郑州四月天社区支行	2		2	2		2			1	1	
三门峡分行	18	3	13	15	1	17	1		3	13	
三门峡崤西支行	12	5	11	15	1	12			2	13	1
三门峡高新支行	13	2	10	11	1	13			1	11	
三门峡黄河路支行	10	1	9	10		10			2	8	
三门峡丽景湾社区支行	2	1	1	2		2				2	
三门峡虢国路社区支行	2		2	2		2				2	
三门峡永乐街社区支行	2		2	2		2			2		
三门峡陕州支行	10		10	9	1	10			3	7	
灵宝支行	16	3	11	14	1	15	1		3	11	2
灵宝长安路支行	8	4	4	7	1	8				8	
灵宝天宝路社区支行	2	1	1	2		2			1	1	
灵宝函谷路社区支行	2		2	2		2			1	1	
义马支行	11	6	6	11	1	10	1		3	9	
渑池支行	13	5	6	9	2	12	1		4	7	

续表

项目 地区	总人数	按性别分		按年龄分		按职称分			按学历分		
		男	女	40岁以下	40岁以上	中级以下	中级	高级	大专以下	大学	研究生
渑池醴泉路社区支行	2		2	2		2				2	
许昌分行	14	5	9	13	1	14			3	11	
许昌延安路支行	14	7	7	13	1	13	1		4	9	1
许昌新兴路支行	9	4	5	9		8	1		1	6	2
许昌兴昌路社区支行	2	2		2		2			1		1
襄城支行	12	7	5	12		12			1	11	
长葛支行	12	9	3	10	2	12				12	
许昌安和街社区支行	2	2		2		2				2	
许昌学府街社区支行	2	1	1	2		2				2	
焦作分行	13	6	7	13		11	2		1	11	1
焦作长恩路支行	11	6	5	10	1	8	3			11	
焦作人民路支行	8	5	3	7	1	7	1		2	5	1
焦作民主路支行	10	6	4	9	1	9	1		1	6	3
武陟支行	10	7	3	9	1	10			2	8	
平顶山分行	22	8	14	21	1	21	1		6	13	3
平顶山园林路支行	18	7	11	17	1	18			4	12	2
平顶山开源路支行	10	3	7	10		9	1			9	1
汝州支行	17	11	6	16	1	15	2			15	2
信阳分行	12	2	10	10	2	11	1		2	8	2
信阳浉河支行	12	9	3	12		12			2	10	
信阳政和花园社区支行	2	1	1	2		2				2	
信阳雅典阳光社区支行	2		2	2		2			1	1	
信阳泰和苑社区支行	2		2	2		2			1	1	
信阳行政路社区支行	1	1		1		1				1	
信阳恒大名都社区支行	2	1	1	2		2			1	1	
信阳北京路社区支行	2	1	1	2		2			2		
信阳科教路社区支行	2	1	1	2		2				2	
固始支行	16	10	6	16		14	2		1	14	1
潢川支行	11	9	2	10	1	10	1		2	9	
南阳分行	11	2	9	10	1	10	1		2	9	
邓州支行	10	7	3	9	1	10			1	8	1
南阳建设路支行	11	6	5	10	1	10	1		1	9	1
南阳桂花城社区支行	2	1	1	2		2				2	
安阳分行	12	3	10	13		11	1		2	10	1
滑县支行	13	7	6	12	1	13			1	11	1
安阳安钢社区支行	2		2	2		2				2	
安阳安和苑社区支行	2		2	2		2				2	
鹤壁分行	14	3	11	12	2	12	2			13	1
驻马店分行	20	7	13	18	2	17	3		2	18	

平顶山银行股份有限公司机构人员统计表

2017 年

项目 地区	机构数	总人数	按性别分		按年龄分		按职称分			按学历分		
			男	女	40 岁以下	40 岁以上	中级以下	中级	高级	大专以下	大学	研究生
总　计	**73**	**2072**	**1019**	**1053**	**1651**	**421**	**1792**	**270**	**10**	**479**	**1421**	**172**
总行机关		196	123	73	135	61	145	47	4	30	120	46
营业管理部	50	981	455	526	699	282	834	144	3	359	596	26
郑　州	10	417	194	223	384	33	389	27	1	49	307	61
洛　阳	5	171	90	81	153	18	155	16		18	139	14
南　阳	4	120	67	53	112	8	104	14	2	9	107	4
新　乡	2	87	42	45	79	8	77	10		11	66	10
信　阳	1	56	28	28	50	6	51	5		2	47	7

焦作中旅银行股份有限公司机构人员统计表

2017 年

项目 地区	机构数	总人数	按性别分		按年龄分		按职称分			按学历分		
			男	女	40 岁以下	40 岁以上	中级以下	中级	高级	大专以下	大学	研究生
总　计	**39**	**1127**	**566**	**561**	**832**	**295**	**907**	**209**	**11**	**170**	**818**	**139**
总行本部		514	317	197	356	158	399	109	6	70	357	87
郑州分行	1	117	61	56	107	10	98	16	3	1	79	37
营业部	1	24	12	12	23	1	21	3		3	19	2
中站支行	1	20	6	14	14	6	16	4		4	15	1
佰利联社区支行	1	2	2		1	1	2			1	1	
新华支行	1	19	7	12	16	3	16	2	1	4	14	1
解放支行	1	21	5	16	16	5	20	1		5	15	1
南北苑支行	1	16	5	11	14	2	13	3		2	14	
和平街支行	1	12	3	9	9	3	11	1		5	7	
焦东支行	1	18	9	9	13	5	15	3		4	14	
塔南支行	1	14	4	10	8	6	10	4		4	9	1
新新支行	1	13	5	8	6	7	9	4		4	9	
东城支行	1	15	4	11	12	3	11	4		3	12	

续表

项目 地区	机构数	总人数	按性别分		按年龄分		按职称分			按学历分		
			男	女	40 岁以下	40 岁以上	中级以下	中级	高级	大专以下	大学	研究生
东二环社区支行	1	2	1	1	2		2				2	
工业路支行	1	14	3	11	10	4	13	1		3	11	
马村支行	1	15	7	8	7	8	13	2		3	11	1
东花坛支行	1	13	3	10	8	5	11	1	1	3	10	
山阳支行	1	17	6	11	14	3	13	4		4	11	2
万达支行	1	14	3	11	13	1	13	1		2	12	
建东支行	1	31	8	23	14	17	27	4		12	19	
火车站支行	1	16	2	14	10	6	11	5		4	12	
焦南支行	1	18	8	10	13	5	15	3		4	13	1
电力支行	1	16	4	12	10	6	11	5		4	12	
人民路支行	1	17	6	11	12	5	12	5		1	16	
亿祥东郡社区支行	1	2		2	1	1	1	1			2	
民主路支行	1	18	9	9	14	4	14	4		3	15	
锦江支行	1	19	7	12	16	3	16	3		1	18	
科技支行	1	12	6	6	7	5	10	2		2	10	
沁阳支行	1	18	10	8	14	4	16	2		3	15	
沁阳西向支行	1	2	1	1	1	1	1	1			2	
御景园社区支行	1	2	2		2		2				2	
孟州支行	1	12	7	5	10	2	8	4		2	9	1
孟州南庄支行	1	2	1	1	2		2			1		1
武陟支行	1	11	4	7	10	1	9	2		1	9	1
武陟红旗路支行	1	3		3	3		3				3	
修武支行	1	9	6	3	6	3	6	3		4	5	
修武七贤大道支行	1	6	3	3	6		6			2	4	
博爱支行	1	16	10	6	15	1	15	1			16	
温县支行	1	12	6	6	12		11	1			10	2
温县温泉路支行	1	5	3	2	5		5			1	4	

中国出口信用保险公司河南分公司机构人员统计表

2017 年

项目 地区	机构数	总人数	按性别分		按年龄分		按职称分			按学历分		
			男	女	40 岁以下	40 岁以上	中级以下	中级	高级	大专以下	大学	研究生
河南省	**3**	**43**	**25**	**18**	**38**	**5**	**30**	**9**	**4**		**24**	**19**
机构本部	1	33	18	15	29	4	22	7	4		19	14
洛　阳	1	5	3	2	4	1	4	1			3	2
许　昌	1	5	4	1	5		4	1			2	3

中国人民财产保险股份有限公司河南省分公司机构人员统计表

2017 年

项目 地区	机构数	总人数	按性别分		按年龄分		按职称分			按学历分		
			男	女	40 岁以下	40 岁以上	中级以下	中级	高级	大专以下	大学	研究生
河南省	**324**	**5100**	**2878**	**2222**	**2792**	**2308**	**4380**	**672**	**48**	**2884**	**2079**	**137**
机构本部	1	258	146	112	188	70	183	52	23	39	149	70
郑　州	37	849	438	411	510	339	734	110	5	415	408	26
开　封	18	203	122	81	94	109	184	19		122	75	6
洛　阳	30	441	238	203	260	181	400	39	2	240	192	9
平顶山	19	255	150	105	103	152	242	11	2	200	55	
安　阳	18	298	171	127	169	129	271	27		173	121	4
鹤　壁	11	114	74	40	47	67	89	25		54	60	
新　乡	20	277	157	120	154	123	230	46	1	174	100	3
焦　作	15	246	128	118	141	105	219	25	2	134	109	3
濮　阳	15	226	126	100	110	116	183	40	3	143	82	1
许　昌	20	295	165	130	187	108	253	39	3	200	92	3
漯　河	13	131	74	57	54	77	114	16	1	97	34	
三门峡	12	167	86	81	91	76	149	17	1	115	51	1
南　阳	20	325	204	121	150	175	258	67		176	147	2
商　丘	20	231	135	96	122	109	200	31		145	85	1
信　阳	16	249	146	103	117	132	213	34	2	155	93	1
周　口	21	273	150	123	170	103	236	36	1	151	121	1
驻马店	16	237	152	85	109	128	198	37	2	134	97	6
济　源	2	25	16	9	16	9	24	1		17	8	

天安财产保险股份有限公司河南省分公司机构人员统计表

2017 年

项目／地区	机构数	总人数	按性别分		按年龄分		按职称分			按学历分		
			男	女	40 岁以下	40 岁以上	中级以下	中级	高级	大专以下	大学	研究生
河南省	**62**	**543**	**303**	**240**	**353**	**190**	**19**	**5**	**30**	**73**	**466**	**4**
机构本部	1	58	29	29	40	18		4	10	1	54	3
郑　州	12	110	65	45	84	26	1		5	14	96	
开　封	3	25	19	6	17	8				2	22	1
洛　阳	3	13	8	5	5	8					13	
平顶山	3	23	11	12	18	5			1	6	17	
安　阳	4	27	12	15	12	15	1		1	3	24	
鹤　壁	4	24	13	11	9	15	5		1	5	19	
新　乡	3	23	14	9	10	13			1	1	22	
焦　作	2	37	17	20	30	7	2		1	6	31	
濮　阳	1	22	9	13	14	8	2		1	5	17	
许　昌	4	30	21	9	17	13				9	21	
漯　河	3	20	12	8	15	5				3	17	
三门峡	3	14	8	6	8	6			1	1	13	
南　阳	3	16	9	7	11	5	4	1		3	13	
商　丘	2	19	12	7	11	8	2		2		19	
信　阳	3	18	8	10	14	4			1	4	14	
周　口	4	23	11	12	8	15	1			7	16	
驻马店	3	24	17	7	16	8	1		4	3	21	
济　源	1	17	8	9	14	3			1		17	

中国平安财产保险股份有限公司河南分公司机构人员统计表

2017 年

项目／地区	机构数	总人数	按性别分		按年龄分		按职称分			按学历分		
			男	女	40 岁以下	40 岁以上	中级以下	中级	高级	大专以下	大学	研究生
河南省	**137**	**3108**	**1597**	**1511**	**2910**	**198**	**2885**	**219**	**4**	**1316**	**1739**	**53**
机构本部	1	228	120	108	217	11	187	37	4	10	193	25
郑　州	15	1033	496	537	998	35	1008	25		563	459	11
开　封	5	92	47	45	84	8	82	10		35	56	1
洛　阳	11	150	74	76	135	15	133	17		77	70	3
平顶山	7	113	57	56	101	12	104	9		39	72	2
安　阳	7	126	63	63	118	8	116	10		36	89	1
鹤　壁	4	55	29	26	51	4	50	5		14	41	
新　乡	9	176	88	88	157	19	160	16		70	106	
焦　作	7	119	61	58	107	12	112	7		52	66	1
濮　阳	7	111	57	54	100	11	103	8		55	54	2
许　昌	6	88	43	45	81	7	82	6		27	61	
漯　河	3	63	34	29	55	8	60	3		28	34	1
三门峡	6	69	38	31	63	6	62	7		28	41	
南　阳	11	160	85	75	151	9	147	13		74	84	2
商　丘	8	142	86	56	132	10	132	10		61	80	1
信　阳	9	106	65	41	103	3	96	10		37	69	
周　口	10	113	62	51	110	3	103	10		43	70	
驻马店	9	107	69	38	99	8	95	12		46	58	3
济　源	2	57	23	34	48	9	53	4		21	36	

永安财产保险股份有限公司河南分公司机构人员统计表

2017 年

项目 地区	机构数	总人数	按性别分		按年龄分		按职称分			按学历分		
			男	女	40 岁以下	40 岁以上	中级以下	中级	高级	大专以下	大学	研究生
河南省	**87**	**640**	**328**	**312**	**372**	**268**	**10**	**23**	**2**	**131**	**506**	**3**
机构本部	1	71	36	35	42	29	3	7	1	6	64	1
郑　州	10	62	26	36	45	17				7	55	
洛　阳	8	50	27	23	22	28	2			9	41	
平顶山	5	43	27	16	23	20		4		7	36	
安　阳	7	33	16	17	21	12		2		3	29	1
新　乡	7	53	28	25	31	22		1		12	41	
许　昌	4	36	16	20	24	12		1		10	26	
漯　河	4	21	10	11	13	8	1	1		6	15	
三门峡	5	35	18	17	18	17	1	2		12	23	
南　阳	7	27	14	13	14	13				3	24	
商　丘	5	54	23	31	43	11	2	2		16	37	1
信　阳	9	60	35	25	28	32		1	1	19	41	
周　口	8	45	26	19	22	23		1		6	39	
驻马店	7	50	26	24	26	24	1	1		15	35	

太平财产保险有限公司河南分公司机构人员统计表

2017 年

项目 地区	机构数	总人数	按性别分		按年龄分		按职称分			按学历分		
			男	女	40 岁以下	40 岁以上	中级以下	中级	高级	大专以下	大学	研究生
河南省	**15**	**308**	**182**	**126**	**265**	**43**	**286**	**18**	**4**	**94**	**199**	**15**
机构本部		82	48	34	62	20	69	10	3	8	63	11
安　阳		33	22	11	32	1	32	1		8	24	1
焦　作		16	8	8	12	4	15	1		7	9	
开　封		11	5	6	9	2	11			8	3	
洛　阳		10	5	5	10		10			4	6	
南　阳		17	9	8	14	3	15	2		12	5	
平顶山		14	8	6	12	2	13	1		6	8	
濮　阳		14	9	5	13	1	14			2	12	
三门峡		14	6	8	11	3	14			7	7	
商　丘		12	8	4	10	2	10	2		4	8	
新　乡		19	14	5	17	2	19			8	10	1
信　阳		16	9	7	14	2	15	1		8	8	
许　昌		10	6	4	10		9		1	2	7	1
郑　州		11	6	5	10	1	11			3	8	
周　口		16	11	5	16		16			3	13	
驻马店		13	8	5	13		13			4	8	1

中华联合财产保险股份有限公司河南分公司机构人员统计表

2017 年

项目 地区	机构数	总人数	按性别分		按年龄分		按职称分			按学历分		
			男	女	40 岁以下	40 岁以上	中级以下	中级	高级	大专以下	大学	研究生
河南省	**179**	**1993**	**1041**	**952**	**1381**	**693**	**1903**	**83**	**7**	**1245**	**719**	**29**
机构本部	1	167	90	77	126	41	146	21		18	131	18
郑　州	26	274	145	129	174	68	267	7		147	91	4
开　封	6	57	30	27	33	24	56	1		44	13	
洛　阳	12	157	74	83	120	37	154	2	1	92	65	
平顶山	8	83	44	39	49	34	77	6		61	22	
安　阳	9	86	40	46	52	34	83	3		54	32	
鹤　壁	4	40	25	15	24	16	37	1	2	24	16	
新　乡	13	83	43	40	58	25	81	2		62	22	
焦　作	7	106	58	48	60	46	103	3		78	28	
濮　阳	8	67	31	36	46	21	63	4		37	30	
许　昌	9	75	44	31	47	28	72	3		50	24	1
漯　河	6	40	24	16	27	13	39	1		26	14	
三门峡	11	57	28	29	31	26	56	1		46	11	
南　阳	7	163	90	73	93	70	152	7	4	125	38	
商　丘	14	102	60	42	78	24	102			64	34	4
信　阳	13	145	69	76	62	83	137	8		110	35	
周　口	11	140	74	66	96	44	133	7		84	55	
驻马店	10	120	58	62	72	48	119	1		87	33	
济　源	4	31	14	17	27	4	30	1		25	6	

中国大地财产保险股份有限公司河南分公司机构人员统计表

2017 年

项目 地区	总人数	按性别分		按年龄分		按职称分			按学历分		
		男	女	40 岁以下	40 岁以上	中级以下	中级	高级	大专以下	大学	研究生
河南省	**1352**	**691**	**661**	**1000**	**352**				**289**	**1048**	**15**
河南分公司本部	156	83	73	133	23				4	140	12
河南分公司安阳中心支公司	55	28	27	36	19				11	44	
河南分公司平顶山中心支公司	84	45	39	61	23				17	66	1
河南分公司洛阳中心支公司	104	48	56	79	25				25	79	
河南分公司商丘中心支公司	86	46	40	60	26				15	71	
河南分公司许昌中心支公司	46	26	20	38	8				6	40	
河南分公司信阳中心支公司	57	33	24	32	25				17	40	
河南分公司周口中心支公司	135	64	71	108	27				45	89	1
河南分公司南阳中心支公司	102	48	54	71	31				36	66	
河南分公司漯河中心支公司	47	25	22	36	11				13	34	
河南分公司濮阳中心支公司	76	44	32	48	28				25	51	
河南分公司开封中心支公司	45	23	22	29	16				10	35	
河南分公司郑州中心支公司	137	65	72	113	24				20	116	1
河南分公司直属支公司	33	12	21	22	11				7	26	
郑州市郑东新区支公司	37	17	20	23	14				9	28	
河南分公司三门峡中心支公司	34	18	16	20	14				10	24	
河南分公司新乡中心支公司	47	26	21	38	9				6	41	
河南分公司驻马店中心支公司	44	24	20	29	15				11	33	
河南分公司焦作中心支公司	27	16	11	24	3				2	25	

华安财产保险股份有限公司河南分公司机构人员统计表

2017 年

项目 地区	机构数	总人数	按性别分		按年龄分		按职称分			按学历分		
			男	女	40 岁以下	40 岁以上	中级以下	中级	高级	大专以下	大学	研究生
河南省	**1**	**416**	**197**	**219**	**281**	**135**	**4**	**9**	**3**	**74**	**337**	**5**
机构本部		73	40	33	58	15	3	3	2	4	64	5
郑　州	9	66	31	35	49	17		1		15	51	
开　封	4	22	7	15	12	10				2	20	
洛　阳	8	21	10	11	10	11		1		4	17	
平顶山	4	17	8	9	11	6				3	14	
安　阳	11	27	19	8	16	11		1		5	22	
鹤　壁	1	6	5	1	2	4					6	
新　乡	3	17	10	7	12	5	1	1		2	15	
焦　作	2	20	7	13	11	9				4	16	
濮　阳	3	10	3	7	8	2				2	8	
许　昌	4	17	8	9	11	6		1		4	13	
漯　河	1	10	3	7	10					2	8	
三门峡	1	11	6	5	6	5				4	7	
南　阳	7	17	7	10	12	5				2	15	
商　丘	4	18	7	11	10	8				7	11	
信　阳	3	16	9	7	7	9		1		2	14	
周　口	4	27	8	19	18	9				4	23	
驻马店	2	13	6	7	10	3				5	8	
济　源	1	8	3	5	8					3	5	

都邦财产保险股份有限公司河南分公司机构人员统计表

2017 年

项目 地区	机构数	总人数	按性别分		按年龄分		按职称分			按学历分		
			男	女	40 岁以下	40 岁以上	中级以下	中级	高级	大专以下	大学	研究生
河南省	**9**	**128**	**61**	**67**	**110**	**18**				**1**	**125**	**2**
机构本部		48	21	27	44	4					46	2
郑　州		17	8	9	17						17	
洛　阳		8	4	4	6	2					8	
新　乡		10	5	5	9	1					10	
焦　作		8	4	4	2	6				1	7	
濮　阳		7	3	4	6	1					7	
许　昌		7	3	4	6	1					7	
三门峡		7	4	3	7						7	
南　阳		5	3	2	5						5	
驻马店		11	6	5	8	3					11	

渤海财产保险股份有限公司河南分公司机构人员统计表

2017 年

地区＼项目	总人数	按性别分		按年龄分		按职称分			按学历分		
		男	女	40岁以下	40岁以上	中级以下	中级	高级	大专以下	大学	研究生
河南省	**423**	**243**	**180**	**318**	**105**	**78**	**13**		**289**	**130**	**4**
分公司机关	45	26	19	27	18	23	9		10	32	3
郑州中心支公司	99	56	43	88	11	4			72	27	
开封中心支公司	23	13	10	17	6	5			16	7	
洛阳中心支公司	10	7	3	7	3	3			5	5	
安阳中心支公司	20	12	8	11	9				14	6	
鹤壁营销服务部	13	6	7	10	3	2			8	5	
新乡中心支公司	16	10	6	6	10	3	1		9	7	
焦作中心支公司	17	6	11	13	4	5			13	4	
濮阳中心支公司	20	9	11	17	3	4	1		18	2	
许昌中心支公司	27	18	9	12	15	3	1		22	4	1
南阳中心支公司	22	14	8	16	6	5	1		18	4	
商丘中心支公司	16	8	8	13	3	1			11	5	
信阳中心支公司	14	11	3	11	3	2			12	2	
周口中心支公司	15	9	6	12	3	4			13	2	
驻马店中心支公司	27	16	11	20	7	7			20	7	
济源营销服务部	15	6	9	9	6	7			14	1	

中国人寿财产保险股份有限公司河南省分公司机构人员统计表

2017 年

地区＼项目	机构数	总人数	按性别分		按年龄分		按职称分			按学历分		
			男	女	40岁以下	40岁以上	中级以下	中级	高级	大专以下	大学	研究生
河南省	**152**	**2681**	**1385**	**1295**	**1875**	**806**	**2170**	**119**	**150**	**1061**	**1573**	**47**
分公司本级	1	181	96	85	72	109	160	17	4	1	152	28
郑　州	16	516	246	270	417	99	498	18	0	173	334	9
开　封	8	108	58	50	75	33	108	0	0	60	47	1
洛　阳	13	187	88	99	140	47	183	4	0	62	124	1
平顶山	7	143	75	68	106	37	1	1	141	7	135	1
安　阳	6	133	61	72	94	39	112	17	4	38	94	1
鹤　壁	4	62	28	34	49	13	59	3	0	3	58	1
新　乡	10	113	52	61	71	42	109	4	0	75	37	1
焦　作	8	99	56	43	70	29	98	1	0	54	44	1
濮　阳	7	82	46	36	70	12	80	2	0	45	36	1
许　昌	7	122	65	57	73	49	111	11	0	10	111	1
漯　河	4	66	40	26	45	21	64	2	0	33	33	0
三门峡	4	88	42	46	26	62	2	3	0	47	41	0
南　阳	13	142	86	56	89	53	135	7	0	74	67	1
商　丘	10	124	63	61	103	21	116	8	0	73	51	0
信　阳	11	177	104	72	125	52	164	12	1	95	82	0
周　口	12	165	85	80	136	29	2	4	0	104	61	0
驻马店	10	142	78	64	92	50	137	5	0	99	43	0
济　源	1	31	16	15	22	9	31	0	0	8	23	0

永诚财产保险股份有限公司河南分公司机构人员统计表

2017 年

地区＼项目	总人数	按性别分		按年龄分		按职称分			按学历分		
		男	女	40岁以下	40岁以上	中级以下	中级	高级	大专以下	大学	研究生
河南省	**171**	**83**	**88**	**117**	**54**	**23**	**29**	**2**	**83**	**78**	**4**
分公司本级	84	43	41	59	25	9	14	2	31	50	3
洛阳中心支公司	14	8	6	12	2	3	2		7	6	1
南阳中心支公司	9	5	4	5	4	1	2		5	4	
商丘中心支公司	9	2	7	5	4	1	2		6	3	
驻马店中心支公司	11	6	5	8	3	2	2		8	3	
濮阳中心支公司	11	4	7	7	4	2	2		6	5	
新乡中心支公司	8	2	6	4	4	1	2		5	3	
焦作中心支公司	9	7	2	6	3	2	1		6	3	
平顶山中心支公司	14	6	8	11	3	2	2		11	3	

中银保险有限公司河南分公司机构人员统计表

2017 年

地区＼项目	机构数	总人数	按性别分		按年龄分		按职称分			按学历分		
			男	女	40岁以下	40岁以上	中级以下	中级	高级	大专以下	大学	研究生
河南省	**6**	**132**	**74**	**58**	**96**	**36**	**99**	**32**	**1**		**119**	**13**
机构本部		79	40	34	62	17	57	16	1		68	11
郑　州												
开　封												
洛　阳	1	10	7	4	5	5	9	2			10	
平顶山												
安　阳	1	6	5	1	5	1	5	1			6	
鹤　壁												
新　乡	1	6	1	6	3	3	4	3			4	2
焦　作	1	10	7	3	5	5	7	3			10	
濮　阳												
许　昌	1	11	7	5	8	3	8	4			11	
漯　河												
三门峡												
南　阳	1	10	7	5	8	2	9	3			10	
商　丘												
信　阳												
周　口												
驻马店												
济　源												

安诚财产保险股份有限公司河南分公司机构人员统计表

2017 年

地区＼项目	总人数	按性别分		按年龄分		按职称分			按学历分		
		男	女	40 岁以下	40 岁以上	中级以下	中级	高级	大专以下	大学	研究生
河南省	**161**	**83**	**78**	**120**	**41**	**3**	**10**	**1**	**91**	**70**	
分公司本级	98	47	51	77	21	2	5	1	49	49	
洛阳中心支公司	12	8	4	10	2	1			6	6	
南阳中心支公司	20	12	8	9	11		4		14	6	
许昌中心支公司	18	10	8	15	3				14	4	
鹤壁中心支公司	13	6	7	9	4		1		8	5	

中国人寿保险股份有限公司河南省分公司机构人员统计表

2017 年

地区＼项目	机构数	总人数	按性别分		按年龄分		按职称分			按学历分		
			男	女	40 岁以下	40 岁以上	中级以下	中级	高级	大专以下	大学	研究生
河南省	**301**	**6152**	**2853**	**3299**	**3241**	**2911**	**5503**	**606**	**43**	**2324**	**3763**	**65**
机构本部	1	368	140	228	223	145	219	119	30	37	308	23
郑 州	32	548	221	327	315	233	499	49		147	397	4
开 封	15	255	126	129	136	119	234	20	1	72	180	3
洛 阳	28	489	176	313	317	172	450	36	3	134	352	3
平顶山	19	336	188	148	135	201	309	26	1	184	150	2
安 阳	17	339	151	188	165	174	311	27	1	137	198	4
鹤 壁	11	169	79	90	89	80	138	30	1	34	133	2
新 乡	17	334	163	171	172	162	304	30		144	186	4
焦 作	13	317	134	183	195	122	295	22		190	126	1
濮 阳	16	335	153	182	173	162	284	50	1	83	249	3
许 昌	11	287	136	151	157	130	246	41		94	188	5
漯 河	9	195	90	105	99	96	193	2		98	97	
三门峡	14	207	82	125	96	111	185	21	1	77	129	1
南 阳	26	543	249	294	242	301	507	35	1	279	261	3
商 丘	15	339	174	165	192	147	304	34	1	119	220	
信 阳	20	330	175	155	135	195	304	25	1	131	196	3
周 口	18	349	190	159	194	155	315	33	1	177	172	
驻马店	18	367	210	157	175	192	363	4		171	194	2
济 源	1	45	16	29	31	14	43	2		16	27	2

中国平安人寿保险股份有限公司河南分公司机构人员统计表

2017 年

项目 地区	机构数	总人数	按性别分		按年龄分		按职称分			按学历分		
			男	女	40 岁以下	40 岁以上	中级以下	中级	高级	大专以下	大学	研究生
河南省	**19**	**2906**	**1619**	**1287**	**2742**	**164**	**2751**	**144**	**11**	**83**	**2704**	**119**
机构本部	2	1392	741	651	1290	102	1318	63	11	23	1280	89
开　封	1	173	94	79	165	8	166	7		2	165	6
洛　阳	1	151	80	71	142	9	142	9		3	142	6
平顶山	1	73	52	21	73		71	2		4	67	2
安　阳	1	89	57	32	83	6	81	8			88	1
鹤　壁	1	32	20	12	31	1	31	1			32	
新　乡	1	206	116	90	194	12	188	18		3	200	3
焦　作	1	130	66	64	123	7	120	10		1	127	2
濮　阳	1	134	76	58	132	2	126	8			131	3
许　昌	1	85	54	31	82	3	82	3		10	74	1
漯　河	1	38	22	16	37	1	37	1		2	34	2
三门峡	1	27	16	11	26	1	26	1			26	1
南　阳	1	117	72	45	111	6	111	6		23	93	1
商　丘	1	43	25	18	43		42	1		3	40	
信　阳	1	46	30	16	44	2	44	2		4	42	
周　口	1	77	43	34	77		76	1		1	75	1
驻马店	1	48	36	12	47	1	47	1		2	45	1
济　源	1	45	19	26	42	3	43	2		2	43	

泰康人寿保险有限责任公司河南分公司机构人员统计表

2017 年

项目 地区	总人数						文化结构				年龄结构		
	合计	男性	女性	管理员工人数	其中:高管人数	营销员人数	博士	硕士	学士	大专以下	35 岁以下	36-45 岁	46 岁以上
河南省	**1357**	**558**	**799**	**275**	**138**	**58596**		**73**	**977**	**260**	**823**	**327**	**134**
南　阳	160	66	94	20	14	8684		2	84	27	76	25	9
郑　州	93	40	53	19	9	4824		3	71	19	66	17	9
焦　作	77	27	50	20	13	4029		3	60	14	46	26	5
洛　阳	76	32	44	16	10	4287		3	54	19	52	16	5
濮　阳	74	29	45	15	11	5045			62	12	48	21	4
商　丘	76	40	36	18	9	4891		1	64	11	52	18	4
信　阳	75	31	44	18	12	4773		2	47	26	40	24	9
新　乡	68	26	42	18	10	3236		4	50	14	37	14	14
许　昌	61	19	42	15	6	3361		1	44	16	40	11	9
安　阳	60	26	34	16	7	3711			51	9	38	16	5
驻马店	50	23	27	14	7	1550		1	32	17	32	12	6
周　口	48	22	26	13	8	1351			36	12	29	16	3
开　封	51	21	30	12	3	2047			42	9	30	16	5
平顶山	47	15	32	11	3	1277			32	15	27	12	6
三门峡	49	22	27	11	5	1965		1	36	12	30	13	3
鹤　壁	35	15	20	11	4	2220		1	28	6	21	9	5
漯　河	33	13	20	11	4	578		1	29	3	26	6	1
中支合计	1133	467	666	258	135	57829		23	822	241	690	272	102
分公司机关	224	91	133	17	3	767		50	155	19	133	55	32

太平人寿保险有限公司河南分公司机构人员统计表

2017 年

项目 地区	总人数	按性别分		按年龄分		按职称分			按学历分		
		男	女	40 岁以下	40 岁以上	中级以下	中级	高级	大专以下	大学	研究生
河南省	**1897**	**889**	**1008**	**1489**	**390**	**25**	**33**	**4**	**44**	**1812**	**41**
郑　州	361	160	201	300	58	8	14	4	65	216	19
安　阳	108	56	52	89	14		1		7	95	1
洛　阳	75	38	42	81	13	2	2		5	89	
南　阳	99	43	44	72	16	1	3		3	85	
平顶山	50	21	29	58	7		1		2	62	1
驻马店	72	39	47	82	19	1	1		3	83	4
新　乡	84	20	28	50	8		1		5	51	2
周　口	62	45	43	75	13		1		7	81	
信　阳	54	23	19	36	6		1		4	38	1
漯　河	48	16	18	32	7	2	1		7	30	
三门峡	79	26	36	46	13	1	2		5	54	
开　封	117	40	44	47	20	1	2		6	59	2
焦　作	42	10	26	33	3	1	1		2	34	
商　丘	98	41	56	82	14	6	1		8	88	1
濮　阳	43	20	19	34	10		1		1	43	
许　昌	73	31	28	47	8	1	1		4	51	
鹤　壁	6	3	3	6	0					6	
济　源	5	4	1	5	1					6	

合众人寿保险股份有限公司河南分公司机构人员统计表

2017 年

项目 地区	机构数	总人数	按性别分		按年龄分		按职称分			按学历分		
			男	女	40 岁以下	40 岁以上	中级以下	中级	高级	大专以下	大学	研究生
河南省	**53**	**475**	**242**	**233**	**326**	**149**	**4**	**10**		**172**	**299**	**4**
郑　州	8	157	70	87	103	54	2	4		45	109	3
开　封	2	23	12	11	18	5	1			6	17	
洛　阳	4	21	11	10	14	7				9	11	1
平顶山	4	21	14	7	15	6				7	14	
安　阳	3	26	14	12	20	6				9	17	
鹤　壁	2	10	6	4	7	3				4	6	
新　乡	3	28	12	16	15	13		2		16	12	
焦　作	2	15	8	7	12	3				5	10	
濮　阳	3	30	21	9	19	11		1		14	16	
许　昌	4	25	12	13	18	7	1	1		8	17	
漯　河	1	15	8	7	11	4				6	9	
南　阳	5	24	16	8	14	10				10	14	
商　丘	5	27	11	16	20	7				9	18	
信　阳	2	21	12	9	16	5				9	12	
周　口	1	16	8	8	14	2		1		6	10	
驻马店	3	13	5	8	9	4		1		7	6	
济　源	1	3	2	1	1	2				2	1	

富德生命人寿保险股份有限公司河南分公司机构人员统计表

2017 年

项目/地区	机构数	总人数	按性别分		按年龄分		按职称分			按学历分		
			男	女	40岁以下	40岁以上	中级以下	中级	高级	大专及以下	本科	研究生及以上
河南省	**85**	**2130**	**652**	**1478**	**1596**	**534**	**5**	**46**	**10**	**1451**	**667**	**12**
郑　州	8	357	134	223	306	51				172	175	10
开　封	4	97	23	74	77	20		1	1	67	30	
洛　阳	6	123	39	84	86	37		3		80	43	
平顶山	6	85	31	54	71	14				62	23	
安　阳	4	112	28	84	71	41				89	23	
鹤　壁	2	50	16	34	36	14	1	3		26	24	
新　乡	6	101	34	67	67	34		4		83	18	
焦　作	6	134	34	100	99	35		2		103	31	
濮　阳	3	95	26	69	65	30				73	22	
许　昌	3	90	23	67	66	24		5	3	65	25	
漯　河	2	89	16	73	54	35				69	20	
三门峡	2	66	22	44	44	22		7	1	47	19	
南　阳	9	194	67	127	155	39	2			146	48	
商　丘	4	96	26	70	80	16		7		56	40	
信　阳	5	97	35	62	60	37		6	4	63	33	1
周　口	10	187	49	138	147	40				142	45	
驻马店	4	119	35	84	79	40	2	8	1	85	33	1
济　源	1	38	14	24	33	5				23	15	

备注：业务数据按照新准则口径统计。

平安养老保险股份有限公司河南分公司机构人员统计表

2017 年

项目/地区	机构数	总人数	按性别分		按年龄分		按职称分			按学历分		
			男	女	40岁以下	40岁以上	中级以下	中级	高级	大专以下	大学	研究生
河南省	**15**	**376**	**180**	**196**	**308**	**68**				**143**	**220**	**13**
省公司本部	1	253	118	135	208	45				86	156	11
洛　阳	1	16	9	7	12	4				7	9	
平顶山	1	13	5	8	11	2				8	5	
新　乡	1	15	9	6	13	2				7	8	
焦　作	1	11	5	6	10	1				9	2	
濮　阳	1	13	7	6	11	2				6	5	2
许　昌	1	13	8	5	9	4				5	8	
商　丘	1	6	4	2	5	1				2	4	
驻马店	1	14	8	6	12	2				6	8	
鹤　壁	1	3	2	1	3					1	2	
济　源	1	5	1	4	4	1				2	3	
巩　义	1	6	1	5	3	3				3	3	
兰　考	1	3	1	2	3						3	
滑　县	1	2	1	1	2						2	
永　城	1	3	1	2	3					1	2	

中荷人寿保险有限公司河南省分公司机构人员统计表

2017 年

项目 / 地区	机构数	总人数	按性别分		按年龄分		按职称分			按学历分		
			男	女	40 岁以下	40 岁以上	中级以下	中级	高级	大专以下	大学	研究生
河南省	**8**	**137**	**96**	**41**	**114**	**23**	**132**	**4**	**1**	**1**	**129**	**7**
机构本部		70	50	20	59	11	65	4	1	1	64	5
郑　州	5	31	22	9	25	6	31				30	1
洛　阳	1	18	11	7	14	4	18				17	1
安　阳	1	8	5	3	7	1	8				8	
焦　作	1	10	8	2	9	1	10				10	
驻马店												
济　源												

中国人民人寿保险股份有限公司河南省分公司机构人员统计表

2017 年

项目 / 地区	机构数	总人数	按性别分		按年龄分		按职称分			按学历分		
			男	女	40 岁以下	40 岁以上	中级以下	中级	高级	大专以下	大学	研究生
河南省	**121**	**1130**	**453**	**664**	**388**	**729**	**1015**	**89**	**13**	**65**	**1031**	**21**
机构本部	1	147	62	85	38	109	97	38	12	1	127	19
郑　州	10	84	33	51	23	61	76	8		4	79	1
开　封	6	58	34	24	21	37	54	4		1	56	1
洛　阳	9	64	24	40	31	33	60	3	1	4	57	3
平顶山	8	58	26	32	18	40	51	6	1	2	56	
安　阳	7	71	25	46	24	47	69	2		5	65	1
鹤　壁	4	24	12	12	8	16	21	3			24	
新　乡	8	45	15	30	18	27	42	3		3	41	1
焦　作	7	64	26	38	25	39	59	5		6	58	
濮　阳	6	78	30	48	16	62	76	2			76	2
许　昌	6	52	24	28	15	37	51	1		3	49	
漯　河	4	37	21	16	14	23	35	2		3	34	
三门峡	4	44	15	29	15	29	41	3			44	
南　阳	12	84	38	46	21	63	80	4		9	74	1
商　丘	7	54	22	32	19	35	52	2		1	53	
信　阳	4	39	16	23	12	27	33	6		1	38	
周　口	11	53	24	29	19	34	48	5		1	52	
驻马店	6	55	26	29	14	41	50	5		1	53	1
济　源	1	19	3	16	5	14	18		1	3	16	

信泰人寿保险股份有限公司河南分公司机构人员统计表

2017 年

项目/地区	机构数	总人数	按性别分		按年龄分		按职称分			按学历分		
			男	女	40 岁以下	40 岁以上	中级以下	中级	高级	大专以下	大学	研究生
河南省	**9**	**403**	**148**	**255**	**309**	**94**				**200**	**197**	**6**
机构本部		90	41	49	71	19				25	58	5
洛 阳	1	39	11	28	26	13				21	18	
安 阳	1	26	8	18	19	7				10	16	
新 乡	1	40	10	30	30	10				23	17	
濮 阳	1	31	14	17	25	6				15	16	
许 昌	1	41	9	32	30	11				28	12	1
南 阳	1	41	18	23	27	14				21	20	
商 丘	1	50	18	32	44	6				31	19	
周 口	1	18	10	8	15	3				12	6	
驻马店	1	27	9	18	22	5				17	10	

国华人寿保险股份有限公司河南分公司机构人员统计表

2017 年

项目/地区	总人数	按性别分		按年龄分		按职称分			按学历分		
		男	女	40 岁以下	40 岁以上	中级以下	中级	高级	大专以下	大学	研究生
河南省	**222**	**105**	**117**	**139**	**83**				**69**	**149**	**4**
机构本部	59	30	29	39	20				10	46	3
郑 州	10	1	9	7	3				4	6	
洛 阳	9	4	5	5	4				3	6	
平顶山	16	6	10	7	9				8	8	
新 乡	26	12	14	15	11				8	17	1
焦 作	15	9	6	5	10				6	9	
濮 阳	11	4	7	5	6				4	7	
漯 河	8	3	5	7	1				3	5	
南 阳	15	7	8	11	4				6	9	
商 丘	12	8	4	7	5				4	8	
信 阳	11	6	5	10	1				3	8	
周 口	16	8	8	11	5				5	11	
驻马店	14	7	7	10	4				5	9	

华泰人寿保险股份有限公司河南分公司机构人员统计表

2017 年

项目 地区	机构数	总人数	按性别分		按年龄分		按职称分			按学历分		
			男	女	40 岁以下	40 岁以上	中级以下	中级	高级	大专以下	大学	研究生
河南省	**50**	**333**	**159**	**178**	**228**	**105**	**15**	**20**	**3**	**8**	**319**	**6**
机构本部	1	67	32	35	40	27		10	1	1	64	2
郑　州	9	61	29	32	47	14		5		5	54	2
开　封	4	20	9	11	13	7	7	2			20	
洛　阳	6	42	15	27	32	10				1	41	
平顶山	1	8	6	2	6	2					8	
安　阳	4	20	9	11	13	7	1	1			19	1
鹤　壁												
新　乡	2	8	4	4	3	5	1	2			8	
焦　作	4	13	7	6	10	3					12	1
濮　阳												
许　昌	5	17	8	9	11	6	3			1	16	
漯　河	3	21	10	11	15	6	1		2		21	
三门峡												
南　阳	4	20	7	13	13	7					20	
商　丘												
信　阳												
周　口	4	22	11	11	17	5					22	
驻马店	2	12	8	4	6	6	2				12	
济　源	1	2		2	2						2	

中国长城资产管理股份有限公司河南省分公司机构人员统计表

2017 年

项目 地区	总人数	按性别分		按年龄分		按职称分			按学历分		
		男	女	40 岁以下	40 岁以上	中级以下	中级	高级	大专以下	大学	研究生
合　计	**71**	**50**	**21**	**27**	**44**	**32**	**32**	**7**	**10**	**46**	**15**
分公司领导	4	4			4		2	2		1	3
综合管理部（监察审计部）	10	4	6	2	8	4	5	1	4	4	2
资金财务部（信息技术部）	7	4	3	3	4	2	4	1		6	1
业务管理部（业务审核部）	11	7	4	1	10	2	7	2	2	5	4
法律合规部	3	2	1	2	1	2	1			3	
资产经营部业务一部	6	4	2	3	3	3	2	1		5	1
资产经营部业务二部	5	4	1	2	3	4	1		2	1	2
投资投行部业务一部	3	3		2	1	2	1			3	
投资投行部业务二部	6	6		4	2	4	2		1	5	
城镇化业务部业务一部	3	2	1	1	2	2	1			3	
城镇化业务部业务二部	4	3	1	3	1	3	1			3	1
协同业务部业务一部	5	3	2	3	2	3	2		1	3	1
协同业务部业务二部	3	3		1	2	1	2			3	
科迪退出变现项目组	1	1			1		1			1	

中国东方资产管理股份有限公司河南省分公司机构人员统计表

2017 年

项目 / 地区	总人数	按性别分		按年龄分		按职称分			按学历分		
		男	女	40 岁以下	40 岁以上	中级以下	中级	高级	大专以下	大学	研究生
合　计	**35**	**25**	**10**	**25**	**10**	**22**	**8**	**5**		**18**	**17**
分公司领导	5	4	1	1	4			5		3	2
资金财会部	2		2	1	1	1	1			2	
风险控制部	4	2	2	3	1	3	1			2	2
综合管理部	7	4	3	5	2	5	2			4	3
资产经营一部	9	7	2	7	2	6	3			4	5
资产经营二部	8	8		8		7	1			3	5

中国信达资产管理股份有限公司河南省分公司机构人员统计表

2017 年

项目 / 部门	总人数	按性别分		按年龄分		按职称分			按学历分		
		男	女	40 岁以下	40 岁以上	中级以下	中级	高级	大专以下	大学	研究生
合　计	**53**	**35**	**18**	**29**	**24**	**23**	**23**	**7**	**2**	**24**	**27**
总经理、副总经理、总助	3	2	1		3			3		3	
综合部	10	7	3	2	8	1	8	1	1	8	1
计划财务处	4	1	3	2	2	2	1	1		3	1
业务审核处	2	1	1	1	1		2			2	
风险管理处	3	2	1	1	2	1	1	1	1	1	1
业务一部	5	4	1	2	3	2	2	1		2	3
业务二部	5	3	2	4	1	3	2			1	4
业务三部	5	3	2	4	1	3	2			1	4
业务四部	4	3	1	4		2	2				4
业务五部	7	6	1	4	3	5	2			2	5
业务六部	5	3	2	5		4	1			1	4

中国银联股份有限公司河南分公司机构人员统计表

2017 年

项目 / 地区	总人数	按性别分		按年龄分		按职称分			按学历分		
		男	女	40 岁以下	40 岁以上	中级以下	中级	高级	大专以下	大学	研究生
合　计	**36**	**28**	**8**	**23**	**13**	**24**	**12**		**1**	**29**	**6**
总经理室	4	2	2	1	3		4			3	1
办公室	4	3	1	2	2	3	1			3	1
业务技术部	6	6		2	4	4	2			6	
市场一部	5	2	3	5		4	1			4	1
市场二部	13	11	2	10	3	10	3		1	10	2
市场三部	4	4		3	1	3	1			3	1

第八部分

河南金融机构名录

中国人民银行郑州中心支行

行　长：徐诺金
副行长：周　波　王深德　朱培玉　李双锁
　　　　谭志洪　崔晓芙　高玉成
地　址：郑州市郑东新区商务外环路 21 号
电　话：0371-69089389
邮　编：450040

中国人民银行郑州中心支行内设部门

办公室
负责人：刘秋香
电　话：0371-69089086

法律事务处（金融消费权益保护处）
负责人：李天忠
电　话：0371-69089398

货币信贷管理处
负责人：赵继鸿
电　话：0371-69089296

金融稳定处
负责人：戚兴如
电　话：0371-69089518

调查统计处
负责人：崔　凯
电　话：0371-69089028

会计财务处
负责人：齐鸿儒
电　话：0371-69089088

支付结算处
负责人：王　华
电　话：0371-69089520

反洗钱处
负责人：路　漫
电　话：0371-69089388

科技处
负责人：邵伟华
电　话：0371-69089727

货币金银处
负责人：王秋群
电　话：0371-69089699

国库处
负责人：黄　峰
电　话：0371-69089256

内审处
负责人：李　杰
电　话：0371-69089506

人事处
负责人：尹清伟
电　话：0371-69089399

金融研究处
负责人：贾　桐
电　话：0371-69089156

征信管理处
负责人：王树生
电　话：0371-69089566

国际收支处
负责人：娄永跃
电　话：0371-69089116

经常项目管理处
负责人：郭　继
电　话：0371-69089827

资本项目管理处
负责人：帅　洪
电　话：0371-69089236

事后监督中心
负责人：胡淑红
电　话：0371-69089866

保卫处
负责人：王建成
电　话：0371-69089126

离退休干部处
负责人：刘晓丽
电　话：0371-69089996

纪检监察办公室
负责人：冀向民
电　话：0371-69089675

工会办公室
负责人：王　晶
电　话：0371-69089682

宣传群工部
负责人：郭晓东
电　话：0371-69089196

营业部
负责人：张　戈
电　话：0371-69089556

后勤服务中心
负责人：郑梦建
电　话：0371-69089926

钞票处理中心
负责人：万占标
电　话：0371-86531857

清算中心
负责人：许俊锋
电　话：0371-69089751

河南钱币博物馆
负责人：陈　伟
电　话：0371-69089356

守卫押运中心
负责人：周晓洲
电　话：0371-69089036

中国人民银行郑州中心支行河南省辖内分支机构

中国人民银行开封市中心支行
行　长：翟向祎
地　址：开封市晋安路 60 号
电　话：0371-23887156
邮　编：475004

中国人民银行洛阳市中心支行
行　长：赵德旺
地　址：洛阳市中州中路 325 号
电　话：0379-63937789
邮　编：471000

中国人民银行平顶山市中心支行
行　长：李高建
地　址：平顶山市中兴南路西 2 号院
电　话：0375-4804626
邮　编：467001

中国人民银行安阳市中心支行
行　长：王秋群
地　址：安阳市开发区海河大道金融大厦
电　话：0372-2906155
邮　编：455002

中国人民银行鹤壁市中心支行
副行长（主持工作）：李香稳

地　址：鹤壁市淇滨区九州路 129 号
电　话：0392-3323951
邮　编：458030

中国人民银行新乡市中心支行
行　长：杨存亮
地　址：新乡市向阳路 9 号
电　话：0373-5823868
邮　编：453003

中国人民银行焦作市中心支行
行　长：骆　波
地　址：焦作市世纪路 1355 号
电　话：0391-3919218
邮　编：454000

中国人民银行濮阳市中心支行
行　长：许兆春
地　址：濮阳市黄河中路 318 号
电　话：0393-4411874
邮　编：457000

中国人民银行许昌市中心支行
行　长：钮　明
地　址：许昌市东城区新东街东段
电　话：0374-2668765
邮　编：461000

中国人民银行漯河市中心支行
行　长：左晓杰
地　址：漯河市嵩山路东支 1 号
电　话：0395-3110168
邮　编：462000

中国人民银行三门峡市中心支行
行　长：白崇建
地　址：三门峡市河堤北路西段
电　话：0398-2821736
邮　编：472000

中国人民银行南阳市中心支行
行　长：王　强
地　址：南阳市新华西路 178 号
电　话：0377-66099360
邮　编：473054

中国人民银行商丘市中心支行
行　长：徐庆志
地　址：商丘市北海西路 6 号
电　话：0370-6058162
邮　编：476000

中国人民银行信阳市中心支行
行　长：孔祥毅
地　址：信阳市长安路 133 号
电　话：0376-6392068
邮　编：464000

中国人民银行周口市中心支行
行　长：张宏伟
地　址：周口市川汇区七一路 1 号
电　话：0394-6079199
邮　编：466000

中国人民银行驻马店市中心支行
行　长：袁道强
地　址：驻马店市骏马路中段
电　话：0396-2912650
邮　编：463000

中国银行业监督管理委员会河南监管局

局　长：田建华
副局长：张宗俊　张　春　李焕亭　周家龙
纪委书记：于春河
地　址：郑州市晨旭路 16 号
电　话：0371-69332600
邮　编：450008

中国银行业监督管理委员会河南监管局内设部门

办公室（党委办公室）
负责人：马　超
电　话：69332779

政策法规处
负责人：吴国华
电　话：69332834

国有银行监管处
负责人：克淑红
电　话：69332627

股份制银行监管处
负责人：吴宏伟
电　话：69332652

城市商业银行监管处
负责人：李红岩
电　话：69332636

政策性银行和邮政储蓄银行监管处
负责人：朱艳丽
电　话：69332676

非银行金融机构监管处
负责人：李新军
电　话：69332617

农村中小金融机构监管一处
负责人：亢志刚
电　话：69332836

农村中小金融机构监管二处
负责人：郭　琴
电　话：69332735

综合业务监管处
负责人：吕　红
电　话：69332619

统计信息处
负责人：王　鑫
电　话：69332811

信息科技处
负责人：李　艳
电　话：69332765

银行业消费者权益保护处
负责人：郭玉才
电　话：69332727

财务会计处
负责人：吴宏伟
电　话：69332652

人事处（党委组织部）
负责人：杨华军
电　话：69332697

监察室（纪委）
负责人：郭红旗
电　话：69332646

机关党委（党委宣传部）
负责人：周　锋
电　话：69332628

工会办公室
负责人：鲁春慧
电　话：69332692

后勤服务中心
负责人：任启军
电　话：69332777

河南金融工会
负责人：晁志斌
电 话：69332966

中国银行业监督管理委员会河南监管局分支机构

中国银行业监督管理委员会开封银监分局
负责人：秦志锋
地 址：开封市包公湖北路 28 号
电 话：0371-23991190
邮 编：475000

中国银行业监督管理委员会洛阳银监分局
负责人：蒋红华
地 址：洛阳市王城路 22 号
电 话：0379-63307555
邮 编：471000

中国银行业监督管理委员会平顶山银监分局
负责人：陈黎明
地 址：平顶山市湛北路天宇大厦
电 话：0375-3992913
邮 编：467009

中国银行业监督管理委员会安阳银监分局
负责人：茹 剑
地 址：安阳市文峰大道中段农业银行大楼
电 话：0372-3199366
邮 编：455000

中国银行业监督管理委员会鹤壁银监分局
负责人：黄守惠
地 址：鹤壁市淇滨区淇水大道金融大厦
电 话：0392-3133791
邮 编：458030

中国银行业监督管理委员会新乡银监分局
负责人：罗 铭
地 址：新乡市开发区华兰大道 418 号（农行大楼）
电 话：0373-5825368
邮 编：453003

中国银行业监督管理委员会焦作银监分局
负责人：赵卫平
地 址：焦作市人民路中段 2081-1 号
电 话：0391-3382353
邮 编：454003

中国银行业监督管理委员会濮阳银监分局
负责人：孙润华
地 址：濮阳市昆吾路 146 号
电 话：0393-6681017
邮 编：457000

中国银行业监督管理委员会许昌银监分局
负责人：张永华
地 址：许昌市莲城大道许昌联通大厦
电 话：0374-2960297
邮 编：461000

中国银行业监督管理委员会漯河银监分局
负责人：吉广东
地 址：漯河市黄河路 680 号
电 话：0395-3128883
邮 编：462000

中国银行业监督管理委员会三门峡银监分局
负责人：王存轩
地 址：三门峡市崤山路中段 54 号
电 话：0398-2168168
邮 编：472000

中国银行业监督管理委员会南阳银监分局
负责人：白向锋
地 址：南阳市光武中路 1239 号
电 话：0377-62290379
邮 编：473000

中国银行业监督管理委员会商丘银监分局

负责人：郑复生
地　址：商丘市南京中路218号
电　话：0370-2581616
邮　编：476000

中国银行业监督管理委员会信阳银监分局

负责人：张世翔
地　址：信阳市平桥区中心大道北端
电　话：0376-6787966
邮　编：464100

中国银行业监督管理委员会周口银监分局

负责人：赵其有
地　址：周口市七一西路17号
电　话：0394-8688530
邮　编：466000

中国银行业监督管理委员会驻马店银监分局

负责人：王献军
地　址：驻马店市莱园街中段
电　话：0396-2922682
邮　编：463000

中国证券监督管理委员会河南监管局

局　长：王广幼
地　址：郑州市郑东新区商务外环路和商务西三街交叉口国龙大厦22层
电　话：0371-69337577
邮　编：450008

中国保险监督管理委员会河南监管局

局　长：邢　炜
地　址：郑州市郑东新区才高街16号龙潭毛尖大厦
电　话：0371-63388321
邮　编：450046

国家开发银行股份有限公司河南省分行

行　长：傅小东
副行长：李　刚　徐　飞　张　弛
地　址：郑州市金水路266号
电　话：0371-66000888
邮　编：450008

国家开发银行股份有限公司河南省分行内设部门

办公室
负责人：王　辉

规划发展处
负责人：普　浩

市场与投资处
负责人：王　滨

经营管理处
负责人：赵　茜

法律事务办公室
负责人：赵颖松

国际合作业务处
负责人：刘国强

风险管理处
负责人：栗晓燕

评审处
负责人：李建伟

贷委会办公室
负责人：卞　江

客户一处
负责人：程宇敏

客户二处
负责人：温 波

客户三处
负责人：马光杰

客户四处
负责人：罗文涛

客户五处
负责人：王 栋

客户六处
负责人：杨松如

财会处
负责人：徐 文

人事处
负责人：刘 浩

纪检监察办公室
负责人：赵剑萍

信息科技处
负责人：张东东

行政事务处
负责人：李学斌

中国农业发展银行河南省分行

行 长：陈晓东
副行长：谢 军 刘占迎 李汉光 杨德平
纪委书记：叶水乔
地 址：郑州市红旗路 81 号
电 话：0371-65830251
邮 编：450008

中国农业发展银行河南省分行内设部门

办公室
负责人：方德铸
电 话：0371-65830286

资金计划处
负责人：丁徛忠
电 话：0371-65830168

粮棉油处
负责人：田运祥
电 话：0371-65830632

基础设施处
负责人：崔 军
电 话：0371-65831926

创新处
负责人：尤 明
电 话：0371-65830158

国际业务处
负责人：方德铸
电 话：0371-65830233

信贷管理处
负责人：黄青林
电 话：0371-65830196

信用审批处
负责人：黄青林
电 话：0371-65830196

风险管理处
负责人：董家庆
电 话：0371-65830368

法律与内控合规处
负责人：李绮峰

电　话：0371-658302568

财务会计处
负责人：杨广民
电　话：0371-65830192

内部审计处
负责人：王　平
电　话：0371-65830195

信息技术处
负责人：王一峰
电　话：0371-65830225

人力资源处
负责人：李双保
电　话：0371-65830178

监察室
负责人：任朴红
电　话：0371-65830276

党群工作处
负责人：王保民
电　话：0371-65830559

行政服务处
负责人：胡启华
电　话：0371-65830219

中国农业发展银行河南省分行分支机构

中国农业发展银行河南省分行营业部
总经理：谷宏伟
地　址：郑州市红旗路 81 号
电　话：0371-65830175
邮　编：450008

中国农业发展银行开封市分行
行　长：冯　朝
地　址：开封市大梁路 9 号
电　话：0371-23850569
邮　编：475004

中国农业发展银行洛阳市分行
行　长：高建民
地　址：洛阳市西工区九都路 88 号
电　话：0379-63375099
邮　编：471000

中国农业发展银行平顶山市分行
行　长：牛红跃
地　址：平顶山市中兴路中段佳田国际大厦 A 座 19 楼
电　话：0375-2699636
邮　编：467000

中国农业发展银行安阳市分行
行　长：岳　峰
地　址：安阳市中华路南段 52 号
电　话：0372-5051888
邮　编：455000

中国农业发展银行鹤壁市分行
行　长：刘春前
地　址：鹤壁市淇滨区黄河路 218 号
电　话：0392-3370156
邮　编：458030

中国农业发展银行新乡市分行
行　长：郑维龙
地　址：新乡市华兰大道 443 号
电　话：0373-3520898
邮　编：453003

中国农业发展银行焦作市分行
行　长：黄广民
地　址：焦作市人民路 899 号
电　话：0391-3550336
邮　编：454003

中国农业发展银行濮阳市分行
行　长：王卫东
地　址：濮阳市黄河路中段
电　话：0393-6686636
邮　编：457000

中国农业发展银行许昌市分行
行　长：杜　军
地　址：许昌市魏文路中段
电　话：0374-2958001
邮　编：461000

中国农业发展银行漯河市分行
行　长：白卫红
地　址：漯河市泰山路 19 号
电　话：0395-3516088
邮　编：462000

中国农业发展银行三门峡市分行
行　长：程书贞
地　址：三门峡市大岭路南段
电　话：0398-2817877
邮　编：472000

中国农业发展银行南阳市分行
行　长：刘继东
地　址：南阳市张衡路 699 号
电　话：0377-62262566
邮　编：473000

中国农业发展银行商丘市分行
行　长：施庆亮
地　址：商丘市神火大道中段 158 号
电　话：0370-3229199
邮　编：476100

中国农业发展银行信阳市分行
行　长：殷　勇
地　址：信阳市工区路 266 号
电　话：0376-6567666
邮　编：464000

中国农业发展银行周口市分行
行　长：刘富中
地　址：周口市黄河路西段
电　话：0394-8395939
邮　编：466000

中国农业发展银行驻马店市分行
行　长：张洪祥
地　址：驻马店市团结路 79 号
电　话：0396-2615156
邮　编：463000

中国农业发展银行济源市分行
行　长：边书琦
地　址：济源市黄河路 68 号
电　话：0391-6668966
邮　编：459000

中国进出口银行河南省分行

行　长：吴启金
党委书记：杨剑华
副行长：杨剑华　王英磊
地　址：郑州市金水东路 51 号楷林商务中心北区一至四层
电　话：0371-66270500
邮　编：450012

中国进出口银行河南省分行内设部门
办公室
负责人：葛志民
电　话：0371-66270511

风险管理处
负责人：陈　志
电　话：0371-66270661

评估审查处
负责人：周　振
电　话：0371-66270556

公司业务处
负责人：刘　航
电　话：0371-66270621

营业部
负责人：张伟伟
电　话：0371-66270670

中国工商银行股份有限公司河南省分行

行　长：许　杰
副行长：姚　虎 张有赋 王晓东 李照明 夏宗福 韩　强
纪委书记：刘小全
地　址：郑州市经三路 99 号
电　话：0371-65776888(上班)、65776808(下班)
邮　编：450011

中国工商银行股份有限公司河南省分行内设部门

办公室
主　任：王爱军
电　话：0371-65776566

公司金融业务部
总经理：曹卫东
电　话：0371-65776313

个人信贷业务部
总经理：魏宝贵
电　话：0371-65776327

个人金融业务部
总经理：梁光德
电　话：0371-65776881

机构金融业务部
总经理：雷晓锋
电　话：0371-65776629

结算与现金管理部
副总经理：郑艳萍
电　话：0371-65776953

网络金融部
总经理：杨景胜
电　话：0371-65776916

国际业务部
总经理：任建平
电　话：0371-65776166

投资银行部
总经理：崔晓波
电　话：0371-65776755

普惠金融事业部
总经理：方一桥
电　话：0371-65776373

银行卡中心
总经理：杜云生
电　话：0371-65776127

私人银行中心
总经理：史卫红
电　话：0371-65777698

养老金业务中心
总经理：贺春朝
电　话：0371-65776816

信贷与投资管理部
总经理：郑凌志
电　话：0371-65776305

授信审批部
总经理：吕红晓
电　话：0371-65776179

风险管理部
总经理：铁耀敏
电　话：0371-65776199

内控合规部
总经理：张天福
电　话：0371-65776829

法律事务部
总经理：陈　攀
电　话：0371-65776780

财务会计部
总经理：徐亚军
电　话：0371-65776019

人力资源部
总经理、党委组织部部长：徐　斌
电　话：0371-65776866

资产负债管理部
总经理：田发明
电　话：0371-65776603

渠道管理部
总经理：丁　杰
电　话：0371-65776618

信息科技部
总经理：竹天杰
电　话：0371-65585373

运行管理部
总经理：陈　勇
电　话：0371-65776528

管理信息部
总经理：温盛民
电　话：0371-65776481

监察室
主任、纪委副书记：刘明海
电　话：0371-65776798

安全保卫部
总经理：信亚彬
电　话：0371-65776309

工会办公室
工委副主任：温铁牛
电　话：0371-65776865

运行风险监控中心
总经理：潘成群
电　话：0371-66282936

业务处理中心
总经理：张宝民
电　话：0371-63622299

金融培训学校
校　长：刘新锋
电　话：0371-68660089

中国工商银行股份有限公司河南省分行分支机构

中国工商银行股份有限公司河南省分行营业部
总经理：王晓东
地　址：郑州市花园路 24 号
电　话：0371-65832086
邮　编：450008

中国工商银行股份有限公司洛阳分行
行　长：贺伍有
地　址：洛阳市中州中路 230 号
电　话：0379-63336066

邮　编：471000

中国工商银行股份有限公司开封分行
行　长：潘　勇
地　址：开封市丁角街88号
电　话：0371-23966868
邮　编：475000

中国工商银行股份有限公司新乡分行
行　长：王海峰
地　址：新乡市和平大道88号
电　话：0373-3833008
邮　编：453003

中国工商银行股份有限公司焦作分行
行　长：马世良
地　址：焦作市焦东中路23号
电　话：0391-3999666
邮　编：454002

中国工商银行股份有限公司平顶山分行
行　长：张延庆
地　址：平顶山市矿工中路南37号
电　话：0375-2911198
邮　编：467000

中国工商银行股份有限公司安阳分行
行　长：李会甫
地　址：安阳市文峰大道中段
电　话：0372-3199501
邮　编：455000

中国工商银行股份有限公司鹤壁分行
行　长：党向阳
地　址：鹤壁市兴鹤大街235号
电　话：0392-3313069
邮　编：458030

中国工商银行股份有限公司濮阳分行
行　长：周广华
地　址：濮阳市建设路16号
电　话：0393-6169666
邮　编：457000

中国工商银行股份有限公司许昌分行
行　长：崔胜利
地　址：许昌市七一路88号
电　话：0374-2629188
邮　编：461000

中国工商银行股份有限公司漯河分行
行　长：刘志刚
地　址：漯河市黄河路692号
电　话：0395-3170666
邮　编：462000

中国工商银行股份有限公司三门峡分行
行　长：王志刚
地　址：三门峡市崤山路中段42号
电　话：0398-2836800
邮　编：472000

中国工商银行股份有限公司南阳分行
行　长：王　勇
地　址：南阳市工业路124号
电　话：0377-62295369
邮　编：473000

中国工商银行股份有限公司驻马店分行
行　长：关文杰
地　址：驻马店市解放路东段
电　话：0396-2806999
邮　编：463000

中国工商银行股份有限公司商丘分行
行　长：蔡海泉
地　址：商丘市文化东路569号

电　话：0370-2696599
邮　编：476000

中国工商银行股份有限公司周口分行
行　长：王明峰
地　址：周口市工农路 20 号
电　话：0394-8528999
邮　编：466000

中国工商银行股份有限公司信阳分行
行　长：吴　昊
地　址：信阳市四一路 41 号
电　话：0376-6256578
邮　编：464000

中国工商银行股份有限公司济源分行
行　长：张　涛
地　址：济源市宣化东街 131 号
电　话：0391-6635266
邮　编：454650

中国农业银行股份有限公司河南省分行

行　长：董玉华
副行长：冯　丹　王霄汉　牟　巍　赵予开　周贵恒
地　址：郑州市郑东新区商务外环路 16 号
电　话：0371-69196929　69196826
邮　编：450016

中国农业银行股份有限公司河南省分行内设部门

办公室
负责人：金维成

法律事务部
负责人：许　娜

财务会计部
负责人：赵献林

资产负债管理部
负责人：刘保善

风险管理部
负责人：赵天民

内控合规部
负责人：裴富有

运营管理部
负责人：杨建文

公司业务部
负责人：耿富欣

大客户部
负责人：曹　红

投行与金融市场部
负责人：崔剑梅

机构业务部
负责人：冯　炜

个人金融部
负责人：王玉杰

个贷中心
负责人：王志虎

农村产业金融部
负责人：孙文献

农户金融部
负责人：冯卫党

信用管理部
负责人：王永钊

资产处置部
负责人：王皓东

信用卡中心
负责人：邹清涛

国际业务部
负责人：张郑阳

电子银行部
负责人：杨立新

科技与产品管理部
负责人：白华飞

网点渠道管理部
负责人：李玉峰

人力资源部
负责人：赵乐飞

工会工作部
负责人：许　磊

监察室
负责人：李正玉

安全保卫部
负责人：王　慧

总务部
负责人：丁卫州

重点区域综合治理办公室
负责人：李庆哲

省域运营后台中心
负责人：王国庆

农银大学河南分校
负责人：黑留记

巡视一组
负责人：付东江

巡视二组
负责人：赵喜朝

巡视三组
负责人：贾毅敏

专检一组
负责人：程凤岭

专检二组
负责人：莫莲蕊

专检三组
负责人：杨　帆

中国农业银行股份有限公司河南省分行分支机构

中国农业银行股份有限公司河南省分行营业部

行　长：周贵恒
地　址：郑州市陇海西路 50 号
电　话：0371-67773666
邮　编：450006

中国农业银行股份有限公司开封分行

行　长：曹复兴
地　址：开封市金明东街北段 1 号
电　话：0371-23852200
邮　编：475004

中国农业银行股份有限公司洛阳分行

行　长：卢定月
地　址：洛阳市凯旋东路 59 号
电　话：0379-63295046
邮　编：471000

中国农业银行股份有限公司平顶山分行
行　长：申松标
地　址：平顶山市光明路中段 49 号
电　话：0375-8956777
邮　编：467000

中国农业银行股份有限公司安阳分行
行　长：张文立
地　址：安阳市文峰大道中段 6 号
电　话：0372-3199021
邮　编：455000

中国农业银行股份有限公司鹤壁分行
行　长：王云峰
地　址：鹤壁市淇滨大道 181 号
电　话：0392-3313551
邮　编：458030

中国农业银行股份有限公司新乡分行
行　长：卢　伟
地　址：新乡市华兰大道 418 号
电　话：0373-3535202
邮　编：453003

中国农业银行股份有限公司焦作分行
行　长：干雅辉
地　址：焦作市民主南路 88 号
电　话：0391-3278176
邮　编：454001

中国农业银行股份有限公司濮阳分行
行　长：陈虹池
地　址：濮阳市人民路 58 号
电　话：0393-4403000
邮　编：457000

中国农业银行股份有限公司许昌分行
行　长：王向东
地　址：许昌市文峰路东巷 3 号
电　话：0374-2612197
邮　编：461000

中国农业银行股份有限公司漯河分行
行　长：王逢乐
地　址：漯河市黄河路中段 606 号
电　话：0395-3105057
邮　编：462000

中国农业银行股份有限公司三门峡分行
行　长：张建新
地　址：三门峡市崤山中路 51 号
电　话：0398-2988871
邮　编：472000

中国农业银行股份有限公司南阳分行
行　长：刘子军
地　址：南阳市伏牛路 18 号
电　话：0377-63323821
邮　编：473004

中国农业银行股份有限公司商丘分行
行　长：吕　黎
地　址：商丘市神火大道 99 号
电　话：0370-2596603
邮　编：476000

中国农业银行股份有限公司信阳分行
行　长：杨兴甫
地　址：信阳市东方红大道 272 号
电　话：0376-6279059
邮　编：464000

中国农业银行股份有限公司周口分行
行　长：夏晓东
地　址：周口市七一路西段 17 号
电　话：0394-8910828
邮　编：466000

中国农业银行股份有限公司驻马店分行
行　长：梁本录
地　址：驻马店市解放路西段 599 号
电　话：0396-2855055
邮　编：463000

中国农业银行股份有限公司济源分行
行　长：吕其亮
地　址：济源市沁园中路 5 号
电　话：0391-6691567
邮　编：459000

中国农业银行股份有限公司河南省分行直属支行
行　长：王　军
地　址：郑州市经三路 15 号
电　话：0371-65585057
邮　编：450003

中国银行股份有限公司河南省分行

行　长：何方恩
副行长：苏剑刚　周　路　许建华　周恩红　郭　林
地　址：郑州市郑东新区商务外环路 3-1 号
电　话：0371-87008888
邮　编：450018

中国银行股份有限公司河南省分行内设部门

办公室
负责人：张世波

人力资源部
负责人：楚　锋

财务管理部
负责人：王永军

公司金融部
负责人：马　骙

行政事业机构部
负责人：王晨光

贸易金融部
负责人：贺晓玲

金融机构部
负责人：段晓莉

金融市场部
负责人：丁　峰

国内结算与现金管理部
负责人：

中小企业业务部
负责人：陆　杰

个人金融部
负责人：赵抗资

个人信贷部
负责人：贺宏伟

银行卡部
负责人：曹　慧

财富管理与私人银行部
负责人：王　桦

渠道管理部
负责人：赵旭升

支付清算部
负责人：吕昭刚

运营控制部
负责人：李　刚

营业部
负责人：何卫康

风险管理部
负责人：王四宏

授信执行部
负责人：谭　波

法律与合规部
负责人：韩　华

信息科技部
负责人：蓝　晔

审计部河南分部
负责人：鲁建中

监察部
负责人：安振虎

安全保卫部
负责人：董晓东

党务工作部
负责人：何苏坡

工会
负责人：李　辉

总务部
负责人：赵　予

中国银行股份有限公司河南省分行分支机构

中国银行股份有限公司开封分行
行　长：侯利军
地　址：开封市禹王台区中山路南段 59 号
电　话：0371-25587666
邮　编：475003

中国银行股份有限公司洛阳分行
行　长：武　超
地　址：洛阳市西工区中州中路 443 号
电　话：0379-63942498
邮　编：471000

中国银行股份有限公司平顶山分行
行　长：徐予鄂
地　址：平顶山市新城区长安大道与育英路交叉口东北角
电　话：0375-2922267
邮　编：467000

中国银行股份有限公司安阳分行
行　长：刘晓阳
地　址：安阳市文峰大道西段 77 号
电　话：0372-3198100
邮　编：455000

中国银行股份有限公司鹤壁分行
行　长：郑　武
地　址：鹤壁市淇滨区淇滨大道中段
电　话：0392-3203615
邮　编：458030

中国银行股份有限公司新乡分行
行　长：叶　岷
地　址：新乡市牧野区和平大道中 1 号
电　话：0373-5196011
邮　编：453000

中国银行股份有限公司焦作分行
行　长：李鸿运
地　址：焦作市解放区丰收路 159 号
电　话：0391-8825111
邮　编：454002

中国银行股份有限公司濮阳分行
行　长：王　浩

地　址：濮阳市华龙区京开路 291 号
电　话：0393-6952678
邮　编：457000

中国银行股份有限公司许昌分行
行　长：李　杰
地　址：许昌市魏都区建设路中段
电　话：0374-3338868
邮　编：461000

中国银行股份有限公司漯河分行
行　长：杨东阳
地　址：漯河市郾城区黄河路西段 733 号
电　话：0395-3566000
邮　编：462000

中国银行股份有限公司三门峡分行
行　长：易广备
地　址：三门峡市湖滨区崤山路中段 15 号
电　话：0398-2982766
邮　编：472000

中国银行股份有限公司南阳分行
行　长：王胜利
地　址：南阳市七一路 129 号
电　话：0377-61501310
邮　编：473000

中国银行股份有限公司商丘分行
行　长：朱瑞明
地　址：商丘市梁园区八一路 59 号
电　话：0370-3393222
邮　编：476000

中国银行股份有限公司信阳分行
行　长：李　珊
地　址：信阳市东方红大道 158 号
电　话：0376-6658009
邮　编：464000

中国银行股份有限公司周口分行
行　长：常如刚
地　址：周口市川汇区八一路中段 58 号
电　话：0394-8222636
邮　编：466000

中国银行股份有限公司驻马店分行
行　长：张会军
地　址：驻马店市驿城区文明路 188 号
电　话：0396-2112010
邮　编：463000

中国银行股份有限公司济源分行
行　长：杨金强
地　址：济源市沁园中路 98 号
电　话：0391-5567025
邮　编：459000

中国银行股份有限公司郑州花园支行
行　长：刘宝琴
地　址：郑州市花园路 40 号
电　话：0371-87027666
邮　编：450008

中国银行股份有限公司郑州文化支行
行　长：郜瑞峰
地　址：郑州市文化路 102 号
电　话：0371-87028063
邮　编：450002

中国银行股份有限公司郑州陇西支行
行　长：任立谦
地　址：郑州市淮河路 62 号
电　话：0371-87027000
邮　编：450015

中国银行股份有限公司郑州自贸区分行
行　长：王小军
地　址：郑州市金水东路 39 号
电　话：0371-87027961

邮 编：450003

中国银行股份有限公司郑州金水支行

行 长：李自玉
地 址：郑州市金水路 266 号
电 话：0371-87028888
邮 编：450003

中国银行股份有限公司郑州高新技术开发区支行

行 长：李红杰
地 址：郑州市瑞达路 87 号
电 话：0371-87028384
邮 编：450001

中国银行股份有限公司郑州航空港分行

行 长：田阳春
地 址：郑州市航空港区迎宾路与四港联动大道交叉口西北角郑州航空港区金融广场
电 话：0371-87027373
邮 编：450015

中国银行股份有限公司郑州商品交易所支行

行 长：朱桐新
地 址：郑州市未来大道 69 号未来大厦
电 话：0371-87027300
邮 编：450008

中国建设银行股份有限公司河南省分行

行 长：石永拴
电 话：0371-65556608
地 址：郑州市花园路 80 号
邮 编：450003

中国建设银行股份有限公司河南省分行内设部门

办公室
主 任：左金辉

人力资源部
总经理：高 虹

财务会计部
总经理：于小岗

资金结算业务部
总经理：张 娥

渠道与运营管理部
总经理：郭永亮

风险管理部
总经理：陈爱莉

资产保全部
总经理：杨峰雁

授信审批部
总经理：郭 忠

公司业务部
总经理：张一均

投资银行业务部
总经理：殷晓建

机构业务部
总经理：王建军

同业业务中心（金融市场部）
总经理：董智敏

国际业务部
总经理：杨型胜

个人金融部
总经理：王 毅

私人银行部
总经理：冀中胜

住房金融业务部
总经理：刘心明

信用卡业务部
总经理：郭一祥

小企业业务部（普惠金融事业部）
总经理：周林新

信息技术部
总经理：曹阳涛

网络金融部
总经理：牛海红

产品创新与管理部
副总经理：宫　磊（主持工作）

内控合规部
总经理：魏纪丰

纪检监察部
副主任：王永红（主持工作）

安全保卫部
总经理：李子敬

公共关系与企业文化部
总经理：曾立群

工会
副主任：武小平

大楼筹建处
总经理：赵永军

营业部
总经理：王连方

中国建设银行股份有限公司河南省分行分支机构

中国建设银行股份有限公司开封分行
行　长：张颜君（副行长主持工作）
电　话：0371-23156358
地　址：开封市中山路中段 33 号
邮　编：475000

中国建设银行股份有限公司洛阳分行
行　长：金泽民
电　话：0379-3296676
地　址：洛阳市中州中路 235 号
邮　编：471000

中国建设银行股份有限公司平顶山分行
行　长：李慧敏
电　话：0375-2216012
地　址：平顶山市中兴路南段东 1 号院
邮　编：467000

中国建设银行股份有限公司安阳分行
行　长：王向阳
电　话：0372-3995160
地　址：安阳市文峰大道中段
邮　编：455000

中国建设银行股份有限公司鹤壁分行
行　长：薛颖骁
电　话：0392-3387013
地　址：鹤壁市淇滨区太行路 243 号
邮　编：458030

中国建设银行股份有限公司新乡分行
行　长：杨中迅
电　话：0373-3838333
地　址：新乡市平原路 443 号
邮　编：453003

中国建设银行股份有限公司焦作分行
行　长：李立毅
电　话：0391-3914015

地　址：焦作市建设东路 152 号
邮　编：454002

中国建设银行股份有限公司濮阳分行
行　长：苏红枫（副行长主持工作）
电　话：0393-6655366
地　址：濮阳市人民路 237 号
邮　编：457000

中国建设银行股份有限公司许昌分行
行　长：常　春
电　话：0374-2337983
地　址：许昌市前进路 48 号
邮　编：461000

中国建设银行股份有限公司漯河分行
行　长：贾德臣
电　话：0395-3111099
地　址：漯河市黄河路中段 818 号
邮　编：462000

中国建设银行股份有限公司三门峡分行
行　长：李刚军
电　话：0398-2985000
地　址：三门峡市崤山路中段 52 号
邮　编：472000

中国建设银行股份有限公司南阳分行
行　长：张中歌
电　话：0377-61681001
地　址：南阳市新华西路 53 号银星大厦
邮　编：473054

中国建设银行股份有限公司商丘分行
行　长：闫　伟
电　话：0370-2533899
地　址：商丘市文化路 148 号
邮　编：476000

中国建设银行股份有限公司信阳分行
行　长：郑德友
电　话：0376-6332300
地　址：信阳市长安路 70 号
邮　编：464000

中国建设银行股份有限公司周口分行
行　长：刘宜勇
电　话：0394-6061699
地　址：周口市七一路西段
邮　编：466000

中国建设银行股份有限公司驻马店分行
行　长：翟东风
电　话：0396-2895512
地　址：驻马店市交通路西段
邮　编：463000

中国建设银行股份有限公司济源分行
行　长：赵　洋（副行长主持工作）
电　话：0391-6639800
地　址：济源市济水大道中段 2 号
邮　编：459000

中国建设银行股份有限公司郑州金水支行
行　长：梁生效
电　话：0371-63666666
地　址：郑州市金水路 29 号
邮　编：450053

中国建设银行股份有限公司郑州期货城支行
行　长：冯献军（副行长主持工作）
电　话：0371-65613201
地　址：郑州市未来大道 71 号
邮　编：450003

中国建设银行股份有限公司郑州绿城支行
行　长：朱天舒
电　话：0371-68735939
地　址：郑州市大学中路 6 号

邮　编：450015

中国建设银行股份有限公司郑州铁路支行

行　长：童芳芳

电　话：0371-66965481

地　址：郑州市蜜蜂张1号

邮　编：450000

中国建设银行股份有限公司郑州直属支行

行　长：董　琦

电　话：0371-65528601

地　址：郑州市郑东新区正光路与众旺路交汇处行署国际广场5号楼1-2层

邮　编：450016

中国建设银行股份有限公司郑州自贸区分行

行　长：马啸峰

电　话：0371-86616316

地　址：郑州市金水东路21号

邮　编：450000

中国建设银行股份有限公司郑州郑港支行

行　长：王　刚

电　话：0371-89906698

地　址：郑州市航空港区四港联动大道与郑港六路交叉口向东500米路北

邮　编：450000

交通银行股份有限公司河南省分行

行　长：单增建

地　址：郑州市金水区郑花路11号

电　话：0371-69395808　69395555

邮　编：450000

交通银行股份有限公司河南省分行内设部门

办公室

负责人：王卫炜

人力资源部

负责人：王　慧

资产负债管理部

负责人：杜国强

预算财务部

负责人：齐延兵

公司业务部/投资银行部/资产托管部/资产管理部

负责人：孙文选

国际业务部

负责人：崔　蕾

普惠金融事业部

负责人：潘　浩

金融同业部

负责人：宋保东

个人金融业务部/消费者权益保护部

负责人：韩红玲

私人银行部

负责人：马　华

零贷管理部

负责人：李少峰

营运管理部

负责人：郭　瑾

业务处理中心

负责人：柏　惠

授信管理部

负责人：田培哲

风险管理部 / 资产保全部
负责人：王国郑

审计监督部
负责人：苑广霞

法律合规部
负责人：李伟伟

网络渠道部
负责人：侯澄宇

信息技术部
负责人：陈　琴

监察室
负责人：冯家全

行政部
负责人：王卓勤

保卫部
负责人：张永平

工会办公室
负责人：李志勤

直属机关党委
负责人：张星明

辖行巡察组
负责人：洪　力

驻豫北区纪检监察组
负责人：张建超

驻豫南区纪检监察组
负责人：张晓东

交通银行股份有限公司河南省分行分支机构

交通银行股份有限公司洛阳分行
行　长：吴　岩
地　址：洛阳市洛龙区开元大道与市府东街交叉口
电　话：0379-63272610
邮　编：471026

交通银行股份有限公司南阳分行
行　长：曾庆辉
地　址：南阳市卧龙区中州路 25 号
电　话：0377-63322919
邮　编：473000

交通银行股份有限公司安阳分行
行　长：常艳丽
地　址：安阳市北关区友谊路 1 号
电　话：0372-5016336
邮　编：455000

交通银行股份有限公司焦作分行
行　长：文　辉
地　址：焦作市解放区人民路 1159 号
电　话：0391-3379379
邮　编：454000

交通银行股份有限公司平顶山分行
行　长：赵继强
地　址：平顶山市卫东区建设路 895 号建设路和诚朴路交叉口
电　话：0375-3799818
邮　编：467000

交通银行股份有限公司新乡分行
行　长：王尉平
地　址：新乡市红旗区金穗大道（东）688 号商会大厦一层
电　话：0373-5869066
邮　编：453000

交通银行股份有限公司许昌分行

行　长：杨胜利
地　址：许昌市魏都区莲城大道 114 号
电　话：0374-2369988
邮　编：461000

交通银行股份有限公司开封分行

行　长：陶　蓁
地　址：开封市金明区大梁路西段东京艺术中心
电　话：0371-23669795
邮　编：475000

交通银行股份有限公司济源分行

行　长：赵　慧
地　址：济源市沁园中路 435 号
电　话：0391-6838933
邮　编：459000

交通银行股份有限公司信阳分行

行　长：马　涛
地　址：信阳市浉河区申城大道北成功花园 31 号楼
电　话：0376-6212929
邮　编：464000

交通银行股份有限公司商丘分行

行　长：李　宁
地　址：商丘市睢阳区神火大道与香君路交叉口东南角汇城国际广场 1 号楼 105 铺（1-3 层）
电　话：0370-2886878
邮　编：476000

交通银行股份有限公司郑州百花路支行

行　长：刘　放
地　址：郑州市百花路 39 号
电　话：0371-67970173
邮　编：450007

交通银行股份有限公司郑州新区支行

行　长：陈　鹏
地　址：郑州市郑东新区商务内环路 21 号
电　话：0371-68085051
邮　编：450018

交通银行股份有限公司郑州铁道支行

行　长：唐　虎
地　址：郑州市陇海中路 28 号
电　话：0371-68725610
邮　编：450052

交通银行股份有限公司郑州未来支行

行　长：杜文山
地　址：郑州市金水区未来大道 69 号
电　话：0371-65617991
邮　编：450003

交通银行股份有限公司郑州经三路支行

行　长：宋彩宏
地　址：郑州市金水区经三路北 21 号
电　话：0371-65733411
邮　编：450003

交通银行股份有限公司郑州中原中路支行

行　长：范念全
地　址：郑州市中原区中原中路 82 号
电　话：0371-67957963
邮　编：450007

交通银行股份有限公司郑州农业路支行

行　长：李　莹
地　址：郑州市金水区农业路 22 号
电　话：0371-63949212
邮　编：450002

交通银行股份有限公司郑州紫荆山支行

行　长：霍腊梅
地　址：郑州市管城区陇海路 66 号
电　话：0371-66312592
邮　编：450004

交通银行股份有限公司郑州南阳北路支行

行　长：杨永乐
地　址：郑州市金水区南阳路 226 号
电　话：0371-63721171
邮　编：450053

交通银行股份有限公司郑州北环路支行

行　长：周　敏
地　址：郑州市金水区北环路与信息学院路交叉口东北角
电　话：0371-53380051
邮　编：450011

交通银行股份有限公司郑州长江路支行

行　长：崔新来
地　址：郑州市长江路 129 号
电　话：0371-69382189
邮　编：450015

交通银行股份有限公司郑州期货大厦支行

行　长：徐　冬
地　址：郑州市郑东新区商务外环路 30 号期货大厦一层
电　话：0371-65610322
邮　编：450018

交通银行股份有限公司郑州高新技术开发区支行

行　长：刘　磊
地　址：郑州市高新开发区瑞达路 82 号
电　话：0371-67981832
邮　编：450001

交通银行股份有限公司河南省分行营业部

总经理：牛丽娟
地　址：郑州市金水区郑花路 11 号
电　话：0371-69395238
邮　编：450008

中信银行股份有限公司郑州分行

负责人：韩光聚
地　址：郑州市商务内环 1 号中信银行大厦
电　话：0371-55588888
邮　编：450018

中信银行股份有限公司分支机构

中信银行股份有限公司洛阳分行

负责人：杨　勇
地　址：洛阳市涧西区南昌路 2 号
电　话：0379-69900999
邮　编：471000

中信银行股份有限公司焦作分行

负责人：陈文兴
地　址：焦作市塔南路 1736 号
电　话：0391-8789777
邮　编：454000

中信银行股份有限公司南阳分行

负责人：张晓东
地　址：南阳市梅溪路和中州路交叉口
电　话：0377-61628938
邮　编：473000

中信银行股份有限公司安阳分行

负责人：刘青臣
地　址：安阳市文峰大道与兴泰路交叉口东南角昊澜迎宾馆 9 号楼
电　话：0372-5998001
邮　编：455000

中信银行股份有限公司平顶山分行

负责人：曾宪峰
地　址：平顶山市矿工路与体育路交叉口西二百米路南平安怡园一楼
电　话：0375-2195519
邮　编：467000

中信银行股份有限公司新乡分行

负责人：周以璞

地　址：新乡市人民东路与新中大道交汇处星海如意大厦

电　话：0373-5891088

邮　编：453000

中信银行股份有限公司商丘分行

负责人：吴金鹏

地　址：商丘市神火大道与南京路交叉口西南角

电　话：0370-3073198

邮　编：476005

中信银行股份有限公司郑州分行营业部

负责人：王莉雅

地　址：郑州市郑东新区商务内环路1号

电　话：0371-55588777

邮　编：450008

中信银行股份有限公司郑州红专路支行

负责人：吕书良

地　址：郑州市经三路北26号

电　话：0371-55589207

邮　编：450008

中信银行股份有限公司郑州陇海路支行

负责人：潘明权

地　址：郑州市陇海中路81号

电　话：0371-68986062

邮　编：450052

中信银行股份有限公司郑州东明路支行

负责人：何保军

地　址：郑州市东风路与东明路交叉口

电　话：0371-63702799

邮　编：450008

中信银行股份有限公司郑州农业路支行

负责人：董　锐

地　址：郑州市东明路北260号

电　话：0371-63793666

邮　编：450003

中信银行股份有限公司郑州经三路支行

负责人：翟光伟

地　址：郑州市纬四路18号（与经三路交叉口）

电　话：0371-69692018

邮　编：450003

中信银行股份有限公司郑州润华支行

负责人：李　爽

地　址：郑州市金水路24号

电　话：0371-55589292

邮　编：450012

中信银行股份有限公司郑州紫荆山路支行

负责人：孙　强

地　址：郑州市东大街108号

电　话：0371-66230999

邮　编：450003

中信银行股份有限公司郑州蓝堡湾支行

负责人：杜　磊

地　址：郑州市农科路北、科明路东6号楼

邮　编：450002

中信银行股份有限公司郑州花园路支行

负责人：刘　巍

地　址：郑州市纬五路14号院1号楼

电　话：0371-65669877

邮　编：450008

中信银行股份有限公司郑州现代城支行

负责人：路洪欣

地　址：郑州市经三路与广电南路交叉口西南角

电　话：0371-55589079

邮　编：450008

中信银行股份有限公司郑州中原路支行

负责人：刘　纯
地　址：郑州市中原中路 41 号
电　话：0371-67871900
邮　编：450008

中信银行股份有限公司郑州航海路支行

负责人：李清涛
地　址：郑州市航海路与未来路交叉口
电　话：0371-66770789
邮　编：450008

中信银行股份有限公司郑州南阳路支行

负责人：何　鑫
地　址：郑州市南阳路 63 号（与农业路交叉口）
电　话：0371-63606226
邮　编：450008

中信银行股份有限公司郑州黄河路支行

负责人：杨清云
地　址：郑州市黄河路 95 号新田大厦
电　话：0371-63907067
邮　编：450008

中信银行股份有限公司郑州郑汴路支行

负责人：林　林
地　址：郑州市郑汴路与中州大道交叉口建业置地商城一层
电　话：0371-69376166
邮　编：450008

中信银行股份有限公司郑州金水路支行

负责人：宋清波
地　址：郑州市金水路 226 号楷林国际大厦一层
电　话：0371-55589079
邮　编：450008

中信银行股份有限公司郑州京广路支行

负责人：赵亚军
地　址：郑州市京广路与政通路交叉口
电　话：0371-55589739
邮　编：450015

中信银行股份有限公司郑州未来路支行

负责人：黄　琴
地　址：郑州市管城区商城路 10 号东方首府
电　话：0371-55589616
邮　编：450008

中信银行股份有限公司郑州总部港支行

负责人：周　季
地　址：郑州市东风东路与如意西路交叉口建业总部港 A 座一、二层
电　话：0371-69523389
邮　编：450008

中信银行股份有限公司郑州商都路支行

负责人：张卫华
地　址：郑州市商都路与农业南路交叉口
电　话：0371-65982601
邮　编：450008

中信银行股份有限公司郑州郑东新区支行

负责人：刘　熠
地　址：郑州市郑东新区金水东路黄河南路交叉口东北角
电　话：0371-55589799
邮　编：450008

中信银行股份有限公司郑州建设路支行

负责人：郭　剑
地　址：郑州市建设西路与秦岭路交叉口西元国际广场
电　话：0371-55589811
邮　编：450008

中信银行股份有限公司郑州商鼎路支行

负责人：彭　艳

地　址：郑州市商鼎路与和光街交叉口
电　话：0371-55589555
邮　编：450008

中信银行股份有限公司郑州中州大道支行
负责人：马　爽
地　址：郑州市郑东新区白庄街 6 号
电　话：0371-55589599
邮　编：450008

中信银行股份有限公司郑州普罗旺世支行
负责人：李　冬
地　址：郑州市普庆路宏达路交叉口
电　话：0371-55589009
邮　编：450044

中信银行股份有限公司郑州经开区支行
负责人：邢庆春
地　址：郑州市中州大道与航海路交叉口东 800 米
电　话：0371-55589866
邮　编：450008

中信银行股份有限公司郑州航空港区支行
负责人：杨浩杰
地　址：郑州市航空港区四港联动大道与云海路交叉口北 100 米路东
电　话：0371-55589967
邮　编：450008

中信银行股份有限公司郑州高新区支行
负责人：赵丽君
地　址：郑州市金梭路与迎春街交叉口西南角
电　话：0371-55589669
邮　编：450008

中信银行股份有限公司巩义支行
负责人：邢云涛
地　址：巩义市新兴路 118 号
电　话：0371-55589360
邮　编：451200

中信银行股份有限公司中牟支行
负责人：李　颖
地　址：郑州市中牟县商都大道与广惠街交叉口
电　话：0371-55589181
邮　编：451450

中信银行股份有限公司新郑支行
负责人：于彦伟
地　址：郑州市新郑市中华北路 2 号
电　话：0371-55929399
邮　编：451100

中信银行股份有限公司登封支行
负责人：刘冬丽
地　址：登封市阳城路中段中凯龙城 1 号楼
电　话：0371-62795079
邮　编：452470

广发银行股份有限公司郑州分行

行　长：高奇志
副行长：荆　皓　郭　瑛　李宏伟　周　刚
地　址：郑州市郑东新区商务外环路 10 号
电　话：0371-68599907
邮　编：450046

广发银行股份有限公司郑州分行内设部门
办公室
负责人：李　更
电　话：0371-68599997

人力资源部
负责人：李志伟
电　话：0371-68599799

监察室
负责人：徐　军（兼任）

电　话：0371-68599876

信息科技部
负责人：刘志民（副总主持工作）
电　话：0371-68599512

运营部
负责人：姜兴全
电　话：0371-68599755

党群工作部
负责人：李　更（兼任）
电　话：0371-68599997

保卫部
负责人：徐　军
电　话：0371-68599918

财务会计部
负责人：王　斌
电　话：0371-68599866

授信管理部
负责人：李红艳
电　话：0371-68599606

零售信贷部
负责人：梁晓明
电　话：0371- 68599676

风险管理部
负责人：吴婉婋
电　话：0371-68599996

合规与内审部
负责人：尚保红
电　话：0371-68599866

资产保全部
负责人：王沛良
电　话：0371-68599839
金融同业部 / 托管业务部
负责人：司　磊
电　话：0371-68599650

信用卡部
负责人：张　磊
电　话：0371-68599556

信用卡营销中心
负责人：贠建礼
电　话：0371-68599368

零售银行部
负责人：薛　芳
电　话：0371-68599900

交易银行部
负责人：张　林
电　话：0371-68599566

公司银行部 / 小企业金融部
负责人：刘　巍
电　话：0371-68599901

投资银行部 / 战略客户部
负责人：秦　佳
电　话：0371-68599303

分行营业部
负责人：周向华
电　话：0371-68599996

广发银行股份有限公司郑州分行分支机构

广发银行股份有限公司安阳分行

地　址：安阳市人民大道 37 号红旗渠广场向西 200 米路北

电　话：0372-5379700
邮　编：455000

广发银行股份有限公司新乡分行
地　址：新乡市宏力大道中段 378 号
电　话：0373-2718919
邮　编：453000

广发银行股份有限公司平顶山分行
地　址：平顶山市翠林蓝湾 D 区 9 号楼
电　话：0375-3799123
邮　编：467000

广发银行股份有限公司焦作分行
地　址：焦作市塔南路 1736 号嘉隆金融中心 1-4 层
电　话：0391-3653756
邮　编：454000

广发银行股份有限公司三门峡分行
地　址：三门峡市河堤北路与康园路西北角
电　话：0398-3699000
邮　编：472000

广发银行股份有限公司南阳分行
地　址：南阳市独山大道北段玉龙苑小区商住楼 1-3 层
电　话：0377-61150000
邮　编：473000

广发银行股份有限公司洛阳分行
地　址：洛阳市洛龙区开元大道 261 号
电　话：0379-61166066
邮　编：471000

广发银行股份有限公司郑州金水路支行
地　址：郑州市金水路 8 号
电　话：0371-65968347
邮　编：450003

广发银行股份有限公司郑州未来大道支行
地　址：郑州市顺河路 99 号院 5 号楼 1-2 层 15 号
电　话：0371-66166825
邮　编：450008

广发银行股份有限公司郑州行政区支行
地　址：郑州市纬一路 1 号
电　话：0371-86663601
邮　编：450003

广发银行股份有限公司郑州郑花路支行
地　址：郑州市金水区郑花路 76 号（美景花郡）3 号楼 1-2 层
电　话：0371-86186002
邮　编：450045

广发银行股份有限公司郑州商城支行
地　址：郑州市紫荆山路 9 号
电　话：0371-66285018
邮　编：450003

广发银行股份有限公司郑州嵩山路支行
地　址：郑州市友爱路 1 号
电　话：0371-67422800
邮　编：450007

广发银行股份有限公司郑州科技支行
地　址：郑州市文化路 85 号
电　话：0371-63661098
邮　编：450002

广发银行股份有限公司郑州银基支行
地　址：郑州市乔家门路北段
电　话：0371-66994404
邮　编：450000

广发银行股份有限公司郑州金成支行
地　址：郑州市经三路北段金印现代城 5 号楼 1-2 层
电　话：0371-65861502

邮　编：450003

广发银行股份有限公司郑州郑汴路支行

地　址：郑州市郑汴路 96 号

电　话：0371-66528052

邮　编：450004

广发银行股份有限公司郑州黄河路支行

地　址：郑州市黄河路 23 号

电　话：0371-63813320

邮　编：450003

广发银行股份有限公司郑州淮河路支行

地　址：郑州市嵩山南路 1 号

电　话：0371-68965583

邮　编：450052

广发银行股份有限公司郑州郑东新区支行

地　址：郑州市郑东新区祥盛街 11 号

电　话：0371-66365638

邮　编：450040

广发银行股份有限公司郑州经三路支行

地　址：郑州市经三路 22 号

电　话：0371-65999927

邮　编：450008

广发银行股份有限公司郑州农业路支行

地　址：郑州市农业路 71 号

电　话：0371-63869822

邮　编：450002

广发银行股份有限公司郑州南阳路支行

地　址：郑州市南阳路 37 号

电　话：0371-63875621

邮　编：450053

广发银行股份有限公司郑州金水花园支行

地　址：郑州市纬四路东段 19 号

电　话：0371-65617698

邮　编：450008

广发银行股份有限公司郑州商都支行

地　址：郑州市郑东新区商都路 31 号 3 号楼 1-2 层

电　话：0371-86186020

邮　编：450047

广发银行股份有限公司郑州航海东路支行

地　址：郑州经济技术开发区航海东路 1346 号国安经贸大厦 B 座东侧一、二层

电　话：0371-62006169

邮　编：450016

广发银行股份有限公司郑州航空港支行

地　址：郑州市航空港区四港联动大道与云港路交叉口西北侧

电　话：0371-56190390

邮　编：450019

广发银行股份有限公司安阳铁西支行

地　址：安阳市安钢大道与钢花路交叉口西南角

电　话：0372-3960775

邮　编：455000

广发银行股份有限公司安阳彰德路支行

地　址：安阳市彰德路与校场路交叉口西南角

电　话：0372-2117775

邮　编：455000

广发银行股份有限公司新乡宏力大道支行

地　址：新乡市宏力大道 378 号

电　话：0373-2718919

邮　编：453000

广发银行股份有限公司新乡胜利路支行

地　址：新乡市胜利路中段 218 号

电　话：0373-2048671

邮　编：453000

广发银行股份有限公司新乡开发区支行

地　址：新乡市开发区 14 号新飞大道新检小区 1 号望江南酒店一楼

电　话：0373-3520617

邮　编：453000

广发银行股份有限公司焦作沁阳支行

地　址：焦作市太行路与覃怀路交叉口东北角普罗旺世小区 G3 幢 19 号

电　话：0391-3653576

邮　编：454550

中国光大银行股份有限公司郑州分行

行　长：徐克顺

副行长：张建国　杨　光　王大锋　王　萍

地　址：郑州市农业路 18 号

电　话：0371-65766001

邮　编：450008

中国光大银行股份有限公司郑州分行内设部门

办公室

负责人：裴　明

电　话：0371-65766169

人力资源部

负责人：孙会彬

电　话：0371-65766180

计划财务部

负责人：燕进涛

电　话：0371-65766029

公司业务管理部

负责人：郭　磊

电　话：0371-86505520

贸易金融部

负责人：翁德阁

电　话：0371-65766032

投行业务部

负责人：郭　磊

电　话：0371-86505520

金融同业部

负责人：畅利军

电　话：0371-65766097

零售业务部

负责人：郝大伟

电　话：0371-65766818

电子银行部

负责人：宋紫旭

电　话：0371-6576126

小微金融业务部

负责人：汪　莉

电　话：0371-65766070

风险管理部

负责人：张　维

电　话：0371-65766099

授信管理部

负责人：刘广聚

电　话：0371-65766187

资产保全部

负责人：徐红建

电　话：0371-65766083

运营管理部

负责人：贾　漫

电　话：0371-65766041

党务监察（安全保卫）部
负责人：鲁晓亭
电　话：0371-65766133

信息科技部
负责人：申书霆
电　话：0371-60766039

法律合规部
负责人：秦　艺
电　话：0371-65766156

中国光大银行股份有限公司郑州分行分支机构

中国光大银行股份有限公司洛阳分行
负责人：刘　博
地　址：洛阳市开元大道通济街交叉口
电　话：0379-62222003
邮　编：471000

中国光大银行股份有限公司许昌分行
负责人：王　举
地　址：许昌市文峰路与八一路交叉口
电　话：0374-2928056
邮　编：461000

中国光大银行股份有限公司焦作分行
负责人：赵军强
地　址：焦作市塔南路1736号嘉隆国际一号楼
电　话：0391-8787956
邮　编：454000

中国光大银行股份有限公司南阳分行
负责人：段智慧
地　址：南阳市独山大道777号
电　话：0377-63736699
邮　编：473000

中国光大银行股份有限公司郑州分行营业部
负责人：王亚滨
地　址：郑州市农业路18号
电　话：0371-65766260
邮　编：450008

中国光大银行股份有限公司郑州未来路支行
负责人：朱修怀
地　址：郑州市金水路125-1号
电　话：0371-66762905
邮　编：450003

中国光大银行股份有限公司郑州文化路支行
负责人：许永明
地　址：郑州市文化路113-10号
电　话：0371-63873366
邮　编：450053

中国光大银行股份有限公司郑州纬五路支行
负责人：于永春
地　址：郑州市花园路66号
电　话：0371-65998980
邮　编：450003

中国光大银行股份有限公司郑州纬二路支行
负责人：刘学军
地　址：郑州市纬二路25号
电　话：0371-65528908
邮　编：450003

中国光大银行股份有限公司郑州红专路支行
负责人：姬　静
地　址：郑州市红专路119号
电　话：0371-60302666
邮　编：450008

中国光大银行股份有限公司郑州政七街支行
负责人：叶　森
地　址：郑州市丰产路80号
电　话：0371-65511198
邮　编：450008

中国光大银行股份有限公司郑州中原路支行
负责人：冯坤山
地　址：郑州市中原路210号
电　话：0371-67718158
邮　编：450007

中国光大银行股份有限公司郑州交通路支行
负责人：蔡晓峰
地　址：河南省郑州市交通路73号
电　话：0371-66860396
邮　编：450052

中国光大银行股份有限公司郑州荣华支行
负责人：李　锐
地　址：郑州市黄河路与经四路交叉口向西100米路南
电　话：0371-65991856
邮　编：450008

中国光大银行股份有限公司郑州东风支行
负责人：尚明胜
地　址：郑州市金水区经三路北58号
电　话：0371-65751633
邮　编：450008

中国光大银行股份有限公司郑州丰产路支行
负责人：刘　伟
地　址：郑州市丰产路21号
电　话：0371-63911585
邮　编：450002

中国光大银行股份有限公司郑州园田路支行
负责人：黄英辉
地　址：郑州市东风路与园田路交叉口
电　话：0371-63551116
邮　编：450000

中国光大银行股份有限公司郑州南阳路支行
负责人：张宏伟
地　址：郑州市南阳路昌建誉峰小区15号楼
电　话：0371-63618227
邮　编：450002

中国光大银行股份有限公司郑州会展中心支行
负责人：荣韶楠
地　址：郑州市会展中心商务内环路中储粮大厦
电　话：0371-55698133
邮　编：450000

中国光大银行股份有限公司郑州郑汴路支行
负责人：苗长海
地　址：郑州市郑汴路136号
电　话：0371-66657188
邮　编：450000

中国光大银行股份有限公司郑州紫荆山路支行
负责人：李　磊
地　址：郑州市紫荆山路与东大街交叉口西南角
电　话：0371-60310916
邮　编：450000

中国光大银行股份有限公司郑州花园路支行
负责人：杨永峰
地　址：郑州市花园路144号信息大厦一层
电　话：0371-55528566
邮　编：450000

中国光大银行股份有限公司郑州新区支行
负责人：孙　珉
地　址：郑州市金水东路49号4号楼
电　话：0371-87519168
邮　编：450000

中国光大银行股份有限公司郑州太阳城支行
负责人：林继红
地　址：郑州市航海东路2号51号楼1层
电　话：0371-55153188
邮　编：450000

中国光大银行股份有限公司郑州大学路支行

负责人：孙艳明

地　址：郑州市中原路与大学路交叉口南200米中苑名都2号楼1层

电　话：0371-55017865

邮　编：450000

中国光大银行股份有限公司郑州淮河路支行

负责人：宁书幸

地　址：郑州市淮河路与兴华南街交叉口西北角部分一层和二层

电　话：0371-55526901

邮　编：450000

中国光大银行股份有限公司郑州商都路支行

负责人：刘自立

地　址：郑州市黄河南路与商都路交叉口西南角部分一层和二层

电　话：0371-55527969

邮　编：450000

中国光大银行股份有限公司郑州三全路支行

负责人：曹清华

地　址：郑州市三全路与丰庆路交叉口向东200米路北部分一层和二层

电　话：0371-53360958

邮　编：450000

中国光大银行股份有限公司郑州宏达路支行

负责人：李　巍

地　址：郑州市花园路与宏明路交叉口向西200米路南金印阳光城北门部分一层和二层

电　话：0371-53360901

邮　编：450000

中国光大银行股份有限公司洛阳南昌路支行

负责人：苗　峥

地　址：洛阳市涧西区南昌路66号

电　话：0379-64625888

邮　编：471000

中国光大银行股份有限公司洛阳王城路支行

负责人：赵　正

地　址：洛阳市王城大道221号

电　话：0379-62222016

邮　编：471000

中国光大银行股份有限公司洛阳西苑路支行

负责人：徐疆军

地　址：洛阳市涧西区西苑路39号

电　话：0379-62222118

邮　编：471000

中国光大银行股份有限公司洛阳英才路支行

负责人：王晓敏

地　址：洛阳市洛龙区美茵街16号

电　话：0379-62222218

邮　编：471000

中国光大银行股份有限公司许昌七一路支行

负责人：杨红丽

地　址：许昌市魏都区南关大街桃园酒店南配楼

电　话：0374-2999006

邮　编：461000

中国光大银行股份有限公司许昌许继支行

负责人：艾昌伟

地　址：许昌市魏都区许继大道与五一路交叉口西北角锦绣园1号楼

电　话：0374-5059559

邮　编：461000

中国光大银行股份有限公司焦作解放路支行

负责人：郑伟华

地　址：焦作市解放区解放中路东方宾馆礼堂一至三层

电　话：0391-2653653

邮　编：454000

中国光大银行股份有限公司焦作西城支行
负责人：王海涛
地　址：焦作市解放中路西城美苑小区大门东侧
电　话：0391-2653906
邮　编：454000

中国光大银行股份有限公司焦作人民路支行
负责人：刘　攀
地　址：焦作市解放区人民路中段锦江现代城589号
电　话：0391-3378018
邮　编：454000

中国光大银行股份有限公司南阳中州路支行
负责人：李　军
地　址：南阳市中州路与文化路交叉口西北角
电　话：0377-63736766
邮　编：473000

中国光大银行股份有限公司南阳七一路支行
负责人：史国玉
地　址：南阳市人民路与七一路西北角
电　话：0377-63736787
邮　编：473000

上海浦东发展银行股份有限公司郑州分行

负责人：董琢理
地　址：郑州市金水路299号
邮　编：450004

上海浦东发展银行股份有限公司郑州分行分支机构

上海浦东发展银行股份有限公司郑州分行营业部
负责人：蔡毓鑫
地　址：郑州市金水路299号
电　话：0371-65896192
邮　编：450052

上海浦东发展银行股份有限公司郑州大学路支行
行　长：宋成国
地　址：郑州市大学路54号
电　话：0371-67778114
邮　编：450052

上海浦东发展银行股份有限公司郑州健康路支行
行　长：姚亚红
地　址：郑州市健康路159号
电　话：0371-63977330
邮　编：450052

上海浦东发展银行股份有限公司郑州红专路支行
行　长：程武军
地　址：郑州市红专路与东明路交叉口
电　话：0371-65752525
邮　编：450008

上海浦东发展银行股份有限公司郑州紫荆山路支行
行　长：黄时强
地　址：郑州市紫荆山路72号
电　话：0371-66291246
邮　编：450000

上海浦东发展银行股份有限公司郑州东明支行
行　长：陶　健
地　址：郑州市黄河路126号
电　话：0371-65797208
邮　编：450008

上海浦东发展银行股份有限公司郑州金水支行
行　长：吴常有
地　址：郑州市郑东新区商务内环路27号
电　话：0371-68080993
邮　编：450000

上海浦东发展银行股份有限公司郑州文化路支行
行　长：丁　巍
地　址：郑州市文化路91号
电　话：0371-63828238
邮　编：450002

上海浦东发展银行股份有限公司郑州建西支行
行 长：张国栋
地 址：郑州市建设路 129 号
电 话：0371-67666910
邮 编：450007

上海浦东发展银行股份有限公司郑州花园路支行
行 长：高东晖
地 址：郑州市花园路 21 号
邮 编：450008

上海浦东发展银行股份有限公司郑州陇海路支行
行 长：田鸿勋
地 址：郑州市陇海东路 328 号
电 话：0371-66372560
邮 编：450008

上海浦东发展银行股份有限公司郑州经三路支行
行 长：李 蕴
地 址：郑州市经三路 30 号
电 话：0371-65786031
邮 编：450008

上海浦东发展银行股份有限公司郑州百花路支行
行 长：王 晨
地 址：郑州市百花路 46 号
电 话：0371-67189558
邮 编：450002

上海浦东发展银行股份有限公司郑州二十一世纪支行
行 长：李 霜
地 址：郑州市花园路 68 号
电 话：0371-69506300
邮 编：450008

上海浦东发展银行股份有限公司郑州高新开发区支行
行 长：王建敏
地 址：郑州市瑞达路 32 号
电 话：0371-67999860
邮 编：450001

上海浦东发展银行股份有限公司郑州航海路支行
行 长：龚建中
地 址：郑州市航海路 135 号
电 话：0371-68811529
邮 编：450005

上海浦东发展银行股份有限公司郑州郑汴路支行
行 长：马剑锋
地 址：郑州市郑汴路 118 号
电 话：0371-69160682
邮 编：450005

上海浦东发展银行股份有限公司郑州郑东新区支行
行 长：张克嘉
地 址：郑州市祥盛街 10 号
电 话：0371-86023901
邮 编：450005

上海浦东发展银行股份有限公司郑州国基路支行
行 长：鲁 强
地 址：郑州市国基路与索凌路交叉口
电 话：0371-62568301
邮 编：453008

上海浦东发展银行股份有限公司郑州东风支行
行 长：孟成宪
地 址：郑州市郑东新区东风南路与金水东路交汇处东南角
电 话：0371-87519559
邮 编：450008

上海浦东发展银行股份有限公司郑州长江路支行
行 长：崔 浩
地 址：郑州市长江路与嵩山路东北角亚星盛世家园 55 号楼
电 话：0371-86506360
邮 编：450000

上海浦东发展银行股份有限公司郑州未来路支行
行　长：崔松良
地　址：郑州市航海东路与未来路交叉口西南角
电　话：0371-86530528
邮　编：450000

上海浦东发展银行股份有限公司郑州郑港六路支行
行　长：徐延昭
地　址：郑州市新郑市航空港区郑港六路与郑港四街交叉口
电　话：0371-87568166
邮　编：450000

上海浦东发展银行股份有限公司郑州汝河路支行
行　长：王　华
地　址：郑州市汝河路北康桥金域上郡 3 号院
电　话：0371-56560506
邮　编：450000

上海浦东发展银行股份有限公司郑州期货大厦支行
行　长：丁　鑫
地　址：郑州市商务外环路 30 号期货大厦 103
电　话：0371-87659340
邮　编：450000

上海浦东发展银行股份有限公司郑州云港路支行
行　长：成　勃
地　址：郑州市航空港区云港路南侧、机场延长线北侧世航之窗一层
电　话：0371-87568216
邮　编：450000

上海浦东发展银行股份有限公司新乡分行
行　长：杨文祥
地　址：新乡市新飞大道与道清路交叉口 26 号街坊
电　话：0373-2171011
邮　编：453000

上海浦东发展银行股份有限公司洛阳分行
行　长：苏洪涛
地　址：洛阳市西工区中州中路与人民西路交叉口国贸大厦附楼
电　话：0379-63037528
邮　编：471000

上海浦东发展银行股份有限公司许昌分行
行　长：张继周
地　址：许昌市许继大道 1638 号
电　话：0374-3127280
邮　编：461000

上海浦东发展银行股份有限公司开封分行
行　长：刘宏伟
地　址：开封市西大街 388 号
电　话：0371-5588503
邮　编：475000

上海浦东发展银行股份有限公司安阳分行
行　长：韩国杰
地　址：安阳市中华路德隆街交叉口
电　话：0372-5369016
邮　编：455000

上海浦东发展银行股份有限公司商丘分行
行　长：王　刚
地　址：商丘市睢阳区南京路盛世华城 1# 楼
电　话：0370-3677729
邮　编：476000

上海浦东发展银行股份有限公司南阳分行
行　长：杨　华
地　址：南阳市张衡路与独山大道交叉口中景门国贸 1 号楼
电　话：0377-61389001
邮　编：473000

招商银行股份有限公司郑州分行

负责人：熊　开
地　址：郑州市郑东新区农业东路 96 号
电　话：0371-89981777
邮　编：450018

招商银行股份有限公司郑州分行内设部门

办公室
负责人：温志昕
电　话：0371-89989901

人力资源部
负责人：赵艳玲
电　话：0371-89989902

计划财务部
负责人：杜歧昭
电　话：0371-89989903

风险管理部
负责人：王业举
电　话：0371-89989921

授信审批部
负责人：苗澍櫁
电　话：0371-89989906

运营管理部
负责人：张瑞凤
电　话：0371-89989919

零售金融事业部
负责人：郎书振
电　话：0371-89989925

零售银行部
负责人：李　冬
电　话：0371-89989218

财富管理部
负责人：安新江
电　话：0371-89989199

零售信贷部
负责人：闵存军
电　话：0371-89989928

私人银行中心 / 财富管理中心
负责人：张元虹
电　话：0371-89989926

公司金融事业部
负责人：朱利明
电　话：0371-89989907

小企业金融部
负责人：应　珂
电　话：0371-89989908

交易银行部
负责人：刘　虹
电　话：0371-89989910

同业客户部
负责人：韩　珂
电　话：0371-89989913

票据业务部
负责人：周　谱
电　话：0371-89989676

投资银行部
负责人：张晓飞
电　话：0371-89989909

监察保卫部
负责人：张　炜
电　话：0371-89989920

法律与合规部
负责人：赵 红
电 话：0371-89989905

信息技术部
负责人：常志刚
电 话：0371-89989258

资产保全部
负责人：赵峰领
电 话：0371-89989918

招商银行股份有限公司郑州分行分支机构

招商银行股份有限公司郑州分行营业部
负责人：原梅英
地 址：郑州市农业东路 96 号
电 话：0371-89989801
邮 编：450018

招商银行股份有限公司郑州黄河路支行
负责人：崔 玉
地 址：郑州市黄河路 26 号
电 话：0371-89989803
邮 编：450002

招商银行股份有限公司郑州紫荆山路支行
负责人：马震亚
地 址：郑州市紫荆山路 5 号
电 话：0371-89989805
邮 编：450008

招商银行股份有限公司郑州桐柏路支行
负责人：徐红曼
地 址：郑州市桐柏路 43 号
电 话：0371-89989806
邮 编：450007

招商银行股份有限公司郑州未来支行
负责人：潘爱青
地 址：郑州市黄河路 125 号
电 话：0371-89989807
邮 编：450008

招商银行股份有限公司郑州郑东新区支行
负责人：顾 瑞
地 址：郑州市金水东路 11 号
电 话：0371-89989808
邮 编：450018

招商银行股份有限公司郑州花园路支行
负责人：杨 乐
地 址：郑州市黄河路 115-6 号
电 话：0371-89981312
邮 编：450003

招商银行股份有限公司郑州经三路支行
负责人：陈 超
地 址：郑州市纬二路 30 号
电 话：0371-89981366
邮 编：450003

招商银行股份有限公司郑州二十一世纪支行
负责人：牛晓红
地 址：郑州市金水区花园北路 55 号院 1 号商务楼
电 话：0371-89989811
邮 编：450000

招商银行股份有限公司郑州郑东新区内环路支行
负责人：李燕霞
地 址：郑州市郑东新区商务内环路 A46 号
电 话：0371-89989812
邮 编：450003

招商银行股份有限公司郑州文化路支行
负责人：李瑞香
地 址：郑州市文化路 84 号
电 话：0371-89981577
邮 编：450003

招商银行股份有限公司郑州丰庆路支行

负责人：郭　垚

地　址：郑州市三全路 99 号

电　话：0371-89989815

邮　编：450003

招商银行股份有限公司郑州建设路支行

负责人：刘凌燕

地　址：郑州市桐柏路 188 号桐柏路与建设路交叉口

电　话：0371-89981662

邮　编：450003

招商银行股份有限公司郑州九如路支行

负责人：樊振宁

地　址：郑州市天赋路 26 号

电　话：0371-89989817

邮　编：450003

招商银行股份有限公司郑州东风路支行

负责人：马　蕊

地　址：郑州市经三路 68 号

电　话：0371-86237958

邮　编：450008

招商银行股份有限公司郑州金水路支行

负责人：李小青

地　址：郑州市金水路 288 号

电　话：0371-89989819

邮　编：450008

招商银行股份有限公司郑州农业路支行

负责人：王金娜

地　址：郑州市花园路 39 号

电　话：0371-89981116

邮　编：450002

招商银行股份有限公司郑州金水东路支行

负责人：詹　磊

地　址：郑州市金水东路 49 号

电　话：0371-89989825

邮　编：450018

招商银行股份有限公司郑州商鼎路支行

负责人：张　冉

地　址：郑州市郑东新区和光街 2 号 1 号楼

电　话：0371-89989820

邮　编：450018

招商银行股份有限公司郑州凤凰台支行

负责人：刘　梅

地　址：郑州市未来路与陇海路交汇处东北升龙凤凰城 C 区 2 号楼

电　话：0371-89989821

邮　编：450004

招商银行股份有限公司郑州航海路支行

负责人：柴延丽

地　址：郑州市未来路西航海路北正商蓝钻二期 14 幢 102 号

电　话：0371-89989822

邮　编：450000

招商银行股份有限公司郑州福元路支行

负责人：李国永

地　址：郑州市金水路 233 号 15 号楼

电　话：0371-89989823

邮　编：450000

招商银行股份有限公司郑州高新区支行

负责人：提镇宇

地　址：郑州市高新区银杏路 6 号 1 号楼

电　话：0371-89989826

邮　编：450000

招商银行股份有限公司郑州经开区支行

负责人：任海霞

地　址：郑州市经开区航海东路与第六大街交叉口东南角

电　话：0371-89989827
邮　编：450000

招商银行股份有限公司洛阳分行
负责人：韩东伟
地　址：洛阳市南昌路 7 号
电　话：0379-65288666
邮　编：471003

招商银行股份有限公司安阳分行
负责人：李　卫
地　址：安阳市文峰区富泉街 15 号
电　话：0372-5378001
邮　编：455004

招商银行股份有限公司许昌分行
负责人：张天义
地　址：许昌市建安大道与魏文路交叉口新天下 A 座
电　话：0374-3166999
邮　编：461000

招商银行股份有限公司南阳分行
负责人：金建军
地　址：南阳市独山大道 1099 号
电　话：0377-67778001
邮　编：473000

兴业银行股份有限公司郑州分行

行　长：刘　健
副行长：周　翔　李　潮
地　址：郑州市金水路 288 号
电　话：0371-65826650
邮　编：450008

兴业银行股份有限公司郑州分行内设部门
办公室
负责人：张建钧

人事监察部
负责人：时江华

计划财务部
负责人：王　真

风险管理部
负责人：常　辉

信用审查部
负责人：姚英杰

法律与合规部
负责人：侯长有

特殊资产经营部
负责人：徐恩民

尽职调查中心
负责人：王祥印

企业金融部
负责人：张　庆

交易银行部
负责人：王剑锋

绿色金融部
负责人：马　玥

投行与金融市场郑州分部
负责人：张　佳

投资银行部
负责人：李　然

零售金融部
负责人：鲍立勋

运营管理部
负责人：乔小娟

信息科技部
负责人：王晓建

兴业银行股份有限公司郑州分行分支机构

兴业银行股份有限公司郑州分行营业部
负责人：任新杰
地　址：郑州市金水路 288 号
电　话：0371-85516896
邮　编：450008

兴业银行股份有限公司郑州中原路支行
负责人：胡花荣
地　址：郑州市中原路 108 号
电　话：0371-69327572
邮　编：450005

兴业银行股份有限公司郑州合作大厦支行
负责人：乔梦琪
地　址：郑州市纬五路 12 号河南省丰合集团农副产品交易中心 A 座
电　话：0371-65925809
邮　编：450003

兴业银行股份有限公司郑州南浦国际金融中心支行
负责人：陈润英
地　址：郑州市玉凤路 361 号南浦国际金融中心
电　话：0371-86588851
邮　编：450008

兴业银行股份有限公司郑州东大街支行
负责人：贾弘毅
地　址：郑州市东大街 59 号
电　话：0371-69079077
邮　编：450000

兴业银行股份有限公司郑州金水东路支行
负责人：林　朕
地　址：郑州市郑东新区金水东路 39 号
电　话：0371-87528963
邮　编：450000

兴业银行股份有限公司郑州商务外环路支行
负责人：陈丽红
地　址：郑州市郑东新区商务外环路 6 号（国龙大厦）
电　话：0371-69337518
邮　编：450046

兴业银行股份有限公司郑州郑汴路支行
负责人：陈志兵
地　址：郑州市金水区郑汴路 118 号建业置地广场
电　话：0371-66657177
邮　编：450000

兴业银行股份有限公司郑州文化路支行
负责人：李海霞
地　址：郑州市金水区文化路 71 号
电　话：0371-63522098
邮　编：450002

兴业银行股份有限公司郑州纬一路支行
负责人：刘明明
地　址：郑州市金水区纬一路 1 号
电　话：0371-65582589
邮　编：450052

兴业银行股份有限公司郑州嵩山南路支行
负责人：李建平
地　址：郑州市二七区长江路 128 号亚星盛世家园 50 号楼
电　话：0371-68662912
邮　编：450052

兴业银行股份有限公司郑州普罗旺世支行
负责人：牛　杰

地　址：郑州市金水区索凌路银河街交叉口
电　话：0371-65666323
邮　编：450000

兴业银行股份有限公司郑州凤凰城支行
负责人：肖　海
地　址：郑州市凤台路 322 号 18 号楼
电　话：0371-86006320
邮　编：450000

兴业银行股份有限公司郑州航海中路支行
负责人：米晓军
地　址：郑州市航海中路 46 号
电　话：0371-86009959
邮　编：450000

兴业银行股份有限公司郑州建设路支行
负责人：杨　华
地　址：郑州市建设路 188 号房地产大厦
电　话：0371-67003115
邮　编：450000

兴业银行股份有限公司郑州新郑支行
负责人：崔振东
地　址：郑州市新郑市龙湖镇双湖大道与求实路交叉口西南角
电　话：0371-53383678
邮　编：451191

兴业银行股份有限公司郑州黄河南路支行
负责人：帖增强
地　址：郑州市郑东新区黄河南路与宏图街交叉口西南角郑州市房地产郑东新区交易中心
电　话：0371-67880316
邮　编：450000

兴业银行股份有限公司郑州科源路支行
负责人：邬笑飞
地　址：郑州市科源路与文博东路交叉口向东 50 米路北
电　话：0371-86590189
邮　编：450000

兴业银行股份有限公司郑州农业路兴业大厦支行
负责人：金玲瑜
地　址：郑州市农业路 22 号兴业大厦
电　话：0371-65826638
邮　编：450008

兴业银行股份有限公司郑州航空港区支行
负责人：庞　凯
地　址：郑州市航空港区四港联动大道东方港汇中心 102-104 号
电　话：0371-53383828
邮　编：450000

兴业银行股份有限公司郑州新郑玉前路支行
负责人：刘伟锋
地　址：新郑市玉前路 31 号
电　话：0371-53383663
邮　编：450000

兴业银行股份有限公司郑州紫荆山路支行
负责人：黄　焱
地　址：郑州市紫荆山南路与金城街交叉口向北 100 米路东
电　话：0371-86557865
邮　编：450000

兴业银行股份有限公司郑州中原万达支行
负责人：刘海峰
地　址：郑州市中原区中原路与华山路交叉口向西 200 米
电　话：0371-55037625
邮　编：450000

兴业银行股份有限公司郑州天赋路支行
负责人：邱朝霞

地　址：郑州市天赋路与天泽街交叉口西北角
电　话：0371-61316909
邮　编：450000

兴业银行股份有限公司郑州百荣商贸城支行
负责人：韩　勇
地　址：郑州市二七区京广路南四环百荣世贸商城 D 座 59 号
电　话：0371-69327579
邮　编：450000

兴业银行股份有限公司洛阳分行
负责人：张洪波
地　址：洛阳市洛南新区开元大道西段宜川电力龙泉大厦
电　话：0379-65925566
邮　编：471023

兴业银行股份有限公司洛阳凯旋西路支行
负责人：李伟斌
地　址：洛阳市西工区凯旋西路 30 号
电　话：0379-63937868
邮　编：471023

兴业银行股份有限公司洛阳建设路支行
负责人：陈晓兵
地　址：洛阳市涧西区建设路 50 号
电　话：0379-64568198
邮　编：471000

兴业银行股份有限公司洛阳凯旋东路支行
负责人：邵卫国
地　址：洛阳市凯旋东路 78 号
电　话：0379-63128196
邮　编：471000

兴业银行股份有限公司洛阳关林支行
负责人：袁　媛
地　址：洛阳市洛龙区展览路与龙门大道交叉口福拉多五金建材城西侧 1-2 层
电　话：0379-69977996
邮　编：471023

兴业银行股份有限公司洛阳牡丹城支行
负责人：徐军峰
地　址：洛阳市涧西区西苑路 6 号新友谊大酒店 1 楼
电　话：0379-64853886
邮　编：471000

兴业银行股份有限公司平顶山分行
负责人：张一帆
地　址：平顶山市建设路中段 37 号
电　话：0375-3799099
邮　编：467099

兴业银行股份有限公司平顶山体育路支行
负责人：徐经南
地　址：平顶山市新华区体育路博泰宾馆 1 楼
电　话：0375-3799036
邮　编：467000

兴业银行股份有限公司平顶山新城区支行
负责人：史　玉
地　址：平顶山市新城区建业森林半岛 47 号楼
电　话：0375-3799050
邮　编：467000

兴业银行股份有限公司新乡分行
负责人：黄亚烽
地　址：新乡市金穗大道与新中大道交叉口西北角新闻大厦
电　话：0373-5275666
邮　编：453000

兴业银行股份有限公司新乡金穗大道支行
负责人：贾桃楠
地　址：新乡市卫滨区金穗大道与胜利路交叉口西北角
电　话：0373-5293116

邮　编：453000

兴业银行股份有限公司驻马店分行

负责人：纪志坚
地　址：驻马店市骏马路与开源大道交叉口北 100 米路西工商局院内
电　话：0396-2668885
邮　编：463000

兴业银行股份有限公司许昌分行

负责人：武　煜
地　址：许昌市天宝路魏文路许昌创业服务中心 A 座
电　话：0374-2997977
邮　编：461000

兴业银行股份有限公司信阳分行

负责人：雷　响
地　址：信阳市狮河区湖东大道与鸡公山大街交叉口
电　话：0376-6393666
邮　编：464000

中国民生银行股份有限公司郑州分行

行　长：王　毅
地　址：郑州市郑东新区商务外环路 1 号
电　话：0371-69166666
邮　编：450046

中国民生银行股份有限公司郑州分行内设部门

办公室
负责人：杨延青
电　话：0371-69166887

计划财务部
负责人：万新峰
电　话：0371-69166909

人力资源部
负责人：郭　耘
电　话：0371-69166832

科技部
负责人：张　勇
电　话：0371-69166816

法律合规部
负责人：纪文寅
电　话：0371-69166976

安全保卫部
负责人：武　钢
电　话：0371-69166956

纪检监察室
负责人：董　斌
电　话：0371-69166616

授信评审部
负责人：孙洪文
电　话：0371-69166877

风险管理部
负责人：张献坤
电　话：0371-69166878

资产保全部
负责人：贾荣河
电　话：0371-69166831

公司银行部
负责人：罗中胤
电　话：0371-69166588

投资银行部
负责人：李　岳
电　话：0371-69166914

企业金融一部
负责人：金　涛
电　话：0371-69166829

企业金融二部
负责人：岳漉柯
电　话：0371-69166839

企业金融三部
负责人：董　辉
电　话：0371-69166823

企业金融四部
负责人：蔡美环
电　话：0371-69166865

企业金融五部
负责人：雷　汛
电　话：0371-69166599

机构金融部
负责人：沈慧玲
电　话：0371-69166982

票据业务部
负责人：夏秋霜
电　话：0371-69166718

金融市场部
负责人：贾　睿
电　话：0371-69166936

交易银行部
负责人：张海燕
电　话：0371-69166619

个人金融部
负责人：蒋霞丽
电　话：0371-69166657

小微金融部
负责人：程建锋
电　话：0371-69166650

零售业务风险管理部
负责人：程建峰
电　话：0371-69166650

零售资产监控部
负责人：李庆辉
电　话：0371-69166796

渠道管理部
负责人：关　冰
电　话：0371-69166655

小微销售管理部
负责人：关　冰（兼）
电　话：0371-69166655

私人银行部
负责人：蒋霞丽（兼）
电　话：0371-69166657

网络金融部
负责人：缪　军
电　话：0371-69166997

运营管理部
负责人：李　爽
电　话：0371-69166850

营业部
负责人：刘英武
电　话：0371-69166636

中国民生银行股份有限公司郑州分行分支机构

中国民生银行股份有限公司郑州花园路支行

负责人：谢　非

地　址：郑州市花园路与黄河路交叉口向北 50 米路东
电　话：0371-69166518
邮　编：450031

中国民生银行股份有限公司郑州郑汴路支行
负责人：谢光蕊
地　址：郑州市郑汴路 138 号英协广场 B 座
电　话：0371-69166566
邮　编：450003

中国民生银行股份有限公司郑州文化路支行
负责人：杨金保
地　址：郑州市文化路 85 号 A 时代广场 1、2 层
电　话：0371-69170705
邮　编：450003

中国民生银行股份有限公司郑州商都路支行
负责人：王济娥
地　址：郑州市商都路 31 号
电　话：0371-69170766
邮　编：450003

中国民生银行股份有限公司郑州航海路支行
负责人：尹清哲
地　址：郑州市管城区港湾路 1 号金色港湾 49 号楼一、二层
电　话：0371-69170808
邮　编：450000

中国民生银行股份有限公司郑州郑花路支行
负责人：廉益民
地　址：郑州市金水区花园北路 100-3 号
电　话：0371-69170858
邮　编：450003

中国民生银行股份有限公司郑州建设路支行
负责人：王光宇
地　址：郑州市中原区建设西路 11 号鑫苑国际广场
电　话：0371-87519212
邮　编：450007

中国民生银行股份有限公司郑州紫荆支行
负责人：李丽莉
地　址：郑州市管城区紫荆山路 56 号华林新时代广场南部
电　话：0371-87519268
邮　编：450000

中国民生银行股份有限公司郑州经济技术开发区支行
负责人：叶先权
地　址：郑州市经开区航海东路 1346 号国安经贸大厦 B 座 1 层
电　话：0371-87519308
邮　编：450016

中国民生银行股份有限公司郑州陇海路支行
负责人：苏建军
地　址：郑州市陇海路与庆丰街交叉口东南角陇海铁道家园 2 号楼
电　话：0371-87519356
邮　编：450015

中国民生银行股份有限公司郑州嵩山路支行
负责人：杨　冬
地　址：郑州市嵩山路亚星城市山水 4-5 号楼 1 层
电　话：0371-87519388
邮　编：450007

中国民生银行股份有限公司郑州未来路支行
负责人：孙兆飞
地　址：郑州市金水区未来路与顺河路口吉祥花园七号楼 1、2 层
电　话：0371-87519333
邮　编：450004

中国民生银行股份有限公司郑州心怡路支行
负责人：哈斯朝鲁
地　址：郑州市心怡路西、祥盛街南建业资园小区 20

栋 1-2 层
电 话：0371-87519292
邮 编：450046

中国民生银行股份有限公司郑州国基路支行
负责人：刘雁如
地 址：郑州市金水区国基路与金杯路交叉口东南角 22 号楼 1、2 层
电 话：0371-87519225
邮 编：450000

中国民生银行股份有限公司郑州九如路支行
负责人：杨俊林
地 址：郑州市农业东路与九如路交叉口东北角
电 话：0371-69170888
邮 编：450000

中国民生银行股份有限公司郑州农业路支行
负责人：贾艳琼
地 址：郑州市农业路与花园路交叉口东 100 米路北 1-2 层
电 话：0371-87005018
邮 编：450000

中国民生银行股份有限公司郑州铭功路支行
负责人：廖 明
地 址：郑州市铭功路 221-18 号（铭功路太康路交叉口）
电 话：0371-87005051
邮 编：450000

中国民生银行股份有限公司郑州南阳路支行
负责人：丁丽红
地 址：郑州市南阳路东、丰乐路西建业壹号城邦 1 栋 1 单元 1-2 层
电 话：0371-87005088
邮 编：450000

中国民生银行股份有限公司郑州商鼎路支行
负责人：乔文静
地 址：郑州市农业南路与商鼎路交叉口东南角
电 话：0371-87005166
邮 编：450000

中国民生银行股份有限公司郑州秦岭路支行
负责人：尚 伟
地 址：郑州市中原区秦岭路与中原路交叉口南 50 米路西
电 话：0371-87005156
邮 编：450002

中国民生银行股份有限公司郑州纬三路支行
负责人：王晓东
地 址：郑州市金水区文化路与纬三路交叉口东南角黄金大厦北楼
电 话：0371-87005226
邮 编：450002

中国民生银行股份有限公司郑州大学路支行
负责人：魏 威
地 址：郑州市二七区大学南路万达广场 10 幢 1-2 层
电 话：0371-87005266
邮 编：450052

中国民生银行股份有限公司洛阳分行
负责人：张玉峰
地 址：洛阳市西工区中州中路 497 号中州国际大厦东附楼
电 话：0379-62279000
邮 编：471000

中国民生银行股份有限公司洛阳南昌路支行
负责人：訾红粉
地 址：洛阳市涧西区南昌路东侧翠堤湾 1 幢 1-101、1-201 号
电 话：0379-64366919
邮 编：471003

中国民生银行股份有限公司洛阳联盟路支行

负责人：孙惠霞

地　址：洛阳市联盟路和青岛路交叉口天鹅堡大厦 2 幢一层 7 号

电　话：0379-64895900

邮　编：471003

中国民生银行股份有限公司洛阳新区支行

负责人：李　莉

地　址：洛阳市洛龙区望春门街 15 号在水一方永丰园 7 幢 101 号

电　话：0379-69951919

邮　编：471023

中国民生银行股份有限公司洛阳永泰街支行

负责人：韩占武

地　址：洛阳市洛龙区永泰街 77 号 2 幢裙楼

电　话：0379-69951969

邮　编：471023

中国民生银行股份有限公司洛阳西工支行

负责人：蒋宝英

地　址：洛阳市西工区唐宫中路 16 号天元写字广场西楼一、二层

电　话：0379-69929186

邮　编：471000

中国民生银行股份有限公司洛阳偃师支行

行　长：于景涛

地　址：洛阳偃师市华夏路 36 号壹品臻境 1 幢 110 号一、二层商铺

电　话：0379-67760900

邮　编：471900

中国民生银行股份有限公司南阳分行

负责人：王玉更

地　址：南阳市宛城区独山大道玉龙苑小区 5 号楼

电　话：0377-61601888

邮　编：473009

中国民生银行股份有限公司南阳中州路支行

负责人：王　展

地　址：南阳市中州路 94 号曙光大厦

电　话：0377-61601868

邮　编：473000

中国民生银行股份有限公司南阳人民路支行

负责人：赵志香

地　址：南阳市人民路怡博花园 3 号楼

电　话：0377-61158000

邮　编：473000

中国民生银行股份有限公司南阳光武路支行

负责人：李润秋

地　址：南阳市光武路淯阳新都汇

电　话：0377-61158058

邮　编：473000

中国民生银行股份有限公司南阳长江路支行

负责人：王玉更（兼）

地　址：南阳市长江路天润城市广场

电　话：0377-61158088

邮　编：473000

中国民生银行股份有限公司许昌分行

负责人：楚　冰

地　址：许昌市建安大道与魏文路交汇处建业帕拉帝奥一、二层

电　话：0374-2995568

邮　编：461000

中国民生银行股份有限公司许昌许由路支行

负责人：赵东伟

地　址：许昌市仓库路许由路交汇处裴山庙社区铁东片区 33-36 号

电　话：0374-5118966

邮　编：461000

中国民生银行股份有限公司许昌相府支行

负责人：牛　娅

地　址：许昌市府前街路南四通丞相府苑门面房第 49 号商铺一、二层

电　话：0374-2295568

邮　编：461000

中国民生银行股份有限公司许昌禹州支行

负责人：刘晓东

地　址：禹州市府东路后勤社会化服务中心大楼

电　话：0374-8195568

邮　编：461670

中国民生银行股份有限公司许昌长葛支行

负责人：潘永和

地　址：长葛市魏武大道与泰山路交汇处长葛市国土资源局大楼

电　话：0374-6895568

邮　编：461500

中国民生银行股份有限公司信阳分行

负责人：李　军

地　址：信阳市东方红大道 348 号

电　话：0376-6519333

邮　编：464000

中国民生银行股份有限公司信阳固始支行

负责人：李　新

地　址：固始县中原路与陈元光大道交叉口西北角 1-3 层商铺

电　话：0376-3385222

邮　编：465200

中国民生银行股份有限公司信阳潢川支行

负责人：徐　峰

地　址：潢川县城关跃进东路县政府斜对面

电　话：0376-6115333

邮　编：465150

中国民生银行股份有限公司新乡分行

负责人：郭　强

地　址：新乡市金穗大道与新中大道交叉口西北角新闻大厦 1-4 层

电　话：0373-3866668

邮　编：453000

中国民生银行股份有限公司漯河分行

负责人：阎鸿飞

地　址：漯河市嵩山西支路与牡丹江路交叉口昌建金融大厦

电　话：0395-2978666

邮　编：462000

华夏银行股份有限公司郑州分行

行　长：程春涛

副行长：蔺　伟　刁英川　乔　波

首席风险官：杨　央

地　址：郑州市郑东新区商务外环路 29 号

电　话：0371-55153757

邮　编：450013

华夏银行股份有限公司郑州分行内设部门

办公室

负责人：郭　静

电　话：0371-55153610

计划财务部

负责人：段建新

电　话：0371-55153626

人力资源部（党委办公室）

负责人：秦　雯

电　话：0371-55153612

会计部

负责人：张　琳

电　话：0371-55153627

信息技术部
负责人：孙　永
电　话：0371-55153637

内控合规部
负责人：黄　凯
电　话：0371-55153615

公司业务部
负责人：段朋飞
电　话：0371-55153660

国际业务部
负责人：李　婧
电　话：0371-55153656

个人业务部
负责人：郭　蕾
电　话：0371-55153667

小微企业金融部
负责人：白　旸
电　话：0371-55153750

授信审批部
负责人：郜建民
电　话：0371-55153646

授信运行部
负责人：陈力航
电　话：0371-55153649

风险管理部
负责人：于保芹
电　话：0371-55153756

监察室
负责人：孟晓兵
电　话：0371-58559399

公司业务营销一部
负责人：景　涛
电　话：0371-55153737

公司业务营销二部
负责人：武大洋
电　话：0371-55153715

公司业务营销五部
负责人：贾灿钰
电　话：0371-55153729

公司业务营销六部
负责人：潘继立
电　话：0371-58559365

公司业务营销八部
负责人：郝义臣
电　话：0371-55153798

公司业务营销九部
负责人：周博渊
电　话：0371-55153726

公司业务营销十一部
负责人：余　倩
电　话：0371-55153768

公司业务营销十二部
负责人：张川玲
电　话：0371-55153770

信用卡共建中心
负责人：常　罡
电　话：0371-53387321

华夏银行股份有限公司郑州分行分支机构

华夏银行股份有限公司郑州分行

负责人：司郑刚

地　址：郑州市郑东新区商务外环路 29 号

华夏银行股份有限公司郑州英协路支行

负责人：董艺华

地　址：郑州市金水区英协路与福元路交叉口南 150 米路西

华夏银行股份有限公司郑州建设路支行

负责人：黄　冉

地　址：郑州市中原区建设路与嵩山路交叉口西 200 米路北

华夏银行股份有限公司郑州文化路支行

负责人：张同迅

地　址：郑州市金水区文化路与红旗路交叉口西北角

华夏银行股份有限公司郑州农业路支行

负责人：王付来

地　址：郑州市金水区农业路与东明路交叉口西南角

华夏银行股份有限公司郑州纬五路支行

负责人：陈　然

地　址：郑州市金水区纬五路与政七街交叉口西南角

华夏银行股份有限公司郑州北环路支行

负责人：李　想

地　址：郑州市金水区北环路与中方园路交叉口东北角

华夏银行股份有限公司郑州九如路支行

负责人：王云戈

地　址：郑州市郑东新区九如路东、龙湖外环南路北 14 号楼

华夏银行股份有限公司郑州国基路支行

负责人：王艳丽

地　址：郑州市金水区花园路东、国基路南花园 SOHO 1 号楼

华夏银行股份有限公司郑州航空港区支行

负责人：高新莉

地　址：郑州市航空港区华夏大道 25 号中部国际电子商务产业园区 14 号楼 1 层

平安银行股份有限公司郑州分行

行　长：史　宏

副行长：刘家亮

业务副行长：周晓玲

地　址：郑州市商务外环与九如东路交叉口王鼎国际大厦

电　话：0371-89966351

邮　编：450046

平安银行股份有限公司郑州分行内设部门

公司银行部

负责人：谢　华

电　话：0371-89966336

贸易融资部

负责人：丁淑君

电　话：0371-89966680

投资银行部

负责人：崔　琛

电　话：0371-89966601

网络金融部

负责人：杨　帆

电　话：0371-89966378

金融同业部

负责人：王莉敏

电　话：0371-89966311

私行与财富管理部

负责人：郭旭东

电　话：0371-89966518

零售贷款部
负责人：杨　凯
电　话：0371-89966690

零售风险管理部
负责人：靳　宏
电　话：0371-89966677

运营管理部 / 安全保卫部
负责人：马　驭
电　话：0371-89966618

风险管理部
负责人：李　韧
电　话：0371-89966631

授信审批部
负责人：李　磊
电　话：0371-89966600

办公室
负责人：牛　勇
电　话：0371-89963699

人力资源部
负责人：张　弋
电　话：0371-89968999

财务企划部
负责人：郑启玲
电　话：0371-89966672

恒丰银行股份有限公司郑州分行

副行长（主持工作）：杨　中
地　址：郑州市郑东新区才高街 6 号东方鼎盛中心 B 座
电　话：0371-85515560
邮　编：450000

恒丰银行股份有限公司郑州分行内设部门

办公室
负责人：米浩杰
电　话：0371-85515579

组织人力部
负责人：陈俊峰
电　话：0371-85515512

行政安保部
负责人：孙　波
电　话：0371-85515577

计财部
负责人：初　巍
电　话：0371-85515519

出账中心
负责人：康超锋
电　话：0371-85515516

公司业务管理部
负责人：郭雅清
电　话：0371-85515566

投资银行部
负责人：李小玲
电　话：0371-85515525

资产管理部
负责人：刘　宇
电　话：0371-85515107

金融市场部
负责人：马向利
电　话：0371-85515513

贸易金融部
负责人：李　森

电　话：0371-85515172

零售金融部
负责人：段　晨
电　话：0371-85515526

风险管理部
负责人：唐东旗
电　话：0371-85515585

法律合规部
负责人：李　溪
电　话：0371-85515355

授信审批部
负责人：袁　非
电　话：0371-85515578

分行营业部
负责人：朱志斌
电　话：0371-85515187

恒丰银行股份有限公司郑州分行分支机构

恒丰银行股份有限公司洛阳分行

行　长：张东峰
地　址：洛阳市洛龙区展览路 211 号泉舜豪生国际商务中心裙楼
电　话：0379-65591555
邮　编：471000

渤海银行股份有限公司郑州分行

行　长：曾宏志
副行长：马银定　张秀山　张文涛
地　址：郑州市郑东新区金水东路 88 号 2 号楼
电　话：0371-55369526
邮　编：450000

渤海银行股份有限公司郑州分行内设部门

综合管理部
负责人：李　伟
电　话：0371-55369507

人力资源部
负责人：张　舒
电　话：0371-55369501

财务部
负责人：马　琎
电　话：0371-55369508

内控合规部
负责人：王　昊
电　话：0371-55369506

业务营运部
负责人：赵云杰
电　话：0371-55369509

公司业务管理部
负责人：贾豫花
电　话：0371-55369502

同业业务营销中心
负责人：杨　栋
电　话：0371-55369579

投资银行部
负责人：吴　刚
电　话：0371-55369609

个人金融部
负责人：陈　烨
电　话：0371-55369589

风险管理部
负责人：郭　韩

电　话：0371-55369505

信贷监控部
负责人：费晴霞
电　话：0371-55369576

分行营业部
负责人：焦　洁
电　话：0371-55369668

渤海银行股份有限公司郑州纬五路支行（筹）
负责人：翟　军
地　址：郑州市金水区纬五路 39 号
电　话：0371-55369659

汇丰银行（中国）有限公司郑州分行

行　长：郑晓凌
副行长：沈一宁
地　址：郑州市郑东新区 CBD 商务外环路 1 号蓝码地王大厦 1 楼及 30 楼
电　话：0371-87518966
邮　编：450046

汇丰银行（中国）有限公司郑州分行内设部门

工商金融服务部
负责人：沈一宁
电　话：0371-87518968

环球贸易及融资部
负责人：贾连捷
电　话：0371-87518806

零售银行及财富管理部
负责人：刘忆南
电　话：0371-87518958

合规部
负责人：王燕锋
电　话：0371-87518918

营运部
负责人：赵姗姗
电　话：0371-87518910

财务部
负责人：王振民
电　话：0371-87518906

安保部
负责人：徐争艳
电　话：0371-87518920

东亚银行（中国）有限公司郑州分行

行　长：韩武军
副行长：李新建
地　址：郑州市金水路 226 号楷林国际大厦 1 层、2 层及 11 层
电　话：0371-89966888
邮　编：450008

东亚银行（中国）有限公司郑州分行内设部门

业务支援部
联系人：周晓梅
电　话：0371-89966888

风险管理部
联系人：朱春霞
电　话：0371-89966888

贷款操作部
联系人：李　谦
电　话：0371-89966888

法律事务部
联系人：常海洋
电　话：0371-89966888

合规部
联系人：方宇剑
电　话：0371-89966888

内审部
联系人：刘建梅
电　话：0371-89966888

分行营运部
联系人：董　娟
电　话：0371-89966888

财务管理部
联系人：廖　迪
电　话：0371-89966888

人力资源部
联系人：刘　婕
电　话：0371-89966888

行政部
联系人：王　翠
电　话：0371-89966888

资讯科技部
联系人：王俊峰
电　话：0371-89966888

东亚银行（中国）有限公司郑州分行分支机构

东亚银行（中国）有限公司郑州商鼎路支行
行　长：李新建
地　址：郑州市郑东新区农业东路东、商鼎路南 7 号 2 单元 1-2 层
电　话：0371-55591866
邮　编：450016

渣打银行（中国）有限公司郑州分行

行　长：贾春莲
地　址：郑州市郑东新区商务外环路 8 号世博大厦 2403 单元
电　话：0371-89977700
邮　编：450046

渣打银行（中国）有限公司郑州分行内设部门

合规部
负责人：刘力扬
电　话：0371-89977718

营运部
负责人：崔文杰
电　话：0371-89977720

财务部
负责人：陈彩云
电　话：0371-89977702

分行管理部
负责人：程　遥
电　话：0371-89977717

中国邮政储蓄银行股份有限公司河南省分行

行　长：金春花
地　址：郑州市花园路 59 号
电　话：0371-69199022
邮　编：450008

中国邮政储蓄银行股份有限公司河南省分行内设部门

个人金融部
负责人：郭　伟
电　话：0371-69199260

信用卡部
负责人：王新帆
电　话：0371-69199219

三农金融事业部 / 消费信贷部
负责人：徐　燕
电　话：0371-69199130

电子银行部
负责人：王笑天（主持工作）
电　话：0371-69199219

公司业务部
负责人：王武强（主持工作）
电　话：0371-69199090

小企业金融部
负责人：谷罩亚（主持工作）
电　话：0371-69199220

金融市场部
负责人：陈　雁
电　话：0371-69199095

风险管理部
负责人：王发成
电　话：0371-69199088

授信管理部
负责人：赵　英
电　话：0371-69199133

会计与营运部
负责人：韩　冰
电　话：0371-69199050

营运中心
负责人：史百意
电　话：0371-86011221

法律与合规部
负责人：孙自慧（主持工作）
电　话：0371-69199072

信息科技部
负责人：赵文超（主持工作）
电　话：0371-69199066

办公室（党委办公室）
负责人：李亚东
电　话：0371-69199019

计划财务部
负责人：陈建峰
电　话：0371-69199031

人力资源部（党委组织部）
负责人：胡德亮
电　话：0371-69199299

审计部
负责人：闫　蕾
电　话：0371-69199091

监察部
负责人：杨东峰
电　话：0371-69199116

党委党建工作部
负责人：马红宁（主持工作）
电　话：0371-69199022

安全保卫部
负责人：张全江
电　话：0371-69199180

工会
负责人：李晓辉
电　话：0371-69199109

中国邮政储蓄银行股份有限公司河南省分行分支机构

中国邮政储蓄银行股份有限公司河南省分行直属支行

负责人：李岩峰
地　址：郑州市花园路 59 号
电　话：0371-69199139
邮　编：450008

中国邮政储蓄银行股份有限公司郑州市分行

负责人：吕周谦
地　址：郑州市紫荆山路 61 号
电　话：0371-60110001
邮　编：450000

中国邮政储蓄银行股份有限公司开封市分行

负责人：高文胜
地　址：开封市金明东街 33 号
电　话：0371-23880966
邮　编：475000

中国邮政储蓄银行股份有限公司洛阳市分行

负责人：刘绍义
地　址：洛阳市中州中路 216 号
电　话：0379-63290555
邮　编：471000

中国邮政储蓄银行股份有限公司平顶山市分行

负责人：王洪亮
地　址：平顶山市中兴路 99 号
电　话：0375-2883966
邮　编：467000

中国邮政储蓄银行股份有限公司安阳市分行

负责人：杨海军
地　址：安阳市文峰大道 569 号
电　话：0372-5101888
邮　编：455000

中国邮政储蓄银行股份有限公司鹤壁市分行

负责人：赵广全
地　址：鹤壁市淇滨区淇滨大道 191 号
电　话：0392-3315588
邮　编：458000

中国邮政储蓄银行股份有限公司新乡市分行

负责人：马瑞国
地　址：新乡市和平大道 189 号
电　话：0373-3710898
邮　编：453003

中国邮政储蓄银行股份有限公司焦作市分行

负责人：郭永健
地　址：焦作市丰收中路 2233 号邮政大厦
电　话：0391-2981958
邮　编：454000

中国邮政储蓄银行股份有限公司濮阳市分行

负责人：郭文彪
地　址：濮阳市濮上路 199 号
电　话：0393-6933861
邮　编：457000

中国邮政储蓄银行股份有限公司许昌市分行

负责人：李广增
地　址：许昌市颖昌大道 402 号
电　话：0374-2661196
邮　编：461000

中国邮政储蓄银行股份有限公司漯河市分行

负责人：张连伟
地　址：漯河市长江路 7 号
电　话：0395-3186566
邮　编：462000

中国邮政储蓄银行股份有限公司三门峡市分行

负责人：张　俭
地　址：三门峡市崤山路西段 5 号
电　话：0398-2829288
邮　编：472000

中国邮政储蓄银行股份有限公司南阳市分行

负责人：王新帆

地　址：南阳市人民路 149 号

电　话：0377-61560199

邮　编：473000

中国邮政储蓄银行股份有限公司商丘市分行

负责人：柏植军

地　址：商丘市青云街路 74 号

电　话：0370-2239868

邮　编：476000

中国邮政储蓄银行股份有限公司信阳市分行

负责人：刘辽峰（主持工作）

地　址：信阳市新华东路火车站邮政大厦

电　话：0376-6368866

邮　编：464000

中国邮政储蓄银行股份有限公司周口市分行

负责人：杨怀峰

地　址：周口市七一路中段 6 号

电　话：0394-8689600

邮　编：466000

中国邮政储蓄银行股份有限公司驻马店市分行

负责人：霍志峰

地　址：驻马店市解放路和文明路交叉口

电　话：0396-2829680

邮　编：463000

中国邮政储蓄银行股份有限公司济源市直属支行

负责人：王　斌（主持工作）

地　址：济源市宣化中街 68 号

电　话：0391-6688933

邮　编：454650

河南省农村信用社联合社

理事长：王　哲

地　址：郑州市郑东新区农业南路 99 号

电　话：0371-67508899

邮　编：450016

河南省农村信用社联合社内设部门

办公室

主　任：张　强

电　话：0371-67508857

人力资源部

总经理：舒　野

电　话：0371-67508129

纪检监察室

主　任：高　军

电　话：0371-67508332

党群工作部

总经理：孟凡河

电　话：0371-67508188

创新发展部

总经理：邢进军

电　话：0371-67508855

运营服务部

副总经理：翟建强

电　话：0371-67508556

风险管理部

总经理：刘庆保

电　话：0371-67508333

信贷指导部

副总经理：魏　钢

电　话：0371-67508296

金融市场部
总经理：赵　祺
电　话：0371-67508533

资产管理部
总经理：李国有
电　话：0371-67508302

业务拓展部
总经理：王华平
电　话：0371-67508832

网络金融部
副总经理：张智勇
电　话：0371-67508603

国际业务部
总经理：饶雪峰
电　话：0371-67508151

计划财务部
总经理：吕凤兰
电　话：0371-67508256

行政事务部
总经理：李宪忠
电　话：0371-67508837

河南中原三农金融研究院
副院长：何振立
电　话：0371-67508835

法律合规部
总经理：孔少飞
电　话：0371-67508119

信息科技部
总经理：燕　飞
电　话：0371-67508788

安全保卫部
总经理：王福增
电　话：0371-67508136

巡查办
主　任：姬瑞朝
电　话：0371-67508226

审计部
总经理：胡敬新
电　话：0371-67508839

第一审计室
总经理：张志远
电　话：0371-67508858

第二审计室
总经理：张爱法
电　话：0371-67508851

第三审计室
总经理：任普督
电　话：0371-67508358

第四审计室
总经理：刘自彬
电　话：0371-67508859

第五审计室
总经理：王建强
电　话：0371-67508566

第六审计室
负责人：李忠民
电　话：0371-67508856

第七审计室
总经理：王　清
电　话：0371-67508229

第八审计室
总经理：吴　鹏
电　话：0371-67508101

第九审计室
副总经理：张　华
电　话：0371-67508326

河南省农村信用社联合社派出机构及市农商银行

河南省农村信用社联合社郑州市办公室
主　任：舒洛建
地　址：郑州市郑东新区商务外环路19号23层
电　话：0371-69173066
邮　编：450008

河南省农村信用社联合社开封市办公室
副主任：马元强
地　址：开封市大梁路西段3号
电　话：0371-23888111
邮　编：475004

洛阳农村商业银行股份有限公司
董事长：王　涛
地　址：洛阳市开元大道52号
电　话：0379-61166777
邮　编：471000

河南省农村信用社联合社平顶山市办公室
主　任：李文斌
地　址：平顶山市新城区长安大道与G支路交叉口农信大厦
电　话：0375-2291369
邮　编：467000

安阳商都农村商业银行股份有限公司
董事长：谭建军
地　址：安阳市开发区东风路南段358号信合大厦
电　话：0372-2997639
邮　编：455000

鹤壁农村商业银行股份有限公司
董事长：范传卿
地　址：鹤壁市淇滨区兴鹤大街南段
电　话：0392-3339061
邮　编：458030

河南省农村信用社联合社新乡市办公室
主　任：王　华
地　址：新乡市金穗大道688号商会大厦A座21楼
电　话：0373-3311666
邮　编：453000

河南省农村信用社联合社焦作市办公室
副主任：卫龙奎
地　址：焦作市迎宾路沙河桥南500米路东
电　话：0391-2992662
邮　编：454000

河南省农村信用社联合社濮阳市办公室
主　任：刘宏伟
地　址：濮阳市中原东路88号
电　话：0393-6611616
邮　编：457000

许昌农村商业银行股份有限公司
董事长：张金保
地　址：许昌市城乡一体化示范区芙蓉大道金融大厦
电　话：0374-8306289
邮　编：461000

河南省农村信用社联合社漯河市办公室
副主任：徐　峰
地　址：漯河市黄河路423号
电　话：0395-3138666
邮　编：462000

河南省农村信用社联合社三门峡市办公室
副主任：刘军阳
地　址：三门峡市五原西路商会大厦A座15楼

电　话：0398-2772888
邮　编：472000

河南省农村信用社联合社南阳市办公室
副主任：秦林杰
地　址：南阳市人民北路
电　话：0377-63320399
邮　编：473000

河南省农村信用社联合社商丘市办公室
主　任：李建兵
地　址：商丘市凯旋中路 145 号
电　话：0370-6066977
邮　编：476100

河南省农村信用社联合社信阳市办公室
主　任：赵建恒
地　址：信阳市羊山新区新七大道 60 号
电　话：0376-6186567
邮　编：464100

河南省农村信用社联合社周口市办公室
主　任：徐晓峰
地　址：周口市八一路南段 60 号
电　话：0394-8373968
邮　编：466200

驻马店农村商业银行股份有限公司
董事长：侯新文
地　址：驻马店市交通路西段
电　话：0396-2895816
邮　编：463000

济源农村商业银行股份有限公司
董事长：卢新强
地　址：济源市沁园中路 86 号
电　话：0391-6616038
邮　编：459000

中原银行股份有限公司

董事长：窦荣兴
地　址：郑州市郑东新区 CBD 商务外环路 23 号
电　话：0371-85519999
邮　编：450003

郑州银行股份有限公司

负责人：王天宇
地　址：郑州市郑东新区商务外环路 22 号
电　话：0371-67009890
邮　编：450046

平顶山银行股份有限公司

董事长：牛君彬
地　址：平顶山市亚兴路 1 号（邮编：467000）
电　话：0375-2929188

洛阳银行股份有限公司

董事长：王建甫
监事长：臧红旗
行　长：段跃军
地　址：洛阳市新区开元大道 256 号
电　话：0379-65921991
邮　编：471023

焦作中旅银行股份有限公司

董事长：郑　江
地　址：焦作市迎宾路 1 号
电　话：0391-2116602
邮　编：454000

中原证券股份有限公司

党委书记、董事长：菅明军
党委副书记：常军胜
监事会主席：鲁智礼
董事会秘书：朱启本
地　址：郑州市郑东新区商务外环路10号
电　话：0371-65585018
邮　编：450018

中原证券股份有限公司分支机构

中原证券股份有限公司郑州分公司
负责人：李华锋
地　址：河南自贸试验区郑州片区（郑东）商务外环路10号
电　话：0371-60155208

中原证券股份有限公司南阳分公司
负责人：杨　青
地　址：南阳市人民路170号文化宫三、四楼
电　话：0377-63205303

中原证券股份有限公司平顶山分公司
负责人：文义尧
地　址：平顶山市湛河区中兴路桥西侧长安宾馆一楼
电　话：0375-4801728

中原证券股份有限公司漯河分公司
负责人：骆东海
地　址：漯河市郾城区黄河路337号-8号
电　话：0395-3183866

中原证券股份有限公司濮阳分公司
负责人：于春燕
地　址：濮阳市建设路中段203号
电　话：0393-8151517

中原证券股份有限公司安阳分公司
负责人：陈明伟
地　址：安阳市北关区红旗路北段财政证券大楼
电　话：0372-2095699

中原证券股份有限公司新乡分公司
负责人：邓　峰
地　址：新乡市人民路250号
电　话：0373-2068736

中原证券股份有限公司鹤壁分公司
负责人：李伟杰
地　址：鹤壁市淇滨大道与兴鹤大街交叉口东南角
电　话：0392-3299909

中原证券股份有限公司许昌分公司
负责人：刘志刚
地　址：许昌市魏都区颖昌大道669号
电　话：0374-2612899

中原证券股份有限公司信阳分公司
负责人：陈　磊
地　址：信阳市中山路136号弘运鑫鑫广场写字楼第五层
电　话：0376-6210378

中原证券股份有限公司焦作分公司
负责人：丁清明
地　址：焦作市解放中路1838号
电　话：0391-3288118

中原证券股份有限公司开封分公司
负责人：郭志军
地　址：开封市大梁路与西环路交叉口银地商务广场
电　话：0371-23899816

中原证券股份有限公司黄河金三角示范区分公司
负责人：王　静
地　址：三门峡市六峰路中段证券大厦
电　话：0398-2830400

中原证券股份有限公司商丘分公司
负责人：苏文峰

地　址：商丘市神火大道96号（工会办公楼）
电　话：0370-2580966

中原证券股份有限公司周口分公司
负责人：李　晖
地　址：周口市七一路81号河南网通公司周口分公司办公楼临街三楼
电　话：0394-8288680

中原证券股份有限公司洛阳分公司
负责人：宋　飞
地　址：洛阳市西工区凯旋西路30号
电　话：0379-63915178

中原证券股份有限公司驻马店分公司
负责人：董保军
地　址：驻马店市解放路196号
电　话：0396-2989099

中原证券股份有限公司上海分公司
负责人：王晓刚
地　址：中国（上海）自由贸易试验区世纪大道1600号18楼01-17室
电　话：021-50588666

中原证券股份有限公司上海第一分公司
负责人：沈若蔚
地　址：上海市大连西路261号
电　话：021-65080598

中原证券股份有限公司上海资产管理分公司
负责人：张爱民
地　址：中国（上海）自由贸易试验区世纪大道1600号1栋14楼1216室
电　话：021-50588666

中原证券股份有限公司深圳分公司
负责人：蒋会军
地　址：深圳市前海深港合作区前湾一路1号A栋201室
电　话：0755-83801055

中原证券股份有限公司北京分公司
负责人：徐海军
地　址：北京市西城区广安门外大街168号朗琴国际1幢8-9层1-907
电　话：010-65585650

中原证券股份有限公司四川分公司
负责人：李　杨
地　址：成都高新区锦城大道1000号13幢2层4号
电　话：028-86051566

中原证券股份有限公司江苏分公司
负责人：刘爱武
地　址：南京市建邺区庐山路168号1205-1206室
电　话：025-83696336

中原证券股份有限公司海南分公司
负责人：董　鹏
地　址：海南省海口市美兰区国兴大道5号海南大厦20层2007号房
电　话：0898-66515090

郑州商品交易所

理事长：陈华平
地　址：郑州市郑东新区商务外环路30号期货大厦
电　话：0371-65610069
邮　编：450018

中国出口信用保险公司河南分公司

负责人：乔　红
地　址：郑州市郑东新区商务外环路8号
电　话：0371-65585768/778/338/889

邮　编：450008

中国出口信用保险公司河南分公司内设部门

办公室
负责人：屈　昊
电　话：0371-65586126

计划财务处
负责人：刘　辉
电　话：0371-65585768

项目险管理处
负责人：钱　锐
电　话：0371-65585768

贸易险管理处
负责人：张朔嘉
电　话：0371-65586136

理赔追偿处
负责人：李真真
电　话：0371-65585768

中国出口信用保险公司河南分公司分支机构

中国出口信用保险公司河南分公司营业部
负责人：孙晓东
地　址：郑州市商务外环路8号
电　话：0371-65586105
邮　编：450008

中国出口信用保险公司河南分公司洛阳营业部
负责人：魏冰深
地　址：洛阳市洛龙区滨河南路学子街口天汇中心
电　话：0379-68608856
邮　编：471000

中国出口信用保险公司河南分公司许昌营业部
负责人：李霁星
地　址：许昌市莲城大道与智慧大道交汇处亨源通世纪广场
电　话：0374-8389550
邮　编：461000

中国人民财产保险股份有限公司河南省分公司

总经理：武　强
副总经理：温晓媛　鲍　伟　李志恒　王　胜　庞　辉　俞海雷
地　址：郑州市黄河路116号附26号
电　话：0371-65953218

中国人民财产保险股份有限公司河南省分公司内设部门

办公室
负责人：甘金文
电　话：0371-65832524

市场企划部
负责人：邹豫阳
电　话：0371-65992028

工会办公室
负责人：陈俊伟
电　话：0371-65944519

人力资源部
负责人：董　疆
电　话：0371-65952945

财务会计部
负责人：吴国军
电　话：0371-65993106

信息技术部
负责人：陈　栋
电　话：0371-65990410

监察部/合规部
负责人：李栋森
电　话：0371-6990363

车辆保险部
负责人：郭　波
电　话：0371-65991610

车商业务部
负责人：王光辉
电　话：0371-65992076

财产保险部
负责人：陈　良
电　话：0371-6990180

重要客户部
负责人：张志勇
电　话：0371-65998075

银行保险业务部
负责人：刘建玲
电　话：0371-65990232

经纪代理业务部
负责人：刘建玲
电　话：0371-65990232

责任保险事业部/信用保证保险事业部
负责人：周继阳
电　话：0371-65832516

意外健康保险部
负责人：郭起功
电　话：0371-65992316

农业保险事业部
负责人：朱源飞
电　话：0371-65832506

货运保险部
负责人：张志勇
电　话：0371-65998075

理赔事业部
负责人：杨海波
电　话：0371-65992076

客户服务管理部
负责人：毛志丹
电　话：0371-65995971

电子商务部/网络保险部
负责人：张兰兰
电　话：0371-65961387

销售管理部/个人代理营销业务部
负责人：李　邈
电　话：0371-65990200

教育培训部
负责人：杜若宇
电　话：0371-65832553

中国人民财产保险股份有限公司河南省分公司分支机构

中国人民财产保险股份有限公司郑州市分公司
负责人：王　胜
地　址：郑州市西太康路 121 号
电　话：0371-66282275
邮　编：450000

中国人民财产保险股份有限公司开封市分公司
负责人：于　江
地　址：开封市大梁路西段 6 号
电　话：0371-23873733
邮　编：475004

中国人民财产保险股份有限公司洛阳市分公司
负责人：刘建军

地　址：洛阳市九都路附 88 号
电　话：0379-63370467
邮　编：471000

中国人民财产保险股份有限公司平顶山市分公司
负责人：王　琰
地　址：平顶山市新华路湛河桥南保险大厦
电　话：0375-3928646
邮　编：467000

中国人民财产保险股份有限公司安阳市分公司
负责人：张利军
地　址：安阳市文峰大道中段
电　话：0372-3962766
邮　编：455000

中国人民财产保险股份有限公司鹤壁市分公司
负责人：方　弋
地　址：鹤壁市淇滨区兴鹤大街与卫河路交叉口
电　话：0392-3358006
邮　编：458030

中国人民财产保险股份有限公司新乡市分公司
负责人：袁英杰
地　址：新乡市和平大道 328 号
电　话：0373-3533687
邮　编：453003

中国人民财产保险股份有限公司焦作市分公司
负责人：王　焱
地　址：焦作市解放东路 5 号
电　话：0391-3934513
邮　编：454002

中国人民财产保险股份有限公司濮阳市分公司
负责人：裴保军
地　址：濮阳市黄河路西段
电　话：0393-4614853
邮　编：457000

中国人民财产保险股份有限公司许昌市分公司
负责人：吴国桢
地　址：许昌市议台路 19 号
电　话：0374-2287068
邮　编：461000

中国人民财产保险股份有限公司漯河市分公司
负责人：吴春钰
地　址：漯河市大学路东段 7 号
电　话：0395-2926788
邮　编：462000

中国人民财产保险股份有限公司三门峡市分公司
负责人：韩建丽
地　址：三门峡市崤山中段 58 号
电　话：0398-2821080
邮　编：472000

中国人民财产保险股份有限公司南阳市分公司
负责人：吴文光
地　址：南阳市工业路 57 号
电　话：0377-63134902
邮　编：473000

中国人民财产保险股份有限公司商丘市分公司
负责人：王向阳
地　址：商丘市南京路 182 号
电　话：0370-3216582
邮　编：476100

中国人民财产保险股份有限公司信阳市分公司
负责人：庆　鹏
地　址：信阳市京深路北段
电　话：0376-6333421
邮　编：464000

中国人民财产保险股份有限公司周口市分公司
负责人：姚　勇
地　址：周口市中州路南段 69 号

电　话：0394-8286372
邮　编：466000

中国人民财产保险股份有限公司驻马店市分公司
负责人：潘建华
地　址：驻马店市春晓街 145 号
电　话：0396-2812547
邮　编：463000

中国人民财产保险股份有限公司济源市分公司
负责人：刘明扬
地　址：济源市宣化街 69 号（济源宾馆对面）
电　话：0391-6612693
邮　编：454650

天安财产保险股份有限公司河南省分公司

总经理：王增顺
副总经理：韩德峰　张道金
地　址：郑州市东风南路与榆林北路交叉口绿地中心南塔 20 层
电　话：0371-65793398
邮　编：450000

天安财产保险股份有限公司河南省分公司内设部门
人事行政部
负责人：陈　波
电　话：0371-65793377-23201

财务管理部
负责人：周京军
电　话：0371-65793377-23231

内控部
负责人：王世杰
电　话：0371-65793377-23271

理赔管理部
负责人：王海云
电　话：0371-65793377-23311

车险管理部
负责人：王　可
电　话：0371-65793377-23301

非车险管理部
负责人：史国典
电　话：0371-65793377-23261

销售管理部
负责人：荆晓军
电　话：0371-65793377-23291

电子商务部
负责人：周广伟
电　话：0371-65793377-23302

银保部
负责人：宋　璘
电　话：0371-65793096

直属营业部
负责人：崔海英（兼）
电　话：0371-65793377-23109

天安财产保险股份有限公司河南省分公司分支机构
天安财产保险股份有限公司河南省分公司营业部
负责人：谭悦梅（兼）
地　址：郑州市东风南路与榆林北路交叉口绿地中心南塔 20 层
电　话：0371-65793026
邮　编：450008

天安财产保险股份有限公司开封中心支公司
负责人：张红宇
地　址：开封市开发区周天路 1 号金秀名典 2 号楼 13 层

电　话：0371-22213000
邮　编：475000

天安财产保险股份有限公司洛阳中心支公司
负责人：韩德峰（兼）
地　址：洛阳市西工区行署路 3 号金城宾馆院内
电　话：0379-63926576
邮　编：471000

天安财产保险股份有限公司平顶山中心支公司
负责人：宋青梅
地　址：平顶山市南环路西段市人才交流中心 7 楼
电　话：0375-6169099
邮　编：467000

天安财产保险股份有限公司安阳中心支公司
负责人：李雅霞
地　址：安阳市安漳大道 40 号
电　话：0372-2293333
邮　编：455000

天安财产保险股份有限公司鹤壁中心支公司
负责人：闫卫兵
地　址：鹤壁市淇滨区九州路瑞奇大厦
电　话：0392-3388111
邮　编：458030

天安财产保险股份有限公司新乡中心支公司
负责人：史玉成
地　址：新乡市华兰大道 401 号
电　话：0373-5800111
邮　编：453003

天安财产保险股份有限公司焦作中心支公司
负责人：高方伟
地　址：焦作市人民路与山阳路交叉口国洋商务楼
电　话：0391-3290008
邮　编：454000

天安财产保险股份有限公司濮阳中心支公司
负责人：傅中华
地　址：濮阳市黄河路西段地税大厦西侧
电　话：0393-8973351
邮　编：457000

天安财产保险股份有限公司许昌中心支公司
负责人：刘贤柏
地　址：许昌市魏武大道中段博林大厦 17 层
电　话：0374-2666008
邮　编：461000

天安财产保险股份有限公司漯河中心支公司
负责人：陈　清
地　址：漯河市源汇区柳江路 46 号汇力集团
电　话：0395-2116268
邮　编：462000

天安财产保险股份有限公司三门峡中心支公司
负责人：张道金（兼）
地　址：三门峡市崤山路西明珠水电大厦
电　话：0398-2995985
邮　编：472000

天安财产保险股份有限公司南阳中心支公司
负责人：王建明
地　址：南阳市工业路 666 号天工大厦 12 层
电　话：0377-63079199
邮　编：473000

天安财产保险股份有限公司商丘中心支公司
负责人：韦纯才
地　址：商丘市八一路与神火大道交叉口
电　话：0370-2697388
邮　编：476000

天安财产保险股份有限公司信阳中心支公司
负责人：李　阳
地　址：信阳市羊山新区第六大街地质勘查中心院内

电　话：0376-6268868
邮　编：464000

天安财产保险股份有限公司周口中心支公司
负责人：王本生
地　址：周口市川汇区八一路北段东侧
电　话：0394-8698811
邮　编：466000

天安财产保险股份有限公司驻马店中心支公司
负责人：张国华
地　址：驻马店市文明大道中段金色置地财富中心
电　话：0396-3672222
邮　编：463000

天安财产保险股份有限公司济源中心支公司
负责人：孙新丽
地　址：济源市沁园路中段 22 号
电　话：0391-6936669
邮　编：454650

中国平安财产保险股份有限公司河南分公司

负责人：郭　强
地　址：郑州市金水东路 51 号楷林商务中心北区一单元 7 号
电　话：0371-60106052
邮　编：450046

中国平安财产保险股份有限公司河南分公司内设部门
企划部
负责人：张红缨

人力资源部
负责人：钱奕娇

财务部
负责人：殷秀琳

办公室
负责人：何　鸣

培训部
负责人：钱奕娇

车险部
负责人：付国歌

财意险部
负责人：张　婷

农险部
负责人：张　浩

车意险理赔部
负责人：贺　宁

财产险理赔部
负责人：李　迅

客户运营管理部
负责人：赵　晨

个人客户渠道管理部
负责人：亓　真

团体客户营销部
负责人：李亚娟

中国平安财产保险股份有限公司河南分公司分支机构
中国平安财产保险股份有限公司郑州中心支公司
负责人：安建伟
地　址：河南自贸试验区郑州片区（郑东）金水东路 51 号楷林商务中心北区一单元 6 层
电　话：0371-53627383
邮　编：450008

中国平安财产保险股份有限公司开封中心支公司

负责人：班文芳
地　址：开封市黄河大街北段阳光新天地
电　话：0371-23706289
邮　编：475000

中国平安财产保险股份有限公司洛阳中心支公司

负责人：王建辉
地　址：洛阳市高新区滨河北路与瀛洲桥交叉口向东200米
电　话：0379-60697177
邮　编：471000

中国平安财产保险股份有限公司平顶山中心支公司

负责人：朱富理
地　址：平顶山市湛河区南环路与凌云路交叉口向东200米路北彩虹小区1、2楼
电　话：0375-6168181
邮　编：467000

中国平安财产保险股份有限公司安阳中心支公司

负责人：李宏伟
地　址：安阳市文峰区德隆街曙光路口万城华府B区1-3楼
电　话：0372-3771998
邮　编：455000

中国平安财产保险股份有限公司鹤壁中心支公司

负责人：曹　军
地　址：鹤壁市淇滨区兴鹤大街与海河路交叉口向北100米
电　话：0392-2217866
邮　编：458030

中国平安财产保险股份有限公司新乡中心支公司

负责人：王　英
地　址：新乡市红旗区新飞大道18号2号楼临街1-4层
电　话：0373-5818134
邮　编：453000

中国平安财产保险股份有限公司焦作中心支公司

负责人：赵春菊
地　址：焦作市山阳区龙源湖对面邮政大厦1、2楼
电　话：0391-3666207
邮　编：454000

中国平安财产保险股份有限公司濮阳中心支公司

负责人：经前章
地　址：濮阳市中原路与开州路交叉口北段（新政府行政服务中心北邻）1-3楼
电　话：0393-4668181
邮　编：457000

中国平安财产保险股份有限公司许昌中心支公司

负责人：于亮洲
地　址：许昌市北大街与机房街交叉口西南角
电　话：0374-8376288
邮　编：461000

中国平安财产保险股份有限公司漯河中心支公司

负责人：朱文胜
地　址：漯河市泰山路北段育才学校北200米路东
电　话：0395-3362008
邮　编：462000

中国平安财产保险股份有限公司三门峡中心支公司

负责人：马　飞
地　址：三门峡市湖滨区大岭南路与河堤北路交叉口
电　话：0398-2929555
邮　编：472000

中国平安财产保险股份有限公司南阳中心支公司

负责人：王建涛
地　址：南阳市张衡路与独山大道交叉口东600米路南
电　话：0377-67078177
邮　编：473000

中国平安财产保险股份有限公司商丘中心支公司

负责人：杨文胜

地　址：商丘市凯旋路南宇航路北上海都市花园 32 号楼

电　话：0370-2776985

邮　编：476000

中国平安财产保险股份有限公司信阳中心支公司

负责人：褚大沛

地　址：信阳市羊山新区新六大街与新七大道交叉口博林国际广场 D 区 2 号楼

电　话：0376-6191866

邮　编：464000

中国平安财产保险股份有限公司周口中心支公司

负责人：于晓楠

地　址：周口市迎宾大道汇林凤凰城 1-2 楼（市公安局南 100 米路西）

电　话：0394-8685550

邮　编：466100

中国平安财产保险股份有限公司驻马店中心支公司

负责人：潘　旭

地　址：驻马店市雪松路与天中山大道交汇处

电　话：0396-3670319

邮　编：463000

中国平安财产保险股份有限公司济源中心支公司

负责人：季竹玲

地　址：济源市济水大街与沁园路交叉口向东 200 米路北

电　话：0391-6298218

邮　编：454650

永安财产保险股份有限公司河南分公司

总经理：段　浩

副总经理：刘　喜

地　址：郑州市郑东新区东风南路与创业路交叉口绿地之窗云峰座 B 座 410 号

电　话：0371-60116021

邮　编：450000

永安财产保险股份有限公司河南分公司内设部门

综合管理部

负责人：高志刚

电　话：0371-60116021

计划财务部

负责人：景源博

电　话：0371-60116051

车险管理部

负责人：赵　森

电　话：0371-55520183

非车险管理部

负责人：何小奇

电　话：0371-60116025

市场部

负责人：崔　锴

电　话：0371-55520189

理赔服务中心

负责人：吕彦炜

电　话：0371-60116033

永安财产保险股份有限公司河南分公司分支机构

永安财产保险股份有限公司郑州中心支公司

负责人：何小奇

地　址：郑州市二七区兴华北街 18 号盛世经纬大厦 A915 室

电　话：0371-60116065

邮　编：450003

永安财产保险股份有限公司洛阳中心支公司

负责人：刘建伟

地　址：洛阳市西工区九都路 84 号中世商务中心

电　话：0379-63333872

邮　编：471000

永安财产保险股份有限公司平顶山中心支公司

负责人：杜汝彤

地　址：平顶山市湛河区湛南路东方星河湾 2 号楼

电　话：0375-2977899

邮　编：467000

永安财产保险股份有限公司安阳中心支公司

负责人：刘志明

地　址：安阳市文峰区东风路南段路东天泰公寓

电　话：0372-5935000

邮　编：455000

永安财产保险股份有限公司新乡中心支公司

负责人：李树礼

地　址：新乡市胜利路与南环路交叉口新盾嘉苑 2 栋 1 单元 108 号

电　话：0373-5822206

邮　编：453000

永安财产保险股份有限公司许昌中心支公司

负责人：赵　森

地　址：许昌市魏文路与新兴路交叉口金蓝湾酒店 4 楼

电　话：0374-8306003

邮　编：461000

永安财产保险股份有限公司漯河中心支公司

负责人：张海臣

地　址：漯河市长江路体育中心东侧 7 号楼

电　话：0395-2388006

邮　编：462000

永安财产保险股份有限公司三门峡中心支公司

负责人：范钦佩

地　址：三门峡市崤山路与大岭路交叉口疾病控制中心 7 楼

电　话：0398-2286050

邮　编：472000

永安财产保险股份有限公司南阳中心支公司

负责人：高武平

地　址：南阳市高新区张衡路新华书店四楼

电　话：0377-63167222

邮　编：473000

永安财产保险股份有限公司商丘中心支公司

负责人：吴晓东

地　址：商丘市梁园区民主西路与昆仑路交叉口往西 300 米路东

电　话：0370-3285900

邮　编：476000

永安财产保险股份有限公司信阳中心支公司

负责人：卢建勇

地　址：信阳市大庆路 3 号

电　话：0376-6213776

邮　编：464000

永安财产保险股份有限公司周口中心支公司

负责人：杨　帆（兼）

地　址：周口市川汇区车站路与工农路交叉口

电　话：0394-8358000

邮　编：466000

永安财产保险股份有限公司驻马店中心支公司

负责人：禹　峰

地　址：驻马店市雪松路与盘龙山路交叉口

电　话：0396-2631586

邮　编：463000

永安财产保险股份有限公司永城支公司

负责人：吴晓东（兼）

地　址：永城市东城区欧亚路北中原路西

电　话：0370-5182568

邮　编：476600

永安财产保险股份有限公司长葛支公司

负责人：黄志峰

地　址：长葛市107国道转盘北400米路东公路管理局南侧

电　话：0374-8306001

邮　编：461500

永安财产保险股份有限公司淮滨支公司

负责人：汪海锋

地　址：信阳市淮滨县新华街北侧

电　话：0376-6260702

邮　编：464400

永安财产保险股份有限公司滑县支公司

负责人：张　薇

地　址：安阳市滑县文明路北段

电　话：0372-3283336

邮　编：456400

永安财产保险股份有限公司延津支公司

负责人：赵　楠

地　址：新乡市延津县城区北街人民路

电　话：0373-7620688

邮　编：453200

永安财产保险股份有限公司镇平支公司

负责人：王子超

地　址：南阳市镇平县涅阳路东段南侧交警大队对面

电　话：0377-65905502

邮　编：474250

永安财产保险股份有限公司巩义支公司

负责人：李秀娜

地　址：巩义市陇海路159号5号楼2单元15层附117号

电　话：0371-64589002

邮　编：451200

永安财产保险股份有限公司固始支公司

负责人：郑　重

地　址：固始县城关镇中原路中原宾馆隔壁

电　话：0376-4999636

邮　编：465200

永安财产保险股份有限公司光山支公司

负责人：魏志强

地　址：光山县紫水办事处紫弦庭苑13幢30-31号

电　话：0376-8870828

邮　编：465400

永安财产保险股份有限公司潢川支公司

负责人：杨　帆

地　址：信阳市潢川县城关西关街环城路二巷

电　话：0376-3931314

邮　编：465150

太平财产保险有限公司河南分公司

总经理：文晓娜

副总经理：王新峰

总经理助理：孙　琳

地　址：郑州市郑汴路138号附1号

电　话：0371-69168603

邮　编：450004

太平财产保险有限公司河南分公司内设部门

办公室/监察室

负责人：韩庆华

财务会计部

负责人：潘志强

人力资源部
负责人：谭　磊

车险部
负责人：宋琳琳

财产险部
负责人：焦灵敏

车意理赔部
负责人：申　斌

客户服务部
负责人：蔺秋生

综合开拓 / 团队渠道部
负责人：孙　琳（兼）

销售管理部
负责人：朱　元

车商渠道部
负责人：杨　明（兼）

代理渠道部
负责人：阴程谦

战略银保部
负责人：丁桂萍

太平财产保险有限公司河南分公司分支机构

太平财产保险有限公司洛阳分公司
负责人：刘华中
地　址：洛阳市西工区九都路 39 号
电　话：0379-65288722
邮　编：471000

太平财产保险有限公司平顶山分公司
负责人：陈晓光
地　址：平顶山市新华区凌云路与园林路交叉口西南角李庄村九九绿墅园 20 号楼门面房
电　话：0375-2060988
邮　编：467000

太平财产保险有限公司安阳分公司
负责人：谭　磊（兼）
地　址：安阳市文昌大道中段路北
电　话：0372-2131502
邮　编：455000

太平财产保险有限公司新乡分公司
负责人：夏少峰
地　址：新乡市化工路美大花园二期 105-106 号
电　话：0373-3520525
邮　编：453000

太平财产保险有限公司濮阳分公司
负责人：刘保国
地　址：濮阳市濮上中路 69-71 号
电　话：0393-6656001
邮　编：457000

太平财产保险有限公司南阳分公司
负责人：倪文才
地　址：南阳市人民北路南航大厦院内办公楼
电　话：0377-61812699
邮　编：473000

太平财产保险有限公司开封分公司
负责人：闻兴富
地　址：开封市夷山大街夷山郦城 10 号临街营业房
电　话：0371-23898787
邮　编：475000

太平财产保险有限公司焦作分公司
负责人：单明军
地　址：焦作市山阳区丰收路龙源湖小区 A 组 5 号楼 102、103 室

电　话：0391-8793701
邮　编：454000

太平财产保险有限公司信阳分公司

负责人：散　江
地　址：信阳市羊山新区新六大街中段中乐江南名都小区 3#302 门面房
电　话：0376-8126871
邮　编：464000

太平财产保险有限公司周口分公司

负责人：李华鹏
地　址：周口市黄河路中段
电　话：0394-8595589
邮　编：466000

太平财产保险有限公司商丘分公司

负责人：陈德敏
地　址：商丘市睢阳区中州路与文化路交叉口苏州河畔花园小区第 10 栋，112、113、114 室 1-2 层
电　话：0370-2695589
邮　编：476100

太平财产保险有限公司三门峡分公司

负责人：史常青
地　址：三门峡市湖滨区崤山路北七街坊 2 号院 7 号楼 1 层
电　话：0398-2817766
邮　编：472000

太平财产保险有限公司郑州分公司

负责人：王新峰（兼）
地　址：郑州市郑汴路 138 号附 1 号
电　话：0371-69168670
邮　编：450004

太平财产保险有限公司许昌分公司

负责人：胡贵锋
地　址：许昌市魏都区新兴路 206 号
电　话：0374-8520801
邮　编：461000

太平财产保险有限公司驻马店分公司

负责人：徐宏伟
地　址：驻马店市驿城区中华路西段
电　话：0396-2301999
邮　编：463000

中华联合财产保险股份有限公司河南分公司

负责人：李友意
地　址：郑州市郑东新区商务外环路 3 号中华大厦
电　话：0371-65971999
邮　编：450018

中华联合财产保险股份有限公司河南分公司内设部门

办公室
负责人：仼晓峰
电　话：0371-69092925

人力资源部
负责人：高　博
电　话：0371-69092806

财务会计部
负责人：康军胜
电　话：0371-69092908

风险合规部
负责人：毕红羽
电　话：0371-69092909

运营与销售管理部
负责人：苏海燕
电　话：0371-69092866

电销管理部
负责人：段晓辉
电　话：0371-69092828

农村保险事业部
负责人：韦燕燕
电　话：0371-69092808

车辆保险部
负责人：刘利霞
电　话：0371-69092896

车商渠道部
负责人：李松贞
电　话：0371-69092975

财产险部
负责人：杜振会
电　话：0371-69092112

意外和健康险部
负责人：邢新江
电　话：0371-69092803

客户渠道管理部
负责人：钱修铓
电　话：0371-69092991

理赔客服部
负责人：刚　毅
电　话：0371-69092871

中华联合财产保险股份有限公司河南分公司分支机构

中华联合财产保险股份有限公司郑州中心支公司
负责人：郑　申
地　址：郑州市郑东新区商务外环路3号中华大厦一楼
电　话：0371-69092688
邮　编：450018

中华联合财产保险股份有限公司开封中心支公司
负责人：王文清
地　址：河南自贸试验区开封片区郑开大道296号自贸大厦A座
电　话：0371-23880866
邮　编：475000

中华联合财产保险股份有限公司洛阳中心支公司
负责人：肖香玲
地　址：洛阳市开元大道与望春门街交叉口龙泉大厦
电　话：0379-63335330
邮　编：471000

中华联合财产保险股份有限公司平顶山中心支公司
负责人：刘　涛
地　址：平顶山市姚电大道与亚兴路口西100米路北
电　话：0375-4808883
邮　编：467000

中华联合财产保险股份有限公司安阳中心支公司
负责人：郭　涛
地　址：安阳市文峰区文明大道御峰名苑小区南
电　话：0372-2913555
邮　编：455000

中华联合财产保险股份有限公司鹤壁中心支公司
负责人：曲万贵
地　址：鹤壁市淇滨区九江路与衡山路交叉口东南侧
电　话：0392-3329000
邮　编：458030

中华联合财产保险股份有限公司新乡中心支公司
负责人：王　瑞
地　址：新乡市牧野路与向阳路交叉口向南100米路东
电　话：0373-3510178
邮　编：453000

中华联合财产保险股份有限公司焦作中心支公司

负责人：李兴华
地　址：焦作市人民路1159号商务大厦11层
电　话：0391-2608305
邮　编：454000

中华联合财产保险股份有限公司濮阳中心支公司

负责人：李国强
地　址：濮阳市五一路与振兴路交叉口东50米人民防空4楼
电　话：0393-6921959
邮　编：457000

中华联合财产保险股份有限公司许昌中心支公司

负责人：黄　鑫
地　址：许昌市莲城大道与百花路交叉口东北角万里大厦15A
电　话：0374-2667290
邮　编：461000

中华联合财产保险股份有限公司漯河中心支公司

负责人：张新军
地　址：漯河市海河路电业局北门西侧
电　话：0395-3197999
邮　编：462000

中华联合财产保险股份有限公司三门峡中心支公司

负责人：柳　永
地　址：三门峡市崤山路与茅津南路交汇处
电　话：0398-2939569
邮　编：472000

中华联合财产保险股份有限公司南阳中心支公司

负责人：李少山
地　址：南阳市新华东路1426号
电　话：0377-63507151
邮　编：473000

中华联合财产保险股份有限公司商丘中心支公司

负责人：范　鹏
地　址：商丘市睢阳区南京路中段金世纪广场西
电　话：0370-3271178
邮　编：476100

中华联合财产保险股份有限公司信阳中心支公司

负责人：王洪涛
地　址：信阳市浉河区五星路与行政路交叉口
电　话：0376-6313688
邮　编：464000

中华联合财产保险股份有限公司周口中心支公司

负责人：张新黎
地　址：周口市黄河路西段
电　话：0394-8129911
邮　编：466000

中华联合财产保险股份有限公司驻马店中心支公司

负责人：邓新民
地　址：驻马店市驿城区平安街215号
电　话：0396-3670999
邮　编：463000

中华联合财产保险股份有限公司济源中心支公司

负责人：李庆军
地　址：济源市济水大街东段
电　话：0391-6609922
邮　编：459000

中华联合财产保险股份有限公司郑州航空港经济综合实验区中心支公司

负责人：程东伍
地　址：郑州市港区迎宾大道南侧08号02幢
电　话：0371-56590217
邮　编：451150

中国大地财产保险股份有限公司河南分公司

总经理：邹天泉
副总经理：秦军然 石军峰
地　址：郑州市金水区金水路 299 号浦发国际金融中心 20 层
电　话：0371-86508959
邮　编：450003

中国大地财产保险股份有限公司河南分公司内设部门

办公室 / 党委办公室
负责人：杨中英
电　话：0371-86508966

人力资源部 / 党委组织部
负责人：安玥吉
电　话：0371-86509056

企划财务部
负责人：张　磊
电　话：0371-86508958

风险与法律合规部 / 纪检监察部
负责人：王万强
电　话：0371-86509038

续保管理部
负责人：石军峰（兼任）
电　话：0371-86509022

车辆险部
负责人：吴国华
电　话：0371-86508965

财产险部
负责人：朱建平
电　话：0371-86508968

意健险部
负责人：詹　颂
电　话：0371-86508933

团体渠道部
负责人：段建斌
电　话：0371-86508919

个人渠道部
负责人：吴国华（兼任）
电　话：0371-86508965

客服运营部
负责人：张　宁
电　话：0371-86508978

车意险理赔部
负责人：黄　意
电　话：0371-86508918

电销渠道部
负责人：苗　青
电　话：0371-86508988

线上渠道部
负责人：孙大智
电　话：0371-86502151

县域管理部
负责人：吴国华（兼任）
电　话：0371-86509066

中国大地财产保险股份有限公司河南分公司分支机构

中国大地财产保险股份有限公司郑州中心支公司

负责人：吴国华
地　址：郑州市金水路 299 号浦发国际金融中心 B 座 16 层
电　话：0371-86509026
邮　编：450003

中国大地财产保险股份有限公司开封中心支公司
负责人：赵长青
地　址：开封市夷山郦城 5 号楼自南向北数 1/2 层 2-6 号（一层）
电　话：0371-22116398
邮　编：475000

中国大地财产保险股份有限公司洛阳中心支公司
负责人：许冬梅
地　址：洛阳市西工区体育场路 13 号原法院办公楼 6、7、9 层
电　话：0379-63330998
邮　编：471000

中国大地财产保险股份有限公司平顶山中心支公司
负责人：赵三畛
地　址：平顶山市新华区凌云路中段
电　话：0375-3868816
邮　编：467400

中国大地财产保险股份有限公司安阳中心支公司
负责人：李志刚
地　址：安阳市东工路与德隆街交叉口西南角
电　话：0372-2159887
邮　编：455000

中国大地财产保险股份有限公司新乡中心支公司
负责人：李花婷
地　址：新乡市解放大道（南）317 号惠民馨苑沿街商业 B 区 103 室、104 室
电　话：0373-5055001
邮　编：453000

中国大地财产保险股份有限公司焦作中心支公司
负责人：丁海洋
地　址：焦作市山阳区山阳路 56 号
电　话：0391-3373519
邮　编：454100

中国大地财产保险股份有限公司濮阳中心支公司
负责人：刘朝杰
地　址：濮阳市辖区昆吾南路路东建设中路路南
电　话：0393-7770606
邮　编：457000

中国大地财产保险股份有限公司许昌中心支公司
负责人：孙四杰
地　址：许昌市魏武路西侧天瑞街南侧六和花园 3 号楼东 1 单元 9 层 1-10 号
电　话：0374-3137008
邮　编：461000

中国大地财产保险股份有限公司漯河中心支公司
负责人：贾红耀
地　址：漯河市黄河路与舟山路交叉口向东 100 米路南天艺实业开发楼
电　话：0395-2999899
邮　编：462300

中国大地财产保险股份有限公司三门峡中心支公司
负责人：朱勇军
地　址：三门峡市湖滨区河堤北路四街坊 1 号院峰桥国际商业部分号楼 3 层 301
电　话：0398-2825515
邮　编：472000

中国大地财产保险股份有限公司南阳中心支公司
负责人：张成海
地　址：南阳市张衡路中段
电　话：0377-61167801
邮　编：473000

中国大地财产保险股份有限公司商丘中心支公司
负责人：董保强
地　址：商丘市梁园区文化路与平原路交叉口东南角天伦经典小区 6 号、7 号门面房
电　话：0370-2551078
邮　编：476000

中国大地财产保险股份有限公司信阳中心支公司

负责人：蒋　伟

地　址：信阳市南京路 141 号

电　话：0376-6552196

邮　编：464100

中国大地财产保险股份有限公司周口中心支公司

负责人：王凯锋

地　址：周口市邦杰大道南段

电　话：0394-8369826

邮　编：466000

中国大地财产保险股份有限公司驻马店中心支公司

负责人：陈　里

地　址：驻马店市金雀路西段南侧谷邢庄小区商务楼综合楼 1、4 楼

电　话：0396-2655858

邮　编：463000

华安财产保险股份有限公司河南分公司

总经理：朱军威

地　址：郑州市郑东新区 CBD 商务外环一号蓝玛地王大厦 H 层

电　话：0371-66297886

邮　编：450000

华安财产保险股份有限公司河南分公司内设部门

人力资源部

负责人：周水勇

电　话：0371-66297811

计划财务部

负责人：丁世华

电　话：0371-66297888

车险部

负责人：李亚勋

电　话：0371-66297817

非车险部

负责人：孔令东（总助兼）

电　话：0371-66297878

营销管理部

负责人：赵富强

电　话：0371-66297868

信用保证险分部

负责人：孔令东（总助兼）

电　话：0371-66297878

综合管理暨合规部

负责人：谢龙辉

电　话：0371-66297806

郑州市城中央营销服务部

负责人：唐　凯

电　话：0371-66382625

华安财产保险股份有限公司河南分公司分支机构

华安财产保险股份有限公司郑州中心支公司

负责人：秦丽芳

地　址：郑州市金水区鑫苑路 16 号鸿禧大厦 16 层 1601 室 -1609 室

电　话：0371-61661350

邮　编：450000

华安财产保险股份有限公司开封中心支公司

负责人：姬建军

地　址：开封市西环路南段西城明都 8B 号楼 1/22 层 26、27 号房

电　话：0371-23966296

邮　编：475000

华安财产保险股份有限公司洛阳中心支公司

负责人：蔡庄峰

地　址：洛阳市西工区王城路 24 号 6 幢第 10 层 1001-1010 室
电　话：0379-65299903
邮　编：471000

华安财产保险股份有限公司平顶山中心支公司
负责人：周学平
地　址：平顶山市卫东区交汇街 6 号一层门面及三层办公楼
电　话：0375-2208219
邮　编：467000

华安财产保险股份有限公司安阳中心支公司
负责人：李占富
地　址：安阳市平原路绿城都市花园一层
电　话：0372-3910396
邮　编：455000

华安财产保险股份有限公司新乡中心支公司
负责人：邓善革
地　址：新乡市振中路信达花园 A 号 B 号营业房 102 号
电　话：0373-5828809
邮　编：453000

华安财产保险股份有限公司焦作中心支公司
负责人：郑向阳
地　址：焦作市塔南路 399 号太极景润小区
电　话：0391-8383500
邮　编：454000

华安财产保险股份有限公司濮阳中心支公司
负责人：李　苓
地　址：濮阳市中原路中段美景嘉园 26 幢 10 号商铺
电　话：0393-8959117
邮　编：457000

华安财产保险股份有限公司许昌中心支公司
负责人：负俊峰
地　址：许昌市魏武路西侧天瑞街南侧博林六和花园 3 号楼东单元 11 层
电　话：0374-2218881
邮　编：461000

华安财产保险股份有限公司三门峡中心支公司
负责人：梁勇智
地　址：三门峡市开发区虢国路北魏野花园 2 号楼门面房
电　话：0398-2896005
邮　编：472000

华安财产保险股份有限公司南阳中心支公司
负责人：马新民
地　址：南阳市七一路 123 号
电　话：0377-66076701
邮　编：473000

华安财产保险股份有限公司商丘中心支公司
负责人：孔令东（总助兼）
地　址：商丘市南京路金世纪广场西芳邻美景一层
电　话：0370-3367883
邮　编：476100

华安财产保险股份有限公司信阳中心支公司
负责人：夏文峰
地　址：信阳市新华西路 53 号
电　话：0376-6189668
邮　编：464000

华安财产保险股份有限公司周口中心支公司
负责人：郑　伟
地　址：周口市大闸路南段门面房 121-224 号
电　话：0394-8916539
邮　编：466000

华安财产保险股份有限公司驻马店中心支公司
负责人：国新胜
地　址：驻马店市文明路北段东侧第 10 幢 5 号商铺

电　话：0396-2816307
邮　编：463000

华安财产保险股份有限公司漯河中心支公司
负责人：张志伟
地　址：漯河市源汇区湘江路西段 A23-25 号
电　话：0395-6668883
邮　编：462600

华安财产保险股份有限公司济源中心支公司
负责人：李亚勋
地　址：济源市愚公路中段喜洋洋小区门面房第一、二层
电　话：0391-5575810
邮　编：459000

华安财产保险股份有限公司鹤壁中心支公司
负责人：王保业（副总兼）
地　址：鹤壁市淇滨区东海路天泰市场 2 区 6 号楼
电　话：0392-2257888
邮　编：458000

都邦财产保险股份有限公司河南分公司

总经理：王　伟
总经理助理：王　旭
地　址：郑州市郑东新区 CBD 商务外环路 1 号 19 层
电　话：0371-60185001

都邦财产保险股份有限公司河南分公司内设部门
办公室
负责人：刘　康
电　话：0371-60185008

市场部
负责人：朱治中
电　话：0371-60185029

财务部
负责人：金明一
电　话：0371-60185039
车险部
负责人：陈　琳
电　话：0371-60185027

意健险部
负责人：刘　康
电　话：0371-60185008

创新业务部
负责人：王鹏翔
电　话：0371-60185080

都邦财产保险股份有限公司河南分公司分支机构
都邦财产保险股份有限公司郑州中心支公司
负责人：朱治中
地　址：郑州市郑东新区 CBD 商务外环路 1 号 19 层
电　话：0371-60959599
邮　编：450045

都邦财产保险股份有限公司洛阳中心支公司
负责人：徐　霖
地　址：洛阳市九都路春雷大厦 11 楼
电　话：0379-65291386
邮　编：471000

都邦财产保险股份有限公司新乡中心支公司
负责人：李新海
地　址：新乡市新中大道与人民路交叉口人防大厦七楼
电　话：0373-5835900
邮　编：453000

都邦财产保险股份有限公司许昌中心支公司
负责人：尹　君
地　址：许昌市八一路府西雅园第 1 幢东起 1 单元 16 层东半幅
电　话：0374-2957061

邮　编：461000

都邦财产保险股份有限公司驻马店中心支公司

负责人：马付华

地　址：驻马店市雪松路与天中山大道交叉口往北500米路西

电　话：0396-3313555

邮　编：463000

都邦财产保险股份有限公司商丘中心支公司

负责人：郑美丽

地　址：商丘市香君路与归德路交叉口红绿灯东北角五环花园商用楼一二层

电　话：0370-3395586

邮　编：476100

都邦财产保险股份有限公司济源中心支公司

负责人：郑　娟

地　址：济源市亚桥农贸市场东20米（泉水湾对面）

电　话：0391-6295586

邮　编：459000

都邦财产保险股份有限公司安阳中心支公司

负责人：王文忠

地　址：安阳市殷都区安钢大道与钢三路交叉口

电　话：0372-5033731

邮　编：455000

都邦财产保险股份有限公司三门峡营销服务部

负责人：崔振东

地　址：三门峡市湖滨区河堤北路东段伟业大厦六楼611

电　话：0398-2288578

邮　编：472000

都邦财产保险股份有限公司焦作营销服务部

负责人：张爱冬

地　址：焦作市山阳区焦东路1198号丽景新天地小区4号商住楼8号

电　话：0391-3895586

邮　编：454000

都邦财产保险股份有限公司濮阳营销服务部

负责人：齐志军

地　址：濮阳市中原路27号院五楼都邦保险

电　话：0393-4895811

邮　编：457000

都邦财产保险股份有限公司南阳营销服务部

负责人：王　阳

地　址：南阳市人民路268号锦海之星办公楼三楼

电　话：0377-63771115

邮　编：473000

渤海财产保险股份有限公司河南分公司

负责人：陈　静

地　址：郑州市郑东新区金水东路49号卫华大厦23楼

电　话：0371-58558356

邮　编：450000

渤海财产保险股份有限公司河南分公司分支机构

渤海财产保险股份有限公司开封中心支公司

负责人：杨子辰

地　址：开封市汉兴路157号五楼

电　话：0371-22622398

邮　编：475000

渤海财产保险股份有限公司焦作中心支公司

负责人：孟志奋

地　址：焦作市人民路999号焦作市农林科学研究院七楼701-706室

电　话：0391-8797903

邮　编：454003

渤海财产保险股份有限公司濮阳中心支公司

负责人：刘世英
地　址：濮阳市振兴中路 231-1 号
电　话：0393-6116660
邮　编：457000

渤海财产保险股份有限公司许昌中心支公司

负责人：安兴林
地　址：许昌市芙蓉大道以东芙蓉商务中心 1 号楼 19 层
电　话：0374-3161899
邮　编：461000

渤海财产保险股份有限公司南阳中心支公司

负责人：张德全
地　址：南阳市高新区高新路东段
电　话：0377-61636501
邮　编：473000

渤海财产保险股份有限公司驻马店中心支公司

负责人：吴　霞
地　址：驻马店市天中山大道北段丰泽路口运管局对面
电　话：0396-2667002
邮　编：463000

渤海财产保险股份有限公司信阳中心支公司

负责人：郑国铅
地　址：信阳市浉河区五星街道办事处红星社区居委会办公楼 4 楼
电　话：0376-6609903
邮　编：464000

渤海财产保险股份有限公司商丘中心支公司

负责人：尉新利
地　址：商丘市睢阳区平原路东宜兴路北路桥景苑 A1-A6 三区 107 铺一楼大厅及北面三间、二楼西面
电　话：0370-2260917
邮　编：476000

渤海财产保险股份有限公司新乡中心支公司

负责人：崔　杰
地　址：新乡市高新技术开发区振中路与道清路交叉口
电　话：0373-3523708
邮　编：453000

渤海财产保险股份有限公司周口中心支公司

负责人：王和平
地　址：周口市大闸路闸南滨江国际酒店 13 层
电　话：0394-8129801
邮　编：466000

渤海财产保险股份有限公司郑州中心支公司

负责人：王天翔
地　址：郑州市郑东新区金水东路 49 号卫华大厦 23 楼
电　话：0371-58558353
邮　编：450000

渤海财产保险股份有限公司洛阳中心支公司

负责人：李保旺
地　址：洛阳市西工区道南路 41 号钢材市场 B 座 101、103、105、106、113 室
电　话：0379-63303870
邮　编：471000

渤海财产保险股份有限公司鹤壁中心支公司

负责人：张永强
地　址：鹤壁市山城区汤河街 244 号
电　话：0392-6961022
邮　编：458030

渤海财产保险股份有限公司济源中心支公司

地　址：济源市济水大街东段
电　话：0391-6603100
邮　编：454650

永诚财产保险股份有限公司河南分公司

总经理：高　立
地　址：郑州市金水区玉凤路 333 号发展国际大厦 18 楼
电　话：0371-60232128
邮　编：450000

中银保险有限公司河南分公司

总经理：冯　钧
副总经理：徐宏伟　纪　东
地　址：郑州市金水区花园路 40 号中国银行办公主楼 6-8 层
电　话：0371-66395566
邮　编：450000

中银保险有限公司河南分公司内设部门

综合管理部
负责人：许　旺
电　话：0371-65523585

财会部
负责人：王世杰
电　话：0371-65523519

承保管理部
负责人：王颖杰
电　话：0371-65523139

理赔服务部
负责人：宋玉珍
电　话：0371-65523256

工商保险业务部
负责人：李　琳
电　话：0371-65523726

车险部
负责人：黄志化
电　话：0371-65523621

营业一部
负责人：师现侠
电　话：0371-65523579

营业二部
负责人：韩建伟
电　话：0371-65523580

中银保险有限公司河南分公司分支机构

中银保险有限公司洛阳中心支公司
负责人：李　珺
地　址：洛阳市中州中路 439 号国际金融大厦 19 楼
电　话：0379-63320769
邮　编：471000

中银保险有限公司安阳中心支公司
负责人：程丁锁
地　址：安阳市文峰大道西段 77 号中国银行安阳分行 7 楼
电　话：0372-3198398
邮　编：455000

中银保险有限公司新乡中心支公司
负责人：李　舸
地　址：新乡市和平大道中段 1 号中国银行 9 楼
电　话：0373-3020308
邮　编：453000

中银保险有限公司焦作中心支公司
负责人：李安民
地　址：焦作市解放东路 61 号中国银行山阳支行办公楼四楼
电　话：0391-3288833
邮　编：454000

中银保险有限公司许昌中心支公司

负责人：董学兵
地　址：许昌市建设路1488号中国银行3楼
电　话：0374-2612711
邮　编：461000

中银保险有限公司南阳中心支公司

负责人：郭万洲
地　址：南阳市七一路124号
电　话：0377-61651170
邮　编：473000

安诚财产保险股份有限公司河南分公司

负责人：张鹏昊
地　址：郑州市黄河路与东三街交叉口绿城黄河锦园1栋7层、8层
电　话：0371-60959158
邮　编：450000

安诚财产保险股份有限公司河南分公司内设部门

人事行政部
负责人：杨靖伟
电　话：0371-53385808

计划财务部
负责人：张延琳
电　话：0371-53385816

业务管理部
负责人：黄　勇
电　话：0371-55260817

理赔管理部
负责人：付　俊
电　话：0371-53385810

安诚财产保险股份有限公司河南分公司分支机构

安诚财产保险股份有限公司洛阳中心支公司

负责人：任江平
地　址：洛阳市涧西区西苑路21号院1号楼5楼
电　话：0379-60107902
邮　编：471000

安诚财产保险股份有限公司南阳中心支公司

负责人：李书亚
地　址：南阳市校场路与独山大道交叉口农机安全监理所办公楼（龙鑫国际大酒店对面）
电　话：0377-60999000
邮　编：473000

安诚财产保险股份有限公司许昌中心支公司

负责人：王　晋
地　址：许昌市东城区紫云路西侧金阁丽苑第10幢西起28-30号
电　话：0374-2283119
邮　编：461000

安诚财产保险股份有限公司鹤壁中心支公司

负责人：胡志勇
地　址：鹤壁市淇滨区淇水大道与朝歌路交叉口金融大厦9层
电　话：0392-3366100
邮　编：458030

安诚财产保险股份有限公司长葛营销服务部

负责人：赵中原
地　址：长葛市老城镇计划生育服务中心三楼
电　话：18903741629
邮　编：461500

中国人寿保险股份有限公司河南省分公司

总经理：王新生

副总经理：李恩林
纪委书记、工会主任：李郑华
副总经理：陈社选　杜　强
地　址：郑州市花园路 52 号
电　话：0371-65633622
邮　编：450008

中国人寿保险股份有限公司河南省分公司内设部门

办公室
负责人：郝永亮
电　话：0371-65633613

人力资源部
负责人：刘　严
电　话：0371-65633916

工会工作部
负责人：李　莉
电　话：0371-65633636

监察审计部
负责人：毛新喜
电　话：0371-65633596

财务管理中心
负责人：何　克
电　话：0371-65633676

业务管理中心
负责人：王　军
电　话：0371-65633996

客户服务管理中心
负责人：吕燕军
电　话：0371-65633808

信息技术部
负责人：张付青
电　话：0371-65633635

个险销售部
负责人：王明臣
电　话：0371-65633728

团体业务部
负责人：韩勇军
电　话：0371-65633869

银行保险部
负责人：高兰伟
电　话：0371-65633718

金融市场部
负责人：张　维
电　话：0371-65633988

健康保险事业部
负责人：王树郑
电　话：0371-65633668

风险管理部 / 合规管理部
负责人：贾智涛
电　话：0371-65633619

教育培训部
负责人：洪　伟
电　话：0371-65633736

中国人寿保险股份有限公司河南省分公司分支机构

中国人寿保险股份有限公司河南省郑州分公司

负责人：徐春成
地　址：郑州市经五路 4 号
电　话：0371-65831066
邮　编：450003

中国人寿保险股份有限公司河南省开封分公司

负责人：张敬明
地　址：开封市公园路东街 38 号
电　话：0371-22995926

邮 编：475002

中国人寿保险股份有限公司河南省洛阳分公司

负责人：高 敏

地 址：洛阳市延安路 159 号

电 话：0379-64816655

邮 编：471003

中国人寿保险股份有限公司河南省平顶山分公司

负责人：乔春明

地 址：平顶山市南环路 72-2 号

电 话：0375-4960166

邮 编：467001

中国人寿保险股份有限公司河南省安阳分公司

负责人：陈世旗

地 址：安阳市文峰大道西段路南

电 话：0372-3987202

邮 编：455000

中国人寿保险股份有限公司河南省鹤壁分公司

负责人：高 峰

地 址：鹤壁市淇滨区黎阳路东段 398 号

电 话：0392-3269199

邮 编：458030

中国人寿保险股份有限公司河南省新乡分公司

负责人：何 克

地 址：新乡市和平大道 185 号

电 话：0373-5022918

邮 编：453003

中国人寿保险股份有限公司河南省焦作分公司

负责人：刘国强

地 址：焦作市塔南路 469 号

电 话：0391-2981266

邮 编：454002

中国人寿保险股份有限公司河南省濮阳分公司

负责人：王金超

地 址：濮阳市金堤路 38 号

电 话：0393-4430054

邮 编：457000

中国人寿保险股份有限公司河南省许昌分公司

负责人：肖智洋

地 址：许昌市前进路 52 号

电 话：0374-2668806

邮 编：461000

中国人寿保险股份有限公司河南省漯河分公司

负责人：冉皓洁

地 址：漯河市黄河路 670 号

电 话：0395-3135688

邮 编：462001

中国人寿保险股份有限公司河南省三门峡分公司

负责人：孙鸿雁

地 址：三门峡市崤山路中段北侧 39 号

电 话：0398-2858099

邮 编：472000

中国人寿保险股份有限公司河南省南阳分公司

负责人：陈志刚

地 址：南阳市独山大道与天山路交叉口

电 话：0377-63505998

邮 编：473000

中国人寿保险股份有限公司河南省商丘分公司

负责人：邓群柱

地 址：商丘市团结路 30 号

电 话：0370-2629338

邮 编：476000

中国人寿保险股份有限公司河南省信阳分公司

负责人：梅 兵

地 址：信阳市华夏路 175 号

电　话：0376-6233666
邮　编：464000

中国人寿保险股份有限公司河南省周口分公司
负责人：庞朝辉
地　址：周口市人民路东段 3 号
电　话：0394-8222283
邮　编：466000

中国人寿保险股份有限公司河南省驻马店分公司
负责人：胡　峰
地　址：驻马店市驿城区交通路 1081 号
电　话：0396-2858397
邮　编：463000

中国人寿保险股份有限公司河南省安阳培训中心
地　址：安阳市龙安区文峰西路
电　话：0372-3987596
邮　编：455000

中国人寿保险股份有限公司河南省济源中心支公司
负责人：苏恒涛
地　址：济源市沁园中路 431 号
电　话：0391-6615060
邮　编：459000

中国平安人寿保险股份有限公司河南分公司

总经理：胡永智
副总经理：李德栋　边瑞峰　孙　政　万冬梅　王化冰　高　博　王　玲　毕　博　张雪莲　刘志坚　王永忠　马庆彬
地　址：郑州市金水路 226 号楷林国际大厦 4、5、7、13、22 楼
电　话：0371-60108121
邮　编：450008

中国平安人寿保险股份有限公司河南分公司内设部门

人力资源部
负责人：张荔函

行政部
负责人：崔　璨

企划部
负责人：梁　梅

财务部
负责人：胡军利

法律合规部
负责人：柴红杰

稽核部
负责人：高宏伟

两核风险管理部
负责人：吴晓娜

客户服务部
负责人：黎　娜

运营督导部
负责人：袁喜梅

运营管理部
负责人：王　佳

销售企划部
负责人：杨　维

营销管理部
负责人：连晓燕

区拓管理部
负责人：牛　菲

综合开拓部
负责人：张夏萍

主管训练部
负责人：徐永宁

业务员训练部
负责人：王文华

网点发展部
负责人：毋艳玲

银保销售支持部
负责人：李洪民

银保销售部
负责人：司建生

中国平安人寿保险股份有限公司河南分公司分支机构

中国平安人寿保险股份有限公司开封中心支公司
负责人：牛晓军
地　址：开封市中山路北段 138 号万宝行宫大厦 8 楼
电　话：0371-23253780
邮　编：475000

中国平安人寿保险股份有限公司洛阳中心支公司
负责人：赵　磊
地　址：洛阳市涧西区南昌路 150 号六合国际大厦 B 座 4 楼
电　话：0379-65291819
邮　编：471000

中国平安人寿保险股份有限公司平顶山中心支公司
负责人：王守胜
地　址：平顶山市湛河区神马大道与开源路交叉口向东 300 米路北湛河区民政局东侧
电　话：0375-2208466
邮　编：467000

中国平安人寿保险股份有限公司安阳中心支公司
负责人：王振陆
地　址：安阳市文峰区中华路与德隆街交叉口向南 100 米路西义乌商贸大厦五楼
电　话：0372-5015008
邮　编：455000

中国平安人寿保险股份有限公司鹤壁中心支公司
负责人：平艳蕾
地　址：鹤壁市淇滨区衡山路与黄河路交叉口向南 100 米三楼
电　话：0392-2268533
邮　编：458030

中国平安人寿保险股份有限公司新乡中心支公司
负责人：常　磊
地　址：新乡市和平路体育馆南邻新乡市投资集团 1-3 层
电　话：0373-5818162
邮　编：453000

中国平安人寿保险股份有限公司焦作中心支公司
负责人：谢　鹏
地　址：焦作市工业路 777 号万基商务楼
电　话：0391-2315000
邮　编：454000

中国平安人寿保险股份有限公司濮阳中心支公司
负责人：王　丽
地　址：濮阳市开州路与中原路交叉口网通公司裙楼 2 楼
电　话：0393-4668800
邮　编：457000

中国平安人寿保险股份有限公司许昌中心支公司
负责人：林　辉
地　址：许昌市魏都区府前路恒达相府独立商业 1 号楼和 1 号院 1 幢南侧东起 1-2 层第 5-8 间
电　话：0374-8378668
邮　编：461000

中国平安人寿保险股份有限公司漯河中心支公司
负责人：崔晓柳
地　址：漯河市郾城区嵩山路北段路东沙田锦绣天地18号楼及19号楼
电　话：0395-3368199
邮　编：462000

中国平安人寿保险股份有限公司三门峡中心支公司
负责人：张　侃
地　址：三门峡市开发区五原路与魏野路交叉口东侧商会大厦A座五楼
电　话：0398-2169511
邮　编：472000

中国平安人寿保险股份有限公司南阳中心支公司
负责人：刘　闯
地　址：南阳市张衡路与明山路交叉口中璟濠庭大楼三楼
电　话：0377-67078218
邮　编：473000

中国平安人寿保险股份有限公司商丘中心支公司
负责人：张　行
地　址：商丘市神火大道东侧香君路南侧汇城国际广场
电　话：0370-2035199
邮　编：476000

中国平安人寿保险股份有限公司信阳中心支公司
负责人：霍　伟
地　址：信阳市浉河区湖东大道与107国道交叉口原联通办公院
电　话：0376-6788986
邮　编：464000

中国平安人寿保险股份有限公司周口中心支公司
负责人：夏国防
地　址：周口市大庆路经贸服务中心综合楼
电　话：0394-8698099
邮　编：466000

中国平安人寿保险股份有限公司驻马店中心支公司
负责人：谢云川
地　址：驻马店市天中山大道与置地大道交叉口向北200米路东1、2、3层
电　话：0396-3319868
邮　编：463000

中国平安人寿保险股份有限公司济源中心支公司
负责人：马瑞华
地　址：济源市济水区济水大道中段南侧盈佳商住楼
电　话：0391-6295500
邮　编：454671

泰康人寿保险有限责任公司河南分公司

总经理：甄洪流
副总经理：郝新春 陈宝芝
地　址：郑州市未来大道69号未来大厦
电　话：0371-65619700
邮　编：450003

泰康人寿保险有限责任公司河南分公司内设部门

办公室
负责人：宋军锋
电　话：0371-65619801

人力资源部
负责人：伍小根
电　话：0371-65619838

计划财务部
负责人：王　璐
电　话：0371-65619858

合规法律与风险管理部
负责人：袁天亮
电　话：0371-65625663

信息技术部
负责人：张润学
电　话：0371-65619898

运营中心运营支持部
负责人：米耀中
电　话：0371-65625600

运营中心综合服务部
负责人：乐　睿
电　话：0371-65625668

营销部
负责人：闫晓森
电　话：0371-65625679

培训部
负责人：范志勇
电　话：0371-65619706

组织发展部
负责人：冯利涛
电　话：0371-65619731

续期收展部
负责人：李开明
电　话：0371-65625689

意健险部
负责人：丁剑琳
电　话：0371-65619761

银保业务部
负责人：韩志锋
电　话：0371-65619760

银保二部
负责人：张永强
电　话：0371-65619788

银保培训部
负责人：岳鹏晖
电　话：0371-65619797

银保续期部
负责人：李　环
电　话：0371-65619701

电话行销部
负责人：刘书锋
电　话：0371-65619880

泰康人寿保险有限责任公司河南分公司分支机构

泰康人寿保险有限责任公司郑州本部
负责人：刘栓柱
地　址：郑州市农业路东 16 号（与政七街交叉口）省汇中心大厦 B 座 16 楼
电　话：0371-86569788

泰康人寿保险有限责任公司开封中心支公司
负责人：郭浩洋
地　址：开封市黄河路北段大宏城市花园 73 号楼 5、6 层
电　话：0371-22215366
邮　编：475000

泰康人寿保险有限责任公司洛阳中心支公司
负责人：江　峰
地　址：洛阳市西工区纱厂路与唐宫路交叉口京都大厦 5 楼
电　话：0379-62209509
邮　编：471000

泰康人寿保险有限责任公司平顶山中心支公司
负责人：曹志伟
地　址：平顶山市开源路 6 号嘉侨商务楼
电　话：0375-2997508
邮　编：467000

泰康人寿保险有限责任公司安阳中心支公司
负责人：申瑞堂
地　址：安阳市开发区海河大道西段中国海关西配楼
电　话：0372-5091066
邮　编：455000

泰康人寿保险有限责任公司鹤壁中心支公司
负责人：刘　义
地　址：鹤壁市淇滨区九州路 119 号天伦燃气大厦四楼
电　话：0392-2697999
邮　编：458000

泰康人寿保险有限责任公司新乡中心支公司
负责人：张津源
地　址：新乡市新中大道 681 号星海如意楼
电　话：0373-2055151
邮　编：453000

泰康人寿保险有限责任公司焦作中心支公司
负责人：牛焕霖
地　址：焦作市山阳区山阳路与人民路交叉口国洋商务写字楼五楼
电　话：0391-2996801
邮　编：454002

泰康人寿保险有限责任公司濮阳中心支公司
负责人：纪鹏飞
地　址：濮阳市卫河路路东 29 号
电　话：0393-4682656
邮　编：457000

泰康人寿保险有限责任公司许昌中心支公司
负责人：刘洪山
地　址：许昌市南关大街 38 号河南证券大厦
电　话：0374-2663928
邮　编：461000

泰康人寿保险有限责任公司漯河中心支公司
负责人：袁传生
地　址：漯河市源汇区五一路南段开源 16# 商住楼
电　话：0395-2117779
邮　编：462000

泰康人寿保险有限责任公司三门峡中心支公司
负责人：万新成
地　址：三门峡市崤山西路水利水电技术开发公司一层、五层
电　话：0398-2937819
邮　编：472000

泰康人寿保险有限责任公司南阳中心支公司
负责人：周文建
地　址：南阳市人民路 149 号鸿雁大厦
电　话：0377-63489871
邮　编：473000

泰康人寿保险有限责任公司商丘中心支公司
负责人：雷建刚
地　址：商丘市睢阳区神火大道与香君路交叉口汇城国际 A 座 21 楼
电　话：0370-8996899
邮　编：476000

泰康人寿保险有限责任公司信阳中心支公司
负责人：李文军
地　址：信阳市浉河区民权路万家灯火城市广场 7#B 栋
电　话：0376-6253799
邮　编：464000

泰康人寿保险有限责任公司周口中心支公司
负责人：王建伟
地　址：周口市五一路市粮食局五楼
电　话：0394-6113866
邮　编：466000

泰康人寿保险有限责任公司驻马店中心支公司
负责人：张　超
地　址：驻马店市天中山大道北段西侧学府大厦壹号

16层北段
电　话：0396-2911776
邮　编：463000

太平人寿保险有限公司河南分公司

总经理：董义堂
总经理助理：贾恒星　周文朴　王　东
地　址：郑州市郑东新区CBD外环路1号蓝码地王大厦5-8楼
电　话：0371-69333899
邮　编：450000

太平人寿保险有限公司河南分公司内设部门

办公室（工会办公室）
负责人：郭云奇
电　话：0371-69333988

人力资源部
负责人：胡立勋
电　话：0371-69333969

财务部
负责人：任耀红
电　话：0371-69333998

企划部
负责人：赵永生
电　话：0371-69333965

风险管理及合规部
负责人：张亚超
电　话：0371-69333925

个人业务部
负责人：吕东红
电　话：0371-86011302

教育培训部
负责人：常　虹
电　话：0371-87518722

综合开拓部
负责人：阮建鹏
电　话：0371-69092009

大项目业务部
负责人：郭　铜
电　话：0371-69092596

银保业务发展部
负责人：林世青
电　话：0371-69333955

银保销售支援部
负责人：李妍琪
电　话：0371-69333955

运营服务部
负责人：王　昭
电　话：0371-69333920

客户服务部
负责人：胡　霞
电　话：0371-69092005

保费部
负责人：张亚超
电　话：0371-69333959

银保财富管理部
负责人：顾晓丽
电　话：0371-69333906

电商销售业务部
负责人：李柯辛
电　话：0371-53361226

太平人寿保险有限公司河南分公司分支机构

太平人寿保险有限公司郑州中心支公司

负责人：刘彦锋
地　址：郑州市郑东新区CBD商务外环路1号蓝码地王大厦5楼
电　话：0371-69092312
邮　编：450000

太平人寿保险有限公司安阳中心支公司

负责人：王肖攀
地　址：安阳市中华路与文昌大道交叉口安阳世贸中心A座六层
电　话：0372-5971929
邮　编：455000

太平人寿保险有限公司洛阳中心支公司

负责人：彭善华
地　址：洛阳市西工区凯旋西路30号
电　话：0379-63123826
邮　编：471000

太平人寿保险有限公司南阳中心支公司

负责人：马德化
地　址：南阳市滨河东路圣泰假日酒店3-4楼
电　话：0377-66086119
邮　编：473000

太平人寿保险有限公司平顶山中心支公司

负责人：王志杰
地　址：平顶山市凌云路与园林路交叉口西南角商务楼6楼
电　话：0375-2978686
邮　编：467000

太平人寿保险有限公司驻马店中心支公司

负责人：时玉存
地　址：驻马店市雪松路与天中山大道交叉口四楼、六楼
电　话：0396-2662600
邮　编：463000

太平人寿保险有限公司新乡中心支公司

负责人：周利川
地　址：新乡市金穗大道688号商会大厦A座19楼
电　话：0373-2681929
邮　编：453000

太平人寿保险有限公司周口中心支公司

负责人：彭真伟
地　址：周口市八一路中段外贸大厦
电　话：0394-8352990
邮　编：466000

太平人寿保险有限公司信阳中心支公司

负责人：尹　强
地　址：信阳市浉河区湖东大道湖东花园小区2号楼东侧1-3楼
电　话：0376-6192572
邮　编：464000

太平人寿保险有限公司漯河中心支公司

负责人：姚会鑫
地　址：漯河市人民路美盛国际大厦A座四楼
电　话：0395-3288799
邮　编：462000

太平人寿保险有限公司三门峡中心支公司

负责人：杜晓鹏
地　址：三门峡市崤山路30号
电　话：0398-2976080
邮　编：472000

太平人寿保险有限公司开封中心支公司

负责人：郭广胜
地　址：开封市大梁路与西环路交叉口银地商务广场C号楼七层
电　话：0371-23389579
邮　编：475000

太平人寿保险有限公司焦作中心支公司
负责人：冉爱军
地　址：焦作市山阳区山阳路 3292 号豫龙商贸城 7 号楼
电　话：0391-3696799
邮　编：454100

太平人寿保险有限公司商丘中心支公司
负责人：应飞鹏
地　址：商丘市梁园区凯旋路西民主路北华联商务大厦 1、4、5、6 楼
电　话：0370-2255863
邮　编：476000

太平人寿保险有限公司濮阳中心支公司
负责人：李德刚
地　址：濮阳市中原路西段招标代理中心 4 楼
电　话：0393-8999228
邮　编：457000

太平人寿保险有限公司许昌中心支公司
负责人：宋佳佳
地　址：许昌市东城区智慧大道西侧许都路南侧中央金座 C 座 3 层、8 层
电　话：0374-2991929
邮　编：461000

合众人寿保险股份有限公司河南分公司

总经理：吴　鹏
副总经理：范鹏飞　周志权
地　址：郑州市农业路 72 号国际企业中心 A 座 21 楼
电　话：0371-60917888
邮　编：450000

合众人寿保险股份有限公司河南分公司内设部门
人力资源部
负责人：宣保华
电　话：0371-60917888-68665

办公室
负责人：张海生
电　话：0371-60917888-68658

财务部
负责人：王小秋
电　话：0371-60917888-68656

运营部
负责人：张首英
电　话：0371-60917888-68052

营销部
负责人：冯伟涛
电　话：0371-60917888-68092

培训部
负责人：许　毅
电　话：0371-60917888-68628

保费部
负责人：关献红
电　话：0371-60917888-68086

团险部
负责人：华洲锋
电　话：0371-60917888-68663

银代部
负责人：冯　波
电　话：0371-60917888-68633

企划部
负责人：王松召
电　话：0371-60917888-68052

风险合规部
负责人：王松召（兼）
电　话：0371-60917888-68052

合众人寿保险股份有限公司河南分公司分支机构

合众人寿保险股份有限公司开封中心支公司

负责人：王　磊
地　址：开封市鼓楼区中山路北段朱雀苑综合楼
电　话：0371-23156113
邮　编：475000

合众人寿保险股份有限公司洛阳中心支公司

负责人：黄新亮
地　址：洛阳市西工区中州中路 429 号君临广场·华府 5 号楼 2-3 层
电　话：0379-62789995
邮　编：471000

合众人寿保险股份有限公司平顶山中心支公司

负责人：史　钟
地　址：平顶山市开源路北段西 55 号开源商贸广场 6 号楼 6 楼
电　话：0375-7673979
邮　编：467000

合众人寿保险股份有限公司安阳中心支公司

负责人：楮彦彬
地　址：安阳市文峰区文峰大道东段兴社办公楼
电　话：0372-3735006
邮　编：455000

合众人寿保险股份有限公司鹤壁中心支公司

负责人：王利霞
地　址：鹤壁市淇滨区华夏南路正阳商业广场 2 号楼 4 楼
电　话：0392-2215016
邮　编：458030

合众人寿保险股份有限公司新乡中心支公司

负责人：李慧霞
地　址：新乡市人民路与劳动路交汇口金桂大厦 7 层
电　话：0373-5812899
邮　编：453000

合众人寿保险股份有限公司焦作中心支公司

负责人：马　伟
地　址：焦作市建设西路 39 号幢 1
电　话：0391-2318288
邮　编：454000

合众人寿保险股份有限公司濮阳中心支公司

负责人：焦洪辉
地　址：濮阳市市辖区建设路北、京开大道中段路西
电　话：0393-5399806
邮　编：457000

合众人寿保险股份有限公司许昌中心支公司

负责人：朱　铭
地　址：许昌市文峰路与建安大道交叉口西南角银都国际商务公寓 19A 层
电　话：0374-2166016
邮　编：461000

合众人寿保险股份有限公司南阳中心支公司

负责人：陈建红
地　址：南阳市中州路 572 号原商业局办公楼 10、11 层
电　话：0377-83993766
邮　编：473003

合众人寿保险股份有限公司商丘中心支公司

负责人：张占伟
地　址：商丘市八一路与凯旋路交叉口德信商务大厦 A 座三楼
电　话：0370-2029288
邮　编：476000

合众人寿保险股份有限公司信阳中心支公司

负责人：张首英（兼）
地　址：信阳市浉河区中山路 178 号建行信阳分行中山支行办公楼
电　话：0376-6295515
邮　编：464000

合众人寿保险股份有限公司周口中心支公司

负责人：范鹏飞（兼）
地　址：周口市中州大道南段汇林凤凰苑四期东门北侧
电　话：0394-8288560
邮　编：466000

合众人寿保险股份有限公司驻马店中心支公司

负责人：李艳林
地　址：驻马店市金雀路西段南侧谷邢庄小区驿通商务楼
电　话：0396-2887222
邮　编：463000

合众人寿保险股份有限公司漯河中心支公司

负责人：刘　慧
地　址：漯河市五一路 588 号
电　话：0395-5818369
邮　编：462000

富德生命人寿保险股份有限公司河南分公司

副总经理（主持工作）：杨相东
总经理助理：褚立波　王利新　未伏庆
地　址：郑州市商务外环路 24 号 10、11 楼
电　话：0371-87077884
传　真：0371-87077998
邮　编：450000

富德生命人寿保险股份有限公司河南分公司内设部门

办公室
负责人：李小强
电　话：0371-87077927

人力资源部
负责人：张亚娟
电　话：0371-87077870

财务部
负责人：翟长征
电　话：0371-87077837

法律合规部
负责人：宋雁超
电　话：0371-87077866

企划部
负责人：徐雪娜
电　话：0371-87077807

核保核赔部
负责人：刘　军
电　话：0371-87077900

客户服务部
负责人：王燕霞
电　话：0371-87077821

营销业务部
负责人：左晓辉
电　话：0371-87077839

培训部
负责人：赵冬丽
电　话：0371-87077876

银保管理部
负责人：张　策
电　话：0371-87077925

银保培训部
负责人：孙玉红
电　话：0371-87077915

经纪代理部
负责人：王云星
电　话：0371-87077913

团险部
负责人：于亚丽
电　话：0371-87077920

保费部
负责人：李晓刚
电　话：0371-87077869

富德生命人寿保险股份有限公司河南分公司分支机构

富德生命人寿保险股份有限公司新乡中心支公司
负责人：马武军
地　址：新乡市平原路88号开源国际商务广场楼4层
电　话：0373-5195535
邮　编：453000

富德生命人寿保险股份有限公司南阳中心支公司
负责人：裴　飞
地　址：南阳市人民路149号
电　话：0377-61610006
邮　编：473000

富德生命人寿保险股份有限公司洛阳中心支公司
负责人：韩富荣
地　址：洛阳市西工凯旋东路55号天仁商务楼8、9层
电　话：0379-62228800
邮　编：471000

富德生命人寿保险股份有限公司郑州中心支公司
负责人：杨　峰
地　址：郑州市金水区经三北路32号1号楼
电　话：0371-65788267
邮　编：450002

富德生命人寿保险股份有限公司焦作中心支公司
负责人：荆振军
地　址：焦作市解放区友谊路628号
电　话：0391-3696663
邮　编：454000

富德生命人寿保险股份有限公司驻马店中心支公司
负责人：苑乃松
地　址：驻马店市团结路218号
电　话：0396-3335555
邮　编：463000

富德生命人寿保险股份有限公司开封中心支公司
负责人：于红利
地　址：开封市龙亭区新都汇购物广场2楼
电　话：0371-22110666
邮　编：475000

富德生命人寿保险股份有限公司安阳中心支公司
负责人：陈　意
地　址：安阳市东工路与德隆街交叉口西南角
电　话：0372-3280528
邮　编：455000

富德生命人寿保险股份有限公司平顶山中心支公司
负责人：郭文峰
地　址：平顶山市湛河区南环路与新华路交叉口西200米路南
电　话：0375-7081629
邮　编：467000

富德生命人寿保险股份有限公司信阳中心支公司
负责人：娄纪伟
地　址：信阳市浉河区中山路136号弘运鑫鑫广场
电　话：0376-6505355
邮　编：464000

富德生命人寿保险股份有限公司周口中心支公司
负责人：史卫杰
地　址：周口市川汇区太昊路北侧大闸路西侧升禾宽世界
电　话：0394-6073888
邮　编：466000

富德生命人寿保险股份有限公司许昌中心支公司
负责人：郭克明
地　址：许昌市劳动路七彩城3号楼

电　话：0374-2797018
邮　编：461000

富德生命人寿保险股份有限公司濮阳中心支公司
负责人：左献云
地　址：濮阳市开州路南段路东聚源酒店 6 楼
电　话：0393-6121916
邮　编：457000

富德生命人寿保险股份有限公司商丘中心支公司
负责人：未伏庆
地　址：商丘市文化路北（市华油燃料有限公司临街综合楼）
电　话：0370-2233775
邮　编：476000

富德生命人寿保险股份有限公司漯河中心支公司
负责人：张荣典
地　址：漯河市源汇区人民西路 150 号华大商厦
电　话：0395-3195535
邮　编：462000

富德生命人寿保险股份有限公司鹤壁中心支公司
负责人：李德波
地　址：鹤壁市淇滨区九州路西段四季青 2# 商业楼
电　话：0392-3295535
邮　编：458030

富德生命人寿保险股份有限公司三门峡中心支公司
负责人：张进林
地　址：三门峡市建设路中段新城花园一号楼二层
电　话：0398-2116668
邮　编：472000

富德生命人寿保险股份有限公司济源中心支公司
负责人：陈小东
地　址：济源市文昌中路商务中心 3 楼
电　话：0391-6269777
邮　编：459000

中荷人寿保险有限公司河南省分公司

总经理：屠　佳
地　址：郑州市金水区黄河路 11 号豫粮大厦 11 层、12 层
电　话：0371-60125612
邮　编：450003

中荷人寿保险有限公司河南省分公司内设部门
客户服务部
负责人：吴会丽
电　话：0371-60125648

财务部
负责人：李战军
电　话：0371-60125698

人力资源部
负责人：刘丽香
电　话：0371-60125695

综合管理部
负责人：贾　佳
电　话：0371-60125675

训练部
负责人：张俊英
电　话：0371-60125634

个险业务部
负责人：宋　军
电　话：0371-60125696

银行保险部
负责人：王　伟
电　话：0371-60125612

经代部
负责人：黄　娥

电　话：0371-60125626

中荷人寿保险有限公司河南省分公司分支机构

中荷人寿保险有限公司郑州中心支公司

负责人：张俊英

地　址：郑州市农业路 16 号省汇中心二号楼

电　话：0371-60125634

邮　编：450000

中荷人寿保险有限公司洛阳中心支公司

负责人：方　庆

地　址：洛阳市延安路 161 号富地国际 A 座 3 层、11 层，B 座 3 层

电　话：0379-65185899

邮　编：471000

中荷人寿保险有限公司荥阳营销服务部

负责人：程志学

地　址：荥阳市索河路东段南侧京城大街 54 号 1 层 139 号；2-3 层 137、139 号

电　话：0371-63259900

邮　编：450100

中荷人寿保险有限公司新密营销服务部

负责人：淡　杭

地　址：新密市溱水路 8 号香山雅居 5 号楼

电　话：0371-60281098

邮　编：452370

中荷人寿保险有限公司登封营销服务部

负责人：李沅航

地　址：登封市崇福路和崇高路交叉口北 100 米

电　话：0371-60166601

邮　编：452400

中荷人寿保险有限公司巩义营销服务部

负责人：齐　勇

地　址：巩义市新兴路 41 号 44 号楼附 2 号

电　话：0371-60269998

邮　编：451200

中荷人寿保险有限公司安阳营销服务部

负责人：陈　钢

地　址：安阳市文峰区平原路东方金典小区 1 号楼

电　话：0372-3695678

邮　编：455000

中荷人寿保险有限公司焦作营销服务部

负责人：宋　军

地　址：焦作市解放中路 236 号远大南北苑（南苑）大厦 1 号楼 1 单元 8 层

电　话：0391-3656618

邮　编：454000

平安养老保险股份有限公司河南分公司

总经理：程延龙

副总经理：周　豪　周　萍

地　址：郑州市东风南路与金水东路绿地原盛国际 C 座卫华大厦 9 楼

电　话：0371-60119000

邮　编：450003

平安养老保险股份有限公司河南分公司内设部门

人事行政部

负责人：胡　芳

电　话：0371-60108226

财务企划部

负责人：谢　磊

电　话：0371-60108053

直销渠道部

负责人：任荣耀

电　话：0371-60119069

年金业务部
负责人：孙剑波
电　话：0371-60108049

保险运营部
负责人：刘全兵
电　话：0371-60108095

保险业务部
负责人：陈梦怡
电　话：0371-53361191

综合渠道部
负责人：郑　华
电　话：0371-60108207

平安养老保险股份有限公司河南分公司分支机构

平安养老保险股份有限公司许昌中心支公司
负责人：张　杨
地　址：许昌市春秋广场天伦燃气大厦8楼
电　话：0374-8370999
邮　编：461000

平安养老保险股份有限公司洛阳中心支公司
负责人：高志建
地　址：洛阳市西工区中州中路216号邮政大厦13层1301-1303层
电　话：0379-65229101
邮　编：471000

平安养老保险股份有限公司新乡中心支公司
负责人：杜建忠
地　址：新乡市金穗大道（东）688号商会大厦A单元A2003室
电　话：0373-5837188
邮　编：453000

平安养老保险股份有限公司焦作中心支公司
负责人：李　蔚
地　址：焦作市塔南路160号万方办公楼11楼
电　话：0391-3666502
邮　编：454002

平安养老保险股份有限公司平顶山中心支公司
负责人：宋国献
地　址：平顶山市新华区开源路55号院开元商贸广场6号楼4楼
电　话：0375-7029889
邮　编：467000

平安养老保险股份有限公司商丘中心支公司
负责人：李英华
地　址：商丘市睢阳区神火大道中段路西新城国际28号楼
电　话：0370-5078939
邮　编：476000

平安养老保险股份有限公司驻马店中心支公司
负责人：王　征
地　址：驻马店市骏马路与通达路交叉口瀚宇天中豪园7号楼
电　话：0396-3570061
邮　编：463001

平安养老保险股份有限公司濮阳中心支公司
负责人：王洪义
地　址：濮阳市华龙区开州北路5号
电　话：0393-8917701
邮　编：457001

平安养老保险股份有限公司兰考中心支公司
负责人：王占力
地　址：兰考县城区气象站路北
电　话：0371-23309106
邮　编：475300

平安养老保险股份有限公司巩义中心支公司
负责人：郭宗伟
地　址：巩义市东区惠民路与新兴路交叉口恒星皇家

花园 2 号楼
电　话：0371-60262201
邮　编：451200

平安养老保险股份有限公司滑县中心支公司
负责人：李跃坤
地　址：安阳市滑县道口镇人民路南段路西
电　话：0372-5505511
邮　编：456400

平安养老保险股份有限公司济源中心支公司
负责人：古全军
地　址：济源市济源大道与愚公路交叉口东北角东方国际花园 2 号楼
电　话：0391-6298598
邮　编：459099

平安养老保险股份有限公司鹤壁中心支公司
负责人：张翼骋
地　址：鹤壁市淇滨区淇滨大道与兴鹤大街交叉口东南角汇金大厦 8 号楼
电　话：0392-2262286
邮　编：458000

平安养老保险股份有限公司永城中心支公司
负责人：马　翔
地　址：永城市东城区东方大道东段南侧合众东城雅居
电　话：0370-6735567
邮　编：476600

中国人民人寿保险股份有限公司河南省分公司

总经理：白　锋
副总经理：陈国良　常国民
地　址：郑州市郑东新区商务外环路 24 号中国人保大厦 21 层
电　话：0371-69068283
邮　编：450046

中国人民人寿保险股份有限公司河南省分公司内设部门
人力资源部
负责人：寇春晓
电　话：0371-69068109

综合部
负责人：刘文革
电　话：0371-69068193

计财部
负责人：郎　涛
电　话：0371-69068114

个险部
负责人：周　本
电　话：0371-69068366

银保部
负责人：秦永伟
电　话：0371-69068126
团险部
负责人：戚永亮
电　话：0371-69068128

互动部
负责人：璩江洪
电　话：0371-69068106

业管 / 客服部
负责人：张青海
电　话：0371-69068198

培训企划部
负责人：梁　勇
电　话：0371-63680719

法律合规部
负责人：王新毅
电　话：0371-69068158

监察审计部

负责人：王新毅

电　话：0371-69068158

战略客户部

负责人：秦义星

电　话：0371-55186060

银行渠道发展项目组

负责人：郭晓强

电　话：0371-61318935

中国人民人寿保险股份有限公司河南省分公司分支机构

中国人民人寿保险股份有限公司郑州中心支公司

负责人：刘廷杰

地　址：郑州市郑东新区商务外环路24号中国人保大厦5层

电　话：0371-68085529

邮　编：450046

中国人民人寿保险股份有限公司开封中心支公司

负责人：孙跃武

地　址：开封市黄河大街北段17号2号楼

电　话：0371-22881717

邮　编：475004

中国人民人寿保险股份有限公司洛阳中心支公司

负责人：李宏超

地　址：洛阳市涧西区西苑路24号人保财险洛阳市分公司办公楼

电　话：0379-64935598

邮　编：471000

中国人民人寿保险股份有限公司平顶山中心支公司

负责人：任培红

地　址：平顶山市湛河区诚朴路南段东侧新家园综合楼5层

电　话：0375-7052116

邮　编：467000

中国人民人寿保险股份有限公司安阳中心支公司

负责人：张青海

地　址：安阳市开发区文昌大道东段309号金色维也纳住宅小区9号写字楼20层01号

电　话：0372-3162233

邮　编：455000

中国人民人寿保险股份有限公司鹤壁中心支公司

负责人：戚永亮

地　址：鹤壁市淇滨区黄河路北侧、太行路西侧豫鑫大厦1-2层东105铺和4层

电　话：0392-3216222

邮　编：458030

中国人民人寿保险股份有限公司新乡中心支公司

负责人：朱建军

地　址：新乡市人民东路与新中大道东南角新乡市人民防空指挥中心第四层

电　话：0373-3378999

邮　编：453003

中国人民人寿保险股份有限公司焦作中心支公司

负责人：常国民

地　址：焦作市山阳区焦东南路与人民路交叉口林源大厦

电　话：0391-3553535

邮　编：454002

中国人民人寿保险股份有限公司濮阳中心支公司

负责人：璩江洪

地　址：濮阳市黄河路西段人保财险濮阳分公司办公楼第1-2层

电　话：0393-6686968

邮　编：457000

中国人民人寿保险股份有限公司许昌中心支公司

负责人：秦华萍

地　址：许昌市东城区莲城大道1276号

电　话：0374-2122366

邮　编：461000

中国人民人寿保险股份有限公司漯河中心支公司

负责人：刘占领
地　址：漯河市郾城区黄河西路北侧 19 幢 1、2、3 号
电　话：0395-5758999
邮　编：462000

中国人民人寿保险股份有限公司三门峡中心支公司

负责人：刘冠敏
地　址：三门峡市商务中心区大岭南路东商务一街南福地大厦十五层及十六层部分
电　话：0398-2280890
邮　编：472000

中国人民人寿保险股份有限公司南阳中心支公司

负责人：寇春晓
地　址：南阳市宛城区仲景路与范蠡路交叉口东南角恒方广场 2 号楼 1 单元 22、23 层
电　话：0377-63887003
邮　编：473000

中国人民人寿保险股份有限公司商丘中心支公司

负责人：高　强
地　址：商丘市八一路东段南侧
电　话：0370-2651609
邮　编：476100

中国人民人寿保险股份有限公司信阳中心支公司

负责人：陈国良
地　址：信阳市浉河区湖东大道南侧祥云综合楼第 10、11 层
电　话：0376-6212099
邮　编：464000

中国人民人寿保险股份有限公司周口中心支公司

负责人：韦运刚
地　址：周口市工农路南段锦绣春天综合楼
电　话：0394-8685968
邮　编：466000

中国人民人寿保险股份有限公司驻马店中心支公司

负责人：霍清梅
地　址：驻马店市通达路 11 号爱家会展国际 5 号楼 B 栋第 16、17 层
电　话：0396-2886606
邮　编：463000

中国人民人寿保险股份有限公司济源中心支公司

负责人：李　宁
地　址：济源市高新区沁园路与开南路交叉口东南角锦江商务公馆 23 层
电　话：0391-6839944
邮　编：454650

信泰人寿保险股份有限公司河南分公司

总经理：祁玉霞
总经理助理：李　岩
地　址：郑州市郑东新区商务外环路 19 号农信大厦 20 楼
电　话：0371-86565600
邮　编：450018

信泰人寿保险股份有限公司河南分公司内设部门

人事行政部
负责人：王　曦
电　话：0371-86565601

财务部
负责人：仝　勇
电　话：0371-86565608

运营部
负责人：李凯红
电　话：0371-86565600-68031

个人业务部
负责人：郝志强

电　话：0371-86565600-68077

中介业务部
负责人：王华昌
电　话：0371-86565622

银行保险部
负责人：李　岩
电　话：0371-86565633

续收保费部
负责人：黄素霞
电　话：0371-86565600-68055

合规及风险管理部
负责人：毕天君
电　话：0371-86565600-68003

信泰人寿保险股份有限公司河南分公司分支机构

信泰人寿保险股份有限公司洛阳中心支公司
负责人：袁祥海
地　址：洛阳市西工区凯旋西路和王城大道交叉口建设大厦东座 10 楼
电　话：0379-63335526
邮　编：471000

信泰人寿保险股份有限公司安阳中心支公司
负责人：张靖罡
地　址：安阳市殷都区中州路中段路东 1 号院 1-2 楼
电　话：0372-3876963
邮　编：455000

信泰人寿保险股份有限公司新乡中心支公司
负责人：于保华
地　址：新乡市新中大道 560 号新视小区 13 号楼 1 单元 1 层 101 、102 室
电　话：0373-2028890
邮　编：453000

信泰人寿保险股份有限公司濮阳中心支公司
负责人：曹　樯
地　址：濮阳市黄河路与京开大道交叉口西北角商用楼五楼
电　话：0393-6179399
邮　编：457000

信泰人寿保险股份有限公司许昌中心支公司
负责人：张小红
地　址：许昌市春秋广场东侧天伦大厦 10 楼
电　话：0374-2037788
邮　编：461000

信泰人寿保险股份有限公司南阳中心支公司
地　址：南阳市卧龙路 382 号
电　话：0377-61597805
邮　编：473000

信泰人寿保险股份有限公司商丘中心支公司
负责人：汤翠芳
地　址：商丘市八一路与中州路交叉口向东 100 米路南
电　话：0370-2080186
邮　编：476000

信泰人寿保险股份有限公司周口中心支公司
负责人：何建朋
地　址：周口市川汇区人民路与八一路交叉口一楼、二楼
电　话：0394-7815017
邮　编：466600

信泰人寿保险股份有限公司驻马店中心支公司
负责人：翟　冰
地　址：驻马店市雪松大道西段北侧和谐小区 1 号楼（南楼）1 至 2 层
电　话：0396-3733901
邮　编：463000

国华人寿保险股份有限公司河南分公司

总经理：杨忠良
副总经理：徐洪超
地　址：郑州市郑东新区商务外环路 19 号河南农信大厦 12 楼
电　话：0371-60188000
邮　编：450040

国华人寿保险股份有限公司河南分公司内设部门

人事行政部
负责人：孙　虎（兼职）
电　话：0371-60232650

人事负责人：黄晓娟
电　话：0371-60232609

风险合规部
负责人：孙　虎
电　话：0371-60232650

财务会计部
负责人：贾志新
电　话：0371-60232617

多元部
负责人：解敬波
电　话：0371-60232655

营销部
负责人：郭亚新
电　话：0371-60232636
培训部
负责人：尚　斐
电　话：0371-60232633

银行保险部
负责人：张志勇
电　话：0371-60232699

运营部
负责人：龙振国
电　话：0371-60232611

续收部
负责人：赵　伟
电　话：0371-60232652

国华人寿保险股份有限公司河南分公司分支机构

国华人寿保险股份有限公司平顶山中心支公司

负责人：刘井峰
地　址：平顶山市湛河区湛南路东段“东方星河湾小区”3 号楼底商及二楼
电　话：0375-2286806
邮　编：467000

国华人寿保险股份有限公司新乡中心支公司

负责人：焦晓东
地　址：新乡市金穗大道（原南三道）111 号附 3 号
电　话：0373-5818068
邮　编：453000

国华人寿保险股份有限公司南阳中心支公司

负责人：史晓凯
地　址：南阳市建设路鸭灌局 5 楼、6 楼
电　话：0377-60990099
邮　编：473000

国华人寿保险股份有限公司周口中心支公司

负责人：谢亚丽
地　址：周口市七一路中段天下诚 16 楼
电　话：0394-8698388
邮　编：466000

国华人寿保险股份有限公司焦作中心支公司

负责人：谢贵宾
地　址：焦作市解放区新园路 247 号
电　话：0391-3686688
邮　编：454150

国华人寿保险股份有限公司濮阳中心支公司

负责人：徐洪超（兼职）
地　址：濮阳市振兴中路路东颐和明珠11层
电　话：0393-8760501
邮　编：457000

国华人寿保险股份有限公司商丘中心支公司

负责人：韩尚梅（兼职）
地　址：商丘市中州路与文化路交叉口西北角静馨园小区大门南门面房
电　话：0370-2027799
邮　编：476000

国华人寿保险股份有限公司信阳中心支公司

负责人：黄　超
地　址：信阳市浉河区新华西路164号盛弘·郎庭小区6号楼4层
电　话：0376-6199658
邮　编：464000

国华人寿保险股份有限公司驻马店中心支公司

负责人：王　伟
地　址：驻马店市驿城区交通路999号民生证券大楼二层西侧与三楼东侧
电　话：0396-3330566
邮　编：463000

国华人寿保险股份有限公司河南营销本部

负责人：曹　娟
地　址：郑州市金水区农业路72号1号楼24层2406号
电　话：0371-55157337
邮　编：450040

国华人寿保险股份有限公司河南银行保险部本部

负责人：孟银龙
地　址：郑州市郑东新区商务外环路19号河南农信大厦12楼
电　话：0371-60232626
邮　编：450040

华泰人寿保险股份有限公司河南分公司

总经理：胡振波
总经理助理：张智玲　王晓东
地　址：郑州市花园路63号1号楼7层
电　话：0371-67558089
传　真：0371-65501919
邮　编：450008

华泰人寿保险股份有限公司河南分公司内设部门

办公室
负责人：张志萍
电　话：0371-67558025

人力资源部
负责人：宋婷婷
电　话：0371-67558075

财务部
负责人：潘　莉
电　话：0371-67558039

机构发展部
负责人：王学广
电　话：0371-67558078

内控合规部
负责人：陈黎新
电　话：0371-86258731

运营部
负责人：李　莉
电　话：0371-67558022

收展部
负责人：贺绍团

电　话：0371-67558019

个人业务部
负责人：胡振波（兼任）
电　话：0371-67558001

银行保险部
负责人：张四龙
电　话：0371-67558096

团体客户部
负责人：王　刚
电　话：0371-67558008

教育培训部
负责人：董勇峰
电　话：0371-67558011

华泰人寿保险股份有限公司河南分公司分支机构

华泰人寿保险股份有限公司洛阳中心支公司
负责人：冯小建
地　址：洛阳市西工区王城大道24号
电　话：0379-69965901
邮　编：471000

华泰人寿保险股份有限公司焦作中心支公司
负责人：张智玲（兼任）
地　址：焦作市解放区建设西路39号友谊财富大厦五楼（6505/6507/6508号）
电　话：0391-3758811
邮　编：454000

华泰人寿保险股份有限公司漯河中心支公司
负责人：张庆华
地　址：漯河市郾城区嵩山东支路与岷江路交叉口摩尔时代建业智慧港A座15层01、03-07号
电　话：0395-3389001
邮　编：462000

华泰人寿保险股份有限公司许昌中心支公司
负责人：李　莉
地　址：许昌市南关大街西侧西楼
电　话：0374-8588002
邮　编：461000

华泰人寿保险股份有限公司安阳中心支公司
负责人：马　腾
地　址：安阳市人民大道126号（原国税局营办楼）8楼
电　话：0372-5998901
邮　编：455000

华泰人寿保险股份有限公司南阳中心支公司
负责人：申愿伟
地　址：南阳市卧龙区人民路北段5号楼401
电　话：0377-61518866
邮　编：473000

华泰人寿保险股份有限公司周口中心支公司
负责人：朱军伟
地　址：周口市川汇区八一路一峰大厦4、5楼
电　话：0394-6077701
邮　编：466000

华泰人寿保险股份有限公司开封中心支公司
负责人：耿东方
地　址：开封市龙亭区西门大街西苑小区6号楼2层
电　话：0371-23396111
邮　编：475000

华泰人寿保险股份有限公司新乡中心支公司
负责人：王晓东（兼任）
地　址：新乡市人民路三分区1号楼靖业房产中楼5层
电　话：0373-2045601
邮　编：453000

华泰人寿保险股份有限公司济源营销服务部
负责人：魏世柯

地　址：济源市学苑西路北侧长基置业有限公司 1 号楼东 1 单元 1-2 楼商铺
电　话：0391-6968181
邮　编：454650

华泰人寿保险股份有限公司驻马店中心支公司
负责人：王学广
地　址：驻马店市驿城区天中山大道与淮河大道交叉口白金名邸
电　话：0396-2827966
邮　编：463000

华泰人寿保险股份有限公司平顶山中心支公司
负责人：张　辉
地　址：平顶山市湛河区南环路 27 号天苑小区（制革厂家属院）对面 3 楼
电　话：0375-7081202
邮　编：467000

太平养老保险股份有限公司河南分公司

总经理：刘世文
地　址：郑州市郑东新区东风南路与创业路南绿地之窗景峰座 7 楼南 047 号
电　话：0371-69333962
邮　编：450016

太平养老保险股份有限公司河南分公司内设部门
综合管理部
负责人：白　森
电　话：0371-63993962

财务部
负责人：张黎平
电　话：0371-69333932

团险业务部 - 营销
负责人：张　杰
电　话：0371-85511157

养老金业务部
负责人：张　涛
电　话：0371-53627361

团险管理部
负责人：杨　辉
电　话：0371-69092369

中国华融资产管理股份有限公司河南省分公司

总经理：孟玲虎
副总经理：李建共　刘向阳　周　烨
地　址：郑州市西大街 136 号
电　话：0371-55619115
邮　编：450000

中国华融资产管理股份有限公司河南省分公司内设部门
综合管理部
负责人：李　杰
电　话：0371-55619139

业务管理部
负责人：潘向辉
电　话：0371-55619177

法律评估部
负责人：华　伟
电　话：0371-55619228

计划财务部
负责人：殷淑钧
电　话：0371-55619118

风险合规部
负责人：李　辉

电　话：0371-55619175

业务一部
负责人：孙　锐
电　话：0371-55619131

业务二部
负责人：陈　冬
电　话：0371-55619135

业务三部
负责人：叶广义
电　话：0371-55619156

业务一组
负责人：卫效义
电　话：0371-55619150

业务二组
负责人：金宗生
电　话：0371-55619171

业务三组
负责人：冉会勇
电　话：0371-55619137

业务四组
负责人：孙濛峥
电　话：0371-55619181

中国长城资产管理股份有限公司河南省分公司

总经理：赵　宇
副总经理：刘向明　徐建斌
副巡视员：王修平
地　址：郑州市红专路 82 号
电　话：0371-65510372
邮　编：450008

中国长城资产管理股份有限公司河南省分公司内设部门

综合管理部（监察审计部）
负责人：李红光
电　话：0371-65510364

资金财务部（信息技术部）
负责人：潘弋江
电　话：0371-65510367

业务管理部（业务审核部）
负责人：郭关献
电　话：0371-65510200

法律合规部
负责人：杜　军
电　话：0371-65510373

资产经营部业务一部
负责人：张留勋
电　话：0371-65510097

资产经营部业务二部
负责人：董自发
电　话：0371-65510375

投资投行部业务一部
负责人：薛保中
电　话：0371-65510356

投资投行部业务二部
负责人：宋红军
电　话：0371-65510292

城镇化金融业务部业务一部
负责人：牛雁波
电　话：0371-65510284

城镇化金融业务部业务二部
负责人：袁　智

电　话：0371-65510274

协同业务部业务一部
负责人：殷　梅
电　话：0371-65510267

协同业务部业务二部
负责人：黄　粲
电　话：0371-65510094

科迪退出变现项目组
负责人：宋红军
电　话：0371-65510292

中国东方资产管理股份有限公司河南省分公司

总经理：朱　杰
地　址：郑州市农业路东 26 号
电　话：0371-65744716
邮　编：450008

中国东方资产管理股份有限公司河南省分公司内设部门

资金财会部
负责人：李文莉

风险管理部
负责人：孙国红

综合管理部
负责人：朱联合

资产经营一部
负责人：谢长青

资产经营二部
负责人：杨明生

中国信达资产管理股份有限公司河南省分公司

负责人：薛建国
地　址：郑州市丰产路 28 号信达大厦
电　话：0371-63865608
传　真：0371-63865600
邮　编：450002

中国信达资产管理股份有限公司河南省分公司内设部门

综合管理处
处　长：朱来成
电　话：0371-63865603

计划财务处
副处长：刘志红
电　话：0371-63865676

业务审核处
副处长：胡志鸣
电　话：0371-63865662

风险管理处
处　长：杜贵银
电　话：0371-63865658

业务一处
处　长：荀士栋
电　话：0371-63865636

业务二处
处　长：王　玲
电　话：0371-63865616

业务三处
副处长：郑肖雷
电　话：0371-63865656

业务四处
副处长：李晟明
电　话：0371-63865620

业务五处
处　长：杨运锋
电　话：0371-63865673

业务六处
处　长：朱云松
电　话：0371-63865637

中原资产管理有限公司

总　裁：岳胜利
地　址：郑州市郑东新区才高街 6 号东方鼎盛中心 B 座 14-16 楼
电　话：0371-61777575
传　真：0371 61777576
邮　编：450018

中原资产管理有限公司内设部门

综合管理部
负责人：茹乐峰
电　话：0371-61777618

计划财务部
负责人：刘万红
电　话：0371-61777601

风险合规部
负责人：韩曙光
电　话：0371-61779612

资产经营部
负责人：吴　杰
电　话：0371-61777568

投资银行部
负责人：康赞亮
电　话：0371-66671658

党群工作办公室、纪检监察室
负责人：贾燕杰
电　话：0371-61777598

中原信托有限公司

董事长：黄曰珉
总　裁：崔泽军
副总裁：姬宏俊　薛怀宇　李信凤　赵　阳
地　址：郑州市郑东新区商务外环路 24 号中国人保大厦 25-28 层
电　话：0371-88861888
传　真：0371-86236020
邮　编：450016

百瑞信托有限责任公司

董事长：王振京
地　址：郑州市郑东新区商务外环路 10 号中原广发金融大厦 22、26-29 层
电　话：0371-65817000　69177566
邮　编：450018

中国银联股份有限公司河南分公司

总经理：张　乙
地　址：郑州市金水路 266 号国家开发银行副楼 3 楼
电　话：0371-63866278
邮　编：450003

中国银联股份有限公司河南分公司内设部门

办公室
负责人：卢长宇
电　话：0371-63866278

市场一部
负责人：王东来
电　话：0371-63866378

市场二部
负责人：齐　涛
电　话：0371-63866671

市场三部
负责人：姜　威
电　话：0371-63866319

业务技术部
负责人：马学印
电　话：0371-63866376

中国一拖集团财务有限责任公司

董事长：姚卫东
监事长：周　鹃
总经理：闵　莉
地　址：洛阳市涧西区建设路154号
电　话：0379 64966592
邮　编：471004

河南双汇集团财务有限公司

董事长：张太喜
地　址：漯河市双汇路1号双汇大厦6楼
电　话：0395-2676179
邮　编：462000

河南九鼎金融租赁股份有限公司

董事长：白效锋
地　址：郑州市郑东新区商务外环路24号中国人保大厦23层
电　话：0371-56195010
邮　编：450046

洛银金融租赁股份有限公司

董事长：王建甫
总　裁：李　飚
监事长：陈学安
地　址：洛阳市洛龙区五环街1号中弘卓越中心A座9-10层
电　话：0379-65921901
邮　编：471023